经以济世
建行尚美
贺教育印
题大方向项目
心手相从

李瑞林

教育部哲学社会科学研究重大课题攻关项目

# 大学生就业创业教育研究

## THE STUDY ON EMPLOYMENT AND ENTREPRENEURSHIP EDUCATION OF UNIVERSITY STUDENTS

杨晓慧 等著

经济科学出版社
Economic Science Press

**图书在版编目（CIP）数据**

大学生就业创业教育研究/杨晓慧等著．—北京：
经济科学出版社，2014.11
（教育部哲学社会科学研究重大课题攻关项目．2009）
ISBN 978 - 7 - 5141 - 5136 - 7

Ⅰ.①大…　Ⅱ.①杨…　Ⅲ.①大学生 - 职业选择 - 教
育研究　Ⅳ.①G647.38

中国版本图书馆 CIP 数据核字（2014）第 252457 号

责任编辑：刘　瑾
责任校对：杨　海
责任印制：邱　天

**大学生就业创业教育研究**

杨晓慧　等著

经济科学出版社出版、发行　新华书店经销
社址：北京市海淀区阜成路甲 28 号　邮编：100142
总编部电话：010 - 88191217　发行部电话：010 - 88191522
网址：www. esp. com. cn
电子邮件：esp@ esp. com. cn
天猫网店：经济科学出版社旗舰店
网址：http://jjkxcbs. tmall. com
固安华明印业有限公司印装
787 × 1092　16 开　33.5 印张　640000 字
2015 年 6 月第 1 版　2015 年 6 月第 1 次印刷
ISBN 978 - 7 - 5141 - 5136 - 7　定价：84.00 元

## 课题组主要成员

（按姓氏笔画为序）

于　伟　王占仁　刘　铸　李忠军　张向葵

张　彦　张澍军　陈　辑　荆德刚　郭建华

# 编审委员会成员

主　任　　孔和平　　罗志荣
委　员　　郭兆旭　吕　萍　唐俊南　安　远
　　　　　文远怀　张　虹　谢　锐　解　丹
　　　　　刘　茜

# 总 序

哲学社会科学是人们认识世界、改造世界的重要工具，是推动历史发展和社会进步的重要力量。哲学社会科学的研究能力和成果，是综合国力的重要组成部分，哲学社会科学的发展水平，体现着一个国家和民族的思维能力、精神状态和文明素质。一个民族要屹立于世界民族之林，不能没有哲学社会科学的熏陶和滋养；一个国家要在国际综合国力竞争中赢得优势，不能没有包括哲学社会科学在内的"软实力"的强大和支撑。

近年来，党和国家高度重视哲学社会科学的繁荣发展。江泽民同志多次强调哲学社会科学在建设中国特色社会主义事业中的重要作用，提出哲学社会科学与自然科学"四个同样重要"、"五个高度重视"、"两个不可替代"等重要思想论断。党的十六大以来，以胡锦涛同志为总书记的党中央始终坚持把哲学社会科学放在十分重要的战略位置，就繁荣发展哲学社会科学作出了一系列重大部署，采取了一系列重大举措。2004 年，中共中央下发《关于进一步繁荣发展哲学社会科学的意见》，明确了 21 世纪繁荣发展哲学社会科学的指导方针、总体目标和主要任务。党的十七大报告明确指出："繁荣发展哲学社会科学，推进学科体系、学术观点、科研方法创新，鼓励哲学社会科学界为党和人民事业发挥思想库作用，推动我国哲学社会科学优秀成果和优秀人才走向世界。"这是党中央在新的历史时期、新的历史阶段为全面建设小康社会，加快推进社会主义现代化建设，实现中华民族伟大复兴提出的重大战略目标和任务，为进一步繁荣发展哲学社会科学指明了方向，提供了根本保证和强大动力。

　　高校是我国哲学社会科学事业的主力军。改革开放以来，在党中央的坚强领导下，高校哲学社会科学抓住前所未有的发展机遇，紧紧围绕党和国家工作大局，坚持正确的政治方向，贯彻"双百"方针，以发展为主题，以改革为动力，以理论创新为主导，以方法创新为突破口，发扬理论联系实际学风，弘扬求真务实精神，立足创新、提高质量，高校哲学社会科学事业实现了跨越式发展，呈现空前繁荣的发展局面。广大高校哲学社会科学工作者以饱满的热情积极参与马克思主义理论研究和建设工程，大力推进具有中国特色、中国风格、中国气派的哲学社会科学学科体系和教材体系建设，为推进马克思主义中国化，推动理论创新，服务党和国家的政策决策，为弘扬优秀传统文化，培育民族精神，为培养社会主义合格建设者和可靠接班人，作出了不可磨灭的重要贡献。

　　自 2003 年始，教育部正式启动了哲学社会科学研究重大课题攻关项目计划。这是教育部促进高校哲学社会科学繁荣发展的一项重大举措，也是教育部实施"高校哲学社会科学繁荣计划"的一项重要内容。重大攻关项目采取招投标的组织方式，按照"公平竞争，择优立项，严格管理，铸造精品"的要求进行，每年评审立项约 40 个项目，每个项目资助 30 万 ~ 80 万元。项目研究实行首席专家负责制，鼓励跨学科、跨学校、跨地区的联合研究，鼓励吸收国内外专家共同参加课题组研究工作。几年来，重大攻关项目以解决国家经济建设和社会发展过程中具有前瞻性、战略性、全局性的重大理论和实际问题为主攻方向，以提升为党和政府咨询决策服务能力和推动哲学社会科学发展为战略目标，集合高校优秀研究团队和顶尖人才，团结协作，联合攻关，产出了一批标志性研究成果，壮大了科研人才队伍，有效提升了高校哲学社会科学整体实力。国务委员刘延东同志为此作出重要批示，指出重大攻关项目有效调动各方面的积极性，产生了一批重要成果，影响广泛，成效显著；要总结经验，再接再厉，紧密服务国家需求，更好地优化资源，突出重点，多出精品，多出人才，为经济社会发展作出新的贡献。这个重要批示，既充分肯定了重大攻关项目取得的优异成绩，又对重大攻关项目提出了明确的指导意见和殷切希望。

　　作为教育部社科研究项目的重中之重，我们始终秉持以管理创新服务学术创新的理念，坚持科学管理、民主管理、依法管理，切实增强服务意识，不断创新管理模式，健全管理制度，加强对重大攻关项目的选题遴选、评审立项、组织开题、中期检查到最终成果鉴定的全过程管理，逐渐探索并形成一套成熟的、符合学术研究规律的管理办法，努力将重大攻关项目打造成学术精品工程。我们将项目最终成果汇编成"教育部哲学社会科学研究重大课题攻关项目成果文库"统一组织出版。经济科学出版社倾全社之力，精心组织编辑力量，努力铸造出版精品。国学大师季羡林先生欣然题词："经时济世　继往开来——贺教育部重大攻关项目成果出版"；欧阳中石先生题写了"教育部哲学社会科学研究重大课题攻关项目"的书名，充分体现了他们对繁荣发展高校哲学社会科学的深切勉励和由衷期望。

创新是哲学社会科学研究的灵魂，是推动高校哲学社会科学研究不断深化的不竭动力。我们正处在一个伟大的时代，建设有中国特色的哲学社会科学是历史的呼唤，时代的强音，是推进中国特色社会主义事业的迫切要求。我们要不断增强使命感和责任感，立足新实践，适应新要求，始终坚持以马克思主义为指导，深入贯彻落实科学发展观，以构建具有中国特色社会主义哲学社会科学为己任，振奋精神，开拓进取，以改革创新精神，大力推进高校哲学社会科学繁荣发展，为全面建设小康社会，构建社会主义和谐社会，促进社会主义文化大发展大繁荣贡献更大的力量。

教育部社会科学司

# 摘　要

**本**书聚焦大学生就业创业教育理论及实践的重大前沿问题，在我国社会转型和教育体制改革，特别是高等教育人才培养模式转变的大背景下深入分析大学生就业创业教育的内涵与实践，按照历史和时代的逻辑围绕就业、创业、以创促就三个分析维度，着力突破制约大学生就业创业教育深化发展的关键瓶颈。全书共分为七章，深入探讨了大学生就业创业教育的认识基础、能力结构、主体接受、课程体系、支持体系、评价指标、典型案例等重要问题。在吸收借鉴现有研究成果的基础上，厘清了"大学生就业创业教育"的概念实质，梳理了大学生就业创业教育的支持理论，揭示了大学生就业创业教育理念的发展走向，阐明了大学生就业创业能力结构，探索了大学生就业创业教育接受的运行机制，完善构建了新时期大学生就业创业教育课程体系、支持体系及评价体系，总结了大学生创业教育试点院校和实验区建设经验，进而为我国大学生就业创业教育发展提供了理论和实践支撑。

第一章：大学生就业创业教育的认识基础。通过界定"大学生就业教育"、"大学生创业教育"与"大学生就业创业教育"三个核心概念，整合构建我国大学生就业创业教育理论支持体系；通过梳理把握中西方就业创业教育理念发展演进的历史脉络，阐释我国大学生就业创业教育理念"一体化、专业化、社会化"的发展走向，奠定了大学生就业创业教育研究及实践的理论前提和认识基础。

第二章：大学生就业创业能力结构研究。探讨了大学生就业创业能力结构的科学内涵、指导理论和思路方法；通过编制大学生就业能力和创业能力量表，运用探索性和验证性因素分析等研究方法，构建

1

大学生就业创业能力结构模型；通过对 11 个省（市）19 所高校 5 500 名学生进行问卷测试，全面把握我国大学生就业创业能力的现状及问题，为进一步加强大学生就业创业能力结构研究提供了理论借鉴。

第三章：大学生就业创业教育接受问题研究。通过揭示大学生就业创业教育接受作为一种集职业价值观、就业创业知识与技能信息于一体的特殊接受类型这一内涵实质及整合性特征，确立包含解释学、美学、传播学和思想政治教育学在内的大学生就业创业教育接受的理论基础及知识借鉴，探究大学生就业创业教育接受机制的接受主体、接受客体、传授主体、接受介体和接受环体五个基本要素及"外循环"和"内循环"两个运行系统，论述大学生就业创业教育接受活动过程中的转化机制、修正机制和固化机制，努力实现就业创业教育信息向学生思想观念、知识和能力的有效转化。

第四章：大学生就业创业教育课程研究。通过厘清大学生就业创业教育课程的内涵、地位和作用，把握国内外大学生就业创业教育课程建设的发展历程和现实状况，构建了广谱式、专业式、融入式"三位一体"的大学生就业创业教育新课程体系，设计了"综合素质和能力"中心的广谱式就业创业教育课程体系及实施方案，为我国高校大学生就业创业教育课程体系建设提供了参考范式。

第五章：大学生就业创业教育支持体系研究。通过综合分析大学生就业创业教育相关政策文本及执行情况；调研分析我国大学生就业创业教育师资队伍现状及存在问题；具体探讨创业计划竞赛、大学科技园两个大学生就业创业教育实践平台的改进策略；深入分析我国大学生就业创业教育中产学双方在利益、观念、区域差异、合作机制和教育过程存在的问题，提出了进一步完善大学生就业创业教育政策支持的对策建议，及加强师资队伍与实践平台建设的有效做法，构建了大学生就业创业教育产学联盟支持系统，探索了大学生就业创业教育支持体系良性运行的途径和方式。

第六章：大学生就业创业教育评价研究。通过探讨大学生就业创业教育评价的策略选择，构建包含 4 个一级指标、10 个二级指标和 36 个三级指标的大学生就业创业教育评价指标体系，编制了"三段十一步"的大学生就业创业评价实施流程，形成了《大学生就业创业教育综合评价方案》，为大学生就业创业教育评价提供了可供操作的蓝本。

第七章：中国高校创业教育典型实证研究。以教育部确立的9所试点院校与20个典型"实验区"高校为例，对中国高校创业教育的典型案例进行比较分析。通过对中国高校创业教育的发展脉络进行实证考察，总结其一般规律和普遍经验，从理念、模式、教学体系、保障系统和学科建设五个方面科学地揭示了创业教育的未来发展趋势。

# Abstract

This book emphasizes on the significant and leading issues theoretically and practically in the field of employment and entrepreneurial education for college students. Under the background of social transformation and reform of the educational system, especially the transformation of the personnel training mode of higher education, it is written to analyze the content and practice of employment and entrepreneurial education for college students in the light of three dimensions, including employment, being an entrepreneur and promoting employability by entrepreneurial education in the historical and chronological logic, and make a breakthrough of the issues which restrict college students deep development. This book has seven chapters, making a deep exploration of the basis of understanding, ability structure, subject acceptance, curriculum system, supporting system, assessment criteria and typical cases of employment and entrepreneurial education of college students. In this book, with the foundation of studying and using the existed research achievements, the notion of employment and entrepreneurial education for college students has been clarified; the support theories have been tested out; the development trend has been revealed; the ability structure of employment and business – start has been illuminated; the operating mechanism of the students' accepting of employment and entrepreneurial education has been explored. Moreover, the curriculum, support and assessment systems have been constructed and experiences with respect to pilot colleges and regions have been concluded. In this way, this book provides theoretical and practical support for employment and entrepreneurial education for college students.

Chapter one is the research on the basic understanding issues of employment and entrepreneurial education for college students. The author tried to integrate the support systems of this field by defining three core notions: the employment education for college students, entrepreneurial education for college students and the employment and entrepreneurial education for college students. Moreover, by going through the history of ideas on employment and entrepreneurial education in China and Western world, the author tried to clarify the integration, profession and socialization trends of development on this issue. And this also set up a theoretical and cognitive foundation for study and practice on the employment and entrepreneurial education for college students.

Chapter two is the research on the structure of employment and entrepreneurial ability of college students. In this part, the author made a discussion on scientific connotation, guided theories, thoughts and methods to refer to the structure of employment and entrepreneurial ability of college students and compiling. By using employment and entrepreneurial ability of college students scale, the structural mode of employment and entrepreneurial ability of college students were constructed by using exploratory and confirmatory analyzing method. The sample of questionnaire test was in all 5,500 students from 11 provinces and 19 colleges. In this way, the overall situation of employment and entrepreneurial ability of college students could be seen clearly and it would give theoretical reference to the research on the structure of employment and entrepreneurial ability of college students.

Chapter three is the research on acceptation of employment and entrepreneurial education. By revealing accepting features of connotation, conformability of incorporating occupational values, knowledge, skills of employment and doing an business. It is confirmed that the accepting system included the knowledge from hermeneutics, aesthetics, communication studies, ideological political education. It is also tried to probe into the five basic elements including accepting subject, accepting object, imparting subject, accepting copula and accepting environment, as well as two operating system, including outside loop and inside loop. It discussed the transformational mechanism, revised mechanism and solidifying mechanism and tried to fulfill the transformation from knowledge to idea and ability.

Chapter four is the research on the curriculum of employment and entrepreneurial education for college students. The author constructed a new curriculum system which was university－wide, professional and embedded after reviewing the curriculum development of employment and entrepreneurial education for college students at home and abroad. The implementation plan has been designed. In this way, it is going to bring a normal form for other colleges.

Chapter five is the research on support system of employment and entrepreneurial education in college. The author analyzed the implementation of policies and practice of employment and entrepreneurial education and investigated the teaching staffs in this field, deeply explored the improvement strategy regards to business plan competition and university science park in detail. By analyzing the problems in interests, concepts, area differentiation and cooperation mechanism of universities and community, a counter measure and suggestion was given to perfect the policy support, to strengthen the platform construction of educators and networks of colleges and community and to explore a way to create positive operation of support system.

Chapter six is the research on assessment of employment and entrepreneurial education for college students. The author constructed an assessment criterion including 4 first-level indicators, 10 second-level indicators and 3 third-level indicators and compiled the implementation process called "Three – section and Eleven – step". Finally, the comprehensive assessment plan was formed and it set a good example for the assessment of employment and entrepreneurial education for college students.

Chapter seven is the empirical study on the entrepreneurial education in Chinese higher education. It made a comparative analysis of typical cases which happened in 9 pilot colleges and 20 experimental area colleges. At last, the general rules and experiences were concluded by empirical survey of entrepreneurship education in Chinese higher education. Future development trends are revealed from five aspects including idea, mode, teaching system, supporting system and discipline construction.

# 目　录

*Contents*

# Contents

# 绪　　论

**本**书是教育部哲学社会科学研究重大课题攻关项目《大学生就业创业教育研究》（项目批准号：09JZD0034－2）的最终结项成果。全书共 60 余万字，聚焦大学生就业创业教育研究及实践的七个重大前沿问题，深入探讨了大学生就业创业教育的认识基础、能力结构、主体接受、课程体系、支持体系、评价指标、典型案例等问题，着力突破了制约大学生就业创业教育深化发展的关键瓶颈，细致描绘了我国大学生就业创业教育研究及实践的发展蓝图，对于推进高校就业创业教育，提高大学生就业创业工作科学化水平，具有重要意义。

党的十七大明确指出：提高自主创新能力，建设创新型国家，是国家发展战略的核心，是提高综合国力的关键；优先发展教育、建设人力资源强国，是中华民族振兴的基石；就业是民生之本，要实施扩大就业的发展战略，促进以创业带动就业。高等教育是"国家发展战略核心"、"综合国力提高关键"、"民族振兴基石"以及"民生之本"的交汇点，大学生是最富就业需求、最具创新创业潜力的群体之一。深入开展大学生就业创业教育，不断提高大学生就业质量，有力增强大学生创业能力，是推动我国由人力资源大国向人力资源强国转变的客观要求，是高校服务创新型国家建设、构建社会主义和谐社会的重要举措，是深化高等教育改革，培养拔尖创新人才的重要途径，是以创业带动就业，促进高校毕业生充分就业的重要措施。

近年来，党和国家围绕大学生就业创业工作制定了一整套结构合理、科学有效的法律规章体系。2007 年 10 月 15 日，胡锦涛在十七大的报告中提出"实施扩大就业的发展战略，促进以创业带动就业"，明确了就业与创业之间的联动关系，为"就业创业教育"概念的提出奠定了基础。2008 年，国家正式实施《中华人民共和国就业促进法》和《中华人民共和国劳动合同法》，为大学生就业创业教育提供了有力的法律支撑和保证，标志着我国大学生就业创业工作进入到法制化、规范化阶段。同年，《国家中长期教育改革和发展规划纲要（2010～2020年）》研究制定工作正式启动，"加强就业创业教育"正式写入纲要，成为"提高高校人才培养质量"的重要组成部分。以上述文件为指导，国家教育主管部门大力推进大学生就业创业教育。在就业教育方面，2007年，教育部制定下发了《教育部关于大学生职业发展与就业指导课程教学要求的通知》，通知要求各级教育主管部门切实把就业指导课程建设纳入人才培养工作，列入就业"一把手"工程，各高校要开设职业发展与就业指导课程，将之作为公共课纳入教学计划，贯穿学生从入学到毕业的整个培养过程，并对职业发展与就业指导课程的教学内容、课程设置、教学模式、队伍建设、教学评估和经费保障等问题，进行了详细规定，为大学生就业教育的规范化建设提供了有力的政策保障。在创业教育方面，教育部先后制定颁布了《教育部关于大力推进高等学校创新创业教育和大学生自主创业工作的意见》（2010）、《教育部关于做好"本科教学工程"国家级大学生创新创业训练计划实施工作的通知》（2012）、《普通本科学校创业教育教学基本要求（试行）》（2012）等一系列加强和改进大学生创业教育的专项文件，并继2002年确立9所高校为创业教育试点院校之后，2008年又立项建设了30个创新创业教育类人才培养模式创新实验区。以此为带动，我国高校创业教育形成了许多特色鲜明的大学生创业教育模式①。就业教育与创业教育的发展伴随着三方面的一体化联动趋势。一是就业与创业之间趋向互促与联动的发展趋势；二是就业教育与创业教育的内容走向融合的发展趋势；三是就业教育与创业教育实践一体化的发展趋势。在国家宏观政策引领下，我国逐步形成了国家、省（市）、高校三级联动的大学生就业创业教育工作体系。

实践基础上的理论创新是社会变革的先导，也是任何实践工作不断发展的有力保证。随着大学生就业创业教育实践的发展，理论研究逐年升温。学界围绕大学生就业创业教育问题进行了深入探究，形成了丰富成果。基础理论研究方面，学者们聚焦构建中国特色就业创业教育理论和学科体系，阐述了大学生就业教育

---

① 关于我国业已形成的创业教育模式，2010年教育部第3次新闻通气会曾将之概括为"以课堂教学为主导开展创新创业教育的模式"（中国人民大学），以提高学生创业意识、创业技能为重点的创新创业教育模式（北京航空航天大学），与"以创新教育为基础，为学生创业提供实习基地、政策支持和指导服务等综合式创新创业教育模式"（上海交通大学）三种模式。也有学者将之概括为五种模式，即以提高学生整体能力素质为侧重点的教育模式（中国人民大学），以提高学生创业技能为侧重点的教育模式（北京航空航天大学），以第二课堂的有机整合为侧重点的教育模式（宁波大学），以创建创业实践基地为侧重点的教育模式（黑龙江大学），以及综合式创新创业教育模式（清华大学）。参见雷家骕：《中国高校需要怎样的创新创业教育》，载于《中国教育报》2010年1月13日。

与创业教育的内涵实质及相互间关系①，提出了"大学生就业与创业教育"的概念②，探讨了大学生就业创业教育的价值取向、知识能力构成、观念沿革、影响因素等问题③，研究了国外职业生涯规划理论及相关学科理论对大学生就业创业教育理论研究和学科建设的借鉴意义④，开展了中外大学生就业创业教育比较研究⑤。实践创新研究方面，学者们针对大学生就业创业教育体系模式构建⑥、实

---

① 关于就业教育的内涵，大体有三种观点：一是就业教育区别于基础教育，二是就业教育等同于就业指导，三是就业教育主要是观念教育。关于创业教育的内涵，大体有四种观点：一是认为创业教育在广义接近于创新教育，在狭义上则与职业培训紧密相关；二是认为创业教育是使受教育者（主要是青少年）在接受全面素质教育的基础上，综合素质与开创性个性得到培养和强化，现代创业意识与能力得到开发和提高的教育；三是认为创业教育重在培养学员创业型思维与企业家式的管理技能；四是认为创业教育是一种广谱教育、素质教育和终身教育。关于就业教育与创业教育的关系，一种观点认为大学生就业教育与创业教育具有直接同一性，可作为一个整体概念使用，另一种观点认为就业教育与创业教育是对立统一的关系，创业教育是广义就业教育的一部分，但在目前阶段应当对创业教育的研究加以重点关注。

② 教育部全国高等教育毕业生就业指导中心组：《大学生就业指导》，高等教育出版社1998年版。

③ 就业教育研究方面，参见刘丽玲、吴娇：《大学毕业生就业能力研究》，载于《教育研究》2010年第3期；朱国玮、黄珺：《大学生就业能力影响因素研究》，载于《教育研究》2011年第8期。创业教育研究方面，参见杨晓慧：《创业教育的价值取向、知识结构与实施策略》，载于《教育研究》2012年第9期；肖龙海：《创业教育的价值取向及实践路径》，载于《教育研究》2011年第3期；徐小洲、张敏：《创业教育的观念变革与战略选择》，载于《教育研究》2012年第5期；徐小洲、叶映华：《大学生创业认知影响因素与调整策略》，载于《教育研究》2010年第6期；叶映华：《大学生创业意向影响因素研究》，载于《教育研究》2009年第4期。

④ 耿淑梅：《以和谐理念开展大学生就业指导工作》，载于《中国高等教育》2008年第23期；何玉海：《基于全面和谐发展观的大学生就业指导方法研究》，载于《江苏高教》2007年第1期；吴薇、洪燕：《生涯发展观对大学生就业指导工作的启示》，载于《中国高等教育》2008年第10期；赵峰：《高校就业指导工作营销策略运用探析》，载于《国家教育行政学院学报》2008年第5期；荀朝莉：《基于心理契约的大学生就业能力及培养创新》，载于《中国高等教育》2008年第11期；张克录、宋丽君：《基于创业机会理论的研究生创业教育分类指导》，载于《创新与创业教育》2012年第2期；葛建良、叶伟巍：《基于企业成长理论的创业教育模式》，载于《高等工程教育研究》2010年第S1期；谭蔚沁：《论马克思"人的全面发展理论"与大学生创业教育》，载于《思想战线》2009年第5期；王晓红：《试论自我效能感理论在高校创业教育中的应用》，载于《教育探索》2011年第10期。

⑤ 李萍：《中外大学生就业指导的比较分析及启示》，载于《江苏高教》2002年第5期；聂微青：《中美高校大学生就业指导的比较》，载于《交通高教研究》2003年第5期；张福喜：《日本、加拿大高校毕业生就业指导考察报告》，载于《河北职业技术师范学院学报（社会科学版）》2003年第3期；王保义：《中德大学生就业指导比较研究》，载于《高等工程教育研究》2004年第4期。

⑥ 王占仁：《"广谱式"创新创业教育体系建设论析》，载于《教育发展研究》2012年第3期；孟祥康、朱红：《高等院校全程化、个性化就业指导体系探析》，载于《江苏高教》2011年第4期；王秉琦等：《构建发展式大学生就业指导新模式探索》，载于《中国高等教育》2007年第Z2期；曾尔雷、黄新敏：《创业教育融入专业教育的发展模式及其策略研究》，载于《中国高教研究》2010年第12期；张相民：《基于专业教学的创业教育范式研究》，载于《中国高教研究》2008年第11期；刘芸：《创业教育的产学研合作模式构想》，载于《黑龙江高教研究》2010年第7期；董世洪、龚山平：《社会参与：构建开放性的大学创新创业教育模式》，载于《中国高教研究》2010年第2期。

践经验总结[①]、国外经验介绍[②]、热点难点问题破解[③]等，进行了深入研究，形成了许多颇有价值的研究结论。这些研究有力推动了我国大学生就业创业教育研究的融合发展，并为大学生就业创业教育实践探索奠定了较为扎实的理论基础。

回顾近年来我国大学生就业创业教育实践和理论的发展历程，我们既要看到就业创业教育取得的突出成就，也要清醒地认识到目前我国大学生就业创业教育尚未完全适应经济社会发展和大学生成长成才的要求，与实施科教兴国战略、人才强国战略和建设创新型国家的要求相比，与广大人民群众的期望相比，与国际先进水平相比，大学生就业创业教育工作还具有较大差距，还存在许多问题和不足。

具体来说，在实践层面，目前全国绝大多数高校虽然都已开设了部分就业创业课程，举办了各种各样的就业创业大赛，推动了各类就业创业实践，但是许多高校的大学生就业创业教育在一定程度上还存在着“不上”、“不下”、“不专”、“不通”的问题。所谓“不上”是指大学生就业创业教育整体质量不高。经过多年努力，虽已拥有较为完善的大学生就业创业教育政策体系，积累了较为丰富的实践经验，但是尚未形成科学完整的课程体系，尚未涌现丰富高质量的精品教材，尚未建成灵活多样、持续有效的实践教育模式，尚未打造出一支专业化、职业化的师资队伍，尚未构建科学的教育评价体系。这些都大大制约了大学生就业创业教育工作质量的有力提升。所谓“不下”是指大学生就业创业教育针对性和实效性不强。在教育内容上，注重一般性就业创业信息的收集发布、就业创业市场维护拓展与就业创业形势分析判断，忽视融入性的观念引导、知识教育和能力提升。在教育方式上，注重普遍性的课堂理论讲授，举办各种“毕业生就业

① 如杨晓慧教授结合东北师范大学经验，率先在全国提出了“三个三分之一”的就业工作模式，将做毕业生就业指导与做就业行政管理工作、开辟就业市场有机结合了起来，提出“三维体验式”就业教育模式。杨晓慧：《“三分之一”的启示》，载于《中国教育报》2000年5月3日；《内合外联，建设区域性就业品牌市场》，载于《中国高等教育》2004年第6期；《高校毕业生就业市场建设的探索与思考》，载于《思想教育研究》2007年第8期。

② 王占仁：《英国高校职业生涯教育之启示》，载于《教育研究》2012年第7期；王占仁等：《部分发达国家及地区的大学生就业工作》，载于《中国高等教育》2009年第19期；雷培梁、连莲：《英国高校提升大学生就业能力的经验探讨》，载于《复旦教育论坛》2009年第6期；沈蓓绯：《美国大学生职业生涯辅导体系——以密歇根州立大学为例》，载于《教育发展研究》2009年第5期；梅伟惠：《美国高校创业教育研究》，浙江教育出版社2010年版，第232页；李文英、王景坤：《澳大利亚高校创业教育模式探析》，载于《比较教育研究》2010年第10期；李志永：《日本高校创业教育》，浙江教育出版社2010年版；牛长松：《英国高校创业教育研究》，学林出版社2009年版。

③ 杨晓慧：《大学生创业能力培养的瓶颈问题与策略选择》，载于《中国高等教育》2010年第18期；金昕：《大学生创业能力分类培养的筛选机制研究》，载于《社会科学战线》2011年第10期；赵建华：《高校学生就业道德素养弱化成因分析及对策探索》，载于《教育研究》2011年第3期；辜胜阻、洪群联：《对大学生以创业带动就业的思考》，载于《教育研究》2010年第5期。

动员会"和"就业形势报告会",缺乏针对学生个体特点的实践教育、专门咨询和有效指导。这些都使大学生就业创业教育难以有效破解实践过程中面临的各种难题,难以充分满足大学生就业创业需要。所谓"不专"是指大学生就业创业教育专业化程度不高。一是缺乏明确的学科定位。作为高等教育的重要内容,就业创业教育的学科地位毋庸置疑,但目前就业创业教育包含于技术经济学科或企业管理学科之中,尚未取得独立的学科地位。这种模糊的学科定位使就业创业教育难以有效汇聚高校科研资源,难以为破解大学生就业创业各种难题提供专业化的理论支撑。二是缺乏专业的师资队伍。国家虽明确规定了大学生就业创业教育师资队伍建设的规格和要求,但是许多高校在落实过程中并没有为大学生就业创业教育师资队伍提供充足的职业岗位,没有构建顺畅的晋升发展机制与完备的培训培养体系,没有建立资历和学历结构合理的专业化师资队伍,难以为大学生就业创业实践提供优质的师资保证。三是缺乏专业的教育教学手段和方法。许多高校的就业创业教育在教学手段和方法上仍较为简单,延续着传统课堂教学"填鸭式"、"灌输式"等单向教学方法,较少使用案例分析、情景模拟、小组讨论、角色扮演、社会调查、实习见习等新型方法,较少运用职业生涯与发展规划工具,难以为大学生就业创业提供科学的方法引导。所谓"不通"是指大学生就业创业教育衔接性不好。一是就业创业教育课程与专业课程融合不够。许多高校将就业创业教育定位为传授技巧和技能的教学活动,而不纳入整个高校教育教学的专业课程体系设置之中,从而导致就业创业教育与专业教育相脱节、就业创业学习和专业知识学习相分离。二是理论学习与实践训练衔接不畅。就业创业理论学习与实践训练密切相关,都是就业创业教育的重要内容,都是提高就业创业教育实效的基本途径,但许多高校就业创业教育还没有实现理论学习与实践训练的有机衔接,有的注重加强学生就业创业理论学习,向学生传授各种就业创业知识和技能,而忽视为学生提供就业创业实战训练的条件和平台,有的则侧重加强学生就业创业实践训练,举办各种就业创业实践教育活动,而忽视对学生进行系统的就业创业理论教育,这两种方式都难以全面提高学生就业创业综合素质。三是校内资源与校外资源整合不强。许多高校尚未建立就业创业教育产学合作的有效机制,没有实现高校人才培养、教学科研与企业资金技术、生产实践的有机融合,从而使得就业创业教育在一定程度上还处于高校教育教学的封闭环境之中,大大限制了就业创业教育的发展空间。

在理论层面,学界虽然已就大学生就业创业教育的许多问题进行了深入探讨,但是仍存在许多不可忽视的问题,整体来说可以将之概括为"四多四少":一是多单一学科研究,少科际整合研究。大学生就业创业教育是一项涉及经济社会发展、主体素质结构及教育教学规律的综合性实践活动,这决定了大学生就业

5

创业教育研究必须是一项兼顾经济学、社会学、心理学、教育学的交叉学科研究。现有研究侧重于在某一学科视野中探讨大学生就业创业教育理论和实践问题，缺乏打破学科边界壁垒，整合多学科资源与优势，实现学科间协同创新的综合性研究。二是多经验总结，少理论提升。由于我国大学生就业创业教育实践起步较晚，相关研究又缺乏独立的学科依托和强烈的理论自觉，所以现有研究大多还属于对局部地区或高校大学生就业创业教育实践经验的归纳总结，而对大学生就业创业教育的内涵实质、理论基础、发展理念、实施体系、评价指标等关键性问题探讨较少，由此造成了大学生就业创业教育虽然成果丰富，但是质量不高的尴尬现实。以 2011 年发表的期刊论文为例，全年以就业教育、创业教育为主题共发表论文 2 790 篇，其中核心期刊论文仅 537 篇，占当年期刊论文的 19.2%。这种成果数量多而研究层次低的问题大大制约着我国就业创业教育研究的深化发展。三是多认识判断，少实证分析。现有研究在探讨大学生就业创业能力结构、接受规律、政策分析、课程设计、评价体系等问题时，往往根据政策文件或既有理论框架，进行认识上的应然判断，缺乏运用实证方法对上述问题进行数据分析、实践验证，使得许多研究结论还只是停留在学理推演、模糊认识的层面，而无法切实为大学生就业创业教育实践提供科学有效的理论支撑。四是多国外理论嫁接，少本土理论创新。目前大学生就业创业研究多是参照嫁接西方发达国家的职业生涯理论、创业学理论，把研究重点放在对国外经验做法的介绍总结，而缺乏结合我国大学生成长特点、就业创业环境、教育发展水平以及历史文化传统对这些经验做法的本土化改良和比较分析，尚未形成具有鲜明中国特色的就业创业教育理论。

"问题就是时代的口号"①。对问题的发现和自觉，必然内在地呼唤理论研究与实践探索的不断超越，从而适应时代发展的要求，解决理论和实践交织中的各种问题。解决问题的核心在于把握问题的主要矛盾和关键环节。本课题在研究过程中，努力寻找我国大学生就业创业教育深化发展的关键瓶颈，锁定大学生就业创业教育理论研究与工作实践亟待破解的一系列重大命题。在吸收借鉴现有研究成果的基础上，厘清了"大学生就业创业教育"的概念实质，梳理了大学生就业创业教育的支持理论，揭示了大学生就业创业教育理念的发展走向，阐明了大学生就业创业能力结构，探索了大学生就业创业教育接受的运行机制，完善构建了新时期大学生就业创业教育课程体系、支持体系及评价体系，总结了大学生创业教育试点院校和实验区建设经验，进而为我国大学生就业创业教育发展提供了理论和实践支撑。全书共分为七章，每章具体内容如下：

---

① 《马克思恩格斯全集》第 40 卷，人民出版社 1982 年版，第 289 页。

第一章：大学生就业创业教育的认识基础。通过界定全书核心概念，整合构建我国大学生就业创业教育理论支持体系，梳理把握中西方就业创业教育理念发展演进的历史脉络，阐释我国大学生就业创业教育理念的发展走向，奠定大学生就业创业教育研究及实践的理论前提和认识基础。

首先，按照"就业—创业—就业创业统一"的概念逻辑，界定了"大学生就业教育"、"大学生创业教育"与"大学生就业创业教育"三个核心概念，揭示了三者各自的本质、目标及主要内容，厘清了三者之间既相互交叉又彼此独立的辩证关系。其次，从马克思主义关于社会分工与职业的理论、关于人的自由全面发展的学说和关于青年择业的基本思想等方面，阐明了我国大学生就业创业教育的指导思想；从特质因素（帕森斯特质因素论、霍兰德人格类型学）、生涯发展（金兹伯格职业发展理论、舒伯生涯发展理论）、社会学习（克朗伯兹社会学习论、SCCT 社会认知理论）等方面，阐述了西方职业生涯发展理论对我国大学生就业创业教育的借鉴意义；从课程论（泰勒原理、学问中心课程论、人本主义课程论）、学习论（行为学习理论、认知学习理论、人本主义学习理论、建构主义学习理论）、创新论（熊彼特创新理论、曼斯菲尔德技术创新理论、诺思制度创新理论）等方面，论述了教育学、心理学和经济学等相关学科对大学生就业创业教育的补充意义。最后，考察了西方就业教育理念从 18 世纪威廉·冯·洪堡的"完人"教育理念，到 19 世纪末美国职业指导及职业心理研究和应用事业的产生发展，再到 20 世纪 30 年代之后人本主义转向的演进历程；考察了西方创业教育理念从形成到发展、从狭义到广义的演进历程；考察了我国大学生就业教育理念从服务国家需要，到帮助学生自主择业，再到促进学生职业生涯发展的发展历程，以及大学生创业教育理念从服务国家建设，到服务学生自主创业，再到服务学生开创事业的发展历程；论述了我国就业创业教育理念发展的时代背景，及其所遵循的"制度变迁——实践合法——局部实践引发理念创生博弈——理念发展"循环递进的演化逻辑；论述了我国大学生就业创业教育理念"一体化、专业化、社会化"的发展走向。

第二章：大学生就业创业能力结构研究。通过探讨大学生就业创业能力结构的科学内涵、指导理论、思路方法，构建大学生就业创业能力结构模型，把握当前大学生就业创业能力现状，为进一步加强大学生就业创业能力结构研究提供了理论借鉴。

首先，论述了大学生就业创业能力结构问题研究的必要性和可行性，阐明了大学生就业能力、大学生创业能力、大学生就业创业能力和大学生就业创业能力结构等基本范畴，以及心理学中的能力结构及测量理论、管理学中能力构成理论与社会学中社会资本理论对该研究的指导借鉴意义，明确了大学生就业创业能力结构研究的思路方法。其次，通过编制大学生就业能力和创业能力量表，运用探索性因素分析、验证性因素分析等研究方法，构建了大学生就业能力结构模型（包括基本就业能力、就业发展能力、就业人格和社会应对能力等维度）、大学生创业能力结构模型（包括基本创业能力、核心创业能力、创业人格和社会应对能力等维度）与大学生就业创业能力结构模型（包括就业创业共有能力和就业创业特有能力两大类，其中就业创业共有能力包括基本就业创业能力、社会应对能力两个维度，就业创业特有能力包括就业创业人格、就业创业关键能力两个维度）。最后，运用自编量表，采取整体分层随机抽样的方法，对北京、辽宁、上海、湖南、广东、四川、陕西等 11 个省（市）19 所高校 5 500 名学生进行了问卷测试，在全面把握我国大学生就业创业能力的现状基础上，建议尽快建立我国大学生就业创业能力结构及指标体系的国家标准，加大对大学生就业创业能力结构及指标的研究力度。

第三章：大学生就业创业教育接受问题研究。通过揭示大学生就业创业教育接受的内涵实质及特征属性，确立大学生就业创业教育接受的理论基础及知识借鉴，探究大学生就业创业教育接受机制的基本要素及运行方式，努力实现就业创业教育信息向学生思想观念、知识和能力的有效转化。

首先，论述了大学生就业创业教育接受研究的问题缘起及功能定位、边界定位和方法定位，阐明了大学生就业创业教育接受作为一种集职业价值观、就业创业知识与技能信息于一体的特殊接受类型的关键节点和衡量指标，指出大学生就业创业教育接受除具备一般接受的基本特征以外，突出呈现出整合性的本质属性。其次，探讨了马克思主义认识论对大学生就业创业教育接受研究的指导意义，以及解释学的本文理解理论、接受美学的文学创造理论、传播学的大众传播理论和思想政治教育学的主体接受理论对大学生就业创业教育接受研究的知识借鉴意义。最后，根据一般接受机制的基本原理并结合大学生就业创业教育接受实际，构建了大学生就业创业教育接受机制的系统结构模型图，并对这一结构系统的各个要素及运行方式进行了深入分析。在要素上，分析了大学生就业创业教育接受主体的选择性接收、创造性内化、试验性外化的功能，揭示了大学生就业创业教育接受主体的层次性、阶段性、能动性特质；明确了大学生就业创业教育接受客体是指就业创业思想观念、知识和能力等教育信息，探讨了这些接受客体的复合性、人为性特质；阐释了大学生就业创业教育传授主体的队伍构成及其对大学生就业创业教育方向、教育内容、教育过程的作用和影响，论述了大学生就业创业教育传授主体的专业性、实践性和综合性特质；探究了大学生就业创业教育接受介体的实质、内容及功能，阐述了这些接受介体的应用性、合成性特质；阐明了大学生就业创业教育接受环体的内容，明确了接受环体的方向导引和激励促进功能，探讨了接受环体的潜隐性、弥散性、交融性特质。在运行方式上，分析了大学生就业创业教育接受运行的外循环系统和内循环系统。外循环系统是指在一定的接受环体中，传授主体借助各种形式的接受介体将接受客体传递作用到接受主体身上；接受主体对作用在他身上的接受客体进行内化和外化，在自身就业创业观念、知识和能力发生相应变化的同时，接受主体与传授主体间进行反馈互动，推动传授主体传授活动的调整优化，并展开新的接受客体传递环节，如此循环反复。内循环系统是指大学生从自身职业发展需要出发，以原有就业创业观念、知识、能力和自身个性特质为基础，对作用在他身上的就业创业教育信息进行选择性注意、个性化理解、记忆、存储、认知结构整合或重构、行为外显、体验感悟、修正和固化，形成新的就业创业观念、知识和能力，并以此为起点，开始新一轮就业创业教育接受认知的过程。此外，还论述了大学生就业创业教育接受活动过程中的转化机制、修正机制和固化机制。

第四章：大学生就业创业教育课程研究。通过厘清大学生就业创业教育课程的内涵、地位和作用，把握国内外大学生就业创业教育课程建设的发展历程和现实状况，构建了"三位一体"大学生就业创业教育新课程体系，设计了"综合素质和能力"中心的广谱式就业创业教育课程体系及实施方案，为我国高校大学生就业创业教育课程体系建设提供参考范式。

首先，界定了大学生就业创业教育课程的基本含义，揭示了其综合性、实践性、开放性特征，明确了大学生就业创业教育课程在国家就业创业教育整体设计、高校课程体系建设和大学生个体职业生涯发展过程中的地位和作用，梳理并分析了国内外大学生就业创业教育课程发展现状及特点，透视了我国大学生就业创业教育课程在专业性、广谱性、衔接性和规范性等方面存在的问题，阐明了基于实证主义对大学生就业创业教育课程体系展开研究的基本思路与方法。其次，在归纳总结国内外就业创业教育课程设置现状的基础上，探讨了广谱式、专业式、融入式三种课程类型的内涵、发展现状及特点，按照课程目标分层分类、课程内容整合融入、课程实施横纵有序的基本原则，构建了"三位一体"的大学生就业创业教育课程体系，并阐明了每一类课程的内容模块及具体课程的培养目标、开设形式与时间、学时学分、教学方法及适用范围。最后，以"广谱式"就业创业教育课程体系建设为切入点，在比较分析学科中心、学生中心、社会中心三种课程设计取向优长与不足的基础上，提出要建构"综合素质和能力"中心的广谱式就业创业教育课程体系，研究了构成这一课程体系的基础能力模块（职业生涯与就业指导、创业基础）、核心能力模块（就业创业管理、就业创业心理、就业创业法律与政策实务、创业经济学、创业风险、创业与社会、行业新技术趋势与创业等）和延伸能力模块（就业创业体验工作坊、创业项目设计与实施、创业者讲座等）中各门课程的教育教学目标、主要内容及教学方法，并从课程目标、形式、学时、学分、教学方式、教学评价等方面设计了具有可操作性的课程实施方案，并从师资队伍、教材建设、课程研究、教学方法等维度探讨了保障这一课程方案顺利实施的有效策略。

第五章：大学生就业创业教育支持体系研究。通过大学生就业创业教育政策文本及执行情况分析、师资队伍与实践平台建设、产学联盟支持系统构建，探索了大学生就业创业教育支持体系良性运行的途径和方式。

首先，运用综合分析方法，对 2008 年以来实施和制定的大学生就业创业教育相关政策文本进行定量和定性分析，定量分析围绕政策文本的发展态势、制定部门构成及主题分布等问题进行了数据统计与分析，定性分析透视了政策文本中的实是语句、行为语句和督导语句；在政策执行分析方面，从课程体系建设、实践体系建设、保障体系建设等维度，分析把握了近年来大学生就业创业教育政策执行情况；根据政策文本及执行分析，从纳入法制体系、完善政策框架、设置就业创业教育学、健全督导内容及问责机制等方面，提出了进一步完善大学生就业创业教育政策支持的对策建议。其次，调研分析了我国大学生就业创业教育师资队伍现状及存在的规模不足、结构不合理、专业化水平不高等问题，结合国外高校就业创业教育师资队伍建设的经验做法，提出了新时期高校就业创业教育师资队伍建设应明确定位、明晰标准、强化培养、完善机制等建议。再次，在调研分析我国大学生就业创业教育实践平台发展现状的基础上，具体探讨了创业计划竞赛、大学科技园这两类典型就业创业教育实践平台建设面临的瓶颈性问题，并提出相应的改进策略。最后，通过分析把握我国大学生就业创业教育中存在的产学双方缺乏利益契合点、观念和区域差异显著，以及产学合作机制保障缺失和产学教育过程不完善等问题，借鉴美国（产学联盟、集群创新）、德国（"二元"双导、"知""资"互换）、日本（产学协同、战略保障）等国外大学生就业创业教育产学合作支持模式，提出并构建了大学生就业创业教育产学联盟支持系统，并分析了作用系统、平台系统、组织保障系统、机制保障系统和过程控制系统等子系统的构成及运作方式。

第六章：大学生就业创业教育评价研究。通过探讨大学生就业创业教育评价的策略选择，构建大学生就业创业教育评价指标体系，推动大学生就业创业教育评价实施，为大学生就业创业教育评价提供了可供操作的蓝本。

首先，探讨了大学生就业创业教育评价的内涵、类型和意义，论述了行为目标模式、CIPP 模式、应答模式、建构模式、指标量化评语描述模式等现代教育评价模式及其对大学生就业创业教育评价的借鉴意义，梳理了同行评议法、德尔菲法、标杆评判法、调查研究法、多指标综合评价法等适用于大学生就业创业教育的评价方法,进而探讨了以对比、督查、诊断、预测为目标的四种大学生就业创业教育评价策略。其次,围绕大学生就业创业教育评价指标体系构建,阐述了整体性和针对性相结合、定量指标与定性指标相结合、系统性与独立性相结合、可评性与易评性相结合等评价指标体系构建的一般原则,提出了坚持市场结果效应和纵向综合评价等大学生就业创业教育评价指标体系构建的特殊原则;根据这些原则,经过形成指标群、指标初选、指标优选和确定评价指标体系四个步骤,构建了涵盖课程、教师、学生、环境 4 个一级指标,课程体系、教材、教学、管理、队伍构成、科研、效果、满意度、硬环境、软环境 10 个二级指标,以及课程数量等 36 个三级指标的大学生就业创业教育评价指标体系,并对三级指标的含义、计算方法和评价标准进行了详细说明;在确定评价指标之后,运用层次分析法,通过构建评价指标层次结构、建立判断矩阵、计算与检验,确定了大学生就业创业教育评价指标体系的权重。最后,编制了"三段十一步"的大学生就业创业评价实施流程,形成了《大学生就业创业教育综合评价方案》。

第七章:中国高校创业教育典型实证研究。以教育部确立的试点与实验区高校为例,对中国高校创业教育的典型案例进行比较分析,梳理创业教育的发展脉络,总结实践经验,为进一步科学把握创业教育的发展趋势提供实证参考。

首先,对清华大学、北京航空航天大学、中国人民大学、上海交通大学、西安交通大学、武汉大学、黑龙江大学、南京财经大学和西北工业大学等 9 所试点院校在试点阶段的创业教育发展进行实证分析,总结其在创业教育理念、模式建构、课程设置、实践载体、运行机制五方面所取得的经验与成就,展示该阶段中国创业教育的发展状况。其次,对实验区高校的创业教育理论研究与实践探索进行实证考察,从理念转变与更新、模式探索、课程建设、实践体系、组织管理和师资队伍六个维度,与试点高校进行比较分析,从整体上呈现教育部创新与创业教育类人才培养模式创新实验区建设取得的成效。最后,在以上梳理、比较、分析的基础上,立足于试点院校与实验区高校创业教育的实证分析,进一步探寻中国高校创业教育发展的一般规律和普遍经验,从理念、模式、教学体系、保障系统和学科建设等五个方面揭示创业教育的未来发展趋势。

围绕上述内容,本课题重点对以下三个维度六个核心问题实现突破:

研究基础维度上,瞄准大学生就业创业教育的概念界定和发展理念等问题进行突破。

突破之一:首次完整揭示"大学生就业创业教育"一词的内涵,实现了就业创业教育的观念突破。当前关于"大学生就业创业教育"本质内涵的研究尚处起步阶段,亟待深入。有关研究多将就业教育、创业教育分别作为独立的研究领域,缺乏整体性。本课题首次对"大学生就业创业教育"的本质内涵进行了深入挖掘，创造性地提出："大学生就业创业教育是立足于学生职业发展视角对大学生就业教育与创业教育进行的科学整合，是一种融'适应性'、'开拓性'以及'发展性'为一体的综合教育实践活动。"这一整体概念充分体现了就业教育与创业教育之间的有机衔接与联动，有力实现了大学生就业创业教育的观念突破，深刻揭示了大学生就业创业教育一体化、专业化、社会化的发展走向。一体化强调大学生就业创业教育教学的统筹设计、整合推进与系统提升，实现就业创业教育的实质性融合；专业化强调建设专门学科、打造专业队伍、探索专有方式方法，提升就业创业教育科学化水平；社会化强调社会和市场导向，整合社会资源，把握市场需求，培养自由全面发展的创新创业人才。观念的突破为大学生就业创业教育理论研究和实践创新明确了逻辑起点，奠定了坚实的理论基础。

研究视角维度上，实现了视角转换，从大学生主体视角，静态分析了大学生就业创业能力结构，动态分析了大学生就业创业教育接受系统。

突破之二：首次运用实证研究方法系统全面地研究大学生就业创业能力结构模型。目前学界对大学生就业创业教育目标有多种理解，我们一贯认为其目标就应该由观念、知识和能力三维构成，其中，能力提升是核心。能力提升的关键和瓶颈是构建大学生就业创业能力结构模型。当前关于就业能力结构的实证研究仅有几篇论文涉及，关于创业能力结构的实证研究更为少见，关于就业创业能力结构的研究尚未出现。仅有的少数研究仍然存在取样数量不足（多为高校或地域性的千人以下的取样）、借鉴国外研究成果痕迹过重、实证分析方法运用简单初步（多以比例分析等方法为主）等问题。课题组自主开发了高信、效度的《大学生就业能力自评量表》与《大学创业能力自评量表》，对全国 7 大行政区域 11 个省（市）19 所高校 5 500 余名学生施测，采用研究个体特质结构最为前沿的方法（探索性因素分析法、验证性因素分析法等），确定了大学生就业创业能力的核心要素和关键维度，构建了大学生就业能力结构模型、大学生创业能力结构模型与大学生就业创业能力结构模型，形成了首个完整的大学生就业创业能力结构模型系统。

突破之三：对大学生就业创业教育接受系统的运行机理进行了开创性探究与分析。揭示了大学生就业创业教育接受流程维度的彼此关联、相对独立的内外两个子循环系统和蕴含其中的三种具体的运行机制。这一系统结构的运行机制构建以马克思主义认识论为指导，综合运用心理学的认知发展理论、传播学的大众传播理论和思想政治教育接受理论等相关理论，揭示了接受主体对传授主体借用一定传授介体传递和作用在他身上的就业创业教育信息，进行选择性的接收、内化整合和外化修正，实现大学生就业创业教育信息向学生就业创业观念、知识和能力转化的主体内部接受的基本规律；揭示了传授主体对教育内容进行加工转化，生成接受客体，借助一定的接受介体，向接受主体进行传递，施加教育影响，进而使接受主体生成就业创业观念、知识和能力这一接受外部运行系统的基本规律；揭示了接受过程中客观存在的转化、修正、固化三种具体的运行机制。目前从学生接受视角研究大学生就业创业教育的成果比较少见，尚无对接受系统及运行机制的系统分析。本课题对大学生就业创业教育接受系统和运行机制的科学分析，为大学生就业创业教育针对性和实效性的实现提供了主体视角和科学前提。

热点难点维度上，瞄准大学生就业创业教育的课程建设、支持体系和评价指标等问题进行突破。

突破之四，创新性构建了"三位一体"就业创业教育课程体系。课程是就业创业教育的核心和主渠道。目前，关于就业创业教育课程体系的理论研究和实践运用均十分匮乏，主要表现在：基于大量课程设置经验事实调查的实证研究尚未出现，同时尚未形成全国高校普遍认可并参照使用的就业创业教育课程通用体系。课题组在对国内76所高校就业创业教育课程设置情况展开调查的基础上，首次构建了以综合素质与能力提升为中心，集广谱式、专业式、融入式"三位一体"的就业创业教育课程体系，并从课程目标、类型、学时、学分、内容、教学方式、教学评价、保障等方面设计了具有可操作性的广谱式就业创业教育课程方案。这一课程体系通过广谱式课程实现对全体学生的通识性教育，通过专业式课程实现对有明确创业意向的学生进行商学院/管理学院式的专业性教育，通过融入式课程结合学生所学专业实现嵌入性教育，从而实现全体与个体、分层与分阶段、通识与专业的统筹兼顾。期待这个"三位一体"的就业创业教育课程体系能够为当前和今后全国高校开展大学生就业创业教育提供可供借鉴的课程范式。

突破之五，创新性构建了大学生就业创业教育产学联盟支持系统。支持系统是大学生就业创业教育的重要保障。本课题组从政策支持、师资支持、实践平台、产学支持四个维度进行了深入研究，在产学支持方面进行了重点突破。产学支持系统是大学生就业创业教育的平台依托。目前，关于产学支持系统的研究更多关注其科技成果转化、技术创新的功能，尚未关注在大学生就业创业教育中作用的发挥。本课题组构建的大学生就业创业教育产学联盟支持系统包括产学联盟双向作用系统、平台系统、组织保障系统、机制保障系统、过程控制系统五个子系统，阐述了产学联盟在大学生就业创业教育中育人功能的发挥过程、运行机理和条件保障。通过寻找利益契合点，构建双向作用系统，搭建研发平台、项目平台、实习平台、实战平台、师资平台，推动产学双方在教育过程中的有效对接；通过成立决策、管理、执行、督导四级组织机构，构建组织、机制保障系统，确保产学联盟教育活动的平稳高效运行；通过合作前联合设计、合作中总结提升与监控反馈、合作后过程评价四个环节，构建过程控制系统，确保产学联盟育人功能真正落到实处。产学联盟支持系统的构建必将全面提升大学生就业创业教育的操作实践性、体验真实性、资源丰富性。

突破之六，首次构建了大学生就业创业教育评价指标体系及实施方案。科学的评价是教育行政主管部门对大学生就业创业教育进行管理指导的有效工具，也是高校就业创业教育者进行检查、反思、改进的重要手段。目前，制约大学生就业创业教育评价的瓶颈性问题主要是评价指标体系的缺失和评价实施流程的失范。课题组以科学评价领域最前沿的第四代评估理论为指导，综合运用文献频度统计、调查研究、同行评议和层次分析等方法，在系统分析现有研究成果、权威媒体报道和相关政策文件的基础上，进行了大规模的问卷调查分析，首次构建了涵盖课程体系、师资结构、教学效果和教学环境四个方面，目标、中介和对象三个层次的大学生就业创业教育评价指标体系，编制了"三段十一步"评价实施流程，形成了切实可行的《大学生就业创业教育综合评价方案》，有效回应了我国大学生就业创业教育发展的关键需求，为国家教育行政主管部门开展全国大学生就业创业教育评价提供了有力支持，也为高校开展诊断式的自评提供了参考借鉴。

# 第一章

## 大学生就业创业教育的认识基础

基本概念、理论基础与核心理念是认识与研究大学生就业创业教育必须探讨的根本性问题。本章依照时代发展的起继性、多维度视角的综合性，以界定大学生就业创业教育基本概念为起点，进而探析其理论基础及核心理念，为本课题研究提供必要的认识前提。

### 第一节　大学生就业创业教育的概念界定

明确核心概念的内核与边界是开展理论研究的前提性工作，同时也是确保研究思维具有确定性与统一性的基本要求。本书从就业、创业、就业创业的统一三个维度出发，对"大学生就业教育"、"大学生创业教育"以及"大学生就业创业教育"这三个核心概念进行统一界定，进而厘清三者之间"既有交叉又彼此独立，既有区别又有联系"的辩证统一关系，为本课题研究奠定基础。

### 一、大学生就业教育

#### （一）就业

就业，由"就"和"业"组合而成。"就"字含有"到"、"开始做某事"

15

之意，"业"字本意是指古代乐器横木上的板子，上面刻有锯齿，以悬挂乐器，后来引申为学业、事业、职业、行业和工作等。[①]

在我国，"就业"概念的演变是一个不断发展的历程。在古代，"就业"主要是指从事学业。比如，《吕氏春秋》卷四《孟夏纪·诬徒》一篇中"故不能学者：遇师则不中，用心则不专，好之则不深，就业则不疾，辩论则不审，教人则不精。"其中的"就业"是指"做学问，搞学业"的意思。在《大戴礼记·曾子立事》中也有"日旦就业，夕而自省思"之句，其中的"就业"主要是指"学习"之意。而到了近代，"就业"更多地被作为一个经济学和法律意义上的概念，即指"在特定年龄范围内，从事一定社会经济活动并取得合法劳动报酬或经营收入"。1988年，我国在《大百科全书·经济学》中正式收录就业的概念，当时称"劳动就业"，指"劳动者同生产的物质条件相结合，为社会创造物质财富或提供劳务，并取得劳动报酬或经营收入"[②]。在此之前，我国在很长的一段时间里通常使用劳动的概念，并无就业的概念。1995年，我国劳动部同国家统计局将"就业"的概念界定为"从事一定社会经济活动并取得劳动报酬或经营收入"，并结合我国国情具体指出"就业人员中包括正办理离休、退休、退职手续，但又再次从业（有酬或自营等各种方式）的人员，但不包括从事经济活动的就读学生"。[③] 2003年，国家劳动和社会保障部将就业的概念具体界定为"在法定年龄内（男16～60岁、女16～55岁），从事一定的社会经济活动，并取得合法劳动报酬或经营收入"[④]。随着社会发展与相关研究的不断深入，"就业"的概念已不局限于经济学与法律范畴，学者分别从就业行为、就业权利以及社会劳动等不同视角出发对这一概念进行探究。从就业行为的角度来看，就业的定义更侧重主观层面，指"具有有待满足的劳动需要、劳动能力和劳动愿望的人群所进行的社会交往过程"[⑤]。从就业权利的视角出发，就业是指"具有劳动权利能力和劳动行为能力的公民，获得有劳动报酬或经营收入的职业"[⑥]。从社会劳动的视角出发，就业是指"在社会大生产中每个有劳动能力的人，为了自己的生存、发展，为了社会的进步，而从事有劳动报酬或收入的社会劳动"[⑦]。

在国外，"就业"一般被称为"受雇"（employment）。1982年，国际劳工组

① 中国社会科学院语言研究所词典编辑室：《现代汉语词典》，外语教学与研究出版社2002年版，第1041、2238页。

② 《中国大百科全书·经济学Ⅲ》，中国大百科全书出版社1988年版，第535页。

③ 《我国提出新的就业失业定义》，载于《管理教育学刊》1995年第1期，第41页。

④ 《劳动和社会保障部重新界定就业与失业概念》，载于《中国人力资源开发》2003年第6期，第45页。

⑤ 陈晓云：《就业行为管理》，上海人民出版社2007年版，第8页。

⑥ 王益英：《中华法学大辞典·劳动法学卷》，中国检察出版社1997年版，第169页。

⑦ 刘庆唐、冯虹：《就业管理》，中国劳动出版社1995年版，第99～100页。

织在第 13 届国际劳工统计大会中首次提出了这一概念，将其界定为"在参照期内从事任何一种工作以获取薪酬或利润（或实物报酬）"，并指出了"被雇佣者"包括在一定年龄以上，在某个特定的短时期内（一个月或一天），属于"有薪就业"或"自主就业"的所有人。① 此后，各国提出的就业概念与国际劳工组织提出的这一概念大体一致，但不同国家对这一概念的描述以及就业人员的边界划分仍有所不同。例如，在美国，就业是指"有劳动能力并且愿意从事劳动的人，从事有报酬或经营收入的工作"，并规定"就业人口指在规定的调查时间内，超过 16 岁以上为取得报酬或经营收入而工作的人，以及已有职位但因伤病休假、劳动纠纷或其他原因而未能工作的人"。② 而在俄罗斯，就业则是指"公民为满足个人和社会需要，不与俄罗斯法律相抵触并能带来工资和劳动收入所从事的活动"，并指出"就业公民指按照劳动合同（契约）工作的各种工作者，包括全时工作者与非全时工作者、从事工商业活动者等。"③

总体来看，目前"就业"概念已在国际范围内广泛使用。国内外学者对于这一概念的本质认识已基本形成共识，而在不同国家、不同领域内，对这一概念的具体理解仍有所不同。

本课题组以我国劳动和社会保障部对就业的最新定义（2003 年）为基础，综合借鉴经济学、统计学、管理学以及教育学等领域对就业概念的界定，将"就业"定义为"具有劳动能力的公民在法定年龄内从事一定社会经济活动并获得合法劳动收入的过程"。具体包括以下三层涵义：首先，就业的本质是一个动态的"人职匹配"过程。一方面，就业不仅特指获得工作岗位这一短期动作，而且覆盖劳动者从事社会经济活动的始终，是一个持续性的过程。另一方面，就业不仅是维持生计的方式，也是个体获得生涯发展的重要路径，其本质是个体持续追求与社会统一的动态过程。其次，就业需要具有一定程度的劳动能力。就业所从事的活动并不是一般的实践行为，而是特指进入社会分工的社会经济活动。现代社会分工日趋细化，进入社会分工所需具备的"劳动能力"也逐步呈现出明显的专业化与独立化特征，这些能力的获取主要是个体经由后天学习而逐步形成的。由此看出，就业不仅是一个经济问题或社会问题，也理应是一个教育问题。再次，获得合法劳动收入。劳动者完成职业选择后，在开展职业活动的同时会获得一定的劳动报酬，这是正当劳动所得，是受法律保护的劳动收入，也是劳

---

① 《关于经济活动人口、就业、失业及不充分就业统计的决议》，第 13 届国际劳工统计大会通过，日内瓦，1982 年。转引自：《资料：国外就业、失业定义》，载于《中国劳动》2002 年第 4 期，第 16 页。
② 梁晓滨：《美国劳动市场》，中国社会科学出版社 1992 年版，第 194 页。
③ 劳动和社会保障部劳动科学研究所：《外国劳动和社会保障法选》，中国劳动出版社 1999 年版，第 260 页。

动者维持和改善生活质量、促进职业发展的必要物质保障。

## （二）大学生就业教育

就业教育在世界各国的名称和内容并不统一，在美国一般称"生涯教育"，在日本一般称"出路教育"，在我国也称"就业指导"，但就其实质而言大体一致。

就业教育最早兴起于美国，其概念经历了不断演进的历程。第一阶段，"职业辅导"概念的提出。1909 年，弗兰克·帕森斯（Frank Parsons，1909）首次提出了"职业辅导"（Vocation Guidance）概念的基本架构，标志着就业教育概念的产生。具体指出，"职业辅导主要包括三方面主要因素：要清楚地了解自己，包括了解自己的天赋、能力、兴趣、雄心、资源及不足，以及这些特质的成因；要懂得各种工作成功所必须具备的条件和要求、优点与缺点、待遇、就业机会与发展前途；厘清上述二者之间的内在联系"①。第二阶段，由"职业辅导"发展为"生涯辅导"。1951 年，舒伯（Super，1951）提出了生涯辅导（Career Guidance）的概念，进一步丰富了就业教育的内涵。舒伯认为，"生涯辅导"是指"协助个人发展并接受统整的自我形象，同时发展适切的职业角色形象，使个人在现实世界中经受考验，并转化为实际的事实（职业），以满足个人的需要，同时造福社会。"② 此时的就业教育概念突破了传统"职业辅导"以协助个体选择与适应职业为基本出发点的局限性，开始走向自我与职业的统一，并强调达到个体职业发展的同时应符合社会发展需要。第三阶段，"生涯教育"概念的提出。1971 年，马兰（Marland，1971）首次正式提出生涯教育（Career Education），进一步推动就业教育概念向纵深发展。提出生涯教育的意义在于，它把就业教育定位为一种综合性、全程化的教育计划及过程，"其重点放在人的全部生涯，即从幼儿园到成年，按照生涯认知（career awareness）、生涯探索（career exploration）、生涯定向（career orientation）、生涯准备（career preparation）、生涯熟练（career proficiency）等步骤，逐一实施，使学生获得谋生技能，并建立个人的生活形态。"③

在我国，大学生就业教育亦称为大学生就业指导，其内涵也经历了不断发展演变的历程。第一阶段，"职业指导"概念的提出。1946 年，黄炎培先生首次提出就业教育的描述性概念，当时称为"职业指导"，即"大多数青年不论男女，

---

① Frank Parsons：*Choosing A Vocation*，*Biblio Bazaar*，*LLC*，4，2009，P.5.
② 沈之菲：《生涯心理辅导》，上海教育出版社 2000 年版，第 27 页。
③ 沈之菲：《生涯心理辅导》，上海教育出版社 2000 年版，第 29 页。

到了 14 岁或 15 岁，天然的会想到将来生活的寄托，就是择业问题。教育在这个时候，就应该用种种方法明示或暗示各种职业的意义价值和从业的准备等，使得每个青年不要走向和他天性或天才不相近的道路。这就是职业指导"①。当时这一概念主要应用于基础教育与职业教育等领域。第二阶段，大学毕业生思想教育。新中国成立后至改革开放前，我国长期处于计划经济时代，受这一时期国家"统包统分"的高校毕业生分配制度影响，大学生就业教育主要体现为毕业生思想教育，即面向高校毕业年级学生进行"共产主义理想、道德教育和对未来职业生活的适应性教育"②。第三阶段，由"毕业生思想教育"向"就业指导"转变。20 世纪 80 年代，伴随着高等学校毕业生分配制度改革的逐步推进，大学生就业教育这一概念的内涵也开始向"就业指导"转变。劳动人事部培训就业局在编写我国第一本就业指导教材中，明确提出"就业指导"的概念，即"帮助准备就业的人，了解职业的情况，并根据自己的条件，选择职业，实现就业，直至就业后还要继续努力，不断提高，为社会主义建设事业作出更大的贡献"③。1989 年，原国家教委发布了《关于改革高等学校毕业生分配制度的报告》。在报告"需要解决的配套措施"部分，要求"各地方、各部门以及各高等学校均应逐步建立毕业生就业指导机构，沟通供求信息，做好毕业生就业指导和咨询服务工作。"第四阶段，由"就业指导"发展为"就业指导与职业生涯规划教育"。21 世纪初，随着高校就业指导的不断发展以及受西方职业生涯规划理论与实践的影响，我国大学生就业教育逐步拓展为就业指导兼顾职业生涯教育。2007 年，《大学生职业发展与就业指导课程教学要求》明确要求高校"开设职业发展与就业指导课程，并作为公共课纳入教学计划，贯穿学生从入学到毕业的整个培养过程"。这一时期有学者将"就业教育"定义为，"帮助人们选择并准备从事一项适合自己职业的过程。通过采用科学方法，帮助人们了解自己，培养和发展生理和心理的适应能力；帮助他们了解五花八门的职业世界和获得职业信息，学会做出职业决策，即根据社会需要和自身特点选择职业、预备职业、获得职业和改进职业"④。

长期历史演进过程中，国内外对于大学生就业教育的内涵发展已达成一定共识，即从以获得工作岗位为中心的"职业指导"延伸至以职业生涯发展为中心的"生涯教育"。但目前学界对于大学生就业教育的概念界定仍多为描述性概

① 黄炎培：《黄炎培教育文选》，上海教育出版社 1985 年版，第 297 页。
② 闵嘉国、周咏霓：《论毕业生思想教育的几个主要原则》，载于《高校德育研究》1986 年第 2 期，第 28~31 页。
③ 劳动人事部培训就业局：《就业指导》，中国劳动出版社 1988 年版，第 1 页。
④ 别业舫：《择业与创业——当代大学生就业教育的理论与实践》，北京大学出版社 2005 年版，第 2 页。

念，缺乏能够凝炼其教育目标、内容及本质等核心要素的综合性概念。课题组认为，大学生就业教育是以学会就业、实现职业发展以及生涯成长为目标，以就业观念引导、就业知识学习和就业能力培养为主要内容，以职业与个体的匹配性、知识与技能的复合性、社会生存的适应性为突出特征，以全体大学生为教育对象的一种教育实践活动。具体来说，首先，在教育性质上，大学生就业教育是一种立足于人全面发展的特殊的教育实践活动。它既不同于传统的知识教育，也不同于一般的岗前训练，而是一种通过强调"职业与个体的匹配性、知识与技能的复合性以及社会生存的适应性"，从而促进学生全面发展的教育实践活动。因此，大学生就业教育既是一种"适应性"教育，又是一种积极的"职业性"教育，更是一种立足学生全面发展的"发展性"教育。其次，在教育目标上，大学生就业教育旨在帮助大学生学会就业、实现职业发展以及生涯成长。其教育目标不仅局限于帮助学生获得工作岗位，而且包括帮助学生选择适合自己的职业，在工作中获得进一步的发展，进而实现个体的生涯发展。最后，在教育内容上，大学生就业教育应该通过各种方式途径向受教育者传授未来职业发展所需要的观念、知识和能力。

## 二、大学生创业教育

### （一）创业

创业是由"创"和"业"组合而成的。"创"字有"开拓"、"前所未有"之意，"创业"往往和"守业"相对，强调开创性。《孟子·梁惠王》中讲道，"君子创业垂统，为可继也"，意指"开创功业，奠定一个传统，从而使后世都能够继承下来"。诸葛亮的《出师表》中也有"先帝创业未半而中道崩殂"之句。这其中的"创业"一词则是指"开创帝业"。现代汉语中的"创业"一词更多地是指"开创事业"。教育家陶行知先生曾讲，"人生志在创业"。毛泽东同志谈到，"学校要大力进行思想教育，进行遵守纪律、艰苦创业的教育。"[①] 邓小平同志也指出，"中国搞四个现代化，要老老实实地艰苦创业。"[②]

作为一个学术概念，"创业"有狭义和广义之分。狭义上讲，"创业"一般指"创办企业"。有学者指出，"创业是一个发现机会和捕捉机会并由此创造出

---

① 共青团中央、中共中央文献研究室：《毛泽东邓小平江泽民论青少年和工作》，中国青年出版社、中央文献出版社 2003 年版，第 117 页。
② 《邓小平文选》第 2 卷，人民出版社 1994 年版，第 257 页。

新奇的产品或服务，实现其潜在价值的过程"①。还有学者认为，"创业是指通过寻找和把握机遇创造出新颖的产品或服务，并通过市场创建成企业或产业，从而实现企业经济价值和社会价值的过程"②。广义上看，"创业就是开创事业"。学者分别把创业定义为一种行为，一种过程，一种思维。作为"行为"的创业，有学者认为，"所谓创业就是指人们根据社会需要，运用自己的聪明才智创立一种事业，或在工作中有所创造、创新和发展。具体指创造、创设、创新某种事业或职业岗位③；也有学者指出，"创业是开拓或创立个人、集体、国家的各项事业以及所取得的成就"④。作为"过程"的创业，有学者认为，"创业就是整合资源、识别机会、创造价值的过程"。也有学者认为"创业应是具有创业精神的个体与有价值的商业机会的结合，是开创新事业，其本质在于把握机会，创造性地整合资源、创新和超前行动"⑤。此外，还有学者指出，"创业是劳动者依据个人需要和社会需求，综合利用个人的资源（资本、技能、观念），发现机会并选择、开拓能够产生经济价值和社会效益的机遇，进行风险投资，以满足自己的价值追求的过程"⑥。作为"思维"的创业，有学者认为，"创业是一种思维方式、行为模式，是一种人生哲学"。"创业是一种思维方式和行为模式，其核心要素在于创新。创新精神即在创业的过程中，创业者在强烈的创业热情和动机的驱动下，在混乱无序、变化、不确定的环境中甘冒风险去寻求、把握机会、整合资源并创造价值，全社会的共同目标是要孕育和弘扬创业文化，其中教育发挥着举足轻重的作用"⑦。也有学者指出，"创业是个人的一种精神与能力，是创造有价值的事物的过程，是一种人生哲学。其本质特征是识别机会，整合资源，将创意付诸实施并创造价值"⑧。

在国外，学界对于"创业"的概念也没有统一界定。学者侧重从创新型活动、识别与获取机会、生涯发展等视角对其进行定义。首先，从创新型活动的视角看，认为"创业是创新的过程"。例如，约瑟夫·熊彼特（Joseph Alois Schumpeter，1934）提出，创业就是创新，即创业的过程就是创新的过程，创新者就是创业者，创业者通过创新使自由市场经济的内在矛盾得以克服，从而促使经济

---

① ［美］罗伯特·D·西斯瑞克，郁义鸿、李志能译：《创业学》，复旦大学出版社 2000 年版，第 39 页。

② 李时椿、常建坤、杨怡：《大学生创业与高等院校创业教育》，国防工业出版社 2004 年版，第 21 页。

③ 焦方红、李海红：《大学生创业教育》，吉林人民出版社 2008 年版，第 34 页。

④ 彭怀祖、侯文华：《大学生创新创业教育教程》，科学出版社 2012 年版，第 4 页。

⑤ 张玉利：《创新时代的创业研究与教育》，载于《中国教育报》2006 年 5 月 8 日，第 7 版。

⑥ 李志永：《日本高校创业教育》，浙江教育出版社 2010 年版，第 24 页。

⑦ 徐小洲、李志永：《创业教育》，浙江教育出版社 2009 年版，第 20 页。

⑧ 梅伟惠：《美国高校创业教育》，浙江教育出版社 2010 年版，第 29 页。

得以增长①。斯科特·谢恩（Scott Shane，2006）认为，"创业是创造有价值的新事物的过程。在创业过程中，创业者投入必要的时间和努力，承担伴随着的财政上的、心理上的以及社会上的风险，并获得物质上的奖励以及个人的成就感和独立性"②。其次，从识别与获取机会的视角来看，认为"创业是机会驱动行为，也是利用机会的方式"。例如，霍华德·史蒂文森（Howard H. Stevenson，1985）指出，"创业应该是一种被洞察到的机会所驱动的行为，而不是被现有资源控制的一种行为"③。全美创业教育者联盟（The US National Commission on Entrepreneurship，2003）指出，"不断地变化会产生创造财富的新机会，（创业就是）经济（主体）利用这些新机会的方式"。④ 最后，从生涯发展的视角来看，认为"创业是一种思考、推理和行为方式，是一项人生哲学"。其中杰弗里·蒂蒙斯（Jeffry Timmons，1999）提出，"创业是一种思考、推理和行为的方式，它为机会所驱动、需要在方法上全盘考虑并拥有和谐的领导能力"⑤。迈克尔·莫里斯（Michael William Morris，2004）指出，"创业是一项人生哲学，创业型的态度和行为会影响到一个人的专业和工作生涯，并影响其在各个领域的行动方式。在此概念下，一种创业型的生涯不仅仅指创办一个企业，还包括接管一个家族企业，进行社会创业，在现有大公司里或者其他专业领域创造性地工作等"⑥。

总的来看，国内外学者充分考虑到了资源整合、机会识别、创业者特质、创新型活动等因素对于丰富创业概念内涵的重要作用，更有人从生存方式的视角将创业归纳为一种"人生哲学"。根据大学生就业创业教育这一研究背景与主题，在借鉴前人研究的基础上，课题组认为，创业是个体整合资源（观念、资本、技能等）、洞察并获取机会，进而创造经济价值和社会价值的过程，是一种具有开拓性的思维方式与行为模式，是一种创造性的生活方式与人生态度。具体包括以下几层涵义。第一，创业的实质是一种生活方式与人生态度。创业不仅是一种

---

① ［美］约瑟夫·阿洛伊斯·熊彼特，叶华译：《经济发展理论》，北京出版社 2008 年版，第 95 ~ 97 页。

② S. A. Shane：*Economic Development through Entrepreneurship*：*Government*，*University and Business Linkages*，*Northampton*，*MA*：*Edward Elgar*，2006，P. 7.

③ H. H. Stevenson，M. J. Robert，H. I. Grousback：*New Business Ventures & the Entrepreneur*，*Homewood. IL. Irwin*，1985.

④ 朱仁宏：《创业研究前沿理论探讨——定义、概念框架与研究边界》，载于《管理科学》2004 年第 4 期，第 73 页。

⑤ ［美］杰弗里·蒂蒙斯、小斯蒂芬·斯皮内利，周伟民、吕长春译：《创业学》，人民邮电出版社 2005 年版，第 23 页。

⑥ M. H. Morris：*Models of Entrepreneurship Centers*：*Emerging Issues and Approach*，*Paper Presented at the* 2004 *National Consortium of Entrepreneurship Centers Conference*. http：//www. nationalconsortium. org/resources. htm，2004.

职业选择，更是一种特殊的思维方式与行为模式。创业并不仅仅特指创办一个企业等一次性行为，还包括以创业的思想和理念去开创事业，以及用创业的思想和理念去指导生涯发展。基于这一理念，人人、时时、处处都可以实现创业。第二，根据创业的实质，创业的形式也不应仅限于"创办企业"。应包括创立新的企业、创造新的职业领域、创设新的就业岗位以及拓展新的工作内涵四种主要形式。由此可见，在现有工作岗位上创造性地开展工作，也属于创业的范畴。第三，创业的核心在于创造新的价值。创业不是复制的过程，也不是延续以往的价值创生模式。创业是个体将现有的资源重新组合，进而从中发现新的发展机会，并将其付诸实施，从而创造新的价值，实现个人发展与社会进步的过程。创业如果不能产生新的价值，创业者就会失去开创事业的动力，创业活动的自身使命也将无法完成。

### （二）大学生创业教育

1991年1月，联合国教科文组织在东京会议报告中具体阐释了"创业教育"的概念，指出创业教育"从广义上来说是培养具有开创性的个人，它对于拿薪水的人也同样重要，因为用人机构或个人除了要求受雇者在事业上有所成就外，正越来越重视受雇者的首创、冒险精神，创业能力，独立工作能力，以及科技、社交和管理技能。""广义的创业教育'在于为学生灵活、持续、终身的学习打下基础'。而狭义的创业教育则是与增收培训的概念联系在一起的。"①

国外学者立足于广义的创业教育内涵，分别从教育理念、教育活动等视角出发对创业教育的概念进行了界定。从教育理念角度来看，将创业教育定义为"一种面向'创业革命'开发人力资源的教育创新"。杰弗里·蒂蒙斯认为，"学校的创业教育应该不同于社会上的以解决生存问题为目的的就业培训，也不是一种'企业家速成教育'，真正意义上的创业教育，应该着眼于为未来的几代人设定'创业遗传代码'，以造就具有革命性的创业一代作为其基本的价值取向。蒂蒙斯的这种前瞻性的创业教育理念，实质上是一种面向'创业革命'开发人力资源的教育创新"②。从教育过程的角度来看，将创业教育定义为"树立创业观念、培养创业意识、提升创业技能的过程"。美国考夫曼基金会指出，"创业教育是一个过程；它提供给学生创业所需的观念和技能，使他们辨认出别人可能忽视的机会，并且使他们拥有洞察力和勇气采取别人可能迟疑的行动。包括机会识

---

① 彭钢：《创业教育学》，江苏教育出版社1995年版，第75页。
② 向东春、肖云龙：《美国百森创业教育的特点及其启示》，载于《现代大学教育》2003年第2期，第79~82页。

别、整合资源以及主动进行商业冒险等方面的指导"①。美国 CELCEE（1997）提出，创业教育是指为个体提供创业知识、培养创业技能，以期能够识别他人所忽视的机会，具备洞察力、自我评估能力和知识技能，在他人犹豫之时果断地采取行动的过程。教育内容包括识别机会、承担风险、整合资源、开办企业。还应该包括企业管理过程的内容如企业规划、筹集资金、市场运作、现金流分析。②阿尔伯特（Alberti，2004）认为，创业教育是有组织、正规地传递创业能力的过程，这些创业能力指的是个体在创业时需要的观念、技能以及自我意识。③ 琼斯（Jones，2004）指出，创业教育是一个过程，旨在培养个体识别商机的能力，并据此采取行动的远见、自立、知识和技能，具体内容包括辨别机会、将概念商业化、面对风险整合资源和创办企业，同时也包括传统的商业课程如管理学、市场学、信息系统和财政学。④

早在 20 世纪 80 年代末，国内学者就已经开始对"创业教育"的概念进行尝试性表述。胡晓风（1989）提出，创业教育"是一种新构思……是合理安排人生历程，不断提高人生质量，以民主教育，全民教育、全面教育、终生教育构建融为一体的整体网络，进行人生志在创业、向着创造生活前进的教育"⑤。此后，彭钢提出，"创业教育，是指以开发和提高青少年的创业基本素质，培养具有开创个性的社会主义建设者和接班人的教育；是在普通教育和职业教育基础上进行的，采取渗透和结合的方式在普通教育和职业教育领域实施的，具有独立的教育体系、功能和地位的教育"⑥。

我国大学生创业教育的概念是在高等教育改革、提升人才培养质量的深刻背景下得以提出和发展的。2002 年，在教育部组织召开的全国普通高等学校"创业教育"试点工作座谈会上，首次在高等教育领域提出"创业教育"的概念，"创业教育是一种理念，这种理念要贯穿于高等教育的课堂教学及课外活动，主要是通过课程体系、教学内容、教学方法的改革，以及第二课堂活动的开展，不断提高学生的综合素质，增强学生的创新意识、创造精神和创业能力。同时强调

---

① 梅伟惠：《美国高校创业教育》，浙江教育出版社 2010 年版，第 29～30 页。

② Center for Entrepreneurial Leadership Clearing Rouse on Entrepreneurship Education（CELCEE）. Areas of entrepreneurial development，［2008－07－06］. http：//www. celcee. edu.

③ F. Alberti：*Entrepreneurship education：Notes on an ongoing debate.* Paper presented at the 14# Annual IntEnt Conference. http：//www. intent-conference. com，2004.

④ Colin Jones，Jack English：*A contemporary approach to entrepreneurship education*，*Education & Training*，46，2004，pp. 416－423.

⑤ 《陶行知教育思想与合川教育整体改革》，四川教育出版社 1991 年版，第 4 页。

⑥ 彭钢：《创业教育学》，江苏教育出版社 1995 年版，第 71 页。

通过开设课程、资助资金、提供咨询等方式使学生具备自己开办企业的能力"①。此后一段时期，一些学者从素质教育的视域出发，对大学生创业教育进行界定。张玉利（2003）认为，"创业教育并非专指激发学员开展个体创业活动，而是培养学员创业型思维和企业家式的管理技能"②。焦方红（2008）指出，"创业教育是开发和提高大学生创业基本素质，培养具有创造精神和创业能力的高素质社会主义现代化建设者的教育"③。2009 年，中国高等教育学会在调查、总结各地高校创业教育经验基础上，提出了创新创业教育的新概念，认为"创新创业教育，从广义上讲，是关于创造一种新的伟大事业的教育实践活动"；"从狭义讲，是关于创造一种新的职业工作岗位的教学实践活动，是真正解决当代大学生走上自谋职业、灵活就业、自主创业之路的教育改革的实践活动。"④ 2010 年《教育部关于大力推进创新创业教育和大学生自主创业工作的意见》（教办［2010］3号）进一步明确了"创新创业教育"的概念，指出"创新创业教育是适应经济社会和国家发展战略需要而产生的一种教学理念与模式。创新创业教育要面向全体学生，融入人才培养全过程。要在专业教育基础上，以转变教育思想、更新教育观念为先导，以提升学生的社会责任感、创新精神、创业意识和创业能力为核心，以改革人才培养模式和课程体系为重点，大力推进高等学校创新创业教育工作，不断提高人才培养质量。"2012 年 8 月，教育部《普通本科学校创业教育教学基本要求（试行）》（教高厅［2012］4 号）进一步阐释了创业教育的内涵，提出创业教育按照"面向全体、注重引导、分类施教、结合专业、强化实践"的原则，通过"课堂教学、课外活动与社会实践"，"教授创业知识、锻炼创业能力、培养创业精神"，"使学生掌握创业的基础知识和基本理论，熟悉创业的基本流程和基本方法，了解创业的法律法规和相关政策，激发学生的创业意识，提高学生的社会责任感、创新精神和创业能力，促进学生创业就业和全面发展"。新时期，学界也对大学生创业教育的概念进行了丰富与拓展。有学者认为，"创业教育以创新为本质，通过各种教育途径和方法（课程、活动、实践等）培养学生积极的创业意识和创业精神，通过创业相关知识的传授，使学生懂得更有效地激发自己的潜能，发挥自己的领导才能，形成全面的创业能力，从

---

① 教育部高等教育司：《"创业教育"试点工作座谈会纪要》（教高司函［2002］101 号），2002 年 4 月 30 日。

② 张玉利、陈忠卫、谭新生：《"首届创业学与企业家精神教育研讨会"会议综述》，载于《南开管理评论》2003 年第 5 期，第 78～80 页。

③ 焦方红、李海红：《大学生创业教育》，吉林人民出版社 2008 年版，第 38 页。

④ 曹胜利、雷家骕：《中国大学创新创业教育发展报告》，北方联合出版传媒（集团）股份有限公司、万卷出版公司 2009 年版，第 6 页。

而更加积极地面对人生的挑战"①。还有学者认为，"高校创业教育指的是高校利用课堂内创业课程和课堂外创业活动，培养学生创业精神和创业技能的教育。这些相互关联的知识和技能包括机会识别的能力、整合资源的能力、承担风险的勇气、灵活性和适应性、团队组织和领导能力等"②。

　　总体来说，我国大学生创业教育的概念经历了一个提出、发展、深化的演变历程。已经开始从狭义地被理解为"创造与职业的结合"或"创办企业的教育"发展为与素质教育、创新教育并行的全新教育理念与模式。结合《教育部关于大力推进创新创业教育和大学生自主创业工作的意见》中提出的"创新创业教育"的内涵，课题组认为，大学生创业教育是一种适应经济社会和国家发展战略需要而产生的教育理念与模式，是一种在专业教育基础上，以培养大学生事业心、创造性思维和开拓性行为方式为目标，以培养创业观念、创业知识、创业能力为内容的教育实践活动。具体包括以下几方面涵义：首先，大学生创业教育的本质是一种教育理念与模式。它不仅是一项独立的教育实践活动，而且是一种适应经济社会和国家发展战略需要而产生的教育理念与模式。因此，大学生创业教育在实施上，既要注重作为一项独立的教育活动自身发展的独立性，又要兼顾其作为一种全新的教育理念与模式在改革人才培养模式和课程体系方面的整合性，从而适应国家经济社会发展与学生职业生涯发展的双重需要。其次，大学生创业教育的目标是培养学生的事业心、创造性思维和开拓性行为方式。形象地讲，就是为大学生设定"创业遗传代码"③。由此，大学生创业教育的目标应该具有层次性。第一层次是帮助学生了解创业知识、唤醒创业意识；第二个层次是培养学生创业性思维、提升创业能力；第三层次是指导学生拥有创业型的思维方式与行为模式，从而形成一种创业型的人生态度。再次，大学生创业教育的内容以培养创业观念、创业知识和创业能力为主。创业观念主要是培养学生善于思考、敏于发现、敢为人先的创新意识，挑战自我、承受挫折、坚持不懈的意志品质，遵纪守法、诚实守信、善于合作的职业操守，以及创造价值、服务国家、服务人民的社会责任感；创业知识主要是使学生掌握开展创业活动所需要的基本知识，包括创业的基本概念、基本原理、基本方法和相关理论，涉及创业者、创业团队、创业机会、创业资源、创业计划、政策法规、新企业开办与管理，以及社会创业的理论和方法；创业能力就是要重点培养学生识别创业机会、防范创业风险、适时

---

① 李志永：《日本高校创业教育》，浙江教育出版社 2010 年版，第 29 页。
② 梅伟惠：《美国高校创业教育》，浙江教育出版社 2010 年版，第 29 页。
③ ［美］杰弗里·蒂蒙斯、小斯蒂芬·斯皮内里，周伟民、吕长春译：《创业学》，人民邮电出版社 2005 年版，第 1 页。

采取行动的创业能力。[①]

### 三、大学生就业创业教育

探讨大学生就业教育与创业教育的关系，首先要从大学生就业与创业的关系入手进行辨析。就业与创业都是大学生职业选择的一种方式，二者之间不是彼此对立的关系，而是不可割裂的一个整体，统一于大学生生涯发展的职业范畴。这种整体性一方面表现为就业与创业之间的互促性，另一方面又表现在就业与创业之间的联动性。首先，就业与创业之间的互促关系。就业与创业之间不是非此即彼的相对关系，而是在大学生职业发展过程中发挥着互相促进的作用。一方面，就业为创业提供平台。就业可以帮助毕业生积累丰富的工作经验，提升职业素质，汇聚未来发展的各种社会资源（包括资金、人脉等），有利于大学生未来创办企业。同时就业岗位还为"内创业"提供可能。另一方面，创业为大学生职业发展创造条件。大学生在创业过程中形成的首创、冒险精神、创业能力、独立工作能力以及技术、社交和管理技能等核心素质，必然会为个体的职业发展创造条件。其次，就业与创业之间的联动关系。自主创业是就业的重要形式之一，同时对于带动就业具有重要的作用。2008 年，《国务院办公厅转发人力资源社会保障部等部门关于促进以创业带动就业工作指导意见的通知》（国办发［2008］111 号）明确指出"创业是劳动者通过自主创办生产服务项目、企业或从事个体经营实现市场就业的重要形式"，"促进以创业带动就业，有利于发挥创业的就业倍增效应，对缓解就业压力具有重要的现实意义"。面临日益严峻的就业形势，仅仅瞄准社会上现有的工作岗位实现就业已远不能满足大学生职业发展的需要，自主创业将日趋成为大学生实现就业的重要方式。同时，大学生自主创业不仅解决了自身的就业问题，而且可以为其他人提供就业岗位，实现以创业促进就业的倍增效应。因此，就业与创业之间具有"通过创业实现就业，进而以创业促进就业"的联动关系。综上所述，就业与创业之间的关系决定了二者将统一存在于大学生的整个职业发展过程中。就业后可以创业，创业后仍可以就业，创业也是一种就业，并且还可以带动就业。由此看出，大学生无法在其成长过程中的某一时间点上，确定自己未来只选择"就业"，或者只选择"创业"。因此，就业与创业是大学生职业发展过程中不可分割的整体，二者的关系决定了大学生就业教育与创业教育不应该是两项彼此独立的、平行推进的教育活动，而是需要

---

[①]　教育部办公厅印发《普通本科学校创业教育教学基本要求（试行）》（教高厅［2012］4 号），2012 年 8 月 1 日。

将二者科学融合后成为一种新型的教育——大学生就业创业教育,立足于整个职业发展的视角,指导大学生的生涯成长。

在实际应用中,创业教育提出的一段时间内,与就业教育这两个概念一般是独立存在,分别使用的。随着研究的深入和教育的发展,二者开始走向互动与融合。党的十七大报告提出,"实施扩大就业的发展战略,促进以创业带动就业",进一步明确了就业与创业之间的联动关系,为"就业创业教育"概念的提出奠定了基础。《国家中长期教育改革和发展规划纲要(2010~2020年)》指出,在高等教育中"加强就业创业教育",首次明确提出了"就业创业教育"的表述。

总体来看,大学生就业教育与创业教育已经在理论和实践中趋于融合。但是,目前学界并未对"大学生就业创业教育"这一概念给予明确界定。在借鉴国内外学者对相关概念界定的基础上,本课题组认为,大学生就业创业教育是立足于学生职业发展视角对大学生就业教育与创业教育进行的科学整合,是一种融"适应性"、"开拓性"以及"发展性"为一体的综合教育实践活动。具体来说包括以下三层内涵:首先,在教育本质上,大学生就业创业教育不是就业教育与创业教育的相互替代,也不是对其中任何一种教育的削弱和放弃,而是立足大学生职业发展的综合知识能力需求,对原来分散在就业教育和创业教育中的各自教育因素和共同教育因素实现有机整合,形成就业创业的育人合力。其次,在教育目标上看,大学生就业创业教育旨在突破传统大学生就业教育或创业教育仅针对一种职业选择开展教育的局限,消除学生在就业与创业衔接过程中存在的教育盲区,避免学生因暂时性的选择而忽视其他生涯发展机遇,从而最大程度地发挥就业教育与创业教育的价值,满足大学生职业生涯发展与社会经济发展的双重需要,促进大学生就业和创业的综合实现。再次,教育内容上,大学生就业创业教育全面观照大学生就业创业所需的各方面知识水平,系统地整合原有就业教育与创业教育的内容体系,形成一套从整体上推动大学生职业发展的、全新的教育理念与模式,覆盖了大学生就业创业的观念、知识和能力等诸多内容。

## 第二节 大学生就业创业教育的理论支持

任何一种理论都不是凭空产生的,如恩格斯所说,"同任何新的学说一样,它必须首先从已有的思想材料出发,虽然它的根子深深扎在物质的经济的事实中。"①

---

① 《马克思恩格斯选集》第3卷,人民出版社1995年版,第719页。

其产生、演变和发展除了从实践中进行规律性总结和本质性提升以完成自身的理论体系构建，同时还要遵循一定的理论指导、引入一定的理论借鉴、吸纳一定的理论补充，在相关理论支持的基础上，不断丰富和填充自身"是其所是"的构成特质。大学生就业创业教育也是如此，它的生成发展离不开多层面、多角度的理论支持，需要在相关理论、学说、观点支持的基础上才能完整确证其历史进程及时代意蕴，与此同时构建生成自身的理论体系。

具体而言，大学生就业创业教育的理论支持主要包括三个方面。其中，马克思主义理论是大学生就业创业教育的理论指导，西方职业生涯理论是大学生就业创业教育的理论借鉴，相关学科理论是大学生就业创业教育的理论补充。

## 一、马克思主义理论是大学生就业创业教育的理论指导

马克思主义理论的诞生是人类思想史上的伟大革命，是科学性、真理性、实践性、创新性的统一，是引领大学生就业创业教育理论与实践发展的重要指导思想。首先，它为大学生就业创业教育奠定了世界观和方法论基础。世界观是人们关于世界是什么、怎么样的根本观点，以世界观为指导去认识和改造世界，就形成了方法论。马克思主义在人类思想史上第一次确立了科学的世界观和方法论，是正确揭示自然界、人类社会及思维运动发展客观规律的科学，也是能指导人进行认识世界、改造世界实践的科学。它不仅在实践意义上为全世界无产阶级和全人类的解放指明了正确的道路，而且在理论意义上为各门科学的发展提供了世界观和方法论指导，这也是确保大学生就业创业教育研究方向性及科学性的基础。其次，它为大学生就业创业教育提供了认识前提。马克思主义科学揭示了人类社会发展的一般规律，分析批判了包括资本主义社会在内的一切阶级社会的运行奥秘，指明了共产主义发展方向。马克思主义认为，客观事物是不断变化和发展的，人类的社会实践也是不断发展的。与此相适应，人类的认识规律和实践规律也是不断深化和发展的，马克思主义揭示了人类认识的发展必将经过一个由实践产生感性认识，由感性认识向理性认识飞跃，再由理性认识向实践飞跃的过程，即从"必然王国"向"自由王国"的飞跃，亦即从实践到认识，又从认识到实践的循环往复以至无穷的运动过程。马克思主义关于人类社会发展规律以及人的认识发展规律的思想是开展大学生就业创业教育研究和实践的基本理论依据。最后，它为大学生就业创业教育明确了价值旨归。从哲学上看，马克思主义的根本价值指向是现实的人的自由全面发展，追求达到人的社会关系的极大丰富，以及人的个性的自由全面发展，这与唯心主义以抽象理念为旨归、旧唯物主义以抽象的人为本位的价值取向存在根本不同；从社会历史角度看，马克思主义的根本价

值指向是人民立场，相信人民、依靠人民、为了人民，最终旨在实现全社会的解放、全人类的解放。二者也是内在一致的，马克思强调，"每个人的自由发展是一切人的自由发展的条件"①，要在尊重客观规律的基础上，实现绝大多数人即全体人民的自由全面发展，最终"解放全人类"。这为大学生就业创业教育阐明了教育应有的价值判断标准和价值指向，内在规定了大学生就业创业教育方针、教育目的、教育任务与目标的根本方向和归属。

马克思主义关于就业择业的思想是大学生就业创业教育的直接理论依据，主要包括以下三个方面。

### （一）关于社会分工与职业的理论

马克思主义关于社会分工与职业的理论对大学生就业创业教育的理论支持主要体现在：它深刻阐明了劳动与分工的关系、分工与职业的关系、职业与人的关系。

1. 劳动与分工的关系。

马克思主义认为，分工是一个具体的历史范畴。全部所谓世界史不外是人通过人的劳动而诞生的历史，而分工又是劳动的重要环节，是人类活动发展到一定历史阶段的产物。马克思、恩格斯在《德意志意识形态》中指出，"人们之所以有历史，是因为他们必须生产自己的生活，而且必须用一定的方式来进行：这是受他们的肉体组织制约的，人们的意识也是这样受制约的。"② 随着生产力的发展，人的需要和基数的日益增多，人的部落意识得到了进一步提高，分工便产生并发展起来。原始的"分工起初只是性行为方面的分工，后来由于天赋（例如体力）、需要、偶然性等等才自发地或'自然形成'分工。分工只是从物质劳动和精神劳动分离的时候起才真正成为分工。"③ 分工包含着生产力、社会状况和意识之间产生的所有矛盾，是迄今为止推动历史的主要力量之一。"一个民族的生产力发展的水平，最明显地表现于该民族分工的发展程度。任何新的生产力，只要它不是迄今已知的生产力单纯的量的扩大（例如开垦土地），都会引起分工的进一步发展。"④ 马克思还将分工与所有制形式结合起来，阐明了人类社会历史的所有制形式依次更替的内在原因，"分工发展的各个不同阶段，同时也就是所有制的各种不同形式"⑤。因此，分工和所有制是相等的表达方式。马克思认为："单就劳动本身来说，可以把社会生产划分为农业、工业等大类，叫做一般

---

① 《马克思恩格斯选集》第 1 卷，人民出版社 1995 年版，第 294 页。

② 《马克思恩格斯选集》第 1 卷，人民出版社 1995 年版，第 81 页。

③ 《马克思恩格斯选集》第 1 卷，人民出版社 1995 年版，第 82 页。

④⑤ 《马克思恩格斯选集》第 1 卷，人民出版社 1995 年版，第 68 页。

的分工；把这些生产大类划分为种和亚种，叫做特殊的分工；把工厂内部的分工，叫做个别的分工。"① 在这些类型不同的社会分工要求下就会产生不同的劳动形式，因而也会对劳动者提出不同的知识能力要求。

2. 分工与职业的关系。

职业是社会分工发展到一定阶段的产物。当精神活动和物质活动、享受和劳动、生产和消费由不同的个人来分担的情况时，职业由于分工而独立化。随着生产力的发展，生产方式得以改变，产业结构得以调整，分工类型随之丰富，职业分类日趋细化。人类历史上经历的三次工业革命标志着生产力的重大飞跃，也标识了分工对职业的作用，18 世纪中期的第一次工业革命使人们进入了"蒸汽时代"，以操作机器为中心的大工场分工逐渐取代了手工作坊分工；19 世纪中期，随着以电力广泛应用为标志的第二次工业革命的兴起，与电气、化学及石油相关的职业产生并发展起来；20 世纪中期兴起的第三次科技革命，电子计算机的发明和应用在科技领域引发了一场信息控制技术的革命，这既促使职业领域原有职业的内涵和从业方式得以更新，又形成了全新的现代化职业。1958 年，国际劳工组织（ILO）正式发行《国际标准职业分类》（International Standard Classification of Occupations，ISCO），为各国进行职业分类提供了国际标准。ISCO 将职业分为大类、小类和细类，经过 1968 年（ISCO－68）、1988 年（ISCO－88）、2008 年（ISCO－08）的三次修订，分类增加了中类，分类体系日趋丰富。就最新发行的 ISCO－08 与 ISCO－88 比较而言，前者继承了后者的经验，并对世界范围内职业的发展进行了完善和细化。ISCO 颁布以来，世界各国的职业分类体系随之建立并发展起来。1999 年 5 月，中国劳动和社会保障部主持编撰的《中华人民共和国职业分类大典》（以下简称《大典》）正式颁布并实施，《大典》第一次全面反映了我国的职业结构，将我国职业归入 8 个大类，具体分为 1 838 个职业，《大典》自颁布以来完成了三次增补修订，分别是：2005 年增补 1999～2005 年间新职业 77 个；2006 年增补 2005～2006 年间新职业 82 个；2007 年增补新职业 31 个，职业结构的不断变化，给劳动者的职业能力和综合素质提出了更高的要求（见表 1－1、表 1－2）。

表 1－1　　《中华人民共和国职业分类大典》（2007 年增补本）

| 大类 | 中类 | 小类 | 细类 |
|---|---|---|---|
| 第一大类：国家机关、党群组织、企业、事业单位负责人 | 5 | 16 | 25 |
| 第二大类：专业技术人员 | 14 | 115 | 379 |

① 马克思：《资本论》第 1 卷，人民出版社 2004 年版，第 406～407 页。

| 大类 | 中类 | 小类 | 细类 |
|---|---|---|---|
| 第三大类：办事人员和有关人员 | 4 | 12 | 45 |
| 第四大类：商业、服务业人员 | 8 | 43 | 147 |
| 第五大类：农、林、牧、渔、水利业生产人员 | 6 | 30 | 121 |
| 第六大类：生产、运输设备操作人员及有关人员 | 27 | 195 | 1 119 |
| 第七大类：军人 | 1 | 1 | 1 |
| 第八大类：不便分类的其他从业人员 | 1 | 1 | 1 |

表 1 - 2　　　　　　　　ISCO - 08 与 ISCO - 88 比较

| 类别 | ISCO - 88 | ISCO - 08 |
|---|---|---|
| 大类 | 第一大类：立法者、高级官员和管理者 | 第一大类：管理者 |
| | 第二大类：专业人员 | 第二大类：专业人员 |
| | 第三大类：技术人员和专业人员助理 | 第三大类：技术人员和专业人员助理 |
| | 第四大类：办事员 | 第四大类：办事员 |
| | 第五大类：服务人员及商店和市场销售人员 | 第五大类：服务人员及销售人员 |
| | 第六大类：农业和渔业技术员 | 第六大类：农业、林业和渔业技术员 |
| | 第七大类：工艺及有关人员 | 第七大类：工艺及有关人员 |
| | 第八大类：机械机床操作员和装配工 | 第八大类：机械机床操作员和装配工 |
| | 第九大类：非技术工人 | 第九大类：非技术工人 |
| | 第十大类：军人 | 第十大类：军人 |
| 中类 | 28 | 43 |
| 小类 | 116 | 125 |
| 细类 | 390 | 436 |

3. 职业与人的关系。

由分工产生的职业活动给人类社会和个体的发展带来了巨大影响。职业活动方式的变化，推动了社会生产关系的发展，在这一过程中，作为最稳定的谋生方式，职业活动影响人们的道德观念和行为方式逐渐走向多元，通过满足人自身生存和发展的需要，丰富和体现了人的本质，推动了人的发展。在充分肯定分工带来的有益方面的同时，马克思在《哲学的贫困》中以批判蒲鲁东思想的形式，清楚地提出了分工将产生的有害结果，即分工产生了种姓。就实质而言，分工是人的一种"异化劳动"，只要自由分工还未实现，那么职业活动就会成为一种异己的、同他对立的力量，束缚着人只能在特定的职业范围内活动，这种"异化"必然会造成人的发展走向片面和畸形，马克思概括的指出"现代社会内部分工的特点，在于它产生了特长和专业，同时也产生职业的痴呆。"① 物质劳动和精神劳动的分离，使人们仅从事自身熟悉的职业活动，人作为自我创造的主体性存在，在进行"对象化"的劳动过程中，将自己的知识、技能和意图对象化于客体，在改造客体的同时，也改造了作为人的主体，正如亚当·斯密（Adam Smith，1776）所说"不同的人在天赋才能上的差异，实际比我们想象到的要小得多，成年人从事不同职业所表现出来的不同的才能，在许多场合，与其说是分工的原因，不如说是分工的结果"②。这就是说，我们通过发展生产力，开展教育提高人们的思想知识和工作技能，消除个人禀赋上的先天差异，解决劳动的"异化"问题，使劳动和职业发展切实成为人自我创造的重要手段。

### （二）关于人自由全面发展的学说

马克思主义关于人的自由全面发展学说对大学生就业创业教育的理论支持主要体现在以下两个方面。

1. 职业活动的终极目的是促进人的自由全面发展。

马克思主义关于人的自由全面发展学说不同于一般的人性论。关于"人性理论"的探讨贯穿于整个哲学史始终，但"从前的一切唯物主义（包括费尔巴哈的唯物主义）的主要缺点是：对对象、现实、感性，只是从客体的或者直观的形式去理解，而不是把他们当做感性的人的活动，当做实践去理解，不是从主体方面去理解"③，马克思第一次立足于实践的观点，具体地历史地揭示了人性，进而对人的自由全面发展问题给出了科学回答。马克思认为：个人的全面性是他的现实关系和概念关系的全面性，而人的自由本质上是一个主体性范畴，是人主体性的最充分体现，人在顺应客体，接受外在限制的同时，也能够运用自己的实践力量抵制外在的限制，实现人受动性和能动性的统一，人的社会实践活动在创造着人自身的同时，也发展着人自身。人的发展相对来说可分为三个历史阶段，即人对人的依赖阶段—人对物依赖基础上的相对独立性阶段—人的自由全面发展阶段，人只有通过实践活动创造全面的社会关系，才能最终实现自由全面发展。虽然，在人发展的一定阶段，客观产生了异化现象，在一定程度上造成了人的片面性发展，但这并非是人的全面性的丧失，而是人在创造社会关系过程中的必经

---

① 《马克思恩格斯选集》第 1 卷，人民出版社 1995 年版，第 169 页。

② ［英］亚当·斯密，唐日松译：《国富论》，华夏出版社 2004 年版，第 14 页。

③ 《马克思恩格斯选集》第 1 卷，人民出版社 1995 年版，第 54 页。

阶段，随着生产力的发展，必将被高度和全面的社会关系的创造所扬弃，人的自由全面发展是人类社会发展的必然结果。

马克思主义关于人的自由全面发展的学说阐明了人的自由全面发展与职业活动的关系问题。职业活动是推动社会生产和个体发展的重要手段，其最终目的就在于实现人的自由全面发展。马克思在《1844年经济学哲学手稿》中提出，劳动应该是人"自由自觉的活动"，而资本主义私有制下的"异化劳动"是造成人片面发展的原因。资本主义"异化劳动"给人们造成的苦难促使马克思深入思考工作的目的，那就是实现人的自由和解放，以构建与资本主义社会不同的理想社会。马克思、恩格斯在《共产党宣言》中指出："代替那存在阶级和阶级对立的资产阶级旧社会的，将是这样一个联合体，在那里，每个人的自由发展是一切人的自由发展的条件。"① 只有在共产主义社会发展到一定程度，生产资料私人占有被消灭的情况下，才能使工作成为真正自由的活动，才能摆脱异化劳动和畸形分工的束缚，自由全面地发展自己和发挥自身能力。现代化的机器大生产为人的全面发展提供了物质基础，而只有在共产主义社会，人的全面发展才能真正实现，职业活动就是要在生产力不断发展的基础上变化发展，以促进共产主义社会的实现，最终达到人全面自由发展的目标。同时，人性的发展同人所处的社会关系的变化相一致，人在职业活动这种创造全面性社会关系的活动中，也使自身向全面性的方向发展。

2. 教育与生产劳动相结合是促进人的自由全面发展的重要途径。

马克思主义关于人的自由全面发展的学说阐明了教育与生产劳动相结合的重要作用。教育与生产劳动相结合是弥补人的先天差异、促进人的全面发展的重要方法。认为人的发展是与生产的发展、社会的发展相一致的。马克思在1866年8月底概括第一国际临时总委员会的讨论中提出，教育包括智育、体育和技术教育，教育要与生产劳动相结合。马克思从辩证唯物主义和历史唯物主义观点出发，批判和继承了前人关于教育与生产劳动相结合的思想，提出教育与生产劳动相结合是大工业生产发展的客观需要，更是建立社会主义和共产主义社会的根本原则的科学论断，马克思指出"从工厂制度中萌发出了未来教育的幼芽，未来教育对所有已满一定年龄的儿童来说，就是生产劳动同智育和体育相结合，它不仅是提高社会生产的一种方法，而且是造就全面发展的人的唯一方法"② 。所以，教育与生产劳动间的结合是一种双向促进的关系，列宁强调，"无论是脱离生产劳动的教学和教育，或是没有同时进行教学和教育的生产劳动，都不能达到现代

---

① 《马克思恩格斯文集》第 2 卷，人民出版社 2009 年版，第 53 页。
② 《马克思恩格斯选集》第 3 卷，人民出版社 1995 年版，第 673 页。

技术水平和科学知识现状所要求的高度"①。大工业引发了生产技术的变革，决定了职业的全面流动和职能的不断变更，发展着的生产劳动必须与发展着的教育相结合，才能造就人的全面发展。马克思主张综合技术教育是实现教育与生产劳动相结合的重要手段，人们在掌握职业所需生产技能的同时，能够掌握和运用生产过程中的知识和原理，提升人的综合素质。开展大学生就业创业教育，应该以马克思主义关于教育与生产劳动相结合的思想作为指导思想和基本原则。

### （三）关于青年择业的思想

职业选择是青年人生中的重要转折。马克思在其早期的文章《青年在选择职业时的考虑》中阐释的职业思想，是马克思主义科学理论的重要组成部分。马克思就青年如何选择职业，具体提出了青年择业的价值观、方针和原则，至今影响深远，对当代大学生就业创业仍具有重要的指导意义。我们清楚地看到，马克思在青年时代就将职业选择与致力于人类解放和社会进步的价值取向紧密相连，从那时马克思就立志选择"为人类的福利而劳动，为人类的解放而斗争"②的伟大事业，这充分彰显了马克思的科学世界观和革命人生观。

1. 职业是人特有的权利和责任。

职业选择既是个人行为，也是社会行为，认真权衡是青年的首要任务。马克思指出，对于动物而言，自然规定了其只能按照本能生活，没有理性选择的自由，人与动物不同，人要依靠自己的劳动创造自己所需要的物质生活材料，为满足自己的生存需要而选择职业，这也是人比其他生物优越的地方。社会由个体组成，个体的发展程度决定着社会的发展程度。社会需要个体发挥主观能动作用，选择能够实现个体潜能的职业岗位，个体得到发展的同时也促进了社会的发展，这是人作为社会人的权利和义务。职业是人享有的特权，"但同时也是可能毁灭人的一生，破坏他的一切计划并使他陷于不幸的行为"③，青年人更容易"被感情欺骗，受幻想蒙蔽"，在择业时必须以积极向上的态度珍惜和运用自由择业的权利，认真严谨的考虑影响这种选择的各个因素，在"正确的思想"和"最深刻的信念"的指导下，理性选择自己热爱并胜任的职业，实现个体价值与社会价值的统一。

2. 葆有独立、尊严和崇高是青年择业的基本原则。

青年在择业时要坚持以独立、尊严和崇高的思想和信念来考量各个影响因

---

① 《列宁全集》第 2 卷，人民出版社 1984 年版，第 461 页。
② 王锐生、黎德化：《读懂马克思》，四川人民出版社 2001 年版，第 30 页。
③ 《马克思恩格斯全集》第 1 卷，人民出版社 1995 年版，第 455 页。

素。马克思清楚地认识到，人在选择职业时并不是完全自由的，"我们并不总是能够选择我们自认为适合的职业；我们在社会上的关系，还在我们有能力决定它们以前就已经在某种程度上开始确立了。"① "人们自己创造自己的历史，但是他们不是随心所欲地创造，并不是在他们自己选定的条件下创造，而是在直接碰到的、既定的、从过去承继下来的条件下创造。"② 除了这些社会条件之外，个人的体质状况也会影响职业的选择。但是，所有这些限制条件都不能影响选择职业的更高准则，那就是要葆有人的尊严和崇高。"尊严是最能使人高尚、使他的活动和他的一切努力具有更加崇高品质的东西。但是，能给人以尊严的只有这样的职业，在从事这种职业时我们不是作为奴隶般的工具，而是在自己的领域内独立地进行创造。"③ 由于资产阶级完全剥夺了工人的应有尊严，因此，独立创造就成了马克思对职业的更高期待。无产阶级要想抬起头来，就必须摧毁构成官方社会的整个上层，发起为绝大多数人谋利益的独立运动。人们只要参与为人民谋福利的伟大运动，树立高尚的理想信念，追求真理，就能获得与实现个人的尊严，得到社会与他人的尊重与赞许。

3. 青年择业的主要指针是全人类的幸福和自身的完美。

马克思指出"在选择职业时，我们应遵循的主要指针是人类的幸福和我们自身的完美。"④ 全人类的幸福与个人的完美间并不矛盾，二者相互依赖，共同发展，正如马克思所说，这两种利益的关系体现了人类的天性，人只为了自己劳动，也许能够获得个人的成功与快乐，但他却不能成为完美的、真正伟大的人，"如果我们选择了最能为人类福利而劳动的职业，那么重担就不能把我们压倒，因为这是为大家而献身；那时我们所感到的就不是可怜的、有限的、自私的乐趣，我们的幸福将属于千百万人，我们的事业将默默地、但是永恒发挥作用的存在下去，而面对我们的骨灰，高尚的人们将洒下热泪"⑤。在择业时，只有为了同时代人的完善和幸福工作，自己才能真正地达到完美，实现个人利益与集体利益的统一。马克思在阐述选择职业的思想时体现了他为全人类服务的决心，其突出之处在于是为"人类"，而不是为个人。为人类而工作就要打破狭隘的个人主义，无私地奉献自己的才华和智慧，将个人利益与社会利益紧密结合起来，这既是马克思个人的理想，也是所有马克思主义者的理想。当代中国青年大学生，肩负着国家富强、民族振兴的重大使命，更要明确社会责任与个人角色间的关系，将个人命运与民族命运相结合，职业发展与国家前途相结合，以正确的世界观、

---

① 《马克思恩格斯全集》第 1 卷，人民出版社 1995 年版，第 457 页。
② 《马克思恩格斯文集》第 2 卷，人民出版社 2009 年版，第 470 页。
③ 《马克思恩格斯全集》第 1 卷，人民出版社 1995 年版，第 458 页。
④⑤ 《马克思恩格斯全集》第 1 卷，人民出版社 1995 年版，第 459 页。

人生观和价值观为引导，在自己选择的职业中充分实现个人价值，为祖国人民的幸福而奋斗终生。

马克思关于青年择业的思想深刻体现了马克思主义价值观，从根本上实现了对西方职业生涯理论的超越，为我国当代大学生就业创业教育的定位和发展指明了方向。

## 二、西方职业生涯理论是大学生就业创业教育的理论借鉴

西方职业生涯理论经历了悠久的发展过程。19世纪末，美国工业的迅猛发展带来社会行业的细分和职业种类的不断增加，市场对劳动力的需求也更为迫切。与此同时，西方心理学，尤其是心理测验技术的发展，为职业生涯理论的兴起和全面发展奠定了基础。20世纪初期，以美国为代表的"职业指导运动"兴起，职业生涯理论应运而生，逐渐应用于教育领域和社会公共服务领域。职业生涯领域产生了众多学术流派，它们从不同的假设和途径阐释了职业生涯指导的客观规律，为了便于研究，这里统称为西方职业生涯理论。

西方职业生涯理论为大学生就业创业教育提供的借鉴体现为两个方面。一是部分理论观点的借鉴。如帕森斯关于人职匹配的观点、舒伯的生涯发展片段模型、克朗伯兹（Krumboltz，1983）的社会学习理论等。二是具体方法和工具的借鉴。如职业心理咨询方法、职业倾向测试量表等。这些理论观点和研究手段对我们开展大学生就业创业教育研究具有重要的启示借鉴意义。需要注意的是，由于中西方社会形态和文化背景的差异，照搬照抄西方职业生涯理论显然无法解答和指导我国大学生就业创业教育中的实际问题，应以马克思主义思想为指导，结合中国实际国情，对其进行辩证地借鉴和吸纳。

### （一）特质因素论

特质因素论由被誉为"职业辅导之父"的弗兰克·帕森斯创立，20世纪70年代由霍兰德（John Holland，1970）丰富并发展起来，一直影响着之后产生的理论学派。特质因素论认为，个人与职业都具有一些相对稳定的特征，这些特征相互吸引，科学的职业选择就要实现人与职业二者间的相互匹配，这一思想始终蕴含于帕森斯和霍兰德的理论观点之中。

1. 帕森斯的特质因素论。

特质因素论是最早的职业指导理论。帕森斯在其1909年出版的《职业选择》（Choosing a Vocation）一书中正式提出，人职匹配是职业选择的关键所在，即匹配度直接决定了工作效率和职业成功率，在此基础上，他构建了帮助人们选

*37*

择职业时的概念性框架，也就是著名的"三大原则"，对于生涯辅导运动具有里程碑式的重大意义，至今仍影响着职业指导工作。这"三大原则"具体来说包括：第一，清楚地认识自我。对自我的生理和心理特点进行探索，包括了解个体的兴趣、能力、资源、限制及其他特质，并加以评估。第二，了解各种职业的具体要求。如职业的性质、入职条件、技能要求、工作条件、薪资福利、发展前途等。第三，确立前二者之间的正确关系。将上述两类信息和指标进行综合分析，并找出与个体特质匹配的职业，即人与职业的"彼此匹配"。其中，特质因素论基本假定每个个体均有稳定的人格特质，这些特质可以通过心理测试工具来加以测量和评估，以了解自我和认识自我，再通过工作世界分析和把握职业的要求，最终达到"人职匹配"的目标，因此，在帕森斯看来，个体特质与职业选择存在着紧密的内在关联，而高质量的自我评估、职业信息分析以及专业的咨询服务，则是帮助人们解决生涯问题的关键。在发展帕森斯职业指导思想的基础上，美国职业心理学家威廉姆森（Williamson，1939）对于个体特质测量及在生涯咨询中的应用做出重大的贡献。到 20 世纪 50 年代，这一理论正式发展并流行起来，在生涯研究领域几乎占据了主导地位，成为职业辅导的最基本理论，不仅为后来各种职业指导理论的研究和发展奠定了基础，也对职业辅导实践和心理测量的发展产生了深远影响。

值得注意的是，我们必须辩证地看待特质因素理论的优势与缺陷。特质因素理论自诞生以来就引起了学界争鸣，不乏异议观点的涌现，有学者在综合各类研究观点的基础上，系统提出了特质因素理论存在的问题，如忽略了人格的动态发展，忽略个人主体性的发挥，缺乏具体有效的决策技术以及难以科学的对个体的众多特质进行组型等，这使得这一模式的指导有可能仅止于表面。我们在借鉴和运用这一理论时要注意既不能忽视个人特质的问题，也不能过分地强调特质，而是动态地看待人与工作特质的发展变化，以避免职业选择上的特质"万能论"和"宿命论"等极端观念的产生。

2. 霍兰德的人格类型学理论。

在特质因素理论的影响下，美国著名职业指导专家霍兰德于 1959 年提出了人格类型学理论，又称职业兴趣理论，这一职业指导理论在社会上产生了深远影响。霍兰德认为个体的生涯选择代表着人格的发展和延伸，在职业生涯决策中，人格兴趣比智力更为重要，"个人会被符合个人需求及可提供满足的职业环境中的特别职业角色所吸引"[①]。可以说，个人人格兴趣明确与否，是人职匹配的焦点。他进一步对人格类型与其相对应的职业环境进行了划分，将人和职业环境分

---

① ［美］Vernong Zunker，吴芝仪译：《生涯发展的理论与实务》，扬智文化事业股份有限公司 1996 年版，第 58 页。

为实际型（Realistic）、研究型（Investigative）、艺术型（Artistic）、社会型（Social）、企业型（Enterprising）和传统型（Conventional）六种类型，每一特定的人格类型的个体会对相应的职业类型和职业环境产生兴趣，在职业活动中与职业环境相互联系，相互作用。在此分类的基础上，霍兰德进一步提出了四个基本的理论假设：一是在我们的文化中，多数人均能够被分类到这六种类型中；二是在我们的社会上，有六种职业环境类型；三是人们将搜寻可以让他们发挥技能及能力、表达他们的态度及价值，并承担问题及扮演角色的环境；四是一个人的行为是由他的人格及所在环境的特性所决定的。[①] 以此为前提，个人会被符合个人需求的职业环境中的特别职业角色所吸引，不同人格兴趣的人倾向选择不同类型职业，某一种类型的职业也通常会吸引具有相同兴趣特质的人（见表1-3）。

表1-3　　　　　　　　霍兰德的典型个人风格与职业环境

| 类型 | 自我意识和价值观 | 潜在能力 | 典型工作、活动和环境 |
|---|---|---|---|
| 实际型 | 情绪稳定，可信赖，注重实效，节俭，执着，害羞，有礼貌，不善于表现自己，传统价值观 | 机械学方面的能力和独创性，运用机械、工具解决问题的能力，心理运动的技能，物理性的力量 | 有确切结果的工作，操作大型设备，操控工具，物理性要求，安装，建筑，维修 |
| 研究型 | 独立的，积极上进的，自我激励，有节制的，内省的，善于分析的，爱探究的，工作主导型的，有独创性，创造性的，特立独行的 | 科学的能力，分析问题的技能，运算技能，文字写作的技能，坚定不移，锲而不舍 | 抽象的工作，脑力劳动，自主性工作，科学性或研究性实验室的设置，收集和组织数据 |
| 艺术型 | 独立，特立独行，善于表达自我，感性，冲动，出色的审美能力 | 创造力和想象力，语言表达技能，音乐能力，艺术能力 | 创造艺术品或表演的工作，自主性工作，允许自我表达的灵活自由的环境 |
| 社会型 | 人道主义的，理想主义的，严守伦理道德的，关心他人的幸福，机智、有合作精神且慷慨大方的，善良友好的，开朗的，善解人意，有洞察力的 | 社交技巧，表达能力，教学技能，感染或理解的能力 | 教学，解释，指导类型的工作，解决问题，引导讨论的工作，从事教育，为社会服务的工作以及参与有关心理卫生性组织 |

① ［美］Vernong. Zunker，吴芝仪译：《生涯发展的理论与实务》，扬智文化事业股份有限公司1996年版，第58～60页。

续表

| 类型 | 自我意识和价值观 | 潜在能力 | 典型工作、活动和环境 |
|---|---|---|---|
| 企业型 | 重视身份地位，有雄心，好竞争，好交际，健谈，积极，精力旺盛，受欢迎，有进取精神和冒险精神 | 有关演讲、劝说、销售方面的语言技能，领导技能，充满干劲的，积极乐观的，社交技能 | 从事销售、采购、领导的工作，管理人事和工程的工作，发表演说的工作，参与金融、政府和政治团体 |
| 传统型 | 尽责，坚持不懈，注重实效，稳重，有条理，明晰，准确，谨慎，自律 | 有效率的，重组织性的，对系统和数据的管理，运算能力，追求完美，注重细节，工作机械的操作 | 安排工作程序，不停地保存和归档系统，写报告，做表格，按照命令和秩序链构建组织 |

资料来源：Jane L. Swanson：*Nadya A. fouad*，*Career Theory and Practice*：*Learning Through Case Studies*，*Sage Publications India P vt. Ltd.* P. 45.

上述六种类型并非并列存在，霍兰德用人格类型的代码系统和六角形模型揭示了它们之间的密切联系。人是多种类型的综合体，每个个体都兼具几种类型的职业要求，人格类型就依据主控的组合而加以安排。在人格六角形模型中，R（实际型）、I（研究型）、A（艺术型）、S（社会型）、E（企业型）和 C（传统型）六种类型的关系可主要体现出四个方面的效度，即个人的一致性、个人的分化性、职业身份认定性及职业环境适配性，六种类型在计算中的得分之间差异越大，则代表个体职业兴趣与职业环境间的偏好和分化越清晰，相反则相似程度越高，相邻、相隔及相对三种关系表示着一致性的程度依次递减（见图 1 - 1）。

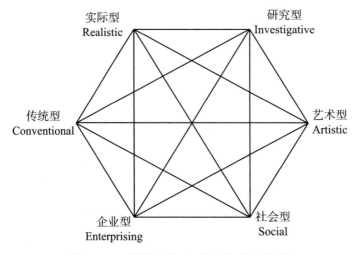

图 1 - 1　霍兰德六角形职业兴趣模型

霍兰德的人格类型学理论结构系统、完整，且清晰易懂，尤其他构建的测量模型对个体兴趣特质与工作世界的双向分析，为人们在职业选择中提供了可供参考的操作性方法。该理论具有较强的广泛性、多样性和综合性，虽然也有学者批判地指出这一理论具有鲜明的特质因素论色彩，且在理论上存在一定的局限性，但总的来说，仍无法动摇该理论在西方职业指导领域中的重要地位，在霍兰德之后，美国多位著名学者围绕影响个体职业决策的选择因素这一核心问题展开了理论探索，提出了"职业锚理论"、"心理动力理论"以及"需要层次论"等，至今在世界范围内发挥着重大影响。

## （二）生涯发展论

生涯发展理论由美国著名的职业指导专家金兹伯格（Eli Ginzberg，1951）和职业管理专家舒伯等人共同创立，该理论的核心观点认为职业选择应以自我概念为基础，职业发展在个人生活中是一个连续的、长期发展的过程，职业生涯辅导方案应该依据个人在一生中不同阶段的需求而设计。

1. 金兹伯格的职业发展理论。

金兹伯格重点研究了童年到青少年阶段的职业心理发展过程。金兹伯格认为人的职业性是一个连续的、长期的渐进养成的过程，职业性的发展程度决定了职业选择的成功与否。为此，他立足多个学科领域，针对不同社会基层展开了各类调查研究，在此基础上，提出了一个描述职业发展的理论模型。金兹伯格将职业生涯的发展分为三个时期，分别是幻想期（Fantasy）、尝试期（Tentative）和现实期（Realistic）。具体如表1-4所示：

**表1-4 金兹伯格的职业生涯发展阶段**

| 时期 | 年龄 | 特征 |
|---|---|---|
| 幻想期 | 儿童<br>（11岁前） | 本时期单纯以兴趣爱好为基本导向，一般不会考虑到自身的能力、条件、机遇等因素，沉浸于对职业角色的幻想中，在本阶段末期，玩乐便成为工作导向 |
| 尝试期 | 青少年初期<br>（11~17岁） | 本时期人的生理和心理均发生成长和变化，逐渐认识工作的要求，开始对自己的兴趣、能力、价值等方面有所体认，主要分为四个子阶段：<br>兴趣阶段（11~12岁），开始注意并培养其对某些职业的兴趣，期盼着将来从事某些职业；<br>能力阶段（13~14岁），在个人兴趣的基础上，同时注意到个人能力与职业的关系，注重衡量自己的能力，并积极参加各种相关的职业活动，以检验自己的能力； |

续表

| 时期 | 年龄 | 特征 |
|---|---|---|
| 尝试期 | 青少年初期<br>（11～17岁） | 价值观阶段（15～16岁），个人的职业价值观逐步形成，个人进行职业选择时能够兼顾个人价值观和社会需求，这个时期职业的价值性对职业选择产生重要影响；<br>综合阶段（17岁），综合考虑兴趣阶段、能力阶段、价值观阶段的相关资料，通过判定未来的职业生涯发展方向进行职业选择 |
| 现实期 | 青少年中期<br>（17岁至成人初期） | 本时期个体的能力、兴趣等主观条件与外界客观条件得到整合，同时价值的进一步发展，职业选择的特定化，职业形态的结晶化，使这一时期更具客观性和现实性。本时期分为三个子阶段：<br>试探阶段，根据尝试期的结果，尝试各种职业机会和职业活动，以便为自己的职业选择提供实践依据；<br>具体化阶段，根据试探阶段的实践感受，做出进一步的职业选择，将职业目标具体化；<br>专业化阶段，依据具体化阶段决定的职业目标，进行职业技能、素质、能力等方面的就业准备 |

金兹伯格等人的研究工作深远地影响了职业的研究，尤其是与生涯发展相关的发展性任务。[①] 金兹伯格认为职业选择与一个人终生的工作生活共存的，是一个终生的决定过程，因此，他一直致力于评估研究个人不断变化的生涯目标与现实工作世界间的更好融合。由于金兹伯格的职业发展理论研究样本采集上的局限，使得他在此基础上取得的理论成果的科学性和代表性受到争议，但该理论掀起了对于个体职业生涯发展变化规律的关注和探索，其提供的生涯发展的研究框架仍具有重要的理论价值和现实意义。

2. 舒伯的生涯发展理论。

舒伯是美国职业生涯规划理论的集大成者，被誉为美国生涯规划理论大师。舒伯从纵贯的与发展的角度来重新看待和审视职业辅导，创造性地以"生涯辅导"来取代"职业辅导"，并将"职业辅导"的概念进行发展，认为职业辅导的过程即是帮助个人将自己与工作世界中的角色二者发展与接纳成一个统整的概念，让这个概念在现实中考验，而后再将它修正成与现实接近，终至对自己与

---

① ［美］Vernong Zunker，吴芝仪译：《生涯发展的理论与实务》，扬智文化事业股份有限公司1996年版，第37页。

社会感到满意的过程。他进一步提出了与职业发展紧密相关的自我概念，指出一个人生涯发展的过程就是对自我概念的发展和实现过程，工作满意的程度与自我概念实现程度成正比。舒伯将人的职业生涯发展划分为五个阶段，即成长阶段（0～14岁）、探索阶段（15～24岁）、建立阶段（25～44岁）、维持阶段（45～64岁）、衰退阶段（65岁以上），针对这五个阶段，他相应提出了结晶化（14～18岁）、特定化（18～21岁）、实践（21～24岁）、稳定（24～35岁）以及巩固（35岁以上）五个职业发展性任务。详细内容如表1－5所示：

表1－5　　　　　　舒伯的职业发展任务与阶段对照表

| 职业发展任务 | 年龄（岁） | 一般特征 |
|---|---|---|
| 结晶化 | 14～18 | 经由对于资源、偶发事件、兴趣、价值以及对偏好职业之规则的察觉，而形成一般性职业目标的认知历程时期 |
| 特定化 | 18～21 | 由试验性职业偏好转向特定职业偏好的时期 |
| 实践 | 21～24 | 完成职业性偏好的训练，并进入就业的时期 |
| 稳定 | 24～35 | 确认生涯偏好的时期，借助实际工作经验及才能的运用，以验证生涯选择是合宜的 |
| 巩固 | 35以上 | 借助成就、地位、资深经验，以巩固生涯的时期 |

资料来源：［美］Vernong Zunker，吴芝仪译：《生涯发展的理论与实务》，扬智文化事业股份有限公司1996年版，第40页。

值得注意的是，在现实生活中，人的各个职业发展阶段和任务是交叉并行、弹性发生的，并不是简单地一一对应关系。随后，舒伯进一步完善了自己的理论，提出年龄以及转换并不是依规律的顺序发生，发展性任务具有循环、再循环的特征，使其职业发展理论臻于成熟。详细内容如表1－6所示：

表1－6　　　　　　一生中发展性任务的循环与再循环

| 生命阶段 | 年龄 | | | |
|---|---|---|---|---|
| | 青年期（14～25岁） | 成年初期（25～45岁） | 成年中期（45～65岁） | 成年晚期（65岁以上） |
| 衰退 | 从事嗜好的时间渐减 | 减少运动活动的参与 | 专心于必要的活动 | 减少工作时间 |
| 维持 | 确认目前的职业选择 | 使职位稳固 | 执著自我以对抗竞争 | 维持兴趣 |

续表

| 生命阶段 | 年龄 | | | |
|---|---|---|---|---|
| | 青年期<br>（14～25 岁） | 成年初期<br>（25～45 岁） | 成年中期<br>（45～65 岁） | 成年晚期<br>（65 岁以上） |
| 建立 | 在选定领域中<br>起步 | 在一个永久性的<br>职位上安定下来 | 发展新技能 | 做一直想做的事 |
| 探索 | 从许多机会学到<br>更多 | 寻找心仪工作的<br>机会 | 确认该处理的<br>新问题 | 选个好的养老地点 |
| 成长 | 发展实际的<br>自我概念 | 学习与他人<br>建立关系 | 接受自身的<br>限制 | 发展非职业性的<br>角色 |

资料来源：〔美〕Vernong Zunker，吴芝仪译：《生涯发展的理论与实务》，扬智文化事业股份有限公司 1996 年版，第 41 页。

较金兹伯格而言，舒伯的职业生涯发展理论加入了"角色理论"，将人生阶段、职业舞台和生活角色整合在一起，通过其创设的生涯彩虹图（见图 1-2）生动直观地对人的生命历程进行了描述。生涯彩虹图须从横向和纵向两个层面进行理解，横向代表生活广度，主要分为成长阶段、探索阶段、建立阶段、维持阶段和退出阶段；纵向代表生涯空间，分为人各个生命阶段扮演的角色，及其与各生涯阶段间的关系。舒伯指出，个体在不同生命阶段对其所扮演的角色的投入程

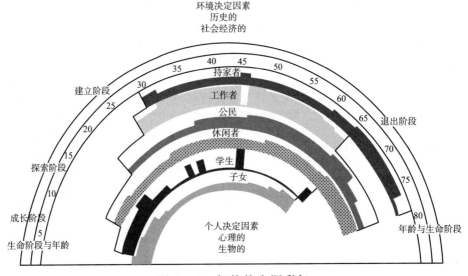

**图 1-2 舒伯的生涯彩虹**

度是各不相同的①，投入程度决定了人在各个阶段扮演的"显著角色"。对各阶段"显著角色"的定位有助于协调和平衡人们生活重点，促进个人的全面发展。

个人在一生当中所经历的不同角色具有多变性特点。从舒伯创建的"拱门模型"可以直观看到，个人的生理及心理等因素、社会的经济等因素为拱门的两根支柱，表明在一个人成长过程中，社会性的因素与个人的生理及心理特质会产生深远的交互作用②，影响着个人生涯角色的不断变化（见图1-3）。

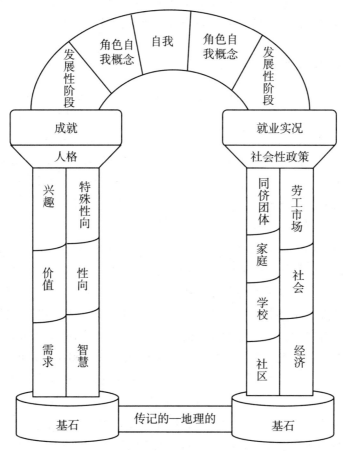

**图1-3 舒伯生涯发展的片断模型**

资料来源：Vernong Zunker，吴芝仪译：《生涯发展的理论与实务》，扬智文化事业股份有限公司1996年版，第46页。

---

① ［美］塞缪尔·H·奥西普、路易斯·F·菲茨杰拉德，顾雪英、姜飞月等译：《生涯发展理论》，上海教育出版社2010年版，第80~81页。
② ［美］Vernong Zunker，吴芝仪译：《生涯发展的理论与实务》，扬智文化事业股份有限公司1996年版，第43~46页。

"依舒伯的看法，决定以及生涯发展的现象学，的确是差异心理学、自我概念理论、发展性任务及生活各阶段社会学的复杂性及变数的组合。基本上，舒伯对于职业发展的过程是采取多元化的观点。"[①] 人的职业发展是随着年龄不断发展变化的，每个年龄阶段都有与之对应的职业发展任务，及其独特的行为表现和角色。舒伯的生涯发展理论对人的职业发展规律进行了多元动态把握，动态的"生涯"逐渐取代了静态的"职业"，至今仍是生涯辅导的重要理论基础和实践指导，但这一理论体系在一定程度上忽视了人的主体性存在，对相关发展阶段和内容的划分及其与现实生活世界的契合程度仍有待进一步思考。

### （三）社会学习论

社会学习论由美国当代心理学家班杜拉（Albert Bandura，1977）于 20 世纪 70 年代提出，班杜拉后被誉为"社会学习理论之父"。社会学习理论以经典行为主义、强化理论及认知信息加工理论为基础，在心理学、教育学和管理学等社会研究领域有着广泛的影响。美国著名心理学家克朗伯兹（John D. Krumboltz）将之引入生涯辅导领域，指出生涯中的根本选择由个体内在因素和社会环境因素共同决定，二者间的交互作用共同影响着职业选择和发展过程。

1. 社会学习理论。

社会学习理论取向与其他取向不同，因为它对涉及的变量作了更清晰的说明。[②] 社会学习理论提出影响生涯选择的有四种因素，即遗传因素和特殊的能力、环境因素和事件、学习经验以及任务取向的技能。

第一，遗传因素和特殊能力。个人得自于遗传的一些特质，包括种族、性别、外表特征等因素，以及个人拥有的一些特殊能力，包括动作协调能力、数字敏感度等，在一定程度上决定或影响了个人的职业选择和所获取的经验。第二，环境因素和事件。通常来自个人控制之外的人类活动或自然力量，会影响个人技能发展和职业表现，其中人类活动主要包括社会、文化、政治、经济活动、家庭、教育系统的影响，自然力量如自然资源的分布或地震、洪水等自然灾害。第三，学习经验。克朗伯兹认为，每个人在成长经历中所特有的学习经验，对个人的生涯选择发挥着重要的影响。他提出有工具式学习经验和联结式学习经验两种类型的学习，其中工具式学习经验形式侧重于通过正式的学习培训所得到的经验，主要是指个人在特定的环境中采取赢得好的结果的行动，这种结果会对个人

---

① ［美］Vernong Zunker，吴芝仪译：《生涯发展的理论与实务》，扬智文化事业股份有限公司 1996 年版，第 43～44 页。

② ［美］塞缪尔·H·奥西普、路易斯·F·菲茨杰拉德，顾雪英、姜飞月等译：《生涯发展理论》，上海教育出版社 2010 年版，第 117 页。

的发展发挥积极向上的激励作用，生涯规划和职业角色所需的技能，就可以通过工具式学习经验获得；联结式学习经验形式侧重于通过观察感悟等非正式的学习刺激得到的经验，主要是指个人通过对所处环境中的人、事之间的观察和比较来学习，并对外部环境刺激做出反应，这些反应可能是积极的或消极的，而伴随在一起的积极反应和消极反应的联结关系，就会使处于中立的刺激也具有积极或消极作用，联结式学习经验的特点是其更易在生活中积累，并对个人造成深刻职业印象，影响深远。第四，任务取向的技能。通常是指个人处理新任务、新问题时所形成的技能、绩效标准和价值观，包括解决问题的能力、工作习惯、心理状态、情绪反应和认知反应等要素，这四种要素在个人发展历程中相互作用，进而形成了个人的生涯信念。克朗伯兹进一步强调，只有以丰富而适当的学习经验为前提，才能形成科学正确的生涯发展假设，即生涯信念，促进个人生涯的顺利发展，以实现预期的生涯规划。

基于上述影响因素，克朗伯兹进一步系统地提出了生涯决策的七个步骤和方法，对个体的社会学习具有重要的指导意义和操作价值，具体包括：定义问题——建立行动计划——澄清价值——识别其他可替代的选择——发现可能的结果——系统的排除选项——开始行动。总的来说，社会学习理论从社会影响因素和个人学习经验的角度对生涯选择进行阐释，弥补了职业生涯理论在这方面的不足，为生涯辅导的理论与实践提供了新思路和新方法，具有较高的理论价值和现实意义。但社会学习理论更多侧重于生涯的决策，对于决策后的发展关注较少，这在后来的社会学习理论学者的研究中逐步得以完善。

2. SCCT 社会认知理论。

社会认知职业理论以班杜拉的一般的社会认知理论和社会学习理论为基础，动态地将社会、心理、经济等影响要素结合起来，尝试揭示生涯发展中兴趣养成—生涯选择—工作绩效各个阶段的客观规律。社会认知职业理论（Social Cognitive Career Theory，SCCT）包含自我效能、结果预期及个人目标三个核心变量，及在此基础上建立的职业兴趣模式、职业选择模式和工作绩效模式三种既相互区别又相互联系的子模式，在各个子模式中，上述三个核心变量与其他个人特质、社会环境及学习经验相辅相成、相互促进，共同在职业发展过程中发挥着重要影响。SCCT 的职业选择模型图如图 1 - 4 所示。

职业兴趣模式。SCCT 认为人的职业兴趣并非静止不变，在职业发展过程中可能受到诸多因素的影响而变化，起决定作用的变量是特定职业的自我效能与结果预期。当人们认为自己擅长从事某种职业，或预期从事的职业会给自己带来满意的结果，就会形成较为稳定的职业兴趣，反之则不能形成职业兴趣。只要自我效能和结果预期与社会、经济等要素紧密结合，所形成的职业兴趣就能够促进个

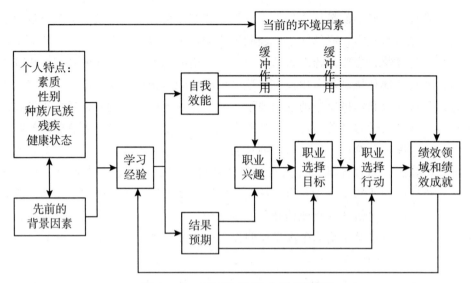

**图 1 - 4    SCCT 的职业选择模型**

资料来源：高山川、孙时进：《社会认知职业理论：研究进展及应用》，载于《心理科学》2005 年第 5 期，第 1263 页。

人建立起职业目标，并按照目标从事相应的职业活动，达到一定的工作绩效，再促进自我效能和结果预期的调整和变动，这一动态反馈循环在其他重要的个人、环境条件下运行并起作用。

职业选择模式。职业选择包括三个阶段，即一是表达初步的职业选择或职业目标；二是采取行动以实现目标；三是获得绩效成就，并形成反馈环路，影响个人未来的职业选择的形成。[①] 职业选择是一个双向选择、相对开放的过程，它不仅与职业兴趣相关，还会受到诸多因素的影响，如自我效能、结果预期、个人环境等因素都会影响职业兴趣的形成，或直接影响职业目标的确立和更替。人在选择职业的同时，职业也在选择人，这种选择会因个人和环境特质的变化而变化。

工作绩效模式。工作绩效的水平取决于人们的能力、自我效能、结果预期以及绩效目标之间交互作用的程度，包括个人的工作成就和个人从事特定职业的坚持程度。职业能力既直接影响工作绩效水平，还通过塑造自我效能和结果预期发挥间接影响。人们在目前所具备的职业能力的基础上，形成了相应的自我效能和结果预期，而稍高于实际能力水平的自我效能和积极的结果预期，又会促进人们确立更高的工作目标，在充分发挥职业技能的同时，也促进了更高的工作绩效的实现。具备同样职业能力的人，自我效能感越强，越能充分发挥自己的才能，遇

---

① 高山川、孙时进：《社会认知职业理论：研究进展及应用》，载于《心理科学》2005 年第 5 期，第 1263 ~ 1265 页。

到挫折时更能够坚持不懈。

近年来，学者对于社会学习理论的研究不断扩展和深化，相关模型和资源得以不断完善和丰富。总的来说，社会学习理论强调了个人与社会环境的动态特质，以及社会认知变量的中介作用，是对传统职业理论的重要突破，这个具有整合、动态特点的理论框架，对职业选择和职业教育具有深远的指导意义。

前面重点介绍的三类西方职业生涯理论，皆具有相对完整和成熟的理论结构，并对这一领域的理论与实践研究发挥着较大影响。除上述具有代表性的理论外，较为重要的西方职业生涯理论还有很多，如戴维斯与罗奎斯特（Dawis & Lofquist，1964）的工作适应理论、克内菲尔坎姆（Knefelkamp，1978）和斯列皮兹（Slepitza，1978）的认知发展理论、派特森（Patterson，1986）的非指导学派理论，以及最近的后现代主义建构理论（叙事疗法）等。

## 三、相关学科理论是大学生就业创业教育的理论补充

任何知识体系都并非孤立存在的，总是要借鉴和吸收其他交叉学科的理论成果，才能不断得以补充、丰富和完善，大学生就业创业教育是一种立足于职业发展视角，对大学生就业教育与创业教育进行的科学整合，是一种兼顾"适应性"、"开拓性"以及"发展性"的综合教育实践活动。这种鲜明的综合性特征决定了大学生就业创业教育必然是与多个学科相互联系、相互补充的。在此，我们主要从教育学、心理学、管理学和经济学的学科理论视角加以分析。

### （一）教育学的课程论

教育学是研究教育现象解释教育规律的科学。大学生就业创业教育作为教育体系的重要组成部分，理应遵循教育学的一般理论与方法。

课程是学校教育系统的轴心部分，关涉教育目标、教育内容及教育活动等一系列教育问题。当前，国内外学者的一个基本共识是，课程的内涵应该进一步拓展，不仅包括学校的正式课程，还包括课外实践等非正式课程，这种强调实际学习内容与学习经验的实施课程观已得到广泛接受。根据社会发展和教育发展的客观需要，课程理论在发展过程中实现新旧课程理论形态更替的同时，课程理论自身也经历着变革和发展。从人类历史发展的脉络梳理，课程论大体进行了三次大的转向：一是从近代课程论向现代课程论的转向，二是从现代课程论向后现代课程论的转向；三是人本主义课程论的超越。在各个发展阶段，相对科学化的课程理论的表现形式纷繁复杂，其中泰勒原理、学问中心课程论及人本主义课程论等理念是近现代课程论发展中的典型代表，对当代各类教育教学中的课程研究仍发

挥着重要的作用。

1. 泰勒原理。

1949 年，美国学者泰勒（R. W. Tyler，1949）在其专著《课程与教学的基本原理》（Basic Principles of Curriculum and Instruction）中构建了现代课程研究领域中最具影响力的理论框架，奠定了现代课程理论的基石。泰勒在这部著作中提出了课程设计过程的四个阶段，即"学校应该追求什么样的教育目标；提供什么的教育经验才能实现这样的目标；如何有效地组织这些教育经验；怎样确定这些目标正在得以实现"[①]，这四个阶段即是在课程研究领域中著名的"泰勒原理"（Tyler Rationality）。其中，确定教育目标是关键，必须要从对学生的研究、对现代生活的研究和学科专家的建议三个方面来考量，集中精力在已筛选的较为重要的目标的实现上；在教育经验的选择方面，泰勒认为，能达到教学效果的学习经验需要具备以下特征，即培养思维技能、获取信息、形成社会态度、培养兴趣；关于教育经验的组织，应遵循连续性、顺序性和整合性的准则进行层次性建构；泰勒将评价正式引入课程研究领域之中，通过确立和应用评价的目标、情景、手段和结果等评价程序，来确定教育目标的实际实现效果。泰勒是课程研究的集大成者，他构建的"泰勒原理"是一个相对完整、系统，且可操作性强的课程论模式，将课程理论的研究推向了一个新的发展阶段，在美国乃至全世界范围内都有着广泛的影响。受"泰勒原理"的影响，有关课程理论的诸多研究成果随后相继问世，较为重要的如布卢姆（B. S. Bloom，1956）对教育目标的分类研究和塔巴（H. Taba，1962）对课程编制步骤的扩展研究等，都对"泰勒原理"进行了丰富和发展。

2. 学问中心课程论。

20 世纪 60 年代，受苏联卫星发射成功事件的影响，美国掀起了为期近十年的课程改革运动，极其鲜明地形成了强调学科结构的"学问中心课程"的主导动向。1966 年，古德拉德（J. I. Goodlad，1966）首次提出"学问中心课程"一词，随后便被广泛使用，在这场课程改革运动中，产生了许多代表性人物，如卡普拉斯（R. Karplus，1962）、萨普斯（P. C. Suppes，1969）等，其中最杰出的当属布鲁纳（J. S. Bruner，1960）。布鲁纳提出："不论我们选教什么学科，务必使学生理解学科的基本结构"[②]，适应各门学科中的概念、公式、原理、法则等基本理论体系能够促进学生加深理解和记忆，实现知识技能的融会贯通、举一反

---

① Tyler, R.：*Basic principles of curriculum and instruction. Chicago*：*The University of Chicago Press*，1949，P. 1.

② ［美］布鲁纳著，上海师范大学外国教育研究室译：《教育过程》，上海人民出版社 1973 年版，第 4 页。

三，缩小知识的等级差异，帮助每一个学生从小就获得最好的智力发展，可以运用知识解决日后课堂内或课堂外遇到的问题和困惑。而要使各个年龄阶段的儿童都接受学科的基本结构，就要按照特定年龄观察事物的方式，设计具有"连续性"又有"发展性"特征的课程教授某门学科的结构。布鲁纳的结构课程理论，以"知识结构"和"学问性探究和理解"为基础，他的理论观点得到了课程研究领域的认可和推行。在同一时期，持布鲁纳类似观点，从不同角度构建现代化课程理论的代表人物还有费尼克斯（P. Phenix，1964）和施瓦布（J. Schwab，1969），经过丰富与完善，突出强调"结构"的重要意义，成为以"学问中心课程"为典型代表的现代课程论的基本特征。20世纪80年代以后，后现代课程学者基于"后现代主义"和"后结构主义"的观点，对现代课程理论展开了批判，以"后结构主义"为代表的后现代课程理论与现代课程理论共存时代正式来临，美学、诠释学及现象学等新议题的涌现，使课程论形态取向从传统理性、单一、明确性，开始转向非理性、多元性和差异性。后现代课程理论与现代课程理论有鲜明的区别，前者既是对现代课程理论的反思与超越，同时自身也暴露出诸多问题和局限，我们要辩证地看待后现代课程论的观点和概念（见表1-7）。

表1-7　　　　　后现代课程理论与现代课程理论的主要区别

| 基本观点<br>课程理论 | 现代课程理论 | 后现代课程理论 |
| --- | --- | --- |
| 哲学观 | 科学的实证主义 | 反理性中心主义 |
| 知识观 | 知识是客观性、普遍性、价值中立的 | 知识是不确定、情境性、价值介入的 |
| 课程观 | 课程是封闭的、单一的、累积的 | 课程是开放的、复杂的、变革的 |
| 研究范式 | 科学主义，构造课程图像，课程开发范式 | 人文主义，理解和描述，课程理解范式 |
| 建构标准 | 泰勒原理，追求科学性 | 多尔的4R和5C17，追求开放性 |
| 分析方法 | 客观的解释，科学的分析和说明 | 解构、重构、再解构的循环过程 |
| 课程目标 | 线性的，追求达成目标 | 非线性的，重视过程和目标的不断重构升华 |
| 课程体系 | 孤立的封闭系统 | 有机的开放系统 |
| 代表人物 | 泰勒、布鲁纳、施瓦布等 | 车里霍尔姆斯、多尔、奥利弗 |

资料来源：周宗钞、张文军：《课程理论的后现代转向》，载于《教育发展研究》2004年第Z1期，第23页。

3. 人本主义课程论。

20 世纪 70 年代，以人本主义心理学为理论基础的人本主义课程论在抨击学问中心课程"非人性化"的思潮中应运而生。在人本主义心理学家看来，如果课程内容对学生没有什么个人意义的话，学习就不大可能发生。[①] 人本主义课程理论强调学校课程的"人本化"，主张学校课程要为学生提供一种满足学生成长和个性解放的学习情境，主要实施学术课程、人际关系课程和自我实现课程三类课程。人本主义课程理论的主要内容包括：一是以通过课程培养全面自由的个人为教育目标；二是从社会适切性的角度选择课程内容；三是采取"跨学科"的态度组织课程结构；四是综合运用"合成教育"、"价值澄清"及"创造活动"等方法实施课程；五是在"促进"的宗旨下采取"陈述性报告"、"自我评价"及"契约评价"等多元评价方法衡量课程实际实施效果。就上述主要内容分析，人本主义课程论具有六大基本特质：第一，终身教育的理念；第二，显在与潜在形式相结合；第三，学生占有主体地位；第四，同辈及师生之间互教互学的学习环境；第五，社区担当教育责任；第六，强调自我实现的教育目标。人本主义课程论为课程领域的研究提供了新的视野和新的方法，在它的倡导下，人的价值得到了更多的尊重，但与此同时，也在一定程度上助长了反理智主义思想，影响了学校教育质量的提升。

### （二）心理学的学习论

心理学是研究心理现象和规律的科学，主要探讨一般意义上人的心理活动的本质和规律。形成良好的就业创业心理、增强抗挫折能力等问题，也是大学生就业创业教育需要承担的任务。特别是现代社会条件下，大学生就业形势依然严峻，创业活动面临着复杂的社会环境，大学生的心理压力也迫切需要缓解和疏导。通过心理学的研究方法，能够进一步科学地把握大学生在就业创业方面的心理特质及人格特征，进一步把握人的心理发展及教育接受规律，增进大学生就业创业教育的接受效果。

学习贯穿于生命的全过程，是一种复杂的现象。关于学习的问题历来是哲学、生物学、心理学等学科领域的研究焦点，其中，以心理学对其的研究较为悠久和系统。随着心理学的发展，学习论的研究立场和角度也不断变化，逐步确立了以学习的本质和学习过程中的心理活动及其规律为主的研究内容，对学习实践和教育教学发挥了重要的指导作用。以学习理论的研究倾向和范围为依据，主流学习理论可分为四大流派，即行为学习理论、认知学习理论、人本主义学习理论

---

① 施良方：《课程理论——课程的基础、原理与问题》，教育科学出版社 1996 年版，第 37 页。

和建构主义学习理论。

1. 行为学习理论。

行为学习理论又称联结学习理论，由美国心理学家桑代克（E. L. Thorndike，1898）创立，它认为学习的过程就是有机体在一定条件下形成刺激与反应联结的过程。行为主义心理学家华生（J. B. Watson，1913）将俄国生理学家巴甫洛夫（Ivan. P. Pavlov，1904）创立的经典性条件作用引入心理学领域，形成了经典性条件作用学习理论，在他看来，所有的学习都可以用条件作用来解释，主张环境决定论和教育万能论。桑代克和华生的思想在心理学领域产生了重大的影响，以行为主义为主导的学习理论的研究长达半个世纪。但事实上，经典性条件作用理论并不能解释所有的学习，随之形成了新行为主义下的操作性条件作用学习理论和社会主义学习理论，这些理论提出反应可自发产生，通过观察可以习得语言、情感、态度等无法用试误学习解释的行为。总的来说，行为学习理论的基本立场即是"学习形成联结"，强调学习的外部条件，一定程度上忽视了内部条件的重要作用。

2. 认知学习理论。

较行为学习理论而言，认知学习理论更加注重对人学习过程中不能被直接观察到的认知活动展开研究。认知学习理论主要包括顿悟学习、发现学习、接受学习和信息加工学习等重要观点，主张学习过程不是简单地在强化条件下形成刺激与反应的联结，而是有机体积极主动地形成新的完形或认知结构①。具体而言，持顿悟学习观点的代表人物苛勒（K. Kohler，1929）和考夫卡（K. Koffka，1935）主张学习是在人对情境的积极顿悟中实现的，而顿悟则是学习者领会自己动作和情境、目的物之间关系的过程；持发现学习观点的代表人物布鲁纳认为学习的实质就是形成认知结构，要通过课程激发学生从求职过程中发现并组织新的知识，才能真正促进有效学习的实现；持接受学习观点的代表人物奥苏贝尔（D. P. Ausubel，1968）以课堂情境学习为研究基础，主张学生通过有意义接受的方式循序渐进的获取系统知识，进而形成良好的认知结构；信息加工学习观点以信息加工心理学为理论基础，主张学习的过程既是信息获取的过程，也是信息加工转换的过程，美国心理学家加涅（R. M. Gagne，1970）创造性的构建了学习的信息加工模式，提出学习的信息加工要经历从动机—领会—获得—保持—回忆—概括—操作—反馈八个主要阶段，汲取了各个理论流派的主要观点。总的来说，认知学习理论注重内部条件，主张学习过程是复杂的内部心理加工过程，强调学习者的主观能动作用，对现代学习理论的研究产生了深远影响（见图1-5）。

---

① 王有智：《学习心理学》，中国社会科学出版社2010年版，第105页。

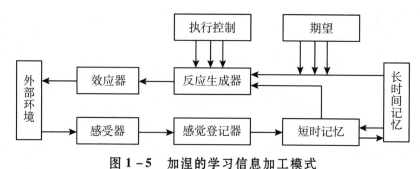

**图 1-5　加涅的学习信息加工模式**

资料来源：王有智：《学习心理学》，中国社会科学出版社 2010 年版，第 177 页。

3. 人本主义学习理论。

20 世纪 60 年代兴起的人本主义学习理论以人性观为基础，区别于行为学习理论和认知学习理论，主张在研究中重视学习者个性发展和潜能的发挥。人本主义学习理论认为学习的过程是学生在一定条件下进行自我挖掘潜能和自我实现的过程，有效的学习要以学生为中心，从学生的心理需求出发，使学生在和谐、融洽的氛围中能够觉察学习内容和自我的关系，发挥自身潜能，以促进学生的全面发展。人本主义学习理论将学习分为有意义的学习和无意义的学习，一切涉及学习者成为完整的人，与其各种经验融合在一起，能够使学习者自身行为、态度、个性发生重大变化的学习，都是有意义的学习，相反则是无意义的学习。有意义的学习应该具有更加投入、自我发起、潜在渗透和自我评价的特征，其实现必须达到一定的条件，这些条件必须通过课堂讨论、自由学习和开放教学等教学模式来创造。人本主义学习理论将学习和人的全面发展联系起来，极力强调学生的中心地位，提出教学要与学生的个性相符合，实现了对传统学习理论的突破，对促进教育改革，适应社会发展需要具有重要启示。

4. 建构主义学习理论。

建构主义学习理论兴起于 20 世纪 80 年代，是当前学习理论研究领域中影响较大的理论流派。建构主义学习理论以学习过程中认知规律的研究为基础，主张学习者以原有知识经验对当前信息进行理解，通过新旧知识之间的相互作用，逐渐形成自己的经验结构。知识是不断变化发展的动态解释或假设，具有个人化和非真理化的特征，任何时候能够帮助人们生存的知识都是有用的，因此，课程中传递的科学知识并非是解释现实的唯一正确模板，绝不能制定单一死板的课程目标，"教师要尽量给学生创造建构知识的真实情境，把注意力更多地放在学生获得知识的过程，而不是结构"[①]。建构主义学习理论认为学习是学习者主动建构

---

①　陈琦、刘儒德：《当代教育心理》，北京师范大学出版社 2007 年版，第 188 页。

内部心理表征的特征，在不同环境下要不断进行知识结构的自我重建，在建构新知识的同时，还对已有知识实现改造和重组，在这个过程中最终得以形成围绕概念构建起来的网络认知结构的高级学习结果。可见，学习者是学习的中心，每个学习者都能够按照各自的理解建构出不同的知识结构，而学习者先前的经验、知识所处的真实情景、情感的激励与调节以及反思与反馈等都是影响学习的主要因素，绝不能对学习者掌握的知识结构作简单化一的"模式性"假设。总的来说，建构主义学习理论进一步丰富了学习理论研究的领域，深化了对知识、学习的本质认识，进一步明确了学习者在学习过程中的主体地位，在一定程度上推动了教育教学和认知科学的发展。然而，建构主义学习理论仍处于发展完善的过程之中，一些思想倾向仍存在诸多认识局限，如对真理的客观性、认识的实用功能以及客观世界的真实存在的忽视，需要在马克思主义思想的指导下，批判地对相关理念进行理解和汲取。

### （三）经济学的创新论

创新是人的最高本性，是社会进步的动力。人类的创造创新活动历史悠久，但其作为一种理论正式提出则是源自 20 世纪初期创新经济学理论的诞生。1912年，美籍奥地利经济学家熊彼特在其《经济发展理论》一书中正式使用了"创新"一词，并运用创新理念解释了发展概念，构建了创新经济学的理论框架，在其影响下创新经济学理论得以不断丰富和发展，当前创新理念已经融入社会各个领域。当前，在科学技术的引领和推动下，人类正经历着从工业社会向知识社会的演进，创新在解决社会可持续发展的一系列重大问题上发挥着越来越重要的作用。

1. 熊彼特的创新理论。

熊彼特认为创新是新技术、新发明在生产中的首次运用，是建立一种新的生产要素或供应函数，是在生产体系中引进一种生产要素和生产条件的新组合，这种新组合包括五个方面的活动：一是生产一种新产品；二是采用一种新的生产方法或生产工艺；三是开辟一个新市场；四是控制原材料和半成品的一种新的供应来源；五是实现一种新的工业组织。[①] 在熊彼特看来，创新是在经济活动内部自行发生的"革命性"变化，具有突发性和间断性的特点，在经济生活中的竞争状态下，创造一个新组合往往意味着对旧组合的毁灭，随着经济的发展，才能慢慢转化为内部的自我更新，而这种新技术的出现和应用必须产出新的经济价值，才能真正成为经济发展的助推器。熊彼特进一步将创新和企业生产联系起来，提

---

① 李保红：《ICT 创新经济学》，北京邮电大学出版社 2010 年版，第 3 页。

出企业家是创新的主体，只有具备有眼光、有胆量和有配置能力的企业家才能实现生产要素的"新组合"。熊彼特的创新理论将技术进步纳入经济学的分析框架之内，建立了创新经济学最初的理论体系，为社会各个领域内的创新研究提供了理论参照。

2. 曼斯费尔德等对技术创新理论的发展。

在熊彼特的影响下，学界于 20 世纪 50～60 年代掀起了创新理论研究的热潮，相关理论研究日益系统化和专门化，技术创新理论和制度创新理论逐渐成为了创新经济学领域发展中的主要理论分支。技术创新理论的主要观点包括曼斯费尔德（E. Mansfield，1968）的模仿论；门斯（G. Mensch，1975）的技术僵局论；斯通曼（P. Stoneman，1983）等人的扩散模式论与新扩散模式论。[①] 总的来说，技术创新理论主要强调技术的推广、扩散和转移，以及技术创新和市场结构之间关系，随着技术创新理论的不断发展，技术创新理论已经进入创新过程中的本质和规律问题研究，逐渐形成相对独立的理论体系，日趋走向综合化的深入发展方向。

3. 诺思等对制度创新理论的发展。

美国经济学家诺思（D. C. North，1961）先后出版了《1970～1860 年美国经济增长》、《制度变迁与美国经济增长》和《制度、制度变迁与经济绩效》等著作，创立了制度创新经济理论。制度创新理论将"制度"与熊彼特的创新思想结合起来，重点考量经济发展中的制度创新和制度安排，提出制度创新是使创新者获得追加利益的现存制度安排的一种变革。人为的、主动的变革现存制度中阻碍创新的因素，才能获得预期的新的经济利益。在诺思之后，拉坦（V. W. Ruttan，1981）进一步将技术创新和制度创新整合起来，提出了诱致性制度变迁的创新理论模式，进一步丰富和发展了创新理论。

除以上学科理论外，社会学、政治学、计算机科学与技术等相关学科理论也是对大学生就业创业教育的重要理论补充。

# 第三节 大学生就业创业教育的理念选择

理念是理性思维的产物，科学的理念揭示出事物的内在本质和外在特质，能够有效指导人的生产实践活动。大学生就业创业教育理念是在大学生就业创业教

---

① 李保红：《ICT 创新经济学》，北京邮电大学出版社 2010 年版，第 4 页。

育实践活动中提炼生成的总的看法和思想，指导着大学生就业创业教育的目标设定、内容设计、方法择取等具体实施过程，对这一问题的研究对于深入探讨科学开展大学生就业创业教育的相关问题具有重要意义。

首先，大学生就业创业教育理念是思维与实践的统一。任何教育理念的形成都有自己的历史和逻辑，它是人们长期实践探索和思维演变共同作用的结果。就业创业教育理念自生成以来，历经"观察的理性"和"行动的理性"的交互演进，逐渐在世界范围形成了多种形态的观念分布。其次，大学生就业创业教育理念是原发性和借鉴性的统一。历史证明，一定国家地区教育理念的形成往往具有原发性，但并不排斥对域外优秀教育理念的借鉴吸收。这意味着，研究就业创业教育理念既需要我们在长期教育实践中坚持教育理念的本土创生，也要注重借鉴外来优秀的就业创业教育理念，以此作为有益激发和补充。最后，大学生就业创业教育理念生成是一个从自发走向自觉的渐进过程。理念的演化具有长期性，并非朝夕之功。对国内外各种就业创业教育观念的积极评价和反思，有助于加速这一理念演化的过程。

本节在考察和总结中外就业创业教育理念发展演变的基础上，分析大学生就业创业教育理念的发展融合趋势，并着力探寻当前背景下大学生就业创业教育理念的现实选择，为大学生就业创业教育的理论与实践发展提供理念指导。

## 一、西方就业创业教育理念的形成发展

西方就业教育与创业教育的理念形成和发展在源起、演进等方面各有不同，下文将对两者分别考察。

### （一）西方就业教育理念的历史考察

以西方就业教育实践活动的形成和发展过程为基本依据，我们把西方就业教育理念形成和发展的历史归纳为三个主要阶段。

1. 西方就业教育理念的源起。

就业教育理念的近代思想源头可以上溯至 18 世纪德国威廉·冯·洪堡（Wilhelm von Humboldt，1810）的"完人"教育理念。洪堡认为高等教育内容应当划分为"普通教育"和"专门教育"。"普通教育"相当于现代意义的通识教育或博雅教育，主要包括哲学、语言、数学、美学等知识。"专门教育"，相当于今天的现代大学分科专业教育和高等职业教育。洪堡说："凡是生活需要或者个别行业需要的专门教育，必须与普通教育分开，必须在学生结束普通教育之后让他们去受这种专门的教育，如果把两者混淆起来，那么教育就会变得不纯，那

么既培养不出全面的人，也培养不出各种层次的公民。"① 在洪堡看来，"普通教育"和"专门教育"是在两种不同原则指导下的教育。"普通教育"是为了培养学生全面发展的核心通用能力，包括思维、审美、确立生活方式、选择价值和询问人生意义。这些能力既能够作用于职业发展，也能够扩展人"更改职业的自由"。"专业教育"则只是使人获得某种实用的技能。单纯的"专业教育"只会将人低水平地锁定在分工上。

洪堡的教育理念在为高等教育开辟新模式、加速大学现代化进程的同时，为就业教育的提出提供了合法性依据。现在人们普遍接受，职业是所有人安身立命、获得发展和自我实现的必由之路。因此，教育有责任去帮助每一个人改善自我认知，提高核心职业素养、生涯设计和职业决策的能力，这也是人在现代分工体系下生活的必备能力。根据这种观点，就业教育是"普通教育"的题中应有之义，正如洪堡所说，"有些知识应该是普及的，有些巩固思想和性格的教育应该是每个人都获得的"，只有这样，"才能成为一个好的手工业者、商人、士兵和企业家。"② 受时代环境所限，洪堡并未明确提出"就业教育"这一概念，但"完人"教育理念中所蕴含的思想为就业教育及其理念的提出奠定了理论前提。

2. 西方就业教育理念的形成。

西方就业教育起源于美国和欧洲，以美国最为典型。"19世纪末，劳动分工的变化、科学技术的高速发展、民主政治和职业教育的发展四大社会因素促成了美国职业指导及职业心理研究和应用事业的产生与发展。"③

梅内尔（Merill，1894）在旧金山加利福尼亚工艺学校开展职业辅导，为学生提供所需的就业信息和进行劳务咨询。以此为标志，就业教育作为一种实践形态开始出现在学校教育领域。理念往往与实践共生。这一时期的就业教育理念是基于实用主义的，着眼于解决学生就业问题和提高工业生产效率，属于改良运动和民主化浪潮背景下社会公共服务向就业领域的延伸。严格来讲，这种"为人谋职"和"为职找人"的活动还不是正规的教育，因此，这一阶段的就业教育及其理念尚处于萌芽状态。

1908年，"职业心理学之父"帕森斯在波士顿创办"职业局"，面向社会开展职业介绍和职业培训。次年，他撰写了《职业的选择》，首次提出并运用了"职业辅导"这一概念，发展出"特性—因素匹配理论"，这标志着就业教育理念的正式提出。帕森斯认为，教育应该创建和使用一种理论帮助青年学生认知自我和职业，进而依据其自身特点选择相匹配的职业。帕森斯的这一理论很快在教

---

① ［德］威廉·冯·洪堡，瞿保奎译：《联邦德国教育改革》，人民教育出版社1993年版，第4页。
② ［德］威廉·冯·洪堡，瞿保奎译：《联邦德国教育改革》，人民教育出版社1993年版，第125页。
③ 吕建国、孟慧：《职业心理学》，东北财经大学出版社2000年版，第2页。

育界获得了认同并得以广泛运用，推动了就业教育及其理念走向系统化和理论化。1911 年，哈佛大学开设第一门职业辅导课程，就业教育逐渐纳入学校正规教育体系。与此同时，就业教育理念也伴随着教育实践活动的深入得以进一步发展，逐渐形成了使"无业者有业"、"有业者乐业"的人职匹配教育思想。由于这种就业教育理念的核心（包括威廉姆逊、霍兰德等人发展的其他同类理论）是性格分析，因此这一时期的就业教育一般被称为职业心理辅导。

3. 西方就业教育理念的发展。

20 世纪 30 年代，人本主义思潮开始在西方盛行，传统的就业教育理念受到新的挑战。随着社会生产力的发展和人们物质生活水平的不断提高，职业作为谋生手段的功能逐渐弱化，理想的生活方式、潜能的开发、个性的自由舒展、人生价值的实现成为人对职业新的期待。在此背景下，罗杰斯等人开始反思职业心理辅导的教育模式。他们认为，虽然"人职匹配"能从性格特质角度帮助人选择某种适应性职业，但是却忽略了人在其他方面更为重要的差异性，包括人的生活、需要、禀赋、价值观、生命意义等。他们向教育询问：人是以职业为中心来构建人生，还是职业为完美人生服务？

1942 年，罗杰斯撰写了《心理咨询和心理治疗》一书，推动了就业教育理念的又一个开创性发展。新的教育理念注重赋予教育对象自我成长的责任，强调人的发展潜能和自我抉择的重要性，尊重人在一切方向上自由发展的权利。像马斯洛（Abrahm Harold Maslow，1968）说的那样，"一颗橡树籽可以说'迫切要求'成长为一棵橡树；一只老虎可以看成正向老虎的样子'推进'；一匹马也朝着马前进。人最终不是被浇铸成或塑造成人的……教育的作用，最终只是容许或帮助他使他自己的潜能现实化……让他变得完全成为他自己。"[①]

此后，美国就业教育专家金兹伯格进一步提出"职业发展是一个与人的身心发展相一致的过程"。1953 年，舒伯等人提出了"职业生涯指导理论"，认为职业的选择与发展是一个与人一生相伴和动态变化的过程。在这个过程中，根据他的生活/彩虹图，每一个人都要扮演九种角色，因此就业教育应当着眼生命全程、生活整体和自我实现来开展。这里的生涯，不仅仅是指职业生涯，还包括人的物质生活、社会生活和精神生活，是人一生的总和。就业教育所追求的，是对人的终极关怀，是全面自由的个性发展，是幸福之源泉和生命意义之安放。因此，就业教育的核心理念是帮助学生规划人生，统筹生活，学会找到他所钟爱的东西和"值得珍视的生活"。教师和学生都要以此为"锚"来看待职业，立足于帮助学生掌握过上这种幸福生活的能力，帮助他们学会调试，学会选择，学会合

---

① ［美］亚伯拉罕·马斯洛：《人的潜能和价值》，华夏出版社 1987 年版，第 80 页。

作、学会创造。

舒伯等人提出的生涯辅导理论逐渐得到社会广泛认同。1971 年，美国联邦教育总署署长马兰第一次提出了"生涯教育"的理念"生涯教育是一种综合性的教育计划，其重点放在人的全部生涯，即从幼儿园到成年，按照生涯认知、生涯准备、生涯熟练等步骤，逐一实施，使学生获得谋生技能，并建立个人的生活形态。"① 这标志着以生涯辅导为核心的就业教育理念的正式确立。

### （二）西方创业教育理念的历史考察

西方创业教育理念的形成发展可以划分为两个主要阶段。

1. 西方创业教育理念的形成及早期发展。

大学生创业教育最早出现于美国。1947 年，哈佛大学商学院教授迈尔斯·梅斯（Myles Mace，1947）首次引入了一门叫做"新创企业管理"的创业课程。此后的 20 年里，由于高等教育和社会在思想理论上的准备不足、战后大工业发展对中小企业的压制等，创业教育一直未受到重视，创业课程也只是作为商学院的边缘课程而存在。

20 世纪 60 年代末以来，高科技的快速发展使经济特征明显区别于传统的工业经济，因为它依赖的主要是知识的生产、扩散和应用，知识已经取代物质资本成为最重要的生产要素。② 这种新经济被托夫勒（Alvin Toffler，1980）在《第三次浪潮》中称为"后工业经济"，被奈斯比特（John Naisbitt，1982）在《大趋势》中称为"信息经济"，被德鲁克（Drucker，1993）在《后资本主义社会》中称为"知识经济"。对新经济的研究促成了罗默（Romer，1986）和卢卡斯（Lucas，1988）等人提出了著名的"新增长理论"并获得了诺贝尔奖。"新增长理论"和奥地利学派的企业家理论一起提出了原本一直被经济学排除在外的企业家问题，包括后来兴起的"硅谷"等大规模高科技创业实践活动，共同推动人们的理念发展——开始意识到创业的重要性，甚至把创业才能看做是经济的发动机。出于新经济发展的客观需要，一些西方发达国家开始在较大范围有针对性地开办一种意在培养大学生创业意识与能力的教育。从 20 世纪 60 年代末到 70 年代末，创业学成为美国高校中发展最快的学科领域，到 1980 年有 163 所院校开设了创业课程，1984 年增加到了 253 所，半数以上的商学院都设置了系统的教学计划。③

---

① 孙震瀚：《国外职业指导》，浙江教育出版社 1991 年版，第 135 页。
② ［美］彼得·德鲁克，张星岩译：《后资本主义社会》，上海译文出版社 1998 年版，第 8 页。
③ Vesper, K. H.：*Entrepreneurship Education*，*Wellesley*，*MA*：*Babson College*，1985，P. 124.

这个时期的创业教育理念主要是功利性取向的，其哲学根源是实践哲学或实用主义的工具理性。它不关注学生的人生、价值、需要、意义等这些关乎心灵安顿的深层次问题，也不区分学生之间的差异性，只是把学生看做是既定资源的创造性配置者和善于谋利的机器。在这样的认识根源下，创业教育把创业能力看做是一种特殊的技能，教育的目的就是为了培养能够创办企业的创业者，提高他们创业的成功率。上述认识决定了创业教育理念只能是停留在局部实践层面上的理念，此阶段的创业课程只是在商学院或者工程学院中开设，教育对象都是那些具有明确创办企业意愿的学生，所以，这种创业教育也被称做"企业家教育"或是"创业成功学"。在这种理念指导下，创业教育在自身范畴内得到了快速的专业化积累，包括相关理论研究、学科专业、专门机构等，为日后面向全体学生扩展打下了良好的基础。

2. 西方创业教育理念的内涵拓展。

"创业"一词由来已久，对它的内涵有很多不同看法。总体上可分为广义和狭义两种。大致上看，狭义的创业专指创办企业，而广义的创业则泛指开创事业或包含创新的行为。广义的创业几乎无所不包，小到生产线上的一项具体改进大到航天计划的实施，人人、处处、时时皆可创业。

两种不同的"创业"内涵对应着两种不同的创业教育观念。从历史上看，西方传统的创业教育观念长期停留在狭义范畴内，这种状况一直持续到 20 世纪 80 年代。随着社会发展和科技进步，越来越多的国家意识到，创业教育不仅对促进经济发展有直接作用，对于促进人的职业和生涯发展也至关重要，因为创业精神和能力是一种通用、可迁移的核心素质，它们对任何个体的发展都具有重要意义。创业教育不应该只局限在特定专业和学生群体，而是通识教育的重要组成部分，面向全体学生开展。创业教育理念的这种变化直接推动其逐渐走向大众化。

最能够反映广义创业教育理念演变过程的，是国际高等教育对创业教育的反思和推动。1998 年，"世界高等教育大会"以及为办好这次大会召开过的若干前期会议的多个报告中，对大学生创业教育理念进行了系统阐发。首先，世界经济合作和发展组织（OECD）专家柯林·博尔（Kolin Boil，1989）在 1989 年向 OECD 教育研究与革新中心提交的一份报告中这样写道，能够适应已经到来的"第三次浪潮"的个人应掌握三本"教育护照"，一本是学术性的，一本是职业性的，第三本则是证明"事业心和开拓技能的"。[1] 报告首次界定了创业教育，

---

[1] 王一兵译：《学会关心：世纪的教育——圆桌会议报告》，载于《教育研究》1990 年第 7 期，第 73~76 页。

即关于"事业心和开拓技能"的教育。1991年，联合国教科文组织"东京会议"对创业教育作了广义与狭义之分，并对广义的创业教育进行了界定："创业教育，从广义上来说是培养具有开创精神的个人，它对于拿薪水的人也同样重要。"1998年，世界高等教育大会在法国巴黎召开，会议通过了《21世纪的高等教育：展望和行动》宣言。宣言第7条指出："为方便毕业生就业，培养创业技能与主动精神应成为高等教育主要关心的问题……必须把创业技能和创业精神作为高等教育的基本目标"。在此之后，广义创业教育理念得到了进一步强化。1999年，联合国教科文组织在汉城举行了第二届"国际职业技术教育大会"，会议再次突出强调了创业教育，指出创业能力是一种通用核心能力。同年6月，斯图加特欧洲大会将主题确定为"企业家独立性——欧洲教育的一个目标"。大会提出："教育需要企业家思维，要向学生提供创业的知识和能力；创业精神对个人在各种工作领域激发创造力和开拓性至关重要。"经过上述国际组织的推动和基于知识经济发展对创业才能的强烈内在需求，广义创业教育理念逐渐得以广泛确立，世界各国高等教育积极地参与到创业人才的广泛培养中。

我们还可以从西方创业教育实践的演变中深化对广义创业教育理念的认识理解。例如，美国哈佛大学商学院将创业定义为"追求超越现有资源控制下的机会的行为"，认为创业是一种突破现有资源限制创造新机会的行为，因而不是一个特别的经济现象或个体的特质表现。全美创业教育者联盟指出："创业教育是指提供人们以概念技能，辨别他人忽视的机会，具备洞察力、自我评估能力和知识技能，在他人犹豫不决时果断地行动的过程。"可以看出，当前西方国家高校的大学生创业教育已经超越了狭义范畴，把创业能力看做是一种职业发展的通用核心能力。

广义的创业教育理念有"磁石模式"和"辐射模式"两种典型认识。"磁石模式"是指"通过整合所有资源和技术吸引来自全校范围内的、有着不同专业背景的学生"①，为此学校一般会设立专门的创业教育机构来实现，百森商学院采用的就是这一模式。"辐射模式"提倡创造良好的创业氛围，鼓励专业教育积极参与创业教育。康奈尔大学是这一模式的典型代表。两种模式的共同点在于，都属于广义创业教育理念，目的都是将创业教育普及到全校，认为"非商学院的学生也能从创业教育中获益"。

广义创业教育理念一经提出，就对西方创业教育乃至高等教育产生了很大影响。这是因为它和西方高等教育追求自由、创造、主体性和培养"完人"的教育理念是内在相容的。在人本主义和知识经济的背景下，广义创业教育理念为西

---

① 梅伟惠：《美国高校创业教育》，浙江教育出版社2010年版，第176页。

方高等教育理念如何适应新的生产方式以及如何培养知识社会的"新人"指明了方向。因此，广义创业教育理念迅速获得了一种强大生命力，使创业教育摆脱了仅限于职业技能教育的境地，进而上升为一种从根本上影响高等教育发展的理念。也正因为它已是一种理念，因而不像狭义的创业教育那样有独立完整和边界清晰的教育体系，有自身特定而具体的目标、明确严谨的课程和特殊的施行范围。它主要是作为一种教育理念和模式而存在，融入高校人才培养的各个方面，包括完善相关通识课程、革新教学方法、融入专业教育、加强"干中学"的实践教学环节、从以知识为中心向解决问题和提高创新能力转变、培养主动性学习的态度和鼓励首创精神的个性等。

## 二、中国就业创业教育理念的形成发展

### （一）中国就业教育理念的历史考察

较西方而言，中国就业教育及其理念的形成较晚，总体来看，经历了两次转向。

1. 从服务国家需要走向帮助学生自主择业。

很多文献认为，中国就业教育是在 1985 年教育体制改革之后出现的。但事实上，计划就业时代的高校并非没有针对大学生开展就业教育，只是这些就业教育活动并未独立开展，分散在学生日常教育活动中，所以没有引起太多的关注。归纳起来，这个时期的大学生就业教育理念主要是服务国家需要，以社会为本位，教育学生服从国家计划分配，在岗位建功立业。例如，"我是一块砖，哪里需要哪里搬"、"只有分工不同，没有高低贵贱之分"、"做一颗永不生锈的螺丝钉"等理想信念教育；服务社会主义建设、自觉服从分配、鼓励去往生产第一线等成才观和人生价值观教育；以雷锋为代表的奉献精神、以焦裕禄为代表的敬业创业精神、集体主义的团结合作精神等职业素养教育。

1978 年年底召开的十一届三中全会做出实行改革开放的决策，开始了中国从"以阶级斗争为纲"到以经济建设为中心、从僵化半僵化到全面改革、从封闭半封闭到对外开放的历史性转变。随着社会主义市场经济理念的逐步确立，人力资本作为市场经济的要素之一，必然也要实行市场化配置，需要实现大学生就业的市场化改革。为有效应对大学生就业体制改革带来的新挑战，引导大学生顺利就业择业，大学生就业教育的正式提出势在必行。改革的起点就是国家颁布《高等学校毕业生分配制度改革方案》（以下简称《方案》），要求"各地方、各部门以及各高等学校均应逐步建立毕业生就业指导机构，沟通供求信息，做好毕

业生就业指导和咨询服务工作。"这是引发就业教育理念广泛涌现和大范围确立的标志性事件。自此以后，国内学者开始将西方现代就业教育的理念、理论与实践引入国内相关学界和教育实践中。在多种因素的共同作用下，大学生就业教育理念开始从片面强调服务国家需要转向兼顾学生自主择业，实现了服务国家和帮助学生自主择业的有机统一。新的就业教育理念的特征主要体现在三个方面：第一，以调整学生就业观念为中心，"旨在帮助大学生以正确的人生观、价值观、道德观和行为规范参与求职择业活动，增强适应社会的能力。"① 第二，以推动就业教育的专门化、规范化为重点，逐步将就业教育纳入学校课程体系，按照科学的方式组织实施就业教育活动。第三，引入西方性格分析、心理测评、人职匹配等职业生涯理论和工具开展就业教育研究。

2. 从帮助学生自主择业走向促进学生职业生涯发展。

标志这一理念转折的事件是 2007 年教育部出台的《大学生职业发展与就业指导课程教学要求》（以下简称《教学要求》）。《教学要求》对课程的性质与目标界定如下："大学生职业发展与就业指导课现阶段作为公共课，既强调职业在人生发展中的重要地位，又关注学生的全面发展和终身发展。通过激发大学生职业生涯发展的自主意识，树立正确的就业观，促使大学生理性地规划自身未来的发展，并努力在学习过程中自觉地提高就业能力和生涯管理能力。"《教学要求》把课程内容划分为六部分，分别是建立生涯与职业意识、职业发展规划、提高就业能力、求职过程指导、职业适应与发展和创业教育。

《教学要求》的出台在中国就业教育发展史里具有里程碑式的意义。它是中国就业教育理念演化过程中的又一次重大飞跃。主要体现在三个方面：一是将就业教育的中心从围绕就业安置和就业率转变到人的职业发展上来，首次提出"关注学生的全面发展和终身发展"；二是将就业教育的能力核心从求职技巧转变到职业生涯决策上来，首次提出"提高就业能力和生涯管理能力"；三是将创业教育纳入就业教育内容之中，出现了就业教育与创业教育理念的融合趋势。

### （二）中国创业教育理念的历史考察

创业一词在传统中文语境中是"创立基业"、"开创事业"的含义。和西方基于经济学提出，后来扩展为广义意义上的创业内涵有相近之处。中国大学生创业教育理念也经历了两次重要转向。

--------

① 《国家教委办公厅关于在高等学校开设就业指导选修课的通知》（教政厅〔1995〕4 号），1995 年 5 月 12 日。

1. 从服务国家建设走向服务学生自主创业。

从新中国成立到 20 世纪末，高校一直针对大学生开展创业教育，这里的"业"在当时主要是指中国社会主义建设事业。这个阶段的创业教育同就业教育相似，也分散于学生日常教育管理中，其核心理念在于引导大学生积极投身社会主义现代化建设，把他们培养成为又红又专的社会主义合格建设者和接班人。具体而言，一是教育学生树立远大的人生理想，实现人生价值，即充分调动自身的能动性，为祖国的发展创造丰富的物质财富和精神财富。二是教育学生树立"全心全意为人民服务"的创业态度，引导学生在创业中坚持以社会主义和集体主义为价值导向，要求大学生要以人民群众的利益为出发点，个人利益要服从集体利益和国家利益。三是注重教育和生产实践相结合，例如，鼓励和安排知识青年上山下乡，接受贫下中农的再教育，去生产第一线建功立业，到基层的广阔天地大有作为等。

20 世纪 80 年代以来，实行改革开放使个人创办企业的积极性空前高涨，社会出现了"下海潮"和"经商潮"，社会经济发展和个人创业呼唤创业教育理念的更新。2002 年 4 月，教育部在清华大学、中国人民大学、北京航空航天大学、武汉大学、西安交通大学、上海交通大学、南京财经大学、黑龙江大学、西北工业大学 9 所高校部署开展创业教育试点工作。这标志着中国大学生创业教育进入到了"多元探索的试点阶段"，为创业教育新理念的扩展、演进和实践提供了进一步的平台支持。

该时期的中国创业教育理念侧重服务学生自主创业，主要呈现出两个特点：第一，新理念的形成与发展源于创业带动就业和"经济发展方式转变"的迫切需要。同时，西方创业教育理念的引入也加速了这一转变的进程。第二，广义和狭义创业教育理念并行探索。虽然此时的创业教育试点主要是狭义上的，但是也表现出广义的特征。例如，广义创业教育成为了教育部创业教育试点高校的重要工作内容之一，一些高校从狭义和广义两个层次开展创业教育的试点工作。

2. 从服务学生自主创业走向服务学生开创事业。

这次理念转变的标志是 2010 年出台的《教育部关于大力推进高等学校创新创业教育和大学生自主创业工作的意见》（以下简称《意见》）。这个文件第一次清晰阐述了大学生创业教育的社会背景、理念、功能、实施原则和自身建设。关于创业教育的社会背景，《意见》在开篇写道："党的十七大提出'提高自主创新能力，建设创新型国家'和'促进以创业带动就业'的发展战略。大学生是最具创新、创业潜力的群体之一。在高等学校开展创新创业教育，积极鼓励高校学生自主创业，是教育系统深入学习实践科学发展观，服务于创新型国家建设的重大战略举措……是落实以创业带动就业，促进高校毕业生充分就业的重要措施。"关于创业教育的理念，《意见》规定，"创新创业教育是适应经济社会和国家发展战略需要而产生的一种教学理念与模式；是深化高等教育教学改革，培养学生创新精神和实践能力的重要途径；创新创业教育要面向全体学生，融入人才培养全过程。要在专业教育基础上，以转变教育思想、更新教育理念为先导，以提升学生的社会责任感、创新精神、创业意识和创业能力为核心，以改革人才培养模式和课程体系为重点，大力推进高等学校创新创业教育工作，不断提高人才培养质量。"

这标志着中国创业教育理念开始从教会学生创办企业向教会学生开创事业转变。对高等教育来说，创业教育作为一种"教学理念与模式"，它要求的已经不是停留在局部或者开设几门课程，而是要适应知识经济的发展，转变传统教育理念，系统地调整人才培养体系，把以往教育传授"制造的知识"转换为"创造的知识"；尊重学生的差异和个性；注重开掘学生的潜能；以问题和能力为中心培养学生的创新创业素质等。究其原因，一方面是因为中国大学生通识教育理念日益受到重视，而创业精神与能力正是适应当今社会经济发展的核心和通用素质。另一方面，经过创新教育的反思，在某种程度上选择了创业教育作为创新教育的突破口。

### （三）对中国就业创业教育理念发展的审视与反思

长期以来，就业创业教育理念在中国高等教育中一直处于边缘化状态。但是在近十几年的时间里，由于恰逢两个重要历史关头，使就业创业教育理念在世纪之交迅速获得了强大的张力。第一个历史关头是大学生扩招之后持续出现的大学生就业难，促使高等教育必须正视就业教育问题。教育部在 2008 年全国普通高校毕业生就业工作研讨会上明确提出：毕业生就业的"政策制度设计已经基本完成，体制、机制基本到位"，"高校毕业生就业工作开启了一个以加强服务为重点的新阶段"，这个阶段的重点之一，便是就业教育。就业教育的第一个目的是通过转变观念、调整心态来平稳渡过就业困难阶段；第二个目的是寄希望于政策、形势、求职技巧能缩短就业周期，做到有序就业。第二个历史关头是工作岗位不足、人口红利消失、老龄化社会渐进、资源枯竭等原因对中国"资源驱动"经济的深刻挑战。像 20 世纪的"改革开放"一样，中国社会再一次走到了选择的十字路口，令人不禁回想起波特（Porter，1990）在《国家竞争优势》中对发展中国家的一再告诫：越迟做出选择，就越可能被"锁定"在旧的观念和生产方式之中。1995 年，国家在"九五"规划中第一次提出了"经济增长方式转变"。此后，主要是在近十年间，全社会逐渐达成共识，即"经济发展方式"必须尽可能迅速地从"资源驱动"转变为"创新驱动"。至"'十二五'规划纲要"出台，国家已经明确提出把"创新驱动"作为"转变经济发展方式"的主线。创新驱动要求的，不仅关乎科学技术创新，更关乎将科学技术转化为生产力的创业才能。但是，创业才能的存量及其自然增量尤其是那些能够组织知识要素的创业才能同"转变经济发展方式"的要求相比过于短缺。由此，迫切需要国家将注意力从扩张高等教育，积累人力资本转移到开展创业教育，提升创新素质上来。

与西方国家相比，中国高等教育的系统变革具有明显的体制驱动特色，教育理念主要是顶层设计和从上至下扩展开来的。例如高等教育体制改革、院校大规模调整合并、扩招、后勤社会化等。这和西方高等教育主要靠"自发秩序"维系，直至改革成熟时才以法律形式固定下来的情况有所不同。教育理念的命运和体制的精神取向密切关联。这里，我们尝试描述中国就业创业教育理念的演进逻辑，以期更好地理解和把握理念发展的脉络（见图 1-6）。

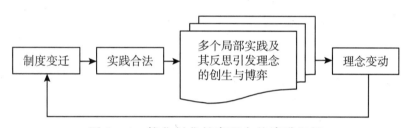

**图 1-6　就业创业教育理念的演进逻辑**

总的来看，就业创业教育理念在中国的出现不是某种思潮或理论的产物，而是整体性的社会转型所引发。制度的变动为高等教育开展就业创业教育实践赋予了合法性，甚至于将它上升到意识形态的高度。虽然新制度最初对高等教育来说只是给予了形式上的撼动，但是它仍然是至关重要的，因为它引发了就业创业教育的理念确立和实践探索。尤其是 21 世纪以来，在"大学生就业难"和"转变经济发展方式"的强力促动下，就业创业教育逐渐成为了高等教育发展改革的公共话题，理论也热情地参与到对就业创业教育实践的反思中来，形成万花筒般的各色教育理念，继而推动制度变迁的脚步继续前行。这既是中国特色就业创业教育理念的演化逻辑，也是"制度—实践—理念"的循环递进过程。

## 三、大学生就业创业教育理念的现实选择

在深入考察西方和中国就业创业教育理念的发展历程后，结合中国高等教育实际，我们认为，中国大学生就业创业教育在实践上已经有了比较好的积累，理念上也经历了几次转变和突破，但就业创业教育理念还没有演化到相对成熟稳定

的阶段。原因在于，其一，在制度上，还未形成能够很好支持就业创业教育开展的制度结构；其二，在实践上，各种教育探索在"竞争性"和"专业化"积累两个方面还未充分展开，也尚未形成均衡的教育行为模式，理论对实践的反思也还不够系统与深入；其三，在观念上，还没有形成一个全体社会成员对就业创业教育达成均衡的意义解释。大学生就业创业教育理念的进一步发展，既需要教育实践的长期探索和积淀，也需要大学生就业创业的教育者与研究者走向理论自觉，对理念进行全面审视和反思，以此为依据做出科学的现实选择，推动就业创业教育更好更快地发展。为此，我们提出，大学生就业创业教育理念在现实选择上要坚持一体化、专业化与社会化三个基本走向。

### （一）坚持大学生就业创业教育的一体化走向

就业教育和创业教育是在不同历史背景下分别提出来的，就业教育在先，积淀较厚，创业教育在后，但发展迅速，都形成了较为系统的教育理念。就业教育和创业教育产生后，始终处于不断变动中。它们共同面临一个新的跨界问题——职业生涯发展教育。具体而言：第一，广义的就业教育不能不涉及创业精神和创业能力的培养，因为学生不仅需要职业，更需要在职业中发展；第二，广义的创业教育不能不涉及人职匹配和生涯规划，因为若无职业便无创业；第三，最为重要的是，人的一生是一个连续性的整体，无论广义还是狭义的就业、创业，都是为完美人生服务。笛卡尔（Descartes，1639）在《探求真理的指导原则》曾说："在检查了若干单纯命题之后，要想从中得出其他推论的话，不妨以连续的毫不间断的思维运动把那些命题通观一遍，考虑它们互相之间的关系，也不妨择出若干来尽可能清楚地全面加以构想。只有这样，我们的认识才可以更加确定得多，心灵的认识能力才可以大为提高。"① 由于教育者没有能力提前判知教育对象未来的人生境遇和发展道路，从而不得不把就业和创业从职业生涯的整体上加以看待。这就涉及就业教育和创业教育的一体化问题，因为无论就业还是创业，在今天都不可能再是一个单纯的命题。这两个曾经分立的教育传统，其实正是教育从不同角度探究同一个问题而积累起来的。这种强烈的互补性当然反对已经不合时宜的割裂学生生涯整体的教育分工，从而呼唤它们的融合。

从当代认知科学来看，就业教育和创业教育在学生职业生涯发展这一密不可分的整体视角下，经过矛盾运动和辩证发展，出现一体化的理念取向，符合理念发生学和演化论的一般原理。在认识发展过程中，如果两种已知的现象模式之间具有高度的互补性，一般倾向于创造一个新概念来把握这两种现象模式。因此，

---

① ［法］勒内·笛卡尔著，管震湖译：《探求真理的指导原则》，商务印书馆1991年版，第49页。

虽然就业教育和创业教育由于演化起点的不同而在历史上合理地独立发展，但是我们应当看到，其合理性随着情境转换和意义嬗变——如狭义到广义——已经开始逐渐消解。因此，在今天它们相互依存、强烈互补的情况下，应该有一个新理念去协调和整合这些教育实践，而不是把重叠的核心问题推给对方。

在西方，创业教育尤其是广义的创业教育理念确立后，就业与创业教育在观念上就出现了融合的趋势，逐渐形成了"你中有我，我中有你"的状态。事实上，他们并不去刻意区分就业与创业教育，因为在他们看来，广义的就业教育和广义的创业教育完全是一回事。首先，广义的就业教育把狭义的创业看做是职业的一种，因为企业家这一职业在职业分类系统中早就存在，霍兰德还专门提出了"创业型（企业型）人格"理论来帮助学生判断是否适合创办企业。其次，广义的就业教育理念已把广义创业教育所针对的创业能力纳入自身教育内容。一个重要原因是很多雇主早就十分注重对求职者创新精神和开拓能力的要求。最后，广义的就业教育把广义的创业精神与能力看做是一种在一定范围内可迁移的核心职业能力，而不仅仅局限于创办企业。如此可见，在西方就业创业教育实践中，广义的创业教育在就业教育的实践层面早就得到落实。只不过在知识经济对创新创业人才空前而迫切的要求下，创业教育由于获得了强势话语权而压制了就业教育的声音，使得它看起来异常突出而常常被人误解为是一种全然独立的教育理念。

在中国，就业教育和创业教育融合发展的理念，在目前的体制顶层设计、局部教育实践及其理念创新中已初现端倪。一方面是体制的取向。《国家中长期教育改革和发展规划纲要（2010～2020年）》等国家有关政策文件已明确提出"就业创业教育"的表述，这为就业教育和创业教育融合发展提供了体制激励。另一方面是局部的理念创新。已经有一些学校立足于职业发展教育将就业和创业教育整合到一起。例如，武汉理工大学基于职业发展教育的全程化，创建了大学生职业发展与创业教育创新实验区；南京财经大学成立了大学生职业发展教育中心，推进"职业发展教育、创业教育、第二课堂活动一体化建设"；福州大学提出"一体多翼、多重保障"、全方位、立体化的职业发展教育体系。

基于此，我们做出了就业教育和创业教育一体化走向的判断，希望能够对它们在下一阶段的发展起到建设性作用。同时，我们也期待着有更多的实践探索，能够在一体化的新理念下，早日构建起基于大学生生涯全过程的就业创业教育体系。

### （二）坚持大学生就业创业教育的专业化走向

教育的专业化一般是指教育者、内容、方法、环境等教育要素的科学、专门的组织实施过程。大学生就业创业教育的专业化走向是由两个关键因素决定的：

一是它所承担任务的专门性；二是它所处环境及教育对象的特殊性。具体来看，一方面，大学生就业创业教育任务的专门性决定了其专业化走向。概而言之，就业创业教育的主要任务是：对学生进行就业创业的观念引导、知识传授和能力培养，进而帮助学生正确认知自我和社会，实现其职业生涯的合理规划与发展。在教育中所传授的就业创业观念、知识和能力，并不是随随便便确定的，而是源于长期以来就业创业教育积淀形成的专门化知识体系。正如前文所述，经过近百年的发展，就业创业理论与实践实现了从无到有、从浅到深、从狭到广的跨越式发展，理论上相关分支和学派日益增多，实践上不同国家、地区和高校开展就业创业教育所积累的经验日益丰富。理论与实践的不断纵深发展决定了，大学生就业创业教育只有走向专业化，即拥有一批经过专业训练、掌握专门知识、理论、方法和技能的教师，遵循学生职业发展和就业创业教育的基本规律开展教育活动，才能完成就业创业教育所承载的主要任务。另一方面，教育环境及对象的特殊性决定了大学生就业创业教育的专业化走向。"一切划时代的体系的真正的内容都是由于产生这些体系的那个时期的需要而形成起来的。"[1] 大学生就业创业教育走向专业化是经济社会发展的必然结果。随着改革开放的继续推进和社会主义市场经济的不断深入，创新型人才日益成为促进经济社会发展创新的关键力量，中国社会对创新型人才的需求十分紧迫。这就要求除了将就业创业教育融入人才培养全过程外，还要开展专门教育，构建相对独立的大学生就业创业教育课程体系与实践体系，使之成为高等教育不可或缺的重要组成部分。同时，大学生就业创业教育走向专业化也是大学生全面发展的必然要求。中国经济社会快速发展引起大学生思想的多元多变，大学生群体的成长路径日趋多样，每个学生都会形成自己的发展规划和成长需要，这使得就业创业教育要实现精细化和专业化，根据不同群体、个体的思想心理特点和现实发展需求进行因材施教，为不同群体、个体的职业发展和生涯成长量身打造培养方案和教育计划，保证每个学生的全面发展和个性成长。

坚持大学生就业创业教育的专业化走向需要抓住以下三个主要问题予以推进。一是推进大学生就业创业教育理论的专业化。形成学科是理论走向专业化的重要标志，是实现就业创业教育专业化的根本前提，可以更好地推动形成相对独立的就业创业教育知识和理论体系，进而确保其专业地位的不可替代性。1992年国家技术监督局对学科应具备的国家标准（条件）做出明文规定，指出一门学科"应具备其理论体系和专门方法的形成；有关科学家群体的出现；有关研究机构和教学学位以及学术团体的建立并开展有效的活动；有关专著和出版物的

---

[1] 《马克思恩格斯全集》第3卷，人民出版社1960年版，第544页。

问世等条件。"① 这些条件深刻揭示了学科建设需要具备的四个核心要素，即学科研究问题（对象）、学科研究方法（范式），学科理论体系（理论）和学科研究的共同体（学派）。未来就业创业教育理论的发展应瞄准这一目标，进一步明确研究的特殊领域、基本矛盾和具体内容，确立科学的研究方法，建构完善的理论体系，形成稳定的学术共同体，努力为就业创业教育走向学科化创造必要条件。二是推进大学生就业创业教育队伍的专业化。教师是教育的主导者，打造一支高水准的专业化教师队伍是大学生就业创业科学有效开展的关键。就业创业教育队伍的专业化可以从中外教师队伍专业化中获得启示与借鉴。教师专业化是近年来世界各国教育发展和教师队伍建设的显著趋势，很多国家都加快了教师专业化的建设步伐，提出了不同的建设标准和目标，这些标准和目标目前还没有统一表述，但归纳起来主要包括教师自身的专业知识、技能成熟程度和专业精神水平，以及围绕教师队伍建设的专业组织和制度成熟程度等。推进大学生就业创业教育队伍的专业化，需要构建和优化就业创业教育队伍管理的整套制度机制，保障和提高教育队伍的经济待遇和社会地位，形成完善的教育队伍准入晋升机制，加强对教育队伍的培训考核，创设良好的教育研修培训平台，鼓励引导教育队伍不断提升就业创业教育的专业知识和技能，开展师德教育和形势政策教育，不断增强就业创业教育的使命感、责任感和荣誉感。三是推进大学生就业创业教育手段的专业化。教育手段是指教育者将教育内容作用于受教育者所借助的各形式与条件的总和，它是达成教育目标的必要条件。教育手段专业化是教育专业化的重要内容，是改进和提升教育质量的必然路径。教育手段专业化主要包括教育方法专业化、教育载体专业化和教育途径专业化等。大学生就业创业教育内涵丰富、形式多样、专业性强，要取得预期教育目标就需要借助专业的教育手段。例如，对学生进行职业认知发展教育，如果离开了科学量表、专业咨询和个性设计的教育手段，就难以保证良好的教育效果。推进大学生就业创业教育手段的专业化要注重借鉴国外先进教育手段和其他教育活动中的优秀教育手段，重视充分发挥新媒体技术在教育过程中的重要作用，在理论研究和实践探索中不断实现教育手段创新，完善就业创业教育的方法体系、打造高质量的就业创业载体，优化就业创业的教育途径，使教育手段发展不断符合大学生就业创业教育的专业化发展要求。

### （三）坚持大学生就业创业教育的社会化走向

大学生就业创业教育的社会化是指为保证就业创业教育有效开展而必须与社

---

① 《中华人民共和国国家标准学科分类与代码表（GB/T13745—92）》，国家技术监督局1992年11月1日批准，1993年7月1日实施。

会交互并发展出恰当社会性的过程。这是因为，就业创业机会是社会提供出来的，学生的职业发展终究要在社会分工体系中得以完成，这就要求就业创业教育必须保持足够开放性和社会化，这也是就业创业教育的特殊之处。因此，再好的就业创业教育，如果它是封闭式的，至多只能完成它应该做到的一部分工作。就业创业教育的特殊性决定其要以市场为基本导向，以社会实践教学为重要方式，并综合运用各种社会资源构建教育的支持体系，唯有如此才能达到教育目的，实现教育效果。

推进大学生就业创业教育的社会化走向，首先要以市场为基本导向。市场是教育活动的依据和基础，市场的竞争法则对教育同样适用。就业创业教育更是如此，就业创业教育培养的学生终将进入社会参与人才市场的激烈竞争，只有那些符合市场发展需要的人才方能顺利就业和成功创业。任何脱离市场需要，不顾市场发展导向的就业创业人才培养都只不过是闭门造车而已，难以培养出经济社会发展真正需要的优秀就业创业人才。这就需要就业创业教育密切关注市场发展对人才需求的最新趋势，加强校企合作，注重对就业创业市场的动态调研，根据不断发展着的市场需求调整和完善就业创业教育的人才培养目标和教育方案。

其次，就业创业教育要以社会实践教学为重要方式。教育要面向社会，注重实践，就业创业教育应当通过社会实践教学培养学生知行合一的能力，将所学知识运用于指导就业创业实践，并在实践体验中提升认识和磨炼意志。实践是检验真理的唯一标准，教给学生的就业创业知识，是不是真的对学生就业创业有指导意义，需要在实践中检验和强化。大学生在接受了课堂教育后，需要有一个知行合一的过程，使大学生对就业创业的认识逐步转化为观察、处理各种职业发展问题的立场、观点和方法，并在实践建议过程中审视、反思自身知识储备，及时更新符合实践需要的知识结构。与此同时，大学生就业创业能力的培养和就业创业优秀品质的磨炼只有通过社会实践"干中学"才能提升和加强。能力不像直接、可编码、静态的知识那样，仅仅依靠传授就可以获得。能力所涉及的，更多是默会知识、隐蔽知识、间接知识一类，这就要求通过"干中学"等方式才能习得。此外，我们知道学校提供的环境是比较平静和舒适的，较少有逆境和复杂的职业体验，对就业创业的挑战性、风险性缺乏足够的认识，只有让学生在社会实践教学体验中接触各种复杂情况，在遇到困难和解决困难的过程中，才能提高自己的心理承受力，磨炼自己艰苦奋斗的意志和主动进取的精神。

最后，就业创业教育要综合运用各种社会资源构建教育的支持体系。就业创业教育是一项系统工程，它的活动领域从校园延伸到了社会中，它所需要的教育资源丰富多样，单是高校自给难以满足，离不开综合运用各种社会资源构建教育的支持体系。在这里，支持体系主要包括资金支持和载体平台支持。就前者而言，开展就业创业教育需要足够的资金用于支持教师队伍建设、教学内容设计、就业创业竞赛、实习实训和创业实战等教育活动。就当前情况而言，资金不足还是众多高校普遍面临的制约着就业创业教育深入开展的瓶颈性困难。这就需要高校积极拓展资金获取的合法渠道，广泛引进社会资金，开展校企合作，为就业创业教育提供充足的资金。就后者而言，开展就业创业教育需要一定的载体平台为学生实习实训、创业实战提供就业创业环境。如果高校把就业创业教育活动仅仅局限于校园，学生难以感受到就业创业的真实氛围和严峻挑战。离开了社会系统所提供的企事业岗位实践、创业园区、产学研用中心等载体平台依托，诸多就业创业教育项目更是难以开展，进而影响到就业创业的实际效果，造成教育始终停留在课堂和理论层面，无法转化为实际能力。这就要求大学生就业创业教育主动走出象牙塔，建设多方参与的开放性合作教育模式，依靠"民、官、学"等多方力量，建立起各方多层次联动的就业创业教育支持体系。

综上所述，我们基于经济社会发展和学生全面成长的现实需要，考察国内外高等教育特别是就业创业教育的发展趋势，依据就业创业教育本身的特点，提出了中国大学生就业创业教育正在走向一体化、专业化和社会化的理念。事实上，任何教育的真正变革都首先是教育理念的创新，因为教育理念的创新意味着教育参与者以新的眼光重新审视和认识教育活动，"以新的范型重新把握和建构教育体系，以新的方式重新组织和拓展教育活动"。[①] 理论反思是长期和多重的，我们不寄希望于某次理论反思可以有"一言以兴邦"之效果，但是好的理论探究总会推动教育理念的演化，令它一次比一次更为接近本质，进而形成某种稳定结构的意识流和理念体系，最终将理念成功地转化为拉动教育整体进步的"生产力"。可以预见，大学生就业创业教育理念的创新将会成为就业创业教育实践发展的内在动力。当然，这既需要通过国家的顶层设计加以确认和强化，也需要遵循教育理念发展演变的自身逻辑，保持与时俱进的开放态势，借鉴域外优秀教育理念，挖掘提炼本土实践中的先进教育理念，推动教育理念和教育实践的不断创新。

---

① 韩延明：《理念、教育理念及大学理念探析》，载于《教育研究》2003 年第 9 期，第 54 页。

# 第二章

# 大学生就业创业能力结构研究

随着我国经济体制的逐步完善以及国家就业政策的不断调整，当代大学生的就业创业问题已经成为我国社会广泛关注的重大问题之一。其中，提升就业创业能力是大学生成功实现就业创业的关键因素。要提升大学生就业创业能力，就必须深入分析大学生就业创业能力的内涵，尤其是要把握大学生就业创业能力的结构，在此基础上才能进一步探索针对性、实效性较高的大学生就业创业能力培养策略，以更好地提高大学生就业创业教育质量、增强大学生就业竞争力，进而为提高大学生培养质量、提升国家人力资源培养水平、实现创新型国家建设提供有力支撑。

## 第一节  大学生就业创业能力结构研究的理论与方法

大学生就业创业能力问题一直备受研究者关注，积累了比较丰富的研究成果。但已有研究尚未对大学生就业创业能力的内涵、理论及其结构研究的方法等问题形成比较一致的看法与结论。作为大学生就业创业能力结构研究的前提与基础，本节将就这些基本问题作以初步讨论。

## 一、大学生就业创业能力结构问题的提出

### (一) 问题提出的背景

提升大学生就业创业能力是新时期高等教育的重要使命。一方面，建设创新型国家，实现人力资源大国向人力资源强国的转变，需要加强大学生就业创业能力的开发与培养。为了更好地应对知识经济时代的挑战，我国开始逐步建立国家创新体系及运行机制，先后印发了包括《2002～2005年全国人才队伍建设规划纲要》、《国家中长期教育改革和发展规划纲要 (2010～2020年)》、《国家中长期人才发展规划纲要 (2010～2020年)》等系列文件，提出科教兴国、人才强国战略。2006年，全国科技大会提出把增强自主创新能力作为国家战略，到2020年建成创新型国家，使科技发展成为经济社会发展有力支撑的战略目标，并强调科技创新的关键在于创新型人才的培养。[1] 由此，人的知识、智力和创新能力，即人力资源能力的大力开发与培育已成为实现科技进步和经济社会发展的关键。大学生作为高知识群体，是建设创新型国家的主力军，其知识优势、科学精神、竞争意识和创新能力的开发水平在相当程度上决定着创新型国家的建设进程，而"以人为本"的人力资源能力建设更使得"能力在人的各种属性中表现出更加重要的地位"。[2] 因此，全面提升大学生的综合能力和素质使其适应知识经济社会的发展，特别是重视开发并培养大学生创新能力，优化其知识和能力结构不仅是大学生自身成长成才的必然诉求，更是建设创新型国家，实现由人力资源大国转向人力资源强国的必然要求。另一方面，高等教育大众化阶段实现大学生充分就业创业也要求切实有效地提升大学生就业创业能力。2002年，我国高等教育毛入学率达到15%，标志着高等教育进入大众化阶段。而近年来国家统计局数据显示，经济发展所能提供的就业岗位增量有限，就业岗位远远不能满足需求。[3]高等教育大众化阶段的大学生处于竞争日趋激烈的就业环境中。多项权威性统计数据表明，我国大学生缺乏与就业创业市场环境相适应的社会经验以及就业创业能力，尚未形成科学合理的就业创业能力结构，这也成为大学生就业难的重要原

---

① 胡锦涛：《坚持走中国特色自主创新道路　为建设创新型国家而努力奋斗——在全国科学技术大会上的讲话》，载于《人民日报》2006年1月10日，第2版。

② 逄锦波、武博：《高校人力资源能力建设研究》，人民出版社2011年版，第1页。

③ 国家统计局网站：《全国年度统计公告 (2009～2011)》，http：//www.stats.gov.cn/tjgb/

因之一。① 比如以创业为例，在全球创业观察（GEM）的概念模型中，"创业活动是创业机会与创业能力合成的结果。"并且明确指出，当前中国大学生创业面临的主要问题是创业机会多而创业能力弱。② 国际劳工组织 KAB 项目全球协调人克劳斯·哈弗滕顿先生在"KAB 创业教育（中国）项目年会"上指出："全球任何一个地方都不像中国那样有这么多的创业机会。但是，这些机会却被很多人忽视了。这主要有两个原因，一是中国还缺少创业的基础设施，即与创业相关的法律、金融、风险投资等设施；二是缺少系统化的创业教育。"③ 因此，高等教育必须在转型中高度重视应用型本科人才的培养，要"深化人才培养模式、课程体系、教学内容和教学方法等方面的改革，实现从注重知识传授向更加重视能力和素质培养的转变"④，尤其是要帮助大学生认识并掌握就业创业市场变革对人才需求的指标及水平，使大学生尽快形成适应快速变化的劳动力市场环境的就业创业能力，顺利实现就业创业。

探究大学生就业创业能力结构是提升大学生就业创业能力的前提。大学生就业创业能力不是单一能力，而是一个能力群，它包括多个层次，涉及多种具体能力。要实现有效提升大学生就业创业能力，必须首先确定大学生就业创业能力结构，深入把握大学生就业创业能力发展特点、现实状况，进而有针对性地培养和提升。为此，西方国家都非常重视就业创业能力结构研究，如福古特（M. Fugate，2004）、奈特和约克（P. Knight & M. Yorke，2004）、普尔和斯韦尔（L. D. Pool & P. Sewell，2007）分别提出了职业生涯识别（career identity）、个人适应性（personal adaptability）、社会和人力资本（social and human capital）的三维度心理—社会性建构模型、USEM（Understanding，Skills，Efficacy Beliefs，Meta-cognition）模型、Career EDGE（Experience：Work & Life；Degree Subject Knowledge、Understanding&Skills；Generic Skills；Emotional Intelligence）—The

---

① 包括由麦可思研究院自 2007 年起对毕业半年后大学生的就业状态和工作能力进行的全国性调查后形成的系列报告（2009~2012）以及《南方日报》、《北京日报》、新华网等多项统计数据、报告等。详见《大学生就业遭遇"供需结构"难题》，载于《中国教育报》2007 年 5 月 17 日，第 2 版；麦克斯研究院：《中国大学生就业报告》，社会科学文献出版社 2009~2012 年历年版；《大学生创业面临艰难选择 成功率只有 2%~3%》，载于《北京日报》2010 年 11 月 10 日，http://news. xinhuanet. com/school/2010 - 11/10/c_12758578_2. htm；《全社会扶助大学生成功创业氛围形成》，载于《南方日报》2010 年 10 月 15 日，A16 版；《大学生创业成功率约 4% 如何突破五大瓶颈》，载于《今日早报》2011 年 11 月 17 日，04 版。

② 高建、程源、李习保、姜彦福：《全球创业观察中国报告（2007）——创业转型与就业效应》，清华大学出版社 2008 年版，第 119 页。

③ 梁国胜：《中国创业教育将逐渐升温》，载于《中国青年报》2007 年 11 月 6 日，第 9 版。

④ 《关于进一步深化本科教学改革全面提高教学质量的若干意见》（教高［2007］2 号），2007 年 2 月 17 日。

Key to Employability 模型等多种就业能力结构模型,[①] 钱德勒和汉克斯（Chandler & Hanks，1993）、曼恩和刘（Man & Lau，2000）分别提出了识别与利用机会的能力、概念性能力、坚持不懈的能力、人力能力、政策性能力、技术能力等六大创业能力构成[②]以及机会胜任力、关系胜任力、概念胜任力、组织胜任力、战略胜任力和承诺胜任力的六维创业能力结构模型。[③] 美国、英国、澳大利亚、加拿大等 17 个国家还将就业创业能力作为国家战略进行深入研究，并已形成较为完善的就业创业能力结构的国家框架，从国家层面确定了就业创业能力的结构。在我国，学者们也逐渐开始重视就业创业能力结构研究，积累了一些较好的研究成果。比如，朱新秤认为内在就业能力包括职业认同、专业知识与技能、社会资本和个人适应能力四个维度。[④] 宋国学认为大学生就业能力由专业技能、沟通技能、个人属性、学习能力、人际技能组成。[⑤] 罗峥等人对 19 名大学应届毕业生进行了访谈，对 310 名北京市各高校大学生和 18 家企业的人力资源部门进行了开放式问卷调查，并进行了企业座谈及专家研讨，汇总之后编制了大学生就业能力问卷。他们构建了大学生就业能力九因素模型，九个因素为：团体合作、创新与问题解决能力、内省性、专业技能、实践经验、职业动机、就业信息获取、求职方法及自我定位。[⑥] 唐靖、姜彦福认为创业能力由二阶六维度构成，即机会能力、运营管理能力为一阶维度，机会识别能力、机会开发能力、组织管理能力、战略能力、关系能力和承诺能力为二阶维度。[⑦] 王占仁等从培养大学生综合创业素质的角度认为大学生创业能力结构主要包括把握机会能力、终生学习能力、领导管理能力、社会合作能力、心理调控能力和创新思维能力。[⑧] 这些研究为进一步探析大学生就业创业能力奠定了良好基础。但与现实需要及国外研究进展相比，我国学术界关于大学生就业创业能力的研究还存在一些不足。首先，研究成

---

[①]　胡尊利、刘朔、程爱霞：《国外大学生就业能力研究及其启示》，载于《比较教育研究》2008 年第 8 期，第 26 ~ 27 页。

[②]　G. N. Chandler、S. H. Hanks：*Measuring the Performance of Emerging Businesses：A Validation Study. Journal of Business Venturing*，8（5），1993，pp. 391 – 408.

[③]　Thomas W. Y. Man、Theresa Lau：*Entrepreneurial Competencies of SME Owner/Managers in the Hong Kong Services Sector：A Qualitative Analysis*，*Journal of Enterprising Culture*，8（3），2000，pp. 235 – 254.

[④]　朱新秤：《就业能力：内涵、结构及其培养》，载于《广东社会科学》2009 年第 4 期，第 164 ~ 168 页。

[⑤]　宋国学：《基于可雇佣性视角的大学生职业能力结构及其维度研究》，载于《中国软科学》2008 年第 12 期，第 129 ~ 137 页。

[⑥]　罗峥等：《大学生就业能力的结构初探》，载于《心理学探新》2010 年第 1 期，第 74 ~ 77 页。

[⑦]　唐靖、姜彦福：《创业能力概念的理论构建及实证检验》，载于《科学学与科学技术管理》2008 年第 8 期，第 52 ~ 57 页。

[⑧]　王占仁、林丹：《大学生创业素质结构论析》，载于《社会科学战线》2012 年第 3 期，第 250 ~ 252 页。

果不够丰富，缺乏原创性研究成果，特别是对大学生创业能力结构的研究力度与深度明显不足；其次，研究过程缺乏科学严谨的研究方法，缺乏对方法论以及多样化研究方法的重视，存在重质化研究而轻量化研究，重概念推演而轻经验分析，重宏观研究而轻微观研究的倾向；最后，已有研究均将就业能力与创业能力作为两个独立的结构体系加以分别研究，尚无将两者进行关联性建模的研究成果。因此，对大学生就业创业能力结构进行研究有助于我国参照国际研究、结合本国现实构建科学的、具有针对性和实效性的中国大学生就业创业能力指标体系和结构模型，并运用这一可操作化指标体系对大学毕业生的就业创业能力水平进行量化评估，为切实有效地培养、提升大学生就业创业能力提供参考依据。它不仅是一项本土化的实证研究，也是一项原创性的探索研究。

### （二）问题研究的可行性

首先，人的能力可以通过结构分析加以研究。能力（ability）是指"顺利完成某种活动所需的个性心理特征"[①]，它是人们在社会实践中解决问题、胜任工作的各种技能和水平，是人的本质力量的集中体现，也是人从事一切活动的内在依据。从事任何一项活动都需要具备相应要求的能力，而这些能力又由不同的次能力要素构成。能力具有自身的结构，能力结构是指"构成能力的诸要素相互联系的方式。"[②] 随着心理学、教育学、管理学研究的不断深入，越来越多的学者认为人的能力是多样而非单一的，是发展而非停滞的，是协调而非孤立的复杂系统，即是具备复杂结构的能力体系。国内外诸多学者如斯皮尔曼、吉尔福特、加德纳、林崇德、顾明远等都曾先后对能力结构展开过研究。就大学生创业能力而言，它也是一种具有综合性的能力体系，包括大学生在从事创业活动时所应具备的各种能力要素（即全面性）、各种能力之间保持有机关联、相互匹配（即协调性）以及各种能力组合形成的体系（即系统性）。[③] 由此可见，对大学生就业创业能力进行整体认知与把握可以通过对其展开结构分析得以实现。

其次，大学生就业创业能力指标以及结构模型可以通过科学方法获取和建立。科学方法是人们探索自然现象及其背后原因，并据此提出新假说并对之进行检验的手段、途径、程序和技巧，其重要特征是具有实证性。科学方法大体可分为两类：一是以经验为基础的科学方法，如实验、比较、观察和归纳方法；二是以理性为基础的科学方法，如数学、演绎、公理化等方法。对大学生就业创业能

---

① 顾明远：《教育大辞典》（增订合编本下），上海教育出版社1998年版，第1145页。
② 顾明远：《教育大辞典》（增订合编本下），上海教育出版社1998年版，第1146页。
③ 郑永廷、高国希等：《大学生自主创新理论与方法》，人民出版社2010年版，第190页。

力结构的研究可以通过科学方法加以考察。首先，这一研究是在某一理论假设的前提下进行的，只有通过科学方法才可以对这一理论假设证实或者证伪；其次，结构模型理论假设中的指标获取并非是抽象思辨的结果，而是在经验事实（文献、访谈、广告等）基础上的提取，这一提取过程本身即是科学方法（归纳法）的运用；最后，大学生就业创业能力结构研究是一项科学认识活动，在这一过程中既要运用定量分析与定性分析的社会科学研究方法，也要运用演绎分析与归纳分析的推理形式或思维模式。

## 二、大学生就业创业能力结构研究的相关概念与理论

在科学研究中，厘清基本概念并梳理与研究相关的基本理论将为研究奠定坚实的理论基础。在大学生就业创业能力结构研究中，大学生就业能力、大学生创业能力、大学生就业创业能力和大学生就业创业能力结构是四个基本范畴，而研究中涉及的相关理论则主要包括心理学视域下的能力结构及测量理论、管理学视域下的能力构成理论以及社会学视域下的社会资本理论。

### （一）大学生就业创业能力及其结构的概念界定

1. 大学生就业能力。

就业能力在国外又被称为"可雇佣能力"或"可雇佣性"（Employability）。20世纪90年代后期，西方学者偏重从国家劳动力市场、人力资源管理、职业心理学以及正式教育机构的个体（特别是大学生）等视角出发来界定这一概念。[1] 首先，从劳动力市场的要求角度来看，是指个体能够应对市场的变化并使其具有吸引力的能力。如赫耶登（Vander Heijden，2002）认为它是个体获得、保持和利用某种资质或能力以应对不断变化的劳动力市场的倾向；[2] 安德里斯、杰思普和桑德斯（G. Andries，L. Jasper & Sanders，1999）认为它是个体在劳动力市场保持吸引力的意愿和能力。[3] 其次，从人力资源管理的角度来看，是指从雇主与雇员两个视角对其进行的复合性定义。如加拿大会议委员会（CBC）认为它是个体满足雇主和客户不断变化的要求，从而实现自己在劳动力市场的抱负和潜能而

---

[1] 郑东辉：《可雇佣性导向的大学课程设计方式探讨》，载于《全球教育展望》2012年第5期，第55页。

[2] Vander Heijden，I. J. M. Beatrice：*Prerequisites to Guarantee Life-long Employability*，*Personnel Review*，1，2002，pp. 44 – 61.

[3] 谭亚莉、万晶晶：《多重视角下的个体可雇佣能力研究现状评介与未来展望》，载于《外国经济与管理》2010年第6期，第40页。

应具备的品质和能力；哈维（Lee Harvey，2001）认为就业能力是被雇佣者具有并在劳动力市场上展示的，雇主所需和被认为有吸引力的技能总和，这些技能应该是让雇佣者相信他们在将来的岗位中能有效工作的行为特征。[①] 再次，从职业心理学的角度来看，是指个体在职业生涯中获得、保持、发展以及应对变化的心理特征。如国际劳工组织（ILO）认为它是个体获得和保持工作、在工作中进步以及应对工作中出现变化的能力；希拉吉和波拉德（J. Hillage & E. Pollard，1998）认为它是获得最初就业、维持就业和必要时获取新的就业所需要的能力；[②] 澳大利亚人力资源开发和培训中心（CHRDT）认为它是一种个体获得的个性技能、知识、特质和态度的组合，这种组合可以使个人获得、保持以及在必要时再获得满意工作的潜力达到最大。最后，从大学生个体职业胜任力的角度来看，是指个体能够在某一职位上有所成就。奈特和约克（P. Knight & M. Yorke，2002）认为它是指毕业生在符合其研究水平的职位上获得成功的一系列的个人品质、各种知识和学科理解的有机结合；[③] 英国提高学生就业力合作组（ESECT）认为它是一组使个体能更好地就业并能使他们成功地胜任所选择职业的能力，包括成就、理解力和个人特质。

我国学者则主要从"个体特质"以及"社会需要"两大视角对这一概念进行界定。首先，从个体特质的角度来看，认为大学生就业能力"是在以学习能力为基础上发展的与职业相关并嵌入在个体身心里的一种综合能力"；[④] 或认为它是指"在某个特定的时期内，并且劳动力市场没有发生重大变化时一种与职业相关的综合能力。包括识别工作机会、获得工作、在工作中自我发展的能力，它包含了对工作环境变化的适应和不断学习的能力等个人特质。"[⑤] 其次，从社会需要的角度来看，认为它不仅指大学毕业生实现就业的能力，即大学生短期的求职就业能力，还应该包括保持工作、更换工作以及实现个人职业生涯发展的能力，即作为一个社会人长期的职业发展能力；[⑥] 或认为大学生就业能力"是指大

---

[①] Lee Harvey：*Defining and Measuring Employability*，*Quality in Higher Education*，2，2001，pp. 97 – 109.

[②] J. Hillage，E. Pollard：*Employability*：*Developing a framework for policy analysis*，London：*Department for Education and Employment*，1998.

[③] P. T. Knight，M. Yorke：*Employability through the curriculum*，*Tertiary Education and Management*，4，2002，pp. 261 – 276.

[④] 文少保：《基于人才强国战略的我国大学生就业能力开发策略研究》，载于《现代大学教育》2006 年第 1 期，第 103 页。

[⑤] 刘小平、杨淑薇：《可就业能力及其培养研究进展》，载于《科技管理研究》2006 年第 9 期，第 175 页。

[⑥] 范泽瑛、谢超：《关于 2006 年就业力问题及其培养模式的探索》，载于《中山大学学报论丛》2006 年第 8 期，第 196 页。

学毕业生在校期间通过知识的学习和综合素质的开发而获得的能够实现就业理想、满足社会需求、在社会生活中实现自身价值的本领",主要由学习能力、思想能力、实践能力和适应能力构成。[1]

综合上述研究,可以发现多数学者比较重视用"个性特征"和"知识技能"对就业能力进行界定,强调个体内在的综合能力和素质,相对忽视影响个体就业的相关社会经济因素及其应对能力。因此,本研究认为大学生就业能力是作为个体的大学生在劳动力市场成功获得、保持工作以及转换工作时所具有的知识、技能、个性特征等贯穿个体职业生涯发展的内在能力和外在能力的总和。内在就业能力是个体成功获得、保持和转换工作时必须具备的知识、技能及其个性特征,是影响个体就业的内在心理因素。外在就业能力是个体在面对影响自身在劳动力市场就业的社会经济、家庭、学校等因素时对它们进行分析、整合、应对以及综合运用的能力。这意味着大学生就业能力的构成既包括与个体成长成才相关的人格因素,也包括与个体职业生涯发展相关的基本就业技能及职业发展能力,还包括与影响成功就业的社会经济因素相关的社会应对能力。

2. 大学生创业能力。

1989 年,联合国教科文组织在"面向 21 世纪教育国际研讨会"上提出创业能力意味着一种个人品质,包括"个人事业心、开拓精神与技能",主要是通过创业教育获得。创业能力研究与实践最早兴起于美国。20 世纪 90 年代,西方学者将能力理论引入创业领域,发展出了一系列与创业能力密切联系的概念。钱德勒和汉克斯(Chandler & Hanks,1993)首次提出创业能力的核心是"创业胜任力",即识别、预见并利用机会的能力,它会随着创业者对市场的熟悉程度而不断加强;[2] 巴尼和阿尔瓦雷兹(Barney & Alvarez,2000)从资源理论的角度分析创业现象,认为创业能力是公司超过对手模仿的、持续的创新能力,本身也是一种资源的整合能力。[3]

在充分借鉴西方学者关于创业能力研究成果的基础之上,我国学者对大学生创业能力进行了多角度的概念界定与内涵解读。有学者从"个体心理特征"的视角来界定这一概念,认为"创业能力是以人的智力活动为核心的具有较强的综合性和创造性的心理活动机能,是与个性心理倾向、特征紧密结合在一起的,在个性的制约和影响下形成并发挥作用的心理过程,并在创业实践活动中表现为

---

① 郑晓明:《"就业能力"论》,载于《中国青年政治学院学报》2002 年第 3 期,第 91~92 页。

② G. N. Chandler, S. H. Hanks: *Measuring the Performance of Emerging Businesses: A Validation Study*, *Journal of Business Venturing*, 5,1993,pp. 391 - 408.

③ Alvarez Sharon, Barney Jay: *Entrepreneurial capabilities: A resource-based view*. G. Dale. Meyer, Kurt. A. Heppard: *Entrepreneurship As Strategy: Competing on The Entrepreneurial Edge*, *Sage Publications, Inc*, 2000.

复杂而协调的行为动作。"① 有学者从"创业实践活动"的视角来界定这一概念，认为大学生创业能力是指"大学生在创业实践活动中的自我生存、自我发展的能力，是一种能够顺利实现创业目标的知识和技能";② 或认为它是"大学生把已知的信息、知识与创业实践活动相结合，创造有社会价值的产品和服务过程中所有的智力因素和非智力因素的总和，它既可能是一种静态的结果，也可能是一种动态的过程。"③ 有学者从"创业要素"的视角来界定这一概念，认为大学生的创业能力"主要是指大学生在掌握了一定的专业知识和技能的基础上发现和捕获商机，将各种资源组合起来并创造出更大价值的能力，也是大学生将自己的创业设想成功变为现实的能力。"④ 还有学者将"创业胜任力"与"创业能力"两个概念通用，认为"大学生创业胜任力是指大学生在创业过程中所表现出的，能够胜任创业角色、实现所创事业可持续发展所必需的知识、素质和技能等，是大学生识别、捕捉商机，将有创意的项目付诸实践从而实现自我发展和人生价值的能力"。⑤

综合上述研究，可以发现国内外学者比较重视对个体在创业准备以及初创阶段与机会识别、商机捕获相关的个性特征和知识技能，相对忽视影响个体创业的情感意志、社会资本、资源汇聚与整合以及创业发展阶段的企业管理、风险控制等其他创业阶段所需要的知识与技能。因此，本书认为大学生创业能力是指作为创业主体的大学生在准备创业，实施创业以及实现所创事业可持续发展过程中各种知识、品质和技能的集合。这意味着大学生创业能力的构成不仅包括与创业相关的认知能力，也包括情感、个性和文化因素，还包括与影响成功创业的社会经济因素相关的社会性能力。

3. 大学生就业创业能力。

就业能力与创业能力的关联性决定了就业创业能力整合的合理性。首先，从个体职业发展的角度来看，无论是就业能力还是创业能力都是一种职业发展力。2004 年，教育部办公厅在《关于进一步加强和完善高校毕业生就业状况统计报告工作的通知》明确指出，"毕业生以灵活方式就业，其中包括自主创业、自由

---

① 宣言、梅强：《论大学生创业能力的培养》，载于《教育与职业》2011 年第 6 期，第 96 页。

② 杨金焱、费世森：《新时期大学生创业能力的构成与培养》，载于《教育探索》2010 年第 12 期，第 147 页。

③ 徐晋、杨燕：《大学生创业能力培养"方桌"模型构建研究——基于独立学院的实证分析》，载于《浙江工业大学学报（社会科学版）》2010 年第 4 期，第 456~457 页。

④ 董燕：《论大学生创业能力的培养》，载于《教育与职业》2011 年第 12 期，第 91 页。

⑤ 杨乃鹏：《大学生创业胜任力实证研究》，载于《继续教育研究》2012 年第 4 期，第 114 页。

职业等。"① 国家实施扩大就业的发展战略中也提出"以创业带动就业"、"经由就业走向创业"的观念与途径。由此可见，自主创业正是人的职业生涯中一种特殊的就业方式，就业能力可以用来创业，创业能力也可以用来就业，它们都是自身潜能的充分发挥，都是促进个体自身职业生涯发展的有效助力。其次，从概念的内涵来看，尽管存在差异性，但是就业能力与创业能力仍有相当程度的一致性与共同特征。总的来看，虽然两者存在差异性构成要素，如就业能力更重视在择业就业过程中求职技能、主动展现自己的能力，而创业能力则更重视创新能力、对机会的识别和把握的能力以及资源整合的能力等，但从能力结构的总体构成看来，无论是就业能力还是创业能力，都是多层次、多维度、动态的能力系统，大致都可以从个性特征、核心技能群和社会应对能力三个二级维度加以划分，并在三级维度上拥有若干共同的具体构成要素，如实践能力、学习能力、人际交往能力、团队合作能力、敬业精神、自信乐观等。

在充分借鉴国内外学者关于大学生就业能力与创业能力概念与内涵界定的基础上，本课题组认为大学生就业创业能力具有两个方面的涵义：首先，它是一个整合性概念。大学生就业创业能力是与职业相关的综合能力，具有个体和社会的双重属性。大学生就业创业能力不仅包括大学生拥有的个性特征与核心技能群，还包括个体在面对劳动力市场、社会资本等因素影响下的应对能力。具体说来，大学生的个性特征与核心技能群是大学生就业创业能力的核心，是内在的能力，决定了大学生就业创业的程度与水平；个体应对能力则是指个体分析、整合并运用资本因素以应对包括劳动力市场在内的诸多外在影响的能力。其次，大学生就业创业能力具有可培养性。在影响大学生顺利就业创业的诸多背景和外在条件中，有的因素并不具有可培养性，如家庭累积的财富、社会关系等，但大部分能力构成要素如分析解决问题的能力、人际交往能力、团队合作能力、机会识别和把握的能力、资源整合能力以及个性品质等却可以通过知识学习、实践锻炼等途径获得培养。因此，大学生就业创业能力是指大学生通过与就业创业相关的课程学习、实践锻炼以及综合素质开发所获得的包括知识、技能、个性特征等一系列有助于获得并保持工作，或实施创业以及实现所创事业可持续发展，有助于个体职业生涯发展所必需的能力集合。

4. 大学生就业创业能力结构。

人的能力是多样而非单一的，是动态而非静态的，是协调而非孤立的，它是具有复杂结构的能力体系。能力结构是指一个人所具备的能力类型及各类能力因

① 《教育部办公厅关于进一步加强和完善高校毕业生就业状况统计报告工作的通知》（教学厅〔2004〕7 号），2004 年 6 月 3 日。

素的有机组合。大学生就业创业能力是与职业发展相关，具有层次性与差异性的多种能力指标的综合。因此大学生就业创业能力结构是指个体具有的由多级维度与各种具体指标组合形成的具有差异性的动态能力系统。大学生就业创业能力结构具有较为稳定的构成模式，不同能力要素之间保持有机关联，相互依存，相互交叉，相互渗透，协调发展，构成了一个完整的能力结构，制约和影响着大学生的就业创业质量与水平。

大学生就业创业能力结构具有三个主要特征。一是系统性。大学生就业创业能力结构具有多级维度，由各种具体指标组合而成。大学生就业创业能力作为一级维度，包括若干二级维度，每个二级维度又包括若干具体指标。各个具体指标作为结构要素有机组合，构成了一个完整的系统。二是差异性。差异性是指在大学生就业创业能力结构中，各种能力所处的地位和作用依活动对象的不同，在量和质上存在差异与层次。一是根据就业创业实践活动复杂程度不同，能力也相应具有层次上的差异，如学习能力、操作实践能力、逻辑分析能力等技能属于较为基本的能力，而管理能力、创新能力、资源整合能力等则属于较为复杂的能力；二是不同性别、年级、专业、家庭经济及就业取向的大学生个体在各个就业创业能力因素上存在发展水平上的差异；三是不同的工作岗位或就业创业活动对大学生个体能力具有不同的要求或侧重，促使大学生在就业创业实践过程中形成了能力的差异性。三是动态性。尽管大学生就业创业能力结构具有较为稳定的构成模式，但就个体而言，各个次能力因素常常伴随就业创业实践活动过程中个体职业选择变换和社会结构因素的变化而不断地产生动态的变化和调整。

因此，对大学生就业创业能力结构展开研究。一是为了从整体上把握大学生就业创业能力的构成要素，促进其全面提高，避免大学生就业创业能力发展不足或片面、畸形发展；二是为了从各种具体能力因素的相互关联与作用方式上，发挥大学生就业创业能力的综合效应；三是为了针对不同类型的就业创业能力设计并实施不同的就业创业教育课程（活动），使能力培养与课程（活动）有机融合，真正切实地促进大学生就业创业能力品质的内在转化。

### （二）大学生就业创业能力结构研究的相关理论

对大学生就业创业能力结构进行研究需要借鉴多学科关于能力结构、能力体系的研究成果。不同的学科视域因其研究视角的不同观点各异。在本研究中，主要从心理学、管理学、经济学和社会学四个学科领域，选取具有代表性的理论成果加以借鉴，为大学生就业创业能力结构的研究奠定理论基础。

1. 心理学视域下的能力结构及测量理论。

能力的结构一直是心理学领域关注的重要内容之一，具有代表性的能力结构理论包括:(1)由英国心理学家斯皮尔曼(C. E. Spearman,1904)提出的"二因素说"。认为能力由两种因素组成:一般因素 G 和特殊因素 S。[①] 后经英国心理学家弗农(P. E. Vernon)于 19 世纪 60 年代进一步发展,提出了"层次结构理论",认为能力的结构是按照层次排列的,最高层次是一般因素 G,第二层次分为"言语—教育"和"操作—机械"两大因素群,第三层次包括言语、数量、机械、信息、空间关系、用手操作等小群因素,第四层次为特殊因素 S,即各种特殊能力;[②](2)由美国心理学家桑代克(E. L. Thorndike,1920)提出的"智力三因素论"。认为智力结构应包括抽象智力(心智能力,特别是处理语言和数学符号的能力)、具体智力(个体处理事物的能力)和社会智力(处理人与人之间相互交往的能力)三种主要能力。[③](3)由美国心理学家吉尔福特(J. P. Guilford,1956)提出的"三维结构模型"。提出智力可以区分为三个维度:内容、操作和产品。每个维度分成若干元素,每一个智力因素都是三个维度元素的组合。由于三个维度和多种形式的存在,人类智力在理论上可以分为 $5 \times 5 \times 6 = 150$ 种类型;[④](4)由美国心理学家加德纳(H. Gardner,1983)提出的"多元智能理论"。认为人类的智能是多元的一组能力,包括语言智能、逻辑—数学智能、音乐智能、空间智能、身体—动觉智能、认知智能等;[⑤](5)由美国心理学家戈尔曼(Daniel Goleman,1995)系统阐述的"情感智力理论"。认为情感智力包括自我知觉、管理自己的情绪、自我激励、移情和处理人际关系,后又于 1998 年将其划分为自我意识、自我管理、社会意识和社会技能四个方面。[⑥] 显然,这一理论更侧重于社会情境中的适应和调控。

在对能力结构进行研究时,国外学者比较偏重运用量表测量的方法考察大学生就业创业能力并帮助他们确定未来的职业方向。量表测量法是指用心理测验量表来测试与大学生就业创业能力相关的知识技能、能力倾向、人格特质、自我效能等,并根据测试结果对大学生就业创业能力作出评价。比较具有代表性的测量量表包括:(1)由美国心理学教授霍兰德(John Holland,1953)编制的职业兴趣量表。量表包括理想职业、感兴趣的活动、擅长的活动、喜欢的职业、能力类

---

① C. E. Spearman:"*General intelligence*",*objectively determined and measured*,*American Journal of Psychology*,15(2),1904,pp. 201 – 293.

② 刘穿石:《创业能力心理学》,陕西师范大学出版社 2004 年版,第 44 页。

③ E. L. Thorndike:*Intelligence and its use*,*Harper's Magazine*,140,1919,pp. 227 – 235.

④ [美] J. P. Guilford,《智力的三维结构》,载于《心理科学文摘》1980 年第 1 期,第 46 ~ 58 页。

⑤ [美] 霍华德·加德纳著,沈致隆译:《智能的结构》,中国人民大学出版社 2008 年版,第 91 ~ 321 页。

⑥ [美] 丹尼尔·戈尔曼著,耿文秀、查波译:《情感智商》,上海科学技术出版社 1997 年版,第 51 ~ 138 页。

型建模和统计表六个部分；（2）由美国心理学家吉尔福特和齐默尔曼（Guilford & Zimmerman）于20世纪40年代编制的 Guilford-Zimmerman 能力倾向检查量表（GZAS）。主要测量言语和抽象智力、数概念的熟练掌握、知觉的速度和准确性，包括6个分测验：言语理解、一般推理、数学运算、知觉速度、空间定向和空间形象；（3）由美籍心理学家陈（Chen，1998）等人编制的创业自我效能量表。该量表共有五个维度：市场营销、创新、管理、承担风险和财务控制。①

心理学视域下的能力结构及测量理论从关注传统、狭隘的单维因素转向关注动态、宽泛的多维结构，其发展过程反映了人们对能力问题认识的不断深化，即不再把能力看做是一种纯粹的与社会文化无关的认知倾向，而是越来越重视社会文化、社会背景等多种因素相互关系及共同作用下的复杂能力体系。心理学视域下的能力结构及测量理论为大学生就业创业能力结构研究提供了直接的借鉴。首先，从整体结构上来看，大学生就业创业能力是多维的层次体系，由若干具体能力要素组合而成，且就业能力和创业能力均存在一般性的共同能力和各自的特殊能力；其次，从维度上来看，个性特征和社会性能力是能力结构的两个重要维度，是模型理论假设中的重要组成部分；最后，能力研究的基本方法是运用心理量表进行测量。在本书中，对大学生就业能力自评量表和大学生创业能力自评量表的设计正是在借鉴西方创业自我效能感等量表的基础上，结合中国大学生的现实心理特点编制的。

2. 管理学、经济学理论视域下的能力构成分析。

随着经济学、管理学研究的不断深入，其代表性理论成果也逐步被运用于能力结构研究中。主要包括：（1）由美籍经济学家熊彼特（1912）提出的"创新理论"。认为创业者的职能就是实现生产要素和生产条件的新组合，包括五种情况②：①引进一种新的产品；②采用一种新的生产方法；③打开一个新的市场；④征服或者控制原材料或半制成品的某种新的供给来源；⑤任何一种工业执行新的组织。根据这一理论，创业者至少应具备机会识别能力、组织管理能力、商机捕获能力等关键性的创业能力。（2）美籍学者"现代管理学之父"彼得·德鲁克（1973）提出管理责任的五大基础：制定目标、组织、激励和沟通、衡量以及使人得到发展。③根据这一理论，组织的管理者应当具备科学合理制定组织目标的能力、组织协调能力、人际沟通能力、开发企业人力资源的能力。（3）由

---

① C. C. Chen, P. G. Greene, A. Crick: *Does entrepreneurial self-efficacy distinguish entrepreneurs from managers?*, *Journal of Business Venturing*, 13, 1998, pp. 295 – 316.

② ［美］约瑟夫·熊彼特著，叶华译：《经济发展理论》，中国社会科学出版社2009年版，第85页。

③ ［美］彼得·德鲁克著，陈小白译：《管理：任务、责任和实践》，华夏出版社2007年版，第33～34页。

美国学者、"世界创业教育之父"蒂蒙斯（1974）提出的"蒂蒙斯模型"。[①] 认为成功的创业活动，必须要能将机会、创业团队和资源三者做出最适当的搭配，并且也要能随着事业发展而做出动态的平衡。根据这一理论，创业者的领导能力、创造力与沟通能力是发现并解决问题，对机会、资源、团队三者进行重新组合与调整控制风险，保证新事业顺利进行的关键能力。

管理学、经济学的相关理论为大学生就业创业能力，特别是创业能力的具体构成要素提供了借鉴。管理学、经济学比较关注就业创业者在保持企业良性发展过程中的各项关键能力。根据这些理论，人际沟通能力、团队合作能力、组织协调能力等无论对于就业者还是创业者都是必须掌握的核心能力，而作为创业者则需要具备包括创新能力、领导能力、机会识别与把握能力、资源整合能力以及人力资源开发能力等多种能力构成要素。

3. 社会学理论对就业创业能力研究的影响。

20世纪80年代，随着社会学研究的不断深入，社会资本理论应运而生，并对就业创业及其能力研究产生了重要影响。主要理论成果包括：（1）由法国社会学家布迪厄（Pierre Bourdieu，1984）提出的"社会资本"概念。认为它是"某个个人或是群体，凭借拥有一个比较稳定，又在一定程度上制度化的相互交往、彼此熟识的关系网，从而积累起来的资源的总和。"[②] 它首先是一种关系资本，与个人在特定社会网络结构中的地位相关联；社会资本实际上是由彼此之间有"交往"的人们之间的社会义务构成的；社会资本是一种有意识或无意识的投资策略的产物，这些策略形式包括对社会关系的选择、对关系的"象征性建构"、对关系的积累和维护等；社会资本具有极强的自我增值能力，如果运用得当，"从一种关系中自然增长出来的社会资本，在程度上要远远超过作为资本对象的个人所拥有的资本。"[③]（2）由美国社会学家科尔曼（James S. Coleman，1990）提出的"社会资本理论"。他从微观和宏观相结合的角度对社会资本作了较系统的研究，认为社会资本是个人拥有的以社会结构资源为特征的资本，它由构成社会结构的各个要素组成，存在于人际关系的结构之中。社会资本是与物质资本和人力资本相并存的，社会资本与物质资本和人力资本三者之间可以相互转换。[④]

---

① ［美］杰弗里·蒂蒙斯、小斯蒂芬·斯皮内利著，周伟民、吕长春译，《创业学》，人民邮电出版社2005年版，第31页。

② ［法］布迪厄、［美］华康德，李猛等译：《实践与反思——反思社会学导引》，中央编译出版社1998年版，第162页。

③ ［法］布迪厄，包亚明编译：《文化资本与社会炼金术》，上海人民出版社1997年版，第205页。

④ ［美］杰姆斯·科尔曼，邓方译：《社会理论的基础》（上），社会科学文献出版社2008年版，第277~297页。

社会资本理论较早地在就业创业研究领域得到较好的运用和发展。理论研究与实践应用结果均表明：个体的社会关系是影响就业创业的一个重要因素。即便是在市场竞争机制较为完善的西方国家，个体的社会关系网络对其就业创业也是发挥重要作用的。人们可以通过丰富的社会关系网络更为快捷地获取就业创业信息，得到更为切实的指导与帮助，进而更顺利地实现就业创业。根据社会资本理论，通过人际交往而形成的社会网络，以及如何充分利用社会资本将对大学生实现顺利就业创业产生极大的影响，这使得人际交往能力和资源整合能力成为大学生就业创业能力的重要构成要素。首先，应通过发挥人际交往能力建立尽可能广泛的社会关系网络，构建以自身为中心的社会资本；其次，应通过资源整合能力对社会关系进行选择、关联和转换，使其成为能够促进自身实现顺利就业创业的助力。

多学科的理论成果及其对能力结构研究的借鉴与影响表明，大学生就业创业是一项十分复杂的实践活动。这意味着大学生不可能简单地按照某种认知结构独立地完成这项活动，而是需要根据活动性质调动多种能力因素去共同完成就业创业实践活动。因此我们也必须借鉴多学科视域下的理论成果，运用动态的、发展的、多维的研究视角和研究观来考察大学生就业创业能力的结构问题。

## 三、大学生就业创业能力结构研究的思路与方法

总的来看，由于已有研究仍存在不足，我国大学生就业创业能力结构研究缺乏完整而系统的原创性理论框架，缺乏科学方法论指导下独立的研究工具和方法，尤为缺乏适合本国大学生实际情况的就业创业能力测验量表。针对这些不足，本研究采用了实证性的研究思路及方法，并根据下列步骤展开研究。

第一步，在系统考察大学生就业能力和创业能力概念的基础上，运用归纳分析的方法形成"大学生就业能力"、"大学生创业能力"以及"大学生就业创业能力"及其结构的新概念，为理论假设奠定基础。本研究运用了假设—演绎的科学发现模式，其特点是综合归纳主义和演绎主义模式的某些因素以获得假设，并强调假设在科学发现中的作用。英国哲学家惠威尔（Whewell）认为归纳是一个发现的过程，是一个用准确的新概念来正确综合事实的过程。英国逻辑学家杰文斯（W. S. Jevons）进一步发展了惠威尔的思想，认为假设—演绎的程序是：先发明新概念，并用它来综合事实以形成假说，再从经验中演绎出经验事实命题，最后将这些命题与观察实验的结果相对照。在本研究中，新概念的提出建立在文献综述的基础上，首先按照研究视角的不同梳理国内外的主要研究成果，然后在综合分析的基础上进行提升，进而得出本研究中的概念界定。尤其是创造性

地提出"大学生就业创业能力"这一整合性的概念，为后续的整合性结构模型的提出奠定了前提。

第二步，运用文献分析法和数据统计、访谈等实证性的研究方法从多维度的经验事实中对大学生就业创业能力指标要素进行划定与提取。指标提取的质量高低直接决定结构模型的信度与效度。在以往的研究中，大学生就业创业能力指标要素的提取与划定较少运用实证性的研究方法，更多地采用了思辨或经验总结的方法。本研究着眼于从经验事实中对就业创业能力指标要素进行划定与提取，主要运用文献分析、数据统计、访谈的方法，通过对学生、社会和文献三个维度的经验事实进行综合考察，初步确定大学生就业创业能力构成要素的范围并对就业创业能力指标要素进行提取。

第三步，运用归纳分析法对大学生就业创业能力指标要素进行总结与分析，分别形成大学生就业能力结构模型和大学生创业能力结构模型的理论假设。归纳分析法主张从特殊的经验事实出发，在对经验事实进行分析总结的基础上寻找一般原理。它是科学研究中常用的推理方法，是理性的证明工具，其根本目的在于运用推理模式对科学假说进行证实或证伪。其中，分类是归纳分析法的首要步骤。本研究中，在已经初步提取出构成大学生就业创业能力若干具体要素的基础上，对它们进行特性分析进而进行分类，按照不同的特质将它们划分为不同的维度，从而分别建立包括若干二级维度以及若干三级维度的大学生就业能力结构模型和大学生创业能力结构模型的理论假设。

第四步，运用量化方法，即通过自编的测评量表分别对两类结构模型的理论假设进行探索性因素和验证性因素分析，并根据分析结果对结构模型进行修正。理论假设要通过量化的方法加以验证。模型构建是否科学合理关键是看实证研究中得出的模型结构的相关统计学指标是否达到标准及其好坏程度。实证量化研究包括三个主要步骤：一是根据理论假设中的要素分别编制大学生就业能力自评量表和大学生创业能力自评量表，并进行初测确定正式问卷；二是通过大规模的开展正式实测量表测试获得大学生就业创业能力的自评数据，并通过对数据进行KMO指数和Bartlett球形检验统计量的因素分析，来初步探索模型中各种具体能力因素的组合方式，分别建立当代大学生就业能力结构和创业能力结构的基本维度，初步确定两类结构模型；三是按照数理统计原理，对已经初步确定的两类模型分别进行验证性因素分析，从而对该结构模型进行验证和最终确定。

第五步，比较两类结构模型分类维度与具体能力指标的异同并运用演绎分析法推导形成大学生就业创业能力结构的整合模型。演绎逻辑主张从一个具有严密体系的先在"公理"、概念和法则出发，按照数学模式从一般推出特殊，从普遍公理推出具体事实，是与归纳分析法相反的另一种在科学研究中常用的推理方法。由于在概念研究中已经阐明大学生就业能力与大学生创业能力是两个既有区别又有密切联系的能力概念，并创造性地提出"大学生就业创业能力"的概念。根据"假设—演绎"这一科学发现模式的程序与步骤，对大学生就业创业能力结构的整合模型进行构建意味着，一方面要通过比较发现两类模型中存在的一致性分类维度和具体能力指标，并对其加以合并；另一方面也要发现两类模型中能够更加直接地体现就业或创业的能力素质要求的维度与指标，并对其加以区分和提炼，然后通过演绎推导形成大学生就业创业能力结构模型的理论设想。

第六步，运用调查法对大学生就业创业现状进行差异性分析，并结合上述各项研究结论提出加强大学生就业创业能力研究的建议。通过自编量表施测获得的数据不仅可以为大学生就业创业能力结构模型的构建提供基础，同时也是对当前大学生就业创业能力现状及水平比较客观全面的量化描述。本研究运用整体分层随机抽样的方法，分别对北京、辽宁、上海、湖南、广东、四川、陕西等11个省（市）19所高校共计5 500余名学生进行了问卷调查。通过分析数据了解我国大学生就业创业能力的总体发展水平，以及不同大学生群体就业创业能力存在的差异。最后，根据本研究中关于大学生就业创业能力理论、结构模型以及现状水平的研究过程与结论提出加强大学生就业创业能力研究的主要建议。

# 第二节　大学生就业创业能力结构模型的构建

本书通过自编大学生就业能力量表及大学生创业能力量表开展实证研究，最终确定了大学生就业能力的结构模型及大学生创业能力结构模型，并在以上两种能力模型建构基础上初步构建了大学生就业创业能力结构模型。

## 一、大学生就业创业能力结构模型构建的基本步骤

### （一）大学生就业创业能力结构要素的初步提取

本书从三个角度初步确定大学生就业创业要素范围：一是学生角度的要素提取。大学生就业创业能力是学生个人的一种内在特征，从根本上说是学生自我发展水平的一个重要指标，是学生实现自我发展需要的一个重要条件。它由哪些因素构成应该充分了解学生的需要和意愿。本课题通过对大学生进行就业创业能力结构要素访谈，分析典型学生就业创业案例等方式，了解大学生自己对就业创业

能力结构要素的认识，把访谈或案例中出现频率较高的就业创业能力结构要素提取出来。二是社会角度的要素提取。大学生就业创业能力不仅是学生个人发展问题，也关乎整个社会的发展。我们揭示的大学生就业创业能力要素不仅应该是学生希望自己培养和提高的，也应该是社会需要学生具备的能力。本研究着重通过用人单位招聘广告来分析用人单位（社会）对大学生就业能力的要求，探究社会角度的大学生就业能力要素。通过分析社会上创业名人及已步入社会的大学生创业典型的创业历程，探究社会角度的大学生创业能力要素。三是文献角度的要素提取。大学生就业创业能力构成要素的有关研究文献实际上代表了"第三方视角"，即理论研究者和实践工作者从自己的理论分析和实践体悟出发，对大学生就业创业能力构成要素的一种综合判断。这种视角反映了理论研究者和实践工作者对大学生就业创业能力构成要素的基本认识，是我们深入研究大学生就业创业能力构成要素的重要参考。我们遴选那些刊物级别高、引用率高的大学生就业创业能力有关文献，对文献中提及的能力要素进行归类，提取出提及频率高的要素。

## （二）大学生就业创业能力结构模型的理论假设

在大学生就业创业能力结构要素分析的基础上，我们综合相关研究成果，提出我们关于大学生就业创业能力结构模型的理论假设，明确大学生就业能力要素的构成方式。模型的理论假设主要是通过对大学生就业创业能力构成因素的逻辑分析得出的。首先，要找出已有研究关于大学生就业创业能力结构的研究结论的一致性，力求把这种一致性中体现出的大学生就业创业能力结构的合理成分反映到我们的理论假设之中；其次，要综合分析我们提取出的大学生就业创业能力要素，把具有较高关联性的要素进行分类。最后，把以上两个环节进行整合，提出一个既能充分反映已有研究成果又能涵盖我们提取的所有要素的结构模型假设。

## （三）大学生就业创业能力结构模型的实证研究

这是模型构建最为核心的环节。我们构建的模型是否科学合理关键是看实证研究中得出的模型结构的有关统计学指标是否达到标准及其好坏程度。实证研究包括三个主要方面：一是大学生就业创业能力结构实证研究量表的初步编制。进行大学生就业创业能力结构模型的实证研究，就是要通过对大学生就业创业能力测试数据的分析来确定其结构。这就需要首先编制测试大学生就业创业能力的量表。其实，量表编制的过程与大学生就业创业能力结构确定的过程几乎是同时的。也就是说，我们最终编制出了具有较好统计学指标的大学生就业创业能力的量表，也就最终确定了大学生就业创业能力的结构。反之亦然。量表编制包括初测量表、正式实测量表和正式量表三个步骤。首先，我们要根据理论假设及有关量表编制初测量表，一般要对应理论假设中的要素编制初测量表题目，每个因素一般要有三个以上题目。然后通过小范围的初测量表测试修订、删除一些统计指标不好的题目，形成一份相对正式的量表。用相对正式的量表进行更大范围的测试，通过对测试数据的反复分析，再次删除一些统计指标不好的题目，形成最终的正式量表。正式量表显示出的结构就是大学生就业创业能力的结构。二是大学生就业创业能力结构的探索性因素分析。探索性因素分析就是通过对正式实测量表测试数据的因素分析来初步探索确定一种个体特征结构的统计分析方法。直观地讲，探索性因素分析是从数据的角度看我们构想的各种具体能力因素的组合方式。例如，假设我们构想就业创业能力包括基本能力这个二级子维度，而基本能力下又包括基本能力 1、基本能力 2、基本能力 3 三个三级子维度。那么探索性因素分析的任务就是看测试数据是不是能聚合为三个子维度。同时，看测量基本能力 1 的题目是不是都聚合在一起，测量基本能力 2 的题目是不是聚合在一起，如此等等。探索性因素分析后一般会删除一些不合适的题目，进而修正理论假设的结构，形成一个更为合理的大学生就业创业能力结构模型。三是大学生就业创业能力结构的验证性因素分析。这一步将最终确定大学生就业创业能力结构模型。经过探索性因素分析，我们实际上已经得到了一个比较合理的大学生就业创业能力结构模型。但按照统计学要求，这个结构模型还需要进一步的验证才能最终得以确认，这就需要进行验证性因素分析。验证性因素分析与探索性因素分析是相辅相成的。探索性因素分析更大程度上是基于数据间呈现出的关系探索出一个结构模型。而验证性因素分析是要验证这个探索出来的结构模型在另外一些数据中是否还有效。这个过程类似于对一个科学实验结果进行重复性检验的过程。

## 二、大学生就业能力结构模型的构建

### (一) 大学生就业能力结构的要素提取

1. 学生角度的要素提取。

我们走访了北京大学、吉林大学、东北师范大学、浙江大学、复旦大学等 14 所高校，对这些高校在校本科学生进行随机抽样访谈，最终获得 282 个学生的有效访谈材料。通过对访谈内容进行整理、分析、归纳、总结、合并，提取出大学生自身认为较为重要的 26 个就业能力要素（见表 2-1）。

表 2 - 1　　　　　　　　来自 282 个大学生访谈就业能力要素

| 序号 | 就业能力要素 | 频次 | 频率 | 序号 | 就业能力要素 | 频次 | 频率 |
|---|---|---|---|---|---|---|---|
| 1 | 人际交往 | 161 | 57% | 14 | 计算机能力（英语能力） | 11 | 4% |
| 2 | 专业知识理解运用 | 144 | 51% | 15 | 自我展现能力 | 11 | 4% |
| 3 | 沟通表达能力 | 73 | 26% | 16 | 领导能力 | 11 | 4% |
| 4 | 学习能力 | 59 | 21% | 17 | 创新能力 | 6 | 2% |
| 5 | 组织协调能力 | 42 | 15% | 18 | 思考能力 | 6 | 2% |
| 6 | 实践应对能力 | 37 | 13% | 19 | 信息技术能力 | 6 | 2% |
| 7 | 诚实正直 | 31 | 11% | 20 | 抗压能力 | 6 | 2% |
| 8 | 积极乐观 | 31 | 11% | 21 | 主动性 | 6 | 2% |
| 9 | 自我发展能力 | 25 | 9% | 22 | 应变能力 | 6 | 2% |
| 10 | 适应能力 | 20 | 7% | 23 | 自信 | 6 | 2% |
| 11 | 逻辑思维能力 | 17 | 6% | 24 | 理解分析能力 | 3 | 1% |
| 12 | 团队合作能力 | 14 | 5% | 25 | 独立自主 | 3 | 1% |
| 13 | 文字处理能力 | 14 | 5% | 26 | 判断决策能力 | 3 | 1% |

2. 社会角度的要素分析。

我们在 2011 年 9 月至 2012 年 3 月期间，集中地收集了清华大学、东北大学、复旦大学、南京大学、浙江大学、中国传媒大学、东北师范大学、合肥工业大学等 20 所高校的校园招聘广告，最终筛选其中 16 824 条有效招聘广告，提取出 29 个就业能力要素（见表 2 - 2）。

表 2 - 2　　　　　来自 16 824 条校园招聘广告就业能力要素

| 序号 | 就业能力要素 | 频次 | 频率 | 序号 | 就业能力要素 | 频次 | 频率 |
|---|---|---|---|---|---|---|---|
| 1 | 沟通表达能力 | 6 898 | 41% | 9 | 诚实正直 | 2 187 | 13% |
| 2 | 团队合作能力 | 6 057 | 36% | 10 | 积极乐观 | 2 019 | 12% |
| 3 | 专业知识理解运用 | 5 047 | 30% | 11 | 学习能力 | 2 019 | 12% |
| 4 | 责任感 | 3 870 | 23% | 12 | 抗压能力 | 1 851 | 11% |
| 5 | 文字处理能力 | 3 701 | 22% | 13 | 创新能力 | 1 346 | 8% |
| 6 | 组织协调能力 | 3 365 | 20% | 14 | 理解分析能力 | 1 346 | 8% |
| 7 | 计算机能力 | 3 028 | 18% | 15 | 主动性 | 1 178 | 7% |
| 8 | 敬业精神 | 2 524 | 15% | 16 | 人际交往 | 1 009 | 6% |

续表

| 序号 | 就业能力要素 | 频次 | 频率 | 序号 | 就业能力要素 | 频次 | 频率 |
|---|---|---|---|---|---|---|---|
| 17 | 逻辑思维能力 | 1 009 | 6% | 24 | 实践应对能力 | 336 | 2% |
| 18 | 独立自主 | 673 | 4% | 25 | 自我发展能力 | 168 | 1% |
| 19 | 适应能力 | 673 | 4% | 26 | 信息技术能力 | 168 | 1% |
| 20 | 应变能力 | 673 | 4% | 27 | 判断决策能力 | 168 | 1% |
| 21 | 问题解决能力 | 505 | 3% | 28 | 自信 | 168 | 1% |
| 22 | 思考能力 | 505 | 3% | 29 | 情商 | 168 | 1% |
| 23 | 领导能力 | 505 | 3% | | | | |

3. 文献角度的要素提取。

我们收集、阅读、整理了国内外有关就业能力结构和要素研究方面文献资料109份。然后，按文献索引率、发表刊物的级别等条件挑选出权威性较强、学术质量较高的文献39篇。提取每一篇文献所提及的能力指标，并对每一篇文献提到的能力指标根据文献中所表达的意思进行定义，最后，把从39个文献中提取出来的所有能力指标进行汇总，并将只是名称定义不同，但指的是同一个能力的指标进行合并。最终获得31个就业能力要素（见表2-3）。

表2-3　　　　　　　来自39个文献就业能力要素

| 序号 | 就业能力要素 | 频次 | 频率 | 序号 | 就业能力要素 | 频次 | 频率 |
|---|---|---|---|---|---|---|---|
| 1 | 团队合作能力 | 26 | 67% | 14 | 理解与分析能力 | 7 | 18% |
| 2 | 沟通表达能力 | 25 | 64% | 15 | 自信 | 7 | 18% |
| 3 | 解决问题能力 | 19 | 49% | 16 | 组织协调能力 | 7 | 18% |
| 4 | 学习能力 | 19 | 49% | 17 | 文字处理能力 | 7 | 18% |
| 5 | 专业知识理解运用 | 18 | 46% | 18 | 职业意识 | 7 | 18% |
| 6 | 创新能力 | 10 | 26% | 19 | 判断决策能力 | 6 | 15% |
| 7 | 信息技术能力 | 10 | 26% | 20 | 应变能力 | 6 | 15% |
| 8 | 自我管理能力 | 10 | 26% | 21 | 主动性 | 6 | 15% |
| 9 | 逻辑思维能力 | 9 | 23% | 22 | 独立自主 | 5 | 13% |
| 10 | 领导能力（影响能力） | 8 | 21% | 23 | 抗压能力 | 5 | 13% |
| 11 | 人际交往 | 8 | 21% | 24 | 实践应对能力 | 5 | 13% |
| 12 | 适应能力（适应性） | 8 | 21% | 25 | （职业）责任感 | 5 | 13% |
| 13 | 诚实正直 | 7 | 18% | 26 | 自我展现能力 | 5 | 13% |

| 序号 | 就业能力要素 | 频次 | 频率 | 序号 | 就业能力要素 | 频次 | 频率 |
|------|------------|------|------|------|------------|------|------|
| 27 | 计算机能力 | 4 | 10% | 30 | 思考能力 | 4 | 10% |
| 28 | 敬业精神 | 4 | 10% | 31 | 情商 | 3 | 8% |
| 29 | 积极乐观 | 4 | 10% | | | | |

综合以上三个维度的要素分析，我们初步认为大学生就业能力主要涉及 31 个要素：专业知识理解运用、学习能力、问题解决能力、计算机能力、实践应对能力、文字处理能力、创新能力、逻辑思维能力、信息技术能力、理解与分析能力、思考能力、判断决策能力、沟通表达能力、团队合作能力、人际交往、组织协调能力、自我展现能力、职业意识、领导能力、诚实正直、责任感、敬业精神、自我发展能力、积极乐观、主动性、自信、独立自主、吃苦耐劳、适应能力、抗压能力、应变能力、情商。

### （二）大学生就业能力结构模型的理论假设（见图 2-1）

目前研究者还没有形成关于大学生就业能力结构的一致看法。但综合当前有关研究以及我们自己所做的访谈、调研等情况来看，大学生就业能力可以归到四个主要维度下：一是基本就业能力，即一个大学生想要成功就业和在就业中获得成功所必备的一些最为基本、一般性的能力，比如大家广泛提及的专业知识理解运用能力、实践能力、问题解决能力、学习能力等；二是就业发展能力，是与大学生就业发展相关更为密切和直接的能力品质，比如有关研究提到的求职力、职业动机、应聘能力等；三是就业人格，即那些与大学生就业密切相关的个性品质，比如职业责任感、积极乐观心态、敬业精神等；四是社会应对能力，即那些在就业过程中处理人与人之间、人与社会之间、大学生自我与自我之间关系的能力，比如社会交往能力、团队合作能力、沟通表达能力等。这四个维度既可以涵盖我们提取出来的 32 种就业能力要素，也能较好地涵盖已有研究提出的就业能力要素。由此，我们初步提出一个 4 个二级维度、32 种具体要素构成的大学生就业能力结构模型的理论假设（见图 2-1）。

### （三）大学生就业能力结构模型的实证研究

1. 大学生就业能力结构模型的初步确定。

根据大学生就业能力结构模型的理论假设，我们从基本就业能力、就业发展能力、就业人格和社会应对能力四个维度、按 32 个具体就业能力要素编制大学

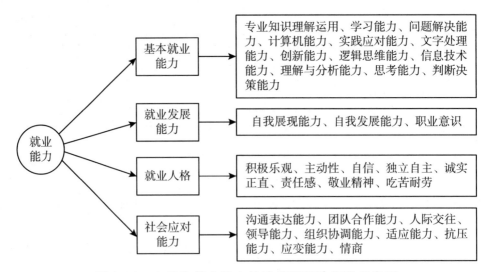

**图 2 - 1　大学生就业能力结构模型理论假设示意图**

生就业能力自评量表，测验题目共计 189 项。问卷采用李克特自评 5 点量表形式，每个项目从"非常不符合"到"非常符合"分别记 1 到 5 分。为保证问卷结构合理、通俗易懂，请相关专家、部分大学师生对问卷进行评定，找出题项意思表达含糊不清，难以理解的题项，进行反复修订、整理，共保留了 162 个题项。通过对吉林省三所高校 782 名学生测试数据的项目分析和探索性因素分析，形成了包含基本就业能力、就业发展能力、就业人格和社会应对能力四个分问卷共计 87 个项目的正式施测问卷。

使用正式施测问卷对北京、上海、吉林、黑龙江、辽宁、安徽、重庆、广东、湖南、福建、陕西等 11 个省（市）的 3 200 名学生进行测试，收回有效问卷 2 870 份。将有效问卷按单、双数平均分成两份样本数据。使用 SPSS15.0 软件对样本数据一进行探索性因素分析（采用主成分分析法和最大变异法），初步确定大学生就业能力的构成因素。

探索性因素分析的主要统计学指标有三类[①]：一是是否适合进行探索性因素分析的统计指标，主要是 KMO 指数和 Bartlett 球形检验统计量。KMO 指数是比较变量间简单相关系数矩阵和偏相关系数的重要指标，KMO 值越接近 1 越适合做因素分析，一般要求 KMO 值至少要大于 0.7。Bartlett 球形度检验的原假设是相关系数矩阵为单位矩阵，如果 Sig 值拒绝原假设表示变量之间存在相关关系，因此适合做因素分析，也就是要求 Bartlett 球形检验的 P 值至少要小于 0.05。二是确定因子数目的统计指标。要综合多个方面来判断是否保留某个因素，主要有

① 张文彤、董伟：《SPSS 统计分析高级教程》，高等教育出版社 2004 年版，第 213～227 页。

四个：第一，因素的特征值。保留下来的因素特征值至少要大于1；第二，据碎石图显示确定因子。主要是根据碎石图中因素变异量的变化情形来决定保留哪些因素，要去除因素变异量图形陡坡转为平坦的拐点以后的共同因素；第三，保证所有题目负荷量大于0.3。因素负荷量反映了题项变量与共同因素的关联程度，要将因素负荷小于0.3的项目予以剔除；第四，每个因子至少包含3个题目。如果某个因素包括的题项少于3个，则要考虑删除。同时，因素包括的题目也不宜太多，如果3个题目就能很好说明这个因素则仅保留3个即可。三是显示探索性因素分析总体有效性的指标。主要是因素的贡献率。即探索出的各个因素相加后能解释总方差的比例，一般要求解释方差的贡献率至少要大于40%。

参照有关研究，本研究对四个分量表分别进行主成分分析，提取共同因素，求得初始因素负荷矩阵，再用最大变异法求得旋转因素负荷矩阵。大学生就业能力四个分量表的探索性因素分析结果如下。

（1）基本就业能力结构的初步确定与子维度命名。

基本就业能力分量表共计25个题目，量表的KMO指数为0.910，Bartlett球形检验统计量为4 273.127（df = 78，P < 0.001），表明基本就业能力分量表适合进行探索性因素分析。运用主成分分析法，最终抽取了4个因素，因素特征值都大于1；共保留了13个题目，每个维度题目都至少包括3个；各题目的最高负荷为0.775，最低负荷为0.551；4个因素13个题目共解释了总变异量的57.47%。各项指标完全符合统计学要求，表明基本就业能力包括四个子维度。因素一包括4个题项，所涉及的内容主要是个体发现问题本质、提出好见解、逻辑思维水平、作出正确决定等，可命名为"逻辑思维能力"；因素二包括3个题项内容，主要与问题解决相关，体现了个体理解、分析、解决问题的能力，可命名为"问题解决能力"；因素三包括3个题项，内容涉及参加社会实践、担任学生干部、积累工作经验等，是与就业工作实践相关的维度，可命名为"实践能力"；因素四包括3个题项，内容涉及专业知识技能学习掌握、新知识技能学习、高效获取学习信息等，可命名为"学习能力"（见表2 - 4）。

**表2 - 4　　　基本就业能力问卷正式题项之因素分析结果**

| 题号 | 题项 | 共同度 | 因素负荷 |
|---|---|---|---|
| | 因素一（特征值2.175，贡献率16.734） | | |
| a86 | 我善于发现一个问题的本质所在 | 0.653 | 0.775 |
| a85 | 我对很多问题都能提出一些好的见解 | 0.617 | 0.725 |
| a78 | 我的思维逻辑性很强 | 0.496 | 0.588 |
| a71 | 我常常能作出正确的决定 | 0.425 | 0.551 |

续表

| 题号 | 题项 | 共同度 | 因素负荷 |
|---|---|---|---|
| | 因素二（特征值 1.888，贡献率 14.519） | | |
| a60 | 我能很好地解决学习或工作中遇到的难题 | 0.625 | 0.694 |
| a59 | 我善于在学习生活中总结出一些带有规律性的东西 | 0.603 | 0.621 |
| a62 | 我善于理解、分析学习或工作中遇到的各种问题 | 0.542 | 0.613 |
| | 因素三（特征值 1.746，贡献率 13.431） | | |
| a83 | 我经常参加各种社会实践活动 | 0.654 | 0.760 |
| a32 | 大学期间曾出色地担任过学生组织的主要职务 | 0.599 | 0.716 |
| a73 | 我善于通过参加社会实践等方式积累工作经验 | 0.509 | 0.600 |
| | 因素四（特征值 1.622，贡献率 12.786） | | |
| a6 | 我的专业知识和技能掌握得很好 | 0.605 | 0.728 |
| a22 | 我能快而容易地掌握所需的新知识或新技能 | 0.537 | 0.664 |
| a35 | 我善于有针对性地高效获取与工作相关的信息 | 0.506 | 0.584 |

（2）就业发展能力结构的初步确定与子维度命名。

就业发展能力分量表共计 10 个题目，量表的 KMO 指数为 0.868，Bartlett 球形检验统计量为 2 304.379（df = 36，P < 0.001），表明就业发展能力分量表适合进行探索性因素分析。运用主成分分析法，最终抽取了 3 个因素，因素特征值都大于 1；共保留了 9 个题目，每个维度包括 3 个题目；各题目的最高负荷为 0.760，最低负荷为 0.548；三个因素 9 个题目共解释了总变异量的 56.622%。各项指标完全符合统计学要求，表明就业发展能力包括三个子维度。因素一包括 3 个题项，所涉及的内容主要是展示自己的才能、面试中展示自己的优势、发挥个人特长等，可命名为"自我展现能力"；因素二包括 3 个题项的内容，主要涉及确定发展目标、规划好要做的事、谋划自己的发展蓝图，可命名为"自我发展能力"；因素三包括 3 个题项，内容涉及能积极主动地了解就业信息和形势、主动寻找就业机会、综合分析自身条件寻找合适的就业岗位，可命名为"主动就业能力"（见表 2–5）。

表 2–5　　就业发展能力问卷正式题项之因素分析结果

| 题号 | 题项 | 共同度 | 因素负荷 |
|---|---|---|---|
| | 因素一（特征值 1.848，贡献率 20.538） | | |
| a63 | 我能在工作中恰当地展示自己的才能 | 0.582 | 0.738 |
| a81 | 我善于在面试中展现自己的优势 | 0.543 | 0.672 |
| a5 | 我善于在工作中发挥自己的优长 | 0.508 | 0.597 |

续表

| 题号 | 题项 | 共同度 | 因素负荷 |
|---|---|---|---|
| | 因素二（特征值1.757，贡献率19.517） | | |
| a11 | 我善于为自己确定就业发展目标 | 0.609 | 0.736 |
| a30 | 我能规划好就业相关的事情 | 0.582 | 0.708 |
| a33 | 我善于谋划自己的就业发展蓝图 | 0.520 | 0.548 |
| | 因素三（特征值1.491，贡献率16.566） | | |
| a18 | 我能够做到积极主动地了解有关就业信息和形势 | 0.654 | 0.760 |
| a43 | 我会通过校友、亲朋好友等多种渠道寻找就业机会 | 0.599 | 0.716 |
| a27 | 我会在综合分析自身条件基础上寻找合适的就业岗位 | 0.509 | 0.600 |

（3）就业人格结构的初步确定与子维度命名。

基本就业能力分量表共计21个题目，量表的KMO指数为0.873，Bartlett球形检验统计量为2 978.059（df=66，P<0.001），表明就业人格分量表适合进行探索性因素分析。运用主成分分析法，最终抽取了3个因素，因素特征值都大于1；共保留了12个题目，每个维度题目都至少包括3个；各题目的最高负荷为0.785，最低负荷为0.512；三个因素12个题目共解释了总变异量的49.595%。各项指标完全符合统计学要求，表明基本就业能力包括三个子维度。因素一包括5个题项，所涉及的内容主要是工作中精益求精、一丝不苟、尽善尽美等品质，可命名为"敬业精神"；因素二包括4个题项，其内容主要涉及虚心听取他人意见、公平公正处理工作问题、勇于承认错误并及时改正等，可命名为"职业责任感"；因素三包括3个题项，内容涉及精神抖擞、充满激情、善于发现事物的积极一面等，可命名为"积极乐观"（见表2-6）。

表2-6　　　　就业人格问卷正式题项之因素分析结果

| 题号 | 题项 | 共同度 | 因素负荷 |
|---|---|---|---|
| | 因素一（特征值2.437，贡献率20.312） | | |
| a51 | 我经常在学习或工作中精益求精 | 0.591 | 0.761 |
| a53 | 我做事情总是认真负责、一丝不苟 | 0.507 | 0.678 |
| a49 | 我总是能全身心地投入自己的学业或工作 | 0.475 | 0.648 |
| a47 | 我愿意付出超常规的努力来完成任务 | 0.432 | 0.630 |
| a58 | 我总是力图把事情做得尽善尽美 | 0.453 | 0.621 |

续表

| 题号 | 题项 | 共同度 | 因素负荷 |
|---|---|---|---|
| 因素二 （特征值 2.015，贡献率 16.788） | | | |
| a8 | 我能虚心听取他人意见，并不断完善自己 | 0.538 | 0.712 |
| a7 | 我能公平公正地处理工作中的问题 | 0.491 | 0.648 |
| a2 | 我能清楚地意识到自身的优缺点 | 0.415 | 0.625 |
| a4 | 我勇于承认工作或生活中的错误并及时改正 | 0.434 | 0.597 |
| 因素三 （特征值 1.499，贡献率 12.496） | | | |
| a21 | 我常常精神抖擞 | 0.634 | 0.785 |
| a19 | 我总是充满激情地面对生活 | 0.593 | 0.707 |
| a14 | 我善于发现事物积极的一面 | 0.390 | 0.512 |

（4）社会应对能力结构的初步确定与子维度命名。

社会应对分量表共计 31 个题目，量表的 KMO 指数为 0.862，Bartlett 球形检验统计量为 2 487.494（df = 55，P < 0.001），表明社会应对分量表适合进行探索性因素分析。运用主成分分析法，最终抽取了 3 个因素，因素特征值都大于 1；共保留了 11 个题目，每个维度题目都至少包括 3 个；各题目的最高负荷为 0.788，最低负荷为 0.542；三个因素 11 个题目共解释了总变异量的 49.780%。各项指标完全符合统计学要求，表明基本就业能力包括三个子维度。因素一包括 4 个题项，所涉及的内容主要是在艰苦环境下工作、能吃苦耐劳、善于调整情绪、能承受大的挫折，可命名为"抗压能力"；因素二包括 4 个题项的内容，主要涉及和异性相处、第一印象、人际信任、保持良好人际关系等，可命名为"人际交往能力"；因素一包括 3 个题项，内容涉及与他人合作、协同攻关、关注团体发展等，可命名为"团队合作能力"（见表 2 - 7）。

表 2 -7　　　　社会应对能力问卷正式题项之因素分析结果

| 题号 | 题项 | 共同度 | 因素负荷 |
|---|---|---|---|
| 因素一 （特征值 2.008，贡献率 18.255） | | | |
| a67 | 我能在十分艰苦的条件下生活或工作 | 0.590 | 0.753 |
| a41 | 我很能吃苦耐劳 | 0.451 | 0.640 |
| a66 | 我善于通过多种方式使自己较快走出工作中的低潮 | 0.460 | 0.631 |
| a25 | 我能经受住大的挫折 | 0.437 | 0.627 |

| 题号 | 题项 | 共同度 | 因素负荷 |
|---|---|---|---|
| | 因素二（特征值 1.885，贡献率 17.140） | | |
| a29 | 我和异性之间的关系很好 | 0.594 | 0.766 |
| a31 | 我善于给别人留下很好的第一印象 | 0.489 | 0.674 |
| a28 | 我善于赢得他人对我的信任 | 0.534 | 0.657 |
| a50 | 我能很好地与他人建立和保持良好的人际关系 | 0.425 | 0.460 |
| | 因素三（特征值 1.499，贡献率 12.496） | | |
| a44 | 我喜欢和不同部门或团队中的人一起做事情 | 0.639 | 0.788 |
| a46 | 我善于与他人一起合作解决难题 | 0.595 | 0.736 |
| a13 | 我十分关注所在团体或工作单位的未来发展 | 0.361 | 0.542 |

四种就业能力探索性因素分析碎石图见图 2 - 2。

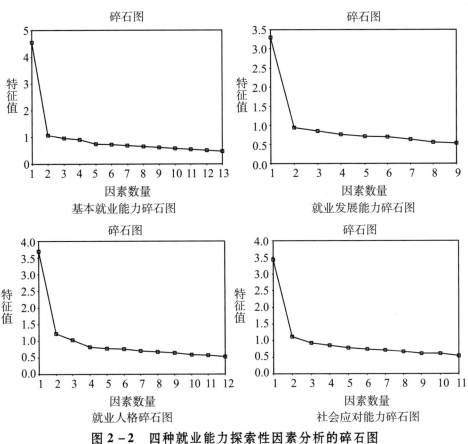

图 2 - 2　四种就业能力探索性因素分析的碎石图

（5）大学生就业能力结构模型的初步构建。

将因素分析结果与理论假设模型维度比较可以发现二者总体上基本吻合，但也存在不完全吻合的方面，具体表现在：基本能力层面，理论假设中包括专业知识理解运用、学习能力、问题解决能力、计算机能力、实践应对能力、文字处理能力、创新能力、逻辑推理能力、信息技术能力、理解与分析能力、思考能力、判断决策能力等因子。但因素分析时，仅实践能力和问题解决能力两个因子独立存在。专业知识理解运用和学习能力则共同合并为"学习能力"因子，表明这两个因子关系极为密切、不可简单分割。逻辑推理能力、信息技术能力、理解与分析能力、思考能力、判断决策能力等因子则合并为"逻辑分析能力"因子。这可能主要因为思考、分析、判断、决策等是相互关联的过程，不能人为地区分为各个独立的过程。计算机能力、文字处理能力、创新能力则没能被保留下来，表明这些能力并不是重要的就业能力。就业发展能力层面与构想基本吻合，包括了自我展现能力、自我发展能力、主动就业能力三个子维度。就业人格层面与构想维度吻合度也较高，其中，责任感、敬业精神、积极乐观较好地保留下来。主动性、自信、独立自主、诚实正直几个维度的题目没有保留下来，可能因为这几个维度与就业能力相关较低。社会应对层面有三个因素比较完整地保留下来，即人际交往能力、抗压能力、团队合作能。沟通表达能力与人际交往能力关系密切，有关题目合并到了交往能力维度之下。适应能力、应变能力、情商的有关题目合并到了抗压能力之下。领导能力、组织协调能力则没有保留下来。

综合上述分析结果，可以初步构建出大学生就业能力结构模型（见图2-3）。

2. 大学生就业能力结构模型的验证。

上述研究通过探索性因素分析的结果初步探明了大学生就业能力的结构模型，但这个结构模型是通过理论假设与探索研究相结合而得到的初步结构，这个模型是否合理还需要通过验证性因素分析来验证。我们采用 Amos20.0 结构方程统计分析软件对"样本数据二"（正式实测获得的 2 870 个学生数的另外一半）进行分析，以验证探索性因素分析得到的结构模型。关于验证性因素分析的关键统计，学者们通常采用多个指标综合分析的方法，从有关研究看比较重要的指标如下[①]：一是卡方自由度。一般用 $\chi^2/df$（卡方自由度比）来做替代性指标，其值越小表明模型拟合越好。良好模型与数据的拟合度标准为 $\chi^2/df$ 的值在 5 左右。二是模型拟合的有关指数。主要包括 NFI、RFI、IFI、TLI、CFI 等指标。这些指标值越接近 1 表示模型拟合度越好。以上指标要大于 0.80，如能达到 0.90以上更好。三是近似误差均方根（RMSEA），其值越接近 0 表示模型拟合度越

---

① 荣泰生：《AMOS 与研究方法》，重庆大学出版社 2009 年版，第 128～129 页。

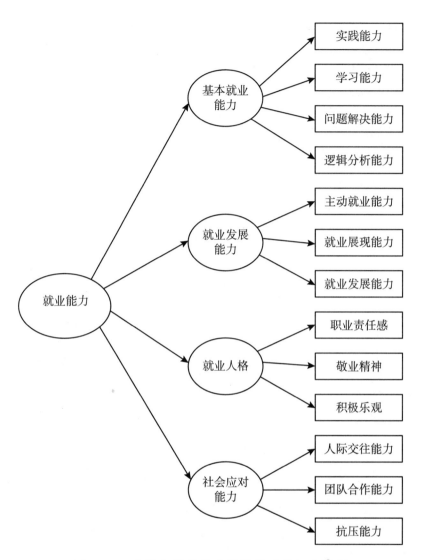

**图 2 - 3　大学生就业能力结构模型的初步构想**

好，通常采 RMSEA < 0.1。若要了解模型的拟合成功与否，需要结合多个指标进行判断，下面通过这些指标对就业能力结构模型及各分量表结构模型的拟合程度逐步进行考察。

（1）基本就业能力结构模型的验证。

基本就业能力的验证性因素分析发现"a78"题项的指标不够好，删除此题。删除后，基本就业能力结构模型的 $\chi^2/df$ 为 5.749，RMSEA 值为 0.041，小于 0.1，其余各项指标 NFI、RFI、IFI、TLI、CFI 的值也均在 0.90 以上，达到了很好的拟合水平，模型的拟合度较好，可以接受关于基本就业能力结构模型的建构（见表 2 - 8）。

表2-8　　　大学生基本就业能力结构模型验证性因素分析结果

| 拟合指数 | $\chi^2$ | df | $\chi^2/df$ | RMSEA | NFI | RFI | IFI | TLI | CFI |
|---|---|---|---|---|---|---|---|---|---|
| 基本就业能力四因素模型 | 287.466 | 50 | 5.749 | 0.041 | 0.967 | 0.949 | 0.973 | 0.958 | 0.973 |

以上数据说明此测量基本就业能力的12个观测变量由4个潜变量所决定，研究假设的结构模型是比较合理的。这验证了大学生基本就业能力结构模型假设，即大学生基本就业能力包括四个维度，分别是实践能力、学习能力、问题解决能力和逻辑分析能力（见图2-4）。

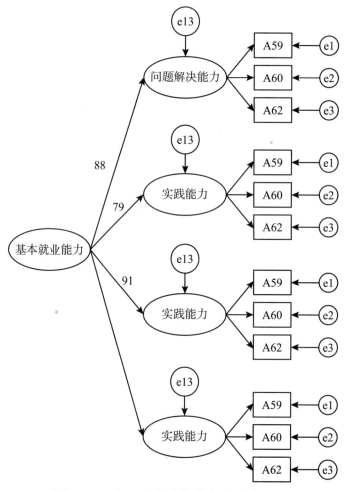

图2-4　大学生基本就业能力结构模型

（2）就业发展能力结构模型的验证。

就业发展能力结构模型的 $\chi^2/df$ 为 5.749，RMSEA 值为 0.044，小于 0.1，其余各项指标 NFI、RFI 、IFI、TLI、CFI 的值也均在 0.90 以上，达到了很好的拟合水平，模型的拟合度较好，可以接受关于就业发展能力结构模型的建构（见表 2 - 9）。

表 2 - 9　　　　大学生就业发展能力结构模型验证性因素分析结果

| 拟合指数 | $\chi^2$ | df | $\chi^2/df$ | RMSEA | NFI | RFI | IFI | TLI | CFI |
|---|---|---|---|---|---|---|---|---|---|
| 就业发展<br>能力三因<br>素模型 | 157.875 | 24 | 6.578 | 0.044 | 0.970 | 0.944 | 0.974 | 0.952 | 0.974 |

以上数据说明测量就业发展能力的 9 个观测变量由 3 个潜变量所决定，研究假设的结构模型是比较合理的。大学生就业发展能力结构模型包括三个维度，分别是主动就业能力、自我发展能力、自我展现能力（见图 2 - 5）。

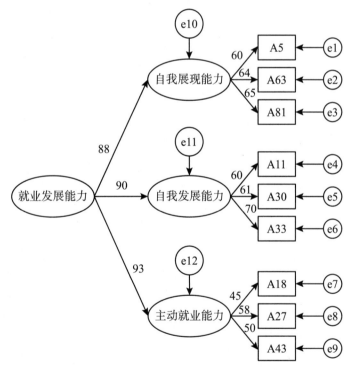

图 2 - 5　大学生就业发展能力结构模型

（3）就业人格结构模型的验证。

就业人格结构模型的 $\chi^2/df$ 为 5.749，RMSEA 值为 0.034，小于 0.1，其余各

项指标 NFI、RFI 、IFI、TLI、CFI 的值也均在 0.90 以上，达到了很好的拟合水平，模型拟合度较好，可以接受关于就业人格结构模型的建构（见表 2 – 10）。

表 2 – 10　　　　大学生就业人格结构模型验证性因素分析结果

| 拟合指数 | $\chi^2$ | df | $\chi^2/df$ | RMSEA | NFI | RFI | IFI | TLI | CFI |
|---|---|---|---|---|---|---|---|---|---|
| 就业人格 | | | | | | | | | |
| 三因素模型 | 223.944 | 51 | 4.391 | 0.034 | 0.970 | 0.954 | 0.976 | 0.964 | 0.976 |

以上数据说明测量就业人格的 12 个观测变量由 3 个潜变量所决定，研究假设的结构模型是比较合理的。大学生就业人格结构模型包括三个维度，分别是职业责任感、敬业精神和积极乐观（见图 2 – 6）。

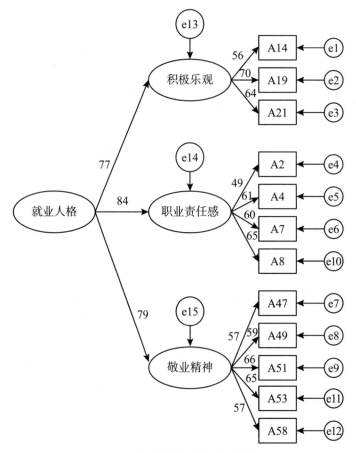

图 2 – 6　大学生就业人格结构模型

（4）社会应对能力结构模型的验证。

社会应对能力的验证性因素分析发现"a50"题项的指标不够好，删除此题。删除后，社会应对能力结构模型的 $\chi^2/df$ 为 6.986，RMSEA 值为 0.046，小于 0.1，其余各项指标 NFI、RFI、IFI、TLI、CFI 的值也均在 0.90 以上，达到了很好的拟合水平，模型的拟合度较好，可以接受关于社会应对能力结构模型的建构（见表 2 – 11）。

表 2 – 11　　大学生社会应对能力结构模型验证性因素分析结果

| 拟合指数 | $\chi^2$ | df | $\chi^2/df$ | RMSEA | NFI | RFI | IFI | TLI | CFI |
|---|---|---|---|---|---|---|---|---|---|
| 社会应对三因素模型 | 223.550 | 32 | 6.986 | 0.046 | 0.958 | 0.927 | 0.963 | 0.937 | 0.963 |

以上数据说明测量社会应对能力的 10 个观测变量由 3 个潜变量所决定，研究构想的结构模型是比较合理的。大学生社会应对能力结构模型包括三个维度，分别是人际交往能力、团队合作能力和抗压能力（见图 2 – 7）。

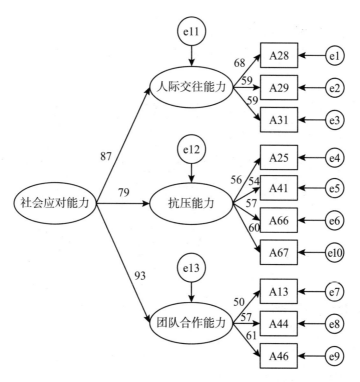

图 2 – 7　大学生社会应对能力结构模型

3. 大学生就业能力结构模型的确定。

通过对大学生就业能力四个分量表的结构模型的验证表明，大学生就业能力四个分维度的设想符合统计学要求，各拟合指数均达到较好的拟合水平。接下来，我们还需要验证这四个分维度能否集中反映就业能力这一总维度。这就需要以就业能力为一级维度，以基本就业能力、就业发展能力、就业人格及社会应对能力为二级维度进行验证性因素分析。就业能力结构模型的 $\chi^2/df$ 为 87.259，RMSEA 值为 0.173，这两个指标虽然不是十分理想，但各项拟合指标 NFI、RFI、IFI、TLI、CFI 的值均在 0.90 以上，达到了很好的拟合水平，模型的拟合度较好，可以接受关于大学生就业能力结构总模型的建构（见表 2 – 12）。

表 2 – 12　　　　　　大学生就业能力结构总模型验证性因素分析结果

| 拟合指数 | $\chi^2$ | df | $\chi^2/df$ | RMSEA | NFI | RFI | IFI | TLI | CFI |
|---|---|---|---|---|---|---|---|---|---|
| 就业能力四因素模型 | 174.518 | 2 | 87.259 | 0.173 | 0.979 | 0.937 | 0.979 | 0.938 | 0.979 |

以上数据说明大学生就业能力由基本就业能力、就业发展能力、就业人格和社会应对能力构成，研究假设的结构模型是比较合理的。大学生就业能力结构总模型详如图 2 – 8 所示。

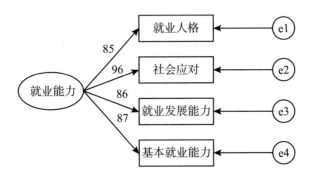

图 2 – 8　大学生就业能力结构模型

由此，我们可以最终确定大学生就业能力的结构模型（见图 2 – 9）。

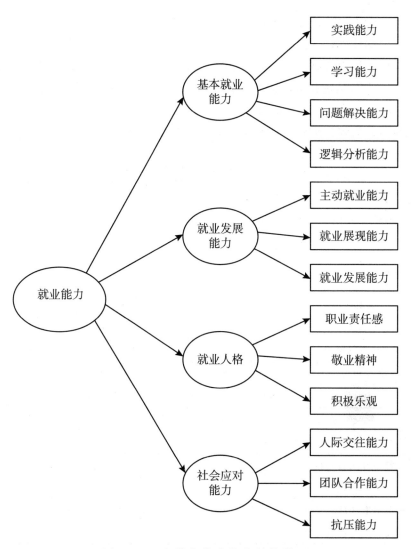

图 2-9　大学生就业能力结构模型

# 三、大学生创业能力结构模型的构建

## （一）大学生创业能力结构的要素分析

1. 学生角度的创业能力要素分析。

我们选取了北京大学、吉林大学、东北师范大学、浙江大学、复旦大学等
14 所高校近 400 名大学生进行了创业能力的访谈。但是从访谈过程中我们发现，

由于一些大学生对于创业和创业能力方面根本从未考虑过，这使得对一些大学生的访谈无法继续进行下去，最终，我们通过有效性筛选，将访谈中的 237 名大学生的访谈内容作为最终的研究分析对象。同时，为了提高我们访谈结果的针对性和有效性，我们挑选出 60 名优秀毕业生，进行了创业能力的访谈，最终获得 297 个有效访谈材料。通过整理、分析、归纳、总结、合并，最终提取出 21 个大学生自身认为较为重要的创业能力要素（见表 2 – 13）。

表 2 –13　　　　　　来自 297 个大学生访谈的创业能力要素

| 序号 | 创业能力要素 | 频次 | 频率 | 序号 | 创业能力要素 | 频次 | 频率 |
|---|---|---|---|---|---|---|---|
| 1 | 创业方向（认知、目标） | 143 | 48% | 12 | 吃苦耐劳（勤奋、钻研） | 45 | 15% |
| 2 | 融资能力 | 98 | 33% | 13 | 沟通表达能力 | 39 | 13% |
| 3 | 领导能力（组织规划管理） | 95 | 32% | 14 | 团队合作能力 | 36 | 12% |
| 4 | 发现机遇、抓住机遇的能力 | 92 | 31% | 15 | 积极乐观 | 15 | 5% |
| 5 | 独立思考能力 | 83 | 28% | 16 | 诚实守信 | 9 | 3% |
| 6 | 人脉资源 | 80 | 27% | 17 | 自我认知 | 9 | 3% |
| 7 | 人际交往能力 | 65 | 22% | 18 | 家人支持（家庭背景） | 9 | 3% |
| 8 | 学习能力（专业技能） | 65 | 22% | 19 | 抗压能力（忍耐力） | 6 | 2% |
| 9 | 毅力（执着坚持、专注） | 59 | 20% | 20 | 自信 | 6 | 2% |
| 10 | 知识积累（社会经验） | 59 | 20% | 21 | 危机意识 | 6 | 2% |
| 11 | 实践能力（付诸行动） | 45 | 15% | | | | |

2. 社会角度的创业能力要素分析。

（1）基于创业名人事迹分析大学生创业能力要素。

我们收集了大量国内外成功创业名人的创业案例和个人传记，如国内的创业名人华为创始人任正非、腾讯创始人马化腾、盛大创始人陈天桥；国外的创业名人微软帝国的创始人比尔·盖茨、耐克的创始人菲尔·耐特、零售巨头沃尔玛的创始人沃尔特·沃尔顿等。在此基础上，从中挑选出具有代表性的国内创业名人 19 位，国外创业名人 12 位，合计 31 位创业名人，对其创业经历和个人传记进行了详细阅读和研究，即通过抓住每一位创业名人创业历程中对其创业发展起着关键性作用的事件进行分析，并结合其个人的为人处世过程中的态度和做法进行关键要素提取、能力归纳、合并汇总，最终提取出 28 个影响其成功创业的能力指标（见表 2 - 14）。

表 2 - 14　　　来自 31 位创业名人的创业能力要素

| 序号 | 创业能力要素 | 频次 | 频率 | 序号 | 创业能力要素 | 频次 | 频率 |
|---|---|---|---|---|---|---|---|
| 1 | 发现机遇、抓住机遇的能力 | 28 | 90% | 15 | 自我认知（了解自己） | 7 | 23% |
| 2 | 勇气（不畏困难） | 16 | 52% | 16 | 危机意识 | 5 | 16% |
| 3 | 诚实守信 | 13 | 42% | 17 | 人际交往 | 4 | 13% |
| 4 | 学习能力（专业技能） | 11 | 35% | 18 | 知识积累（经验、政策法规） | 4 | 13% |
| 5 | 毅力（执着坚持、专注） | 11 | 35% | 19 | （社会）责任感 | 4 | 13% |
| 6 | 创新能力 | 10 | 32% | 20 | 融资能力 | 3 | 10% |
| 7 | 团队合作能力 | 10 | 32% | 21 | 抗压能力（忍耐力） | 3 | 10% |
| 8 | 吃苦耐劳（勤奋、钻研） | 9 | 29% | 22 | 实践的能力（付诸行动） | 3 | 10% |
| 9 | 积极乐观（有热情、激情） | 9 | 29% | 23 | 奉献精神 | 2 | 6% |
| 10 | 认真踏实（谨慎、低调） | 8 | 26% | 24 | 沟通表达能力 | 2 | 6% |
| 11 | 领导能力（组织规划管理） | 8 | 26% | 25 | 整合资源能力 | 2 | 6% |
| 12 | 自信 | 7 | 23% | 26 | 人脉资源 | 1 | 3% |
| 13 | 创业方向（认知、目标） | 7 | 23% | 27 | 家人的支持（家庭背景） | 1 | 3% |
| 14 | 独立思考能力 | 7 | 23% | 28 | 适应能力（应变能力） | 1 | 3% |

（2）基于大学生创业典型分析的大学生创业能力要素。

我们研读大量关于大学生自主创业的典型案例，如重庆大学出版社出版的《大学生创业实战个案》、中国轻工业出版社出版的《我和创业有个约会》、大连理工大学出版社出版的《大学生自主创业典型案例》等与大学生创业真实案例相关的书籍，分析其中所涉及的经典故事，尽量排除影响创业的个人特殊因素，

*111*

最终确定了包括北京斯伯乐科技发展有限公司创始人沈阳化工学院毕业生刘宽胜、大连华星旅行社创始人东北财经大学毕业生韩黎黎等 96 位大学生创业典型。通过研读、分析他们的创业历程，提取出影响其创业成功的重要创业能力要素，通过统计分析，形成了基于 96 位大学生创业典型的 27 项创业能力要素（见表 2 – 15）。

**表 2 – 15    来自 96 个大学生创业典型的创业能力要素**

| 序号 | 创业能力要素 | 频次 | 频率 | 序号 | 创业能力要素 | 频次 | 频率 |
|---|---|---|---|---|---|---|---|
| 1 | 发现机遇、抓住机遇的能力 | 78 | 81% | 15 | 积极乐观（有热情、激情） | 18 | 19% |
| 2 | 学习能力（专业技能） | 62 | 65% | 16 | 沟通表达能力 | 18 | 19% |
| 3 | 领导能力（组织规划管理） | 57 | 59% | 17 | 认真踏实（谨慎、低调） | 15 | 16% |
| 4 | 吃苦耐劳（勤奋、钻研） | 55 | 57% | 18 | 自信 | 15 | 16% |
| 5 | 毅力（执着坚持、专注） | 49 | 51% | 19 | 独立思考能力 | 13 | 14% |
| 6 | 创业方向（认知、目标） | 49 | 51% | 20 | 分析、判断与决策能力 | 13 | 14% |
| 7 | 抗压能力（忍耐力） | 47 | 49% | 21 | 危机意识 | 13 | 14% |
| 8 | 创新能力 | 44 | 46% | 22 | （社会）责任感 | 11 | 11% |
| 9 | 知识积累（经验、政策法规） | 41 | 43% | 23 | 诚实守信 | 11 | 11% |
| 10 | 融资能力 | 23 | 24% | 24 | 整合资源能力 | 8 | 8% |
| 11 | 自我认知（了解自己） | 21 | 22% | 25 | 实践能力（付诸行动） | 5 | 5% |
| 12 | 勇气（不畏困难） | 21 | 22% | 26 | 奉献精神 | 5 | 5% |
| 13 | 团队合作能力 | 21 | 22% | 27 | 人脉资源 | 3 | 3% |
| 14 | 人际交往 | 21 | 22% | | | | |

3. 文献角度的创业能力要素分析。

我们全面收集国内外有关创业能力结构要素的文献资料进行研读和分析，挑选出被引频次高、参考价值高且具有强实践指导意义的文献 33 篇作为我们进行创业能力分析的基础文献。由于不同研究机构和学者对于创业能力构成要素的理解不尽相同，经过仔细研读、分析、归纳和总结，将文献中的不同名称的创业能力要素进行提取和定义解释，最后把从 33 个文献中提取出来的所有能力指标进行汇总，并将只是名称定义不同，但指的是同一个能力的指标进行合并。最终获得 22 个创业能力要素（见表 2 - 16）。

表 2 - 16　　　　　　　　来自 33 个文献的创业能力要素

| 序号 | 创业能力要素 | 频次 | 频率 | 序号 | 创业能力要素 | 频次 | 频率 |
|---|---|---|---|---|---|---|---|
| 1 | 领导能力（组织规划管理） | 27 | 82% | 12 | 自信 | 3 | 9% |
| 2 | 学习能力（专业技能） | 23 | 70% | 13 | 思考能力 | 3 | 9% |
| 3 | 抗压能力（忍耐力） | 20 | 61% | 14 | 实践能力（付诸行动） | 3 | 9% |
| 4 | 人际交往 | 18 | 55% | 15 | 自我认知（理解自己） | 3 | 9% |
| 5 | 发现机遇、抓住机遇的能力 | 17 | 52% | 16 | 吃苦耐劳（勤奋、钻研） | 3 | 9% |
| 6 | 创新能力 | 16 | 48% | 17 | 知识积累（社会经验） | 2 | 6% |
| 7 | 分析与决策能力 | 13 | 39% | 18 | 奉献精神 | 2 | 6% |
| 8 | 沟通表达能力 | 10 | 30% | 19 | （社会）责任感 | 2 | 6% |
| 9 | 团队合作能力 | 9 | 27% | 20 | 毅力 | 1 | 3% |
| 10 | 适应能力（应变能力） | 5 | 15% | 21 | 创业方向（认知、目标） | 1 | 3% |
| 11 | 整合资源能力 | 4 | 12% | 22 | 诚实守信 | 1 | 3% |

综合以上三个维度的要素分析，我们初步认为大学生创业能力主要涉及 4 个维度，有 29 种能力被广泛提及：创业知识积累、学习能力、实践能力、独立思考能力、分析与决策能力、创新能力、领导能力、创业认知、资源整合能力、融资能力、机遇把握能力、人脉资源、吃苦耐劳、执着、自信、积极乐观、诚实守信、认真踏实、自我认知、危机意识、奉献精神、社会责任感、勇气、人际交往能力、沟通表达能力、团队合作能力、适应能力、抗压能力、社会支持等。

### （二）大学生创业能力结构模型的初步构想

当前不同研究者在大学生创业能力结构的维度与具体指标上存有争议，还没有形成关于大学生创业能力结构的一致看法。但综合当前有关研究以及我们自己所做的访谈、调研等情况来看，大学生创业能力具有复杂的结构，可划分为多维度多层次。我们认为，大学生创业能力可以归到四个主要维度下：一是基本创业能力，即一个大学生想要成功创业所必备的一些最为基本的能力，比如上述研究

*113*

中广泛提及的学习能力、实践能力、思维能力、分析能力和决策能力等；二是核心创业能力，是与大学生创业发展相关更为密切和直接的能力品质，比如有关研究提到的创新能力、领导能力、资源整合与机遇把握能力等；三是创业人格，即那些与大学生创业密切相关的个性品质，比如吃苦耐劳、毅力、自信、乐观、诚信、踏实、奉献、责任、勇气等；四是社会应对能力，即那些在创业过程中处理个人与自我之间、个人与他人之间、个人与社会之间关系的能力，比如人际交往、沟通表达能力、团队合作能力、适应能力、抗压能力等。这四个维度可以涵盖我们提取出来的 29 种创业能力要素。由此，我们初步提出一个 4 个二级维度、29 种具体要素构成的大学生创业能力结构设想，即大学生创业能力的结构模式（见图 2-10）。

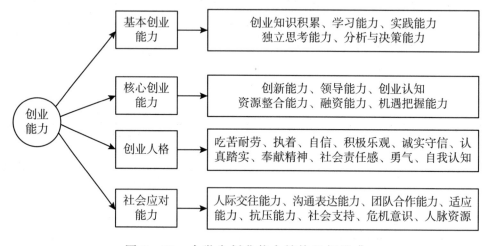

**图 2-10　大学生创业能力结构设想模式**

### （三）大学生创业能力结构模型建构的实证研究

1. 大学生创业能力结构模型的初步确定。

根据大学生创业能力的理论构想，编制大学生创业能力自评量表，测验题目包括创业人格、基本创业能力、核心创业能力、社会应对能力四个维度，按 29 个具体创业能力要素编制大学生创业能力自评量表，测验题目共计 206 项。问卷采用李克特自评 5 点量表形式，每个项目从"非常不符合"到"非常符合"分别记 1 到 5 分。

为保证问卷结构合理、通俗易懂，请相关专家、部分大学师生对问卷进行评定，找出题项意思表达含糊不清，难以理解的题项，进行反复修订、整理，共保留了 148 个题项。通过对吉林省三所高校 689 名学生测试数据的项目分析和探索性因素分析，形成了包含创业人格、基本创业能力、核心创业能力、社会应对能力 4 个分问卷共计 90 个项目的正式施测问卷。以此问卷对北京、上海、吉林、黑龙江、辽宁、安徽、重庆、广东、湖南、福建、陕西等 11 个省市的 2 300 名学生进行正式测验。回收有效问卷 2 189 份，有效率 95%。将有效问卷按单、双数平均分成两份样本数据。使用 SPSS15.0 软件对样本数据一进行探索性因素分析（采用主成分分析法和最大变异法）初步确定大学生创业能力的构成因素。具体来说，本研究对四个分量表分别进行主成分分析，提取共同因素，求得初始因素负荷矩阵，再用最大变异法求得旋转因素负荷矩阵。具体分析结果如下。

（1）基本创业能力分量表的结构确定与命名。

基本创业能力分量表原有 22 个题目。量表的 KMO 指数为 0.840，Bartlett 球形检验统计量为 1 705.961（df = 36，P < 0.001），表明该量表适合进行探索性因素分析。通过分析共抽取 3 个因素，因素特征值都大于 1；共保留了 9 个题目，每个维度题目都至少包括 3 个，它们共解释总变异量的 57.8%；题项的最高因素负荷 0.783，最低负荷为 0.536。各项指标完全符合统计学要求，表明基本创业能力包括三个具体因素维度：第一个因素涉及的内容主要是个体参加实践活动，活动中积极活跃，担任干部等，命名为"实践能力"；第二个因素与个体的分析能力密切相关，体现了个体善于发现关键问题，透过问题看其本质的能力，命名为"分析能力"；第三个因素涉及学习成绩、学习信息获取、学习难题解决等，主要体现个体学习方面的能力，命名为"学习能力"（见表 2 – 17）。

表 2 – 17　　　基本创业能力问卷正式题项之因素分析结果

| 题号 | 题项 | 共同度 | 因素负荷 |
|---|---|---|---|
| 因素一（特征值 1.836，贡献率 20.403） | | | |
| a19 | 我经常参加各种社会实践活动 | 0.617 | 0.754 |
| a88 | 我在学校的各种活动中是一个活跃分子 | 0.615 | 0.747 |
| a23 | 我做过学生干部，而且工作出色 | 0.584 | 0.744 |
| 因素二（特征值 1.685，贡献率 18.724） | | | |
| a73 | 我善于发现一个问题的本质所在 | 0.634 | 0.783 |
| a74 | 面对一个问题，我常反复思考它的实质所在、努力寻求更有效的解决方式 | 0.624 | 0.774 |
| a78 | 我善于发现生活或工作中存在的关键问题 | 0.472 | 0.536 |
| 因素三（特征值 1.679，贡献率 18.654） | | | |
| a44 | 我大学期间的专业成绩很好 | 0.561 | 0.726 |
| a36 | 我善于有针对性地高效获取与学习、工作相关的信息 | 0.579 | 0.710 |
| a66 | 我能很好地解决学习或工作中遇到的难题 | 0.513 | 0.639 |

（2）核心创业能力分量表的结构确定与命名。

核心创业能力分量表原有 20 个题目，量表的 KMO 指数为 0.892，Bartlett 球形检验统计量为 1 617.917（df = 66，P < 0.001），表明该量表适合进行探索性因素分析。通过分析共抽取 4 个因素，因素特征值都大于 1；共保留了 12 个题目，每个维度题目都至少包括 3 个，它们共解释总变异量的 58.1%；题项的最高因素负荷为 0.799，最低负荷为 0.460。各项指标完全符合统计学要求，表明核心创业能力包括四个具体因素维度：第一个因素主要涉及个体资源整合、建立社会关系资源，以及组织人力资源的能力，命名为"资源整合"；第二个因素是关于个体原创性、创造性方面的能力，命名为"创新能力"；第三个因素涉及个体抓住机遇、把握机遇，创造条件实现理想的能力，命名为"机遇把握"；第四个因素涉及个体领导公司，寻求发展，管理、组织协调方面的能力，命名为"领导能力"（见表 2 - 18）。

表 2 - 18　　　　　核心创业能力问卷正式题项之因素分析结果

| 题号 | 题项 | 共同度 | 因素负荷 |
|------|------|--------|----------|
| | 因素一（特征值 1.869，贡献率 15.577） | | |
| a15 | 我善于把分散的资源整合起来去实现个人或团队的发展目标 | 0.710 | 0.799 |
| a14 | 我有一个能给我的职业发展提供巨大帮助的社会关系网 | 0.653 | 0.773 |
| a17 | 我善于带领他人一起攻坚克难 | 0.514 | 0.570 |
| | 因素二（特征值 1.783，贡献率 14.862） | | |
| a72 | 我经常会提出一些带有原创性的想法 | 0.638 | 0.777 |
| a57 | 我善于有创造性地思考 | 0.598 | 0.720 |
| a82 | 在有很多不确定性因素的情况下，我也能想出好的方法或创意 | 0.544 | 0.580 |
| | 因素三（特征值 1.723，贡献率 14.355） | | |
| a32 | 我能充分地做好准备，把握发展的机遇 | 0.586 | 0.746 |
| a5 | 我相信自己能抓住每一次发展机会 | 0.469 | 0.620 |
| a84 | 一旦我抓到一个机会，我常常能很好地实现它 | 0.446 | 0.460 |
| | 因素四（特征值 1.596，贡献率 13.301） | | |
| a8 | 如果让我管理一家公司，我一定能胜任 | 0.697 | 0.775 |
| a21 | 如果我管理一个公司，我相信自己有能力为公司谋求发展之路 | 0.651 | 0.726 |
| a38 | 在团队中，我有能力安排恰当的人去做恰当的工作 | 0.465 | 0.464 |

（3）创业人格结构的初步确定与子维度命名。

创业人格分量表原有 28 个题目，量表的 KMO 指数为 0.866，Bartlett 球形检验统计量为 2 454.503 （df = 78，P < 0.001），表明该量表适合进行探索性因素分析。通过分析抽取了 4 因素，因素特征值都大于 1；共保留了 13 个题目，每个维度题目都至少包括 3 个；题项最高因素负荷为 0.809，最低负荷为 0.465；四个因素 13 个题目共解释了总变异量的 54.9%。各项指标完全符合统计学要求，表明创业人格包括三个具体因素维度：第一个因素涉及的内容主要是个体踏实、坚持、执着方面的特质，命名为"踏实执着"；第二个因素涉及个体清楚自身责任，并敢于承担风险、承认错误的良好品质，命名为"责任担当"；第三个因素涉及个体勇于冒险、坚持观点、不畏艰险的良好品质，命名为"勇气胆识"；第四个因素涉及个体满意、自信、乐观的良好品质，命名为"自信乐观"（见表 2 – 19）。

表 2 – 19　　　　创业人格问卷正式题项之因素分析结果

| 题号 | 题项 | 共同度 | 因素负荷 |
|---|---|---|---|
| 因素一 （特征值 2.132，贡献率 16.403） | | | |
| a52 | 我做事脚踏实地 | 0.613 | 0.770 |
| a53 | 在学习或工作中如果失败了，我也会继续努力、直至成功为止 | 0.544 | 0.708 |
| a59 | 一旦做出承诺，我一定会全力去兑现 | 0.486 | 0.664 |
| a76 | 即便困难重重，我依然能坚持自己的信念、执着行动 | 0.411 | 0.465 |
| 因素二 （特征值 1.697，贡献率 13.057） | | | |
| a6 | 我能清楚自己在工作中应该肩负的责任 | 0.558 | 0.757 |
| a7 | 我敢于承担工作中革新失败后所带来的任何风险 | 0.357 | 0.651 |
| a13 | 我勇于承认自己在工作或生活中的错误且知错就改 | 0.517 | 0.600 |
| 因素三 （特征值 1.697，贡献率 13.055） | | | |
| a10 | 我是一个勇于冒险的人 | 0.683 | 0.809 |
| a11 | 在参加讨论时我敢于坚持自己认为正确的观点 | 0.524 | 0.702 |
| a41 | 我是一个不畏艰险的人 | 0.451 | 0.495 |
| 因素四 （特征值 1.609，贡献率 12.377） | | | |
| a31 | 我对大学的生活很满意 | 0.591 | 0.751 |
| a51 | 我非常自信 | 0.534 | 0.663 |
| a50 | 我性格开朗、乐观向上 | 0.579 | 0.661 |

（4）社会应对能力分量表的结构确定与命名。

社会应对能力分量表原有 20 个题目，量表的 KMO 指数为 0.838，Bartlett 球形检验统计量为 2 978.059 （df = 36，P < 0.001），表明该分量表适合进行探索性因素分析。通过分析共抽取 3 个因素，因素特征值都大于 1，共保留了 9 个题

目，每个因素各包括 3 个题项，它们共解释总变异量的 52.41%；题项的最高因素负荷为 0.823，最低负荷为 0.387。各项指标完全符合统计学要求，表明社会应对能力包括三个具体因素维度：第一个因素所涉及的主要是个体乐于交往、善于交流，获得他人信任的能力，命名为"交往能力"；第二个因素体现了个体与他人合作、包容他人、协同攻关、共同发展等的能力，命名为"团队合作能力"；第三个因素涉及个体适应压力、承受压力、应对压力以及灵活应变等，命名为"抗压能力"（见表 2 - 20），创业能力碎石图见图 2 - 11。

**表 2 - 20　　　社会应对能力问卷正式题项之因素分析结果**

| 题号 | 题项 | 共同度 | 因素负荷 |
|---|---|---|---|
| | 因素一（特征值 1.627，贡献率 18.073） | | |
| a27 | 我很乐于助人 | 0.569 | 0.823 |
| a26 | 我善于赢得他人对我的信任 | 0.500 | 0.762 |
| a16 | 与别人交流中，我能很好地理解别人所说的话 | 0.521 | 0.387 |
| | 因素二（特征值 1.598，贡献率 17.754） | | |
| a4 | 我善于和不同部门或团队中的成员一起合作 | 0.558 | 0.692 |
| a75 | 我在团队中能包容他人，乐于同他人一起合作解决难题 | 0.357 | 0.680 |
| a81 | 我关注团队的共同发展 | 0.517 | 0.654 |
| | 因素三（特征值 1.493，贡献率 16.584） | | |
| a69 | 我能够适应较大的工作压力 | 0.550 | 0.742 |
| a42 | 压力很大的情况下，我也能努力把事情做好 | 0.578 | 0.664 |
| a62 | 我善于根据环境的变化调整自己的目标和思路 | 0.506 | 0.583 |

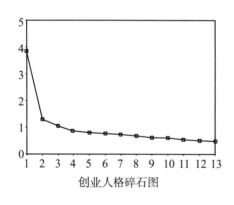

创业人格碎石图

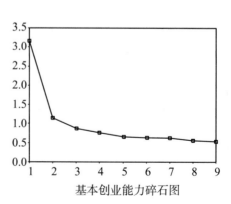

基本创业能力碎石图

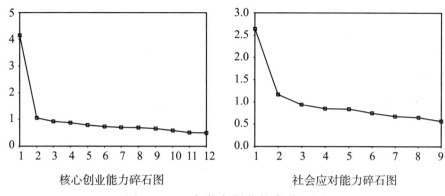

核心创业能力碎石图　　　　　　　社会应对能力碎石图

**图2－11　大学生创业能力碎石图**

（5）大学生创业能力结构模型的初步构建。

将因素分析结果与理论构想模型之维度相比较可以发现，二者基本吻合，但也存在不完全吻合的方面，具体表现在：在创业人格层面，理论构想中吃苦耐劳、毅力、自信、乐观、诚信、踏实、奉献、责任、勇气等因素并没有独立地从因素分析中反映出来，而是出现了吃苦耐劳、踏实、奉献与毅力等几方面合并聚合形成合并因子"踏实执着"的现象，也出现了诚信与责任组合成一个新因子"责任担当"，自信与乐观合并为"自信乐观"。之所以出现组合、合并现象可能是因为大学生创业人格中的某些特点之间有些是相互联系、交互影响的。例如，吃苦耐劳、踏实、奉献与毅力这几个因子之间的关联性非常强，其中，踏实与吃苦耐劳集中体现了大学生踏实肯干的品质，奉献与毅力反映了大学生为学习、工作执着奉献的品质，而踏实肯干与执着奉献又密切相关，因而出现了某些因子不能独立存在，合并为一个因子的现象。在基本创业能力层面，理论构想中主要包括学习、实践、独立思考、分析与决策因子。在因素分析中，学习、实践能力两个因子独立存在，而独立思考、分析与决策因子合并为一个因子"分析能力"。之所以如此主要是因为涉及思维方面的，思考、分析、判断、决策这几个成分紧密地联系在一起，不能人为地区分开各个独立的过程。在核心创业能力层面，理论构想与因素分析结果完全吻合，主要包括资源整合、机遇把握、创新能力与领导能力四个维度。在社会应对能力层面，理论构想中的交往能力与沟通表达两个因子没有独立出现而是合并为人际交往能力；而适应能力与抗压能力两个因子没有单独出现，而是合并为"抗压能力"一个因子。抗压能力，首先是需要个体的适应压力的能力，因而，适应能力被包含在了抗压能力的范畴内。综合上述分析，可以初步构建出大学生创业能力结构模型（见图2－12）。

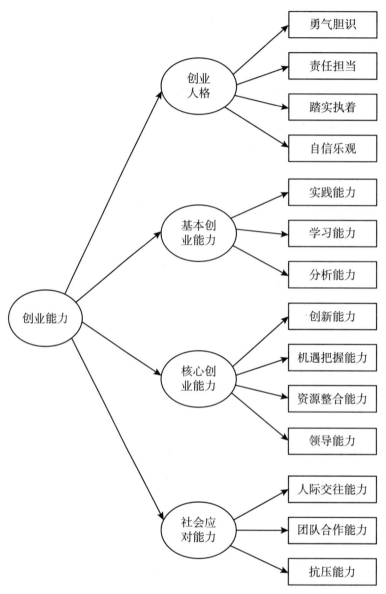

**图 2 - 12　大学生创业能力结构模型初步建构**

2. 大学生创业能力结构模型的验证。

上述研究通过探索性因素分析的结果初步探明了大学生创业能力的结构模型，但这个结构模型是通过理论构想与探索研究而得到的初步结构，这个模型是否合理还需要通过验证性因素分析来检验。为了验证理论构想及模型是否合理，下面我们将对此结构模型利用正式问卷调查所获得的 1 094 个无缺省值的数据，采用 Amos20.0 软件作验证性因素分析，以确定模型对数据的拟合程度，进一步验证探索性因素分析得到的结构模型。具体分析结果如下。

（1）创业人格结构模型的验证。

创业人格的验证性因素分析结果见表 2 – 21。由表 2 – 21 可知，创业人格模型的 $\chi^2/df$ 为 7.028，RMSEA 值为 0.052，小于 0.1，其余各项指标 NFI、RFI、IFI、TLI、CFI 的拟合指数均达到 0.80 以上，模型的拟合度较好，可以接受关于创业人格结构模型的建构（见表 2 – 21）。

表 2 – 21　　　　大学生创业能力各分量表结构模型的验证性因素分析结果

| 拟合指数 | $\chi^2$ | df | $\chi^2/df$ | RMSEA | NFI | RFI | IFI | TLI | CFI |
|---|---|---|---|---|---|---|---|---|---|
| 创业人格 | | | | | | | | | |
| 四因素模型 | 428.691 | 61 | 7.028 | 0.052 | 0.915 | 0.874 | 0.927 | 0.890 | 0.926 |

表 2 – 21 的数据说明此 13 个观测变量由 4 个潜变量所决定，研究构想的结构模型是比较合理的。大学生创业人格模型包括四个维度，分别是踏实执着、责任担当、勇气胆识和自信乐观。据此建构的协方差结构模型如图 2 – 13 所示。

（2）基本创业能力结构模型的验证。

基本创业能力的验证性因素分析结果见表 2 – 22。由表 2 – 22 可以看出，基本创业能力结构模型的 $\chi^2/df$ 为 3.01，RMSEA 值为 0.030，小于 0.1，其余各项指标 NFI、RFI、IFI、TLI、CFI 的拟合指数均达到 0.90 以上，各拟合指数均达到较好的拟合水平，可以认为模型的拟合度良好（见表 2 – 22）。

表 2 – 22　　　　大学生基本创业能力结构模型验证性因素分析结果

| 拟合指数 | $\chi^2$ | df | $\chi^2/df$ | RMSEA | NFI | RFI | IFI | TLI | CFI |
|---|---|---|---|---|---|---|---|---|---|
| 基本创业能力三因素模型 | 72.131 | 24 | 3.005 | 0.030 | 0.977 | 0.957 | 0.984 | 0.971 | 0.984 |

以上数据说明 9 个观测变量由 3 个潜变量所决定，研究构想的结构模型是比较合理的。这验证了大学生基本创业能力结构模型的设想，即大学生基本创业能力包括三个维度，分别是实践、学习与分析能力。据此建构的协方差结构模型如图 2 – 14 所示。

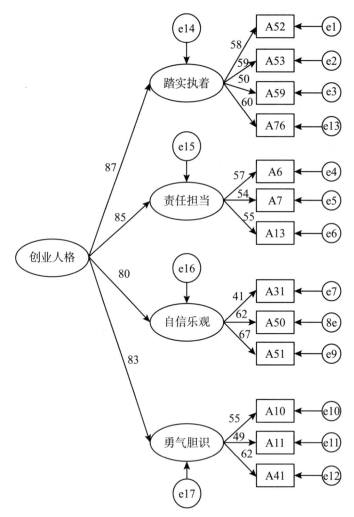

**图 2 – 13　大学生创业人格的结构模型**

（3）核心创业能力结构模型的验证。

核心创业能力的验证性因素分析结果见表 2 – 23。由表 2 – 23 可知，核心创业能力模型的 $\chi^2/df$ 为 4.417，RMSEA 值为 0.040，小于 0.1，其余各项指标 NFI、RFI、IFI、TLI、CFI 的拟合指数均达到 0.90 以上，各拟合指数均达到较好的拟合水平，可以认为模型的拟合度良好（见表 2 – 23）。

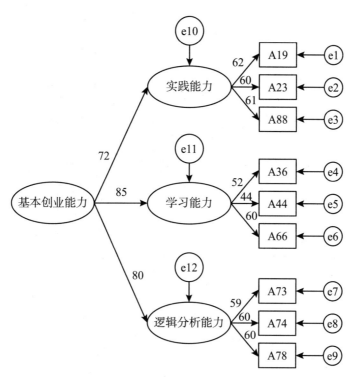

**图 2 - 14　大学生基本创业能力的协方差结构模型**

表 2 - 23　　大学生核心创业能力结构模型验证性因素分析结果

| 拟合指数 | $\chi^2$ | df | $\chi^2/df$ | RMSEA | NFI | RFI | IFI | TLI | CFI |
|---|---|---|---|---|---|---|---|---|---|
| 核心创业能力三因素模型 | 220.831 | 50 | 4.417 | 0.040 | 0.959 | 0.937 | 0.968 | 0.950 | 0.968 |

　　上述结果说明12个观测变量由4个潜变量所决定。研究构想的结构模型是比较合理的。这验证了大学生基本创业能力结构模型的设想，即大学生基本创业能力包括四个维度，分别是资源整合能力、领导能力、创新能力和机遇把握能力。据此建构的协方差结构模型如图2-15所示。

　　（4）社会应对能力结构模型的验证。

　　社会应对能力结构模型的验证性因素分析结果（见表2-24）显示，$\chi^2/df$为5.748，RMSEA值为0.047，小于0.1，其余各项指标NFI、RFI、IFI、TLI、CFI的值也均在0.80以上，达到了很好的拟合水平，可以认为模型的拟合度较好，可以接受关于社会应对能力结构模型的建构（见表2-24）。

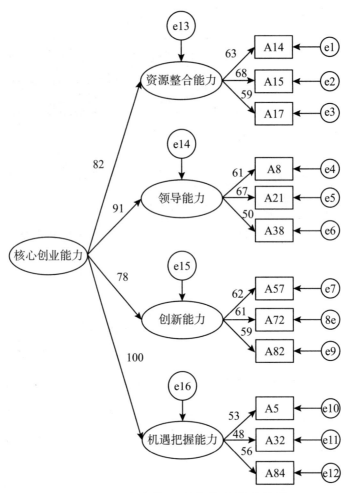

**图 2 - 15　大学生核心创业能力的结构模型**

表 2 - 24　　　大学生创业能力各分量表结构模型的验证性因素分析结果

| 拟合指数 | $\chi^2$ | df | $\chi^2/df$ | RMSEA | NFI | RFI | IFI | TLI | CFI |
|---|---|---|---|---|---|---|---|---|---|
| 社会应对能力三因素模型 | 137.949 | 24 | 5.748 | 0.047 | 0.940 | 0.887 | 0.950 | 0.905 | 0.949 |

　　上述数据说明9个观测变量由3个潜变量所决定。这验证了大学生社会应对能力结构模型的设想，即大学生基本创业能力包括三个维度，分别是人际交往能力、团队合作能力和抗压能力。据此建构的协方差结构模型如图 2 - 16 所示。

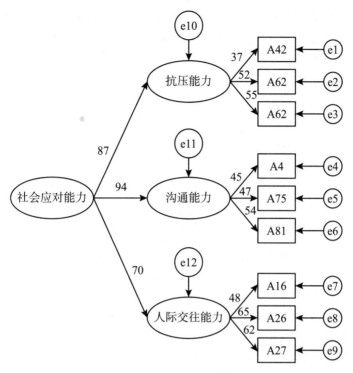

**图 2 - 16 大学生社会应对能力的结构模型**

（5）大学生创业能力结构模型的验证。

大学生创业能力四个分量表的结构模型的各拟合指数均达到较好的拟合水平，接下来，我们需要验证这四个维度能否集中反映创业能力这一总维度。这就需要以创业能力为一级维度，以基本创业能力、核心创业能力、创业人格及社会应对能力为二级维度进行验证性因素分析（见表 2 - 25）。由表 2 - 25 可以看出，创业能力结构模型的 $\chi^2/df$ 为 87.90，RMSEA 值为 0.199，这两个指标虽然不是十分理想，但各项拟合指标 NFI、RFI、IFI、TLI、CFI 的值均在 0.80 以上，达到了很好的拟合水平，可以认为模型的拟合度较好，可以接受关于大学生创业能力结构总模型的建构（见表 2 - 25）。

表 2 - 25　　　　大学生创业能力总模型的验证性因素分析结果

| 拟合指数 | $\chi^2$ | df | $\chi^2/df$ | RMSEA | NFI | RFI | IFI | TLI | CFI |
|---|---|---|---|---|---|---|---|---|---|
| 创业能力四因素模型 | 175.801 | 2 | 87.90 | 0.199 | 0.966 | 0.897 | 0.966 | 0.898 | 0.966 |

以上数据验证了我们的理论构想是比较合理的。大学生创业能力模型包括四个维度，分别是基本创业能力、核心创业能力、创业人格和社会应对能力。大学生创业能力结构模型如图 2－17 所示。

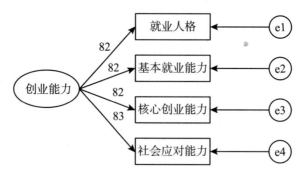

**图 2－17　大学生创业能力的结构模型**

综上所述，本书通过探索性因素分析与验证性因素分析的结果表明，我们所建构的大学生创业能力量表与结构模型是比较合理的。我们最终确定的大学生创业能力的结构模型见图 2－18。

## 四、大学生就业创业能力结构模型的构建

通过对大学生就业能力与大学生创业能力结构模型的研究发现，大学生就业能力与大学生创业能力是两个既有区别又有密切联系的能力。大学生就业能力与大学生创业能力都包括基本能力、关键（特有）能力、人格及社会应对能力四个维度。其中，社会应对能力维度的子维度也完全一致。基本能力维度上有三种子能力一致，仅就业能力中多了一种问题解决能力。而这个问题解决能力也蕴含在创业能力的基本能力维度之中，只是没有单独成为一个维度。人格维度上，二者在积极乐观和责任感两项上一致，只是创业人格中多了勇气胆识、踏实执着两个维度，就业人格中多了一个敬业精神维度（这个维度在创业人格中也有体现，只是没有单独成维度）。差别比较大的是关键能力或特有能力维度。研究发现，大学生就业能力与大学生创业能力均存在一个更直接地体现就业或创业的能力素质要求的维度，我们可以把这个维度称为就业创业能力的关键能力维度。大学生就业能力和大学生创业能力在关键能力维度上差异明显，表明这两个维度是大学生就业能力与创业能力所特有的维度。基于以上分析，我们初步认为大学生就业能力与大学生创业能力可以合称为大学生就业创业能力，他包括两个大的二级维度：就业创业共有能力、就业创业特有能力，这与斯皮尔曼等关于能力可以总体

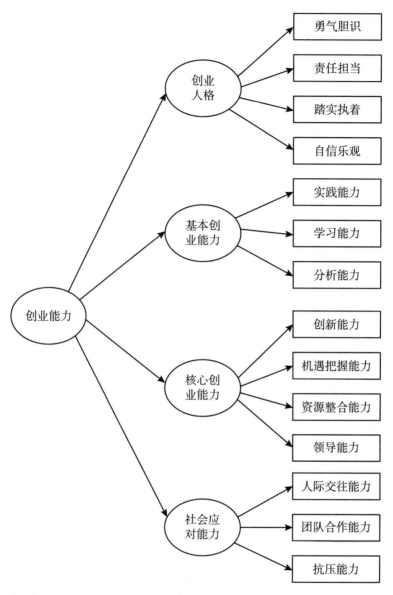

**图 2-18 大学生创业能力结构模型**

上分为一般能力与特有能力两大类的理论构想相一致。由此，我们初步提出一个大学生就业创业能力结构模型的设想，即认为大学生就业创业能力包括就业创业共有能力和就业创业特有能力两大类。就业创业共有能力包括基本就业创业能力、社会应对能力、就业创业人格三个维度；就业创业特有能力包括就业特有能力和创业特有能力两个维度。当然，这个关于大学生就业创业能力结构模型的建构更多的是为了满足大学生就业创业能力培养的实践需要，其理论成熟性和合理性还有待验证（见图 2 - 19）。

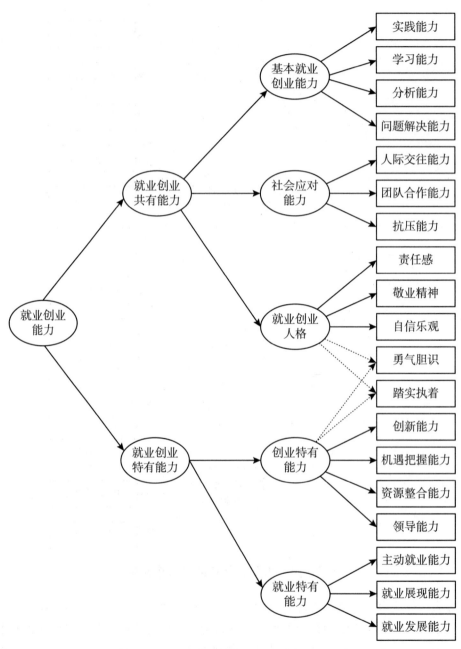

图 2 - 19　大学生就业创业能力结构模型

# 第三节　大学生就业创业能力现状分析及建议

当前，人们普遍认为大学生的就业创业能力不高。但由于缺乏有效的评价方法，对大学生就业创业能力状况的研究多是经验体会性的分析判定，缺乏比较客观全面的量化描述。为此，本节研究通过自编大学生就业能力和创业能力量表，进行大范围的数据调研，了解我国大学生就业创业能力的总体发展水平，以及不同学生群体大学生就业创业能力的差异，并在此基础上提出进一步加强大学生就业创业能力结构研究的对策建议。需要说明的是，本书采用的是自评式量表，是通过大学生对自己就业创业能力的自我评价来测量他们的就业创业能力水平的。这种自我评价式量表的测量结果与大学生就业创业能力的实际水平之间会有一定程度的误差，但这是目前国内外对大学生就业创业能力状况进行定量描述的最佳方法之一，它能够相对客观地反映大学生就业创业能力的基本情况和总体趋势。

## 一、大学生就业能力现状分析

### （一）大学生就业能力量表的信度效度

一个量表要有好的信度效度。效度主要是内容效度和结构效度。内容效度方面，本量表是在充分综合有关文献、学生访谈、用人单位广告分析的基础上拟定的具体题目，并请有关专家审定，确保了量表的内容效度。结构效度方面，在大学生就业能力结构分析中，我们已确证了大学生就业能力量表具有很好的结构效度。关于量表的信度，主要是对一个量表测量结果的稳定性程度的衡量，它反映了测量过程中随机误差的大小。信度估计方法有重测信度、复本信度、分半信度、内部一致性信度和评分者信度等，其中最为常用的是内部一致性信度。本书中我们采用内部一致性信度（α系数）作为信度指标来检验量表信度。一般要求一个量表的内部一致性信度至少要高于0.7。通过分析得到大学生就业能力问卷总量表的内部一致性系数为0.942，代表该量表很好的信度（见表2-26）。

**表 2 - 26**　　　　　　　　**大学生就业能力问卷信度表**

| | 项目 | 信度 |
|---|---|---|
| 1 | 总量表 | 0.942 |
| 2 | 基本就业能力 | 0.844 |
| 3 | 就业发展能力 | 0.796 |
| 4 | 就业人格 | 0.822 |
| 5 | 社会应对能力 | 0.788 |

## （二）大学生就业能力现状的调研样本选择

我们采用自编的《大学生就业能力自评量表》，运用整体分层随机抽样的方法，对北京、辽宁、上海、湖南、广东、四川、陕西等 11 个省（市）19 所高校 3 200 名学生进行了问卷测试，收回有效问卷 2 870 份，有效率 89.7%（见表 2 - 27）。

**表 2 - 27**　　　　　**大学生就业能力施测对象的分布情况**

| 类别 | 性别 | | 年级 | | | | 专业 | | 生源地 | | 家庭状况 | | |
|---|---|---|---|---|---|---|---|---|---|---|---|---|---|
| | 男 | 女 | 大一 | 大二 | 大三 | 大四 | 理工 | 文科 | 城镇 | 农村 | 好 | 中 | 差 |
| 人数 | 1 277 | 1 593 | 663 | 996 | 789 | 422 | 1 182 | 1 687 | 1 650 | 1 220 | 781 | 1 280 | 809 |
| 百分比（%） | 44.5 | 55.5 | 23.1 | 34.7 | 27.5 | 14.7 | 41.2 | 58.8 | 57.5 | 42.5 | 27.2 | 44.6 | 28.2 |

## （三）大学生就业能力的现状

1. 大学生就业能力总体处于中等偏上水平。

大学生就业能力自评量表采用李克特 5 点评分，即"非常不符合"、"比较不符合"、"难以确定"、"比较符合"、"非常符合"，计分时分别计 1 ~ 5 分。按照有关研究的惯例，将大学生就业能力在每个题项上的平均分分为如下四个等级：低（1 ~ 1.99）、中下（2 ~ 2.99）、中上（3 ~ 3.99）以及高（4 ~ 5）。从表 2 - 28 可知，大学生就业能力的总体题项的均分为 3.78，处于中等偏上水平（见表 2 - 28）。

**表 2 - 28**　　　　　**大学生就业能力诸因子的基本数据**

| 因子 | 最小值 | 最大值 | 平均值 | 标准差（SD） | 每题平均 |
|---|---|---|---|---|---|
| 能力总分 | 43.00 | 214.00 | 162.341 | 20.1507 | 3.78 |
| 基本能力 | 12.00 | 60.00 | 44.2070 | 6.56042 | 3.68 |

| 因子 | 最小值 | 最大值 | 平均值 | 标准差（SD） | 每题平均 |
|---|---|---|---|---|---|
| 问题解决 | 3.00 | 15.00 | 11.4301 | 1.79131 | 3.81 |
| 实践能力 | 2.00 | 15.00 | 10.6983 | 2.37850 | 3.57 |
| 学习能力 | 3.00 | 15.00 | 10.8146 | 1.99611 | 3.60 |
| 逻辑分析 | 3.00 | 15.00 | 11.2719 | 1.97402 | 3.76 |
| 就业发展 | 9.00 | 45.00 | 33.5157 | 4.95131 | 3.72 |
| 就业展现 | 3.00 | 15.00 | 10.9449 | 2.08660 | 3.65 |
| 自我发展 | 3.00 | 15.00 | 11.1746 | 2.10491 | 3.72 |
| 主动就业 | 3.00 | 15.00 | 11.3962 | 1.90362 | 3.80 |
| 就业人格 | 12.00 | 60.00 | 46.2930 | 5.89251 | 3.86 |
| 积极乐观 | 3.00 | 15.00 | 11.4132 | 2.08581 | 3.80 |
| 职业责任 | 4.00 | 20.00 | 15.8415 | 2.18273 | 3.96 |
| 敬业精神 | 5.00 | 25.00 | 19.0450 | 3.07605 | 3.81 |
| 社会应对 | 10.00 | 50.00 | 38.3251 | 5.11014 | 3.83 |
| 人际关系 | 3.00 | 15.00 | 11.3721 | 2.03598 | 3.79 |
| 团队合作 | 2.00 | 15.00 | 11.4777 | 1.92723 | 3.83 |
| 抗压能力 | 4.00 | 20.00 | 15.4753 | 2.43677 | 3.87 |

从基本就业能力、就业发展能力、就业人格、社会应对能力四个二级维度看，其每题平均得分依次为 3.68、3.72、3.86 和 3.83，其中，就业人格维度的分值最高，其次是社会应对能力、就业发展能力，基本就业能力维度的分值最低（见图 2-20）。

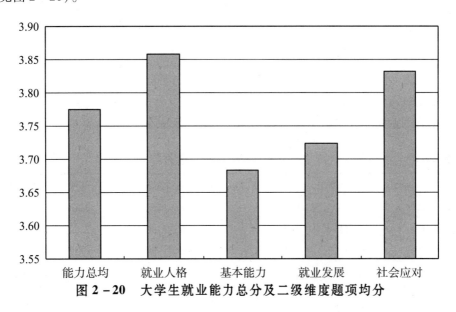

图 2-20　大学生就业能力总分及二级维度题项均分

从就业能力二级维度的各题项均分来看，13 个具体就业能力的题项均分都在 3.5~4 分之间，说明各具体能力发展水平相对较好。由图 2-21 可知，排在前三位的依次为：责任感、抗压能力和团队合作能力，排在最后三位的分别是实践能力、学习能力和就业展现能力。这些数据结果表明，大学生就业能力发展水平总体上较好，但水平还不够高，总体能力均分和各具体能力均分都未超过 4 分，与大学生就业能力密切相关的基本就业能力、就业发展能力更是有待提高。尤其是基本就业能力中的实践能力、学习能力，以及就业发展能力中的就业展现能力，更是当代大学生就业能力培养中需要重点关注的。

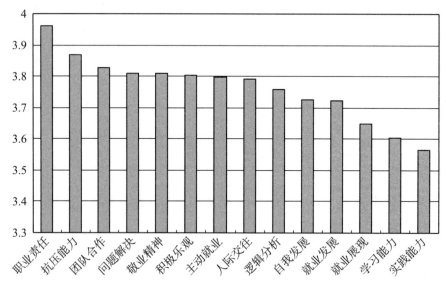

**图 2-21　大学生就业能力二级维度题项均分**

2. 男大学生就业能力总体上优于女大学生。

采取独立样本 t 检验对大学生就业能力的性别差异进行分析，结果显示，大学生就业能力的总体得分在性别上的差异显著（$t = 2.668$，$p < 0.01$）。男大学生的就业能力总体上显著高于女大学生（见表 2-29）。

表 2-29　　　　　　大学生就业能力诸因子性别差异分析

| | 男大学生（X ± S） | 女大学生（X ± S） | t 值 | 显著性 |
|---|---|---|---|---|
| 能力总分 | 163.3 ± 20.3 | 161.1 ± 19.7 | 2.668 | ** |
| 问题解决 | 11.51 ± 1.96 | 11.33 ± 1.99 | 2.295 | * |
| 实践能力 | 10.71 ± 2.37 | 10.59 ± 2.39 | 1.247 | |
| 学习能力 | 10.96 ± 2.00 | 10.67 ± 1.96 | 3.658 | *** |

续表

| | 男大学生（X±S） | 女大学生（X±S） | t 值 | 显著性 |
|---|---|---|---|---|
| 逻辑分析 | 11.46±1.94 | 10.10±1.98 | 4.626 | *** |
| 基本能力 | 46.64±6.43 | 43.68±6.58 | 3.713 | *** |
| 就业展现 | 11.05±2.05 | 10.80±2.11 | 2.964 | ** |
| 自我发展 | 11.23±2.10 | 11.11±2.09 | 1.376 | |
| 主动就业 | 11.38±1.98 | 11.38±1.85 | 0.048 | |
| 就业发展 | 33.65±4.96 | 33.29±4.89 | 1.862 | |
| 积极乐观 | 11.46±2.08 | 11.35±2.09 | 1.341 | |
| 职业责任 | 15.85±2.26 | 15.79±2.12 | 0.664 | |
| 敬业精神 | 19.13±3.10 | 18.96±3.03 | 1.385 | |
| 就业人格 | 46.44±6.04 | 46.09±5.71 | 0.169 | |
| 人际关系 | 11.44±2.05 | 11.28±2.01 | 2.008 | * |
| 团队合作 | 11.53±1.95 | 11.40±1.88 | 1.703 | |
| 抗压能力 | 15.55±2.48 | 15.40±2.42 | 1.537 | |
| 社会应对 | 38.52±5.24 | 38.08±4.95 | 2.183 | * |

注：$* p < 0.05$，$** p < 0.01$，$*** p < 0.001$。

在就业能力的 4 个二级维度中，大学生在基本就业能力（$t = 3.713$，$p < 0.001$）、社会应对能力（$t = 2.183$，$p < 0.05$）维度存在显著差异，男大学生的基本就业能力、社会应对能力显著高于女大学生（见图 2-22）。

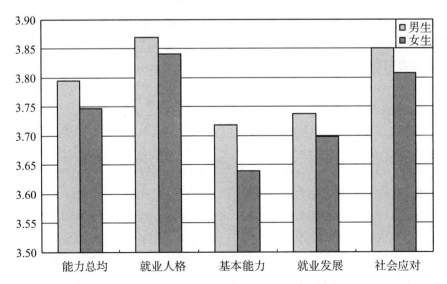

图 2-22 大学生就业能力及二级维度各题项均分在性别上的差异比较

在就业能力的 13 个三级维度中，男女大学生在问题解决（t = 2.295，p <
0.05）、学习能力（t = 3.658，p < 0.001）、逻辑分析能力（t = 4.626，p < 0.001）、
就业展现能力（t = 2.964，p < 0.01）、人际关系能力（t = 2.008，p < 0.05）五个
维度上存在显著差异，具体表现为，男大学生的得分均显著高于女大学生（见
图 2 – 23）。

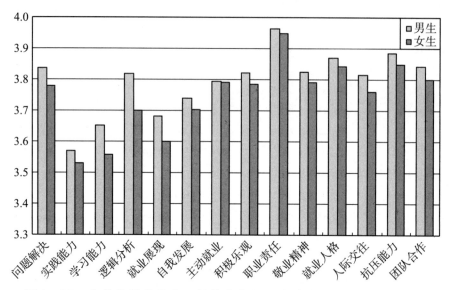

**图 2 – 23　大学生就业能力三级维度各题项均分在性别上的差异比较**

3. 文科类大学生就业能力显著优于理工类大学生。

采取独立样本 t 检验对大学生就业能力的专业差异进行分析，结果发现，大
学生就业能力的总分在专业上的差异显著（t = – 2.075，p < 0.05）。理工类学生
的就业能力明显低于文科类学生（见表 2 – 30）。

**表 2 – 30　　　　　　　大学生就业能力诸因子专业差异分析**

| | 理工（X ± S） | 文科（X ± S） | t 值 | 显著性 |
|---|---|---|---|---|
| 能力总分 | 161.4 ± 20.4 | 163.1 ± 19.4 | – 2.075 | * |
| 问题解决 | 11.36 ± 2.04 | 11.49 ± 1.89 | – 1.581 | |
| 实践能力 | 10.55 ± 2.39 | 10.79 ± 2.37 | – 2.498 | * |
| 学习能力 | 10.74 ± 2.03 | 10.87 ± 1.94 | – 1.663 | |
| 逻辑分析 | 11.20 ± 2.01 | 11.30 ± 1.91 | – 1.261 | |
| 基本能力 | 43.84 ± 6.72 | 44.44 ± 6.27 | – 2.331 | * |
| 就业展现 | 10.82 ± 2.11 | 11.01 ± 2.06 | – 2.218 | * |

续表

| | 理工 （X±S） | 文科 （X±S） | t 值 | 显著性 |
|---|---|---|---|---|
| 自我发展 | 11.11±2.09 | 11.24±2.10 | −1.514 | |
| 主动就业 | 11.30±1.92 | 11.52±1.87 | −2.807 | ** |
| 就业发展 | 33.24±4.98 | 33.77±4.86 | −2.662 | ** |
| 积极乐观 | 11.36±2.06 | 11.45±2.11 | −1.047 | |
| 职业责任 | 15.81±2.01 | 15.83±2.17 | −0.241 | |
| 敬业精神 | 18.94±3.10 | 19.20±3.02 | −2.117 | * |
| 就业人格 | 46.10±5.96 | 46.48±5.75 | −1.616 | |
| 人际关系 | 11.32±2.05 | 11.39±2.01 | −0.830 | |
| 团队合作 | 11.43±1.94 | 11.49±1.88 | −0.745 | |
| 抗压能力 | 15.46±2.48 | 15.49±2.38 | −0.329 | |
| 社会应对 | 38.21±5.16 | 38.37±4.95 | −0.771 | |

注： * $p < 0.05$， ** $p < 0.01$， *** $p < 0.001$。

在就业能力的 4 个二级维度中，大学生在基本就业能力维度 （t = −2.331，$p < 0.05$） 和就业发展能力维度 （t = −2.662，$p < 0.01$） 上存在显著的专业差异。具体表现为，理工类大学生的基本就业能力和就业发展能力水平低于文科类大学生 （见图 2-24）。

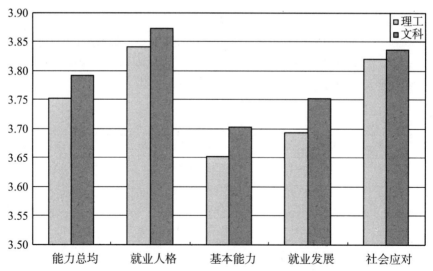

图 2-24　大学生就业能力及二级维度各题项均分在专业上的差异比较

在就业能力的 14 个三级维度中，大学生在实践能力 （t = −2.498，p <

0.05）、就业展现能力（t = -2.218，p < 0.05）、主动就业能力（t = -2.807，p < 0.01）、敬业精神（t = -2.117，p < 0.05）维度上存在显著的专业差异。具体表现为，理工科类大学生在这4个维度上的发展水平明显低于文科类学生（见图2 -25）。

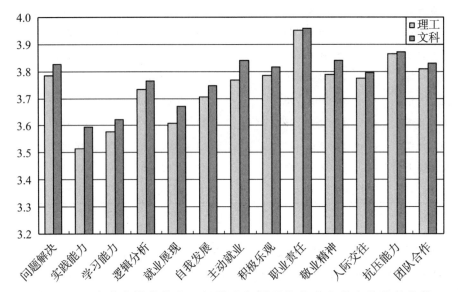

图2 -25　大学生就业能力三级维度各题项均分在专业上的差异比较

4. 城镇大学生就业能力显著优于农村大学生，家庭经济状况好的大学生就业能力显著优于家庭经济状况差的大学生。

采取独立样本t检验对大学生就业能力的生源差异进行分析，结果发现，大学生就业能力的总体均分在生源上的差异显著（t = 4.994，p < 0.001）。城镇学生的就业能力明显高于农村学生（见表2 -31）。

表2 -31　　　　　大学生就业能力诸因子生源差异分析

| | 城镇学生（X ± S） | 农村学生（X ± S） | t值 | 显著性 |
| --- | --- | --- | --- | --- |
| 能力总分 | 163.8 ± 19.6 | 159.9 ± 20.3 | 4.994 | *** |
| 问题解决 | 11.53 ± 1.92 | 11.25 ± 2.05 | 3.624 | *** |
| 实践能力 | 10.79 ± 2.35 | 10.49 ± 2.40 | 3.246 | ** |
| 学习能力 | 10.96 ± 1.94 | 10.57 ± 2.04 | 4.981 | *** |
| 逻辑分析 | 11.40 ± 1.92 | 11.03 ± 2.03 | 4.685 | *** |
| 基本能力 | 44.68 ± 6.38 | 43.32 ± 6.67 | 5.314 | *** |
| 就业展现 | 11.14 ± 2.03 | 11.60 ± 2.12 | 6.642 | *** |

| | 城镇学生（X±S） | 农村学生（X±S） | t值 | 显著性 |
|---|---|---|---|---|
| 自我发展 | 11.25 ± 2.08 | 11.07 ± 2.09 | 2.194 | * |
| 主动就业 | 11.48 ± 1.87 | 11.26 ± 1.94 | 2.854 | ** |
| 就业发展 | 33.87 ± 4.85 | 32.93 ± 4.94 | 4.873 | *** |
| 积极乐观 | 11.53 ± 2.04 | 11.23 ± 2.12 | 3.694 | *** |
| 职业责任 | 15.93 ± 2.10 | 15.66 ± 2.29 | 3.086 | ** |
| 敬业精神 | 19.21 ± 3.06 | 18.82 ± 3.05 | 3.188 | ** |
| 就业人格 | 46.67 ± 5.72 | 45.70 ± 6.00 | 4.226 | *** |
| 人际关系 | 15.53 ± 1.97 | 11.14 ± 2.09 | 4.875 | *** |
| 团队合作 | 11.62 ± 1.86 | 11.25 ± 1.99 | 4.960 | *** |
| 抗压能力 | 15.43 ± 2.44 | 15.55 ± 2.44 | − 1.238 | |
| 社会应对 | 38.58 ± 4.96 | 37.93 ± 5.23 | 3.211 | ** |

注：* $p < 0.05$，** $p < 0.01$，*** $p < 0.001$。

在就业能力的 4 个二级维度和 13 个三级维度中，除了抗压能力维度外，均存在生源的显著差异，城镇学生在各个维度上均显著优于农村学生。抗压能力维度上，农村学生略高于城镇学生，但没有达到显著差异水平。这些充分表明，当前农村生源大学生的就业能力更是亟待提高（见图 2 – 26、图 2 – 27）。

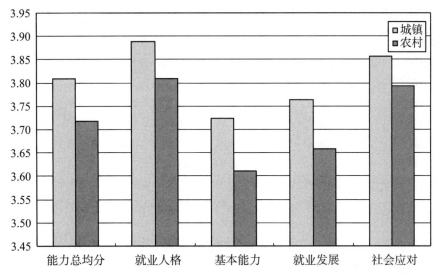

图 2 – 26　大学生就业能力二级维度各题项均分在生源上的差异比较

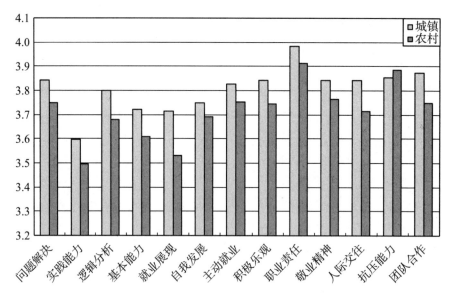

**图 2 - 27  大学生就业能力三级维度各题项均分在生源上的差异比较**

笔者还对不同家庭经济状况（好、中、差）的学生进行了就业能力的差异分析，结果也与生源分析高度一致。进一步说明了大学生就业能力与生源地、学生家庭经济状况高度相关。城镇和家庭经济状况好的学生就业能力显著优于农村和家庭经济状况较差的学生（见表 2 - 32、图 2 - 28、图 2 - 29、图 2 - 30）。

**表 2 - 32**　　　　　　**大学生就业能力诸因子经济状况差异分析**

| | 好（X±S） | 一般（X±S） | 差（X±S） | F 值 | 显著性 |
|---|---|---|---|---|---|
| 能力总分 | 168.1±18.6 | 162.3±19.5 | 159.4±20.0 | 15.868 | *** |
| 问题解决 | 11.69±1.94 | 11.45±1.90 | 11.23±2.21 | 3.265 | ** |
| 实践能力 | 11.59±2.08 | 11.68±2.34 | 10.26±2.46 | 13.614 | *** |
| 学习能力 | 11.58±1.80 | 10.82±1.91 | 10.44±2.19 | 12.699 | *** |
| 逻辑分析 | 11.84±1.79 | 11.23±1.94 | 11.06±2.14 | 6.391 | *** |
| 基本能力 | 46.71±5.80 | 44.19±6.32 | 42.99±7.09 | 13.670 | *** |
| 就业展现 | 11.69±1.76 | 10.98±2.04 | 10.42±2.23 | 15.595 | *** |
| 自我发展 | 11.62±1.96 | 10.15±2.07 | 11.06±2.19 | 3.174 | ** |
| 主动就业 | 11.75±1.89 | 11.39±1.86 | 11.28±2.03 | 2.513 | * |
| 就业发展 | 35.06±4.54 | 33.52±4.84 | 32.76±5.16 | 8.682 | *** |
| 积极乐观 | 11.75±1.87 | 11.41±2.06 | 11.30±2.18 | 2.255 | * |
| 职业责任 | 16.05±2.12 | 15.83±2.08 | 15.70±2.50 | 3.192 | ** |
| 敬业精神 | 19.56±2.81 | 19.07±3.01 | 18.78±3.32 | 2.690 | * |
| 就业人格 | 47.35±5.38 | 46.31±5.66 | 46.77±6.51 | 3.372 | ** |

|  | 好（X±S） | 一般（X±S） | 差（X±S） | F 值 | 显著性 |
|---|---|---|---|---|---|
| 人际关系 | 11.67±2.07 | 11.40±1.98 | 11.14±2.14 | 3.333 | ** |
| 团队合作 | 11.74±1.89 | 11.51±1.87 | 11.23±2.03 | 4.251 | ** |
| 抗压能力 | 15.54±2.29 | 15.46±2.40 | 15.54±2.61 | 0.624 | |
| 社会应对 | 38.96±4.98 | 38.37±4.94 | 37.91±5.47 | 2.642 | * |

注：$* p < 0.05$，$** p < 0.01$，$*** p < 0.001$。

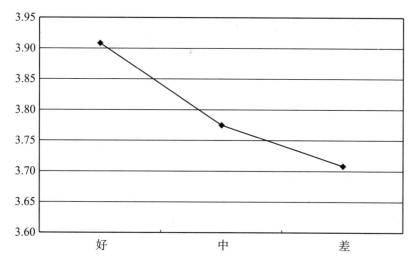

图 2-28  大学生就业能力在学生家庭经济状况上的发展变化趋势

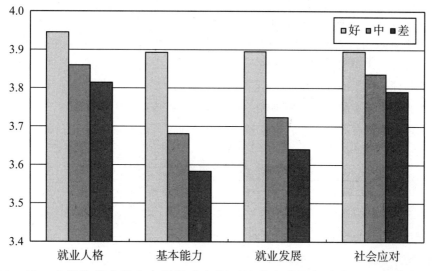

图 2-29  大学生就业能力二级维度各题项均分在家庭经济状况上的差异比较

139

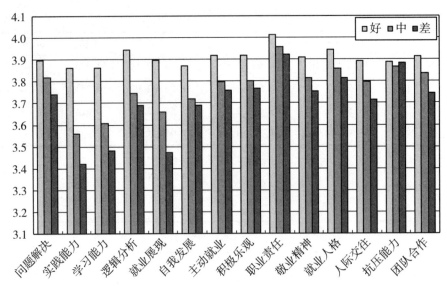

**图 2 - 30　大学生就业能力三级维度各题项均分在经济状况上的差异比较**

5. 大学生就业能力水平总体上并没有随着年级升高而显著提升，但在个别能力维度上呈现出比较显著的年级差异。

对大学生就业能力的年级差异通过方差分析进行考察，结果发现，大学生就业能力总分在年级维度上不存在显著差异。虽然大学生就业能力总分随着年级的升高有所提高，但还没有呈现出明显提高的趋势。需要说明的是，更为准确地考察大学生就业创业能力水平随年级变化的特点，需要采用纵向取样的方式，即从大一年级选取一定数量的学生并对这同一学生群体进行为期四年的跟踪比较研究，这样才能更客观地分析大学生就业创业能力的年级差异等发展特点。由于受时间等因素限制，本研究未能进行纵向取样，而是横向取样，即在同一个时段从大一、大二、大三、大四四个年级分别抽样，这样代表四个年级就业创业能力水平的并非是同一学生群体，由于他们存在一些固有的差异，从而导致现状测评结果误差的增大。但从有关研究惯例来看，横向取样是更易操作的研究方式，它虽然相对于纵向取样而言有一定误差，但依然能相对好地反映现实状况（见表 2 - 33）。

**表 2 - 33　　　　　　大学生就业能力诸因子年级差异分析**

| | 大一 (X±S) | 大二 (X±S) | 大三 (X±S) | 大四 (X±S) | F 值 | 显著性 |
|---|---|---|---|---|---|---|
| 能力总分 | 160.5 ± 21.1 | 162.5 ± 19.3 | 162.5 ± 19.7 | 163.4 ± 20.1 | 5.180 | |
| 问题解决 | 11.27 ± 2.04 | 11.45 ± 1.97 | 11.51 ± 1.95 | 11.40 ± 1.93 | 3.393 | |
| 实践能力 | 10.39 ± 2.35 | 10.71 ± 2.37 | 10.53 ± 2.47 | 11.29 ± 2.08 | 12.443 | *** |
| 学习能力 | 10.60 ± 2.04 | 10.78 ± 2.00 | 10.78 ± 1.98 | 11.19 ± 1.83 | 7.946 | *** |

| | 大一 (X±S) | 大二 (X±S) | 大三 (X±S) | 大四 (X±S) | F 值 | 显著性 |
|---|---|---|---|---|---|---|
| 逻辑分析 | 11.21±2.02 | 11.19±2.00 | 11.29±1.94 | 11.41±1.91 | 1.964 | |
| 基本能力 | 43.47±6.74 | 44.13±6.51 | 44.11±6.42 | 45.29±6.18 | 8.141 | *** |
| 就业展现 | 10.72±2.15 | 10.92±2.09 | 10.93±2.11 | 11.23±1.8. | 6.409 | ** |
| 自我发展 | 11.10±2.16 | 11.15±2.05 | 11.19±2.16 | 11.26±2.00 | 2.017 | |
| 主动就业 | 11.27±1.94 | 11.36±1.92 | 11.52±1.89 | 11.34±1.85 | 3.308 | |
| 就业发展 | 33.09±5.13 | 33.43±4.85 | 33.65±4.90 | 33.83±4.79 | 4.831 | |
| 积极乐观 | 11.35±2.23 | 11.42±2.02 | 11.38±2.12 | 11.46±1.92 | 1.782 | |
| 职业责任 | 15.96±2.32 | 15.86±2.10 | 15.91±2.22 | 15.73±2.15 | 4.572 | |
| 敬业精神 | 18.93±3.17 | 19.14±2.99 | 19.08±3.12 | 18.94±3.02 | 2.150 | |
| 就业人格 | 45.88±6.20 | 46.42±5.60 | 46.36±5.96 | 46.13±5.83 | 3.763 | |
| 人际关系 | 11.27±2.13 | 11.39±1.99 | 11.36±1.98 | 11.43±2.05 | 2.130 | |
| 团队合作 | 11.40±2.04 | 11.48±1.89 | 11.53±1.88 | 11.40±1.86 | 3.109 | |
| 抗压能力 | 15.41±2.47 | 15.60±2.39 | 15.44±2.53 | 15.29±2.30 | 1.906 | |
| 社会应对 | 38.08±5.30 | 38.47±4.96 | 38.33±5.07 | 38.11±5.03 | 2.944 | |

注：$*p<0.05$，$**p<0.01$，$***p<0.001$。

在就业能力的 4 个二级维度中，大学生在基本就业能力维度上存在显著的年级差异（$F=8.141$，$p<0.001$）。事后比较发现，大四年级基本能力显著高于大一、大二、大三年级，其他三个年级之间在基本就业能力上不存在显著差异。这表明大四年级是大学生的基本就业能力有显著提高。而且基本能力维度中的学习能力（$F=7.946$，$p<0.001$）、实践能力（$F=12.443$，$p<0.001$）存在年级间的显著差异，同样是大四年级学生显著高于其他三个年级，而其他三个年级间则没有显著差异。另外，在就业展现能力上存在显著的年级差异（$F=6.409$，$p<0.01$）。事后比较发现，仅是大四年级学生的就业展现显著高于大一学生（见图 2-31、图 2-32、图 2-33）。

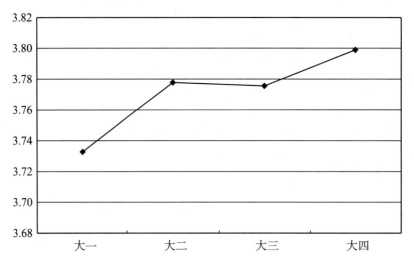

图 2 - 31　大学生就业能力各题项均分在年级上的差异比较

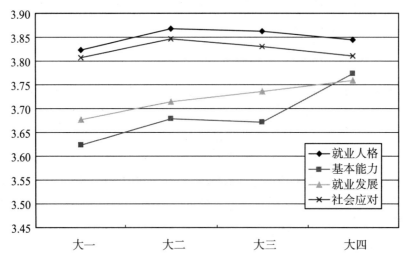

图 2 - 32　大学生就业能力二级维度各题项均分在年级上的差异比较

大学生就业创业教育研究

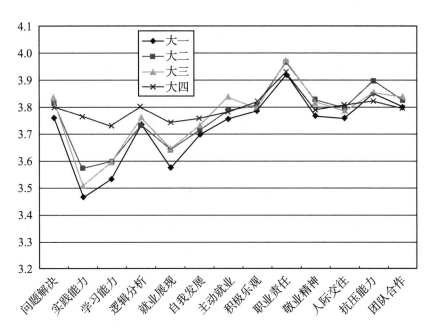

图 2-33　大学生就业能力三级维度各题项均分在年级上的差异比较

## 二、大学生创业能力现状分析

### （一）大学生创业能力量表的信度效度

本研究中我们采用内部一致性信度（α 系数）作为信度指标来检验量表信度。通过分析得到大学生创业能力问卷总量表的内部一致性系数为 0.952，说明该量表较高的信度（见表 2-34）。

表 2-34　　　　　　　　大学生创业能力分量表的信度

| | 总量表 | 创业人格 | 基本创业能力 | 核心创业能力 | 社会应对能力 |
| --- | --- | --- | --- | --- | --- |
| α 系数 | 0.9295 | 0.8053 | 0.7415 | 0.8287 | 0.7004 |

### （二）大学生创业能力现状的调研样本选择

我们采用自编的《大学生创业能力自评量表》，运用整体分层随机抽样的方法，对北京、辽宁、上海、湖南、广东、四川等 11 个省市 18 所高校 2 300 名学生进行了问卷测试，收回有效问卷 2 189 份，有效率 95.2%（见表 2-35）。

表 2-35　　　　　　大学生创业能力施测对象的分布情况

| 类别 | 性别 | | 年级 | | | | 专业 | | 生源地 | | 家庭状况 | | |
|---|---|---|---|---|---|---|---|---|---|---|---|---|---|
| | 男 | 女 | 大一 | 大二 | 大三 | 大四 | 理工 | 文科 | 城镇 | 农村 | 好 | 中 | 差 |
| 人数 | 1 137 | 1 052 | 676 | 668 | 494 | 351 | 1 353 | 1 060 | 1 142 | 1 047 | 355 | 1 365 | 469 |
| 百分比（%） | 51.9 | 48.1 | 30.9 | 30.5 | 22.6 | 16.0 | 61.8 | 48.4 | 52.2 | 47.8 | 16.2 | 62.4 | 21.4 |

## （三）大学生创业能力的现状

1. 大学生创业能力总体处于中等略偏上水平，其中，核心创业能力与基本创业能力亟待提高。

大学生创业能力自评量表采用李克特 5 点评分，即"非常不符合"、"比较不符合"、"难以确定"、"比较符合"、"非常符合"，计分时分别计 1~5 分，因而大学生创业能力在每个题项上的平均分可以分为如下四个等级，分别为低（1~1.99）、中下（2~2.99）、中上（3~3.99）以及高（4~4.99）。从表 2-36 可知，大学生创业能力的总体题项的均分为 3.63，处于中等略偏上水平（见表 2-36）。

表 2-36　　　　　大学生创业能力诸因子的基本数据

| 因子 | 最小值 | 最大值 | 平均值 | 标准差（SD） | 每题平均得分 |
|---|---|---|---|---|---|
| 能力总分 | 78.00 | 208.00 | 156.068 | 20.0722 | 3.6298 |
| 创业人格 | 24.00 | 65.00 | 48.3140 | 6.71734 | 3.7165 |
| 基本能力 | 14.00 | 45.00 | 31.8295 | 5.16678 | 3.5366 |
| 核心能力 | 20.00 | 59.00 | 42.0388 | 6.67365 | 3.5032 |
| 社会应对 | 16.00 | 45.00 | 33.8862 | 4.43500 | 3.7651 |
| 踏实执着 | 5.00 | 20.00 | 15.1709 | 2.60000 | 3.7927 |
| 责任担当 | 3.00 | 15.00 | 11.4383 | 2.05488 | 3.8128 |
| 勇气胆识 | 3.00 | 15.00 | 10.8478 | 2.14093 | 3.6159 |
| 自信乐观 | 3.00 | 15.00 | 10.8569 | 2.20448 | 3.6190 |
| 实践能力 | 3.00 | 15.00 | 10.1522 | 2.51182 | 3.3841 |
| 分析能力 | 4.00 | 15.00 | 11.0137 | 2.10987 | 3.6712 |
| 学习能力 | 3.00 | 15.00 | 10.6636 | 2.03563 | 3.5545 |
| 创新能力 | 3.00 | 15.00 | 10.6042 | 2.21349 | 3.5347 |
| 资源整合 | 2.00 | 15.00 | 10.1275 | 2.26859 | 3.3758 |

续表

| 因子 | 最小值 | 最大值 | 平均值 | 标准差（SD） | 每题平均得分 |
|---|---|---|---|---|---|
| 机遇把握 | 3.00 | 15.00 | 10.7683 | 2.05052 | 3.5894 |
| 领导能力 | 3.00 | 15.00 | 10.5388 | 2.13359 | 3.5129 |
| 人际交往 | 5.00 | 15.00 | 11.6755 | 1.98158 | 3.8918 |
| 团队合作 | 3.00 | 15.00 | 10.8387 | 2.02725 | 3.6129 |
| 抗压能力 | 5.00 | 15.00 | 11.3720 | 1.8524 | 3.7907 |

从创业人格、基本创业能力、核心创业能力、社会应对能力四个二级维度来看，其每题平均得分依次为 3.72、3.54、3.50 和 3.77。其中，社会应对能力维度的分值最高；其次是创业人格、基本创业能力，核心创业能力维度的分值最低（见图 2-34）。

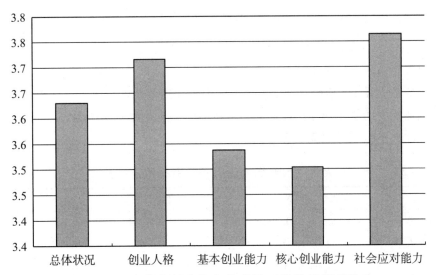

图 2-34　大学生创业能力总分及二级维度题项均分

从创业能力三级维度的各题项均分来看，14 个因子的题项均分都在 3~4 分之间，说明各因子的发展也都处于中等略偏上水平。由图 2-35 可知，排在前三位的依次为：人际交往能力、责任担当、踏实执着。排在最后三位的分别是领导能力、实践能力与资源整合能力。

上述数据结果表明，大学生创业能力发展水平较好。同时，与大学生创业能力密切相关的核心创业能力与基本创业能力都有待提高。尤其是，基本创业能力中的实践能力，以及核心创业能力中的领导能力、资源整合能力，是当代大学生创业能力培养中需要重点关注的方面。

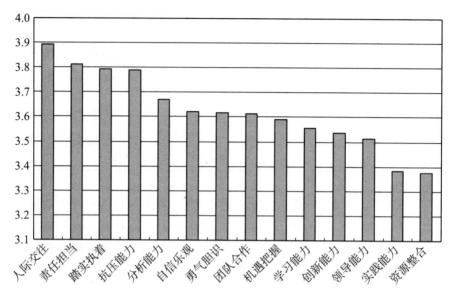

**图 2 - 35　大学生创业能力三级维度题项均分**

2. 男女大学生创业能力发展水平总体上差异不显著，但在核心创业能力维度上男大学生的发展水平明显高于女大学生。

采取独立样本 t 检验对大学生创业能力的性别差异进行分析，结果显示，大学生创业能力的总体均分在性别上的差异不显著。男大学生的创业能力得分只是略高于女大学生（见表 2 - 37）。

**表 2 - 37　　　　　大学生创业能力诸因子性别差异分析表**

|  | 女大学生（X ± S） | 男大学生（X ± S） | t 值 | 显著性 |
|---|---|---|---|---|
| 能力总分 | 155.06 ± 20.70 | 156.61 ± 19.84 | 1.717 | |
| 创业人格 | 48.09 ± 6.55 | 48.48 ± 6.97 | 1.304 | |
| 基本能力 | 31.64 ± 5.06 | 31.93 ± 5.28 | 1.257 | |
| 核心能力 | 41.26 ± 6.73 | 42.51 ± 6.74 | 4.175 | *** |
| 社会应对 | 34.08 ± 4.26 | 33.70 ± 4.65 | -1.952 | |
| 自信乐观 | 10.75 ± 2.22 | 10.92 ± 2.21 | 1.784 | |
| 踏实执着 | 15.31 ± 2.49 | 15.10 ± 2.72 | -1.758 | |
| 责任担当 | 13.36 ± 1.96 | 11.50 ± 2.17 | 1.542 | |
| 勇气胆识 | 10.68 ± 2.14 | 10.95 ± 2.13 | 2.926 | * |
| 学习能力 | 10.62 ± 1.97 | 10.69 ± 2.11 | 0.729 | |
| 分析能力 | 10.90 ± 2.11 | 11.10 ± 2.10 | 2.154 | * |

| | 女大学生（X±S） | 男大学生（X±S） | t 值 | 显著性 |
|---|---|---|---|---|
| 实践能力 | 10.12±2.48 | 10.14±2.55 | 0.192 | |
| 创新能力 | 10.38±2.26 | 10.76±2.20 | 3.836 | *** |
| 资源整合 | 9.87±2.22 | 10.29±2.32 | 4.082 | *** |
| 机遇把握 | 10.66±2.01 | 10.81±2.12 | 1.649 | |
| 领导能力 | 10.35±2.13 | 10.66±2.17 | 3.192 | ** |
| 人际交往 | 11.82±1.87 | 11.56±2.08 | -2.993 | ** |
| 团队合作 | 10.95±2.01 | 10.73±2.08 | -2.366 | * |
| 抗压能力 | 11.31±1.80 | 11.41±1.89 | 1.178 | |

注：$* p < 0.05$，$** p < 0.01$，$*** p < 0.001$。

在创业能力的 4 个二级维度中，大学生仅在核心创业能力上存在极其显著的性别差异（$t = 4.175$，$p < 0.001$），男大学生的核心创业能力得分显著高于女大学生（见图 2-36）。

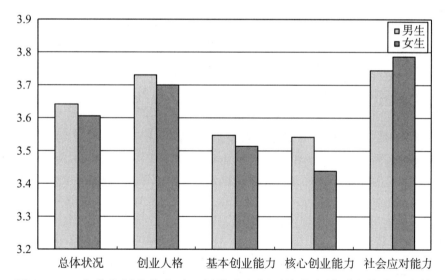

**图 2-36　大学生创业能力及二级维度各题项均分在性别上的差异比较**

在创业能力的 14 个三级维度中，大学生在创新能力（$t = 3.836$，$p < 0.001$）、资源整合能力（$t = 4.082$，$p < 0.001$）、领导能力（$t = 3.192$，$p < 0.01$）、勇气胆识（$t = 2.926$，$p < 0.05$）、分析能力（$t = 2.154$，$p < 0.05$）五个维度上的性别差异显著，具体表现为，男大学生的得分显著高于女大学生。而在人际交往（$t = -2.993$，$p < 0.01$）、团队合作（$t = -2.366$，$p < 0.05$）两个维

度上，女大学生的得分显著高于男大学生（见图2-37）。

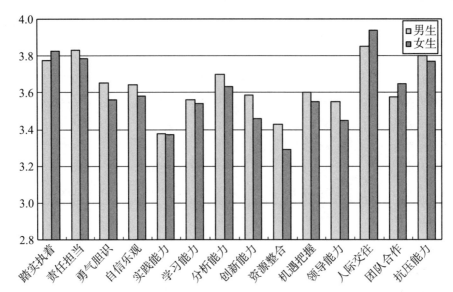

**图2-37 大学生创业能力三级维度各题项均分在性别上的差异比较**

上述数据结果表明，大学生创业能力发展水平在总体上性别差异不显著。男大学生的核心创业能力发展水平明显高于女大学生。尤其是，男大学生的创新能力、资源整合能力、领导能力、勇气胆识、分析能力五项能力发展水平高于女大学生，而女大学生的人际交往与团队合作能力好于男大学生。这为当代大学生创业能力分类培养提供了重要参考。

3. 理工类大学生创业能力总体发展水平以及创业人格、核心创业能力维度显著优于文科类学生。

采取独立样本t检验对大学生创业能力的专业差异进行分析，结果发现，大学生创业能力的总体均分在专业上的差异显著（$t = 2.317$，$p < 0.05$）。理工类学生的创业能力明显高于文科类学生（见表2-38）。

表2-38　　　　大学生创业能力诸因子专业差异分析表

| | 理工（X±S） | 文科（X±S） | t值 | 显著性 |
| --- | --- | --- | --- | --- |
| 能力总分 | 156.44±19.92 | 154.11±20.35 | 2.317 | * |
| 创业人格 | 48.54±6.72 | 47.52±6.73 | 3.046 | ** |
| 基本能力 | 31.80±5.09 | 31.66±5.27 | 0.545 | |
| 核心能力 | 42.14±6.68 | 41.28±6.70 | 2.616 | ** |
| 社会应对 | 33.96±4.42 | 33.65±4.45 | 1.376 | |

| | 理工（X±S） | 文科（X±S） | t 值 | 显著性 |
|---|---|---|---|---|
| 自信乐观 | 11.94±2.21 | 10.59±2.21 | 3.190 | ** |
| 踏实执着 | 15.20±2.58 | 15.10±2.70 | 0.729 | |
| 责任担当 | 11.46±2.07 | 11.32±2.01 | 1.378 | |
| 勇气胆识 | 10.94±2.15 | 10.51±2.08 | 4.083 | *** |
| 学习能力 | 10.67±2.03 | 10.60±2.04 | 0.639 | |
| 分析能力 | 11.07±2.07 | 10.81±2.17 | 2.465 | * |
| 实践能力 | 10.07±2.51 | 10.25±2.50 | -1.462 | |
| 创新能力 | 10.69±2.15 | 10.27±2.36 | 3.698 | *** |
| 资源整合 | 10.11±2.30 | 10.05±2.20 | 0.509 | |
| 机遇把握 | 10.76±2.08 | 10.66±1.98 | 1.009 | |
| 领导能力 | 10.58±2.14 | 10.29±2.11 | 2.697 | ** |
| 人际交往 | 11.68±2.00 | 11.68±1.94 | 0.029 | |
| 团队合作 | 10.82±2.03 | 10.85±2.04 | -0.238 | |
| 抗压能力 | 11.45±1.83 | 11.13±1.84 | 3.557 | *** |

注：$*p<0.05$，$**p<0.01$，$***p<0.001$。

在创业能力的 4 个二级维度中，大学生在创业人格（$t=3.046$，$p<0.01$）、核心创业能力（$t=2.616$，$p<0.01$）两个维度上存在显著的专业差异。具体表现为，理工类大学生的创业人格、核心创业能力发展水平高于文科类大学生。在创业能力的 14 个三级维度中，大学生在勇气胆识（$t=4.083$，$p<0.001$）、自信乐观（$t=3.190$，$p<0.01$）、分析能力（$t=2.465$，$p<0.05$）、创新能力（$t=3.698$，$p<0.001$）、领导能力（$t=2.697$，$p<0.01$）和抗压能力（$t=3.557$，$p<0.001$）六个维度上存在着显著的专业差异。具体表现为，理工科类大学生在这 6 个维度上的发展水平明显高于文科类学生（见图 2-38、图 2-39）。

4. 城镇大学生在创业能力总体发展水平以及多个具体能力维度上显著优于农村大学生。

采取独立样本 t 检验对大学生创业能力的生源差异进行分析，结果发现，大学生创业能力的总体均分在生源上的差异显著（$t=3.30$，$p<0.001$）。具体表现为城镇学生的创业能力明显高于农村学生（见表 2-39）。

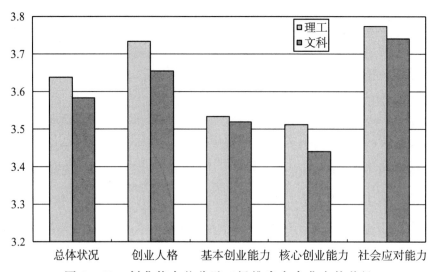

图 2 - 38  创业能力总分及二级维度在专业上的差异

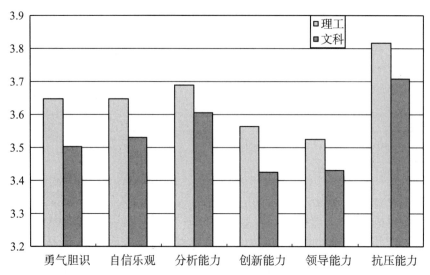

图 2 - 39  创业能力三级维度在专业上的差异

表 2 - 39　　　　　　大学生创业能力诸因子生源差异分析表

|  | 城镇学生（X±S） | 农村学生（X±S） | t 值 | 显著性 |
|---|---|---|---|---|
| 能力总分 | 157.01±20.30 | 154.26±20.151 | 3.030 | *** |
| 创业人格 | 48.42±6.82 | 48.11±6.69 | 1.010 | |
| 基本能力 | 32.12±5.04 | 31.31±5.35 | 3.460 | ** |
| 核心能力 | 42.40±6.72 | 41.26±6.73 | 3.778 | *** |

| | 城镇学生（X ± S） | 农村学生（X ± S） | t 值 | 显著性 |
|---|---|---|---|---|
| 社会应对 | 34.08 ± 4.50 | 33.58 ± 4.44 | 2.490 | * |
| 自信乐观 | 10.95 ± 2.18 | 10.73 ± 2.24 | 2.242 | * |
| 踏实执着 | 15.19 ± 2.58 | 15.16 ± 2.67 | 0.286 | |
| 责任担当 | 11.43 ± 2.04 | 11.43 ± 2.11 | -0.017 | |
| 勇气胆识 | 10.85 ± 2.17 | 10.80 ± 2.11 | 0.545 | |
| 学习能力 | 10.74 ± 1.97 | 10.52 ± 2.16 | 2.301 | * |
| 分析能力 | 11.02 ± 2.09 | 11.00 ± 2.13 | 0.264 | |
| 实践能力 | 10.36 ± 2.45 | 9.79 ± 2.56 | 5.086 | *** |
| 创新能力 | 10.69 ± 2.25 | 10.41 ± 2.19 | 2.084 | |
| 资源整合 | 10.31 ± 2.21 | 9.82 ± 2.33 | 4.787 | *** |
| 机遇把握 | 10.81 ± 2.05 | 10.63 ± 2.10 | 2.001 | * |
| 领导能力 | 10.59 ± 2.14 | 10.40 ± 2.17 | 1.944 | |
| 人际交往 | 11.72 ± 1.99 | 11.65 ± 2.00 | 0.787 | |
| 团队合作 | 11.00 ± 2.00 | 10.59 ± 2.08 | 4.344 | *** |
| 抗压能力 | 11.37 ± 1.86 | 11.34 ± 1.83 | 0.354 | |

注：* $p < 0.05$，** $p < 0.01$，*** $p < 0.001$。

在创业能力的 4 个二级维度中，大学生在基本创业能力（$t = 3.460$，$p < 0.01$）、核心创业能力（$t = 3.778$，$p < 0.001$）和社会应对能力（$t = 2.490$，$p < 0.05$）三个维度上存在显著的生源差异。具体表现为，城镇大学生的基本创业能力、核心创业能力和社会应对能力这三种能力发展水平明显高于农村大学生。在创业能力的 14 个三级维度中，大学生在学习能力（$t = 2.301$，$p < 0.05$）、实践能力（$t = 5.086$，$p < 0.001$）、资源整合能力（$t = 4.787$，$p < 0.001$）、机遇把握能力（$t = 2.001$，$p < 0.05$）和团队合作能力（$t = 4.344$，$p < 0.001$）5 个维度上存在着显著的生源差异。具体表现为，城镇大学生在这 5 个维度上的能力发展水平明显高于农村学生（见图 2 - 40、图 2 - 41）。

我们还对不同家庭经济状况（好、中、差）的学生进行了创业能力的差异分析，在创业能力（$F = 4.808$，$p < 0.01$）总体发展水平上，家庭经济状况好的学生显著高于家庭经济较差的学生；在基本创业能力（$F = 6.326$，$p < 0.01$）、核心创业能力（$F = 9.034$，$p < 0.001$）、社会应对能力（$F = 3.513$，$p < 0.05$）3 个二级维度发展水平上，家庭经济状况好的学生显著高于家庭经济较差的学生。上述研究结果也与生源分析高度一致。进一步说明了大学生创业能力与生源地、学生家庭经济状况高度相关（见表 2 - 40）。

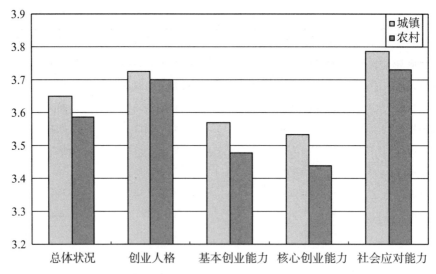

**图 2 - 40　创业能力及二级维度题项均分在生源上的差异**

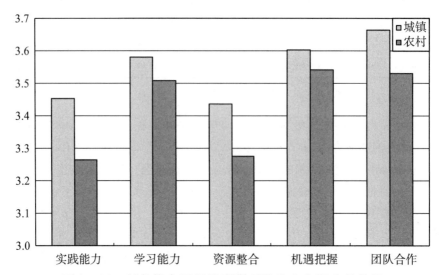

**图 2 - 41　创业能力三级维度题项均分在生源上的差异**

**表 2 - 40　　　　大学生创业能力诸因子经济状况差异分析表**

| | 好 (X ± S) | 一般 (X ± S) | 差 (X ± S) | F 值 | 显著性 |
|---|---|---|---|---|---|
| 能力总分 | 158.19 ± 22.11 | 156.33 ± 19.78 | 153.56 ± 20.64 | 4.808 | ** |
| 创业人格 | 48.27 ± 7.40 | 48.41 ± 6.63 | 48.01 ± 6.85 | 0.612 | |
| 基本能力 | 32.34 ± 5.40 | 31.93 ± 5.02 | 31.07 ± 5.48 | 6.326 | ** |
| 核心能力 | 43.44 ± 6.84 | 41.99 ± 6.60 | 41.07 ± 7.01 | 9.034 | *** |

| | 好 (X±S) | 一般 (X±S) | 差 (X±S) | F 值 | 显著性 |
|---|---|---|---|---|---|
| 社会应对 | 34.14 ± 5.00 | 34.00 ± 4.30 | 34.41 ± 4.68 | 3.513 | * |
| 自信乐观 | 11.11 ± 2.14 | 10.88 ± 2.19 | 10.70 ± 2.30 | 2.602 | |
| 踏实执着 | 14.70 ± 2.92 | 15.25 ± 2.55 | 15.19 ± 2.66 | 3.935 | * |
| 责任担当 | 11.40 ± 2.27 | 11.45 ± 2.00 | 11.40 ± 2.16 | 0.122 | |
| 勇气胆识 | 11.07 ± 2.17 | 10.83 ± 2.09 | 10.73 ± 2.28 | 1.824 | |
| 学习能力 | 10.78 ± 2.09 | 10.72 ± 1.96 | 10.40 ± 2.27 | 4.584 | * |
| 分析能力 | 11.04 ± 2.36 | 11.04 ± 2.07 | 10.90 ± 2.12 | 0.759 | |
| 实践能力 | 10.52 ± 2.30 | 10.18 ± 2.45 | 9.76 ± 2.76 | 7.812 | *** |
| 创新能力 | 10.92 ± 2.19 | 10.57 ± 2.22 | 10.44 ± 2.29 | 3.209 | * |
| 资源整合 | 10.67 ± 2.19 | 11.14 ± 2.20 | 9.73 ± 2.48 | 13.041 | *** |
| 机遇把握 | 11.00 ± 2.09 | 10.76 ± 2.02 | 10.55 ± 2.17 | 3.759 | * |
| 领导能力 | 10.86 ± 2.22 | 10.51 ± 2.11 | 10.36 ± 2.23 | 3.851 | * |
| 人际交往 | 11.49 ± 2.32 | 11.74 ± 1.90 | 11.62 ± 2.09 | 1.807 | |
| 团队合作 | 11.21 ± 2.14 | 10.89 ± 1.97 | 10.48 ± 2.16 | 11.485 | *** |
| 抗压能力 | 11.45 ± 1.92 | 11.36 ± 1.80 | 11.31 ± 1.94 | 0.369 | |

注：$*p < 0.05$，$**p < 0.01$，$***p < 0.001$。

与生源分析稍有不同的是，在创业能力的 14 个三级维度中，大学生在实践能力（$F = 782$，$p < 0.001$）、资源合作能力（$F = 13.041$，$p < 0.001$）与团队合作能力（$F = 11.485$，$p < 0.001$）3 个维度上存在着极其显著的差异，在踏实执着（$F = 3.935$，$p < 0.05$）、学习能力（$F = 4.584$，$p < 0.05$）、领导能力（$F = 3.851$，$p < 0.05$）和机遇把握能力（$F = 3.759$，$p < 0.05$）4 个三级维度上存在显著的家庭经济状况差异。具体表现为，家庭经济状况越差，大学生的实践能力、学习能力、资源合作能力、机遇把握能力、领导能力和团队合作能力等六种能力的发展水平越低；而在踏实执着维度上，与家庭经济状况中等与较差水平的学生相比，家庭经济状况较好的大学生的踏实执着品质发展水平较低（见图 2 - 42、图 2 - 43、图 2 - 44）。

5. 大学生创业能力水平总体上并没有随着年级升高而显著提升，但在个别能力维度上呈现出比较显著的年级差异。

对大学生创业能力的年级差异通过方差分析进行考察，结果发现，大学生创业能力的总体发展水平在年级上的差异不显著。值得关注的是，在四个年级中，大二学生的创业能力总体水平最低（见表 2 - 41）。

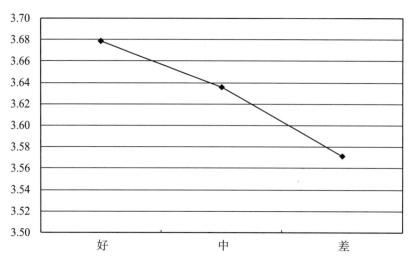

图 2 – 42　创业能力总均分在家庭经济状况上的差异

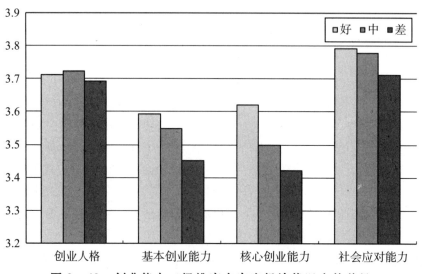

图 2 – 43　创业能力二级维度在家庭经济状况上的差异

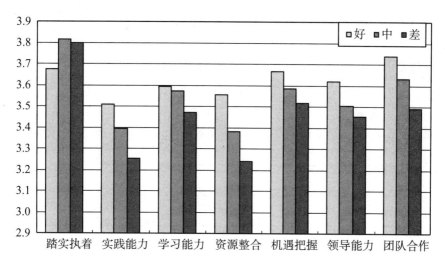

图 2 - 44　创业能力三级维度各题项均分在家庭经济状况上的差异

表 2 - 41　　　　　　大学生创业能力诸因子年级差异分析表

| | 大一 (X ± S) | 大二 (X ± S) | 大三 (X ± S) | 大四 (X ± S) | F 值 | 显著性 |
|---|---|---|---|---|---|---|
| 能力总分 | 156.29 ± 19.91 | 154.17 ± 19.86 | 156.86 ± 20.77 | 157.31 ± 20.89 | 2.420 | |
| 创业人格 | 48.64 ± 6.80 | 47.77 ± 6.56 | 48.39 ± 6.95 | 48.34 ± 6.76 | 1.968 | |
| 基本能力 | 31.63 ± 5.20 | 31.50 ± 5.10 | 32.00 ± 5.18 | 32.53 ± 5.26 | 2.851 | * |
| 核心能力 | 42.01 ± 4.62 | 41.43 ± 6.68 | 42.28 ± 6.95 | 42.59 ± 6.65 | 2.432 | |
| 社会应对 | 34.01 ± 4.34 | 34.47 ± 4.40 | 34.19 ± 4.52 | 33.85 ± 4.77 | 2.842 | * |
| 自信乐观 | 10.87 ± 2.25 | 10.77 ± 2.12 | 10.91 ± 2.24 | 10.90 ± 2.26 | 0.444 | |
| 踏实执着 | 15.37 ± 2.61 | 15.05 ± 2.60 | 15.10 ± 2.63 | 15.08 ± 2.58 | 2.089 | |
| 责任担当 | 11.56 ± 2.06 | 11.30 ± 2.04 | 11.41 ± 2.14 | 11.40 ± 1.99 | 1.861 | |
| 勇气胆识 | 10.84 ± 2.24 | 10.65 ± 2.08 | 10.97 ± 2.09 | 10.96 ± 2.13 | 2.468 | |
| 学习能力 | 10.63 ± 2.02 | 10.51 ± 2.10 | 10.76 ± 1.98 | 10.85 ± 2.12 | 2.327 | |
| 分析能力 | 10.93 ± 2.16 | 10.98 ± 2.04 | 11.04 ± 2.13 | 11.16 ± 2.07 | 0.857 | |
| 实践能力 | 10.07 ± 2.48 | 10.02 ± 2.53 | 10.20 ± 2.54 | 10.51 ± 2.50 | 2.622 | * |
| 创新能力 | 10.50 ± 2.32 | 10.49 ± 2.27 | 10.75 ± 2.10 | 10.79 ± 2.03 | 2.299 | |
| 资源整合 | 10.11 ± 2.26 | 9.98 ± 2.22 | 10.16 ± 2.28 | 10.39 ± 2.36 | 2.030 | |
| 机遇把握 | 10.83 ± 2.06 | 10.54 ± 2.09 | 10.80 ± 2.03 | 10.90 ± 2.00 | 3.113 | * |
| 领导能力 | 10.57 ± 2.20 | 10.41 ± 2.13 | 10.56 ± 2.15 | 10.52 ± 2.00 | 0.718 | |
| 人际交往 | 11.78 ± 1.94 | 11.58 ± 1.92 | 11.71 ± 1.98 | 11.56 ± 2.29 | 1.438 | |
| 团队合作 | 10.88 ± 2.11 | 10.58 ± 2.04 | 11.01 ± 1.96 | 10.98 ± 1.94 | 5.181 | ** |
| 抗压能力 | 11.36 ± 1.87 | 11.31 ± 1.85 | 11.47 ± 1.81 | 11.31 ± 1.81 | 0.797 | |

注：$*p < 0.05$，$**p < 0.01$，$***p < 0.001$。

在创业能力的 4 个二级维度中，大学生在基本创业能力（F = 2.851，p < 0.05）、社会应对能力（F = 2.842，p < 0.05）两个维度上存在显著的年级差异。大学生的基本创业能力在年级上呈现"√"发展趋势，大二学生基本创业能力发展水平最低，大四学生基本创业能力发展水平最高；大学生的社会应对能力在年级上差异表现为大二学生社会应对能力发展水平最低，大三学生社会应对能力发展水平最高。大二学生的创业能力发展处在一个低谷期（见图 2 - 45）。

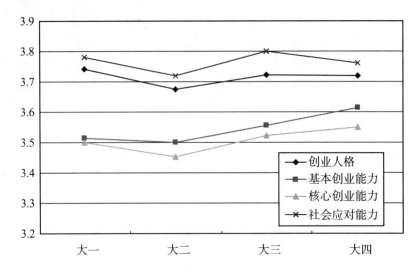

**图 2 - 45　大学生创业能力二级维度各题项均分在年级上的差异比较**

在创业能力的 14 个三级维度中，大学生在实践能力（F = 2.622，p < 0.05）、团队合作能力（F = 5.181，p < 0.01）和机遇把握能力（F = 3.113，p < 0.05）三个维度上存在显著的年级差异。具体表现为，大二学生的实践能力、团队合作能力、机遇把握能力发展水平最低。

## 三、大学生就业创业能力现状

通过对大学生就业能力与大学生创业能力的现状调研分析，可以就大学生就业创业能力做如下初步结论：

第一，大学生就业创业能力总体处于中等略偏上水平。调研发现，大学生就业能力总均分为 3.78 分，大学生创业能力总均分为 3.63 分，大学生就业能力与创业能力的一级和二级子维度的得分也都处于 3 ~ 4 分之间。这表明，当前大学生就业创业能力总体处于中等略偏上水平。但无论是总体的大学生就业创业能力，还是一级、二级具体能力维度，其均分都没有超过 4 分，这也说明大学生就业创业能力还有很大提升空间。而且，大学生就业创业能力并没有随着学生年级的提高而显著提升，这一定程度上反映了当前大学生就业创业能力培养的实效性还比较低。

第二，大学生就业创业的基本能力和核心能力更是亟待提高。总体来看，当前大学生在职业责任感、社会应对维度的能力相对较好。但大学生就业创业的基本能力和核心能力在大学生就业创业能力各二级维度中都是分值最低的。这更应该引起我们的高度重视，也意味着在大学生就业创业能力培养中要着重关注大学生就业创业的基本能力和核心能力。在大学生就业创业能力的二级子维度里，实践能力是最差的能力维度。这表明大学生就业创业的实践能力更是亟待提高。

第三，大学生就业创业能力的发展水平存在比较明显的类型差异和群体差异。类型方面，大学生就业能力和大学生创业能力都是多层次、多维度的，各能力层次和维度的发展水平并不均衡。群体方面，对于不同专业、生源、经济状况、年级的学生而言，其具体的大学生就业创业能力往往存在显著差异。大学生就业创业能力的类型和群体差异提示我们，在提升大学生就业创业能力水平时，要注重分析和把握大学生就业创业能力的差异，分类提升大学生就业创业能力。

## 四、进一步深化大学生就业创业能力结构研究

上述各项实证性研究结果表明，与西方国家相比，我国对大学生就业创业能力及其结构的研究起步较晚，研究力量比较薄弱，存在不足，特别是存在一些有待突破的问题和难点。主要表现为：缺乏国家框架的指导；缺乏适合本国现实，具有原创性的大学生就业创业能力结构研究成果，特别是实证性研究成果；缺乏全国性的大学生就业创业能力动态监测体系；缺乏研究团队和数据库，等等。针对已有研究存在的不足与难点，本研究采用实证性的研究思路和方法，通过编制大学生就业能力自评量表与大学生创业能力自评量表，进行全国范围内较大数量的样本施测，对当代中国大学生就业创业能力结构问题展开研究，建构大学生就业创业能力结构模型，分析了我国当代大学生就业创业能力的现状与总体发展水平，具有重要理论意义。但关于大学生就业创业能力结构的研究还有待深入，总体而言，未来的研究要重点关注两方面问题。

首先，要重视实证研究与理论分析相互补充。当前，我国学者多偏重通过经验总结、学理分析或定性分析的方法获得大学生就业创业能力指标，并划定大学生就业创业能力的基本维度，相对较为缺乏运用量表测量、调查分析等量化方法收集、统计、归纳并提炼大学生就业创业能力的分类维度与具体能力指标，通过

假设检验从而构建结构模型的实证量化研究。有代表性的实证研究成果不足十篇。[①] 这意味着，未来的研究应重视并加强大学生就业创业能力及其结构的实证性研究。要运用科学方法研究、设计并修订适合本国现实，能够从多层次、多维度全面考察大学生就业创业能力的原创性测验量表。同时，也要充分认识到量化研究存在的不足。一方面，要克服自评式心理量表自身存在的问题。大学生就业创业能力结构的量化研究主要是依据自编心理量表施测所获得的数据进行的。心理量表是自我评价式的，它会受学生主观因素的影响从而降低其测量的准确性。比如施测对象认为自己的某项就业或创业能力因素水平高或低，并不完全能等同于他的实际能力水平的高低。这就需要对包括用人单位、教师、教育行政管理者等多个群体进行施测，从多个方面进行全面考察，更加客观的呈现大学生就业创业能力的现状。另一方面，要注重量化研究与质化研究的有机结合。既要重视可以量化的诸多因素，开展量化测评研究，也要重视质性分析，将二者有机结合，采取质化—量化—质化的技术路线开展更为深入的研究。

其次，要重视中国大学生就业创业能力国家框架的构建研究。就业创业能力的国家框架是指一个国家关于国民就业创业能力内涵及其结构的权威性界定。目前，美国、英国、加拿大、澳大利亚等 17 个国家均已构建了就业创业能力的国家框架。如美国自 20 世纪 80 年代起即开始进行就业能力研究，确定了美国的就业能力国家框架，具体包括了 36 种就业技能。[②] 英国从 20 世纪 80 年代开始也出台了一系列政府白皮书和国家政策文件，[③] 要求将就业能力纳入职业教育课程，同时要求高等教育机构在课程设计中涵盖就业能力内容。澳大利亚于 2002 年的"未来的可就业能力报告"（The Employability Skills for the Future）中确定了澳洲可就业技能国家框架的内容，并将这个框架用在中小学阶段、职业教育和培训、

---

① 这些实证性研究成果主要包括刘丽玲、吴娇：《大学毕业生就业能力研究——基于对管理类和经济类大学毕业生的调查》，载于《教育研究》2010 年第 3 期；王霆、曾湘泉、杨玉梅：《提升就业能力解决大学生结构性失业问题研究》，载于《人口与经济》2011 年第 3 期；杨旭华：《"90 后"大学生就业能力结构模型研究》，载于《人口与经济》2012 年第 2 期；高永惠、梁芳美、范玲：《大学生就业能力结构要素的实证研究》，载于《教育与职业》2009 年第 21 期；刘小平、邓靖松：《高校毕业生可就业能力结构的实证研究》，载于《现代大学教育》2009 年第 5 期；王辉、张辉华：《大学生创业能力的内涵与结构——案例与实证研究》，载于《国家教育行政学院学报》2012 年第 2 期；杨乃鹏：《大学生创业胜任力实证研究》，载于《继续教育研究》2012 年第 4 期。

② 刘丽玲：《论中国建立可就业能力国家框架的重要性》，载于《人口与经济》2009 年第 6 期，第 40 ~ 41 页。

③ 这些文件包括："找寻可就业能力"（In Search of Employability, 1998）、"面向所有人的机遇：新经济需要的技能"（Opportunity for All: Skills for the New Economy, 2000）、"在变化的世界里所有人需要找寻的机遇"（Opportunity for All in a World of Change, 2001）和"英国的生产力：地区维度"（Productivity in the UK: The Regional Dimension, 2001）、"21 世纪技能：开发我们的潜能"（21st Century Skills: Realising Our Potential, 2003）。

高等教育阶段和成人教育中。加拿大会议委员会（CBC）于 2000 年先后发布了
"可就业能力素描：加拿大就业人口的必备能力"和"可就业技能 2000 +"，其
中，后者被视为加拿大的国家可就业技能框架。

与上述国家相比，我国尚未形成比较系统完善的就业创业能力国家框架。近
五年来，尽管理论界已开始重视并研究大学生就业能力和创业能力的结构问题，
多次调查大学生就业创业能力状况。但就国家层面而言，在包括《国家中长期
人才发展规划纲要（2010～2020 年)》、《国家中长期教育改革和发展规划纲要
（2010～2020 年)》等比较重要的政策文献中仅仅提出了关于就业、创业人才培
养能力的三个概括性导向：能力因素、个体品质、社会技能，并未指出就业、创
业能力培养的具体能力因素、指标体系以及结构模型，并未建构出中国大学生就
业创业能力的国家框架。从国家层面对大学生就业创业能力的内涵、结构做出清
晰的规定，有利于国家将确定的国家就业创业能力框架纳入高等教育课程体系，
并通过政策指引，加强就业创业能力培养，引导大学生有目的、有针对性地提高
就业创业能力。尽管已有学者在比较澳、英、加、美等国的就业能力国家框架内
容基础上，提出了可根据"基本技能、高层次思维技能和情感技能"三个维度
17 个具体能力指标来建立中国国民可就业能力国家框架的基本思路，[①] 但这一框
架的借鉴意味浓厚，缺乏对我国大学生就业创业能力结构的深入理论研究和大规
模实证调研，因此，中国大学生就业创业能力国家框架的建立亟须政府整合全国
最优研究资源，进行更大范围的样本测试，以便更加科学、全面地确定大学生就
业创业能力的基本内涵与结构框架。

---

① 刘丽玲：《论中国建立可就业能力国家框架的重要性》，载于《人口与经济》2009 年第 6 期，第
40～41 页。

# 第三章

# 大学生就业创业教育接受问题研究

大学生就业创业教育的根本目标在于帮助学生发展和完善就业创业的观念、知识与能力。这一目标的实现，既要关注教育者的教育与传授，也要关注学习者的主体接受。辩证唯物主义认为，事物发展的根本原因不在事物的外部，而是在于事物的内部。外因是变化的条件，内因是变化的根据，外因通过内因起作用。只有充分尊重学生的主体地位，深入探究、准确把握大学生对就业创业教育的接受规律，才能确保大学生就业创业教育真正取得实效，避免流于一厢情愿的"越俎代庖"。这正是本课题组将接受问题作为大学生就业创业教育研究重要攻关点之一的初衷与本意。为了全面准确地认识大学生就业创业教育接受这一特定的活动与现象，有必要对它的科学内涵和工作机制进行探索和分析，这也正是本章论述的重点。

## 第一节 大学生就业创业教育接受的内涵阐释

尽管无论是从它的出现与存在还是从人们对它的关注与探究来审视，"接受"都已经不再是个新话题，但是由于大学生就业创业教育研究在我国正处于方兴未艾阶段，因此，就构建中国特色的大学生就业创业教育基本理论体系而言，大学生就业创业教育接受问题的研究还是张"新面孔"。因此，在具体展开大学生就业创业教育接受机理研究之前，有必要就这一研究命题的提出，它的研究角度、研究方法，尤其是它的内涵与本质作以分析。

# 一、问题的提出

## （一）研究的缘起

接受问题的研究既是大学生就业创业教育研究的题中应有之义，也是基于现实、面向未来，实现大学生就业创业教育观念、思维、方法与成效创新突破的需要。

首先，研究大学生就业创业教育接受问题是建设大学生就业创业教育学科理论体系的需要。实践的发展离不开科学理论的指导，科学的大学生就业创业教育理论体系是大学生就业创业教育实践健康发展的重要保证，基本理论研究理应成为大学生就业创业教育研究的核心内容。目前，国外的大学生就业创业教育基本理论研究相对较为成熟，但国内尚未形成完整和富有中国特色的理论体系。因此，如何有效利用国外已有成果，切实结合中国国情，构建"本土化"的大学生就业创业教育原理体系，并最终建立中国特色大学生就业创业教育学是当前大学生就业创业教育研究的重中之重。成为一门学科的基本条件是应该有自己特定的研究对象和所要探究的基本理论问题。大学生就业创业教育学的基本问题如何确定，我们可以从教育学原理学科基本问题的确立中受到启发。教育学者齐梅、柳海民在探讨教育学原理学科的基本问题时指出："教育学原理学科的基本问题就是课程问题、教学问题和学习问题的'三位一体'。"[①] 可见，学习问题是作为一门教育学科必须研究的核心问题之一。大学生就业创业教育也属于教育学科范畴，而接受从本质上说也是指学习，因此，研究大学生就业创业教育问题理应将接受作为重要研究内容之一。

其次，研究大学生就业创业教育接受问题是确保大学生就业创业教育有效实施的需要。大学生就业创业教育不是一教就学、一学就会的，学生的接受决定着大学生就业创业教育的质量和效率。心理学研究表明，任何知识的获得都必须通过学生主动的同化才能得以实现。学生是学习的主人，教育作为培养人的过程，"不是简单地移植或给予的过程，只能是学生在教师的组织、引导、启发下，经过自身的努力才能实现。学生掌握知识、发展智力、培养能力、形成良好品德，

---

① 齐梅、柳海民：《教育学原理学科的科学性质与基本问题》，载于《教育研究》2006 年第 2 期，第 31 页。

都必须经过自己的思维与实践，通过自身的思想矛盾运动才能实现"，[1] 这个思想的矛盾运动就是指学生的接受活动。在此过程中，学生的动机水平、认知能力、原有认知基础直接影响教育内容向学生思想、知识和能力的转化程度与转化效率。大学生就业创业教育也正是这样一个过程，作用在学生身上的就业创业教育信息只有通过学生的选择性注意和个性化的"内化"加工，才能最终转化为学生自己关于就业创业的新的思想信念、知识技能和能力素质，离开了这个接受过程，大学生就业创业教育将流于一厢情愿的空想。大学生就业创业教育内容的确定、载体的设计、方法的选择等都必须从学生的接受出发，开展针对性设计，才能取得理想的效果。

最后，研究大学生就业创业教育接受问题是破解大学生就业创业教育现实瓶颈问题的需要。随着国家促进大学生就业创业教育各项政策和措施的密集出台，我国大学生就业创业教育正呈现出快速发展的态势。当前大学生就业创业教育的首要问题已经不再是要不要教、能不能教的问题，关键是教什么、怎么教才能让学生更好地接受，从而确保教育实效性的问题。然而，由于起步较晚，我国大学生就业创业教育的实际效果并不理想。比如，2010 年有一项对山东、上海等地几所高校的调查表明，大学生对创业教育的需要非常迫切，但是高校开展的各种类型的创业教育还远远满足不了他们的需求。"76.8% 的学生表示学校开展的创业教育'没有帮助'。"[2] 这一问题的背后反映的是对大学生作为就业创业教育主体地位的忽视、对大学生就业创业教育接受规律研究的缺失，正如赵志军等人所指出的："当前创业教育研究过于重视创业教育的宏观需要，对创业教育主体的反思与追问明显不足……提升创业品质、凝练创业精神都离不开对创业主体的密切关注……创业教育所研制的课程体系、所设计的教学过程必须具有较强的针对性与指向性。"[3] 在这里，针对和指向的正是学生的接受。可见，加强大学生就业创业教育接受问题的研究已经成为当前破解大学生就业创业教育发展现实瓶颈的迫切需要。

尽管通过上面的分析，我们意识到加强大学生就业创业教育接受研究的客观必然性和现实紧迫性，但是同时我们又遗憾地看到，当前关于大学生就业创业教育接受问题的研究十分薄弱，截至 2012 年 9 月 2 日，在各大文献检索系统中仅能查到一篇论文，[4] 这和当前从政府到高校乃至全社会普遍高度关注大学生就业

①　柳海民：《教育原理》，东北师范大学出版社 2006 年版，第 532～533 页。

②　宋斌、王磊：《高校创业教育的现状、问题及对策》，载于《教育发展研究》2011 年第 11 期，第 73 页。

③　张聪、赵志军：《新时期的创业教育：起点、问题及图景初探》，载于《东北师大学报》2012 年第 4 期，第 239 页。

④　刘志、张向葵、邹云龙：《大学生创业教育的心理接受机制探析》，载于《新疆师范大学学报》2012 年第 2 期。

创业教育、大力倡导大学生就业创业工作走内涵式发展道路的背景与趋势形成鲜明的反差。大力加强大学生就业创业教育接受研究显得十分紧迫。

### （二）研究的定位

找准定位是有效解决问题的前提。"定位"一般指找准位置，在《辞海》中的解释是"在对工件进行加工或测量时，使之取得正确位置的过程"，[①] 而取得这个正确位置的过程通常也就是寻找其在几个关键维度上的坐标点的过程。研究的定位也是如此，为使研究得以顺利地进行并取得满足需要的成果，在研究开始之前，首先要确定研究的功能定位，找到研究的出发点与落脚点，解决为谁研究的问题；其次要确定研究的边界，解决研究什么内容的问题；再次要确定研究的思路，解决用什么方法按照什么逻辑展开研究的问题。据此，我们对大学生就业创业教育接受问题的研究进行了如下定位。

第一，研究的功能定位。这就需要回归大学生就业创业教育接受研究在整个大学生就业创业教育研究大体系中的功能分析。正如接受是教育转化的中介和前提一样，大学生就业创业教育接受研究在大学生就业创业教育的研究中处于基础性地位。一方面，作为重要内容维度，大学生就业创业教育接受规律支撑大学生就业创业教育基本理论体系的构建；另一方面，作为基本理论前提，大学生就业创业教育接受规律指导着大学生就业创业教育实施体系的设计。

第二，研究的边界定位。正如接受问题研究者们所指出的那样："接受活动是人类社会的普遍现象，人成为人，就有人际关系，就有授、受活动。"[②] 可见接受问题范围之广泛，内容之庞杂，如果不对研究边界加以限定，将使本研究根本无从着手，或是完全流于空洞。根据前述大学生就业创业教育接受研究的功能定位，本研究将始终围绕"大学生"这一特定接受主体，及其对"就业创业教育"这一特定接受对象的接受活动与现象来展开。由此，研究中必将涉及大学生就业创业教育接受的内涵本质和接受的运行机理等关键问题。

第三，研究的方法定位。由于从接受角度研究大学生就业创业教育问题才刚刚起步，因此大学生就业创业教育接受问题研究目前尚未形成基本的研究范式和成熟的内容框架系统。这固然是研究的难点所在，但也正好为我们的自由探索和创新建构打开了空间。由于目前接受理论已经形成丰富和科学的研究成果，本研究将按照"移植＋内生"的方法来展开，即借鉴哲学认识论、传播学、思想政治教育学等学科的接受问题研究思路，结合大学生就业创业教育这一特定对象，

---

① 辞海编辑委员会：《辞海》，上海辞书出版社 1999 年版，第 2730～2731 页。
② 张世欣：《思想政治教育接受规律论》，生活·读书·新知三联书店 2005 年版，第 67 页。

对大学生就业创业教育接受的内在本质、发生发展的基本规律等问题进行探索与分析，形成独特的大学生就业创业教育接受理论。

## 二、大学生就业创业教育接受的概念界定

概念是"思维的基本形式之一，反映客观事物的一般的、本质的特征。人类在认识过程中，把所感觉到的事物的共同特点抽出来，加以概括，就成为概念"。[①] 按照这一原理，我们对大学生就业创业教育接受进行如下界定。

### （一）大学生就业创业教育接受的内涵

大学生就业创业教育接受从语义学上分析是"就业创业教育"和"接受"的交集。因此，要探讨大学生就业创业教育的接受，首先要明确"大学生就业创业教育"和"接受"的基本内涵。同时，如本书第一章所述，大学生就业创业教育是立足于职业发展的视角，对大学生就业教育与创业教育进行的科学整合，是一种兼顾"适应性"、"开拓性"以及"发展性"的综合性教育实践活动。首先，在目标上，大学生就业创业教育旨在突破传统大学生就业教育或创业教育仅针对一种职业选择开展教育的局限，消除学生在就业与创业衔接过程中存在的教育盲区，避免学生因暂时性的选择而忽视其他生涯发展机遇而带来的瓶颈性问题，从而最大程度地发挥就业教育与创业教育的价值，满足大学生职业生涯发展与社会经济发展的双重需要。其次，在内容上，既是立足于职业发展的就业观念与技能的教育，也是树立创业意识、提升创业能力、培养创业素质的教育。不仅包括大学生就业教育与大学生创业教育的教育内容，而且包括关于大学生就业与创业之间如何相互衔接、相互促进、进而助推其实现最大程度的职业发展等其他教育内容。其教育视角不再仅局限于实现就业或实现创业本身，而是立足于"职业发展"的全局视角上，系统地整合就业教育与创业教育的内容系统，从而形成一套从整体上推动大学生职业发展的、全新的教育理念与模式。因此，大学生就业创业教育是一种"面向未来"的，全新的"职业性"教育。

"接受"一词本意是指"收取（给予的东西）或对事物容纳而不拒绝"[②]，体现了作为主体的人对与自身发生联系的客观事物的基本态度。[③] 目前，心理

---

① 中国社会科学院语言研究所词典编辑室：《现代汉语词典》，商务印书馆 2005 年版，第 438 页。

② 中国社会科学院语言研究所词典编辑室：《现代汉语词典》，商务印书馆 2005 年版，第 694 页。

③ 李忠军：《大学生社会主义核心价值体系教育的接受机制探析》，载于《东北师大学报》2009 年第 5 期，第 11 页。

学、哲学、美学、思想政治教育学等各学科已经对接受的内涵有所探究和界定。例如，皮亚杰（Jean Piaget，1872）指出，认知发展作为一种建构过程，是个体在与环境不断的相互作用中，通过同化、顺应及平衡实现的。在皮亚杰看来，个体获得知识和道德价值观并不是从环境中直接将知识内化，而是将知识与自身的已有知识相联系，通过内部各种活动进行创造、协调，从而建构知识体系。所以，接受就是接受者不断建构的过程[1]。胡木贵、郑雪辉指出，接受是关于思想文化客体及其体认者相互关系的范畴。它标志的是人们对以语言象征符号表征出来的思想文化客体信息的择取、解释、理解和整合，以及运用的认识论关系和实践关系[2]；吴刚指出，接受是一种后理性认识活动，包括理解、设计和加工，研究如何从理论到实践的活动，就是接受活动[3]；唐震指出，接受是个体对对象的接纳、吸收和内化为自我的过程。它的实质就是旧的自我接受新的对象，是前对象关系对新对象关系的融合、吸收与统一，一个事物被接受就是存在物将要与个体建立的对象关系被自我所放行[4]；姚斯指出，接受主要是指在文学欣赏中的"阅读活动"；邱柏生指出，接受是主体（受教育者）在外界环境的影响下，尤其是在教育的控制下，选择和摄取思想政治教育信息的一种能动过程[5]；王敏指出，思想政治教育接受是接受主体出于自身的需要，在环境的作用下，通过某些中介对接受客体进行反映、选择、整合、内化、外化、行为多环节构成的、连续的、完整的活动过程[6]；张琼认为，道德接受是指发生在道德领域的特殊的接受活动，它是道德接受主体出自于道德需要而对道德文化信息的传递者利用各种媒介所传递的道德文化信息的反映与择取、理解与解释、整合与内化以及外化践行的求善过程[7]。

　　尽管上述关于接受的定义有着不同的理论视野和研究的侧重点，但是通过分析发现，他们在构成接受本质的关键要素上存在基本的一致。一是谈到需要的问题，指出接受主体的某种需要是接受的动力和前提，直接影响到接受主体对接受客体的关注和选择，进而影响最终的接受程度和效率；二是谈到接受的内化与外化问题，指出接受既包括接受主体对作用于他们身上的接受客体信息的注意、选择、同化和顺应等内化过程，也包括接受主体对内化结果的行为外显、体验、固化与修正等外化过程，接受是内化与外化的统一体；三是谈到接受的关系与过程

---

① 王丽荣：《思想政治教育接受心理研究》，中国优秀博硕士学位论文全文数据库，第 11 页。

② 胡木贵、郑雪辉：《接受学导论》，辽宁教育出版社 1989 年版，第 1 页。

③ 吴刚：《接受认识引论》，北京大学出版社 1998 年版，第 4 页。

④ 唐震：《接受与选择》，中国社会科学出版社 2009 年，第 89~91 页。

⑤ 邱柏生：《思想教育接受学》，山西人民出版社 1992 年版，第 3 页。

⑥ 王敏：《思想政治教育接受论》，湖北人民出版社 2002 年版，第 31 页。

⑦ 张琼、马尽举：《道德接受论》，中国社会科学出版社 1995 年版，第 58 页。

问题。当前，学界"无非是从两个层面来界定接受：即'关系说'和'活动说'。'关系说'强调接受主体和接受客体之间的相互关系，'活动说'则把接受认定为是一种特殊的活动……相对来说，传播学、接受美学和哲学认识论的研究重在接受主客体之间的相互关系，特别是接受主体'期待视野'的契合与跌升，或观念的重新整合与辩证否定；而道德接受与思想政治教育接受的研究，更多关注的是接受主体从理论、观念向行为、实践的转化结果。"① 可见，接受既是在结果意义上信念、知识、技能等要素关系的建构，也是发生发展意义上的从起点到结果的纵向过程，接受是关系和过程的统一体。

基于上述"接受"和"大学生就业创业教育"两个概念内涵的辨析，我们将大学生就业创业教育接受的概念界定为：大学生基于自身职业发展的需要，对就业创业教育中包含的职业价值观、就业创业知识与技能信息进行内在的注意、择取、解释、理解、整合建构和行为外显、修正与固化，以形成新的就业创业观念、知识和能力结构系统的动态过程。大学生就业创业教育接受就其本质而言，乃是一种自外而内的转化，具体讲就是作用在大学生身上的大学生就业创业教育所包含的职业价值观、就业创业知识和操作技能信息，经由一系列的内化、外化环节，向大学生自身就业创业观念、知识和能力的转化。由此，我们也找到了评价大学生就业创业教育接受的核心指标，那就是这个转化的水平和效率。对大学生就业创业教育接受概念的理解，需要把握以下几点。②

首先，大学生就业创业教育接受的前提是大学生自身职业发展需要，它是接受得以发生的动力，也是接受进展过程方向选择的导引。这一需要具体表现为大学生不仅局限于需要获得一份工作，或者说开创一份事业，更需要准确地找到自己的职业定位，选择最适合的职业发展路径，进而确保自己职业生涯的健康、可持续发展和作为主体的人自由而全面的发展，完成人生价值的实现。大学生就业创业教育是否和这些需要保持契合以及契合的程度高低将直接影响大学生对就业创业教育的接受意愿和接受程度。

其次，大学生就业创业教育接受是内化与外化双向建构的结果。大学生就业创业教育接受是大学生对就业创业教育内容的学习或习得。教育心理学研究表明，学习是"个体心理变化适应环境变化的过程，是经验的获得和积累过程或经验结构的构建过程"③。学习不是知识由教师向学生的传递，而是学生建构自己的知识的过程。因此，正如美国著名的认知教育心理学家布鲁纳（Jerome

① 刘丽琼：《思想政治理论课教学接受论》，人民出版社2009年版，第5页。
② 刘志、张向葵、邹云龙：《大学生创业教育的心理接受机制探析》，载于《新疆师范大学学报》2012年第2期。
③ 冯忠良等：《教育心理学》，人民教育出版社2000年版，第176页。

S. Bruner, 1956）所言，学习的本质不是被动地形成刺激—反应的联结，而是主动地形成认知结构。学习任何一门学科的最终目的是构建学生良好的认知结构。因此，大学生就业创业教育的心理接受在本质上说也正是大学生有关就业创业的认知发展过程。大学生就业创业教育接受符合认知发展的本质属性。认知发展心理学家皮亚杰（Jean Piaget，1896~1980）的认知发展理论被公认为20世纪发展心理学最为权威的理论，对当代西方心理学的发展和教育改革具有重要影响。根据皮亚杰的发生认识论，"一切认知都离不开认知结构的同化与顺化功能，他们是'外物同化于认知结构'与'认知结构顺化于外物'这两个对立统一过程的产物"，同时，"只有内化——外化的双向建构才能用来说明所有知识的获得机制"。① 基于对认知发展规律的理解，我们认为，大学生就业创业教育的心理接受也应是双向建构的同步，并且正是通过内化与外化的双向建构过程，大学生的就业创业意识和就业创业知识与技能不断得到提升和拓展。

从认知的功能机制角度看，大学生就业创业教育接受是"同化于己"与"顺化外物"的"内化—外化"对立统一过程。在皮亚杰的理论中，对认知结构和认知机能是严格加以区分的，他认为认知发展是机能不变和结构变化的统一，也即在认知发展的机能方面，适应和组织这两种机能是与生命永相伴随而不会改变的，而它的结构方面则是处于不断地分化与整合的过程中。同化和顺化是认知发展的机能双翼。同化实际上就是既有知识的类推运用，即个体运用其既有的认知结构处理所面对的问题，如果发现新事物被吸纳进来之后，原有的认知结构仍然适应，那么，这一新事物就会同化在他既有的认知结构之内，成为他知识的一部分。② 顺化则是指既有的认知结构不能直接同化新知识时，个体为了适应环境而主动修改其既有的认知结构。同化和顺化是认知主、客的相互作用过程。一切知识，从功能机制上说都是同化与顺化的统一。大学生就业创业教育的心理接受也必然经历这样的内在过程。大学生在接受就业创业教育的过程中，不断接收到新的有关就业创业的教育信息（诸如就业创业观念、知识、技能等），此时，个体将根据其既往关于就业创业的认知对新接收的就业创业教育信息进行认知加工，一方面，吸纳同化一部分契合其既有就业创业认知结构的信息，保持原有就业创业认知结构不变的同时，将新的就业创业知识纳入旧的就业创业知识里去，丰富其内涵，充实其内容，这是把就业创业教育心理接受客体同化于接受主体；另一方面，对于部分原有认知结构不能同化的就业创业教育信息，由于内外需求的推动，大学生不得不修改旧的就业创业认知结构，以便与新接收的就业创业教

---

① 李其维：《破解"智慧胚胎学"之谜：皮亚杰的发生认识论》，湖北教育出版社1999年版，第150~155页。

② 张春兴：《教育心理学》，浙江教育出版社1998年版，第88页。

育信息更好地匹配，从而形成新的就业创业认知结构，这就是就业创业教育心理接受主体认知结构顺化于客体。经由同化与顺化两种互补的心理过程，不但大学生的就业创业知识因其与就业创业教育信息的互动而增加，而且其就业创业认知结构也随着其就业创业知识、经验的增加而成长、升级。

从认知的结构机制角度分析，大学生就业创业教育接受是主体认知结构"内化产生"与"外化应用"的"内化——外化"双向建构过程。皮亚杰认为，人类的经验包括两类，一类物理经验，即由主体对个别动作（运算）作简单抽象所获得的经验；另一类是逻辑—数学经验，即主体对动作（运算）协调进行反省抽象所形成的经验。皮亚杰所说的认知结构主要是指从逻辑—数学经验抽象而成的结构。他指出人知识的形成和发展过程是双向建构过程，即动作和运算内化以形成认知结构（内化建构），同时，已形成或正在形成的认知结构运用于或归属于客体以形成广义的物理知识的结构（外化建构）。一切知识，从结构机制上说是主体认知结构的内化产生和外化应用的统一。大学生就业创业教育的心理接受也是如此。一方面，大学生不断地接收、吸纳就业创业教育信息，积累有关就业创业的物理经验，并通过反省抽象，内化建构自己的就业创业认知结构，这是大学生对就业创业教育信息的归纳提升过程；同时，又依托自身业已形成的就业创业认知结构去发展有关就业创业的认知，开展就业创业实践，运用和拓展自己的就业创业知识和技能，也就是大学生就业创业教育接受的举一反三过程。在此过程中，内化与外化互相依存，辩证统一。内化是外化的前提和依据，外化是接受的实现形式，是内化的目的和归宿。

最后，大学生就业创业教育接受是静态关系与动态过程的统一体。大学生就业创业教育接受虽是针对就业创业教育这一特定对象的接受，但其本质首先是接受，理应契合接受的本质属性，同样表现为静态关系和活动过程的双态共生。一方面，正如哲学认识论所指，接受是"人们对以语言象征符号表征出来的思想文化客体信息的择取、解释、理解和整合，以及运用的认识论关系和实践关系"①。尽管这个定义把客体限定于"语言象征符号表征出来的思想文化客体"存在一定的局限性，但是它基本道出了接受的本质，即接受主体与接受客体之间的"认识论关系和实践关系"。接受是"自我对对象关系的放行"②。大学生就业创业教育接受也是如此。当就业创业教育信息作为存在物呈现在大学生的面前时，大学生根据自身的需要，选择性与这些存在物建立实质性的接受关系，从而实现对自我的渐进改变。这一接受过程呈现出连续性和递进性。大学生每次与就

---

① 胡贵木、郑雪辉：《接受学导论》，辽宁人民出版社 1989 年版，第 1 页。
② 唐震：《接受与选择》，中国社会科学出版社 2009 年版，第 89 页。

业创业教育信息建立一种对象关系，这种对象关系同时就会展开对他自身的塑造过程，被塑造出来的个体会在下一个接受行为中充当接受主体的角色。大学生业已建立的与就业创业教育信息之间的对象关系已经转化为其作为接受主体的属性，进而成为是其需要接受新的对象关系的决定因素。因此，大学生接受新的对象关系就是前对象关系对新对象关系的融合、吸收和统一。另一方面，接受又是一个动态的活动过程。这个过程包括大学生就业创业教育的实施者将就业创业教育内容转化成信息并借助一定的媒介传递作用在大学生身上，然后大学生根据自身内在的职业发展需要对这些信息进行有选择的关注、独特性的理解、判断基础上的部分摄入、基于原有就业创业认知结构的吸收同化和改造顺化以初步形成新的就业创业认知，接下来大学生将对初步形成的就业创业认知进行行为的外显体验，并根据体验的结果对自身的就业创业认知进行修正和固化，最终完成相对意义上的这一时段的接受过程。之所以是相对意义的完成，是因为接受没有绝对意义上的时间节点，它是一个连续的线性过程，此次接受马上又将成为下一次接受的起点和基础。如此累积循环，实现大学生就业创业观念、知识和能力的螺旋式上升。

### （二）大学生就业创业教育接受的本质属性

属性是指"事物所具有的性质、特点，如运动是物质的属性"[1]。通过内涵、本质地深入分析我们看到，大学生就业创业教育接受集中呈现出"整合"这一突出特征。

一是接受内容的整合性。大学生就业创业教育的根本目的在于培养大学生的就业创业观念、知识和能力。其中，就业创业观念属于现实世界的"价值"范畴，就业创业观念的培养更多是有关就业创业的"价值"建设；就业创业知识和能力都属于现实世界的"事实"范畴，就业创业知识和能力的培养更多是有关就业创业的"事实"建设。正如著名哲学家休谟所言，从"是（事实）"推不出"应该（价值）"，也就是说"价值"的建设无法通过"事实"的教育去实现，知识的教育无法替代社会说教的努力。可见，大学生就业创业教育接受将是价值认同和事实接受两个维度有机合成的结果。一方面，大学生就业创业教育接受在于就业创业价值的寻找、重新解释与建构，通过"应该是"的价值建设为就业创业行为投射意义。通过就业创业教育的价值建设，大学生获得情感价值、经济价值、人际交往价值、知识价值、自我实现价值等多个维度的价值体验。比如在创业教育的这一"价值建设"过程中，大学生经过内省和确信，在比谋利

---

[1] 中国社会科学院语言研究所词典编辑室：《现代汉语词典》，商务印书馆 2005 年版，第 1267 页。

动机更高的层次上，产生和加强他创业的"成长性动机"和"超越性动机"，为创业行为的出现提供了内在动力和思想准备，使潜在创业者涌现更多的创业行为。另一方面，大学生就业创业教育必须通过"是什么"和"如何是"的"事实建设"培养潜在就业创业者的就业创业能力，帮助其在市场机会和经济制度所划定的竞争格局中脱颖而出。比如就创业教育而言，一是生成大学生的联想能力，即创业者学会把各项"分散知识"在知觉上进行重组，组成连续、结构稳定和因果关系一致的"知识品"，能够在他的知识系统中去创造从未有过的新观念，或是在他的知识集合之外想象原有的物理世界中不存在的东西。正如创业者在木材、油漆和石墨三项知识的基础上联想到铅笔的创新方案。二是培养学生的对潜在利润的敏感能力。使其具备对市场的"嗅觉"，能够在可计算的边界之外去把握市场的不确定性，为其"联想"确定"经济依据"。三是培养学生的制度知识。即对创新所需的各项资源进行动员和调配，使"联想"了创新并"敏感"了利润的创业者能够将其创业方案加以落实。在大学生就业创业教育的接受过程中，"价值建设"与"事实建设"并非分道扬镳、各行其是，而是彼此制约、相互交融。价值以事实为支撑，事实以价值为导向，任何一维的缺失都将导致大学生就业创业教育接受的残缺。正是通过价值与事实的有机合成，大学生建构起满足就业创业实践需要的心智结构，为当前就业创业实际问题的解决以及未来就业创业的发展奠定观念、知识和能力素质基础。[1]

二是接受过程的整合性。如前所述，大学生就业创业教育接受的本质是大学生就业创业教育信息向大学生就业创业观念、知识和能力的转化。支撑和影响这个转化过程的关键要素是接受的途径、载体（即接受介体）和接受所处的环境、氛围（即接受环体），这两方面也体现出鲜明的整合性特征。在大学生就业创业教育接受的途径、载体方面，我们知道，大学生就业创业教育接受的主要途径、载体是就业创业教育课堂教学和实践体系。无论是就业创业教育课堂教学和实践体系自身，还是二者之间都表现出高度整合性。就内容而言，就业创业教育课堂教学和实践体系都是经济学、人力管理学、金融学、法学、组织行为学等多学科知识的交融整合；就目标而言，就业创业教育课堂教学和实践体系都是大学生就业创业观念、知识和能力培养与塑造的整合；就方法而言，就业创业教育课堂教学和实践体系是讲授、讨论、练习、实验等多种方法的整合。不仅如此，就业创业教育课堂教学和实践体系之间也是彼此关联、互为补充、彼此制约、互为支撑的。大学生在课堂教学中学习到的系统就业创业理论知识和技能需要有效的实

---

[1] 刘志、张向葵、邹云龙：《大学生创业教育的心理接受机制探析》，载于《新疆师范大学学报》2012年第2期。

践体系提供体验、练习的平台和机会，实现从知识到能力的转化；同时，大学生的就业创业教育实践也需要课堂教学为其提供扎实的就业创业理论知识基础。脱离实践的就业创业理论将是空洞虚无的理论，没有理论指导的就业创业实践也将是盲目低层次的实践。在大学生就业创业教育接受的环境、氛围方面，主要涉及宏观层面的社会就业创业环境、学校就业创业环境和家庭就业创业环境与微观层面的大学生就业创业教育活动现场环境，例如，就业创业教育课堂教学现场的环境，大学生职业生涯规划大赛、创业计划大赛等校园就业创业教育活动现场的环境以及创业园区、实习基地等就业创业教育实践场所的环境等。无论是上述每种环境内部还是各种环境之间都是交融整合的。就每种环境内部而言，是影响就业创业教育的各种物质条件和文化因素的统一体。比如，学校就业创业教育环境就是一所学校内部与就业创业有关的各种规章制度、条件设施、思想舆论、行为方式、精神信念等要素的汇聚和交融整合的结果。就各种环境之间的关系而言，是互相渗透、彼此制约、互为支撑的，共同构成交融、杂糅的复杂精神文化体系。

三是理论支撑的整合性。大学生就业创业教育接受是作为人类活动中最常见、最普遍的实践活动与精神文化现象在大学生就业创业教育这一特定领域的具体体现。对这一问题的研究呈现出很强的理论边缘性和学科交叉性。这不仅缘于大学生就业创业教育接受理论是大学生就业创业教育和接受这两个基本理论范畴的交叉整合，也缘于这两个基本理论范畴自身内部关系的复杂性和知识理论的综合性。就大学生就业创业教育而言，就业创业所包含的求职择业、岗位适应、企业创办、管理、运营与发展乃至整个职业生涯的延续与发展需要大学生具备由沟通表达、人际协调、市场营销、金融、财务、人力资源管理等多种知识与技能组成的能力素质体系，这就客观需要经济学、管理学、社会学、教育学、心理学等一系列学科理论的交叉融合和共同支撑。就接受而言，它是"对人们历史活动和认识活动的精神产品的再认识或反思……（对它的探究）既要从哲学认识论的高度阐明主体在接受思想文化信息过程中所涉及的一系列重要的认识论和方法论问题，又要在较为具体的层次上揭示人们接受某种思想文化信息时所发生的种种复杂的历史关系、心理关系和实践关系，以及与自己的关系的本质。"[1] 因此，对大学生就业创业教育接受问题的研究需要保持开阔的理论研究视域，广泛吸收马克思主义哲学、解释学、传播学、教育学、心理学等相关学科理论研究的成果，触类旁通；同时，深入挖掘大学生就业创业教育接受的内在本质与独特属性，在辨析与整合中建构大学生就业创业教育接受的独特理论结构体系，为大学

---

[1]　胡木贵、郑雪辉：《接受学导论》，辽宁教育出版社 1989 年版，第 2~3 页。

生就业创业教育的科学设计和大学生就业创业教育接受针对性、实效性的保障与提升奠定基础。

## 第二节　大学生就业创业教育接受研究的理论借鉴

大学生就业创业教育接受是一种特殊的接受活动，其实质是认识和实践对立统一的关系与过程，其结果是观念、知识和能力的形成与外显，其运行受制于一般接受的基本规律。因此，大学生就业创业教育接受问题的研究需要以现有接受问题的研究成果为基础。事实上，国内外学者已经从马克思主义哲学、解释学、美学、传播学和思想政治教育学等不同的学科视角、不同问题的重点对接受问题进行了广泛深入的探讨，形成了丰富的研究成果，为大学生就业创业教育接受研究提供了有益的借鉴。

### 一、马克思主义认识论

马克思主义认识论是认识论的高级阶段和科学形式，是关于认识的本质、来源、发展过程及其规律的科学理论，也是大学生就业创业教育接受研究的指导理论。其中两方面思想[①]是大学生就业创业教育接受问题研究的重要理论指导。

#### （一）认识的本质

马克思主义认识论认为，认识是人对世界的能动反映。这种能动的反映呈现出两方面特点。首先，是反映的摹写性。即，人的认识作为对客观事物的反映，必然要以客观事物为原型，它总是力图在思维中再现客观事物的状态、属性、关系、本质和规律，并由此实现对客观事物的观念重建或再造。反映的摹写性决定了反映的客观性。其次，是反映的创造性。虽然反映必然具有摹写性，但这种摹写绝不是对对象的直观描摹或照镜子似的原物映现。如果把人对对象的反映过程看作是一种信息活动过程，那么，在反映过程中，不仅有人对对象信息的接受，而且还有人对对象信息的分析、选择、运算、重组、整合和建构。创造性从根本上把人的反映与动物的感觉和心理活动区别开来，它是反映能动性的基本标志。

---

① 关于这两方面思想的论述具体参考陶德麟、汪信砚：《马克思主义哲学原理》，人民出版社 2010 年版，第 108～109、117～128 页。

在马克思主义认识论看来，人对客观世界及其事物的能动反映是摹写性和创造性的统一。看不到反映的摹写性，就会陷入否定认识客观性的唯心主义；如果把反映完全等同于摹写，忽视反映的能动性，又会重复旧唯物主义直观反映论的错误。

### （二）认识的辩证过程

马克思主义认识论认为，认识的辩证过程首先表现为由实践到认识的辩证过程，也就是在实践的基础上形成感性认识，并从感性认识进到理性认识，这是认识的辩证过程中的第一次能动的飞跃。要完成对一个具体事物的认识，还需要将理性认识的成果运用于实践，实现由认识到实践的运动，这是认识的辩证过程中的第二次能动的飞跃。这两次飞跃构成了一个相对完整的认识过程。但是，在现实中，经过这样一个过程后，人们对事物的认识并不算完成。人们要获得关于事物的正确认识，往往需要经历由实践到认识和由认识到实践的反复循环。正如毛泽东所说："实践、认识、再实践、再认识，这种形式，循环往复以至无穷，而实践和认识之每一循环的内容，都比较地进到了高一级的程度。"[①] 认识的辩证过程主要属于一种理性活动过程，但主体的非理性因素在认识的辩证过程中也具有不容忽视的重要作用。"非理性"是相对于理性而言。非理性因素主要是指主体的情感、意志、欲望、动机、信念、信仰、习惯、本能等意识形式。人的认识过程是理性因素和非理性因素协同起作用的结果。虽然非理性因素并不是人的认识能力的构成要素，但它们对于人的认识活动的发动与进行、人的认识能力的发挥和认识目标的实现具有重要的调节和控制作用。

马克思主义认识论关于人认识本质和发展过程的科学论述为我们认识大学生就业创业教育接受的本质、发生发展的过程机理及其影响因素奠定了理论基础。帮助我们认识到，大学生在接受就业创业教育的过程中，不仅有其对就业创业教育信息的接受，也会有其对就业创业教育信息的分析、选择、运算、重组、整合和建构。大学生就业创业教育接受这种认识活动的发生发展也要经历由实践到认识和由认识到实践的反复循环，在螺旋式上升中实现大学生就业创业观念、知识和能力的发展和演进。

## 二、解释学本文理解论

解释学（hermeneutics）开创了接受学的先河，解释学一般定义为有关解释，

---

① 《毛泽东选集》第一卷，人民出版社1991年版，第296~297页。

尤其是对"本文"的解释的理论。所谓本文，就是人们通过书面或口头的形式运用语言符号所形成的各种语义形式，如一首诗、一篇文章、一部书、一次谈话等等。因此，解释学就是关于本文意义的解释和理解的一种理论与方法或哲学。[①] 解释学的起源最早可以追溯到两千年前的古希腊，发展到十九世纪早期，成为完整意义上的解释学。解释学的本文理解论的两方面思想可为大学生就业创业教育接受研究提供借鉴。

### （一）海德格尔的"前结构"理论

20 世纪，解释学的代表人物是德国哲学家马丁·海德格尔（Martin Heidegger）和伽达默尔（Hans - Georg Gadamer）。海德格尔最重要的论断就在于"前结构"理论，它直接揭示了人们在解释客观事物的过程中所运用的各种思想系统，被认为是解释和理解历史本文最重要的认识基础。海德格尔认为，人们的理解活动受到他的"前结构"的制约和决定。"前结构"由"前有"、"前见"和"前悟"构成。"'前有'即'预先有的文化惯习'，'前见'即'预先有的概念系统'，'前悟'是对对象'预先已有的假定'。"[②] "前结构"作为人的存在状态是一切理解的条件和基础，主体的认识和理解不能脱离了"前有"、"前见"和"前悟"。"前结构"作为人的存在状态是一切理解的条件和基础，是理解"历史本文"的开始，并始终贯穿于理解的整个过程。解释者（即接受者）在理解作者所撰写的"历史本文"的过程中，会受到"前结构"的影响，这种"前结构"会使解释者所理解的历史本文与作者最初的历史本文之间存在一定的偏差，形成对历史本文的偏见。同时，解释者还会与"历史本文"及其作者发生相互作用，给予一定意义上的反馈。古典解释学所追求的建立在主客体分裂基础上所谓"客观知识"是不存在的。

### （二）伽达默尔的"视界融合"理论

伽达默尔对海德格尔的思想进行了深化和拓展，使现代解释学走向成熟。"他进一步把理解看成'视界融合'的过程。'视界'就是一个人从他已有的'成见'出发所能理解的可能范围。在理解过程中，总是存在着两种视界，即本文的视界和解释者的视界。理解是解释者不断地从自己已有的视界出发，进入本文的视界，从而与对象的视界进行融合，不断扩展自己的视界，形成一个既不同

---

① 胡木贵、郑雪辉：《接受学导论》，辽宁教育出版社 1989 年版，第 31 页。

② ［德］海德格尔：《存在与时间》，哈博尔与罗联合出版公司 1962 年版，第 191～192 页。转引自：胡木贵、郑雪辉：《接受学导论》，辽宁教育出版社 1989 年版，第 35 页。

于本文的视界，又不同于自己原先的视界的全新视界。"① 伽达默尔在《真理与方法》中说，"如果没有过去，现在视域就根本不能形成。正如没有一种我们误认为有的历史视域一样，也根本没有一种自为的现在视域。理解其实总是这样一些被误认为是独自存在的视域的融合过程。"② 由此可知，接受主体在对接受客体进行理解时，往往会由于主体理解条件和基础的原因对接受客体产生一定意义上的偏见。不同于古典解释学片面地强调作者中心或者本文中心，以海德格尔和伽达默尔为代表的现代解释学更加强调解释本文的人与本文的相互影响、相互依赖的关系，并且肯定了时间差距等制约理解的各种条件。

解释学中关于人理解本文、接受本文的论述为大学生就业创业教育接受的研究提供了有益启发。首先，在主体对本文的解释过程中，解释者不是处于完全的被动地位。对"本文"的理解并不是完全客观的解释本文和重现当时的历史，而是融入了解释者的主观创造，及"现实视野"和"偏见"。大学生就业创业教育接受也是如此。大学生对就业创业教育的接受不是对就业创业观念、知识和能力信息的完全复制，它受到学生的主观视界、现实视野的制约，是认识再加工和再创造的过程，因此大学生就业创业教育要尊重并发挥学生的主观能动性。其次，解释学要本文理解论认为解释者"前结构"和"现实视野"影响其对本文的解释。主体先在的知识经验影响着理解和接受，对接受过程、接受效果起到制约和决定作用。同样，大学生就业创业教育接受也是接受主体原有的就业创业"前结构"，即以原有就业创业观念、知识和能力为基础，教育者只有将新的就业创业教育信息与接受主体（大学生）原有的就业创业观念、知识和能力这一"前结构"进行有效的联结，才能实现需要传授给学生的就业创业观念、知识和能力信息向大学生新的就业创业观念、知识和能力的有效转换，实现就业创业教育的目标。

## 三、接受美学文学创造论

德国的文艺理论家、美学家姚斯（Hans Robert Jauss，1967）提出了"接受美学"（receptional aesthetic）这一概念，接受美学是"在 20 世纪西方文论、美学的研究重点由作者转向作品文本，又由文本转向读者的'转移'这一大背景下孕育、发生的。接受美学最根本的特征是把读者提到文学理论、美学研究的中

---

① 胡木贵、郑雪辉：《接受学导论》，辽宁教育出版社 1989 年版，第 38 页。

② ［德］伽达默尔，洪汉鼎译：《诠释学Ⅰ、Ⅱ：真理与方法（修订译本）》，商务印书馆 2010 年版，第 433 页。

心地位。"① 其中三方面思想可为大学生就业创业教育接受研究提供借鉴。

## （一）读者的理解和接受是文学创造的重要环节

姚斯在《文学史作为向文学理论的挑战》中说，"一部文学作品，并不是一个自身独立、向每一个时代的每一读者均提供同样的观点的客体。它不是一尊纪念碑，形而上地显示其超时代的本质。它更多地像一部管弦乐谱，要其演奏中不断获得读者新的反响，使本文从词的形态中解放出来，成为一种当代的存在。"② 姚斯认为文学的创作过程包括作者、作品和大众三个部分。作品并不是文学创造的终点，文学创造需要通过大众的阅读和接受活动来延续。一个作品，即使印制成书，读者在没有阅读之前，也只能算是半完成品。在文学作品没有被阅读、理解和接受之前，它只是一种"可能"的存在，是一种物质的存在，只有通过读者的接受活动，文学作品才能变为一种精神，成为有价值的存在。"在这个作者、作品和大众的三角形之中，大众并不是被动的部分，并不仅仅作为一种反应。相反，它自身就是历史的一个能动的构成，一部文学作品的历史生命如果没有接受参与是不可思议的。因为只有通过读者的传递过程，作品才进入一种连续性变化的经验视野。"③

## （二）"期待视野"制约读者对作品的理解和接受

姚斯还提出了受众的"期待视野"这一概念。所谓"期待视野"，是指"文学接受活动中，读者原先各种经验、趣味、素养、理想等综合形成的对文学作品的一种欣赏要求和欣赏水平。在具体阅读中，表现为一种潜在的审美期待。"④ "期待视野"制约和影响了读者对文学作品的评价标准，也直接决定了读者的接受效果。"一个作品将期待地平线打乱，以至于所有的读者都消失不见，而新的期待地平线已经获得认可——只有这时，这个作品才能被接受：地平线的变化决定着读者对某一作品的具体接受。"⑤ 读者在阅读文学作品时，存在先在的期待，如果作品超出了读者的期待，读者的兴趣得到激发，接受的效果相对较好。接受美学反对孤立、片面、静止地研究文艺的创作和接受，重视接受主体的积极参与性，从社会历史的宏观角度来研究读者的接受活动。在接受美学看来，文学有改造人的灵魂的效果，实质上是从改变读者的审美经验的视界开始，逐步改变读者

① 朱立远：《接受美学导论》，安徽教育出版社 2004 年版，第 3 页。
② ［德］H. R. 姚斯等、周宁等译：《接受美学与接受理论》，辽宁人民出版社 1987 年版，第 26 页。
③ ［德］H. R. 姚斯等、周宁等译：《接受美学与接受理论》，辽宁人民出版社 1987 年版，第 24 页。
④ 朱立远：《接受美学导论》，安徽教育出版社 2004 年版，第 61 页。
⑤ 刘小枫：《接受美学译文集》，三联书店 1989 年版，第 98 页。

的整个文化视野和实际生活的视野。① 姚斯认为，阅读经验能够将人们从一种生活实践的适应、偏见和困境中解脱出来。在这种实践中，它赋予人们一种对事物的新的感觉，这一文学的期待视界将自身区别于以前历史上的生活实践中的期待视界。历史上生活实践中的期待视界不仅维护实际经验，而且也预期非现实的可能性，扩展对于新的要求、愿望和目标来说的社会行为的有限空间，从而打开未来经验之路。②

### （三）"召唤结构"是读者对文学进行再创造的动力

接受美学的另一位代表人物、与姚斯同为康士坦茨学派文学理论家的接受美学奠基人之一伊瑟尔（Wolfgang Iser，1980）则按照现象学的思路，"把阅读过程作为本文与读者的一种活生生的关系来掌握和描述。他认为文学作品作为审美对象，只是在这个阅读过程中动态地被构成的。"③ 伊瑟尔提出了"召唤结构"一说，指出文学作品与生活并不能完全对等，于是本文中就出现了"空白"，即在本文中没有明确写出来，而已经通过写出的内容给读者提示或暗示的信息，对"空白"的填补就需要读者在阅读和接受的过程中完成。"当读者利用各种各样由本文提供给他的图景（视点），以便将这种范型与'图式化视界'互相联系起来时，他使作品处于运动之中，正是这个过程最终产生了在他自身内唤醒各种反应的结果。这样，阅读造成文学作品展示其内在的动力学特性。"④

接受美学在读者理解接受的研究上有独特之处，第一，读者在文学作品的理解接受中具有主动性。读者理解接受的过程是文学作品创造过程的重要一环，也是使作品产生价值的重要一环。反观大学生就业创业教育的接受过程，学生主动性的发挥、学生对就业创业教育接受客体的选择性接受、创造性内化和自觉实践体验是决定大学生就业创业教育接受成败的关键；同时，接受主体大学生对就业创业教育传授的反馈，也是推动就业创业教育传授不断优化、完善的重要力量。第二，读者的"期待视野"是文学作品"本文"形成的"地平线"，"文本"要在地平线上创造。就业创业教育内容的形成和完善要不断挑战学生的"期待视野"，使接受主体获得高于期待的观念、知识和能力，并取代学生原有期待，形成新的就业创业观念、知识和能力。第三，"本文"的"召唤结构"是读者再创

---

① 朱立远：《接受美学导论》，安徽教育出版社 2004 年版，第 353 页。

② ［德］H. R. 姚斯等、周宁等译：《接受美学与接受理论》，辽宁人民出版社 1987 年版，第 50 ~ 51 页。

③ 朱立远：《接受美学导论》，安徽教育出版社 2004 年版，第 69 页。

④ ［德］伊瑟尔：《隐含的读者》第十一章。转引自：朱立远：《接受美学导论》，安徽教育出版社 2004 年版，第 77 页。

造的空间。任何教育都不能成为面面俱到、滴水不漏的教育，大学生就业创业教育也不例外，教育内容"本文"中的空白需要通过学生的理解、创造和实践来填补，这就对个体化、差异性的就业创业教育提出了要求。

## 四、传播学大众传播理论

传播学作为一个理论体系，包括大众传播、人际传播、自我传播等各种理论，其中大众传播理论中的诸多思想可为大学生就业创业教育接受研究提供启示和借鉴。主要体现在以下两个方面。

### （一）对受众地位的关注

传播学中，"受众（audience）指的是一对多的传播活动的对象或受传者，会场的听众，戏剧表演、体育比赛的观众，都属于受众的范畴。"① 早期的传播学接受理论奉行"枪弹论（bullet theory）"，也叫"皮下注射论（hypodermic needle theory）"或"刺激—反应论（stimulus-response theory）"。枪弹论认为，传播者与媒介具有无法抗拒的力量，软弱的受众像射击场上毫无防御能力的"靶子"，无法抗拒子弹的射击。当大众传媒把信息传送到受众头脑中，受众就会产生同传播者一致的态度、观点或意向。受众只能消极被动地等待和接受媒介所灌输的各种思想、感情、知识或动机。这种理论将传播效果绝对化，对传媒作用进行了不分时间、地点、对象、环境的夸大。随着传播媒介的不断增多、科技手段的迅猛发展，受众更加细化，细分后的群体也更加特殊化，受众已经变得不再含有广大群体的意义了。② 出现了"有限效果理论（limited effects theories）"和"二级传播理论（two-step slow theory）"。"有限效果论"的代表是美国的社会学家保罗·拉扎斯菲尔德（Paul Lazarsfeld，1940）。1940年，他通过对总统选举的实证调查研究——伊利县调查（Erie county survey）表明，媒介对人们投票行为上产生的影响由于舆论领袖（opinion leaders）而受到限制。舆论领袖首先根据个人兴趣而接受媒介内容，再以自己的价值和信仰为基准对媒介信息进行理解和解释，然后传递给那些与媒介接触较少的舆论追随者（opinion followers），也即"二级传播"。随后，以这一理论为基础，美国心理学家卡尔·霍夫兰（Carl Hovland，1953）进行了"第二次世界大战"时期的说服研究，伊利休·卡茨

---

① 郭庆光：《传播学教程》，中国人民大学出版社1999年版，第167页。
② ［美］斯坦利·J·巴伦，刘鸿英译：《大众传播概论——媒体认知与文化》，中国人民大学出版社2005年版，第32页。

（Elihu Katz，1955）和拉扎斯菲尔德进行了迪凯特研究（Decatur study）。研究结果表明[1]，大众传播效果形成过程中有许多制约因素，大众传播不是万能的，受众不只是被动地等待和接受消息，他们有自己的主动性去选择和屏蔽部分消息，因而大众传播对受众的影响各不相同且是有限的。他们认为传播不是单向的影响，而是双向的互动。受众在接受信息时，往往易于接受那些和自己价值观相符合的信息，拒绝那些与自己原有观念相抵触的信息。影响传播效果的因素主要有传播主体、受众心理生理因素、传播媒介自身条件以及媒介环境的因素。

### （二）大众传播模式的研究

20世纪60、70年代，传播模式构建研究已经从寻求对整个大众传播过程的一般理解逐渐转向研究这个过程的具体方面。美国传播学的集大成者、"传播学之父"威尔伯·施拉姆（WilburLang Schramm，1954）将他创立的较为普遍应用的模式进行了改进，承认了发送者的集体性和受众的社会组织性，提出了循环模式。该理论认为大众传播链中的薄弱环节是反馈，因此大众传播的循环性相对较弱。该模式的中心是媒介组织，它承担编码、释码和译码的工作。许多相同的信息通过各种大众媒介传播给受众。受众是由个体组成的，并且这些个体分属于不同群体。这些个体与群体相互影响、进行讨论，通过各自的编码、译码和释码的工作理解和接受信息。美国社会学家赖利夫妇（J. W. Riley and M. W. Riley，1959）则特别强调影响发送者、接受者以及两者关系的社会背景。指出"作为传播者，他可能受到影响而用一种特别的方式去选择和制作他的讯息；作为接收者，他可能在如何对信息做出选择、理解和反应方面受到这些群体的指导。……基本群体也不是在社会真空中发挥作用的。……基本群体的态度和行为，一部分是成员相互影响，一部分是受到这个更大的结构的影响，后者也可以直接影响个人。"[2] 1963年，德国学者马莱茨克（G. Maletake，1963）提出大众传播场模式，将施拉姆和赖利夫妇的思想进行了融合和发展。他的模式体现了大众传播在心理学上是一个复杂的过程。这个过程由多类型因素而非单类型因素制约，比如接收者的自我形象、个性结构、社会环境等。影响传播者的因素包括传播者的自我形象、个性结构、工作"组"、社会环境、组织中的传播者、媒介内容的公开性所产生的压力和约束。"马莱茨克所描述的大众传播参与者（不管是传播者还是接

---

① 段鹏：《传播效果研究——起源、发展与应用》，中国传媒大学出版社2008年版，第39~42页。

② ［英］丹尼斯·麦圭尔、［瑞典］斯文·温德尔，祝建华、武伟译：《大众传播模式论》，上海译文出版社1987年版，第48页。

收者）的形象是相当复杂的。传播者和接收者的行为都是许多因素的函数。"①

传播学大众传播理论为大学生就业创业教育接受研究提供了重要启示。一是受众的主体能动性影响传播的成败，大众传播理论从研究传播者如何对受众产生影响转向研究受众对信息传播的作用，凸显了接受主体在接受过程中的焦点地位。指出受众在接受中不是处于完全的被动地位，而是通过选择性接触、选择性记忆、选择性理解来选择接受信息，这为我们分析、界定大学生这一接受主体在就业创业教育接受中地位提供了重要借鉴；二是受众的需求和身心特质制约接受的程度和效率。传播学研究者已经证明大众传播对受众所产生的影响是有限的，传播不是单向的影响，而是多向的互动。受众在接受信息时，会受到受众文化传统因素、受众社会经济地位因素、受众所属群体的影响因素、受众职业和教育程度的制约因素、受众性别和年龄特征因素、受众个性特征与心理因素等的影响，② 这启示我们，在研究大学生就业创业教育接受问题时，不能把接受主体当成一张白纸，而要对他们原有的就业创业观念、知识和能力基础及其个性特质等主体因素进行考虑。三是大众传播理论对大众传播的基本运行模式进行了研究。指出传播是从对象系统的信息源开始（信息源即客观发生的事件），通过特定的语言、符号等手段以及社会各种信息的作用，将这些信息转化为符号（此即为"编码"过程）传递给受众，受众接收到这些信息之后通过自身的认知系统、记忆、调控系统等对信息进行加工，对这些符号进行解读（此即为"译码"过程），来获知事件的情况。受众接受到信息之后还要对这些信息给出反馈，并通过传播媒介将反馈意见传达给社会，并对社会舆论造成一定的影响。这一过程模型为我们分析大学生就业创业教育接受的发生、发展机制和运行流程奠定了基础。

## 五、思想政治教育主体接受论

目前，思想政治教育接受问题的研究视角多样、成果丰富，为大学生就业创业教育接受问题的研究提供了扎实的理论借鉴基础。

### （一）思想政治教育接受内涵研究

首先，对思想政治教育接受的概念进行了界定。比如张耀灿、郑永廷认为，

---

① ［英］丹尼斯·麦圭尔、［瑞典］斯文·温德尔，祝建华、武伟译：《大众传播模式论》，上海译文出版社 1987 年版，第 57 页。

② 周庆山：《传播学概论》，北京大学出版社 2004 年版，第 165～169 页。

"思想政治教育接受是指发生在思想政治教育领域内的接受活动，它反映了思想政治教育接受主客体之间的相互关系，是接受主体出于自身的需要，在环境作用影响下通过某些中介对接受客体进行反映、选择、整合、内化、外化等多环节构成的、连续的、完整的活动过程。"① 邱柏生指出，"（思想教育）接受是主体（即受教育者）在外界环境影响下，尤其是在教育的控制下，选择和摄取思想教育信息的一种能动活动，其特点是受教育学和心理学的影响较大。"② 王敏认为，"思想政治教育接受特指发生在思想政治教育领域内的接受活动，它反映了思想政治教育接受主体与思想政治教育接受客体之间的相互关系，是接受主体出于自身需要，在环境的作用影响下通过某些中介对接受客体进行反映、选择、整合、内化、外化、行为等多环节构成的、连续的、完整的活动过程。接受的结果是形成人的内化的精神和外化的行为。"③ 上述关于接受概念的界定主要涉及三方面内容。一是指出思想政治教育接受的构成要素，如接受主体、接受客体、接受介体、接受环境和教育的控制等；二是强调接受主体的主观能动性和接受需要的重要影响；三是强调接受过程是主体内化、外化的统一过程。

其次，分析了思想政治教育接受的特点。比如，张世欣认为思想政治教育接受的特点包括六个方面。"一是非线性，即整体不等于部分之和的非迭加性，是非周期性，非规则性的存在；二是为我性，即人的思想接受活动中有很强的自我意识、自我体验、自我评价、自我认知、自我实现；三是开放性，表现为思想接受的多元性、多向性、跨时空性、无序性；四是受非终点性，思想接受不是一次性能完成的，是一个连续过程，任何一次接受都只是人的思想提升过程中的一个环节而已；五是多态性，人们的思想接受形态往往有多种表现形式，这是由思想接受者的差异、教育内容、教育形式、教育环境的差异和受教关系差异决定的；六是自整合性，包括人的已知与新知的整合，人的政治、思想、道德、心理、思维品质的整合，对多种思想信息源的自整合，科学思想与政治思想的整合。"④ 王敏认为，思想政治教育活动具有四个特点："一是思想政治教育接受是个性化与社会化的统一；二是思想政治教育接受是能动性与受动性的统一；三是思想政治教育接受是内化和外化的统一；四是思想政治教育接受是持续性和反复性的统一。"⑤

---

① 张耀灿等：《现代思想政治教育学》，人民出版社2001年版，第135页。
② 邱柏生：《思想教育接受学》，山西人民出版社1992年版，第3页。
③ 王敏：《思想政治教育接受论》，湖北人民出版社2002年版，第33页。
④ 张世欣：《思想政治教育接受规律论》，上海三联书店2005年版，第105～115页。
⑤ 王敏：《思想政治教育接受论》，湖北人民出版社2002年版，第38～40页。

### （二）思想政治教育接受规律研究

对思想政治教育接受规律的探讨，是构建思想政治教育接受机制、优化接受过程的重要基础，目前，关于思想政治教育接受规律的代表性研究主要有两种。第一，余仰涛认为大学生思想政治教育接受规律一是要素对应规律，即接受思想政治教育的过程，取决于认识主体、客体、介体和环境多方面要素的有机统一；二是内化规律，即接受思想政治教育与接受者把社会的需要和要求内化为自己需要和要求之间的内在联系；三是自我效应规律，是接受者的知识能力、心理状态、行为效果和自己对这些的认识评价对自己接受思想政治教育所产生的反应和作用。① 第二，王敏认为思想政治教育接受规律是一个多侧面、多层次的规律体系，它由基本规律和具体规律组成。思想政治教育接受的基本规律是能动受动规律，即思想政治教育接受活动既是个人的能动的活动，又是受动的产物，思想政治教育接受活动是能动与受动的辩证统一。思想政治教育接受的具体规律包括需要驱动律，即在思想政治教育接受的过程中，思想政治教育接受主体的需要是进行接受活动的动力的规律；多向互动律，即在思想政治教育过程中，思想政治教育接受主体与接受客体、接受媒介、接受环境之间多向交流、交互作用的规律；内化外化规律，即思想政治教育接受过程中内化与外化辩证统一的规律。② 总的看来，对思想政治教育接受规律的研究尚未有相对统一的论断，但主要是从三个角度进行分析的，即接受主体的角度、接受要素的角度和接受过程的角度。

### （三）思想政治教育接受运行机理研究

首先，对思想政治教育接受机制的概念进行辨析。主要有两种代表性观点。一是"方式说"。比如，邓泽惠认为"思想政治教育的接受机制是思想政治教育过程的基本要素之间互相作用的方式。由于教育主体（教育者）、教育客体（受教育者）、教育介体（教育内容和教育方法）、教育环体（教育环境）是构成思想政治教育过程的基本要素，因此，思想政治教育的接受机制实质上就是思想政治教育过程中教育客体与教育主体、教育介体、教育环体之间互相作用的方式。"③ 二是"关系及方式说"。比如，王敏等人认为思想政治教育接受机制"指接受的运作过程中各种因素的相互作用关系及相互作用方式"。④

---

① 余仰涛：《关于大学生思想政治教育的接受规律的探讨》，载于《学校思想教育》1991年第1期，第30～32页。
② 王敏：《论思想政治教育接受规律》，载于《理论与改革》2001年第2期，第117～118页。
③ 邓泽惠：《论思想政治教育的接受机制》，载于《重庆社会科学》2003年第6期，第20页。
④ 王敏：《思想政治教育接受论》，湖北人民出版社2002年版，第131页。

其次，对思想政治教育接受的心理机制进行分析。主要有三种代表性观点。一是认为思想政治教育接受的心理过程是人的认识过程、情感过程和意志过程的总称。认识过程是接受者心理过程的起点和第一阶段，也是接受行为的主要心理基础，主要由感觉、知觉、注意、记忆、想象和思维等方面组成；情感对思想政治教育活动的信息接收、信息选择发挥着过滤作用和激发作用；意志在思想政治教育接受活动中发挥着调节和控制机能。① 二是认为思想政治教育的接受机理是思想政治教育接受过程中接受主体大脑的各种活动体系的组织机构、功能状态的运作原理。它包括反应状态、解读状态、筛选状态、整合状态和化解状态这几个层面的运行和规律性变化。② 三是从人的心理运作机能和大脑工作机能切入进行研究，指出思想政治教育接受机制的四个主要阶段：（1）反映择取阶段，接受主体通过自身的价值判断，择取那些具有社会意义，同时又符合自身原有认知结构的信息进行接收；（2）整合内化阶段，对于已经选择的信息，接受主体会进一步发挥自身主观能动性，将外部信息整合内化为个人的观念信息；（3）外化践行阶段，接受主体将已经内化的思想政治教育信息转化为行动，并形成行为习惯；（4）反馈调节阶段，教育者依据接受主体所反馈的内容及时、适当地调整教育策略，以提升思想政治教育的有效性。

思想政治教育接受研究的丰富成果为大学生就业创业教育接受问题的研究提供了有益的理论借鉴。主要体现在两方面。一是思想政治教育接受内涵的探析为揭示大学生就业创业教育接受的本质提供了参考；二是思想政治教育接受规律和运行机理的研究为我们分析大学生就业创业教育接受系统的构成要素以及要素间的作用关系和运行方式提供了启示。

## 第三节　大学生就业创业教育接受机制

"机制"一词源于希腊文，原指机器的构造和运作原理，借指事物的内在工作方式，包括该事物各有关组成部分之间的相互关系以及事物发展变化的过程。接受机制一般是指接受系统中的各个组成要素及其相互关系、运行过程和运行机理。大学生就业创业教育接受机制也就是在以大学生为接受主体、以就业创业教育信息为接受客体的就业创业教育接受系统中各个组成要素及其相互关系、运行

---

① 王敏：《思想政治教育接受论》，湖北人民出版社 2002 年版，第 137～148 页。

② 李芳云、张世欣：《论思想政治教育的接受机理与接受过程》，载于《探索》2004 年第 4 期，第 96 页。

过程和运行机理，反映的是就业创业教育信息向大学生就业创业观念、知识与能力的转化规律。

通过对现有接受研究文献的综合分析，我们发现，虽然现在学界对接受问题进行了不同学科视角的探析，对接受运行机理做了不同话语方式的阐释，但是就其本质而言，各学科视域的接受机制有着共通之处（见图3-1）。

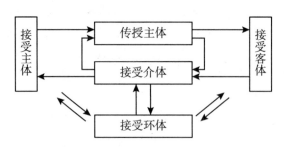

**图3-1　各学科接受机制的通用模型**

在图3-1中我们可以看到，一般意义上的接受机制包括了接受主体、传授主体、接受客体、接受介体、接受环体五方面要素。其中，接受主体是指接受活动的承担者；接受客体是指接受活动指向的对象；传授主体是指接受客体信息的加工、传递者；接受介体是传授主体将接受客体信息向接受主体传递的途径和载体；接受环体是指接受活动所处的氛围与环境。这五方面基本要素彼此关联、相互制约，共同构成接受活动的内部关系结构和运行作用机制。

上述内容揭示的是接受活动运行的一般原理，在这一原理的指导下，结合大学生就业创业教育这一特定接受对象的具体分析，我们对大学生就业创业教育接受机制进行了理论构建（见图3-2）。

为了更加全面、清晰地呈现大学生就业创业教育接受的这一运行机制，有必要对构成这一机制的基本要素以及这些要素间的相互作用关系和运行流程方式进行深入具体的探索和分析。

## 一、大学生就业创业教育接受机制的基本要素

在图3-2中我们可以看到，大学生就业创业教育接受系统结构中包括接受主体、接受客体、传授主体、接受介体和接受环体五方面基本要素，这些要素既呈现出作为一般意义接受要素的基本特点，又具备作为大学生就业创业教育接受这一特定接受活动基本要素的异质性。

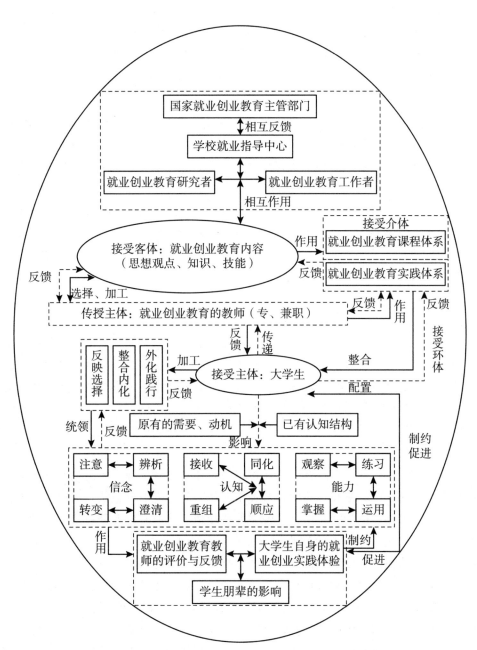

图 3－2　大学生就业创业教育接受机制的系统结构

## （一）接受主体

"主体"一般有三层含义，即"（1）事物的主要部分；（2）在哲学上同'客体'相对。主体指实践活动与认识活动的承担者……辩证唯物主义认为，主体是具有意识性、自觉能动性和社会历史性的现实的人……（3）'法律关系主体'的简称。"① 大学生就业创业教育接受作为一种实践活动和认识活动，其主体显然不是事物的主要部分或"法律关系主体"的简称，而是指这种活动的承担者——大学生。

作为接受主体的大学生在对就业创业教育接受活动中担当的角色和所发挥的功能主要有三个方面。

一是选择性接收。选择性接收是指在信息接收阶段，接受主体对作用于他身上的接受客体并不会全盘接收，而总是有所忽视与舍弃。选择性接收具体表现为选择性注意、价值判断和部分性摄取三个方面。首先是选择性注意，即接受主体只会关注传授主体传递过来的就业创业教育信息当中的某一部分，对其他部分则是"视而不见、听而不闻"，这其中能够得到大学生关注的就业创业教育信息是和大学生当时的接受期待有效契合的部分。事实上，这个接受期待是先验地存在于每个受到就业创业教育的大学生头脑之中，是学生不同接受需要的反映。其次是价值判断，即学生会对受到自己关注的那部分就业创业教育信息进行审视，结合原有就业创业实践形成的认知，就这部分信息对自身接受需要的满足状况做出判断，将其区分为可以能够为我所用和不能为我所用两部分，为部分性摄取奠定基础。最后是部分性摄取，即学生对经过价值判断认定为能够为我所用的那部分就业创业教育信息进行记忆和存储，使之成为内化加工的材料。正是由于选择性接收功能的存在，同样的就业创业教育信息进入到不同的接受主体头脑时已是千差万别。

二是创造性内化。创造性内化是指接受主体对自身选择接收的就业创业教育信息进行同化于己、顺化于物的认知加工，使自身的就业创业认知结构得到创造性的丰富和发展。所谓同化于己是说在保持接受主体原有就业创业认知结构不变的前提下，将选择性摄入的就业创业教育信息加入到原有的就业创业认知结构中，以丰富其内涵，充实其内容；所谓顺化于物可能有两种情况，一是随着原有就业创业认知结构中新加入信息的累积，加之就业创业的实践体验，量变引起质变，大学生原有的就业创业认知结构发生了质变，形成了新的就业创业认知结构；二是面对新摄入的就业创业教育信息，原有的就业创业认知结构是低层次的认识结构，新的实践和信息的涌入，使得现有的认知结构无法适应，必须实现向高一级认知结构的跃升，才能与新接收的就业创业教育信息更好地匹配。

三是试验性外化。试验性外化是指接受主体对已经接收和内化的就业创业教育信息进行尝试性的实践，以检验新生的就业创业认知是否科学合理。在验证中

---

① 辞海编辑委员会：《辞海》，上海辞书出版社 1999 年版，第 3241 页。

强化和巩固正确的新生就业创业认知，并对不合理的新生就业创业认知进行修正和调整。马克思曾说，"全部社会生活在本质上是实践的。凡是把理论引向神秘主义的神秘东西，都能在人的实践中以及对这个实践的理解中得到合理的解决。"① 在新生就业创业认知的试验性外化中，大学生亲身体验就业创业实践的喜怒哀乐，不同的情绪体验对大学生的就业创业认知产生不同的刺激效果，积极的情感体验使学生的新生就业创业认知得到巩固和确认，消极的情感体验使新生的就业创业认知产生动摇，形成修正的主观需要。

在上述角色的担当与功能发挥中大学生作为接受主体呈现出三方面特质。

一是层次性。层次性是指作为接受主体的大学生，具有个体自身独特的价值观念、认知结构、知识基础、个性特征等，这些不同的个体特质使大学生在就业创业教育接受中呈现出不同的层次。首先是因为需求动机不同学生的接受目标呈现出不同的层次。比如有的学生由于从未接触过就业创业教育，对就业创业毫无概念，这个群体的接受目标就应更多是就业创业意识的启蒙；有的学生对就业创业有过一些接触，初步形成了就业创业的意识，但对就业创业的具体内涵知之不深，这部分学生的接受目标就应更多地定位在就业创业知识的获取和技能的训练上；还有的学生对就业创业有了较多的了解，就业创业的意识也非常的强，这个群体的接受目标可能就应侧重就业创业能力素质的高层次提升和就业创业问题的深入探讨。其次是因为认知水平和就业创业知识储备的不同学生的接受基础和接受水平呈现出不同的层次。如前所述，大学生在接受就业创业教育的过程中需要进行选择性接收、创造性内化和试验性外化，在此过程中，学生自身原有的就业创业认知结构是其接受新的就业创业教育信息的基础和起点，这个基础和起点水平的高低决定着大学生就业创业教育接受结果水平的高低。比如同样对学生进行企业财务管理培训，不同的学生由于此前对企业财务管理知识的了解程度不同会出现接受学习效果的显著差异；同时，大学生的主观加工贯穿于就业创业教育接受的全过程，其中涉及大学生对就业创业教育信息的感知、记忆、想象、思维、情绪、意志等一系列认知和非智力因素，学生在这些因素上的水平差异也会直接导致其对就业创业教育的接受效果不同。比如让不同的学生对同样一段就业创业教育文字材料进行学习，由于阅读理解能力的不同，不同的学生将对这段文字材料做出不同的理解，得出不同的结论。

二是阶段性。阶段性在这里有两层含义：（1）作为群体的大学生在大学的不同年级阶段对就业创业教育的接受会有不同的侧重，存在不同年级群体的阶段性差异；（2）作为个体的大学生在对就业创业教育的接受过程中，其观念、认

---

① 《马克思恩格斯选集》第 1 卷，人民出版社 1995 年版，第 56 页。

知能力、行为变化是前后连贯性衔接的线性序列，存在阶段性递进关系。首先，在年级群体接受重心的阶段性差异方面，学生的身心发展水平、适应成长主题的不同是诱致接受阶段差异的内在动因，大学教育目标定位和施教规划节奏设计以及社会角色期待的阶段差异是助推这种接受阶段特征发生的外部力量。具体来说，在大一阶段，由于新生刚刚进入大学校园，在心理、生活、学习等方面的适应性不良问题，极大地影响和制约着大学生日常生活和自我发展的方向和质量①，尽快熟悉和适应大学生活成为新生的重要任务，因而，在接受就业创业教育的过程中更多偏重于就业创业意识的培养和兴趣的激发。在大二阶段，由于完成了角色适应、学习生活适应、人际交往适应，开始由幼稚走向成熟，在总体适应的基础上更为理性地思考分析现实处境和人生方向，进而完成他们在自我意识、目标意识、学习意识、生活交往意识等方面的逐渐觉醒。② 因此，在接受就业创业教育的过程中更多偏重于就业创业观念的塑造。在大三阶段，由于大学生已经走出大一的适应期、大二的觉醒期，开始关注毕业以后的自我发展问题③，能够全面地认识到专业能力的重要作用，因此，在接受就业创业教育的过程中更多偏重于专业能力的提升。在大四阶段，由于临近毕业和就业创业的实际操作，前程和出路已经成为大四学生最为关注的问题。在学习与生活、现实和未来的多重压力下，大四学生在接受就业创业教育的过程中更多偏重于就业创业综合能力的锻炼和职业发展远景的规划。其次，在学生个体接受活动展开的阶段性递进方面，它既是人类认知发展一般规律作用的必然结果，也是个体心理认知发生建构特点的客观反映。具体来讲，大学生就业创业教育接受作为一种认知活动和实践活动，其发生发展也需要经历从实践到认识，再由认识到实践这样的多次反复。同时，大学生就业创业教育接受也是个体心理认知发展的过程，学生原有的就业创业认知结构作为一个先验存在的基础，对接受时摄取的新信息进行同化、吸收与整合和顺化、改造与重构，从而形成新的更高水平的就业创业认知结构，这个新的认知结构又将在下一个时段的接受中成为基础和起点，如此循环盘升，以阶梯递进的方式伴随学生就业创业观念、知识、能力的发展与提高。

三是能动性。辩证唯物主义认为主体就是具有意识性、自觉能动性和社会历史性的人。主观能动性是主体的根本属性之一。在大学生就业创业教育接受活动中，作为接受主体的大学生始终表现出鲜明的能动性特征。比如从接受的起点环节，大学生对教育者传递过来的就业创业教育信息就不能完全被动地全盘接收，甚至都不是全部地加以关注，而是根据自身的内在需求进行有自主性的审视和判

---

① 杨晓慧：《当代大学生成长规律》，人民出版社 2010 年版，第 108 页。
② 杨晓慧：《当代大学生成长规律》，人民出版社 2010 年版，第 126 页。
③ 杨晓慧：《当代大学生成长规律》，人民出版社 2010 年版，第 136 页。

断，对"不感兴趣"的内容采取"视而不见"的态度，对于符合接受需求的内容进行个性化的理解和选择性摄入，然后还要用自身原有的就业创业认知结构对其进行同化，当然也会根据摄入的就业创业教育信息对原有认知进行改造和重构，但即便如此，这种改造和重构也完全是个体自主的个性化创造。此后学生还要对初步内化建构的新的就业创业认知进行自觉的外化体验，以进行修正和固化。由此可见，在大学生对就业创业教育进行接受的整个过程中，无处不打下了每个学生自身特有的个性化烙印，主体能动性体现得淋漓尽致。

### （二）接受客体

客体与主体相对存在，是主体实践活动与认识活动的对象。基于此我们发现，大学生就业创业教育接受的客体就是接受过程中作用在他身上的就业创业教育信息，这些信息是教育者对就业创业教育内容转化加工的产物，而教育内容是指"为实现教育目标，经选择而纳入教育活动过程的知识、技能、行为规范、价值观念、世界观等文化总体"[1]，是将教育目的与人才培养目标具象化了的内容。因此，在大学生就业创业教育接受过程中，接受客体具体指由就业创业教育实施者借助一定的媒介传递到接受主体大学生身上的包含就业创业观念、知识和能力等内容的教育信息。这些信息包含有三个维度。

一是观念维度的大学生就业创业教育信息，包括职业价值取向、就业意识、创业精神、创业伦理等多方面内容，反映的是关于就业创业的基本信念、态度和行为规范。观念是行为的指南，决定行为的方向。大学生就业创业只有具备积极的价值取向、强烈的精神意识和正确的行为规范才能沿着正确的方向、有力而有序地推进。正如青年马克思在《青年在选择职业时的考虑》中所说："一个人的职业价值观可能赋予其'高贵'、'尊严'，但同时也是可能毁灭人的一生、破坏他的一切计划并使他陷于不幸的行为……（树立科学合理的职业价值观）无疑是开始走上生活道路而又不愿在最重要的事情上听天由命的青年的首要责任"。[2]因此，大学生就业创业教育信息离不开思想观念这一重要维度。就业创业教育只有切实帮助学生形成积极的职业价值观、强烈的就业创业意识和正确的就业创业伦理，才能真正促进学生积极理性就业创业行为的发生，实现国家人力资源的优化配置和个体职业生涯的健康、可持续发展。

二是知识维度的大学生就业创业教育信息。知识是"人类认识的成果或结果……依反映层次的系统性，可分为经验知识和理论知识。经验知识是知识的初

---

① 顾明远：《教育大辞典》，上海教育出版社 1998 年版，第 765 页。
② 《马克思恩格斯全集》第一卷，人民出版社 1995 年版，第 455 页。

级形态，系统的科学理论知识是知识的高级形态。"① 知识的传授是教育的基本功能之一。同样，大学生就业创业教育离开就业创业知识的传授也是严重残缺的。按照知识的分类方式，大学生就业创业教育信息的知识要素也可分为经验知识和理论知识两个方面。经验在哲学上指人们在同客观事物直接接触的过程中通过感觉器官获得的关于客观事物的现象和外部联系的认识。就业创业的经验知识在就业创业实践过程中产生，是就业创业这一客观事物在人们头脑中的反映，是认识就业创业的开端，也是有待于深化、上升到就业创业理论的内容。就业创业的理论知识则既包含了从事经营、管理工作所必须具备的知识，如就业创业经济学、就业创业管理学、就业创业人才学、就业创业法学等，也包含了发挥社会关系运筹作用的多种专门知识，其中包括政策、法规、工商、税务、金融、保险、人际交往、公共关系等。通过经济理论、环境理论、管理理论等知识的协调与整合，大学生形成就业创业中的合法经营、企业文化的规划和社会环境与市场需求变化应对的基本认知。

三是能力维度的大学生就业创业教育信息。就业创业能力是大学生就业创业成功的前提，就业创业能力培养是大学生就业创业教育的核心，因此，就业创业能力理应成为大学生就业创业教育接受客体的重要维度。大学生就业创业能力是大学生通过就业创业的课程学习和实践锻炼以及综合素质开发获得的，有助于获得、创造、保持工作和实现职业生涯健康、可持续发展的系列知识、技能和个性特征的综合体；本课题已经对就业创业结构系统进行了理论建构和实践验证，表明它是一个由基本就业创业能力、社会应对能力、就业创业人格、就业特有能力、创业特有能力五个维度，实践能力、学习能力、分析能力、问题解决能力、人际交往能力、团队合作能力等十几种具体能力组成的能力结构系统。大学生就业创业教育接受客体通过对上述这些能力信息的整合，为大学生就业创业能力的提升和就业创业实践的顺利开展奠定了坚实基础。

接受客体在大学生就业创业教育接受中作为接受活动的对象存在。它是大学生就业创业教育内容和要求的具体外显。教育内容如果想要在教育过程（接受过程）中得到有效的体现，实现从接受对象向接受主体观念、知识和能力的转化，首先必须能够被教育（接受）的主体感知和操控。这就需要他们找到合适的呈现方式。大学生就业创业教育信息就是大学生就业创业教育内容和要求的具体呈现。当就业创业教育内容成为一种信息，教育者就可以将它通过一定的载体和渠道向接受的主体大学生进行传递，接受主体也才可以对就业创业教育内容进行自主的关注、理解、摄入、内化和外化。当就业创业教育内容成为一种信息，

---

① 辞海编辑委员会：《辞海》，上海辞书出版社 1999 年版，第 4658 ~ 4659 页。

就业创业教育接受作为认识和实践活动才真正找到了具体的对象，接受活动才能得以顺利进行。在实践中，就业创业教育内容实现向就业创业教育信息的转化工作由教育者来完成。

通过大学生就业创业教育接受客体的角色功能分析我们看到，大学生就业创业教育接受客体呈现出两个方面特征。一是复合性。复合与单一相对，原意一般指将两种或两种以上物理或化学性质不同的材料组合成新材料的一种方法，此处借以形容大学生就业创业教育接受客体内部交融整合的特性。大学生就业创业教育接受客体的复合性在两方面得以体现。一方面大学生就业创业教育接受客体的内容是融思想观念、知识与能力三维信息于一体的结构系统。三维要素并非简单并列散在分布，而是彼此关联制约、相互融合渗透，在大学生就业创业综合素质提升这一终极目标统摄下，以新的整合形态成为大学生就业创业教育接受活动的对象。另一方面，大学生就业创业教育接受客体的呈现形态是文字、图形、声音等多种表意符号的综合体。只有这样，大学生在对就业创业教育接受客体进行认知加工的过程中才能准确、有效地进行接收和理解。二是人为性，即大学生就业创业教育接受客体并非天然自发的存在，而是人为加工转化的结果。大学生就业创业教育接受客体是传授主体对就业创业教育内容进行认知加工的产物，必然会打上传授主体的主观烙印。传授主体对就业创业教育内容进行的加工转化实际上是其对就业创业教育内容进行个性化理解和表达的过程。在此过程中，传授主体对自身的就业创业知识储备、认知水平、个性特质、价值观念等多方面因素都将产生直接的影响。因此，同样的就业创业教育内容，当它经过不同传授主体的认知加工成为具体作用在学生身上的接受客体时，一定会表现出明显的差异性。这也正是大学生就业创业教育要大力加强师资队伍建设，提升大学生就业创业教育师资队伍能力素质的重要原因之一。

### （三）传授主体

就业创业教育是教师的传授与学生的接受双向互动、对立统一的认识与实践活动。从某种程度上说，没有教师传授的存在，也就没有学生接受的发生。教师是就业创业教育接受信息的生产和传递者，也是就业创业教育接受活动过程的组织与控制者。因此，就业创业教育教师是大学生就业创业教育接受活动的核心要素之一，是大学生就业创业教育接受的传授主体。大学生就业创业的应用性、社会性和综合性特征决定了大学生就业创业教育接受的传授主体应由三类群体组成。一是就业创业教育工作管理者，主要是指高校就业创业指导中心工作人员、辅导员等专门从事大学生就业创业教育的一线工作者。二是专业课教师，主要是指高校各院系将就业创业教育融入学科专业教育的部分专任教师。三是校外就业创业教育专家，主要指被高校邀请来校开展大学生就业创业教育的企业高管、相关管理人员和相关政府、事业单位管理者以及社会从事就业创业研究的相关专家。

传授主体在大学生就业创业教育接受活动中的角色功能体现在五个方面。一是大学生就业创业教育接受的方向主导。具体表现为帮助大学生找到合适的职业发展方向和把握就业创业接受的进程节奏与关键节点。一方面，引导促进大学生就业创业观念、知识与能力的训练培养与国家、社会对教育目标的整体规划、对人才培养的基本要求保持匹配和同步，实现学生职业生涯的健康、可持续发展；另一方面，指导大学生准确把握就业创业的最佳学习内容、学习时间和学习方式等关键节点，对学生学习能动性的促进、学习兴趣的养成和思维方式的训练等发挥主导作用。二是大学生就业创业教育客体的加工、转化和传递。传授主体通过自身的认知加工将就业创业教育内容转化成就业创业教育信息，借助一定的传播手段将其传递和作用在接受主体身上，成为接受的客体。三是大学生就业创业教育接受进程的组织与控制。对大学生就业创业教育课堂教学内容的难易程度、实践活动的先后顺序等教育进程的设置进行统筹安排和有效推进，使之切实符合教育的规律、社会的需求和学生的身心状况。四是大学生就业创业教育接受的推动激励。在大学生就业创业教育接受过程中，传授主体不仅要传递大学生就业创业教育信息，为就业创业教育接受提供必要的协助，更要注重培养大学生为目标不懈努力的坚定意志和坚韧不拔的毅力，激励大学生内化、外化就业创业教育信息，为大学生就业创业教育接受之后的持续学习、发展提供助推和促进。五是大学生就业创业教育接受的反馈评价。大学生就业创业教育过程中，传授主体要对大学生接受效果的好坏进行评估，在对自身的就业创业教育传授进行反思和优化的同时，将评估结果反馈给大学生，指导接受主体更好地依据接受的状况调整和修正自身的接受活动，为确保大学生就业创业教育接受的质量和效率奠定基础。

在上述功能发挥中教育者作为传授主体反映出两个特征。一是专业性，是指大学生就业创业教育教师需要具备开展大学生就业创业教育的专业素养。这一方面源于大学生就业创业的专业性。大学生就业创业作为一种认识和实践活动，其活动内容、活动方式和发展规律有着很强的特殊性，作为这种专门活动的指导者，不懂得就业创业的专业知识和技能将无法保证指导服务的质量和效率；另一方面源于大学生就业创业教育接受的独特性。大学生就业创业教育接受除具备一般接受的基本特点以外还体现自身独有本质属性，与之相应的就业创业教育也有别于一般的教育活动，其教育内容、载体、途径、活动组织方式和内在规律具有独特性，作为这种专门教育活动的组织实施者，就业创业教师只有了解这些独特性，才能保证教育工作的顺利、有效展开。由此，专业化的大学生就业创业教育师资队伍建设需要建立严格的准入标准、选拔机制、培养、考核和发展制度。二是实践性。是指大学生就业创业教育接受的传授主体的传授活动要始终指向实践和依托实践。实践是大学生就业创业的鲜明特征，大学生的就业创业实践能力和实践行为既是检验就业创业教育接受效果的重要指标，也是就业创业教育接受活动展开的基础平台。作为大学生就业创业教育接受活动的传授主体如果不以大学生的就业创业实践能力提升和实践行为改造为目标，不以大学生就业创业实践活动开展为依托，将使其传授活动流于一厢情愿的空洞理论说教，根本无法取得理想的就业创业教育效果。三是综合性。综合性既指就业创业教育师资队伍组成结构的综合，也指就业创业教育师资队伍素养结构的综合。在队伍组成结构方面，就业创业教育师资应是校内校外专家的组合、课内课外教师的组合。校内各学科专任教师、就业创业一线工作者和校外就业创业教育专家三支队伍各展其长、兼容并包、互为补充、凝聚合力，共同推动大学生就业创业教育的顺利、有效实施。在队伍素养结构方面，就业创业教育师资应是学科专业知识、就业创业理论和就业创业实践技能等多维素养的整合与交融。校内校外、课内课外不同来源的就业创业教育师资不仅要充分发挥自身原有的特殊优长，从不同角度有力支撑大学生就业创业综合素养的形成；更要走出去、融进来、深交流、互相学习、彼此促进、共同成长，实现各自就业创业综合素养的提升，为大学生就业创业教育的有效实施夯牢基础。

### （四）接受介体

列宁曾经指出："一切 vermittelt＝都是经过中介，连成一体，通过过渡而联系的"，只有这样，才有"整个世界（过程）的有规律的联系"。[①] 在接受活动中，客体信息要到达接受主体并为之所接受，必须依赖一定的中介和载体。大学生就业创业教育的接受介体，就是指在大学生就业创业教育过程中承载并传递大学生就业创业教育信息，能为大学生就业创业教育传授主体所操作，为大学生就业创业教育接受主体与接受客体的联系、作用架设桥梁的物质存在和活动方式。大学生就业创业教育的接受介体主要包括两类，即大学生就业创业教育课堂教学体系和大学生就业创业实践教育平台。课堂教学是大学生就业创业教育的主渠道，实践是大学生就业创业教育的主阵地。大学生就业创业教育课堂教学体系与实践教育平台互为补充、彼此交融，共同支撑就业创业教育信息向大学生就业创业观念、知识和能力的转化。

大学生就业创业教育接受介体的角色和功能体现在以下三个方面。首先，接

---

① 《列宁全集》第 55 卷，人民出版社 1990 年版，第 85 页。

受介体是接受客体得以向接受主体施加影响的媒介。媒介是指使活动双方发生联系的中介。在大学生就业创业教育接受活动中，接受客体只有以接受介体为中介和依托才能够传达至接受主体，进而实现对接受主体的影响。离开了这个中介，接受客体对接受的作用和影响都将是"望尘莫及"。其次，接受介体是接受主体对接受客体初步内化加工结果得以验证、修正、固化的平台。大学生不仅需要借助就业创业教育课堂教学或实践平台初步获得就业创业的观念、知识和能力，同时也需要借助这些平台对初步形成的就业创业观念、知识和能力进行试验性的检验、感悟和反思，并依据结果对初步形成的观念、知识和能力进行修正和巩固。最后，接受介体是接受主体与传授主体双向反馈互动得以开展的依托。接受介体不仅建立了接受主体与接受客体的联系，它也为接受主体与传授主体的沟通创设了条件。接受介体既要将接受主体依据自身接受体验对传授内容、传授方式的评价传递反馈给传授主体，以帮助传授主体进一步改善和优化后续的就业创业教育传授活动；又要将传授主体对接受主体的评价与建议传递反馈给接受主体，以启发接受主体对自身接受活动的再认识，调整改善自身后续的就业创业教育接受活动。总之，通过传授主体、接受介体、接受主体间的交流与互动，实现就业创业教育接受循环展开和螺旋上升。

大学生就业创业教育接受介体是实现就业创业教育信息向大学生就业创业观念、知识和能力转换的渠道和平台。虽然在现实中它呈现出就业创业教育课程体系和就业创业实践教育体系这两种不同的表现方式，但就其内在本质而言，体现出两方面特征。一是应用性。就业创业教育接受的本质是要实现就业创业教育信息向大学生就业创业观念、知识和能力的转换。这一转换的根本目的就在于当前大学生就业创业实际问题的解决或未来的就业创业发展。作为实现这一转换的中介，无论是就业创业教育课程体系，还是就业创业实践教育体系都应该明确指向大学生的就业创业实践，或为解决当前的就业创业实际问题，或为未来的就业创业实践奠基。唯其如此，大学生就业创业教育接受介体才能因与大学生主体接受意愿的匹配而实现功能发挥的最大化，才能真正有效地服务于大学生就业创业教育接受的成功实现。二是合成性。大学生就业创业教育接受是大学生就业创业观念、知识和能力这三维素质的综合培养、训练过程。就业创业观念、知识和能力这三维要素交叉融合、相伴相生。这就要求对接受介体必须具有合成性。同时，就业创业对人才素质的综合性要求也对就业创业教育接受介体的合成性提出要求。比如，仅就知识维度而言，就业创业要求其从业者不仅掌握某一学科的专业知识，还需要了解人力资源管理、经济、金融、法律等多学科理论，这就决定了大学生就业创业教育课程必须融合管理学、经济学多个学科的理论和知识，成为综合性跨学科课程。

### （五）接受环体

大学生就业创业教育的接受环体是指大学生接受就业创业教育时所处的环境，是大学生就业创业教育接受活动涵濡浸润、深受影响的外部文化、氛围等因素的总和。根据接受环体与其他接受要素的作用关系方式和影响范围，可将就业创业教育接受环体划分为宏观和微观两类环境，宏观环境包括社会环境、学校环境、家庭环境三部分。社会环境是一个国家和社会有关就业创业的各种制度设计、价值观念、精神气质、心理认知等诸多文化因素的综合体，是对大学生就业创业教育接受影响最为宏观的环境因素。它主要体现在国家的就业创业政策、制度文化体系和社会经济结构与发展水平以及就业创业的社会舆论氛围和文化价值观念等方面。学校环境是一所学校内部与就业创业有关的各种规章制度、条件设施、思想舆论、行为方式、精神信念等要素的综合体，是社会就业创业环境与学校校风、校情交融整合的结果，是影响大学生就业创业教育接受的中观环境因素。家庭环境是指大学生所在的家庭成员有关就业创业的态度、认识、观念的总和，是家庭成员职业价值观和职业行为方式的集中体现。家庭就业创业环境是影响大学生就业创业教育接受的重要历史基础和现实推动力量。大学生的职业信息获取、职业选择目标、方式方法和职业发展过程都深受家庭环境的影响。微观环境是指就业创业教育现场的具体环境，是大学生就业创业教育课堂教学或实践平台中蕴含的、就业创业教育接受活动发生时刻相关参与者体认到的情绪氛围和思想观念导向，是就业创业教育活动现场师生互动、朋辈互动、实践与认识互动的精神文化背景。这一环境经常和活动现场参与者的心理特征有关，比如活动成员之间的社会关系和相互影响、个人与集体的关系、师生关系、教师的组织管理方式、对学生保质保量完成学习任务的强调要求、明显或不明显的成员组织和纪律方式等等。它主要包括就业创业教育课堂环境、校园就业创业教育活动现场环境、创业园区环境等具体方面。上述环境交融、渗透、彼此制约、互为支撑，共同作用于大学生就业创业教育接受活动之上，直接或间接地影响大学生的就业创业教育接受质量和效率。

接受环体在就业创业教育接受过程中的角色和功能体现在两方面。一是方向导引。接受环体在本质上就是教育环境，而教育环境是人们"为培育人而有意识创设的情境。教育环境既是一般环境的一部分，又因其具有一定的目的性而不同于一般环境"[1]。一定的目的性代表着这个情境的方向所指。大学生就业创业教育接受在接受环体的熏染和陶冶下，不知不觉中受到这个方向的导引，按照教

---

[1] 顾明远：《教育大辞典》，上海教育出版社 1998 年版，第 752 页。

育环境创设者的预期发生相应的变化。大学生就业创业教育接受环境的方向导引主要体现在政策导引和舆论导引两方面。政策导引的具体表现是国家政府就业创业各级主管部门和高校等相关单位通过制定就业创业相关法规和制度，在解决就业创业相关问题的过程中将一定的价值取向传导到政策的受众身上，引领受众朝着一定的方向发生思想观念的转换和行为的改变。舆论导引是指由于舆论代表着某个社会范围多数人的共同意见，反映着人心向背，所以会对身处其中个体的思想和行为施加一定方向的约束和限制。虽然舆论导引没有制度约束的强制性，但是在造成和转变观念和风气中具有不可估量的影响，发挥着"道德法庭"的作用。不同层次的大学生就业创业教育接受环体都包含和体现着一定的社会舆论，身处其中的大学生其就业创业教育接受活动潜移默化地受到它们的影响，朝向一定的目标发展。二是激励促进。即接受环体对接受相关主体的思想行为有着感染、鼓舞和推动促进作用，能为大学生就业创业教育接受活动提供精神动力。如前所述，接受环境是一种氛围，是一定精神信念的反映，能对身处其中的个体产生巨大的心理效应。对大学生就业创业教育接受而言，不同方向的接受环体将使大学生的接受行为朝着不同方向加速演进。良好的环境氛围有助于增强接受活动参与各方人际关系的融洽，提高师生之间、朋辈间的心理相融程度，激发教师积极传授和学生积极接受的动机，提高就业创业教育接受的质量和效率。反之，会使师生感到心理压抑，缺乏师生互动的热情、丧失积极传授与接受的精神和要求，无法实现就业创业教育的目标。

上述功能发挥中接受环体反映出了三方面特征。一是潜隐性。是指在大学生就业创业教育接受活动中，接受环体所产生的气场、氛围对接受主体的就业创业观念、知识、能力和行为必然会产生一种无形的、潜在的约束力，"它往往是通过暗示、模仿、从众、集群、舆论等群体心理的影响和作用来约束和规范人们思想行为的。"[1] 如大学生在图书馆就会保持安静。"环境之所以对人的思想和行为具有约束和规范的作用，其原因是，当人们的思想行为在环境中表现后，就会受到周围环境和人们舆论的评价以及法律、道德、纪律规范的检验，凡符合社会规范的思想和行为会得到肯定和赞扬，""凡不符合社会规范、道德、法律要求的思想和行为就会受到抑制和批评、甚至受到谴责，使人产生压力。这种压力就会将人的思想和行为约束在一定的范围内，使人与环境保持一致和基本一致。"[2] 二是弥散性，是指大学生就业创业教育接受环体持续、全方位包围在整个接受活动的四周。在大学生就业创业教育接受过程中接受环体几乎无时不有、无处不在，扩散在每个接受活动的每个"角落"和"缝隙"，对接受活动施加涵濡浸润、熏染渗透的影响。三

①② 邱伟光、张耀灿：《思想政治教育学原理》，高等教育出版社 1999 年第 1 版，第 146 页。

是交融性，是指大学生就业创业教育接受环体的各个类型之间没有明显界线，而是互相渗透、彼此制约、互为支撑，成为交融杂糅的复杂精神文化体系。比如，整个社会的就业创业环境离不开学校和家庭就业创业环境的支撑，又深刻渗透影响到学校和家庭的就业创业环境；就业创业教育接受活动现场的微观环境是学校就业创业环境的重要组成部分，也是学校就业创业环境的具体体现和作用产物。

## 二、大学生就业创业教育接受机制的运行方式

整体上看，大学生就业创业教育接受是一个多维共生的结构系统，也是一个循环往复的螺旋上升过程。在这个体系中，包括两个子循环系统和三种基本运行机制。

### （一）大学生就业创业教育接受运行的两个子循环系统

1. 外循环系统。

大学生就业创业教育接受的外循环系统是传授主体、接受客体、接受介体、接受主体、接受环体等诸要素之间信息流转、影响、反馈的关联结构体系。具体而言，就是在一定的接受环体中，传授主体借助各种形式的接受介体将接受客体传递作用到接受主体身上；接受主体对作用在他身上的接受客体进行内化和外化，在自身就业创业观念、知识和能力发生相应的变化的同时，接受主体与传授主体间进行反馈互动，推动传授主体传授活动的调整优化，并展开的新的接受客体传递环节，如此循环反复，推动大学生就业创业教育接受活动的螺旋式演进，实现学生就业创业观念、知识和能力的提升和发展，如图3-3所示。

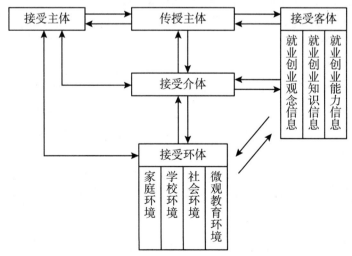

**图3-3　大学生就业创业教育接受运行的外循环系统**

在图 3 - 3 中可以看到，大学生就业创业教育接受的外循环系统由几对主要关系和互动环节组成。

首先是传授主体、接受客体、接受介体之间的互动关系。接受客体是传授主体对大学生就业创业教育内容进行感知、选择、理解、记忆、提取、表达等一系列认知加工转化的产物，也是传授主体自身就业创业观念、知识和能力的个性化外显；接受介体为传授主体提供将接受客体向接受主体传递信息、施加影响的渠道和工具的同时，也对传授主体的传授活动进行限制和约束，因此，传授主体对接受介体的充分利用和适应控制与改造是确保和提升传授活动质量与效率的关键；接受介体是接受客体赖以存在和对接受主体影响作用得以发挥的基础，也因接受客体的加载和存在得以充实与改造。

其次是接受主体、接受客体、接受介体之间的互动关系。接受客体是接受主体接受认识与实践的对象，它的质量和水平很大程度上决定了接受主体的接受水平的高度，当然，接受主体对接受客体的认知加工与外化体认也表现出高度的主体能动性，从对接受客体的感知直到最终的外显无不体现出接受主体的个性色彩和风格；接受介体是接受主体对接受客体进行认知加工和行为外化的平台和依托，也对接受主体的认知加工与行为外显产生限制和约束。比如，就业创业教育课程是大学生就业创业教育接受的重要介体，大学生借助它获得就业创业的思想观念、知识和能力，但同时由于课程自身普遍的功能局限和某项具体课程的质量水平限定，大学生在其中的收效也无法实现完全的理想化，这也正是开展大学生就业创业教育需要对接受介体进行不断的优化与完善的根源所在。

再次是接受主体与传授主体的互动关系。传授主体借助就业创业教育课堂教学或实践教育平台等接受介体将加工转化好的就业创业观念、知识、能力信息等接受客体传递作用到接受主体大学生身上，对接受主体施加教育影响，试图改造大学生的就业创业认知、能力与行为，并在此过程中对大学生的接受情况进行评估和反馈，帮助大学生提升接受的效果；同时，接受主体也会与传授主体进行积极的互动，大学生会把自己在接受就业创业教育过程中的感受和评价以言语交流或情绪反应等方式反馈给就业创业教育教师，学生的这些反馈以及教师自身注意到的学生接受质量和效率会成为就业创业教育教师审视、反思和优化自身传授活动的依据和参照。

最后是接受环体与传授主体、接受客体、接受介体、接受主体的互动关系。大学生就业创业教育的接受环体不仅对浸润其中的接受主体、接受客体、接受介体和传授主体产生潜移默化的影响（具体影响在接受环体的角色与功能分析中已作论述，此处不再重复），自身也受到这些要素的制约和影响。就业创业教育接受环体是人们就业创业思想、行动汇聚的产物，作为参与这种汇聚的人的因素——

接受主体大学生和传授主体就业创业教师都对就业创业教育接受环体的生成产生影响。同时，接受客体就业创业教育信息和接受介体就业创业教育课堂教学体系和实践教育平台体系也作为文化因素成为就业创业教育接受环体的内容构件，直接影响就业创业教育接受环体的内涵与性质。

2. 内循环系统。

大学生就业创业教育接受运行的内循环系统是大学生就业创业教育接受主体大学生自身对就业创业教育内容进行注意、选择、内化、整合、外化和再认识的运行过程系统，是大学生就业创业教育接受主体与接受客体之间相互联系和相互作用的互动结构体系。具体而言，大学生就业创业教育接受的内循环就是大学生从自身职业发展需要出发，以原有就业创业观念、知识、能力和自身个性特质为基础，对作用在他身上的就业创业教育信息进行选择性注意、个性化理解、记忆、存储、认知结构整合或重构、行为外显、体验感悟、修正和固化、形成新的就业创业观念、知识和能力，并以此为起点，开始新一轮就业创业教育接受认知的过程，如图 3-4 所示。

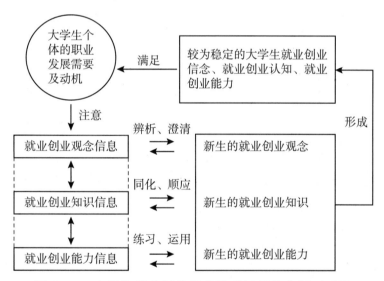

**图 3-4　大学生就业创业教育接受运行的内循环系统**

在图 3-4 中可以看到，大学生就业创业教育接受运行的内循环系统在本质上是外部的接受客体信息向大学生就业创业观念、知识和能力的转化过程，它由以下一系列基本环节组合而成。

首先是从外在的就业创业教育信息到真正被大学生接纳吸收信息的转化环节，这个环节主要是接受主体大学生对接受客体的选择性注意和部分性接收。在此过程中大学生的职业发展需要发挥重要的影响作用，它就像给大学生戴上一副

"有色眼镜",对作用在接受主体身上的就业创业教育信息进行过滤和筛选,凡是符合自身职业发展需要的信息可以获得吸收进入,反之则会被拒绝和忽视掉。正是由这一机制和过程的存在,使得大学生就业创业教育接受从最初的起点就已经开始出现个体差异。

其次是从接收吸纳信息到大学生初步新生就业创业观念、知识和能力的转化环节。在这个环节,大学生对接收吸纳进入的就业创业教育信息进行理解和记忆存储,然后以原有的就业创业认知结构为基础对存储的信息进行同化、顺应的认知加工,或丰富充实原有的就业创业认知结构,或对原有就业创业认知结构进行创新性重构,从而生成新的尚不稳定的就业创业观念、知识和能力。这个环节是大学生就业创业教育接受运行系统中最为关键的部分。被大学生接收吸纳的就业创业教育信息在多大程度上、以何种方式组合生成大学生的就业创业观念、知识和能力直接决定着大学生就业创业教育的成败和质量。

最后是从新生不稳定就业创业观念、知识和能力到成形就业创业观念、知识和能力的转化环节。之所以将上一环形成的就业创业观念、知识和能力界定为初生不稳定的就业创业观念、知识和能力,一方面是因为它们还只是接受主体认识活动的产物,到底是否正确还没有得到实践的检验,另一方面是因为根据人类心理认知发展的基本规律,这个新生的就业创业观念、知识和能力还需要经过适度的练习和实践以得到巩固和强化。在这个环节,接受主体大学生一方面通过自己的行为外显获得对新生就业创业观念、知识、能力的主观体认,同时还从传授主体那里得到接受效果的评价、反馈信息,据此接受主体对自身新生的就业创业观念、知识和能力进行调整和巩固。

内、外两个子循环系统的存在是根据相关要素的关系与作用特征的相对划分,事实上,在整个大学生就业创业教育接受系统中,内循环与外循环两个子系统是既相对独立、自主运行,又相互关联、彼此制约的对立统一体。外循环只有通过内循环才能起作用,而内循环又受制于外循环的影响。内循环子系统参与外循环系统的构建,是外循环系统的支撑要素;外循环系统是内循环系统的宏观模型背景,制约影响内循环系统起点、方向和运行效率。内、外两个子循环系统均统摄于大学生就业创业教育接受这一结构系统之内,共同服务于就业创业教育信息向大学生就业创业观念、知识和能力的转化,实现大学生就业创业教育接受这一核心目标。

## (二)大学生就业创业教育接受的三种机制

1. 转化机制。

转化机制是指在大学生就业创业教育接受的过程中,不同属性、形态的要素经过相关主体的认知和实践，实现由此及彼运动的心理加工方式。转化机制贯穿于大学生就业创业教育接受的全过程，是大学生就业创业教育接受得以实现的重要保障。大学生就业创业教育接受的转化机制主要包括三方面的转化。

一是教育内容向接受客体的转化。在大学生就业创业教育接受过程中，需要依靠传授主体按照一定的需要、原则和要求等将大学生就业创业教育的内容转化为作用于大学生身上的教育信息，即接受客体，才能促进教育内容真正为接受主体大学生所接受。在这个转化的过程中，就业创业教育传授主体首先通过自身学习获取就业创业教育的内容，然后将这些内容转化为教育过程中所使用的文字、图像、语言等。传授主体将教育内容转化为接受客体的过程是大学生就业创业教育中十分关键的一环，原因在于同样的就业创业教育信息，经过不同传授主体的转化会呈现为不同的接受客体，如果传授主体将就业创业信息错误转化或片面转化，那么接受者就会出现理解偏差。在某种意义上可以说，大学生对就业创业教育内容的理解程度，取决于传授主体自身对就业创业教育内容的转化程度，传授主体将教育内容向接受客体的转化决定了接受主体的接受效果。一旦传授主体将教育内容转化为"失真"的接受客体，即信息不具有科学性、准确性，难免会影响到接受效果。

二是接受客体向大学生就业创业知识、信念和能力的转化。接受主体在接受到接受客体之后，会对接受客体进行理解和加工，从而将接受客体转化为自身的就业创业知识、信念和能力。大学生对不断接收到的接受客体，即就业创业教育信息（诸如创业观念、知识、技能等）进行认知、加工，不但其自身的就业创业知识、技能因与就业创业教育信息的互动而增加，而且其就业创业的认识结构也随着就业创业知识、经验的扩大而成长、升级，内化为大学生自身的属性。经过这个过程的转化，大学生既培养和塑造了就业创业意识，也大致掌握了就业创业知识、技能、方法。当就业创业教育信息作为存在物呈现在大学生的面前时，大学生根据自身的需要，选择性地与这些存在物建立接受的关系，从而实现对自我需要的满足。一方面，吸纳同化一部分契合其既有就业创业认知结构的信息，保持原有就业创业认知结构不变的同时，将新的就业创业知识纳入旧的就业创业知识里去，丰富其内涵，充实其内容，这是把就业创业教育接受客体同化于接受主体；另一方面，对于部分原有认知结构不能同化的就业创业教育信息，由于内外需求的推动，大学生不得不修改旧的就业创业认知结构，以便与新接收的就业创业教育信息更好地匹配，从而形成新的就业创业认知结构，这就是就业创业教育接受主体认知结构顺化于客体。在这个过程中，大学生先前的认知水平、经验结构和思维方式等认知情况以及大学生自身的就业动机与就业需要直接影响了对于就业创业教育内容的认知选择和加工水平。

三是大学生就业创业意向向就业创业行为的转化。大学生就业创业教育接受的最终目标是帮助大学生将就业创业的知识、信念转化为相应的就业创业行动，就业创业教育接受的效果也要通过大学生就业创业行为来体现。大学生就业创业意向向就业创业行为的转化，就是指大学生将已经内化的就业创业信念、认知、能力运用于就业创业实践之中，将内在的就业创业意向转化为外在的就业创业行为。需要强调的是，这里所提到的就业创业意向向就业创业行为的转化，包括两方面的结果。一方面，如果大学生所接受的就业创业教育符合原有的就业创业意向，那么大学生就会更加坚定原有的意向，并且为实现原有的就业创业目标而采取相应的行动；另一方面，如果大学生所接受的就业创业教育不符合原有的就业创业意向，那么大学生就会转变原有的思想观念，逐渐形成新的就业创业意向，并且为实现新的就业创业目标而调整自己的行动，采取新的行动。大学生就业创业意向向就业创业行为的转化是转化机制的最后一个阶段，也是之前两次转化的终极目标所在，所有的转化过程都是为了能让大学生用科学的就业创业知识指导就业创业实践。

2. 修正机制。

修正机制是大学生就业创业教育接受具体运行的基本机制和方式之一，是指大学生就业创业教育接受过程中，传授主体、接受主体等要素依据一定的反思、反馈对自身就业创业教育接受的相关认识和实践进行优化和完善。大学生就业创业教育接受的修正机制具体体现在以下三个方面。

一是接受主体的修正。即在大学生就业创业教育接受的过程中，接受主体依据与接受过程其他要素的互动以及自身的反思与实践体验，对自己的接受结果和接受过程进行修正和调整。一方面，在经过前期对接受客体的认知内化形成新生的就业创业观念、知识和能力后，大学生会自觉地进行就业创业行为外显和实践，在实践中对新生的就业创业观念、知识和能力进行检验和体悟，对经实践检验错误的认知进行舍弃，对与实践不符的认知进行部分修改，对新体认到的认知进行补充，从而形成真正科学、有效的就业创业观念、知识和能力。另一方面，大学生根据自己的实践体验和传授主体的评价反馈对此前的选择性接收、创造性内化进行反思和审视，调整其方向、重选其内容，以提高自身对就业创业教育的接受质量和效率。

二是传授主体的修正。即大学生就业创业教育接受的传授主体——教师依据个人的工作反思以及学生所给予的反馈，对其教育内容、教育途径、教育方法等的调整和优化。在此过程中，一方面就业创业教育教师依据自身的反思对就业创业教育传授活动进行修正。教师的工作反思是修正教育活动的有效途径。"反思类似于一种蓄势待发的'势'，集聚着力量，一旦与意向对象遭遇，所有的背景都会生动起来，所有的意识指向就会指向它，某种意识、体验就会鲜活起来。"[1]教师的工作反思能够帮助教师对自己在教育过程中的思想、心理感受或某些历史过程进行反省审视，进而对教育活动的优劣、得失有所体验、有所感悟，为提升大学生就业创业教育接受效果奠定基础。另一方面就业创业教育教师还要依据学生的反馈意见对自身的教学进行修正。在大学生就业创业教育过程中，教师是传授活动的主体，但也是学生接受活动的对象。教师就业创业教育接受活动的展开过程中，不是对学生教育影响的单向施加，而是不仅要将就业创业教育信息向接受主体大学生的单向搬运和传送，还需要得到学生的反馈、评价以及对接受结果的检验，据此对自己的传授内容、传授载体和方式进行反思，对其进行必要的修正和改造，再将修正改造后的就业创业教育信息传递给学生，以实现大学生就业创业教育传授活动的再丰富、再发展。只有及时根据大学生的反馈意见和接受情况进行修正，才能使就业创业教育更加符合大学生的接受需要、更贴近大学生的就业创业认知和行为实际，进一步提升大学生就业创业教育的接受效果。

三是就业创业教育信息输入源的修正。大学生就业创业教育接受信息的输入源是国家、高校就业创业主管部门对大学生就业创业教育内容的规定和要求。尽管这些规定和要求具有相当的稳定性和权威性，但也并非一成不变。一方面，相关部门会依据国际国内经济社会发展的实际、大学生就业创业的实际从国家宏观层面对大学生就业创业教育内容进行修订和调整；另一方面，大学生就业创业教育内容作为一种精神文化范畴，是一种宏观、抽象的存在物，在大学生就业创业教育接受活动的展开过程中，传授主体需要根据接受活动的特定对象和情境进行微观的具象化呈现，这一过程就体现着对大学生就业创业教育接受信息输入源的修正和完善。唯其如此，大学生就业创业教育接受才能得以真正、有效地展开，大学生就业创业教育内容才能真正实现向大学生就业创业观念、知识和能力的转化。

3. 固化机制。

固化机制是指大学生就业创业教育接受过程中，接受主体具有将初步获得的就业创业观念、知识和能力通过进一步的认识和实践进行强化和巩固的特性。它也是大学生就业创业教育接受运行的基本机制和方式之一，直接制约和决定着大学生就业创业教育接受的最终结果。大学生就业创业教育接受的固化机制是教育一般规律作用的必然结果。巩固性原则是"教育原则之一。指教学中使学生在理解的基础上，将知识、技能牢固地保持在记忆中，达到熟练程度，需要时能及

---

① 胡萨：《反思：作为一种意识——关于教师反思的现象学解释》，载于《教育研究》2010 年第 1 期，第 95 ~ 99 页。

时、准确地再现。是顺利接受新知识、积累所学知识，并运用于实际的必要条件。既反映学生学习内容、方式等特点，又体现科学知识系统性的要求。"[1] 大学生就业创业教育接受的最终目的也是达到就业创业观念、知识和能力的牢固记忆和熟练运用。但是仅仅经过前述的转化和修正，大学生新生的就业创业观念、知识和能力还未达到稳定和熟练状态，需要展开进一步的强化和巩固。大学生就业创业教育接受的固化机制一般具体体现在以下三个方面。

一是源于接受主体实践练习的固化。即大学生在具体的就业创业实践活动（如参与创业园区、就业创业计划大赛等）中，通过反复的练习，使前期获得的就业创业观念、知识和能力达到牢固记忆和熟练运用程度。练习是对同一学习任务的重复感知或重复尝试，或是刺激与反应的重复。常与复习（review）和操练（drill）通用，是影响学习的重要因素。练习律是美国心理学家桑代克在 20 世纪初提出的学习联结说中的一条基本学习律。指刺激与反应之间的联结由于一再重复练习而更为牢固。大学生就业创业教育接受也是如此。就其心理本质而言，大学生在就业创业教育接受中获得的就业创业观念、知识和能力也是刺激与反应的联结。这种联结若能加以应用，则会得到增强。当然，心理学家也指出单纯地练习并不能无条件地增强刺激与反应之间的联结，必须同时产生好的效果才能增强联结。这一原理也为大学生就业创业教育接受修正机制的存在提供了佐证。大学生就业创业教育接受前期获得的新生就业创业观念、知识和能力在实践练习中如果产生不好的效果，将最终导致大学生对它的舍弃或修正；反之，如果产生了好的效果，大学生获得积极的情感体验，这种联结将得到强化和巩固，实现大学生就业创业教育接受的固化。

二是源于传授主体负反馈的固化。即接受主体前期获得的新生就业创业观念、知识和能力会因为传授主体做出的负反馈而得到加强和巩固。反馈是指"系统的输出经过某种处理后返回输入端的过程、措施和作用。反馈法是利用系统活动的结果来调整系统活动的研究方法。教育中利用反馈法一般会产生两种不同的效果：如系统的差异倾向于加剧系统正在进行的偏离目标的运动，就会使系统趋向于不稳定状态，乃至破坏稳定状态，称为正反馈；如两者之间的差异倾向于抵消系统正在进行的偏离目标的运动，就使系统趋向于稳定状态，称为负反馈。"[2] 大学生就业创业教育接受也是如此。大学生通过就业创业教育接受获得的新生就业创业观念、知识和能力处在一种不稳定状态，某些内容在实践体验或主观反思中可能受某种因素的影响要发生偏离，此时，就业创业教育教师给予的

---

① 顾明远：《教育大辞典》，上海教育出版社 1998 年版，第 452 页。
② 顾明远：《教育大辞典》，上海教育出版社 1998 年版，第 338 页。

正、负不同方向的反馈将使这种偏离得到加强或减弱。如果教师认为这种偏离是必要的，给予了正反馈，将使偏离得到加强，从而促使接受主体改变新生的就业创业观念、知识和能力，也就是发生了大学生就业创业教育接受的修正；反之，如果教师给予的是负反馈，将使偏离得到减弱，从而新生的就业创业观念、知识和能力保持着稳定的状态，也就是发生了就业创业教育接受的固化。

三是源于朋辈榜样观察学习的固化。即大学生在就业创业教育接受的运行过程中，通过对朋辈榜样的观察学习，对自身新生的就业创业观念、知识和能力进行强化和巩固。观察学习也称"替代学习"。是指"个体观察榜样的行为及其结果并依照其行为去表现，从而习得此种行为的过程。"[①] 现代社会学习理论从人、环境和行为三元互动作用论的观点出发，认为"个体不必靠直接经验，不应过于强调外在强化作用的控制，只要充分发挥个体的认知功能、自我效能、社会互动作用，通过有意识的自主观察学习（或模仿学习），即可建立新行为或改变旧行为"[②]。观察学习在大学生就业创业教育接受过程中也得到充分的体现。与自身年龄相仿、背景相似的朋辈群体经常成为大学生就业创业观察学习的对象。通过对朋辈群体就业创业行为结果的观察，对自身在就业创业教育接受过程中获得的就业创业观念、知识和能力进行审视和判断，与获得"奖励"的朋辈行为一致的部分将得到强化和巩固，反之则可能被舍弃或修正。

---

① 林崇德等：《心理学大辞典》，上海教育出版社 2003 年版，第 445 页。
② 林崇德等：《心理学大辞典》，上海教育出版社 2003 年版，第 23 页。

# 第四章

## 大学生就业创业教育课程研究

课程在教育活动中处于核心地位。大学生就业创业教育课程是开展就业创业教育的主渠道。由于我国大学生就业创业教育起步较晚，目前尚未形成系统、完整的本土化课程和教材体系。为此，研究大学生就业创业教育课程的内涵和特征，构建适应新时期社会、市场需求和学生自身特点的就业创业教育课程体系，设计具有可行性与操作性的课程实施方案，充分发挥就业创业教育课程在我国大学生就业创业教育中的应有作用，是当前我国进行大学生就业创业教育研究的重要内容之一。

### 第一节  大学生就业创业教育课程概述

厘清大学生就业创业教育课程的内涵和特点，明确就业创业教育课程的地位和作用，把握就业创业教育课程建设的发展历程和现实状况，理清就业创业教育课程研究的基本思路与方法，是进行就业创业教育课程研究的前提与基础。

### 一、大学生就业创业教育课程的内涵与地位

#### （一）大学生就业创业教育课程的内涵

西方"课程"（curriculum）一词源于拉丁文"currcle"，原指"跑道"、"进

程"、"人生的历程",后转意为教育术语,指"为实现学校教育目标而选择的教育内容"。对课程的理解通常可分为三种:一是"学科"说。认为课程有广义和狭义之分。广义的课程指"所有学科的总和或学生在教师指导下各种活动的总和",狭义指一门学科;二是"进程"说。认为课程是指"一定学科有目的、有计划的教学进程,不仅包括教学内容、教学时数和顺序安排,还包括学生必须具有的知识、能力、品德等的阶段性发展要求";三是"教学内容"说或"总和"说。认为课程是指"列入教学计划的各门学科和它们在教学计划中的地位、开设顺序等总称"。① 在本研究中,研究的对象是就业创业教育课程设置的体系。因此,本研究中的课程特指根据一定的教育目标,通过课堂教学等途径得以实施的教学内容及其进程的总和。它既包括为实现一定教育目标而选择的具体教学内容,也包括对这些具体教学内容的设计、组织与实施活动。基于上述认识,课题组认为大学生就业创业教育课程是高校以引导学生实现成功就业创业为导向,按照国家就业创业教育教学要求并结合不同阶段学生的自身特点与就业创业需求,以激发学生的就业创业意识,引导学生形成正确的就业创业观念并掌握就业创业知识,以培养学生的职业适应和发展能力为目标,以综合多学科与就业创业相关的观念、知识和能力为内容,通过课堂教学等途径设计、组织并实施的教学内容及其进程的总和。

传统的就业创业教育课程包括就业教育课程和创业教育课程两个独立的课程体系。就业教育课程以激发学生职业生涯发展的自主意识,树立正确的就业观,掌握择业、就业和职业发展的知识与技能,形成并提高生涯规划、管理能力为目标,主要教学内容涉及建立生涯与职业意识、职业发展规划、求职过程指导、职业适应与发展、就业技能等。② 创业教育课程以激发学生的创业意识,树立科学的创业观,掌握开展创业活动所需要的基本知识和理论,形成并提高学生的社会责任感、创新精神和创业能力,促进学生创业就业和全面发展为目标,主要教学内容涉及创业、创业精神与人生发展、创业者与创业团队、创业机会与创业风险、创业资源、创业计划和新企业的开办等。③ 在本研究中,就业创业教育课程是对就业教育课程和创业教育课程进行有机整合而形成的一套相对完整和系统的课程体系。它不是两者的简单组合和叠加,而是在充分整合其教育目标、教育内容和教育形式的基础上,重新组织、设计并形成的一套以观念为基础、知识为核

---

① 顾明远:《教育大辞典(增订合编本上)》,上海教育出版社1998年版,第892页。

② 教育部办公厅关于印发《大学生职业发展与就业指导课程教学要求》的通知(教高厅〔2007〕7号),2007年12月28日。

③ 教育部办公厅关于印发《普通本科学校创业教育教学基本要求(试行)》的通知(教高厅〔2012〕4号),2012年8月1日。

心、能力为导向的课程体系，具有更强的科学性、层次性和针对性。就业创业教育课程具有三个方面的属性。

一是综合性。综合性是指就业创业教育课程打破了学科的单一性，在支撑基础、课程内容和课程设计等方面实现跨学科的融通与综合。就业创业活动是一项十分复杂的实践活动，不仅要求就业创业者掌握本专业的学科知识与技能，还要求他们能够运用自身的综合素质与能力，根据不同的活动性质调动与心理学、管理学、经济学等学科相关的各种知识与技能去共同完成活动任务。这决定了大学生就业创业教育课程不能仅与某一特定学科相对应，而应融合与就业创业相关的多个学科的观念、知识和技能，通过整合形成综合性的跨学科课程。首先，从学科基础上来看，就业创业教育课程以管理学、营销学、心理学、经济学等多个学科的知识和理论为基础，为课程设置提供了综合性的支撑；其次，从课程内容上来看，就业创业教育课程是对多个学科观念、知识和技能的内在整合、融汇和提升。如讲授与新企业开办有关的课程内容将涉及财务、法律、管理、文化、市场等包括经济学、法学、管理学等多学科的观念、知识与技能；再次，从课程设计上来看，就业创业教育课程通过课堂内外、各种类型和形态课程的有机结合，形成全方位、立体式的综合性课程体系，在整体优化的基础上促进学生就业创业综合素质和能力的培养与提升。

二是实践性。实践性是指就业创业教育课程是以与实践紧密相关的观念、知识与能力为中心设计、组织并实施的课程体系。"以理论知识为中心还是以实践技能为中心"是每一门课程都要考虑的核心问题。就业创业教育课程以引导学生实现成功就业创业为目的，直接体现了课程的实践性。首先，在课程内容上，突出在现实生活中的应用价值。就业创业教育课程内容是在实践检验可行的前提下，经过提炼和加工形成可供传授的间接知识，并能够随着实践的发展不断更新；其次，在教学方法上，注重体验式、活动性教学。就业创业教育课程教学在充分考虑学生接受特点与机制的前提下，鼓励学生通过参与就业创业（模拟）活动，如简历制作体验坊、创业项目设计与实施等，促进学生在体验中强化对就业创业知识和技能的掌握与运用；再次，在教材建设上，要以学生在现实生活中存在的就业创业问题为主题选取案例和素材，强调教材内容的鲜活性和针对性。就业创业教育课程的实践性并不意味着否定理论知识的地位和作用，而是更为强调理论知识与就业创业实践的有机融合以及实践指向。

三是开放性。开放性是指就业创业教育课程的开发、组织和实施由学校、政府和企业相互联动、共同完成。学生能否成功就业创业并非是在学校里就能实现的，这决定了就业创业教育课程不能仅局限于校内，而应该与政府、企业之间建立紧密的联系。传统的学科（专业性）课程大多与产业并不直接相关，随着市

场经济的发展，大学与企业之间的联系愈见紧密。美国学者亨利·埃茨科威兹
（Herry Etzkowitz, 1996）在"三螺旋理论"中认为"大学—产业—政府之间相
互作用，在各种各样的结合中，每个机构范围在保持传统作用和独特身份的同时
又起着其他机构范围作用的三螺旋模式，是组织创造的兴奋剂。"① 对于就业创
业教育课程来说，政府作为决策部门，要为课程目标、内容与评价，教学目标、
方法与组织等提供政策指导；大学作为教育机构，是就业创业教育课程实施的主
要阵地；企业则是就业创业教育课程的实践场，是创新理论和科研成果的转化
地。因此，就业创业教育课程的开放性主要体现在：首先，课堂具有开放性。与
传统学科课程多集中于校内课堂教学不同，就业创业教育课程的课堂教学十分重
视由校内到校外的拓展，既重视课堂内的间接知识传授，更重视在科技园区或企
业通过学习参观、成果转化、创业项目模拟等途径对直接经验的获取及综合素质
和能力的培养；其次，教师具有开放性。传统学科课程的教师主要是具有深厚专
业知识背景的教育者，而就业创业教育课程的教师不仅包括学校就业创业指导中
心的一线教育工作者，还包括各个学科的专业教师，也包括政府部门的教育决策
者，更包括创业者以及企业家。

总之，就业创业课程是适应新的社会、市场发展需要而建立起来的新兴课
程。高等教育要适应知识经济时代的要求就必须开发以培养学生创新观念为取
向，以培养学生职业适应和发展能力为导向，具有综合性、实践性和开放性的就
业创业教育课程，为学生职业乃至人生的发展奠定基础，提供导引。

### （二）大学生就业创业教育课程的地位和作用

课程的地位是指课程在整个教育系统、教育环节中所处的位置。课程的作用
是指课程所表现出来的独特影响。明确一门课程的地位和作用将对课程目标和教
学目标的设定发挥重要的导向作用。对大学生就业创业教育课程地位和作用的认
识可以从国家、学校和个体三个层面加以审视和厘清。

首先，从国家关于高校就业创业教育的整体设计来看，就业创业教育课程是
核心支撑。就业创业教育的整体设计是指国家对就业创业教育系统要素的整体规
划与架构，具体包括观念体系、课程体系、实践体系、支持体系、评价体系等重
要组成部分。其中，就业创业教育课程为其他诸多体系提供支撑，具有核心的地
位。首先，就业创业教育课程为树立科学的就业创业观念发挥引导与涵养作用；
其次，就业创业教育课程为就业创业实践活动的顺利开展提供理论基础和知识框

---

① ［美］亨利·埃茨科威兹，周春彦译：《三螺旋——大学·产业·政府三元一体的创新战略》，东
方出版社 2005 年版，第 3 页。

架；再次，就业创业教育课程与支持体系形成双向互动的关系，一方面，相关政策、产学合作和师资等支持要素不仅为课程实施提供坚实保障，另一方面，它们的变化也常常最先对课程内容、设计和形式产生影响；最后，就业创业教育课程评价是就业创业教育评价体系的重要组成部分，具体包括对教材、科研、教学及其效果等各项指标的评价。由此可见，就业创业教育课程是联结其他诸多体系的枢纽，是国家关于就业创业教育整体设计中的核心组成部分。

其次，从高校的课程体系建设来看，就业创业教育课程是推动整个课程体系改革的重要力量。就业创业教育课程作为一种综合性的跨学科课程，旨在通过将多学科的观念、知识和技能相互融合并提升，帮助学生形成并提高自身综合素质和能力，实现成功就业创业。特别是在新一轮以社会需求为导向的高等教育改革过程中，就业创业教育课程建设成为深化高等教育教学改革，推动整个课程体系发展与优化的重要力量。就业创业教育课程是就业创业教育理念和模式的具体化表现形式，为现有的教育教学与课程建设注入了重视创新创业人才培养、重视综合素质和能力开发、重视以社会和市场需求为导向的全新理念以及将学校、政府和企业进行紧密关联的新教育模式，并形成了包括行业新技术趋势与创业、职业生涯规划等新课程内容。新理念、新模式和新内容的产生与发展为深化高等教育教学改革，提高人才培养质量提供了全新的价值导向。其中，与专业的学科课程有效融合是推动高等教育课程体系改革的重要突破点。就业创业教育课程可以有效地嵌入各个专业，将与社会接轨、与市场接轨的观念和意识渗透到专业课教学过程中，通过形成新的专业课程，产生新的教学方式与方法，从根本上革新现有的课程体系。

再次，从人才培养来看，就业创业教育课程为大学生个体职业生涯发展奠基。作为具有综合素质和能力开发潜力的高知识群体，大学生是国家进行创新创业人才培养，推进创新型国家和人力资源强国建设的重点培育群体。而高校毕业生的充分就业是检验高等教育人才培养质量的重要表现形式。这就要求高校大力开展就业创业教育，通过帮助个体进行职业生涯规划，促进个体成长成才。就个体职业生涯发展而言，人的成长成才具有全程性和终身性。大学阶段以课程为载体的就业创业教育旨在激发大学生的就业创业意识，引导大学生形成正确的就业创业观念并掌握就业创业知识，培养大学生的职业适应和发展能力，为大学生个体职业生涯发展奠定了坚实的基础。首先，就业创业教育课程为大学生形成良好的就业创业精神和品质奠定观念基础，如引导学生形成创新意识、职业操守、道德品质、社会责任感等；其次，就业创业教育课程为大学生了解并掌握开展就业创业活动所需要的基本理论和方法奠定知识基础，如使学生认识并了解职业发展的阶段特点，就业形势与政策法规，基本的劳动力市场信息，创业者、创业机会、创业资源、创业计划和创业项目等创业要素及创业本身的基本内涵和特殊性等；再次，就业创业教育课程为大学生形成有助于实现成功就业创业的综合素质和能力奠定基础，如系统培养大学生自我探索技能、信息搜索与管理技能、生涯决策技能、求职技能等与就业有关的综合素质和能力，以及识别创业机会、整合创业资源、设计创业计划、创办和管理企业、防范创业风险、适时采取行动等与创业有关的综合素质和能力。

总之，就业创业教育课程作为一项特定的教育内容，是对于知识经济时代背景下新的人才素质结构的一种回应，是落实建设创新型国家和人力资源强国战略、深化高等教育教学改革、提高人才培养质量、培养高素质创新人才、促进大学生全面发展的重要教育载体，具有独特的地位和作用。

## 二、大学生就业创业教育课程的发展现状

自美国从 20 世纪早期开设大学生就业指导课起，就业创业教育课程曾以"职业指导"、"职业生涯辅导"、"创业教育"、"就业、创业培训"等名称和形式被阐释和实施。对就业创业教育课程发展现状加以梳理和把握，有利于总结过去，反思当下，对优化当代大学生就业创业教育课程体系具有借鉴意义。

### （一）美国就业创业教育课程发展现状及特点

就业创业教育课程最早起源于 20 世纪的美国。1911 年，哈佛大学为刚入学的新生开设了就业指导的教育课程。1921 年，哥伦比亚大学开设了"专业职业：其范畴、作用和新发展"的就业指导课，并于 1923 年在当代文明系列课程中把就业指导课作为通识教育的一部分，是第一门给学分的就业指导课。1959 年，明尼苏达大学普通学院出版了首本《大学生职业规划》教材①。到 20 世纪 60 年代，就业指导和职业生涯规划课程已经被纳入学校课程体系，得到了广泛系统的开设和普及。

创业教育课程最早起源于商学院，1947 年，迈尔斯·梅斯（Myles Mace）在哈佛商学院开设第一门 MBA 课程——"新创企业管理"，这是创业教育课程在大学校园内的首次出现。在经历了 20 世纪 50、60 年代的一段低潮期后，创业教育课程在 20 世纪 70 年代得到了重视并获得逐步普及。许多国际组织和国家政府意识到创业教育的积极意义，纷纷出台创业教育政策和指导性计划，掀起了一

---

① Henry Borow，Robert V. Lindsey：*Vocational Planning for College Students*，Englewood Cliffs，New Jersey：Prentice - Hall，Inc，1959.

股席卷全球的创业教育热潮。1967 年，百森学院（Babson College）首次在本科教育中开设创业方向。哈佛大学等学校从 20 世纪 90 年代中期开始设置创业学方向的工商管理博士学位。2001 年，哈佛大学和斯坦福商学院分别开设了 15 门和 21 门创业管理课程。随着课程建设地深入发展，就业创业教育课程开始逐步由公共通识课深入到各院系和专业，如美国部分大学化学系开设了"化学家的职业发展"、"化学实验室的工作前景"等课程。

目前，美国大部分高校均已开设就业创业教育课程，形成了较为完整的课程体系，并实现了与初等教育、中等教育的有效衔接。美国高校的就业创业教育课程主要有以下特点：

一是覆盖面广，体系完备。美国高校就业创业教育课程起步较早，目前已经形成了一套相对完善、丰富的课程体系，并通过数量充足的必修课和选修课为学生提供跨学科、跨专业的课程选择，形成了相应的选修和学分制度。在美国，就业教育课程以职业生涯规划指导为重点，涵盖了就业技能培养、就业知识和信息传递，以及影响就业的因素分析等方面的内容，还包括对学生职业兴趣的测定和调查等。具体包括"职业发展引论"（包含职业概念和应用、社会条件影响职业发展、求职策略）、"职业发展技能"（包括职场礼仪、向用人单位自我推销、利用网络搜索信息、提高领导力、交流和表达能力等）、"个人职业规划"（包括职业考察，工作环境和职业规划过程）等。美国学者米德和克斯根（Mead & Korschgen，1994）利用随机抽样的方法对 32 个州 61 所大学的职业发展课程进行调查，认为职业发展课程包括三种类型：制定职业决策，进行求职和工作准备。学生几乎平均分布在 4 个年级里，95% 的学生得到 1 ~ 3 学分。[1] 创业教育课程则涵盖了创业构思、融资、设立、管理等方面，具体课程包括"新企业成立"、"创业涉及的法律"、"创业财务课程"、"成长性企业管理"、"创业营销"、"企业成长战略"等。美国各高校创业教育课程教学计划各有所重，如哈佛大学商学院比较重视创业意识的培养，代表性课程如"创业精神、创造性与组织"；斯坦福商学院比较重视相关创业知识的传授，代表性课程如"投资管理与企业财务"；UC 伯克利分校的创业教育课程面向高科技创业，代表性课程如"硅谷技术与创业"。2005 年，美国已有 1 600 多所高校开设了创业教育课程，不仅在形式与内容上覆盖了各学科各专业，更设立了本科、研究生的创业管理专业，形成了相对完整的课程体系。

二是形式多样，实践性强。美国高校就业创业教育课程的形式比较灵活，除

---

[1] S. Mead、A. J. Korschgen：*A Quick Look at Career Development Courses across the Country*，*Journal of Career Planning & Employment*，54，1994，pp. 24 – 25.

了通过传统的讲授方式向学生传递理论知识外，还通过案例讨论、角色扮演、商业游戏等方式进行教学。如加州圣何西州立大学的就业教育课程主要采用小组讨论形式，通过师生之间分享和研讨求职感受和经历形成理性认识，同时，校外社区人员也被邀请参加到课程的研讨过程中。哈佛商学院不仅开设了"创业型金融"、"创业型市场营销"等基础类课程，还开设了"在巨变环境中的创业管理"、"教育变革中的企业家精神"等研讨类课程。[①] 百森学院创业教育课程由基本理论、案例分析和模拟练习等模块组成，通过分析综合、比较研究等方法，把一个创业者所必须拥有的意识、个性特征、核心能力和社会知识结构进行系统整合，进行系统化的课程设计。[②] 美国大学非常重视学生的就业创业实践，经常组织各式各样的项目实践课程。很多企业采取订单培养模式，让学生参与到企业的工作项目中来，并以课程的形式传递相应的知识和技能，有效衔接课堂教育与实践工作，提升了学生在实践中运用知识及解决问题的能力。麻省理工学院不仅开设创业的入门课程，还开设实务课程，让有管理背景与理工背景的学生组成团队，到高科技公司实习以了解创业实务。

三是师资力量雄厚，专业性强。教师素质是就业创业教育活动得以顺利开展并确保质量的关键。目前，美国高校已经设立了创业教育的学士、硕士和博士学位，培养了大量就业创业教育师资。据统计，全美创业领域的首席教授有200多人。其中，百森学院、仁斯里尔理工大学和UC伯克利分校分别有35名、22名和20名专职从事创业教育和研究的教师，属于拥有专业型专职教师较多的高校。除了培养专业教师外，美国高校还邀请与就业创业相关领域，如法律、财务、企业管理等方面的专家参与课程教学，并积极聘请各个企业中有实践经验的人士来担任兼职教师。百森学院于1980年首设创业学讲席教授席位，并且要求创业教育师资中必须有创业风险投资家、创业家、实业家和初创企业的高级管理人才。以阿瑟—布兰克创业学中心主任和百森学院创业学分部主席小斯蒂芬·斯皮内利（Stephen Spinell）为例，他曾是美国石油交易公司的创始人、主席和首席执行官，也是杰斐润滑油国际公司的发起股东、董事和经理。他是当前创业教育师资队伍中比较典型的既从事全职教学工作，也担任着数家公司董事的复合型教师，[③] 具有极强的专业性。此外，美国还注重对就业创业教师的专门化培训，定期举办案例示范教学和研讨会，以提高教师就业创业教育教学的质量和水平。

---

① 张玉利、李政：《创新时代的创业教育研究与实践》，现代教育出版社2006年版，第69页。

② 席升阳：《我国大学创业教育的观念、理念与实践》，科学出版社2008年版，第58页。

③ ［美］杰弗里·蒂蒙斯、小斯蒂芬·斯皮内利，周伟民、吕长春译：《创业学》，人民邮电出版社2005年版，"作者简介"页。

### （二）我国就业创业教育课程发展现状及特点

1. 就业教育课程发展现状及特点。

1995 年 5 月，《关于在高等学校开设就业指导选修课的通知》中规定，"为适应改革形势发展的需要，加强大学生就业指导工作，建议在高等学校三年级和四年级开设就业指导选修课，本课程纳入思想政治教育课程系列"，并统编《大学生就业指导》教材在全国高校试用。2003 年 4 月，教育部提出要"加强毕业生就业指导，将就业指导课作为学生思想教育的重要组成部分，并纳入日常教学"。2007 年 12 月，教育部印发了关于《大学生职业发展与就业指导课程教学要求》的通知，明确规定"从 2008 年起提倡所有普通高校开设职业发展与就业指导课程，并作为公共课纳入教学计划，贯穿学生从入学到毕业的整个培养过程。现阶段作为高校必修课或选修课开设，经过 3 ~ 5 年的完善后全部过渡到必修课。各高校要依据自身情况制订具体教学计划，分年级设立相应学分，建议本课程安排学时不少于 38 学时"，并将课程内容规定为六大部分，包括建立生涯与职业意识、职业发展规划、提高就业能力、求职过程指导、职业适应与发展、创业教育，进一步明晰了课程编制的逻辑和层次。

根据上述规定和要求，各高校陆续将就业教育课程纳入学校教学计划，探索并积极开展各种形式的就业教育课程，帮助大学生了解就业形势，适应市场需求，促进顺利就业。随着就业教育课程体系的不断完善，课程的设置和安排也日趋合理，很多高校不但设立了专门的就业指导课教研室，还相继成立了专门负责就业工作的指导中心负责课程的组织与实施。通过聘请职业指导师、优秀企业家等参与课程教学，尽可能满足学生的学习需求。课题组通过考察各高校的相关网站调研了国内 11 所具有代表性的高校就业指导课程开设情况（见表 4 - 1）。

总体看来，国内高校就业教育课程具有两个主要特点：第一，课程类别比较完备，包括通识、网络和结合学科专业三类课程。通识类课程面向全校学生开设，课程名称多为"职业生涯规划"、"大学生就业指导"、"求职技能训练"等；网络课程由高校组织开发，将教师面授和网络学习相结合，有效地扩大了学生参与范围，活化了现有的教育形式，如清华大学、北京大学、东北师范大学等就建有系统的网络学堂；结合学科专业的就业教育课程具有较强的融入性、综合性和针对性。虽然目前国内高校还少有开设，却是一个重要的发展趋势。第二，以学校课堂教学为主，相对缺乏与市场和企业相衔接的实践教学。目前，我国的就业教育课程主要通过课堂讲授、小组讨论、讲座等学校教育教学方式传授关于择业就业的间接知识，尽管也举办职业规划大赛等活动，但大都局限于校园之内，与市场和企业相衔接的实践教学，如社会实践与调查、职场实习等相对不足。

**表 4 - 1**　　　　　　　**11 所高校就业指导课程设置情况一览表**

| 学校名称 | 课程设置 |
|---|---|
| 清华大学 | 1. "大学生职业生涯规划"课程。始于 1993 年开设的"就业指导"课。2004 年 2 月更名为"大学生职业生涯规划",同年 9 月由原先每学年春季学期授课改为春秋两学期授课。2005 年 2 月由 16 学时增加为 32 学时,由 1 学分增加为 2 学分。2010 年 3 月起,该课主要面向全校中低年级本科生(一至三年级)开放。<br>2. "求职能力训练"课程。40 人/班,16 学时/学期,1 个班次。<br>3. "职业选择理论与实践"课程。100 人/班,16 学时/学期,1 个班次。<br>4. "职业素质拓展训练"课程。40 人/班,16 学时/学期,2 个班次。<br>5. 全程职前教育网络课程体系。<br>·缤纷校园——大学生涯规划篇　·美丽人生——职业生涯规划篇<br>·览定众山——职业环境认知篇　·器利事善——求职过程胜出篇<br>·海阔天高——工作能力提升篇　·梦想成真——激情自主创业篇<br>·厚积薄发——成功素养拓展篇　·先知先觉——初涉职场转型篇<br>·公务员考录辅导课程。 |
| 北京大学 | 1. "大学生职业生涯规划"课程。<br>课程性质:公共选修课;课程学时:32 学时;课程学分:2 学分<br>2. 生涯教育网络学堂。<br>(1)"职业生涯规划"课程。<br>课程性质:必修课;课程学时:18 学时;课程学分:1 学分<br>开设年级:大二秋季学期;授课形式:教师面授(8 学时)+网络学习+考试<br>(2)"大学生就业指导"课程。<br>课程性质:必修课;课程学时:20 学时;课程学分:1 学分<br>开设年级:大三春季学期;授课形式:教师面授+网络学习 |
| 中国人民大学 | "生涯发展与就业指导"课程。2009 年起纳入学校本科生教学方案,于 2010 年春季学期开始授课。<br>课程性质:公共必修课;课程学时:36 学时;课程学分:2 学分<br>授课方式:课堂讲授和参加实践活动相结合。对大一、大二年级学生以课堂讲授为主,对大三年级学生采取开展职业测评、职业规划大赛、创业大赛、就业指导讲座、实习、参观用人单位等多种实践活动的方式来授课。 |
| 北京交通大学 | 1. "专业导论"课程。由各学院院长及教授针对大一、大二年级学生讲授。<br>2. "学业及职业生涯规划"课程和"大学生就业指导"课程。公共选修课,面向全校学生开设。由学校就业指导中心和各学院从事学生工作的资深教师授课,同时聘请业界研究专家和职场经验丰富人士为就业指导师。<br>3. 职前教育网络课堂。共 35 门课程,涵盖职业生涯规划、职场转型、自主创业等内容;引进全国大学生就业卫星专网,每周二、周四直播授课。 |

| 学校名称 | 课程设置 |
|---|---|
| 复旦大学 | "大学生生涯规划与发展"课程。<br>课程性质：公共选修课；课程周学时：2 学时<br>课程学分：2 学分；开课院系：社政学院 |
| 同济大学 | 1. "职业指导"课程。<br>课程学时：34 学时；课程学分：1.5 学分<br>授课方式：课堂讲授，小组式活动等<br>2. "大学生职业生涯规划"课程。<br>课程学时：34 学时；课程学分：1.5 学分<br>开设年级：主要针对大一、大二年级<br>授课方式：课堂讲授、讲座、座谈和团队活动等 |
| 华东师范大学 | "大学生就业指导"课程。<br>课程性质：公共必修课；课程学时：18 学时；课程学分：1 学分<br>授课方式：课堂讲授、院系特色活动、网络课程学习三大模块 |
| 华中科技大学 | 1. "职业生涯与大学生活规划"课程。<br>课程学时：32 学时；课程学分：2 学分；开设年级：大一、大二年级<br>2. "求职技巧与职业发展"课程。<br>课程学时：32 学时；课程学分：2 学分；开设年级：大三、大四年级 |
| 东北师范大学 | 1. "职业生涯规划"课程。<br>课程性质：通识选修课；课程学时：18 学时；课程学分：1 学分<br>开设年级：大一、大二年级；开设数量：120 人/班次，8 班次/学年<br>2. "就业指导"课程。<br>课程性质：通识选修课；课程学时：18 学时；课程学分：1 学分<br>开设年级：大三、大四年级；开设数量：120 人/班次，8 班次/学年<br>3. 网络就业学堂：汇集了种类齐全的就业辅导知识，包括职业测评、职业生涯规划、就业市场、就业政策、创业指导、求职技巧、优秀毕业生事迹等内容 |
| 哈尔滨工业大学 | 1. "大学生职业生涯规划"课程，旨在启发生涯意识，有效规划大学生活。<br>课程学时：20 学时/学期；开设数量：100 人/班次<br>2. "大学生就业指导"课程，旨在提高求职技巧、了解就业政策及法规。<br>课程学时：20 学时/学期；开设数量：100 人/班次<br>3. "大学生职业能力拓展"课程，旨在明确就业前的职业定位，提升职业素质。<br>课程学时：20 学时/学期；开设数量：100 人/班次<br>4. "建筑类大学生职业规划"课程，针对建筑类学生的特点及行业特征开展职业规划。<br>课程学时：20 学时/学期；开设数量：30 人/班次 |

续表

| 学校名称 | 课程设置 |
|---|---|
| 浙江大学 | 1. "职业生涯规划"课程。<br>课程性质：通识选修课；课程学时：27 学时；课程学分：1.5 学分<br>2. "择业与职业发展"课程。<br>课程性质：通识选修课；课程学时：18 学时；课程学分：1 学分 |

2. 创业教育课程发展现状及特点。

1997 年，清华大学在管理学院率先为工商管理硕士（MBA）开设了"创新与创业管理方向"专业，该专业包括 8 门课程，分别是"创业管理"、"创业投资"、"新产品开发"、"项目管理"、"企业家精神与创新"、"技术创新管理"、"知识产权管理"和"技术创新与制度创新"；同时还为全校本科生开设了"高新技术创业管理"课程。2002 年 4 月，为了促进高校创业教育的开展，教育部选取了清华大学、北京航空航天大学、中国人民大学、上海交通大学、西安交通大学、武汉大学、黑龙江大学、南京财经大学、西北工业大学 9 所大学作为创新与创业教育试点高校[①]，各试点高校均对创业教育课程进行了实践性探索。2006年，中国青年政治学院等 6 所高校作为试点院校推行了 KAB（Know About Business）课程。2008 年，教育部"高等学校本科教学质量与教学改革工程"项目选取了清华大学、北京航空航天大学、上海交通大学、黑龙江大学、南京财经大学、中南大学、中山大学等 30 所高校作为创业教育类人才培养模式创新实验区，[②]各个高校均将创业教育课程体系建设作为全面推进创业教育的重要组成部分，并通过大量开设不同类型和层次的课程，不断丰富并完善创新创业人才培育体系。2010 年 4 月，教育部成立"2010～2015 年高等学校创业教育指导委员会"，召开推进高等学校创新创业教育和大学生自主创业工作视频会议，并下发《关于大力推进高等学校创新创业教育和大学生自主创业工作的意见》，明确指出要"把创新创业教育有效纳入专业教育和文化素质教育教学计划和学分体系，建立多层次、立体化的创新创业教育课程体系。突出专业特色，创新创业类课程的设置要与专业课程体系有机融合，创新创业实践活动要与专业实践教学有效衔接，积极推进人才培养模式、教学内容和课程体系改革。加强创新创业教育教材建设，借鉴国外成功经验，编写适用和有特色的高质量教材。"2012 年 8 月，教

---

[①] 中华人民共和国教育部高等教育司：《创业教育在中国：试点与实践》，高等教育出版社 2006 年版，第 1 页。

[②] 中华人民共和国教育部高等教育司：《高等学校创业教育经验汇编》，高等教育出版社 2011 年版，第 1 页。

育部办公厅印发了《普通本科学校创业教育教学基本要求（试行）》的通知，对创业教育课程的性质与目标、内容、教学方法与要求等做出了详细的规定，标志着我国创业教育课程进入了规范化、标准化建设阶段。为了更直观地呈现我国高校创业教育课程的发展与变化，课题组选取了清华大学、北京航空航天大学、上海交通大学、黑龙江大学和南京财经大学这五所既是创新创业教育试点高校，又是创新实验区高校的大学作为研究对象，通过对比来分析和总结我国高校创业教育课程的现状与特点（见表4-2）。

表4-2　　试点时期与实验区时期5所高校创业教育课程设置情况对比表

| 学校名称 | 创业教育试点高校时期及后续探索阶段（2002～2008年） | | | 创业教育类人才培养实验区高校时期（2008年至今） | | |
|---|---|---|---|---|---|---|
| | | 类型 | 课程名称 | | 类型 | 课程名称 |
| 清华大学 | 本科生 | 选修 | "科技创业理论与实务"、"技术创业—未来企业家之路"、"创业领导力"、"创业管理"、"KAB大学生创业基础"（32学时、2学分）、"高技术公司创业与成长探析" | | 选修 | 在以往基础上增设："创业训练营"、"生物技术中的创业与创新"、"技术创业"、"特定产业创新与创业"（工科院系，高年级） |
| | 研究生 | 选修 | "创业机会识别和商业计划"、"创办新企业"、经济与管理学院MBA设立"创新与创业"研究方向 | | 选修 | 在以往基础上：面向研究生开设"技术创业"、"特定产业创新与创业" |
| 北京航空航天大学 | 本科生 | 选修 | "科技创业" | | 选修 | 在以往基础上：面向全校开设："大学生KAB创业基础"、"创业概论"、"创业导论"、"创造与创新"。面向创业管理培训学院开设："团队训练"、"拓展训练"、"创业市场调查"、"公司法与合同法"、"创业财务基础" |
| | | | | | 必修 | 在以往基础上：面向创业管理培训学院开设："创业管理入门"、"商务沟通与交流"（基础篇）、"创业实务" |

续表

| 学校名称 | 创业教育试点高校时期及后续探索阶段<br>（2002~2008 年） | | | 创业教育类人才培养实验区高校时期<br>（2008 年至今） |
| --- | --- | --- | --- | --- |
| 北京航空航天大学 | 研究生 | 选修 | "创业管理" | 选修 | 在以往基础上：<br>面向创业管理培训学院开设："团队训练"、"拓展训练"、"创业者的企业家精神和现代企业意识"、"创业融资"、"财务分析与管理"、"公司组织与管理"、"营销管理" |
| 上海交通大学 | 本科生 | 选修 | "大学生创业"、"大学生创业心理辅导"、"创新与创业" | 选修 | 在以往基础上开设："投资创业与民商法文化"、"创新与技术创业"、"创新与创业"、"技术创新与创业政策分析"、"创业与创新管理" |
| | 研究生 | — | — | 必修 | 针对经济管理类硕士生开设："创业管理与资本市场" |
| 黑龙江大学 | 本科生 | 选修 | 选修课创业投资与融资等 27 门课程；SYB 创业技能培训课程（80 课时）；"创业管理"辅修专业 250 门课程 | 必修 | 在以往基础上更新课程体系，规定："通识读书学分"为公共必修 1 学分；"专业创新学分"为 4 学分，其中包括"三个一"课程（2 学分），各教学单位提供的专业创新创业实践或创新类课程（2 学分） |
| 南京财经大学 | 本科生 | 选修 | 面向全校开设："创业学"、"创新思维"、"创造学"、"创业管理"、"创新思维与素养"、"KAB 创业基础"、"创新与创业"；在工商管理学院举办"创业教育实验班"开设："创业成功学"、"创业方案设计"，这两门课程为专业基础课，也是全校经济、管理、法学及工科类一级学科所属专业本科生设计的公共基础选修课 | 必修 | 在以往基础上开设经管类专业课："公司战略管理"、"组织行为学"、"生产与运营管理"、"市场学"、"消费行为学"、"项目管理"、"工商行政管理" |

注：事实上，创业教育试点高校的推行时间大致是从 2002 年 4 月至 2004 年年底。随后，在总结经验并不断探索的过程中，各个高校的课程体系建设也获得了不断的丰富与完善。为了更好地体现创业教育课程的连续性发展并方便比较，对比表中将继续探索阶段与试点时期合并成为"创业教育试点高校时期及其后续探索阶段"。

五所高校的课程变化表明，近十年来，我国创业教育课程体系建设在国家的引导和政策支持下取得了显著发展，在数量和质量上都有了较大幅度的提高，大部分高校开设的创业教育课程由起步阶段的 1 门课程发展到 3～4 门；课程体系逐渐丰富，课程的专业性不断增强。总体看来，国内高校开设的创业教育课程具有三个主要特点：第一，创业教育课程类型以广谱式课程为主，多为通识选修类课程。虽然少数高校将"创业管理入门"、"商务沟通与交流（基础篇）"、"创业实务"（北京航空航天大学）设为公共必修课，但是绝大多数高校均将创业教育课程设为公共选修课。同时，尽管少数学校已经通过成立"创业管理培训学院"（上海交通大学）、依托工商管理学院的"创业教育试点班"（南京财经大学）开设专业式课程并面向全校本科生进行选修式开放，但是由于数量较少，选修课堂有限，尚未形成整体化的创业教育课程体系。第二，创业教育课程内容较为丰富，初步实现了跨学科融合。国内创业教育课程内容主要包括创业基础课程（创业学、创业与创新教育等）、经营管理类课程（公司组织与管理、现代企业管理、财务管理等）、相关法律政策类课程（公司法与合同法、创业政策分析等）、人格特质类课程（创业思维、企业家精神、创业心理学等）以及实务类课程（创业融资、创业流程与实务等）。这些课程涉及心理学、管理学、经济学、社会学等学科相关内容的融合，有利于知识的灵活运用和新知识的引进。第三，少数高校已经开始为研究生开设选修类课程，尝试探索不同学历阶段之间的衔接。如清华大学为 MBA 设立了"创新与创业"研究方向，开设"创业管理"等课程；上海交通大学安泰经济与管理学院针对经济管理类硕士生开设"创业管理与资本市场"的专业课程；北京航空航天大学在研究生中开设"创业管理"课程。

### （三）我国就业创业教育课程存在的问题与不足

1. 专业性不强。

在我国，就业创业教育理论研究和实践仍处于探索阶段，尚未形成专业系统的课程体系。主要表现在三个方面：首先，缺乏学科独立性，缺少必要的学科理论基础，尚未形成完整的知识体系。在美国，就业教育的核心是职业生涯教育，主要以心理学作为支撑；创业教育则起源于商学院，主要以经济学、管理学作为学科基础，并形成了较为成熟的"创业学"学科体系。学科理论基础的完备为就业创业教育课程体系的形成奠定了基础，储备了师资和教材。而在我国，就业创业教育起步晚，尚未形成独立的"就业学"或者"创业学"学科，缺乏科学的研究方法和研究范式，缺乏具有严密逻辑框架的知识体系，无法为课程体系的建设提供理论基础。其次，缺乏专业化程度高的师资队伍。就业创业教育要求授课教师既要具备专业的理论知识，又要具备丰富的就业创业实践经验。从师资队伍的现实状况来看，除了少数高校已经开始着力探索学科体系建设，培养专业化教师外，多数高校的就业创业教育课程教师仍由就业指导部门的一线工作者兼任。由于缺乏独立的学科依托，目前我国高校就业创业教育师资普遍缺乏专业知识背景与系统培训，同时也相对缺乏创业经历和体验，难以确保就业创业教育课程教学目标的有效实现。再次，缺乏与各个学科专业课程的有效融入。就业创业教育与专业教育相结合是国外就业创业教育的一个重要趋势，很多专业结合自身学科特点、职业发展前景和创业生长点设计开发了一系列具有针对性的就业创业教育课程。目前我国各高校开设的就业创业教育课程多为通识类课程，缺乏根据不同专业、不同层次学生的需求差异而进行的个性化课程开发，在教育目标、内容、教学和教材设计上无法实现与学科专业课程的整合与融入。

2. 广谱性不足。

目前，绝大多数高校已经将大学生就业创业教育课程纳入教学计划，规定了课程类型、组织形式以及学时学分。但就课程对象与课程内容而言，依旧存在广谱性不足的问题。首先，从课程对象来看，尚未覆盖全体学生。目前，将就业创业教育课程设定为公共必修课的高校数量较少，即使成为必修课，也只是开设一到两门就业创业导论类课程。大部分高校只将其设置为公共选修课，90%的高校开设的就业创业教育课程不足8门，且因师资力量不足只开设一至两个选修课堂。有限的课程选择使得就业创业教育覆盖面不够，无法保证所有学生都能够接受就业创业教育。其次，从课程内容来看，相对忽视创业教育课程。2007年，教育部发布了《大学生职业发展与就业指导课程教学要求》，规定了六个方面的就业教育内容，创业教育只作为其中的一个方面，这在很大程度上削弱了创业教育课程的地位。尽管教育部于2012年8月出台了《普通本科学校创业教育教学基本要求（试行）》以及"创业基础"教学大纲，但是由于文件出台时间较晚，执行落实的时间较短等原因，创业教育课程体系建设仍有待完善。同时，部分高校只将就业教育课程设定为公共课，而没有将创业教育课程设定为公共课，或者仅将创业教育作为就业教育课程的一部分，这也造成了创业教育课程的相对缺乏。

3. 衔接性不好。

目前，我国高校就业创业教育课程尚未实现体系建设的整体化格局，在教育资源、教育阶段和教育途径上缺乏相应的衔接。首先，缺乏学校教育教学资源和社会教育教学资源的有效衔接。就业创业教育课程的有效实施需要整合并运用国家、社会、企业和学校的多方教育教学资源，如师资、场地、设施、案例、资料等。如在师资构成方面需要三方结合，就业创业教育课程授课教师结构既要包括

*221*

学校就业创业指导中心的一线教育工作者和各个学院的专业教师，也要包括国家、政府就业指导部门的决策者，还要包括职业指导师和具有创业实践经验的创业者，更要包括企业家、高层管理人士等。其次，缺少各学历阶段之间的有效衔接。在美国，就业创业教育已经被纳入国民教育体系，贯穿大中小学，涵盖本硕博三个学历层次，并形成了有序的课程链条。我国尚未形成就业创业教育体系的整体化格局，缺乏不同学历阶段课程的有序衔接。在中小学阶段，只有少数中学开设了职业生涯规划课程，且开设范围较小；而在研究生阶段，除了清华大学、北京航空航天大学、上海交通大学、西北工业大学等为 MBA 以及部分专业的研究生开设少量选修课之外，大部分高校基本不开设此类课程。再次，缺少课堂教学与实践活动教学的有效衔接。课堂教学以讲授、案例分析、小组讨论为主要方法，更多地强调教育的知识性、理论性和系统性；实践活动教学则以情景模拟训练、角色扮演、学习参观、市场调查、项目设计、成果转化、企业创办等实践活动作为教育手段，更多地强调教育的实践性和灵活性。两者的有效衔接能够促进理论和实践的有效转化，增强教育效果。目前，在高校进行就业创业教育课程教学的过程中，课堂教学与实践活动教学还是相对独立的两种教学体系，在师资、设施、资料和场地上还没能实现有效呼应。

4. 规范性不够。

规范化的组织与管理机制是就业创业教育课程教学顺利实施的有效保障。目前，无论国家层面还是高校层面都比较缺乏对就业创业教育课程进行规范的有效手段。首先，国家关于就业创业教育课程的政策文件较少，尤其缺乏与课程教学相关的配套文件。至今为止，我国关于就业创业教育课程教学的政策文件仅有两份：一份是 2007 年 12 月 28 日由教育部办公厅出台的《关于印发〈大学生职业发展与就业指导课程教学要求〉的通知》（教高厅［2007］7 号）以及附件"大学生职业发展与就业指导课程教学要求"；另一份是 2012 年 8 月 1 日由教育部办公厅印发的《普通本科学校创业教育教学基本要求（试行）》（教高厅［2012］4 号）以及附件"'创业基础'教学大纲（试行）"。虽然两份文件中都对课程目标、内容、设置以及教学方法、效果评价等方面做出了方向性的规定，但是十分缺乏相关的具体配套文件。如虽然强调加强教师队伍建设，但却没有关于教师准入标准、管理机制的相关政策文件。其次，各个高校少有制定详细的课程教学大纲，尤其缺乏课程设计方案与实施细则。根据国家文件的要求，各个高校应把就业创业教育教学纳入学校改革发展规划，纳入学校人才培养体系，纳入学校教育教学评估指标，建立健全领导体制和工作机制，制订专门教学计划，提供有力教学保障。但就现实而言，多数高校仅仅开设了相关课程，并未制定科学、系统和具有特色的教学计划和教学大纲，缺乏课程设计方案与实施细则。同时，由于课程开设部门不一，也并未形成系统健全的工作机制和管理机制。

### 三、大学生就业创业教育课程研究的基本思路与方法

目前，关于大学生就业创业教育课程体系的理论研究和实践运用均十分匮乏，主要表现在：基于大量课程设置经验事实调查的实证研究尚未出现，同时尚未形成全国高校普遍认可并参照使用的就业创业课程体系及其课程实施方案。针对这些不足，本研究采用了实证性的研究思路及方法，综合运用文献分析法、调查法、归纳分析法等研究方法对大学生就业创业教育课程体系展开研究。

首先，综合运用文献分析法与调查法对当前大学生就业创业教育课程的设置情况进行事实经验的搜集、整理与分析，为课程体系的构建奠定坚实的研究基础。课题组首先对国内外就业创业教育课程的发展现状进行了充分调研。其中，对国外大学生就业创业教育课程发展现状的分析主要以这方面发展水平较高的美国的研究对象，并主要通过文献分析（研究论文、报告、美国高校网站等）总结其在课程体系、课程教学和师资队伍上的主要特点，为我国就业创业教育课程发展与建设提供借鉴。而在研究我国大学生就业创业教育课程发展现状时，则运用调查法对76所高校的就业创业课程设置情况进行深入调研。在对课程发展进行系统梳理的基础上，以11所高校和5所高校为例分别对就业教育课程现状和创业教育课程现状进行总体分析，归纳出我国当前就业创业教育课程的特点与不足，以从整体上把握我国就业创业教育课程开发、改进和建设的总体发展方向。

其次，依据经验事实，运用归纳分析法提出三类课程模式的概念以及特征，根据这三类课程模式从课程设置、内容、教材等维度对当前我国就业创业教育课程现状展开详细分析，并构建"三位一体"大学生就业创业教育课程体系。归纳分析法是从大量的经验事实中找寻出一般的原理，并对科学的假定进行证实的科学研究方法，而归类是科学研究的首要步骤。在根据课程对象、特征、类型、内容、教材以及组织形式等方面的差别对76所高校的调研数据进行整理和分析的基础上，将已有的课程设置划分为"广谱式"、"专业式"与"融入式"三种类型并深入挖掘其内涵和主要特点。在此基础上，认为理想的课程体系是现有课程模式的科学组合，并通过确立构建原则与课程结构来论证"三位一体"大学生就业创业课程体系的科学性与可行性。

最后，从已构建课程体系推广的普适性出发，以"广谱式"课程为个案进行具体的课程方案设计。作为一种理想范式，"三位一体"就业创业教育课程体系在现阶段仍是一种有待实现的理论构想。其中，专业式课程与融入式课程的开发与建设仍处于起步阶段。究其原因：一是当前就业创业教育学科平台建设不完

善，尚未形成独立学科，专业式课程与融入式课程缺乏学科理论及实践支撑；二是专业式课程和融入式课程的开发与建设与各个高校自身的就业创业教育基础、特点、专业设置等紧密相关，难以进行统一的研究与设计。而"广谱式"课程面向全体学生，已经在全国范围内进行了较为广泛的探索与实践，具有普适性的特征与价值。因此，本研究以"广谱式"课程研究为切入点，构建了以"综合素质和能力"为中心的就业创业教育课程体系的内容模块，并从课程目标、形式、学时、学分、教学方式、教学评价、保障等方面设计了具有操作性的课程实施方案，以期为当前和今后全国高校开展大学生就业创业教育提供可供借鉴的课程范式。

## 第二节　大学生就业创业教育课程体系构建

在总结国内外就业创业教育课程设置现状的基础上，课题组将就业创业教育课程归纳为三种主要类型：广谱式课程、专业式课程和融入式课程。广谱式课程重在面向全校学生进行通识教育；专业式课程重在面向商学院/管理学院和其他学院具有明确创业意向的学生进行专业教育；融入式课程重在针对各个学科专业的学生进行嵌入式教育。在分别对这三类课程的含义、特点和发展现状进行分析的基础上，构建了以"综合素质和能力"培养为中心的"三位一体"就业创业教育课程体系。

### 一、广谱式课程的内涵与发展现状

#### （一）广谱式课程的内涵

广谱式课程是以全体学生为对象，具有普及性教育功能的课程。具体来说，是指以全校学生为教育对象，以激发学生的就业创业意识为基本起点，以普及就业创业基础知识为主要内容，以培养学生就业创业的基本素质，锻炼就业创业能力为目标的课程。广谱式课程以公共课的形式，纳入全校通识课程体系，并具有以下三个特点。

1. 面向全体。

"面向全体"是指广谱式课程面向全校学生开设，使所有学生都能够通过课程学习接受就业创业教育。从课程设置角度来看，"面向全体"是指所有学生都有同等机会接受就业创业教育,即对高校层次、专业属性均没有限制。从学生需求角度来看,"面向全体"为不同层次和需求的学生提供不同选择。由于所有学生都要面临就业择业并具有创业的潜能,就业创业基础类课程是所有学生都要学习的,而其他内容的就业创业教育课程只面向有需求的学生选修,不做强制要求,因此,广谱式课程分为公共必修课和公共选修课。

2. 融入全程。

"融入全程"是指广谱式课程的实施不是仅仅集中在某一学期开设,而是贯穿学生各个学习阶段,并根据不同阶段的心理特点、成长规律和现实需求设置不同的课程内容。2007 年,教育部在《关于印发 < 大学生职业发展与就业指导课程教学要求 > 的通知》中"提倡所有普通高校开设职业发展与就业指导课程,并作为公共课纳入教学计划,贯穿学生从入学到毕业的整个培养过程"。2012 年,又在《普通本科学校创业教育教学基本要求(试行)》中进一步指出,要"把创业教育融入人才培养体系,贯穿人才培养全过程",同时,也要"结合学校办学定位、人才培养规模和办学特色,适应学生发展特别是学生创业需求,分类开展创业教育教学。"具体而言,大一、大二年级重在激发学生就业创业意识,形成学业规划和初步的职业规划,掌握就业创业的基本知识,主要开设"学业及职业生涯规划"、"创业基础"、"就业创业法律与政策"等导论、基础类课程;大三年级重在培养就业创业的综合素质和能力,可以开设多门如"大学生就业指导"、"大学生职业能力拓展"、"创新思维"、"创业管理"等公共选修课;大四年级直面毕业,重在使学生准确掌握就业创业形势,提升择业、就业和创业技能,增进心理调适能力,可以根据学生的实际需要分类设置课程。如针对准备就业的学生要重点开设如"求职过程指导"、"职业适应与发展"等就业指导类课程;针对准备创业的学生开设如"创业与职业生涯发展"、"创业机会与创业风险"、"创业资源管理"、"新企事业的开办"等创业指导类课程。

3. 重在通识。

"重在通识"是指广谱式课程是以融合科学与人文学科中与就业创业相关的基本观念、知识和能力为主要内容的非专业性、综合性教育课程。首先,广谱式课程重视多学科就业创业相关教育内容的渗透、融通与综合,强调理工、人文、社会、信息和管理等学科的沟通,旨在培养具有宽广视野、人文及科学精神的就业创业者。其次,广谱式课程强调知识和能力的基础性,以及就业创业通用素质与能力的培养。如强调了解自我和环境、职业特性及分类、基本的就业创业市场信息与政策法规、求职技巧、就业创业过程中的常见问题及对策、成功创业的基本因素、创业准备及一般创业过程以及掌握生涯规划和决策能力、沟通能力、问题解决能力、自我管理能力和人际交往能力等。

225

### （二）广谱式课程发展现状及特点

由于美国就业创业教育课程起步较早，具有比较成熟的课程体系，因此课题组在研究国外广谱式课程发展现状及特点时，选择以美国为分析对象，在简要介绍美国广谱式课程发展历程的基础上，分别选择田纳西科技大学（Tennessee Technological University）[①] 和百森学院（Babson College）[②] 作为典型案例来分析广谱式就业教育课程和创业教育课程的主要特点。而在考察我国高校广谱式课程发展现状及特点时，则从课程模式和教材两个维度进行分析。

1. 美国广谱式课程发展现状及特点。

（1）广谱式就业教育课程发展现状及特点。

美国高校就业教育课程是伴随就业指导理论的发展而出现的。美国就业指导理论先后经历了职业指导和生涯教育两个阶段，并产生了相应的课程。第一阶段主要以 1911 年哈佛大学第一次在高校开设就业指导课为标志；第二阶段是指自 20 世纪 60 年代初起，大学生就业指导课被正式列入美国高校教学计划，标志着就业教育课程进入以生涯教育为主要内容的新阶段，从此，就业教育课程贯穿于大学教育全过程。[③] 目前，美国高校均已开设广谱式就业教育课程，下面仅以田纳西科技大学为例进行分析。

田纳西科技大学的广谱式就业教育课程称为"职业生涯发展"课程，包括"生涯规划"和"求职策略"两大类。课程以公共选修课的形式面向全校学生开设，每门课程有相应的学分。这些课程主要是帮助学生了解自我，学会设定与自身相匹配的职业生涯规划，掌握求职面试的写作和沟通能力，了解就业过程中的礼节和基本经验。学生可以借助专业测试，探索自己的性格和价值观，掌握职业生涯决策过程的方法。课程采取开放式教学的形式，教学过程中教师与学生用专题研讨、课堂展示、作业反馈及实践模拟等多种方式进行互动。每类课程均包含若干内容模块，如"职业生涯发展"课程共包含八个模块（见表 4 - 3）。

---

① 田纳西科技大学，公立大学，成立于 1915 年，位于美国田纳西州。该校是一所综合性大学，设有农业与人文科学、艺术与科学、商业、教育、工程、交叉性学科及继续教育 6 种学术领域内 44 种学士学位，20 种研究生学位。该大学从 2002 年到 2011 年（除了 2004 年）被连续评为由美国新闻与世界报告杂志（U. S. News & World Report）所发布的"顶尖公立大学"，而且被评为美国南方 10 所"顶级公立大学"之一。

② 百森学院，私立商学院，位于美国波士顿郊区，是创业学领域的领导者，在创业管理方面的专长为世界公认。学院开设本科、MBA 和专业性的硕士学位教育，并向全球企业管理人员提供高级管理培训课程。在 2005 年《美国新闻与世界报道》公布的全美最佳大学排行榜中，百森商学院连续第 12 年荣获创业领域排名第一的大学。

③ 陈敏：《中美高校学生就业指导师资队伍专业化比较研究》，载于《教育发展研究》2006 年第 3 期，第 81 页。

**表 4-3　　　田纳西科技大学的"职业生涯发展"课程模块**

| 课程模块 | 内容简介 |
| --- | --- |
| 心理测试 | 了解自我 |
| 职业测试 | 人职匹配，确定职业目标 |
| 生涯规划 | 设计职业生涯规划进程 |
| 个人简历 | 书写个人简历，培养学生写作能力 |
| 模拟面试 | 构建、培养学生沟通能力 |
| 商务礼仪 | 掌握各种商务礼节 |
| 合作教育 | 使学生在各自的专业领域内得到相应的工作经验 |

资料来源：陈晓欢：《美国大学生职业生涯规划辅导研究——以田纳西科技大学为例》，中国优秀博硕士学位论文全文数据库，第18页。

　　课程模块根据不同年级学生的需求进行具体设置。大一、大二年级主要开设生涯规划类课程，包括心理测试、职业测试和生涯规划三个模块，旨在通过心理测试和职业测试帮助学生了解自己，开发职业技能，为科学的职业决策奠定基础。在生涯规划课程中，学生要向老师递交职业规划书，确定职业目标，设计个人简历；教师以案例剖析的方式引导学生进行讨论，从而帮助学生进行职业决策，获得基本求职技巧。大三、大四年级主要开设求职策略类课程，旨在为高年级学生提供求职的技能与方法，具体包括面试技巧、简历撰写、商务礼仪等，通过一系列针对性指导帮助学生实现从学校生活到职业生活的过渡。

　　目前，美国广谱式就业教育课程以职业生涯规划为主要内容，既包括教授职业的性质、特点、从业要求等基本知识和技能，也包括对学生进行职业兴趣测量与调查，个性心理品质与职业适应程度判定等心理测试内容。总的来看，美国广谱式就业教育课程具有四个主要特点：一是全程性。广谱式就业教育课程的开设并不集中在一个学期或一个年级，而是针对不同学习阶段的学生特点与需求进行课程安排，将培养学生的就业能力贯穿于整个高等教育的全过程；二是科学性。在广谱式就业教育课程的教学过程中，普遍采用心理测试和职业测试的方式，如借鉴霍兰德职业能力倾向、职业价值观澄清等测试让学生对自身和职业产生充分了解，从而调整择业心理并进行职业选择，增强了指导效果的科学性和精确性；三是实践性。广谱式就业教育课程大体分成理论课程和实践课程。其中实践课程占总体课程的30%，主要是安排学生进行实习、就业招聘面试等活动，并呈现出实习时间长、实习机会多样的特点。如美国东北大学实行的校企合作教育，实习时间长达18个月。而且一般情况下，学生都会有2~3次实习经历；四是专业性。广谱式就业教育课程拥有专业化程度高的师资队伍，在学历、专业、咨询能力等方面都对其有严格的要求及标准。如田纳西科技大学的就业教育课程教师都有国家职业指导协会颁发的全国注册职业指导证书，持证上岗，且岗位分工明确。

（2）广谱式创业教育课程发展现状及特点。

20世纪90年代，随着创业型经济的发展，美国创业教育开始采用自下而上的发展模式，以商学院创业学科发展为基础拓展为全校性创业教育（University-Wide Entrepreneurship Education）[①]。美国的全校性创业教育称为"磁石模式"，由商学院或管理学院的创业教育中心进行统一管理，教育资源和师资均由商学院或管理学院提供。创业教育课程面向全校不同专业的学生，对创业感兴趣的学生既可以主修创业教育课程，也可以根据自身情况和兴趣进行辅修。这里仅以百森学院为例进行分析。

百森学院于1968年为本科生开设创业学主修课，为具有创业兴趣和潜质的学生提供全面和综合的创业教育课程。2007年，学院为本科生共提供39门创业教育课程。该校普莱兹——百森项目主任杰弗里·蒂蒙斯建构了一套完整的创业学课程体系，被誉为美国高校创业教育课程化的基本范式。该课程体系包括五个模块，分别是战略与商业机会、创业者、资源需求与商业计划、创业企业融资和快速成长。（具体内容如图4-1所示）蒂蒙斯的创业学课程主要是以经验中心课程论为主导，同时又兼顾了学科中心课程论和人文主义课程论，体现了创新性、科学性和实践性。

百森学院针对学生在不同学习阶段的特点，提供了循序渐进的创业教育项目。在大一年级，所有新生必须学习"管理和创业基础"课程。这是一门为期一年的跨学科创业课程，其核心特征是同步进行创业理论知识的学习并开展创业实践。如在系统学习经济理论、概率论、统计学分析、定量方法和公司法等理论知识的同时，通过组成创业团队，投资、发展、创办并管理一个企业。百森学院向每个团队最多提供3 000美元启动资金，帮助创业实践的开展。[②]在大二年级，学院为具有较高创业潜质的学生开设"创业精神培养强化课程"。通过强化学习，

---

① 2004年，斯特里特（Deborah H. Streeter）根据2000年《成功杂志》及《美国新闻与世界报道》的创业教育项目排名，对前38个项目的创业教育组织模式进行了统计。结果显示，有28所高校采用了全校性创业教育模式。考夫曼基金会为全校性创业教育课程发展起到很大的推动作用。2000年开始，考夫曼基金会开始鼓励创业项目和活动在全校范围内开展，使所有学生能够突破专业限制接受创业教育。2003年和2006年，考夫曼基金会分两批先后在多所高校开展了考夫曼校园计划，旨在推动全校性创业教育的推广。在课程开发子项目中，通过开发新的创业课程、修订现有课程使之更关注"创业"、为教师提供创业课程开发资助、为大一新生提供创业研讨会等四类方式进行。考夫曼校园计划不但标志着创业教育理念的转变，也说明了美国全校性创业教育课程正在成为美国高校创业教育课程的重要组成部分。

② 梅伟惠：《美国高校创业教育》，浙江教育出版社2010年版，第149页。

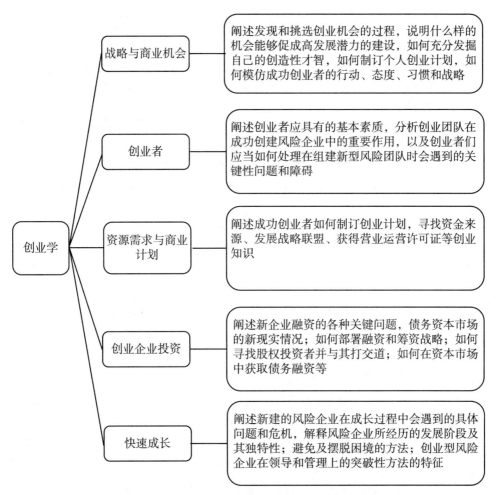

图 4－1　蒂蒙斯创业学课程模块构成

使学生更好地理解"成为创业者是怎样的"、"如何评价和调查新的商业机会"以及"如何准备创业计划"等问题，掌握创业的基本原则，为今后创业做充分准备。对于大三、大四年级学生，百森学院另外设计了 10 门选修课，学生可以根据自身的创业兴趣，在四个领域中（新创企业、家族创业、公司创业、社会创业）选择一种继续深入学习。每个领域都有 1 门核心课程和若干门选修课程（见图 4－2）。除了课程学习，百森学院还围绕创业周期设计了不同的学习主题，有效拓宽了学生的创业视野。

　　总的来看，美国广谱式创业教育课程具有三个主要特点：一是课程设计具有较强的针对性。以蒂蒙斯的创业学课程体系为例，五个模块均围绕创业过程的关键因素进行设计，按照创业的程序及要素依次开发不同类型与内容的课程，方便学生进行具有针对性的系统学习；二是重视案例教学。美国广谱式创业教育课程

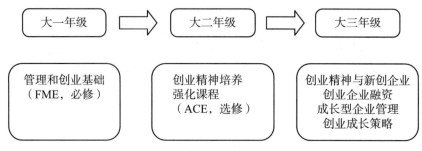

**图 4 - 2　百森学院本科生创业教育框架**

资料来源：梅伟惠：《美国高校创业教育》，浙江教育出版社 2010 年版，第 149 页。

教学善于使用案例分析法，采用最鲜活的创业案例以供学生学习参考。如哈佛大学建立了全世界最完备的创业案例库，使不同类型、个性的学生都能够找到创业的榜样，拉近与创业者的距离；三是师资来源丰富。除了通过构建创业学学科体系培养具有专业知识和技能的教师以外，美国高校还通过多种渠道吸引创业教育课程的授课教师。如百森学院拥有 12 位专门的终身教职教授和 22 位拥有实践经验的创业者共同为学生授课。部分高校还十分重视加强与企业界的联系，设立捐赠席位，以吸引一批既有实践经验又有理论基础的高水平创业教育师资。

2. 我国广谱式课程发展现状。

（1）我国广谱式课程模式分析。

课题组通过对国内 76 所高校的广谱式课程开设情况进行调查与统计，分别从课程定位、课程类型、课程数量和组织形式四个方面对我国当前的广谱式课程模式展开分析。

在课程定位上，绝大多数高校将就业创业教育课程融入人才培养体系并设定为公共课。根据国家文件的要求，我国绝大多数高校已将大学生就业创业教育课程纳入教学计划，贯穿人才培养全过程，并面向全体学生广泛、系统开展。如江西财经大学本科生课程体系中明确要求创业教育类课程占 5%；上海财经大学将创业教育纳入本科生课程体系，要求本科生在校期间至少要获得 2 学分的创业教育类学分方可毕业。

在课程类型上，广谱式课程可分为"必修模式"、"选修模式"和"混合模式"（见表 4 - 4），其中采取"选修模式"的高校最多（见图 4 - 3）。目前，将就业创业教育课程设为公共必修课的高校较少，约为 3%，如华东师范大学（"大学生就业指导"课程）、中国人民大学（"生涯发展与就业指导"课程）、北京航空航天大学（"创业管理入门"、"商务沟通与交流＜基础篇＞"、"创业实务"三门课程）、湖南大学（"创业学"、"科学与创新论坛"两门课程）、西安交通大学（"现代企业管理"、"工程经济学"、"创业管理"三门课程）等。

将就业创业教育课程设为公共选修课的高校最多,约为54%。而随着国家以及高校对大学生就业创业教育重视程度的不断提高,近年来,越来越多的高校根据自身特点采用"1+X"或"2+X"的混合模式来设置就业创业教育课程。"1"或"2"是指就业、创业导论类课程作为必修课在低年级开设,"X"是指多门就业创业公共选修课。这种设置方式体现了广谱式课程的层次性,有利于课程目标的实现。如中南大学、南京财经大学、广西大学、华东理工大学等高校都是在低年级开设一门必修课,同时在其他年级辅以多门选修课,形成了广谱式课程体系。

表4-4                        国内高校三种广谱式课程模式说明

| 课程模式 | 开课情况 | 课程组织 |
| --- | --- | --- |
| 必修模式 | 将就业创业教育课程融入人才培养方案,学生必须修满规定学分方可毕业 | 类型一:必修课在大一年级开设,学期或学年结课<br>类型二:必修课由不同子课程组成,贯穿于不同年级,根据年级需求开设 |
| 选修模式 | 将就业创业教育课程设为通识选修课 | 没有年级限制,导论类课程通常在低年级开设,实务课程通常在高年级开设 |
| 混合模式 | 必修课与选修课结合的方式,将就业创业导论类课程设为必修课,而将其他与就业创业相关的课程设为若干选修课 | 在大一年级开设一至两门必修课,在其他年级根据学生需要开设选修课 |

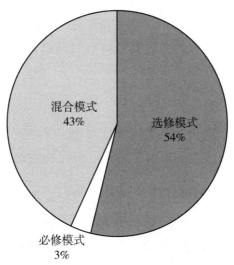

图4-3  国内高校广谱式课程类型比例

231

在课程数量上，开设3~8门广谱式课程的高校最多。统计结果显示，有27%的高校开设了《大学生职业生涯规划与就业指导》和《大学生创业学导论》两门课程。63%的高校开设了3~8门广谱式课程。10%的高校，如黑龙江大学、西安电子科技大学、武汉理工大学等开设的广谱式课程都超过了10门（见图4-4）。

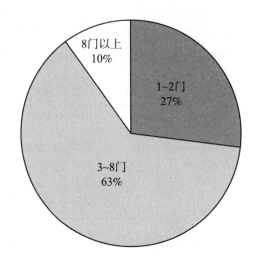

**图4-4　国内高校广谱式课程开设数量比例**

在组织形式上，广谱式课程多由学校教务部门负责统筹协调，具体实施时一般包括两种组织形式：一是由就业创业指导中心负责授课，这是多数高校采取的主要形式；二是由商学院或经管学院负责授课，如上海交通大学依托安泰经济与管理学院承担课程教学内容规划及授课任务。

在调查中，课题组还发现，个别高校除了开设基础类、实务类课程之外，在课程设置上能够根据自身特点开设特色鲜明的选修课程。如温州大学开设了"温州模式与企业家精神"课程等。

（2）我国广谱式课程教材分析。

教材是实现课程内容的有效载体，对教材进行分析是课程研究的重要维度。课题组将国内广谱式课程教材分为就业教育课程教材和创业教育课程教材，分别从出版情况和内容模块两个方面加以分析，并总结在教材编写上存在的主要问题。

第一，就业教育课程教材分析。首先，从出版情况来看，近五年来，就业教育课程教材种类丰富，发展迅速。本课题组通过查阅国家图书馆、高校图书馆、网络搜索等多种渠道共发现大学生就业指导类教材165本。在出版数量上，呈逐年上升的趋势，且涨幅较明显。其中，2010年比2009年翻了一番（见图4-5）；在出版类型上，可概括为四种主要类型。一是教育部普通高等教育规划教材。这类教材是国家级规划教材，由各高校或知名学者组织编写，教材内容紧密围绕《大学生职业发展与就业指导课程教学要求》，最后由教育部统一评选；二是全国高等学校学生信息咨询与就业指导中心和中国就业培训技术指导中心编写的教材。这类教材比较重视就业基本知识与求职技能的内容传授。三是各省教育部门编写的教材。这类教材主要在本省高校推广，如河南省、安徽省、辽宁省、河北省等均编写了本省的就业创业指导系列教材。四是各高校自编的教材。这类教材由各高校结合自身特点编写而成，数量最多，针对性较强，有的教材已公开出版，有的只在学校内部使用。

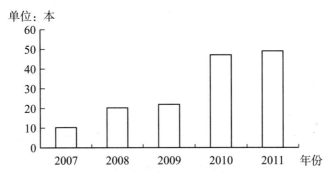

**图 4 - 5　就业教育课程教材出版情况柱状图（2007～2011 年）**

其次，从内容模块来看，已有教材大多按照教育部关于《大学生职业发展与就业指导课程教学要求》中的内容规定进行编写，大致可分为六个模块。课题组从上述四种教材类型中分别选择了 10 本进行重点分析（见表 4 - 5）。这 10 本教材都是大学生职业发展与就业指导课的指定教材，符合普通高校通识公共课的要求。按照六大内容模块对十本教材的章节内容进行归类（见表 4 - 6）。

表 4 - 5　　　　　　　　大学生职业发展与就业指导课程样本教材

| 教材类型 | 编者 | 教材名称 | 出版社 | 出版时间 |
|---|---|---|---|---|
| 国家级"十一五"规划教材 | 陈曦、赵北平 | 大学生就业指导（第 2 版） | 武汉理工大学出版社 | 2007 年 10 月 |
| 国家级"十一五"规划教材 | 王刚、秦自强 | 大学生职业生涯实务指南（修订版） | 北京大学出版社 | 2010 年 8 月 |
| 国家级"十二五"规划教材 | 贺敏娟、王鹏飞 | 大学生职业生涯规划与就业指导 | 北京理工大学出版社 | 2012 年 1 月 |
| 相关就业指导部门编写 | 全国高等学校学生信息咨询与就业指导中心 | 大学生职业发展与就业指导 | 高等教育出版社 | 2009 年 9 月 |

续表

| 教材类型 | 编者 | 教材名称 | 出版社 | 出版时间 |
|---|---|---|---|---|
| 相关就业指导部门编写 | 中国就业培训技术指导中心 | 大学生职业生涯规划与就业指导 | 中国水利水电出版社 | 2010 年 8 月 |
| 各省编写教材（河北） | 闫国君、张爱莲、彭晓峰 | 大学生职业发展与就业指导教程 | 河北大学出版社 | 2010 年 9 月 |
| 各省编写教材（重庆） | 重庆市教育委员会 | 大学生职业发展与就业指导 | 高等教育出版社 | 2011 年 8 月 |
| 各省编写教材（辽宁） | 辽宁省教育厅 | 大学生职业发展与就业创业概论 | 大连理工大学出版社 | 2010 年 8 月 |
| 东北师范大学编写 | 王占仁、刘志 | 职业生涯规划和就业指导十三讲 | 高等教育出版社 | 2010 年 6 月 |
| 首都师范大学编写 | 陈宁、张文双 | 大学生职业发展与就业指导教程 | 安徽教育出版社 | 2010 年 1 月 |

表 4 - 6　　　　　　　　　　样本教材内容模块分布

| 样本编号 | 职业生涯与意识模块 | 职业发展规划模块 | 就业能力模块 | 求职指导模块 | 职业适应与发展模块 | 创业教育模块 | 总计 |
|---|---|---|---|---|---|---|---|
| A | 2 | 2 | 1 | 4 | 1 | 0 | 10 |
| B | 2 | 2 | 2 | 1 | 1 | 1 | 9 |
| C | 2 | 4 | 1 | 2 | 1 | 1 | 11 |
| D | 3 | 4 | 1 | 4 | 1 | 2 | 15 |
| E | 2 | 3 | 1 | 4 | 1 | 1 | 12 |
| F | 1 | 3 | 3 | 4 | 1 | 2 | 14 |
| G | 1 | 3 | 2 | 3 | 0 | 1 | 10 |
| H | 1 | 3 | 2 | 4 | 1 | 2 | 13 |
| I | 1 | 4 | 1 | 4 | 1 | 1 | 12 |
| J | 1 | 4 | 1 | 2 | 1 | 1 | 10 |
| 总数 | 16 | 32 | 15 | 32 | 9 | 12 | 116 |
| 比例（%） | 14 | 28 | 13 | 28 | 8 | 10 | |

234　　　　统计数据显示，职业发展规划模块和求职指导模块所占的比重最大，说明大

学生就业教育课程教材编写十分重视与职业规划和择业求职直接相关的实用性内容。两大内容模块主要包括个体特质与测量、职业的基本知识、环境资源、职业发展决策、搜集就业信息、简历撰写、面试技巧、心理调适和就业权益保护等方面的知识和技能，它们均直接指向学生实际择业就业过程的关键点，因此这两部分内容也成为教材编写的主体。职业适应与发展模块的比例最小，部分教材甚至没有编写此项内容，说明对该部分内容的关注度与研究力度还有待提高。分析这一情况出现的原因，可能性有二：一是由于该模块教学条件难以满足，如该部分教学内容要求授课教师具备比较专业的心理辅导能力，了解并掌握大量的职业信息，现有的师资水平尚未达到这一要求；又如在教学方法上要求以经验分享、职场人物访谈和实习见习等实践性教学为主要手段，部分高校恰恰十分缺乏这些教学途径。二是缺乏对就业综合素质和能力的系统认识。多数高校比较重视培养并提升学生在择业、就业方面的知识和技能，相对忽视学生在保持、转换职业过程中的适应和发展能力。

　　第二，创业教育课程教材分析。课题组通过查阅国家图书馆、高校图书馆、网络搜索等多种渠道进行搜索，剔除专项研究类教材后，共搜索到公共课系列教材18本。在出版数量上，创业教育课程教材远低于就业教育课程教材；在出版时间上，多集中在2009年以后出版，虽然数量不多，但是发展速度较快，这与国家对高校创业教育的重视程度不断提高有关。现列出部分创业教育课程教材以供分析（见表4-7）。

**表4-7　　　　　大学生广谱式创业教育课程部分教材**

| 序号 | 编、著者 | 教材名称 | 出版社 | 出版时间 |
|---|---|---|---|---|
| 1 | 王英杰、郭晓平 | 创业教育与指导 | 机械工业出版社 | 2006年9月 |
| 2 | 刘平 | 大学生创业教程：理论与实践 | 清华大学出版社 | 2009年8月 |
| 3 | 高振强 | 大学生创业管理教程 | 科学出版社 | 2009年8月 |
| 4 | 王华、李懋 | 创业实务 | 同济大学出版社 | 2009年9月 |
| 5 | 樊一阳、徐玉良 | 创业学概论 | 清华大学出版社 | 2010年12月 |
| 6 | 李肖鸣 | 大学生创业精神导论 | 清华大学出版社 | 2011年4月 |
| 7 | 聂元昆、王建中 | 创业管理：新创企业管理理论与实务 | 高等教育出版社 | 2011年6月 |
| 8 | 贾虹 | 创新思维与创业 | 北京大学出版社 | 2011年9月 |
| 9 | 李宇红 | 创业实务教程 | 北京大学出版社 | 2012年1月 |
| 10 | 刘红宁、王素珍 | 创新创业通论 | 高等教育出版社 | 2012年1月 |

由于教育部关于《普通本科学校创业教育教学基本要求（试行）》的文件于2012年8月1日才正式发布，此前的创业教育课程教材编写并无统一的指导与要求可遵循，均由高校自主编写。除了文件出台较晚这一原因之外，由于创业教育课程实践性强、开发难度大、多数教师本身缺乏创业经历等原因也致使我国高校创业教育课程开发和教材编写总体上处于初级阶段，缺乏系统性、针对性和权威性，明显落后于创业实践的需要。因此，创业教育课程教材编写的日后改进方向在于反思现有教材存在的不足，并按照文件要求，厘清逻辑脉络，系统组织教材的知识内容，重视实用性内容的开发与编写，使之具有更强的现实指导和应用价值。

总体看来，既有教材在编写上存在两个主要不足：一是比较缺乏内容全面而连贯的"广谱式"就业创业教育课程教材。既有教材或侧重于"精神"或"实务"方面的知识和技能传授，或直接切入择业求职或新企业创建与管理方面的知识和技能传授，缺乏有关就业创业全过程的观念、知识和能力培养全面而连贯的内容编排。特别是在创业教育课程教材编写方面尤为突出。二是缺少实践类、案例类的就业创业教育课程教材。与美国十分重视案例教学相比，我国就业创业教育课程教材在内容上大多以理论知识、政策传递为主，而在教学方法上则以课堂讲授为主。这使得教材编写相对重视知识的系统阐述，比较忽视通过鲜活、丰富的案例使学生在学习分析中获得参照，也比较忽视通过体验、情景训练、模拟等实践活动提升各项能力等实践类内容的编写。而在进行案例选择时，偏重于对国外案例的介绍与分析，其中大企业相关案例较多，中小企业相关案例较少。因此，今后一段时期要以编写全面而实用的"广谱式"就业创业教育课程教材为主导方向，需要在整合当前就业创业教育理论与实践的基础上，按照国家文件要求并结合高校自身特点进行教材编写。

## 二、专业式课程的内涵及发展现状

### （一）专业式课程的内涵

由于就业教育课程面向全体学生开设，这里的专业式课程特指面向商学院或管理学院以及其他学院有明确创业意愿的学生开设的创业教育课程。专业式课程起源于美国高校的商学院，旨在通过开设专业的学科课程来培养专门的创业人才。专业式课程以系统的创业学专业知识为课程内容，由具有专业师资的教学科研机构负责，并具有以下两个主要特点。

1. 专属性。

专属性是指专业式课程面向少数学生开设，以培养专业化的创业人才为目的。首先，在培养对象上，专业式课程并不是面向全体学生开设的公共基础课程，而是针对特定学生群体开设的专门课程。它往往以少数学生共同的创业意愿和需要为基础，构建起以创业学院、商学院/管理学院以及创业班等为实施主体的创业教育课程体系。其次，在培养方式上，专业式课程区别于融入全程、重在通识的广谱式课程，在实施时间的选择和内容的安排上体现出分类准确的特点，能够契合少数学生的创业实际需求，针对性强。

2. 专业性。

专业性是指专业式课程以学科为基础，在结构、目标、内容等方面均有明确的专业指向。首先，在课程结构上，包括公共基础课、专业基础课、专业系列课、专业实践课，是比较完整的专业课程体系；其次，在课程目标上，旨在激发和培养大学生的创新精神与开拓精神，掌握企业经营、管理等方面的知识与技能，提升与创业有关的专业素养与专业能力；再次，在课程内容上，直接指向与新企业创办、管理和实现可持续发展相关的观念、知识和能力的传授。

### （二）专业式课程发展现状及特点

1. 美国专业式课程发展现状及特点。

专业式课程起源于美国高校的商学院。1947 年，哈佛大学商学院的迈尔斯·梅斯（Mace Myers）开设了一门专业性的创业课程"新企业管理"。由于当时美国经济的核心是大型企业，创业教育缺少社会基础，因此创业教育课程发展缓慢，只属于商学院的边缘课程。20 世纪 60 年代末，随着创业型企业成为促进社会经济发展的主体力量，社会需要大量专业化的创业人才，促使美国高校加大了创业教育的力度，专业式课程逐渐成为创业教育课程发展的趋势。1968 年，百森学院在本科阶段开设第一个创业学主修专业，标志着专业式课程的建立。1971年，南加利福尼亚大学第一个设立了 MBA 的创业学专业。20 世纪 90 年代以来，专业式课程以创业学学科发展为依托，已经进入成熟阶段。根据温斯洛和所罗门（Winslow & Solomon，2001）所做的 1999 ~ 2000 年度第七次"全美创业教育项目"的调查结果，有 142 所大学把创业教育列为专业领域，其中有 49 所学校可授予创业学学位。[①] 美国的专业式课程称为"聚焦模式"课程，是商学院或管理学院的专业课程之一，呈现高度系统化和专业化的特征，有专门的创业学师资队伍，只面向商学院或管理学院的学生开设。专业式课程大大提高了毕业生真正进

---

① 应一也：《美国高校创业教育研究》，优秀博硕士学位论文全文数据库，第 7 页。

行创业的可能性。2011 年，《金融时报》对全球 MBA 创业学进行了排名，① 美国排名前五位依次是百森学院、斯坦福大学商学院、麻省理工学院斯隆商学院、加州大学洛杉矶分校安德森商学院、加州大学伯克利分校哈斯商学院。课题组以这五所高校专业式课程为例（见表 4 - 8），分别从课程模式、课程内容模块及数量两个角度加以分析。

表 4 - 8　　五所高校创业学 MBA 课程名称列表（＊课程为基础课）

| 学校 | 开设课程 |
|---|---|
| 百森学院 | 创业企业融资、企业创业、社会创业、家族创业者、创业者企业、特许经营、创业强度跟踪、领导变革和家族企业成长、小企业收购、筹资、许可权、企业成长战略、企业家精神和商业计划、科技创业、科技商业化筛选、创业独立研究 |
| 斯坦福大学商学院 | 私人股权投资、投资管理及企业财务、新产品开发、成长型企业管理、通过收购创业、技术和创新的战略管理、评估创业机会、建立和管理专业销售组织、创业：新企业的建立、新合资企业、创业设计的极限承受能力、社会企业家、房地产投资、体育产业融资、体育产业管理、生物设计理念、信息产业中的战略和行动、创业环境、经济和法律环境、知识产权及其对业务的影响、创业与风险资本 |
| 加州大学洛杉矶分校安德森商学院 | 企业家精神和创业启动、企业家精神和商业发展计划、变革时期的领导、商业道德、新兴企业融资、创业行动管理、公司创业、社会创业、小企业管理、创业组织管理、市场评估原则、企业不动产开发、高级创业活动、家族企业、企业家法律 |
| 加州大学伯克利分校哈斯商学院 | 创业投资与私募股权投资、新企业融资、社会投资：管理和财务的新发现、小额信贷、创业与创新＊、创新与变革管理、新产品开发过程管理、机会识别：硅谷技术和创业、社会创业、高科技企业客户开发、商业模式创新与创业战略、创新创意和企业家、新商业咨询实习、生物技术创业、电信与媒体创新和创业、IT 公司战略、无线服务的创新和创业、新兴技术营销、新企业创业研讨会、创业案例研究、企业家生命＊、企业法律环境管理、律师和企业家、社会影响 |

① http：//www. newswise. com/articles/financial-times-ranks-babson-college-mba - 1 - entrepreneurship-again.

续表

| 学校 | 开设课程 |
|---|---|
| 麻省理工学院斯隆商学院 | 早期资本、企业财务、竞争战略、创业战略、创新与创业的战略管理、设计并推销新产品、定价策略、产品设计与开发、技术销售和销售管理、社会创新与创业、建立新企业的困境、技术为基础的新业务发展策略、创新小组、新企业、基本商业法、生物医疗设备和生命科学类、未来医疗技术、神经技术投资、精密机械设计、能源企业、能源战略机遇、建筑创业和房地产开发、关联数据企业、媒体实验室创业：数字创新、业务软件和数字化平台、企业家领导力 |

资料来源：http：//www. babson. edu/ESHIP/；http：//www. gsb. stanford. edu/ces/teaching/courses. html；http：//www. anderson. ucla. edu/；http：//shchedule. berkeley. edu；http：//mits-loan. mit. edu/。

（1）课程模式分析。

五所学校的专业式课程模式可分为两类：一是"金字塔"模式。该模式要求学生必须修完基础课程，才可以选修其他课程，课程之间是层层递进的关系。如百森学院、加州大学伯克利分校哈斯商学院和麻省理工学院斯隆商学院采用的是该模式。二是圆形模式。该模式以创业者的需求为中心进行课程设计。对创业者而言，影响创业成功的因素是多维的，课程之间可以交叉，没有明显的边界。如斯坦福大学商学院和加州大学洛杉矶分校安德森商学院采用的是该模式（见图4-6）。

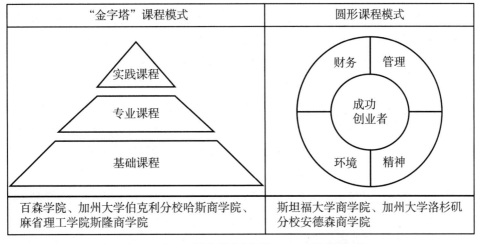

图4-6　五所高校创业学 MBA 课程模式

（2）课程内容模块及数量分析。

按照课程内容的不同，专业式课程可具体分为财务课程、操作课程、个人特质课程、环境课程、行业课程、互动课程、研究课程七个模块。[1] 课题组将五所高校的课程按照七个模块进行归类（见表4-9）。

表4-9　　　　　美国部分高校创业学 MBA 课程数量分布

| | 财务课程 | 操作课程 | 个人特质课程 | 环境课程 | 行业课程 | 互动课程 | 研究课程 |
|---|---|---|---|---|---|---|---|
| 百森学院 | 1 | 11 | 1 | 0 | 2 | 0 | 1 |
| 斯坦福大学商学院 | 3 | 8 | 2 | 4 | 5 | 0 | 0 |
| 加州大学洛杉矶分校安德森商学院 | 1 | 9 | 4 | 1 | 0 | 0 | 0 |
| 加州大学伯克利分校哈斯商学院 | 4 | 8 | 1 | 3 | 5 | 2 | 0 |
| 麻省理工学院斯隆商学院 | 2 | 10 | 1 | 1 | 10 | 2 | 0 |
| 总计 | 11 | 46 | 9 | 9 | 22 | 4 | 1 |
| 比例（%） | 11 | 45 | 9 | 9 | 22 | 4 | 1 |

资料来源：http：//www. babson. edu/ESHIP/；http：//www. gsb. stanford. edu/ces/teaching/courses. html；http：//www. anderson. ucla. edu/；http：//shchedule. berkeley. edu；http：//mitsloan. mit. edu/。

统计显示，创业操作类课程数量最多，说明美国专业式课程十分重视创业实践能力的培养，重在解决创业过程中的实际问题。排在第二位的是行业类课程，出现次数比较多的依次是生物技术、电信、新能源、IT 和新媒体。这些领域都是当今创业领域比较热门的行业，说明专业式课程具有敏锐性和时代性。处于第三梯队的是财务课程、个人特质和环境课程，说明对创业产生影响的因素十分多样，专业式课程能够兼顾到这些影响因素。值得指出的是，虽然互动课程只有4门，但在实际教学中，每门课程，每一堂课都有互动实践的内容，实践课程的比例并不少。加州大学伯克利分校哈斯商学院和麻省理工学院斯隆商学院专门开设的实践课程，更突出了实践在专业式课程中的地位。各高校开设研究型的课程非常少，反映出美国专业式课程是以实践教学为核心的课程体系，更多科学研究的

---

[1]　财务课程是企业财务相关的课程，如"创业企业融资"，"投资管理及企业财务"；操作课程是培养学生创业过程中所需要的专业能力的课程，如"创业行动管理"，"创业组织管理"；个人特质课程是指培养创业者个人能力的课程，如"企业家精神和商业计划"，"创新创意和企业家"；环境类课程报告创业环境、政策、法律等，如"企业法律环境管理"、"律师和企业家"；行业课程是包含能源、传媒、电商等创业热门领域的课程，如"未来医疗技术"，"能源企业"，互动课程是以实践为主的课程，如"设计并推销新产品"；研究课程则是对创业学内容的深入研究。

任务并不在教学体系中。

总体而言，美国高校的专业式课程自成体系，表现出四个主要特点：一是课程种类十分丰富。高校为学生提供了多种模块、数量丰富的专业选修课程，学生可以根据兴趣和接受能力进行选择性学习。二是课程设计具有科学性。美国专业式课程的设计、案例的筛选、教学方法的选择、创业活动的使用和学生对象的确定符合创业教育的基本规律，特别是在课程开发上呈现出与组织创新路线一致的特点。三是重视实践能力培养。美国专业式课程中近一半都与创业实际操作有关，是以创业实践能力培养为核心的课程体系。特别是在教学过程中，经常大量使用实践性、讨论式教学方法，如百森学院的课堂不叫 classroom（教室），而是叫做 clashroom（思想碰撞的课堂）。四是将创业者作为师资的重要组成部分。美国高校十分重视聘请优秀创业者担任专业式课程的兼职教师。"如英特尔公司的前任首席执行官、现任董事长安德鲁·格罗夫（Andrew Grove）从 1991 年开始担任斯坦福大学商学院的兼职讲师，每年秋季开 1~2 门课，为创业教育提供了鲜活的思维和丰富的教育内容。"①

2. 我国专业式课程发展现状及特点。

我国高校专业式课程起步较晚，但随着社会对专业创业人才需求的持续增加，很多商学院或管理学院都陆续开设了创业教育课程。1997 年，清华大学在管理学院中率先为 MBA 开设了"创新与创业管理方向"课程，是国内最早关注并引导学生创业的高校。国内部分大学商学院或管理学院将创业教育课程列为专业必修课，设置了工商管理专业（创业管理方向），如浙江大学、上海理工大学、温州大学等。此外，为了更好地进行专业创业教育，很多高校成立了"创业班"，它面向全校各专业具有明确创业意向的学生设立，扩大了专业创业教育的范围。近年来，一些高校通过整合各类资源，成立了创业学院。如清华大学、北京航空航天大学、黑龙江大学、上海交通大学等。创业学院将师资、课程、实践进行有效整合，可以对各类在校学生进行系统的专业创业教育，取得了很好的效果。结合现有的专业式课程开设情况，课题组从课程模式、师资队伍和教材出版三个方面对国内专业式课程进行了研究。

首先，在课程模式方面，专业式课程表现为三种模式。第一种是商学院/管理学院课程模式，具体包括两种课程设置方式。一是商学院/管理学院的专业系列课。如南开大学将"创业管理"课程纳入工商管理专业学生的专业必修课程，将"创新管理"课程纳入工商管理专业学生的专业选修课程。二是创业管理方向课程。课程内容以系统的创业管理知识为主，如浙江大学在管理学院开设了工商管理专业

---

① 梅伟惠：《美国高校创业教育》，浙江教育出版社 2010 年版，第 233~234 页。

创业管理方向课程。第二种是创业学院课程模式。随着创新创业教育的深入和普及，越来越多的高校通过整合各类教育教学资源建立了创业学院或创业教育学院，成为培养专业式创新创业人才的基地。如华南理工大学创业教育学院按照培养创业意识、培养创业技能和实行创业实践三个阶段性培养目标，设置创业意识、创业技能以及创业实践三个层次"金字塔"式的创业人才培养模式。第三种是"创业班"课程模式。"创业班"是将学校各个专业中有明确创业意向的学生单独组建成班进行创业教育的组织形式。"创业班"在学生原有的专业学习课程之外，按照创业教育的要求设置专业性强的课程体系，如中央财经大学与中山大学实行的创业班课程模式。

其次，在师资队伍方面，商学院或管理学院专业教师是师资队伍的主体。由于专业式课程以培养专业创新创业人才为目标，在课程师资上具有更高的标准和要求。目前国内高校多是由商学院或管理学院的专业化师资队伍来承担专业式课程的教学任务。对于缺乏商科专业基础的高校，多采用创业班的形式，师资主要是外聘的专业教师，以确保课程的专业性。也有少数高校尝试探索多维的师资构成体系，如华东理工大学的专业师资队伍由经济管理教师、思政教师、其他学科教师和社会兼职教师四部分组成，各类教师在不同阶段扮演不同角色，以"矩阵式"的方式参与到专业式课程教学的全过程中。经济管理教师从专业角度传授创业知识；思想政治教师开展模块化教学并负责学生心理层面的辅导；其他学科的教师在专业课程教育中渗透创新创业思想，并对涉及技术、学科方面的问题给予指导；社会兼职教师则主要由创业研究专家、创业者和企业家等创业经验丰富的社会人士担任。

最后，在教材出版方面，"创业管理"类教材是专业式课程教材的主体。上述三种模式的专业式课程选取的教材都以创业管理为主。目前，以"创业管理"命名的课程教材已经出版了18种，除此之外还有《创业管理学》、《创业与创新管理》、《创业管理与技能》、《创新型创业管理》、《创业风险管理》等多门创业管理类拓展教材。

由于创业学院模式开设的课程包含了商学院/管理学院和创业班的专业式课程，因此课题组重点对商学院/管理学院和创业班的专业式课程模式进行分析，最后选择两本专业式课程的代表性教材进行重点分析。

（1）商学院/管理学院和"创业班"的专业式课程模式分析。

第一，商学院/管理学院的专业式课程模式分析。商学院/管理学院的专业式课程是指由商学院或管理学院负责具体开设的专业类课程，具有完善的培养计划和严格的教学要求，是国内培养专业创业人才的主要载体。以浙江大学为例，[①]

---

① 该校是我国较早关注创业教育的高校之一，是全国首家获得国务院学位办授权的创业管理硕士点和博士点办学单位。

2006 年，浙江大学管理学院将"创业管理"设为工商管理专业的一个研究方向并制定了专业培养目标，旨在使学生具有宽厚的管理、经济、社会、法律等基础理论知识，系统掌握工商管理专业理论知识，重点掌握创业管理的基本理论与技能，富有创新与创业精神，成为能适应经济管理领域创新与创业需要的各类高级管理人才与研究人才。该专业学制为 4 年，毕业最低学分为 169 学分，包括通识课程、大类课程、专业课程、个性课程和第二课堂。大类课程包括必修课和选修课，其中，管理学、市场营销概论和财务管理均为 3 学分，属于必修课，分别于第一学年和第二学年开设。专业课程包括专业必修课、专业方向或模块课程（课程时间安排及学分见表 4 – 10）。其中，专业核心课程有 10 门，包括管理学、创业管理、企业战略管理、组织行为学、创业风险管理、人力资源管理、管理统计、市场营销概论、财务管理、运作管理。学生可自主选择修读全校所有专业课程、大类课程、通识课程以及各专业推荐的个性课程。

表 4 – 10　　　　　浙江大学工商管理专业（创业管理方向）专业
课程开设时间及学分一览表

| 课程 | 学分 | 开设学期 |
| --- | --- | --- |
| 创业管理 | 3 | 第三学年 |
| 企业战略管理 | 3 | 第三学年 |
| 组织行为学 | 3 | 第三学年 |
| 应用运筹学 | 2 | 第三学年 |
| 技术创新管理 | 2 | 第三学年 |
| 运作管理 | 2 | 第三学年 |
| 管理统计 | 2 | 第三学年 |
| 人力资源管理 | 3 | 第三学年 |
| 管理沟通 | 2 | 第三学年 |
| 创业风险管理 | 2 | 第三学年 |
| 项目管理 | 2 | 第三学年 |
| 管理信息系统 | 3 | 第三学年 |
| 创业领导 | 2 | 第三学年 |
| 国际商务 | 3 | 第三学年 |
| 创业融资与投资管理 | 3 | 第三学年 |
| 企业管理研究专题 | 3 | 第三学年 |
| 创业管理研究专题 | 3 | 第三学年 |
| 综合创业设计 | 3 | 第三学年 |

资料来源：《浙江大学工商管理专业（创业管理方向）培养方案》（2006）。

此外，工商管理专业（创业管理方向）还开设了原版外文教材课程、研究型课程和讨论型课程三类特色课程。学生修完规定学分并通过毕业论文答辩后可获得管理学学士学位。对于其他专业学生，浙江大学依托管理学院开设了工商管理专业（创业管理方向）双学位（辅修）班，面向外语学院、工科实验基地的学生进行招生。双学位和辅修的修读学分分别为 55 学分和 28 学分，经审核通过后，学生可取得由浙江大学发放的工商管理（创业管理）专业管理学学士学位证书或专业辅修证书。

第二，"创业班"的专业式课程模式分析。"创业班"的专业式课程是指通过将各专业具有明确创业意向的少数学生组织成班，依托商学院/管理学院或创业/创业教育学院具体开设的专业类课程。"创业班"实行小班授课，大二年级以上可以报名，成员要经过筛选，课程按照创业专业的要求进行设置。学校为"创业班"教学和实践的开展提供支持，利用双休日或假期授课，不占用原专业学习时间。部分高校"创业班"结业后会获得工商管理专业（创业管理方向）的双学位（辅修）认证。与商学院/管理学院课程模式相比，"创业班"课程模式体现出设置集中、开设难度小、灵活易操作的优势，是我国高校在当前条件下进行创业教育的积极探索。课题组以中央财经大学的"创业先锋班"和中山大学的"创业黄埔班"课程为例对这一课程模式进行分析。

中央财经大学的"创业先锋班"（CUFE Business Pioneer，CBP）于 2004 年设立，由商学院管理，至今已经招收 7 届学员。"创业先锋班"面向全校所有专业，每年招收 30 名学生，从二年级开始进行系统的创业教育与训练。"创业先锋班"修业年限为 3 年，要求应取得 30 个学分方能结业。其中课堂教学（必修课）学分 12 分，演习 15 个学分。从课程目标和教学目标上来看，强调专业通才教育和创业素质教育相结合，通过强化专业理论基础和其他通识性知识的学习，使学生能够理解创业并培养综合性的创业素质和能力，熟练掌握并运用与创业管理相关的观念、知识和技能，成为具有较强的创新能力和创业家精神的创业人才。从课程内容上来看，主要包括：一是经济学、管理学、创业学的基本理论和基础知识；二是国家有关创业的方针、政策和法规，创业管理学科的理论前沿和发展动态；三是全球创业领域的最新发展状况。从教学方式上来看，采用小班授课与导师制相结合的模式，每门课程安排企业参观、课程讲座等实践环节 12 学时，授课 24 学时。其中，课堂教学围绕不同的专题进行，不仅采用案例分析、商务模拟等教学形式，而且邀请校外创业导师来校进行创业指导。

中山大学的"创业黄埔班"面向全校各个专业致力于创业实践的本科生招生，每届人数为 30 ~ 40 名。学生在完成全部 23 门课程的学习后，成绩合格者将由学校授予双学位、双专业或辅修证书。从课程目标和教学目标上来看，"创业黄埔班"采用该校管理学院的"战略性创业教育模式",强调培养符合时代创新精神要求,具有突出的创业意愿和实践能力的复合型商界领军人才。从课程内容来看,具有相对完整的内容体系,包括四大模块:创业环境、创业理论与实务、创业实训与实践、毕业设计。从师资队伍上来看,除创业环境模块与理论模块的部分内容由创业学院、管理学院和相关学院老师讲授外,实务和实践课程基本都由业界有丰富经验的创业者和金融与资本市场专家讲授,尤其是特定行业动态与机会管理、金融市场与投资讲座等。"创业班"给每个团队配备了校内导师、校外导师和技术专业导师,分别对创业知识、实践和研发创新等方面给予相应指导。从教学方式上来看,主要采用商战模拟、团队协作、角色扮演和互换等。具体课程教学计划如表 4 – 11 所示。

表 4 – 11　　　　　中山大学创业黄埔班课程教学计划

| 课程模块 | 课程名称 | 学分 | 总学时 | 课堂教学 | 案例实践 |
|---|---|---|---|---|---|
| 创业环境模块 | 创业精神与创业故事教程 | 2 | 36 | 24 | 12 |
| | 创业经济学 | 2 | 36 | 24 | 12 |
| | 创业政策与市场环境 | 2 | 36 | 28 | 8 |
| | 创业政策与市场环境 | 2 | 36 | 28 | 8 |
| | 商业伦理与社会责任 | | 36 | 28 | 8 |
| | 创业管理 | 3 | 54 | 36 | 18 |
| 创业操作模块 | 新创企业营销管理 | 2 | 36 | 18 | 18 |
| | 创业相关法律专题 | 2 | 36 | 18 | 18 |
| | 创业多项目管理 | 2 | 36 | 18 | 18 |
| | 风险投资与 IPO | 2 | 36 | 18 | 18 |
| | 家族创业管理 | 2 | 36 | 18 | 18 |
| | 新创企业人力管理 | 2 | 36 | 18 | 18 |
| 创业财务模块 | 会计学 | 3 | 54 | 42 | 12 |
| | 创业企业财务管理 | 3 | 54 | 42 | 12 |
| | 企业内部控制设计 | 2 | 36 | 24 | 12 |
| 创业领导力模块 | 当代领导学 | 2 | 36 | 24 | 12 |
| | 战略性创业 | 2 | 36 | 24 | 12 |
| 创业实务模块 | 商业计划书写作训练 | 5 | 90 | | |
| | 创业案例竞争比赛 | 5 | 90 | | |
| | 创业竞争模拟训练 | 5 | 90 | | |
| | 企业委托专项创业训练与实践 | 11 | 200 | | |

续表

| 课程模块 | 课程名称 | 学分 | 总学时 | 课堂教学 | 案例实践 |
|---|---|---|---|---|---|
| 创业毕业模块 | 创业哲学专题讲座 | 4 | | 70 | |
| | 毕业实践 | 10 | | 180 | |
| 总计 | | 75 | | 1 350 | |

资料来源：《中山大学创业黄埔班教学计划》http：//ae. sysu. edu. cn/news – 123. html。

（2）专业式课程教材分析。

我国高校专业式课程经过了 10 余年的发展，初步形成了内容多样、种类丰富的一系列课程教材。课题组以《创业学概论》和《创业管理》为例进行分析。《创业学概论》和《创业管理》分别是专业式课程的基础课教材和必修课教材。其中，《创业学概论》是通用管理类系列教材，《创业管理》是国家级精品课程指定教材。现将两本教材及课程设置情况进行简要对比（见表 4 – 12），并分别从教材内容和教学方法两个角度对这两本教材进行分析。

表 4 – 12　　　　　《创业学概论》与《创业管理》教材对比表

| | 《创业学概论》 | 《创业管理》 |
|---|---|---|
| 课程性质 | 专业基础课 | 专业必修课 |
| 课程模块 | 创业理解、创业准备、创业实践、创业管理 | 识别机会、开发机会、实现创业价值、创业的普及应用 |
| 课程设计 | "UPIM" 模式 | "ASK – DO" 模式 |
| 学时安排 | 36 学时 | 36 学时 |
| 实践练习 | 3 个 | 11 个 |
| 案例分析 | 5 个 | 6 个 |

第一，关于教材内容的分析。《创业学概论》共 9 章四个模块，分别是创业理解模块、创业准备模块、创业实践模块和创业管理模块。四个模块根据创业的不同阶段进行设计，具有阶梯性，共同架构了 "UPIM" 的创业学课程内容框架。其中，创业理解属于认知阶段（Understanding），包括 "创业是什么"、"决定成为创业者"；创业准备属于谋划阶段（Preparation），包括 "商业创意的发掘与评估" 和 "撰写高质量的创业计划"；创业实践属于行动阶段（Implementation），包括 "创建新企业" 和 "新创企业的资金来源"；创业管理属于持续阶段（Management），包括 "新创企业的管理精要" 和 "新创企业的持续发展"。作为专业基础课程，该教材为初学者提供了一条清晰的创业路线图，有利于增强学生

的创业意识和创业素质，激发他们的创业行为。

《创业管理》是商学院工商管理专业的必修课。该教材注重整合专业知识，突出管理变革背景下创新能力的培养，以"观念、知识、技能和行动"为框架，构建了"改变观念，培养技能，掌握知识，付诸行动"的"ASK－DO"模式，即在创业教育工作中注重培养学生树立用创业精神开展工作的意识，认识创业活动的内在规律，掌握企业家和创业者所特有的素质与技能，并在行动上体现创新性。全书共 11 章，包括创业概述、创业者、创业团队、创业机会、商业计划、资源运用与整合、创业融资、新企业生成、新企业生存、企业成长管理和公司创业。通过该教材的学习，可以让学生了解创业活动过程的内在规律以及创业活动本身的独特性，了解创业过程经常容易遇到的问题和发展障碍，引导学生用创业的思维和行为准则开展工作，强化创造性地分析和解决问题的能力。

第二，关于教学方法的分析。在内容编排上，两本教材都加大了案例的比例，每章都有案例分析和延伸阅读，鲜活的案例能够吸引学生的注意力，使之产生共鸣，从中获得借鉴。大量的案例内容促使教师在教材讲授时必须采用讨论、交流、咨询等活动教学手段以促进学生的思考。如《创业管理》在教学过程中采用的是研究型和全程互动型的教学模式，具体包括理论前沿与创新型讲授、问题导向与启发式教学、案例讨论与演讲式教学、文献阅读与交流式学习、案例调查与咨询式学习。同时，还邀请企业家、风险投资人、创业和高新技术产业化相关机构的高层主管讲授部分教材内容。由此可见，两门课程教材都将实践练习作为课程教学的重要组成部分，突出强调案例教学的方法。

## 三、融入式课程的内涵及发展现状

### （一）融入式课程的内涵

融入式课程是针对不同专业，在各学院内部开设的，将就业创业教育内容和专业内容相结合的整合型就业创业教育课程。通常以各个学院专业课的形式开设，由本专业熟悉就业创业要求的教师主讲。融入式课程是就业创业教育课程发展的未来趋势，充分体现了将就业创业教育理念与内容融入人才培养全过程，面向全体、基于专业、分类培养、强化实践的新课程观。融入式课程通过将就业创业教育的目标、内容等与学科专业相互渗透、相互融合，使学生能够分析并展望自己专业发展的就业前景，识别并利用各个专业的创业机会，寻找行业内部的技术创新点和创业生长点，促进专业成果技术转化和应用，实现高效就业和内行创业。融入式课程具有以下两个主要特点。

1. 融入整合性。

融入整合性是指融入式课程整合了专业教育和就业创业教育的教育内容，通过将就业创业教育的观念、知识和能力培养渗透融入到专业课程的目标、内容与教学中，实现培养创新型专业复合人才的教育目的。首先，在课程目标上，强调培养具有专业知识基础，与职业相匹配的复合型人才以及具有综合性创业素质和能力的创新型人才；其次，在课程内容上，强调与不同领域专业进行侧重性融合。在理工科领域，如电子、材料、生物工程等科技性、应用性较强的专业，创业结合点较多，重在知识成果转化指导；在文化创意类领域，如艺术类、广告、动漫等与文化创业产业紧密相关的专业，重在文化创意转化指导；在电商类领域，如软件工程、计算机、电子商务等专业，网络创业可能性高，重在网络创业指导；在经管类领域，如管理学、金融、行政管理等更多通过管理环节获得利润的专业，重在管理创新；在行业特征明显，如旅游、体育等专业，重在行业创业；而对于基础类专业，如中文、历史、数学等，则重在创新意识的培养；再次，在课程教学上，强调对实践教学环节的重视与方法的运用。不仅在教学大纲中设置比重较大的实践教学环节，而且要求授课教师充分运用就业创业者访谈、就业创业见习实习、创业项目考察与设计、情景模拟训练等实践教学方法，增强融入式课程教学的开放性、互动性和实效性。

2. 转化应用性。

转化应用性是指融入式课程以专业知识为基础，通过探索专业发展前景和创业生长点，促进专业成果、技术转化和应用。在知识经济的时代背景下，基于专业的知识创新是大学生进行知识型创业的重要基础与主攻方向。融入式课程通过探索专业发展前景和创业生长点，可以帮助学生锁定就业创业的新领域，有利于推动各类创新知识成果的有效转化，并确保其具有应用前景。如美国百森学院和欧林工程学院合作开展的"工程创业项目"，开创了融合工程教育、创业教育以及艺术、人文和社会科学三者相结合的"欧林三角"课程体系。[①] 在这种课程模式中，学生可以将专业所学与社会取得联系，如欧林工程学院的毕业设计，由数名学生组成的设计团队承担一个工业界合作伙伴委托并赞助的真实项目，研究、设计并负责解决现实需求。

## （二）融入式课程发展现状

国外的融入式课程将专业选择和职业选择结合起来，与全校性课程一同构建

---

① 闫广芬、吴俊：《大学生就业背景下的美国高等教育改革及其启示》，载于《中国高教研究》2011 年第 5 期，第 51 页。

了立体式、全覆盖的就业教育课程体系。这种课程设置模式被很多高校采用，是目前就业指导课程的主要方式。而我国融入式课程则是新时期高等教育理念和人才培养模式下产生的新型课程，正处于初步探索阶段。因此，课题组采用案例分析法，分别选取美国印第安纳大学、康奈尔大学，我国东北师范大学和黑龙江大学作为典型案例以描绘融入式课程的发展现状。

1. 美国融入式课程发展现状。

（1）融入式就业教育课程发展现状——以印第安纳大学[①]为例。

美国高校针对不同院系和不同专业学生设置了类型多样、数量丰富的融入式就业教育课程。美国印第安纳大学在学校职业发展中心的统筹协调下，由文理学院就业服务办公室为该院学生开设了 10 门就业教育课程。本研究选取了其中 4 门课程（见表 4 - 13），并从培养目标、课程内容、组织形式和师资四个方面进行分析。

表 4 - 13　　美国印第安纳大学部分专业融入式就业教育课程基本信息

| 课程名称/编号 | 审视作为记者的自我（F200） | 科学之窗（SCI1120） | 工作室艺术家的实践（A400） | 生物技术原理（E200） |
|---|---|---|---|---|
| 课程对象 | 新闻传媒专业 | 理科专业或预期学习理科专业 | 美术系 | 生物系 |
| 开设部门 | 文理学院就业服务办公室 | 文理学院就业服务办公室 | 文理学院就业服务办公室 | 文理学院就业服务办公室 |
| 开课时间 | — | 春、秋季开设 | — | 春季，白天或晚上开课 |
| 课程内容 | 新闻传媒业的职业决策等 | 科学的综合考察；审视科学和社会；科学方法和科学家群体研究；职业道德等 | 艺术摄影；画廊陈列 | 生物技术的范畴、历史和当前的课题；生物分子结构以及合成的基本知识；规范行业有关的法律道德议题；生物技术领域的职业前景和路径等 |

资料来源：姜莹：《美国大学就业指导课的研究及启示》，中国优秀博硕士学位论文全文数据库，第 15～16 页。

--------

① 印第安纳大学曾被《时代》（Time）杂志评为"2001 年度最佳大学"，有 110 多个本科学科排名在美国前 20 位，29 个研究生项目名列前 25 位。该校可授予 373 个专业的学士学位和 312 个专业的硕士和博士学位。其中，文理学院属于社会科学研究领域，是该校最重要也是最大的组成部分，为全校提供博雅教育（Liberal Arts）。文理学院约由五十多个科系组成，例如数学系、经济系、政治系、东亚语言与文化系、生物系、化学系、历史系、电信传播系、表演系、美术系等，都在全美享有很高的学术声望。全校大约有 40% 的本科生学习文理学院的专业，同时它还为其他学院和科研中心的学生提供基础课与选修课。

从培养目标上来看，融入式就业教育课程旨在引导学生形成对专业就业前景和未来职业发展的清晰认识，建立科学的职业生涯规划。这类课程以"如何实现专业领域的成功就业"为导向，引导学生树立相应的学习目标，深入了解有助于就业的专业知识并将其转化为自身的就业综合素质和能力，明确未来职业发展方向，实现专业领域内的成功就业。如"审视作为记者的自我"课程是针对新闻传媒专业开设的就业教育课程，旨在引导学生准确把握自身定位与职业定位，制定与新闻传媒相关职业决策；"工作室艺术家的实践"课程是针对美术系开设的就业教育课程，旨在促使学生获得管理工作室和从事艺术职业等实践方面的知识和技能；"科学之窗"课程是针对理科专业或预期学习理科专业开设的就业教育课程，旨在引导学生探索从事专业科学研究的职业成功策略。

从课程内容上来看，融入式就业教育课程既重视专业领域内实用性知识和技能的传授，也重视对理论性问题的研讨与理解。一方面，就业教育课程十分重视有助于学生在专业领域内顺利就业的实用性知识与技能的传授，如"工作室艺术家的实践"课程的主要内容包括艺术摄影和画廊陈列的基本知识和技巧；另一方面，就业教育课程也十分重视对与行业有关的历史、前沿、道德等理论问题的把握与理解，如"科学之窗"课程的主要内容包括审视科学和社会之间的辩证关系、科学方法的掌握与运用、科学家群体的历史与特征、科学研究领域内的伦理道德等问题；"生物技术原理"课程的主要内容包括生物技术的范畴、历史和前沿课题，生物分子的结构和合成基础、一般原理、一般操作流程，行业涉及的法律道德议题等。

从组织形式上来看，融入式就业教育课程由学校职业规划与发展的相关部门统筹，各学院自行安排具体课程。首先，由学校教务部门和就业指导部门进行合作，制定出就业教育课程统一的教学大纲。大纲统筹各年级各院系总体上应该达到的基本要求及内容，并以此作为开设就业指导课程的主要依据；其次，各院系在此基础上根据自身的专业设置与就业情况，制定出符合学生需求的具体课程，并合理安排开课时间。

从师资上来看，融入式就业教育课程由各院系的专业课教师讲授。专业课教师是比较了解行业领域内就业状况及发展前景的就业指导者，与学生有相同的学术背景，又有比较丰富的实践经验，可以为学生提供具有针对性和个性化的就业教育教学内容。

（2）融入式创业教育课程发展现状——以康奈尔大学[①]为例。

---

① 康奈尔大学是著名的常春藤盟校成员。在《美国新闻与世界报道》（US News & World Report）中名列2011年美国大学综合排名第15位。目前该校设有13所学院，包括农业与生命科学学院、建筑艺术与规划学院、文理学院、工程学院、酒店管理学院、人类生态学学院、工业与劳资关系学院7个本科生院以及管理学院、法学院、医学院等6个研究生院。其中，诸如化学、生物学、量子物理、计算机工程、通信工程、航空航天工程、制造工程、机械工程、土木工程等理工科专业，均排名在全美前十名之内。

1992 年，康奈尔大学成立了"创业精神和个人创业项目"（The Entrepreneurship and Personal Enterprise Program，EPE），支持全校学生创业精神的培养和个人创业技能的提升。该校参加 EPE 项目共有 9 所学院（7 个本科生院和 2 个研究生院），由这些学院的院长成立 EPE 管理委员会，统一协调和指导全校的创业教育活动。在这一设计下，参与项目学院的所有学生都有机会学习创业教育课程。本研究选取了不同学院的 4 门课程（见表 4 - 14），并从培养目标、课程内容、教学方法、组织形式和师资五个方面进行分析。

表 4 - 14　　　美国康奈尔大学部分专业融入式创业教育课程基本信息

| 课程名称/编号 | 生命科学创业（Entrepreneurship in the Life Sciences）AEM 1220 | 化学方面的创业（Entrepreneurship in Chemical Enterprise）CHEM 4040 | 工程师创业（Entrepreneurship for Engineers）MAE 4610 | 饭店创业（Restaurant Entrepreneurship）HADM 4301 |
|---|---|---|---|---|
| 课程对象 | 生命科学专业 | 化学与生化专业 | 机械与航空专业 | 酒店管理专业 |
| 学分 | 1 学分 | 1 学分 | 3 学分 | 3 学分 |
| 开设部门 | 查尔斯 - H. 戴森应用经济与管理学院 | 化学与生化学部 | 机械与航空学院 | 酒店管理学院 |
| 开课时间 | 春季学期 | 春季学期 | 秋季学期 | 春季/秋季学期 |
| 课程目标 | 识别专业领域内的商业机会以及转化和应用科学成果的能力 | 获得合理计划、开始和管理一个新的高科技企业的能力 | 培养学生形成与机械工程创业相关的核心技能以及各种综合素质和能力 | 掌握与创办、管理饭店相关的基本知识和能力 |
| 课程内容 | 包括科学发现的价值与应用、专业领域内的商业机会识别与科学成果的转化等 | 包括新技术的评估、商业管理、资源分配、管理发展和生产销售等研究主题 | 主题包括知识产权、竞争、策略、商业计划、技术预期、财务和资金源等 | 了解并分析各种类型的私营饭店的经营。分析内容包括饭店的理念、组织、所有权、经营、实体结构、人员、前台管理、后台管理和财务管理等 |

| 课程名称/编号 | 生命科学创业（Entrepreneurship in the Life Sciences）AEM 1220 | 化学方面的创业（Entrepreneurship in Chemical Enterprise）CHEM 4040 | 工程师创业（Entrepreneurship for Engineers）MAE 4610 | 饭店创业（Restaurant Entrepreneurship）HADM 4301 |
|---|---|---|---|---|
| 教学方法 | 主要是在课堂教学中运用案例研究、阅读等方法 | 主要是在课堂教学中运用案例研究、阅读等方法，并邀请相关领域的企业家进行讲座 | 重视实践教学法，如编制财务文件，分析人力资源模型，对法律和商业文件进行精密评估方法等 | 主要是在课堂教学中运用案例研究、阅读等方法 |
| 教学评价 | 出勤和课后作业 | 出勤和课后作业 | 课程作业包括讨论、课后作业和完整商业计划的制订与展示 | 出勤和课后作业 |

资料来源：康奈尔大学课程介绍系统 http：//courses. cornell. edu。

从培养目标上看，融入式创业教育课程旨在帮助学生识别专业领域内的商业机会，把握专业成果的转化和应用前景，制订科学合理的创业计划，通过学习、掌握并运用专业创业的核心知识和技能，实现专业领域内的成功创业。如"生命科学创业"课程旨在引导学生通过识别并捕获商机，实现专业领域内的科学成果转化；"工程师创业"课程旨在培养学生形成与机械工程创业相关的核心技能以及各种综合素质和能力，特别重视对商业计划的制订与展示。

从课程内容上来看，融入式创业教育课程多与高科技产业的发展密切相关，同时十分重视与企业管理相关的知识与能力的培养。一方面，融入式创业教育课程的产生与发展始终和美国高科技产业的飞速成长密切相关，如"化学方面的创业"课程的主要内容包括对新技术的评估以及科学合理地计划、创办并管理一个高科技企业的各种知识、素质和能力；"工程师创业"课程的主要内容包括制订高新技术公司创办以及运营的商业计划，了解知识产权保护的主要方式，能够阅读理解私人股本报表并通过财务和战略预期分析企业，能够在商业背景下很好地完成团队沟通与合作，理解商业竞争中的策略与道德问题等；另一方面，无论是任何院系开设的融入式创业教育课程均十分重视与企业管理相关的知识与能力的培养，如"化学方面的创业"课程内容涉及商业管理、资源分配、管理发展和生产销售等研究主题；而"饭店创业"课程的全部内容就是帮助学生了解并分析各种类型的私营饭店的管理与经营，分析内容包括饭店的理念、组织、所有权、经营、实体结构、人员、前台管理、后台管理和财务管理等。

从教学方法上来看，融入式创业教育课程教学普遍重视案例研究，并通过引导学生进行大量阅读以了解并把握专业创业现状及发展前景。首先，美国创业教育课程教学十分善于使用案例分析法，常常选用最鲜活的创业案例以供学生学习参考。丰富的案例研究可以帮助不同专业、不同个性的学生找到创业的榜样，了解创业过程中的关键要素与可能出现的各种问题，从中获得参考与借鉴。其次，融入式创业教育课程教师除了有计划、有目的地选取典型案例以供学生分析之外，还积极引导学生在课堂内外大量地阅读与专业创业相关的各种资料，通过提交读书报告和课后作业的方式引导学生了解并把握专业创业现状及发展前景，寻找专业领域内的创业生长点。

从组织形式上来看，康奈尔大学的融入式创业教育课程由 EPE 管理委员会统筹规划，各学院自行安排具体课程。康奈尔大学的融入式创业教育课程由参与项目学院的院长组成的 EPE 管理委员会进行统一协调和指导，并成立由 100 名校友组成的咨询委员会负责制定 EPE 项目的整体框架，提供相应的财政支持，同时他们也参与到课程以及创业计划的评判中。在 EPE 管理委员会的统筹下，各学院共同管理资源和师资，并根据不同学院的专业特点及创业前景，自行设计并安排创业教育课程，不同学院之间学生可以互选创业教育课程。

从师资上来看，康奈尔大学通过构建有效地激励机制来保证优秀的师资队伍。如该校设立"克拉克教席"，每年奖励创业教育作出贡献的教师。只有在EPE 项目积极参与创业活动的教师才能授予教授的资格。至今已经有 17 位教授获得了该荣誉。另外，康奈尔大学还设立了校友资助的教席，鼓励教师开发新的创业教育课程，拓展课外活动。①

2. 我国融入式课程发展现状。

（1）融入式就业教育课程发展现状——以东北师范大学②为例。

我国融入式就业教育课程融合了专业发展、生涯发展和就业指导等内容，强

---

① 梅伟惠：《美国高校创业教育》，浙江教育出版社 2010 年版，第 157～158 页。

② 东北师范大学是教育部直属的六所师范大学之一，是"985 工程优势学科创新平台"立项建设的重点高校之一。该校现有 22 个学院部，59 个本科专业，151 个硕士学位授权点、111 个博士学位授权点、34 个硕士学位授权一级学科，22 个博士学位授权一级学科，12 个博士后科研流动站。东北师范大学十分重视专业教育以及课程教学的职业取向。2004 年，学校被国务院授予"全国就业先进工作单位"，是全国受表彰的 4 所高校之一。2009 年 9 月，学校学生就业指导服务中心被人力资源和社会保障部、教育部授予"全国教育系统先进集体"称号，是全国两个高校就业中心之一。2010 年，学校荣获"2010 年度全国毕业生就业典型经验高校"荣誉称号，2012 年，学校获国务院"全国就业先进工作单位"荣誉称号，是 5所获表彰的高校之一。

调基于专业特点对学生进行职业生涯教育。近五年来，国家比较重视融入式课程教材的开发与建设。2008年，由教育部学生司、全国高校学生信息咨询与就业指导中心和高等教育出版社联合出版了一系列融入式就业指导教材，包括《财会专业大学生职业发展与就业指导》、《法学专业大学生职业发展与就业指导》、《计算机类专业大学生职业发展与就业指导》、《机械类专业大学生职业发展与就业指导》等。这些教材充分体现了"基于专业背景，凸显职业特性"的特点，多从行业状况和个人综合素质两个方面展开论述。总体而言，国内高校已经开始逐渐意识到融入式就业教育课程在增强学生生涯意识，提高专业就业能力等方面具有重要作用，并尝试开设针对不同专业的融入式就业教育课程，但多数高校仍将融入式就业教育课程设定为由各所学院为不同专业学生开设的专业选修课，仅有少数高校已将该类课程列入本科生课程计划，设为必修模块，称为"生涯发展课程"或"生涯规划课程"。

以东北师范大学为例，该校十分重视专业教育以及课程教学的职业取向。2003年，学校开始对本科课程计划进行修改，提出开设"教师资格教育课"课程模块，旨在为准备从事教师职业的学生提供将专业教育与就业教育相结合的融入式就业教育课程。2005年，各学院均将"教师资格教育课"作为专业选修课进行开设。2008年，学校继续对师范专业本科课程计划进行深入修改，将"教师职业教育课程"（25学分）纳入本科（师范生）课程计划，并规定该课程是由"教育理论类课程"、"教育技能类课程"、"教育实践类课程"三个类型和"一般教育课程"、"学科教育课程"两个层次所构成的"三类两层"的课程体系。其中，必修课程为18学分，选修课程为7~12学分。2011年，学校将"生涯规划课程"纳入本科生课程计划。本科教育课程体系由通识教育课程、专业教育课程、生涯规划课程以及毕业论文（毕业设计）构成。"生涯规划课程"是学生的必修模块，各学院根据本专业可能的职业指向与本专业特色和优势自行开设具体课程，学生可根据自身生涯发展规划自主选择课程。学校根据不同专业的要求设置了生涯规划课程的最低学分，通常为15~20学分，并根据学生接受特点将不同的课程安排在不同的学期。具体课程设置如表4-15所示。

东北师范大学通过在各学院开设生涯规划类课程，培养学生对专业的职业认同感，使学生充分了解社会需求和就业现状，建立用积极地心态融入社会和行业的职业意识，进而提高专业就业能力。同时，生涯规划类课程也与该校就业指导中心开设的就业指导课程一起，共同构成了比较完善的生涯发展与就业指导课程体系。这一课程体系既实现了广谱式全覆盖的通识教育，也满足了不同专业学生生涯发展的个性需求，比较全面地培养并提升了学生的择业就业能力以及职业适应与发展能力。

**表4-15　东北师范大学各专业部分生涯规划/教师职业教育课程设置**

| 学院 | 专业 | 课程 | 学分 | 开设学期 | 课程性质 |
|---|---|---|---|---|---|
| 教育学部 | 教育学 | 教师基本技能训练 | 2 | 4 | 选修 |
| | | 教学课件设计与制作 | 2 | 6 | 选修 |
| | | 课堂管理艺术 | 2 | 6 | 选修 |
| | | 班主任工作 | 2 | 6 | 选修 |
| | 公共事业（教育）管理 | 课堂教学技能 | 2 | 4 | 选修 |
| | | 现代教育技术 | 2 | 3 | 选修 |
| 政法学院 | 思想政治教育（师范类） | 教师职业技能训练 | 1 | 课外 | 必修 |
| | | 思想政治课教学微格训练 | 1 | 6 | 必修 |
| | | 学校心理咨询 | 1 | 4 | 选修 |
| | 法学 | 法学前沿问题讲座 | 2 | 8 | 选修 |
| | 行政管理 | 公务员面试技巧与训练 | 2 | 7 | 选修 |
| | | 公务员通用能力训练 | 2 | 7 | 选修 |
| | | 基层政府管理流程体验 | 2 | 8 | 选修 |
| | | 行政程序模拟 | 2 | 5 | 选修 |
| | 国际政治 | 涉外公关与礼仪 | 2 | 7 | 选修 |
| | | 电子政务理论与实务 | 2 | 5 | 选修 |
| | | 国际关系前沿问题讲座 | 3 | 8 | 选修 |
| 文学院 | 汉语言文学（师范类） | 中学作文教学新视野 | 2 | 5 | 选修 |
| 历史文化学院 | 历史学（师范类） | 信息技术在历史教学中的应用 | 1 | 6 | 必修 |
| 外国语学院 | 英语（师范类） | 英语学习心理与策略 | 1 | 1 | 选修 |
| | 俄语 | 俄语教学技能训练 | 2 | 6 | 选修 |
| | | 俄罗斯经贸法规系列专题讲座 | 2 | 8 | 选修 |
| | 商务英语（国际商务管理） | 电子商务网站建设/管理 | 4 | 3 | 选修 |
| | | 电子商务网页设计 | 4 | 4 | 选修 |
| | | 面向对象程序设计 | 3 | 6 | 选修 |
| | | 网络营销 | 4 | 7 | 选修 |

续表

| 学院 | 专业 | 课程 | 学分 | 开设学期 | 课程性质 |
|---|---|---|---|---|---|
| 音乐学院 | 音乐学（师范类） | 数字技术与音乐教学 | 1 | 8 | 选修 |
| | 舞蹈编导 | 舞蹈医疗 | 2 | 8 | 选修 |
| 美术学院 | 美术学（师范类） | 美术教育学 | 2 | 1 | 选修 |
| | 艺术设计（服装设计与工程方向） | 服装营销学 | 1.5 | 6 | 选修 |
| | | 服装心理学 | 1.5 | 6 | 选修 |
| | | 陈列管理 | 3 | 6 | 选修 |
| | | 商品陈列实务 | 3 | 6 | 选修 |
| | | 店铺陈列实操 | 3 | 6 | 选修 |
| | | 时装平面媒体策划与推广 | 2 | 5 | 选修 |
| | | 服装品牌案例分析 | 1 | 5 | 选修 |
| 数学与统计学院 | 数学与应用数学（师范类） | 中学数学微格教学 | 1 | 6 | 必修 |
| 计算机科学与信息技术学院 | 教育技术学 | 信息技术教师专业发展 | 2 | 6 | 选修 |
| 物理学院 | 物理学（师范类） | 中学物理教学设计 | 2 | 6 | 选修 |
| | 电气工程及其自动化 | 技术教师技能训练 | 3 | 6 | 选修 |
| | | 自动化应用领域专题讲座 | 1 | 7 | 选修 |
| | | 科技发展讲座 | 1 | 8 | 选修 |
| 化学学院 | 化学（师范类） | 化学专题教学法 | 2 | 3 | 必修 |
| 生命科学学院 | 生物科学（师范类） | 高中生物课程专题研究（Ⅰ） | 1 | 7 | 选修 |
| | | 高中生物课程专题研究（Ⅱ） | 1 | 8 | 选修 |
| | | 生物课程资源开发与利用 | 2 | 5 | 选修 |
| 城市与环境科学学院 | 地理科学（师范类） | 地理直观教学 | 1 | 6 | 必修 |
| | 资源环境与城乡规划管理 | 环境规划与管理 | 2 | 4 | 选修 |
| | | 城乡规划前沿讲座 | 2 | 8 | 选修 |
| 体育学院 | 体育教育（师范类） | 中小学体育教材教法 | 1.5 | 6 | 必修 |
| | 运动训练 | 体育产业经营与管理 | 1 | 8 | 选修 |
| | | 健康管理学 | 1.5 | 6 | 选修 |
| | 民族传统体育 | 体育法学 | 1.5 | 5 | 选修 |

| 学院 | 专业 | 课程 | 学分 | 开设学期 | 课程性质 |
|---|---|---|---|---|---|
| 传媒科学学院 | 广告学 | 网络电视媒体运营与管理 | 2 | 6 | 选修 |
| | 广播电视编导 | 文化创意产业导论 | 2 | 4 | 选修 |
| | 广播电视新闻学 | 新媒体文化 | 2 | 5 | 选修 |
| | | 媒介经营与管理 | 2 | 3 | 选修 |
| | 播音与主持艺术 | 传媒伦理与法规 | 2 | 3 | 选修 |
| 马克思主义学院 | 哲学 | 当代社会发展问题分析 | 2 | 6 | 选修 |
| | | 社会调查研究 | 2 | 4 | 选修 |

资料来源:《东北师范大学本科课程计划》(2011年)。

(2) 融入式创业教育课程发展现状——以黑龙江大学[①]为例。

我国融入式创业教育课程融合了专业发展和创业教育等内容,强调基于专业特点对学生进行创业教育。目前,已有越来越多的高校接受了融入式创业教育课程的培养理念,重视融入式创业教育课程的开设,但总体看来,我国高校仍处于对融入式创业教育课程进行探索的起步阶段。从组织形式上来看,国内融入式创业教育课程的开设主要包括两种途径:第一种是依托独立的创业(教育)学院进行组织实施;第二种是由学校统筹规划,各个学院负责具体课程的开设与实施。从融入方式来看,国内融入式创业教育课程大致可分为三种类型:一是全校性融入,是指学校将创新创业教育内容列为学校的教学计划,全校所有专业都要开设创新创业教育类课程;二是学院性融入,是指学院面向应用性强的专业开设创新创业教育课程,课程目标指向应用型专业创新创业人才培养;三是理念性融入,是指并不开设专门的创业教育类课程,而是将创新创业内容融入到专业教学的各个环节之中。目前,只有少数高校能够落实全校性融入,下面仅以黑龙江大学为例进行分析。

2002年,作为全国创业教育试点高校之一,黑龙江大学提出"创业教育是素质教育的深化和具体化"的培养理念,构建了"以创新意识培养为目的,面向全体、基于专业、分类教学、强化实践"的融入式创新创业教育模式,并将"分类教育与能力培养相融合、通识教育与专业教育相融合、专业教育与个性化

---

① 黑龙江大学是教育部确定的全国首批9所创业教育试点院校之一,同时也是30所创业教育类人才培养模式创新实验区高校之一,设有国家级人才培养模式创新实验区2个。该校现有33个教学学院部,81个本科专业,5个一级学科博士学位点,28个一级学科硕士学位点,6个博士后科研流动站,3个博士后科研工作站。

教育相融合、专业教育与就业创业教育相融合"作为融入式创业教育课程设置的重要指向。根据这一模式，黑龙江大学分别于2004年和2009年两次修订本科专业人才培养方案，将创业教育与素质教育、专业教育相融合，把创业教育的观念、知识和能力融入专业课程的教学计划设置、教学内容更新、教学方法改革、教学管理建设等环节，并针对基础类、应用类专业的创业教育学分提出了设计原则与教学要求。各学院根据方案要求，围绕不同的专业特点与知识内容，开设具有专业特色的"三个一"专业创新创业必修课程、创新创业专业选修课程、专业认证培训课程等，并将专业书籍阅读作为专业课程内容与考核的重要组成部分。

黑龙江大学本科课程体系包括公共必修课程、专业必修课程、选修课程、创业教育课程五个课程模块。创业教育课程是必修模块，共8学分，具体包括读书学分（1学分），通识创新学分（3学分），专业创新学分（4学分）。其中，"通识读书"、"职业生涯规划"、"就业指导"和"通识选修"课程各1学分，为必选课，前三项由学生通过在通识教育平台选修课程中选择修读相应课程获得学分，后一项由学生通过学校提供的创新学分获得途径获得学分。专业创新学分的修读课程由各学院结合专业特点自行设定，包括"三个一"专业创新创业必修课程（2学分）和学院确定的其他专业创新实践（2学分）。"三个一"专业创新创业必修课程是该专业所有学生的必修课，根据专业性质不同，"三个一"侧重点也不同。如基础类专业的"三个一"包括一门学科前沿专题课程、一份专业调研报告和一项专业创意，旨在引导学生了解学科专业理论创新的现状和发展趋势，探索专业领域内的创业生长点；应用类专业的"三个一"包括一门创业管理课程、一份市场调研报告和一份创业计划书，旨在引导学生了解创业管理与经营的基础理论知识与流程，把握创业市场需求与现状，设计具有可行性与操作性的创业计划。目前，黑龙江大学的所有专业均已开设创业教育课程，以供本专业和其他专业学生选修。部分专业具体创新学分修读课程设置如表4-16所示。

融入式课程具有多方面的优势，有着较大的发展潜力，主要表现为：一是课程重心下移。融入式课程是针对不同专业特点开设的专业课程，将专业教育与创业教育的观念、知识和能力有机结合，由了解本专业实际情况的专业教师授课，有助于对学生进行个性化教育；二是在培养目标上更符合社会对人才的需求。融入式课程以创新型专业复合人才为目标，这也是知识经济时代对人才培养的新要求。如科技型企业需要兼具专业技术能力和就业创业通用技能的复合型人才，他们更易于促使专业技术成果转化为创新创业生长点，进而推动企业发展成高科技成长企业；三是融入式课程易于整合各类资源，加强理论与实践的相互促进。融入式课程十分重视专业创新实践、实习见习、社会调研等课程教学手段的运用，有利于促进校企联系，整合校内外资源，加快知识成果的转化，实现理论与实践的相互促进。

**表 4 - 16**     **黑龙江大学部分专业创新学分修读课程设置**

| 专业类型 | 专业 | 课程名称 | 学分 | 教学描述（实现途径） | 开设学期 | 课程性质 |
|---|---|---|---|---|---|---|
| 外语类 | 英语 | 英语笔译Ⅰ、Ⅱ 新闻英语Ⅰ、Ⅱ | 2 | 途径1：以师生共同参与的方式应用翻译理论和技巧，具体包括：翻译创新课程（1学分）、课程研究报告（0.5学分）和创意作业（0.5学分） | 4、5 | 必选 |
| | | | | 途径2：以小组为单位（每组6人左右）创办一期与本专业有关的报纸，具体包括：创新课程（1学分）、调研报告（0.5学分）和创意报告（0.5学分） | 5、6 | 必选 |
| | | 其他专业创新实践 | 2 | 发表论文1学分、校院课题1学分、竞赛获奖1学分、认证培训1学分、参加学术报告会次1学分等 | 各学期 | 至少选2学分 |
| | | 论文研习 | 2 | | 6 | |
| 管理类 | 信息管理与信息系统 | 创业管理 | 2 | 含市场调研报告（0.5学分）和创业计划书（0.5学分） | 4 | 必选 |
| | | 科学研究与论文写作 | 2 | | 5 | 至少选2学分 |
| | | 数学建模大赛实训（创业） | 1 | | 4 | |
| | | ERP创业大赛实训（创业） | 1 | | 6 | |
| | | 专业创新实践 | 1~2 | 发表论文1学分、校院课题1学分、竞赛获奖1学分、认证培训1学分等 | 各学期 | |

续表

| 专业类型 | 专业 | 课程名称 | 学分 | 教学描述（实现途径） | 开设学期 | 课程性质 |
|---|---|---|---|---|---|---|
| 艺术类 | 绘画 | 专业创新实践 | 2 | 参展获奖（校级画展、个人画展 1 学分；入选一次省级画展 2 学分；入选国家级画展一次 7 学分；获得一次省级优秀奖 3 学分、铜奖 4 学分、银奖 5 学分、金奖 6 学分）、发表论文 1 学分、校院课题 1 学分、参加学术会议 3 次 1 学分等 | 各学期 | 至少选 4 学分 |
| | | 专业创作 | 2 | 从人物画创作 2、山水画/花鸟画创作 2 或优化研选课程中任选一门，修完后可获得该学分 | 7 | |
| 工程技术类 | 制药工程（生物制药） | 创业管理 | 2 | 含市场调研报告（0.5 学分）和创业计划书（0.5 学分） | 2 | 必选 |
| | | 专业创新实践 | | 发表论文 1 学分、校院课题 1 学分、竞赛获奖 1 学分、认证培训 1 学分、参加学术会议 3 次 1 学分等 | 各学期 | 至少选 2 学分 |
| | | 专业前沿知识讲座 | 0.5 | | 3 | |
| | | 制药企业策划与营销 | 2 | | 5 | |
| | | 专业创业实务课 | 0.5 | | 5 | |
| 基础类 | 历史学 | 口述史学与影像史学 | 2 | 含专业调研报告（0.5 学分）和专业创意（0.5 学分） | 6 | 必选 |
| | | 田野考古与史学研究 | 2 | | 6 | 至少选 2 学分 |
| | | 专业创新实践 | 1～2 | 学科竞赛获奖 1 学分、创新项目 1 学分、科研实践 1 学分等 | 各学期 | |

续表

| 专业类型 | 专业 | 课程名称 | 学分 | 教学描述（实现途径） | 开设学期 | 课程性质 |
|---|---|---|---|---|---|---|
| 基础类 | 化学 | 现代化学化工研究进展 | 2 | 含专业调研报告（0.5学分）和专业创意（0.5学分） | 5 | 必选 |
| | | 研究实习 | 2 | 科学研究实践1学分、发表论文1学分、参加学术会议3次1学分、学科竞赛获奖1学分、校院课题1学分 | 7 | 至少选2学分 |
| | | 绿色化学 | 2 | 培养学生在化学相关产业中进行创业所需要的专业素养，树立环境友好意识和可持续性发展的观念 | 6 | |
| 应用类 | 教育学 | 中小学教师科研技能培训 | 2 | 含教育调研报告（0.5学分）和科研工作计划（0.5学分） | 4 | 必选 |
| | | 教师教学技能培训 | 2 | | 7 | 至少选2学分 |
| | | 专业创新实践 | 2 | 发表教育类论文（省级或以上）每篇0.5学分、参加学术会议2次1学分、参加课题研究每项0.5学分、参加学术讲座每次0.2学分 | 各学期 | |
| | 农业资源与环境（种子科学与工程） | 种子经营与管理 | 2 | 含专业调研报告（0.5学分）和创业计划书（0.5学分） | 6 | 必选 |
| | | 专业创新实践 | 1~2 | 参加学校兴趣小组，并有独立设计成果1学分；参加教师科研课题，有相关文章发表1学分；开展种子产业调研，形成有建设性调研报告1学分；暑期"三下乡"社会实践1学分 | 6 | 至少选2学分 |
| | | 种子产业化与技术 | 2 | | 6 | |

资料来源：《黑龙江大学创业教育教学管理文件汇编》（2011年），第292~328页。

261

## 四、"三位一体"大学生就业创业教育课程体系构建

"三位一体"大学生就业创业教育课程体系是指高校以引导学生实现成功就业创业为导向，按照国家就业创业教育教学要求并结合不同阶段学生的自身特点与就业创业需求，将广谱式、专业式和融入式三类课程有机结合，相互补充所形成的"全覆盖、分层次、分阶段"的大学生就业创业教育课程体系。这一课程体系在培养目标上具有层次性，在内容上具有整合性，在组织实施上具有有序性，将通识教育、专业教育与就业创业教育充分整合，体现了"面向全体，基于专业，综合提升，兼具个性"的人才培养理念，能够有效促进学生全面发展与成长成才，引导学生实现顺利就业与成功创业。

### （一）"三位一体"大学生就业创业教育课程体系的构建原则

1. 坚持课程目标设定的分层分类原则。

课程目标是指"课程本身要实现的具体目标，期望一定教育阶段的学生在发展品德、智力、体制等方面达到的程度。"① 它受教育目的、培养目标的制约和影响，是课程理论模式构建、课程设计与实施的首要准则。其中，培养目标是各级各类学校及各个学段根据教育目的而制定的具体教育目标，具有阶段性、层次性和灵活性等特点，这决定了课程目标也具有相应的特性。在"三位一体"大学生就业创业教育课程体系中，课程目标的设定既包含层次上的差异，也包含阶段上的差异。从课程类型来看，三类课程在培养目标上具有层次差异：广谱式课程旨在激发全体学生的就业创业意识，强调知识和能力的基础性以及就业创业通用素质与能力的培养；专业式课程旨在激发少数具有明确创业意愿学生的创新精神与开拓精神，掌握企业经营、管理等方面的知识与技能，提升与创业有关的专业素养与专业能力，培养专业化的创业人才；融入式课程旨在树立各专业学生的就业创业意识，强调培养具有专业知识基础，与职业相匹配的复合型人才以及具有综合性创业素质和能力的创新型人才。从课程对象上来看，不同专业和不同阶段的学生在培养目标上具有类型差异；从专业所属来看，师范类专业更加重视就业教育课程，旨在培养能够胜任各级各类教育教学、教育科研和教育管理等工作的高素质教育人才；而在创业教育课程中，基础型专业如历史、文学、哲学、化学等更重视对创新创业意识的培养，而应用型专业如编辑出版、艺术设计、农业资源与环境等更重视对创业规划以及实践能力的培养。从学段上来看，低年级

---

① 顾明远：《教育大辞典（增订合编本上）》，上海教育出版社 1998 年版，第 898 页。

的就业创业教育课程旨在激发学生的就业创业意识，引导学生形成正确的就业创业观念，而高年级的就业创业教育课程旨在帮助学生掌握就业创业的核心知识与技能，提升就业创业的综合素质与能力。

2. 坚持课程内容设计的整合性原则。

课程内容是指"按照课程目标选择和组织的课程基本材料。"① 它受课程目标、学生的需要与身心发展水平、社会发展需要和学科自身的性质的制约和影响，是课程的核心要素。"三位一体"大学生就业创业教育课程体系根据三类课程目标，在内容设计上围绕社会需求、学科特点和学生自身需要，充分整合多个学科的观念、知识和技能，构建了内容丰富、类型多样的跨学科课程体系。具体表现为：在广谱式课程内容设计中，将科学与人文学科中与就业创业相关的基本观念、知识和能力等教育内容进行内在整合、融汇和提升，强调理工、人文、社会、信息和管理等学科内容的相互渗透、融通与综合；在专业式课程内容设计中，将与新企业创办、管理和实现可持续发展相关，涉及财务、法律、管理、文化、市场等包括经济学、法学、管理学等多学科的教育内容有机组合，强调创业核心知识和能力的传授与获得；在融入式课程内容设计中，将就业创业教育的观念、知识和能力培养与专业课程教育教学内容有机整合，强调根据专业特点进行就业创业教育。

3. 坚持课程实施的有序性原则。

课程实施是指"将课程方案付诸实施的过程，是课程编制的环节之一，也是达到预期课程目标的重要手段。"② 影响课程实施的因素包括课程方案、课程实施主体（教育行政部门、学校、教师等）以及外界因素（政策变化、财政或物质资源、技术援助等）。从课程实施主体来看，"三位一体"大学生就业创业教育课程主要由高校进行组织、实施和管理，在这一过程中，要做到"纵向有序"和"横向有序"。"纵向有序"是指高校遵循大一到大四各个阶段学生的不同接受特点和自身需求合理设置课程。如在低年级开设就业创业教育导论类、概论类等广谱式课程，重在通过通识教育激发学生的就业创业意识，树立正确的就业创业观念，形成就业创业规划；在高年级开设专业式课程和融入式课程，重在通过专业教育和个性化教育帮助学生掌握就业创业核心知识和技能，提升就业创业综合素质和能力。"横向有序"是指课程组织机构，包括学校教务部门、就业创业指导中心、商学院（管理学院）、创业（教育）学院以及各学院各专业之间相互沟通，相互合作，以保证由不同机构负责开设的课程之间合理布局，有序推进。

---

① 顾明远：《教育大辞典（增订合编本上）》，上海教育出版社 1998 年版，第 898 页。
② 顾明远：《教育大辞典（增订合编本上）》，上海教育出版社 1998 年版，第 900 页。

## （二）"三位一体"大学生就业创业教育课程体系结构

"三位一体"就业创业教育课程体系由广谱式课程、专业式课程和融入式课程三类课程模块构成。其中，广谱式课程属于通识类课程，应设置为公共必修课和公共选修课，修读学分不少于4学分；专业式课程属于专业类课程，应设置为商学院（管理学院）、创业（教育）学院、创业班的专业必修课和专业选修课，修读学分不少于30学分。同时，可以作为其他专业学生的公共选修课或专业选修课，修读学分不少于2学分；融入式课程属于专业类课程，应设置为专业必选课或专业选修课，修读学分不少于4学分。在三类课程模块中，广谱式课程是基础模块，着力培养学生关于就业创业的基础观念、知识和能力，是专业式课程和融入式课程有效实施的前提；专业式课程是关键模块，着力培养学生的创新精神、创业核心知识和技能，是广谱式课程和融入式课程在创业教育方面的高度强化；融入式课程是核心模块，着力培养有助于学生在专业领域内实现顺利就业和成功创业的综合素质和能力，它既是广谱式课程与专业课程的有机结合，也是专业式课程的有效补充。"三位一体"大学生就业创业教育课程体系总体框架（见图4-7）。

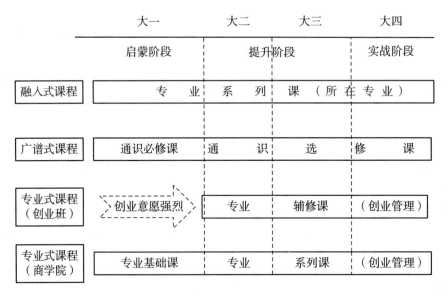

**图4-7　"三位一体"大学生就业创业教育课程体系总体框架**

1. 广谱式课程结构。

广谱式课程分为三大模块：基础能力课程模块、核心能力课程模块和延伸能力课程模块。基础能力课程模块包括"大学生职业生涯规划"、"就业指导"与

"创业基础"等课程；核心能力课程模块包括"就业创业管理"、"就业创业心理"、"就业创业法律"、"就业创业环境"、"创业经济学"、"创业风险"、"行业新技术趋势与创业"等课程；延伸能力课程模块包括"就业创业伦理"、"创业与社会"、"就业创业工作坊"、"创业项目设计与实施"等课程。其中，基础能力课程模块可设置为公共必修课，修读学分不少于 2 学分，总学时不少于 36 学时，课程内容以理论知识为主，教学途径主要采用课堂教学；核心能力课程模块可设置为公共选修课，修读学分不少于 1 学分，总学时不少于 18 学时，课程内容以理论知识为主，兼顾活动体验，教学途径既包括课堂教学，也包括小组讨论、市场调查、实习见习等；延伸能力课程模块可设置为公共必选课和选修课，修读学分不少于 2 学分，总学时不少于 36 学时，课程内容以实用性知识和技能为主，教学途径主要采用活动教学和实践教学，也包括开设讲座等。具体课程结构如图 4 - 8 所示。

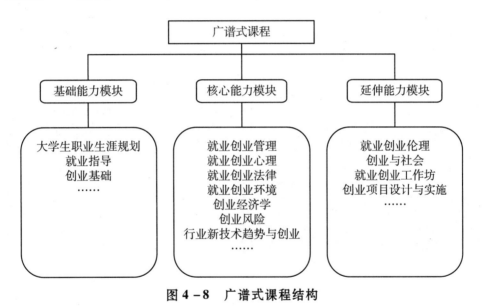

**图 4 - 8　广谱式课程结构**

2. 专业式课程结构。

专业式课程由"3 + 1"课程模块组成，"3"是指基础模块、创业设计模块和创业管理模块，主要依据创业的程序进行开设；"1"是指专题学习模块，主要针对创业及其过程中的要素及前沿问题展开专题研究。基础模块包括与创业相关的管理、经济等方面的基础性理论知识课程，以及与创业相关的人文素质、语言表达和沟通技能等方面的课程；创业设计模块主要指向创业准备阶段，包括"创业管理导论"、"创业企业战略"、"财务管理"、"会计学"、"创业企业营销"、"创业机会评估"、"商业计划书"等课程；创业管理模块主要指向创业管

265

理过程中可能产生的各类问题，包括"领导科学与领导艺术"、"创业投资与风险管理"、"国际贸易实务"、"商务沟通与谈判"、"企业经营模拟实践"等课程；专题学习模块主要指向创业过程中的关键要素、创业热门领域和前沿问题，包括"收购与兼并"、"家族企业管理"、"信息领域创新创业"等课程。对于商学院（管理学院）、创业（教育）学院和创业班而言，专业式课程属于专业课程，可设置为专业系列课，修读学分不少于 30 学分，创业管理专业方向则应不少于 120 学分；而对于其他专业而言，专业式课程可设置为公共选修课或专业选修课，修读学分不少于 2 学分。专业式课程内容直接指向与新企业创办、管理和实现可持续发展相关的观念、知识和能力的传授，教学途径既包括课堂讲授，也包括案例教学、讲座和实践教学等。具体课程结构如图 4 - 9 所示。

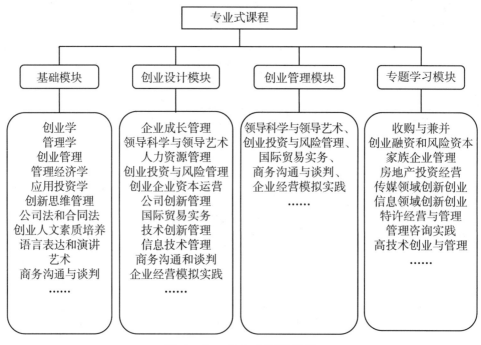

图 4 - 9　专业式课程结构

3. 融入式课程类型。

融入式课程将就业、创业、专业三者有机融合，面向不同专业学生开设，内容丰富，形式多样，难以作出统一的规划与设计。为此，课题组将专业性质和就业创业指向作为两条轴线，以划分融入式课程的主要类型。现有高校的本科专业从性质上可划分为基础型专业和应用型专业。基础型专业以理论知识研究为主，包括哲学、历史学、文学等基础学科下设的各门专业；应用型专业以培养能够满足社会需求的知识和技能为主，如电子商务、网络工程、信息技术等。这两类性质不同的专业与就业、创业相结合，分别形成了基础型融入式就业教育课程、应用型融入式就业教育课程、基础型融入式创业教育课程、应用型融入式创业教育课程四种类型的融入式课程。这四类课程在培养目标、内容设计和教学方法上各有侧重，基础型融入式就业教育课程以树立正确的就业择业观念为核心，主要通过课堂教学进行理论知识的传授；应用型融入式就业教育课程以提升职业技能为核心，在课堂教学的基础上，十分重视通过活动教学和实践教学进行职业技能的训练与实践能力的培养；基础型融入式创业教育课程以培养创新精神为核心，主要通过课堂教学和参观体验以激发学生的创新创业意识和开拓精神；应用型融入式创业教育课程以创业实务指导为核心，主要通过实践教学环节以加强学生创业实践能力的培养。同时，所有专业都在入学阶段开设学科前沿课，课程内容主要是梳理专业发展历史，重点介绍专业的前沿领域，授课教师应以专业资深教授为主。专业前沿课作为大学生的入门基础课，能够扩大学生视野，帮助学生把握专业就业创业的现状与发展前景，进而探索就业创业的新领域，促进专业领域内的顺利就业与成功创业（见图4-10）。

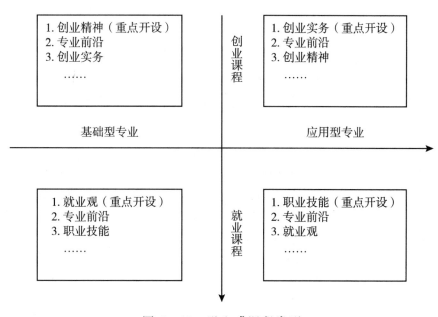

图4-10 融入式课程类型

# 第三节 广谱式就业创业教育课程体系建设研究

目前，国内高校已普遍开设广谱式就业创业教育课程，并在不断地探索与实践中开发、建设、研究并完善其课程体系。广谱式就业创业教育课程体系面向全体学生，具有普及性的特征。构建科学的广谱式就业创业教育课程体系是切实推动就业创业教育向纵深发展的前提与基础。课题组以"广谱式"就业创业教育课程体系建设为切入点，在整合多种课程设计取向的基础上确定课程体系的模块构成，并从课程目标、形式、学时、学分、教学方式、教学评价、保障等方面设计了具有操作性的课程实施方案，以期为当前和今后全国高校开展大学生就业创业教育提供可供借鉴的课程范式。

# 一、广谱式就业创业教育课程体系构建

课程建构理论认为，课程体系是在一定的课程设计取向下构建而成的，不同课程设计取向下的课程体系目标、内容、教学方式、教学评价等方面存在着明显差异。长期以来，对课程体系建构进行理论指导的课程设计取向主要包括学科中心主义、学生中心主义和社会中心主义。[①] 现分别对这三种课程设计取向下的就业创业教育课程体系展开辨析，并在此基础上构建以"综合素质和能力"为中心的就业创业教育课程体系。

## （一）传统课程设计取向下就业创业教育课程体系辨析

1. 学科中心的就业创业教育课程体系。

学科中心的课程设计是以有组织的学科内容作为课程设计的基本依据。学科及其知识体系是人类历史经验的积淀与提炼，以它为中心的课程体系长期占据课程研究与设计的主导地位。以学科为中心的课程体系构建首先要确定各门学科的地位和基本内容，进入学科的各门课程具有逻辑性关联。学科中心课程体系构建有两个主要特点：一是强调对学习内容进行合乎逻辑的筛选和组织；二是强调课程计划具有强烈的预计性，即课程是预先为学生设计好的，从而保证将合乎逻辑、有组织的学科知识内容有效地教给学生。学科中心的课程体系构建代表了一种系统的、高效的学习知识的方式。学科的知识和内含于这些知识之中的智力过程是学校教育的重要基础。

学科中心课程设计取向下的就业创业教育课程体系构建主要围绕学科知识进行课程设计。学科知识一般包括学科基础知识、学科核心知识和学科依托知识，因此，就业创业课程体系一般由学科基础课程模块、学科核心课程模块和学科依托课程模块构成，具体课程则根据学校实际情况进行灵活开设。如学科基础课程

---

① 裴娣娜：《现代教学论》，人民出版社 2005 年版，第 15～20 页。

模块一般开设职业生涯与就业指导、创业基础、创新与创业哲学导论等方面的课程；学科核心课程模块一般开设就业创业管理学、就业创业市场、就业创业信息、创业经济学、创业营销学、创业财务学和创业人才学等方面的课程；学科依托课程模块一般开设就业创业心理学、就业创业伦理学和就业创业环境学等方面的课程。

2. 学生中心的就业创业教育课程体系。

学生中心的课程设计是把学生作为课程设计的主导依据。它以学生的兴趣、需要和已有经验为基础，从对学生的观察和研究出发，通过和学生协商，以此选择和规划学习的方向和目的。与学科中心的课程体系相比，学科的地位在课程设计中退居其次，课程成为学生根据自己的兴趣探究某些问题或主题的工具。学生中心的课程设计最重视的是解决问题的过程，而不是一系列预定的内容，它经常以活动课程、项目课程、体验课程、操作实务课程、互动讲座课程等形式出现。学生中心的课程设计在一定程度上反映了课程设计的本质特征，即任何课程设计都是为了某一特定阶段的学生，在充分考虑其生活经验、接受机制、知识结构等特点的基础进行设计的。学生中心的课程设计充分地考虑到学生的个体差异性，重在激发学生内在学习动机，发展个人潜能和兴趣，培养解决问题的能力。

学生中心的就业创业教育课程体系注重对学生自身发展的需求，涉及观念培养、知识传授、能力形成、心灵体验等方面的教育内容，主要包括观念课程模块、知识课程模块、能力课程模块以及体验课程模块等。观念课程模块一般开设就业创业心理适应辅导、创业精神的形成与培养、职业精神的形成与培养等方面的课程；知识课程模块一般开设职业生涯与就业指导、创业基础、就业创业法律与政策、创业管理学、创业经济学等方面的课程；能力课程模块一般开设创业机会识别与选择、创业成本核算与管理、创业资金筹集与运作、创业风险掌控与规避等方面的课程；体验课程模块一般开设创业项目设计与实施等项目课程、就业创业模拟等活动课程以及就业创业名家讲座等。

3. 社会中心的就业创业教育课程体系。

社会中心的课程设计把社会作为课程设计的主导依据或唯一依据。它将课程作为促使学生了解和改进社会的一种途径，强调课程内容的统一性与实用性，各个学科教育内容结合起来服务于符合社会需求的学习主题，重视对实用性课程教材的选择。社会中心的课程设计核心在于探究和解决社会问题，通过关注社会的焦点问题，反映社会变革的客观需求，并以培养能够改进社会、促进社会发展的人为最终目标。社会中心的课程设计在教学途径上十分重视活动教学（如小组或团体项目活动）和实践教学环节（如社会调查、市场调查等）的设计。

社会中心的就业创业教育课程体系强调课程对社会的改造功能，这一功能的实现依赖于正确的就业创业社会价值取向的形成、良好的就业创业社会环境支持和促进就业创业行动的社会条件等。因此，社会中心的就业创业教育课程体系一般由社会价值课程模块、社会环境课程模块和社会行动课程模块组成。具体课程可以根据学校自身情况灵活开设。社会价值课程一般开设创业与社会、企业家社会责任等方面的课程；社会环境课程一般开设就业创业法律与政策、行业新技术趋势与创业、创业伦理与商业秩序等方面的课程；社会行动课程一般开设创业与经济、就业创业行动与社会支持、就业创业行动与社会参与、就业创业行动与社会建设等方面的课程。

事实上，对于任何国家、地区和高校而言，任何单一类型的课程设计都无法完全满足就业创业教育的需求，需要在分析各种课程设计优长与不足的基础上对其进行整合，以达成平衡来弥补单一设计的缺陷。上述三种课程设计各自存在一定的局限性，如学科中心的课程设计过于重视理论知识和间接经验的传授，与学生的现实世界联系不够紧密，难以估计并解决大学生在就业创业过程中遇到的具体情境与实际问题，在教学手段上以课堂教学为主，较为单一；学生中心的课程设计往往过于重视学生的多样化需求，比较忽视学科知识的充分组织与系统传授；社会中心的课程设计则过于强调学生的"工具性"价值，在一定程度上限制了学生主体性的发挥。当前，我国正处于课程体系改革的转型时期，社会的进步、知识的更新和学生的发展共同成为学校课程设计的重要动力，而培养符合社会需求，具有就业创业综合素质和能力的复合型人才是高等教育进行人才培养的目标与要求，因此，对上述三种课程设计取向进行取长补短，形成具有整合性与平衡性的新的课程设计取向意味着要以"综合素质和能力"为中心进行大学生就业创业教育课程体系构建。"综合素质和能力"中心的就业创业教育课程设计在培养目标上要以社会需求为导向，在内容设计上要重视对知识的系统组织与传授，在教学过程中要充分发挥学生的主体性。

### （二）"综合素质和能力"中心就业创业教育课程体系结构

"综合素质和能力"中心就业创业教育课程体系设计是在兼顾学科、学生以及社会三因素的基础上，强调具体的课程行为目标。这一课程目标清楚地说明了学生要在社会中充分发挥作用所必须具备的素质与能力，同时也反映各门学科的素质和能力要求。它对课程模块的设置与学科中心设计十分相似，因此，"综合素质和能力"中心就业创业教育课程体系主要由基础能力课程模块、核心能力课程模块和延伸能力课程模块三个部分构成。基础能力课程模块一般开设职业生涯与就业指导、创业基础两门必修课；核心能力课程模块一般开设就业创业管理、就业创业心理、创业经济学、行业新技术趋势与创业、就业创业法律与政策实务等方面的课程；延伸能力课程模块一般开设就业创业体验工作坊、创业项目设计与实施、创业者讲座等课程。这一课程体系通过开设 2 门必修课和 8 门选修课，实现"面向全体学生"的课程设置目标；通过在大一到大四各个阶段开设不同的就业创业教育课程，将相关的观念、知识和能力培养融入人才培养全过程；通过开设"行业新技术趋势与创业"等融入式课程，将通识教育、就业创业教育与专业教育相结合，引导学生在了解自身专业现状和发展前景的基础上进行就业创业。课程体系的具体结构如图 4－11 所示。

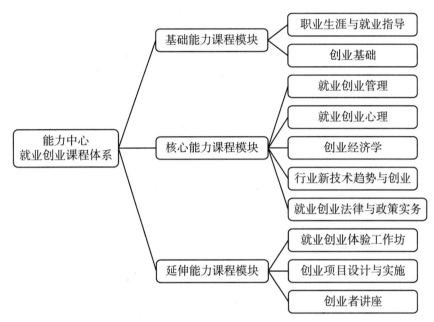

**图 4－11　"综合素质和能力"中心就业创业教育课程体系结构**

1. 基础素质和能力课程模块。

"职业发展与就业指导课程"课程。在课程与教学目标上，该课程既强调职业在人生发展中的重要地位，又关注学生的全面发展和终身发展。通过激发大学生职业生涯发展的自主意识，树立正确的就业观，促使大学生理性地规划自身未来的发展，并努力在学习过程中自觉地提高就业能力和生涯管理能力。课程内容主要包括建立生涯与职业意识、职业发展规划、求职过程指导、职业适应与发展、就业技能等。在教学模式上，该课程是集理论课、实务课和经验课为一体的综合课程，可采用理论与实践相结合、讲授与训练相结合的方式进行，具体教学包括课堂讲授、典型案例分析、情景模拟训练、小组讨论、角色扮演、社会调查、实习见习等。在教学评估上，主要从学生对知识的理解和掌握程度以及实际形成的职业发展规划能力两大方面进行评价，采用过程评价和结果评价相结合、定量和定性评价相结合的方式，具体评价方法包括建立成长档案、课堂考试、自评互评、师生访谈等。①

"创业基础"课程。在课程与教学目标上，该课程旨在通过创业教育教学，使学生掌握创业的基础知识和基本理论，熟悉创业的基本流程和基本方法，了解创业的法律法规和相关政策，激发学生的创业意识，提高学生的社会责任感、创新精神和创业能力，促进学生创业就业和全面发展。课程内容主要包括创业、创业精神与人生发展、创业者与创业团队、创业机会与创业风险、创业资源、创业计划和新企业的开办等。在教学模式上，以课堂教学为主渠道，以课外活动、社会实践为重要途径，具体包括案例分析、小组讨论、角色扮演、头脑风暴、创业讲座、创业训练、创业模拟、市场调查、实习见习等。②

2. 核心素质和能力课程模块。

"就业创业管理"课程。在课程与教学目标上，该课程旨在帮助学生形成对就业创业过程的整体认识，掌握能够创办、管理、经营企业并实现新企业可持续发展的观念、知识和能力，并学会如何撰写创业计划书。课程内容主要包括与就业创业相关的计划与控制、组织管理、人本管理、营销管理、财务管理、创业的战略管理等方面，具体包括就业创业管理的角色与技能、就业创业管理的环境和背景、组织的设计与变革、组织中的人力资源管理、创业者与创业机会、创业计划与资源整合、创业管理的领导过程、创业企业的成长管理、创业团队的组建、新创企业战略、新创企业的危机管理、公司内部创业管理、创办新企业与商业模式、创业机会的识别与开发、开发成功的商业创意、创业的资源及市场组织财务的可行性分析、产业及竞争者分析、开发有效的商业模式、创业风险的识别与管理、创业风险的评估与预警、创业风险的防范与控制等。教学方式主要包括课堂讲授、案例分析、小组讨论、角色扮演、社会调查、实习见习等。

"就业创业心理"课程。在课程与教学目标上，该课程旨在帮助学生形成独立性、敢为性、坚韧性、克制性、适应性、合作性等心理素质和品质，使他们能够克服就业创业过程中过于依赖、自卑、畏惧等人格障碍和急于求成、目标多变等行为障碍，形成适应就业创业的良好心理状态。课程内容主要包括就业创业的自我认知或评定、团队行为与团队决策的心理学分析、成功与挫折的心理学应对、就业创业实践中的判断与决策、就业创业管理过程中的激励、就业创业管理

---

① 教育部办公厅关于印发《大学生职业发展与就业指导课程教学要求》的通知（教高厅［2007］7号），2007年12月28日。

② 教育部办公厅关于印发《普通本科学校创业教育教学基本要求（试行）》的通知（教高厅［2012］4号），2012年8月1日。

中的感情与情绪调节、创业者的个性特征与心理发展、心理素质与创业过程的心理分析、消费者的心理结构及其应用等。教学方式主要包括课堂讲授、案例分析、小组讨论、角色扮演、团体训练等。

"创业经济学"课程。在课程与教学目标上，该课程旨在帮助学生了解以创业为基础的经济发展规律，掌握并运用经济学知识以实现成功创业。课程内容包括微观经济运行与创业要素、制度背景、运行机制分析，中观经济运行与企业所属行业、地方政府、市场等运行机制分析，宏观经济运行与国内、国际市场的开拓市场开拓与收缩，知识经济、高新技术与创业方向，创业与经济发展，创业资本与经济绩效，创业型经济的测量，后危机时代的中国创业型经济发展战略，创业资本与中国区域经济增长，中国发展创业型经济的政策与路径，中国面向创业型经济的创业教育发展策略，中国面向创业型经济的创业投资发展策略，中国面向创业型经济的创新集群发展策略等。教学方式主要包括课堂讲授、社会调查、小组讨论、案例分析等。

"行业新技术趋势与创业"课程。该课程是通识教育、创业教育与专业教育相结合的代表课程之一，需要根据各个学校不同专业的特点与创业现实状况进行教材编写和课程教学。在课程与教学目标上，该课程旨在帮助学生了解并掌握各行业技术创新前沿和趋势，选择具有技术含量和竞争优势的行业领域进行创业，依托技术优势取得创业成功。课程内容主要是将创业教育的观念、知识和能力与专业领域内的观念、知识和能力相结合，产生如电子商务新技术趋势与创业、生物新技术趋势与创业、能源新技术趋势与创业、化学新技术趋势与创业、材料新技术趋势与创业等具有较强针对性的课程。教学方式主要为课堂讲授、小组讨论、头脑风暴、项目设计、市场调查、成果转化等。

"就业创业法律与政策实务"课程。在课程与教学目标上，该课程旨在帮助学生了解与就业创业相关的现行法律制度，掌握企业在运行过程中的法律与政策，熟悉各种就业创业法律规范，培养就业创业者处理企业法律纠纷的能力。课程内容主要包括就业法律和政策实务与创业法律与政策实务两大部分。就业法律和政策实务方面的课程内容主要包括大学生兼职、实习中的法律问题、就业协议签订中的法律问题、就业歧视中的法律问题、劳动合同签订中的法律问题、劳动待遇的法律问题、社会保险的法律问题，与市场主体、市场运行、宏观调控、劳动保护等相关的法律条文及法律问题，学生在就业过程中所涉及的各种就业政策等。创业法律与政策实务方面的课程内容主要包括按照法律创立企业、新创企业运营中的法律问题、大学生创业的风险防范与应对、大学生创业的法律素养培养、大学生创业政策与法律解读、企业创办筹备的法律实务、企业登记的法律实务，企业经营的法律实务、企业破产的法律实务、常见的创业法律问题的处理等。教学方式主要为课堂讲授、小组讨论、案例分析、角色扮演等。

3. 延伸素质和能力课程模块。

"就业创业体验工作坊"课程。该课程是一门区别于学科类课程，由学校或学院组织开展的活动课程，具有实践性、自主性、创造性、趣味性以及非学科性的特征。课程旨在使学生综合运用所学知识，在讨论、体验与实际问题的处理与解决过程中掌握、运用并提升就业创业的综合素质和能力。课程内容通常是以某一主题或某一案例为研究内容，通过多种活动方式使学生体验就业创业的过程，如"简历制作工作坊"、"创业焦点工作坊"等。教学方式主要以研讨交流、案例分析、情景模拟以及实务操作为主。

"创业项目设计与实施"课程。在课程与教学目标上，该课程旨在通过强化创新创业能力训练，增强学生的创新能力和创业实践能力，培养适应创新型国家建设需要的高水平创新人才。课程内容主要包括两个部分：一是"创业训练"，是指在课程中组建学生创业团队，并在教师指导下编制商业计划书、开展可行性研究、模拟企业运行、参加企业实践和撰写创业报告等，团队中的每名学生通过在项目实施中扮演一个或多个具体角色来培养自身的创业能力；二是"创业实践"，是指学生在教师和企业导师共同指导下，采用前期创业训练项目的成果，提出一项具有市场前景的创新性产品或者服务，以此为基础开展创业实践活动。开设此课程的高校需要与政府和企业相互沟通，共同合作，依托校企联盟、科技园区、创业园区、创业项目孵化器、大学生校外实践基地和创业基地等为学生提供导师、技术、场地、政策、管理等支持和创业孵化服务。教学方式主要以实践教学为主，具体包括市场调查、项目设计、成果转化、企业创办等。

"创业者讲座"。讲座通过邀请具备创业经验的社会人士以讲座的方式为学生提供鲜活的直接经验，从而激发学生的创业意识，促使学生对自身创业的目标进行思考与定位，进而深化学生对创业的认知。从课程内容上看，讲座可以与其他课程形成良好的配合与互动，其内容多样，不拘一格。通过创业成功者、失败者、亲历者讲述他们在创业过程之中的方法与策略，总结创业经验和教训，启发学生的创业智慧。在课程的组织与安排上，讲座课程既可以由学校职能部门，如教务部门、学生工作部门、就业创业指导中心组织安排，也可以由各学院各专业自行组织安排。在参与对象上，讲座课程也区别于学科类课程，其开设时间贯穿大学各个阶段，对专业和年级均没有限制，学生可以任意选择，达到学校规定的次数，即可获得学分。

## 二、广谱式就业创业教育课程设计及主要特点

### (一) 广谱式就业创业教育课程设计

课程设计指"拟定一门课程的实质性结构、形式或组织形式和组织结构。受两种层次的决定制约。一是广义的层次,即基本的价值选择。二是具体的层次,包括课程要素和实施技术的安排。"① 由此,课题组从课程和教学目标、课程形式与课时学分安排、教学方法、教学评价四个主要方面设计了广谱式就业创业教育课程的实施方案(见表4-17)。

表4-17 　　　　　　广谱式就业创业教育课程设计方案

| 课程模块 | 课程内容 | 课程形式 | 课程学时与学分 | 开设年级 | 课程与教学目标 | 教学方法 | 教学评价 |
|---|---|---|---|---|---|---|---|
| 基础素质和能力课程 | 职业生涯与就业指导创业基础 | 必修 | 2学分(36学时)2学分 | 大一大二 | 掌握就业创业的基本观念、基础知识和基本能力 | 课堂讲授法案例分析法 | 课堂考试研究报告成长档案袋 |
| 核心素质和能力课程 | 就业创业管理就业创业心理创业经济学 | 选修 | 1学分(18学时)1学分1学分 | 大三大三 | 重点培养学生识别机会、防范风险、适时采取行动的能力 | 课堂讲授法案例分析法专题研究法小组讨论法头脑风暴法市场调查法角色扮演法见习实习法 | 课堂考试研究报告成长日记 |
| | 就业创业法律与政策行业新技术趋势与创业(各专业) | 选修 | 1学分1学分 | 大二大四 | | | |
| 延伸素质和能力课程 | 就业创业体验工作坊创业项目设计与实施创业者讲座 | 必选选修必选 | 1学分1学分1学分(累计4次) | 大一到大四 | 培养创新创业精神,提升应用转化能力,实现就业创业综合素质和能力的全面发展 | 头脑风暴法情景模拟法计算机模拟法小组协作学习法拓展训练法等等 | 自我评价专家评价出勤考核 |

① 顾明远:《教育大辞典(增订合编本上)》,上海教育出版社1998年版,第899页。

1. 课程与教学目标。

课程与教学目标是就业创业教育培养目标的具体化。由于培养目标具有层次性和阶段性的特点，而各年级的学生在不同发展阶段也具有不同的需求，大学阶段的广谱式就业创业教育课程与教学目标可划分为三个不同的层次：第一个层次的课程与教学目标主要针对大一和大二的低年级学生，通过基础素质和能力课程模块激发全体学生的就业创业意识，掌握基础性的就业创业理论知识，形成正确的就业创业观念，具备基本的就业创业素质与能力，合理规划自己的学习生活与职业生涯；第二个层次的课程与教学目标主要针对大二、大三、大四的中高年级学生，通过核心素质和能力课程模块重点培养他们识别并把握就业创业机会，有效防范、规避就业创业过程中的各种风险，能够在面对实际情况和各种问题时适时采取行动的素质和能力；第三个层次的课程与教学目标主要面向全体学生，通过贯穿整个人才培养过程的延伸素质和能力课程模块，特别是通过活动教学和实践教学环节，培养学生的创新创业精神，深化对就业创业的认知，提升就业创业实务的实践操作能力以及对理论、技术成果的应用转化能力，实现就业创业综合素质和能力的全面发展。

2. 课程形式与课程安排。

课程形式主要是指广谱式就业创业教育课程可以分为公共必修课和公共选修课。公共必修课是指全体学生都必须修习的就业创业教育课程，公共选修课是指学校或学院为了适应学生兴趣爱好和就业创业需求而自主开设的，可供学生在一定程度上自由选择修习的就业创业教育课程，又可分为必选课和任选课。在"综合素质和能力"中心的广谱式就业创业教育课程设计方案中，基础素质和能力课程模块是必修模块，旨在通过"职业生涯与就业指导"、"创业基础"等课程的学习使学生树立科学的就业创业意识和价值观，了解并掌握就业创业所应具备的基本观念、知识与能力，为学生形成就业创业综合素质和能力，进行就业创业实践打下坚实基础；核心素质和能力课程模块是选修模块，旨在通过"就业创业管理"、"就业创业心理"、"创业经济学"、"就业创业法律与政策"等课程的学习使学生拓宽视野，掌握并合理运用就业创业所应具备的核心知识与技能，形成就业创业综合素质和能力，为学生进行就业创业实践提供核心支撑；延伸素质和能力课程模块是选修模块，包括必选课和任选课。其中，"就业创业体验工作坊"和"创业者讲座"是必选课，旨在通过课程学习使学生获得实践体验，有效借鉴他人的经验和教训，而"创业项目设计与实施"则为任选课，供各个专业具有明确创业意愿的学生自由选择，推进理论知识成果向实践的转化与应用。

课程安排主要是指各门课程开设的具体课时、学分和年级等方面的设计与规定。在课时与学分安排上，必修课一般规定为 2 学分，36 课时；选修课一般规定为 1 学分，18 课时。在开设时间的安排上，面向大一、大二学生主要开设基础性、导论性的必修课；面向已经习得与就业创业相关的基本观念、知识和能力的大二、大三、大四学生主要开设能够满足不同层次需求，涉及心理学、管理学、经济学、社会学、法学等融合跨学科内容，以就业创业核心知识和技能传授为主的系列选修课；同时，面向全体学生打破年级和专业的限制，将实践性选修课贯穿人才培养全过程，并强化这一实践教学环节，将体验课程和讲座设为必选课，规定至少习得 4 次以上的就业创业讲座方可获得相应学分。

3. 教学方法。

教学方法是"师生为完成一定教学任务在共同活动中所采用的教学方式、途径和手段"[①]，主要受到课程与教学目标、课程性质和教材特点、学生特点、教学时间、教学设备、教学条件以及教师个人条件等因素的影响。广谱式就业创业教育课程教学要遵循高等教育课程教学的基本规律、学生接受规律和成长成才规律，以课堂教学为主要渠道，以第二课堂和社会实践为重要途径，充分利用现代信息技术，创新教育教学方法，努力提高就业创业教育教学质量和水平。广谱式就业创业教育课程既有知识的传授，也有技能的培养，既有态度、观念的转变，也有实践能力的锻炼，是集理论课、实务课和经验课为一体的综合课程体系。因此，在教学方法上要坚持理论与实践相结合、讲授与训练相结合的方式进行。

对于课程内容主要涉及就业创业基本理论与知识的课程，如"职业生涯与就业指导理论"、"创业基础"等课程的教学方法应以课堂教授法为主，适当运用案例分析法，将理论知识以案例的方式予以具体化和形象化。同时，鼓励学生自主学习，在课堂上进行自学自讲。对于课程内容主要涉及就业创业政策理解、心理调适等方面课程，如"就业创业心理"、"行业新技术趋势与创业"等课程的教学方法应以课堂教授、案例分析法和专题研究为主。同时，通过小组讨论和头脑风暴，对与就业创业相关的各种专题与问题展开纵深研究，提出优化解决问题的各种方案，深化认识，提升分析并解决就业创业问题的素质和能力。除此之外，还要通过角色扮演、市场调查和见习实习等活动教学手段和实践教学手段促使学生掌握并合理运用就业创业所应具备的核心知识与技能，形成就业创业的综合素质和能力。对于课程内容主要涉及就业创业实践能力的课程，如"就业创业体验工作坊"、"创业项目设计与实施"等课程的教学方法包括小组协作学习、头脑风暴、情境模拟法、计算机模拟法和拓展训练法等。这类课程以就业创业工作坊、新企业项目设计与运作、就业创业名家论坛为载体，通过自主设计专题式

---

① 顾明远：《教育大辞典（增订合编本上）》，上海教育出版社 1998 年版，第 713 页。

和综合性的实践教学活动，引导学生实现理论知识与实践应用的相互促进和转化，培养学生的创新能力和就业创业实务操作能力。

4. 教学评价。

教学评价是课程评价的组成部分，指"基于所获得的信息对教学效果做出的客观衡量和判断。"[1] 根据评价对象的不同，可以将教学评价分为学生评价、教师评价、学校评价；根据评价主体不同，可把课程评价分为自我评价和外来评价；根据评价手段的不同，可把评价分为量性评价和质性评价。广谱式就业创业教育课程设计方案中的教学评价主要以学生评价为核心，重在衡量和判断学生从实际课程教学中获得的实际效果。

具体来说，在评价内容上，主要从学生对就业创业基本知识的理解和掌握程度，以及实际形成的就业创业综合素质和能力两大方面进行评价。就业创业基本知识的理解和掌握程度是学生进行科学就业创业的重要基础，可采用课堂考试、研究报告等方法进行评价；就业创业综合素质和能力的形成、水平与实际生活紧密联系，包括对个人和就业创业的了解程度、短期和长期就业创业目标的制定和实施情况等，可采用成长档案袋、专家评价、自评与互评等方法进行评价。

在评价方式上，重视将过程评价和结果评价相结合、定量和定性评价相结合，从传统的课堂考试、调研报告转向包括课堂考试、调研报告、成长日记、档案袋、专家评价、自评与互评相结合的综合性评价方式。具体包括：如对于就业创业观念的考察可以采用成长档案袋和成长日记等质性评价方式，重在过程评价。通过收集各方面学生课程学习的资料，如父母的期望、教育者、同学及学生自身的评价结果，使学生看到自己的成长轨迹，提高自我反省和自我评价的能力。这种评价方式不是由教师对学生进行单向评价，而是注重多元评价主体的共同参与，鼓励学生本人、同学、家长等参与到评价中，尤其重视学生自我评价。这一评价方式既有助于提高学生学习就业创业课程的积极性和主动性，又有助于提高学生的自我反思能力。对于就业创业知识的考察可以以课堂考试、论文撰写、研究报告等量化评价方式为主，但要将结果评价与过程评价相结合，通过综合考察学生的日常成绩与期末考试成绩，重视对学生在整个学习过程中的表现进行发展性评价。这种评价方式要求教师充分关注学生在学习过程中的阶段性变化和发展，并及时给予评价和反馈，充分发挥评价的激励性作用，使学生能够时刻掌握自身的就业创业知识水平，了解自身的优点和不足，在不断地改进中取得进步。对于就业创业实践性操作技能的考察可根据不同课程的专业特点设计相应的实际操作考核，主要采用学生的自我评价与互评、专家评价和出勤考核等评价方式。

---

① 顾明远：《教育大辞典（增订合编本上）》，上海教育出版社 1998 年版，第 718 页。

### （二）广谱式就业创业教育课程设计的主要特点

广谱式就业创业教育课程设计方案充分体现了对社会、学科和个体发展需求的统筹兼顾，将"全体与个体、分层与分阶段、通识与专业"的人才培养理念贯穿于课程设计之中。下面分别从课程对象、课程内容和教学模式上分析这一课程设计的主要特点。

1. 既面向全体贯穿全程又分层分阶段。

就课程对象而言，广谱式就业创业教育课程设计将必修课与选修课进行合理配置，实现了兼顾"全体与个体、分层与分阶段"的全方位课程覆盖。首先，通过设置2门必修课和2门必选课（共6学分）来实现对全体学生的课程覆盖，使所有学生都有同等机会接受就业创业教育，获得与就业创业相关的基本观念、知识和能力，同时，通过面向大一到大四各个阶段的学生开设贯穿人才培养全过程的系列选修课，打破专业和年级的限制，进一步扩大了课程覆盖范围。其次，通过将与就业创业教育相关的系列课程设置为选修课，以满足具有明确择业就业意向和强烈创业意向的不同层次学生的需求，可以将其作为商学院/管理学院、创业（教育）学院或创业班的专业选修课，也可以作为其他各个专业的公共选修课。最后，通过在不同的年级开设符合不同阶段学生认知和心理特点、成长规律和现实需求的具体课程，实现具有针对性的个性化教育。具体而言，大一、大二年级重在激发学生就业创业意识，形成学业规划和初步的职业规划，掌握就业创业的基本知识，主要开设导论、基础类课程；大三、大四年级重在培养就业创业的综合素质和能力，可以开设多门就业创业核心知识和技能类的系列课程。

2. 既注重通识又兼顾专业。

就课程内容而言，广谱式就业创业教育课程设计将普及的通识教育与个性化的专业教育相互补充，相互结合，实现了兼顾"通识与专业"的跨学科综合课程。广谱式就业创业教育课程内容来源于社会政治、经济、文化等相关领域的发展和变化对就业创业者的现实要求以及学生个体对从事就业创业活动所需知识和能力的实际需求，涉及理论知识、技能方法、情感态度等各个方面，强调管理学、经济学、法学、心理学等相关学科教育内容的有机融合。首先，通过打破学科界限，设置"就业创业管理"、"就业创业心理"、"创业经济学"、"就业创业法律与政策"等课程，给学生一副相对完整的就业创业社会政治、经济和文化背景；其次，通过各个学院或专业组织安排开放的、多样的、符合学生就业创业需要的专业课程内容，设置"行业新技术趋势与创业"等课程，把专业学习生活与当前社会的实际就业创业问题统一在课程中，促使学生立足专业，运用综合素质和能力探索并寻求专业领域内的顺利就业和成功创业。

*279*

3. 重视实践教学环节的设计与实施。

就教学方法而言，广谱式就业创业教育课程设计在重视通过课堂教学进行理论知识传授的同时，十分重视对实践教学环节的设计与实施。通过加大实践教学比重，丰富实践教学内容，改进实践教学方法，激励学生参与就业创业实践，增强就业创业教育教学的开放性、互动性和实效性。在广谱式就业创业教育课程设计中，延伸素质和能力课程模块主要以实践教学手段为主，包括参观学习，创业项目设计与实施，创业模拟，企业实习等具体教学方法。其中，"就业创业体验工作坊"作为必选课，强调通过实践教学环节提高学生对就业创业实务的操作能力以及问题分析和解决能力。同时，实践教学也贯穿于各门课程的具体教学过程之中，是就业创业教育课程教学的必要环节。

## 三、广谱式就业创业教育课程实施的有效保障

### （一）多样化师资队伍是课程实施的先决条件

优良的师资队伍是保障教学正常、有序、有效进行的先决条件。在以综合素质和能力培养为中心的广谱式就业创业教育的要求下，高校必须建设多样化的师资队伍以保障课程的顺利实施。多样化的师资主要由三种类型组成：一是侧重于就业创业一般理论知识传授的理论型教师，一般为校内专职教师；二是侧重于对学生就业创业过程中的困惑与问题进行针对性咨询与指导的综合性教师，一般为校内外兼职教师；三是侧重于增进学生就业创业体验的实践型教师，一般为社会兼职教师。高校只有加强对这三类教师的培养、培训与引进，并根据课程体系进行有机调配组合，才能构建结构合理，专业性强，实践经验丰富的师资体系。

构建多样化就业创业教育师资队伍，首先，要根据不同的师资类型分别进行重点培养、培训和引进。对于理论型教师，培养的目的在于使其具备胜任教育教学的专业素养和理论水平，尤其是学术科研能力。因此，高校一方面要搭建学术平台，鼓励教师开展就业创业教育教学研究，培育学术骨干；另一方面，要鼓励教师攻读与就业创业教育相关的硕士、博士学位，促进教师整体学历水平的提高，从而提升教师队伍的专业化水平。对于综合型教师，培养的目的在于使其具备专业而丰富的就业创业实践经验，以增强对学生就业创业实践指导的效果。对于这类教师的培养，高校除了加强对其专业知识和能力方面的培养外，还应依托行业、企业等社会资源建立教师培训机制，鼓励教师去企业锻炼体验，以促进就业创业课程教育教学水平的提升。对于实践型教师，高校应当着重从社会引进一批既有就业创业实践经验、又有一定学术背景的企业家、高层管理人士等，兼职

从事就业创业教育教学与研究工作。这类教师需要具备良好的职业道德、职业素质和能力或创业精神、创业心理品质和创业素质和能力，才能充分调动学生参与实践的兴趣和热情，为学生的实践活动提供专业、有效的指导。其次，要为师资培育提供体制和机制上的制度保障。"在制度学派视角下，师资问题的解决主要取决于制度创新，即依赖于能够激励从业人员长期在创业教育方向上积累人力资本的教育人事制度，就目前情况而言，制度演化的首要方向应当是解决身份问题。"① 因此，高校要遵循相对稳定、合理流动的原则，探索和构建出入有序地筛选机制和管理模式，拓宽教师来源渠道，打破体制性障碍，建立激励机制，促进各种类型教师的合理配置与有效运用。

### （二）本土化教材是课程实施的重要载体

教材是课程实施的重要载体，教材建设是课程建设的重要环节。当前我国就业创业教育课程所使用的教材多为引进教材，尤其是创业教育教材中的理论、案例的选用多来自西方。引进教材对于弥补高水平教科书的不足，提升我国就业创业教育教学水平发挥了很大的作用。但从根本上来看，由于引进教材在先天上存在着与我国基本国情不符的弊病，决定了其必然存在内容选用和组织编排上"水土不服"。如在讲授创业融资方面的内容时，由于西方的经济制度与我国存在根本性差异，在经济均衡发展前提下的风险投资、政府资金支持、大型企业自筹等教材内容的选用显然难以对我国的创业融资产生切实有效的指导意义。课题组认为，当前我国在就业创业教育教材建设方面存在的主要问题包括本土化的教材没有得到有效开发，能够真正契合当前国内就业创业教育需求的教材严重匮乏。因此，编写符合中国实际的本土教材是实现就业创业教育效果提升的必备条件，是保障课程被有效接受和转化的重要环节。

本土化的就业创业教育课程教材建设需要符合国情、校情以及学生的实际需求，通过总结并形成本土化理论，选取本土案例，采用本土语言来解决本土问题，重视教材编写的实用性与适用性，以此提升课程教学的针对性与有效性。首先，重视对西方就业创业教育理论的分析与总结，在此基础上形成本土化理论。西方较早地形成了比较丰富和成熟的就业创业教育理论体系，我国就业创业教育起步较晚，需要从西方获得一定的借鉴。同时，当前中国经济社会的发展也为就业创业理论的提炼和总结提供了丰富的素材。因此，在对西方就业创业教育理论进行分析时，要客观认识其优长与不足，将西方的理论与中国的实际国情相结

---

① 杨晓慧：《创业教育的价值取向、知识结构与实施策略》，载于《教育研究》2012 年第 9 期，第 84 页。

合，在总结的基础上进行提升，形成具有原创性的本土化理论以指导我国的就业创业教育教学。其次，重视对本土案例的选取。西方或者国内"大企业、知名品牌、著名企业家"的案例往往脱离了学生的实际生活与学习，难以真正激发学生的兴趣和热情，进而产生共鸣，希望获得借鉴与帮助。因此，在教材的编写中，要注意选取与学生自身有紧密联系，亲切鲜明的微观案例，如校友案例、朋辈案例等，以此增强学生对就业创业教育的亲近感，激发学习兴趣和就业创业热情，获得具有实效性的借鉴与帮助。再次，重视符合中国文化基础和文化环境内容的选择、组织与编写。千百年来，中国始终受到儒学及其集体主义价值取向的深刻影响，它围绕血缘关系、亲情关系构建文化网络，重视建立和谐的人伦秩序和人际关系，就业创业活动也深受其影响。中国的文化环境使得人际关系网络成为大学生成功就业创业的第一资源，忽视这一资源会使学生产生就业创业的盲目性，高估自身的个人能力，低估人脉等各类资源的积累，进而导致"高创业率、高失败率"的就业创业现实。因此，本土化的教材一定要契合中国传统文化的导向，使学生对社会有一个系统而客观的认识，让学生学会规避风险，增强创业理性，学以致用。在教材内容的选择、组织和编写上要重视实用性知识、经验的有效传授以及通过文化熏染以涵养并形成正确的就业创业观念。

### （三）系统的课程研究是课程设计与实施的理论基础

当前，在我国的就业创业教育研究中十分缺乏对就业创业教育课程理念、体系、内容、设置、教学等方面的系统研究，主要表现为：一是在研究内容上，就业教育课程与创业教育课程的独立研究稍多，如有学者认为我国的就业或创业课程内容中有许多需要改进之处，研究其发展策略与方向的意义重大[①]，也有学者提出了对大学生进行创业教育课程建设的设计思想，并构建了创业教育的课程体系；[②] 对就业创业教育课程的整合研究较少，仅有少数学者结合某高校或针对某一具体专业开展就业创业教育课程研究，但都较为笼统，没有对课程内容、设置、教学等作出具体探讨[③]。二是在研究方法上，多采用理论思辨或经验总结进

---

[①] 梁深：《简述大学生就业指导课程研究现状与发展方向》，载于《大学教育》2012年第4期，第53~54页；郭雷振：《我国高校创业课程设置的现状探析》，载于《现代教育科学》2011年第9期，第28~33页。

[②] 尚恒志：《大学生创业教育的课程体系研究》，载于《教育研究与实验》2009年第7期，第7~9页。

[③] 在中国知网中键入"就业创业课程"进行搜索，相关文章包括董金宝、易宏玲、翁婧、朱庆：《北京林业大学大学生职业生涯规划与就业创业指导课程体系建设》，载于《中国林业教育》2011年第S1期，第94~98页；张耘：《以就业创业为导向的多元化课程体系的构建——以我院商务英语专业为例》，载于《宁波教育学院学报》2011年第1期，第1~4页；黄君君：《以就业创业为导向实施法律专业课程体系改革的思考》，载于《沿海企业与科技》2008年第1期，第172~173页。文章主要以结合学校课程建设实际情况来分析就业创业教育课程构建的经验和策略等。

行研究，比较缺乏科学的实证量化研究。在仅有的实证量化研究，有学者运用QFD（Quality Function Deployment，质量功能展开）的理论与方法，在对课程需求进行调查分析的基础上，通过教学质量特性转化、教学模块转化和教学质量改进等步骤，提出了大学生就业教育课程改进的意见和建议;[1] 也有学者运用问卷调查的方法通过选修课程的原因、MBA 毕业后的目标等十个问题调查了某大学MBA 创业管理课程的实际效果，运用了 SPSS 软件进行了分析。[2] 这些研究在一定程度上体现了就业创业教育课程的科学化走向。

针对目前就业创业教育学科平台尚未搭建，课程研究较为薄弱的现状，应从研究视角、研究方法和研究保障等方面加大对就业创业教育课程的研究力度，以促进就业创业教育的长远发展。首先，从研究视角来看，要重视理论研究与实践研究相结合。就业创业教育课程研究既包括对课程观、课程论等方面的理论研究，也要包括对课程活动设计、活动载体等方面的实践研究，只有将两者的研究结合起来，才能保证就业创业教育课程目标的有效实现。其次，从研究方法来看，要重视定量研究与定性研究相结合。就业创业课程研究既要在课程体系构建、课程内容、课程设置（学时、学分、比重等）等方面运用科学的量化方法和技术，也要在课程目标、教学方法与评价等方面运用质的价值判断和意义理解。质的研究为量的研究提供了框架，而量的研究又为进一步质的研究创造条件，二者的紧密结合起来能够有效提升课程研究的科学化水平。再次，从研究保障来看，国家的大力扶持和学科平台依托是促进就业创业教育课程研究的根本保障。目前，我国尚未形成比较健全的国家政策扶持体系和学科平台，因此各学校应当依托学校现有学科资源基础，有效整合资源，探索并建立跨学科的就业创业教育体系，为深化课程研究提供基础和保障。

## （四） 适切的教学方法是提升课程实效的重要手段

当前，广谱式就业创业教育课程面向全体学生授课，多采用大班授课的形式。从教师数量来看，存在着教师少而课程多的现实问题；从课程体系来看，存在培养目标各有侧重，课程内容丰富多样的现实情况，无法仅依靠课堂讲授法来呈现所有教学内容，这要求教师必须在有限的教育教学资源条件下，通过采用适切的教学方式以保证就业创业教育课程的教学效果。在具体的课程教学中，案例分析法与情景模拟法可以有效地破解上述问题，能够有效提升课堂的呈现力与吸引力，优化教学效果。

---

① 刘海滨：《基于 QFD 的大学生就业教育课程改进研究》，载于《现代教育管理》2013 年第 8 期。
② 张玉利、李政：《创新时代的创业教育研究与实践》，中国出版集团 2006 年版，第 254～262 页。

案例分析法是最为经典的就业创业教育课程教学方法。它以就业创业实践活动中真实的、典型的事件或问题作为分析的内容，通过对一个具体情景的描述，引导学生对其中存在的问题症结进行讨论，以此培养学生的创造力和解决问题的能力。在案例分析的教学过程中，就业创业案例、教师和学生三者之间构成一种新的三角互动关系。基于平等的、共同参与的特点，案例教学法既不会造成教师的专制和"一言堂"，也不会产生学生的"无政府主义"和自我放纵，更不允许简单迎合流行的观点，而是要对案例进行深入的理性分析。在这一过程中，教师不仅仅是案例讨论的设计者、组织者，也是案例分析的引导者和仲裁者，同时，学生不仅仅是案例讨论的参与者，也是学习兴趣与就业创业意识、精神和观念的自我激励者。教师要鼓励学生在互动与交流过程中畅所欲言，培养和锻炼学生分析问题和解决问题的能力。

情景模拟教学法是就业创业教育课程中另一种重要的教学方式，指在就业创业教育课程教学中，以就业创业的真实情境为蓝本，设置具体的工作情境，学生在该情境中扮演不同的角色，开展具体而真实的就业创业模拟活动。学生通过角色扮演体会就业创业的基本程序和真实感觉，获得解决现实问题的体验性经验，有助于提高自身对就业创业现实问题的实际驾驭能力。教师利用多种教学手段，将真实的就业创业活动或模拟的企业创业活动展现在学生面前，使学生身临其境并进入角色，真正站在就业创业者的角度思考问题，针对就业创业过程中可能面临的具体问题提出具有可行性和操作性的解决方案。[①]

另外，研讨式教学法、课外实践教学法、创业专题教学法、社会实践教学法、头脑风暴法、拓展训练法、游戏教学法、项目实习法、远程教学法等都可以在就业创业教育课程教学中尝试应用。多样化的教学方法正是在教学实践中得以不断改进与提升，并逐步走向科学化、规范化、系统化和精细化。

---

① 侯蔚、姚春雷：《创业教育课程的教学理念更新与方法优化》，载于《创新与创业教育》2011 年第 6 期，第 58 页。

# 第五章

# 大学生就业创业教育支持体系研究

大学生就业创业教育过程的有效运行离不开系统的支持体系，支持的主体主要包括政府、学校和企业。我们认为，在大学生就业创业教育过程中，政府主要通过制定和落实相关文件来对大学生就业创业教育进行政策支持；高校主要通过建立一支"三师型"的教师队伍来实现对大学生就业创业教育的师资支持，通过重点建设"创业计划竞赛"、"大学科技园"来实现对大学生就业创业教育的实践平台支持；产业（企业）主要通过与高校建立合作联盟来实现对大学生就业创业教育的产学合作支持。科学的政策支持能够为大学生就业创业教育提供方向保障；优质的师资队伍能够为大学生就业创业教育提供质量保障；完善的实践平台支持能够为大学生就业创业教育提供空间保障；联盟式的产学合作支持能够为大学生就业创业教育提供机制保障。因此，深入分析大学生就业创业教育的政策支持、师资支持、实践平台支持和产学合作支持意义重大。

## 第一节　大学生就业创业教育的政策支持

"政策"一词来源于希腊文、拉丁文以及梵文。《辞海》中将政策定义为：政策是国家、政党为实现一定历史时期的路线和任务而规定的行动准则；[1] 由此

---

[1] 夏征农、陈至立：《辞海》，上海辞书出版社 2009 版，第 5741 页。

可见，政府是制定大学生就业创业教育政策的主体。大学生就业创业教育政策是开展就业创业教育的重要导向和依据。大学生就业创业教育政策状况直接反映出政府对就业创业教育活动的支持力度，决定着大学生就业创业教育的效果。《中华人民共和国就业促进法》中提出"劳动者自主择业、市场调节就业、政府促进就业"的方针，明确了政府的定位是"促进就业"，从根本上讲就是政府要通过科学制定政策，为大学生就业创业教育提供法理依据和实施框架。因此，科学客观地分析现行政策，对于判断当前政策对大学生就业创业教育的支持状况和制定未来政策对大学生就业创业教育的支持策略具有重要意义。在借鉴学界通行的政策研究范式基础上，我们通过政策文本分析和政策执行分析，摸清现行大学生就业创业教育政策的制定和实施状况，在发现问题和总结经验的基础上，提出未来大学生就业创业教育政策支持的对策建议。

## 一、大学生就业创业教育政策的文本分析

对于政策的理解可分为广义和狭义，广义的政策指一个组织的规范体系和行动体系；狭义的政策是指一个组织的规范体系，主要指规范性文本。而所谓文本是指"文件或文献的某种本子。亦指某种文件或文献"。同时也指"文章的原稿"。[①] 按照此种逻辑，大学生就业创业教育政策文本主要指与大学生就业创业教育相关的政策文件、文献或原稿等。鉴于中国的政治体制和国情特色，领导讲话是政策的重要拓展和深入解读，本研究将国家领导人和部委主要领导讲话也纳入政策文本中进行分析。因此，大学生就业创业教育政策的文本分析对象主要包括党中央、国家政府以及国家政府职能部门出台的大学生就业创业教育相关的文件以及国家领导人和部委主要领导讲话。

### （一）分析方法与样本选取

一般来讲，政策文本分析可分为三种类型：一是政策文本定量分析，即通过统计政策文本中相关内容或关键字的出现频率等数量统计方法去描述政策文本中的一些规律和特点；二是对政策文本中的词句进行定性分析，是属于话语分析的范畴，即对政策文本从某一角度进行阐释；三是综合分析，即对政策文本进行定量与定性相结合的分析，有定量描述，也有定性阐释。我们认为，由于大学生就业创业教育政策大多包含于大学生就业创业政策中，所以采用综合分析的方法较为科学，同时也要注意不能就文本而论文本，要将对政策的微观分析与大学生就

---

① 夏征农、陈至立：《辞海》，上海辞书出版社 2009 版，第 4464 页。

业创业的时代实情相结合。

从政策文本研究范围来看，主要选取了 2008 年以来开始实施和制定的大学生就业创业教育相关政策文本。因为统包统分时期、双向选择时期的大学生就业创业教育政策的基本导向都是"国家利益至上，服从组织分配"的就业创业观念教育，内容与形式都较为单一，与当前大学生就业创业教育形势已不相匹配，文本分析价值不大。但是进入自主择业时期后，大学生就业创业方面的政策开始增多，内容也不断深化，通过这一时期的发展，大学生就业创业政策逐渐形成体系。特别是从 2008 年起，国家开始正式实施《中华人民共和国就业促进法》和《中华人民共和国劳动合同法》，党中央、国务院以及国家相关职能部门密集出台相关政策，这标志着关于大学生就业创业的政策制定开启法制化进程，政策体系已见雏形。因此，分析 2008 年以来的政策体系对于大学生就业创业教育来说意义重大。需要特别注意的是，当前大学生就业创业教育的政策绝大多数均是蕴含于大学生就业创业的相关政策中，不同时期的大学生就业创业政策也会体现出对大学生就业创业教育的不同指导思想，充分体现了政策的时代价值。而大学生就业创业教育专项文件仅有四份，即从 2008 年起实施的《教育部关于大学生职业发展与就业指导课程教学要求的通知》[1]、2010 年出台的《教育部关于大力推进高等学校创新创业教育和大学生自主创业工作的意见》、2012 年出台的《教育部关于做好"本科教学工程"国家级大学生创新创业训练计划实施工作的通知》以及《普通本科学校创业教育教学基本要求（试行）》。因此，分析就业创业教育的政策需要从大学生就业创业政策入手，同时结合以上四个指导性文件进行研究。

从政策文本的来源看，主要包括人力资源和社会保障部网络专题《高校毕业生就业有关文件汇编》[2]、吉林省高校毕业生就业促进会编写的《高校毕业生就业创业政策法规选编》[3]、《中国大学生就业》选登的重要会议领导讲话和教育部等官方网站以及就业创业相关网站发布的领导讲话。

### （二）政策文本的定量分析

1. 从政策文本的数量发展来看，呈现出法律文件阶段性颁布，中央文件积极出台，部门文件密集发布，领导讲话每年强调的基本态势。

---

[1] 该文件虽于 2007 年 12 月 28 日由教育部办公厅发布，但文件中明确提出：从 2008 年起提倡所有普通高校开设职业发展与就业指导课程，并作为公共课纳入教学计划，贯穿学生从入学到毕业的整个培养过程。因此，将此文件列为 2008 年起执行的文件。

[2] 高校毕业生就业有关文件汇编，http://www.lm.gov.cn/zb/gxbysjyfg/node_3313.htm，2012 年 6 月 21 日。

[3] 吉林省高校毕业生就业促进会、中国吉林高新技术人才市场指导委员会办公室、吉林省人才交流开发中心：《高校毕业生就业创业政策法规选编》，2011。

在法律文件方面，共分为两个阶段，一是 2008 年颁布或自 2008 年开始执行的与大学生就业创业相关的法律法规，包括 5 项：《中华人民共和国就业促进法》、《中华人民共和国劳动合同法》、《中华人民共和国劳动争议调解仲裁法》、《就业服务与就业管理规定》、《中华人民共和国劳动合同法实施条例》。二是 2011 年出台了《中华人民共和国社会保险法》、《实施〈中华人民共和国社会保险法〉若干规定》。在党中央、国务院颁布文件层面，每年均发布关于做好就业工作的相关通知，在 2009 年更是针对金融危机出台了专门的就业工作指导文件。具体文件包括：《国务院办公厅转发人力资源和社会保障部等部门关于促进以创业带动就业工作指导意见的通知》（国办发〔2008〕111 号）、《国务院办公厅关于加强普通高等学校毕业生就业工作的通知》（国办发〔2009〕3 号）、《国务院关于做好当前经济形势下就业工作的通知》（国发〔2009〕4 号）、《国务院关于加强职业培训促进就业的意见》（国发〔2010〕36 号）、《国务院关于进一步做好普通高等学校毕业生就业工作的通知》（国发〔2011〕16 号）。在国家职能部门政策层面，自 2008 年实施大学生就业创业 5 部法律文件以来，部门文件迅速增加，特别是教育部每年发布做好高校毕业生就业工作的通知，2009 年颁布部门政策文件 34 份，占近四年文件数的 34%，2010 年和 2011 年呈平稳发展趋势，分别发布文件 23 份和 24 份（见表 5 - 1）。需要注意的是，教育部每年都会召开全国普通高等学校就业工作会议，通过领导讲话的形式总结工作情况，并结合国家相关文件进行具体工作部署。特别是 2010 年召开了"推进高等学校创新创业教育和促进大学生自主创业工作视频会议"和"中国大学生创业高峰论坛"，2011 年召开了"中国大学生自主创业工作经验交流会暨全球创业周峰会"。通过这一分析表明，当国家确定了法律文件后，从党中央、国务院再到国家各部门就有了政策制定的依据，也足以看出法制化进程对于政策制定的重要性。党中央、国务院每年均发布就业创业相关文件，也充分表明党中央、国务院高度重视大学生就业创业工作，每年都能专门针对大学生就业创业相关工作发布文件。国家职能部门在国家文件的指导下，也进一步对相关政策进行了政策细分，专项式地对大学生就业创业相关政策进行细化执行。国家领导或国家部委主要领导每年均发表重要讲话，充分重视与强调加强大学生就业创业工作的重要性。

表 5 - 1　　　　2008 ~ 2012 年各年度大学生就业创业政策制定情况

| 开始执行年度 | 国家文件 | | 部门文件 | 领导讲话 |
|---|---|---|---|---|
| | 法律文件 | 党中央国务院文件 | | |
| 2008 年 | 5 | 1 | 10 | 1 |
| 2009 年 | 0 | 2 | 34 | 1 |

续表

| 开始执行年度 | 国家文件 | | 部门文件 | 领导讲话 |
| --- | --- | --- | --- | --- |
| | 法律文件 | 党中央国务院文件 | | |
| 2010 年 | 0 | 1 | 23 | 4 |
| 2011 年 | 2 | 1 | 24 | 5 |
| 2012 年（截至 8 月） | 0 | 0 | 9 | 1 |

2. 从政策文本的权威部门构成来看，主要职能部门积极认领责任，相关部门积极协同、联动共促就业创业教育政策制定。

统计数据显示，人力资源和社会保障部、教育部是制定大学生就业创业教育相关政策的最重要权威部门，中组部、财政部、共青团中央是政策制定权威部门的重要组成部分。人力资源和社会保障部制定的关于大学生就业创业的政策数为 37 份，占总政策数的 37%，比重最大，其次是教育部、中共中央组织部和财政部，发布的政策数分别是 23 份、12 份和 8 份，所占比例分别为 23%、12% 和 8%（见表 5 - 2）。发起制定大学生就业创业政策的部门还有共青团中央、全国大学生志愿服务西部计划项目管理办公室、工业和信息化部、科学技术部、国家工商总局、国家税务总局、国资委、中国残联、全国总工会、中国人民银行、商务部等。由此，可以分析得出，当前大学生就业创业教育的主要部门可以确定为人力资源和社会保障部、教育部、中共中央组织部、财政部和共青团中央。从政策制定的数量上看，主要部门都能够积极认领责任，结合部门行政权限制定大学生就业创业教育相关政策文件，从而促进大学生就业创业教育的有效开展。

表 5 - 2　　2008 ~ 2012 年 8 月大学生就业创业政策数（按发起部门统计）

| 牵头部门 | 发布政策数 | 占总政策数比重（%） |
| --- | --- | --- |
| 人力资源和社会保障部 | 37 | 37.00 |
| 教育部 | 23 | 23.00 |
| 中共中央组织部 | 12 | 12.00 |
| 财政部 | 8 | 8.00 |
| 共青团中央 | 4 | 4.00 |
| 全国大学生志愿服务西部计划项目管理办公室 | 3 | 3.00 |
| 工业和信息化部 | 3 | 3.00 |
| 科学技术部 | 2 | 2.00 |
| 国资委 | 2 | 2.00 |

续表

| 牵头部门 | 发布政策数 | 占总政策数比重（%） |
|---|---|---|
| 国家工商总局 | 1 | 1.00 |
| 国家税务总局 | 1 | 1.00 |
| 中国残联 | 1 | 1.00 |
| 全国总工会 | 1 | 1.00 |
| 中国人民银行 | 1 | 1.00 |
| 商务部 | 1 | 1.00 |

参与制定就业创业教育政策的部门共有 28 家，近一半政策是由多部门协同制定，充分体现大学生就业创业政策制定的多部门联合促进。参与制定政策部门包括教育部、人力资源和社会保障部、中共中央组织部、财政部、共青团中央、全国大学生志愿服务西部计划项目管理办公室、工业和信息化部、科学技术部、国家工商总局、国家税务总局、国资委、中国残联、全国总工会、中国人民银行、商务部、国家发展和改革委员会、民政部、总参谋部、总政治部、中央编办、公安部、国家自然科学基金委员会、全国工商联、卫生部、农业部、国家林业局、国务院扶贫办、全国妇联等单位。在制定的所有文件中，两个部门以上联合制定的文件数为 48 份，占总政策数的 48%（见表 5 - 3）。这也充分说明大学生就业创业教育工作是一项系统工程，是需要多部门共同协调、密切配合才能够顺利推进的复杂系统。

表 5 - 3　　2008 ~ 2012 年 7 月大学生就业创业政策出台部门及联合情况

| 部门数 | 发布政策数 | 占总政策数比重（%） |
|---|---|---|
| 单一部门 | 52 | 52 |
| 2 个部门联合 | 19 | 19 |
| 3 个部门联合 | 11 | 11 |
| 4 个部门联合 | 9 | 9 |
| 5 个部门联合 | 5 | 5 |
| 7 个部门联合 | 2 | 2 |
| 12 个部门联合 | 1 | 1 |
| 13 个部门联合 | 1 | 1 |
| 合计 | 100 | — |

3. 从部门政策文本的主题分布来看，主题鲜明，教育点位明确，符合国家

经济社会发展需要。

参照人力资源和社会保障部的划分方法，可将大学生就业创业政策主题划分为十个方面，即综合性政策、面向基层就业、以创业带动就业、就业见习与职业培训、就业创业服务、科研项目吸纳政策、入伍服兵役、服务外包吸纳政策、公平就业、就业创业教育专项等，这些主题中均蕴含了大学生就业创业教育的具体安排。2008 年起，国家开始积极推进以创业带动就业工作。2009 年起，开始实施就业见习与职业培训、就业创业服务、科研项目吸纳毕业生、入伍服兵役、服务业吸纳毕业生等促进大学生就业创业的项目，同时推行面向基层就业的相关政策。2010 年起，国家开始重点关注公平就业问题。2012 年，国家重点加强大学生创业教育课程专项政策（见表 5 - 4）。以上这些主题都在不同时期与国家提出的经济社会发展号召相一致，有效地助推了国家战略的有序推进。通过以上分析可以看出，不同时期国家对于大学生就业创业的政策导向各不相同，同时也可以看出 2009 年是国家促进大学生就业创业政策措施力度最大的一年。

表 5 - 4　　　2008 ~ 2012 年 8 月大学生就业创业政策主题数量分布统计

| 主题 | 2008 年 | 2009 年 | 2010 年 | 2011 年 | 2012 年（截至 8 月） |
|---|---|---|---|---|---|
| 综合性政策 | 1 | 5 | 3 | 6 | 3 |
| 面向基层就业 | 1 | 11 | 4 | 6 | 0 |
| 以创业带动就业 | 6 | 3 | 4 | 0 | 0 |
| 就业见习与职业培训 | 0 | 5 | 3 | 1 | 1 |
| 就业创业服务 | 0 | 3 | 5 | 8 | 3 |
| 科研项目吸纳政策 | 0 | 2 | 1 | 1 | 0 |
| 入伍服兵役 | 0 | 3 | 0 | 1 | 0 |
| 服务外包吸纳政策 | 1 | 2 | 0 | 0 | 0 |
| 公平就业 | 0 | 0 | 2 | 1 | 0 |
| 就业创业教育专项 | 1 | 0 | 1 | 0 | 2 |

综合以上分析可以得出，一方面，从中央政府到地方各级部门均十分重视大学生就业创业教育，基本确立了指导大学生就业创业教育活动开展的政策体系，并且能够紧跟国家经济社会发展需要，与时俱进地调整和出台针对性强、主题鲜明的大学生就业创业教育文件。特别是在我国提出创新型国家建设以来，国家出台的每一份大学生就业创业相关文件中均提出了要重视并积极开展大学生创业教育。另一方面，大学生就业创业教育的推进是一项系统工程，目前仍然缺少就业创业教育的专项文件以及相关配套文件，需要各部门更加紧密协调、持续关注，

这样将更有利于促进大学生就业创业教育的深入开展。

## （三）政策文本的定性分析

文本定性分析的重要指向就是政策中的语句构成和语义。在借鉴公共政策学关于语句构成的分析框架基础上，可以将大学生就业创业教育政策语句的语言逻辑划分为实是语句、行为语句和督导语句。[①] 同时，运用元问题分析的基本思路，结合大学生就业创业教育政策的内容构成，我们认为，大学生就业创业教育政策的实是语句主要包括就业创业教育的形势判断、指导思想、基本原则和社会环境等内容；大学生就业创业教育政策的行为语句主要包括就业创业教育的主要任务、载体和途径、工作队伍建设等内容；大学生就业创业教育政策的督导语句主要包括就业创业教育的考核督导等内容。

1. 政策文本的实是语句分析。

第一，从大学生就业创业教育的形势判断来看，国家高度重视，就业创业教育进入到全面推进的新阶段，但在严峻的就业形势下仍然任重而道远。在现有政策文本中，大多文本都会论述大学生就业创业工作的重要意义和促进大学生就业创业的时代价值，直接分析和强调大学生就业创业教育现状的文字仅少量地出现在就业创业工作相关会议的领导讲话中。面对严峻的就业形势，国家重要文件和主要领导多次强调要加强大学生就业创业教育和就业指导服务，充分体现了国家高度重视就业创业教育。比如，胡锦涛在全国教育工作会议上明确要求"建立和完善高校毕业生就业服务体系"，教育规划纲要也强调"加强就业创业教育和就业指导服务"。在国家的重视下，近年来我国就业创业教育取得了深入发展，尤其是创新创业教育，大学生就业创业教育已进入全面推进阶段。2011 年"全国大学生自主创业工作经验交流会"上指出"近年来高校创新创业教育和大学生自主创业工作取得了较好的成绩。一是在各级政府的大力推动下，初步形成了大学生自主创业的扶持体系。二是教育系统积极探索，创新创业教育进入全面推进的新阶段。三是政府、高校和各类机构共同加强对大学生的创业指导和服务，大学生创业能力进一步提高，创业人数逐年增长。"但是，在国家高度重视、就业创业教育全面推进的情况下，也要看到严峻的形势，就像高校毕业生就业工作视频会议上指出的："在全社会总体就业形势依然严峻的情况下，高校毕业生就业的总量压力继续上升；结构性矛盾仍是高校毕业生就业最突出的问题；教育内部在学科专业结构、人才培养质量、学生就业能力等方面还存在诸多不适应经济

---

① 杨正联：《公共政策文本分析：一个理论框架》，载于《理论与改革》2006 年第 1 期，第 24～26 页。

社会发展需要的地方，毕业生就业能力、创业能力亟待提高。"[①]

第二，从就业创业教育的指导思想来看，国家明确了政府促进、高校主导，加强大学生就业创业教育和就业指导服务的指向。当前关于就业创业教育的综合指导思想更多的是蕴含于国家对于大学生就业创业的基本导向中。一方面，关于大学生就业创业教育重要意义的论述。2010 年《教育部关于大力推进高等学校创新创业教育和大学生自主创业工作的意见》将大学生就业创业教育明确为"是教育系统深入学习实践科学发展观，服务于创新型国家建设的重大战略举措；是深化高等教育教学改革，培养学生创新精神和实践能力的重要途径；是落实以创业带动就业，促进高校毕业生充分就业的重要措施。"另一方面，关于大学生就业创业教育发展定位问题的阐述。在政策文本中已基本达成共识：大力加强就业创业教育和就业指导服务。主要依据是《国家中长期教育改革和发展规划纲要（2010～2020 年）》中提出的"加强就业创业教育和就业指导服务"，这为大学生就业创业教育发展进行了明确定位。此外，国家还明确了就业创业教育执行主体的功能，即政府促进，高校主导。主要依据是《中华人民共和国就业促进法》的第二条提出国家要坚持"劳动者自主择业、市场调节就业、政府促进就业"的方针，即政府应当充分发挥促进作用。2011 年"中国大学生自主创业工作经验交流会暨全球创业周峰会"上刘延东提出"加强创新创业，关键在人才，基础在教育。政府促进创业、市场驱动创业、学校助推创业、社会扶持创业、个人自主创业"[②]，学校"助推"创业主要通过"主导"创业教育来实现。

第三，从就业创业教育的基本原则来看，国家提出把就业创业教育融入人才培养全过程，开展不同层次、不同领域的特色教育。这一基本原则蕴含于国家的相关文件和领导讲话中，如教育部、原人事部、原劳动保障部颁布的《关于积极做好 2008 年普通高等学校毕业生就业工作的通知》（教学〔2007〕24 号）中提出了"高校要按照'全程化、全员化、信息化、专业化'的要求，进一步提升就业指导和服务水平。各地和高校要及时总结和推广高校毕业生创业的典型和经验，以多种形式开展创业教育。"《教育部关于做好 2011 年全国普通高等学校毕业生就业工作的通知》（教学〔2010〕11 号）中提出"各类高校都要立足校情，科学定位，在不同层次、不同领域办出特色。"《教育部关于做好 2012 年全国普通高等学校毕业生就业工作的通知》（教学〔2011〕12 号）中就提出"各省级教育行政部门、各高校要把创新创业教育作为培养创新型人才的重要途

---

[①] 杜玉波：《深入实践是大学生成长成才的必由之路》，载于《中国大学生就业》2011 年第 20 期，第 5 页。

[②] 中央政府门户网站：《中国大学生自主创业工作经验交流会暨全球创业周峰会在沪开幕刘延东出席并讲话》，http://www.gov.cn/ldhd/2011-03/29/content_1833953.htm，2011 年 3 月 29 日。

径。""中国大学生自主创业工作经验交流会暨全球创业周峰会"指出"要把创新创业理念融入各级各类教育，创新教育理念，改革人才培养模式。"以上语句为深入开展大学生就业创业教育提供了原则性指导。如部分普通高校在开展大学生就业创业教育和研究的过程中提出了"教育为先原则"、"实用为重原则"、"发展为主原则"等，职业院校提出"创业教育与职业教育结合"、"创业教育与专业特色结合"、"创业教育与地方经济发展结合"、"创业教育与学生个人特点结合"等原则。

第四，从大学生就业创业教育的社会环境来看，充分肯定了社会环境的重要性，并明确提出要努力营造良好的社会环境和氛围。一方面，国务院颁发的文件中明确了社会氛围的重要性。如《国务院关于进一步做好普通高等学校毕业生就业工作的通知》（国发〔2011〕16 号）中指出"发挥社会各方面扶持和推动创业工作的积极作用，营造全民创业的社会氛围。"另一方面，教育部在每年发布的做好毕业生就业工作的通知中都明确提出要努力营造良好的氛围。比如，教育部、原人事部、原劳动保障部颁布的《关于积极做好 2008 年普通高等学校毕业生就业工作的通知》（教学〔2007〕24 号）提出"要持续开展主题突出、生动有效的宣传教育活动，在全社会推广'行行可建功、处处可立业、劳动最光荣'的新型就业观和成才观。"《教育部关于做好 2010 年普通高等学校毕业生就业工作的通知》（教学〔2009〕15 号）提出"要高度关注舆情动态，保持与新闻媒体的良好沟通，主动引导舆论，加强正面宣传，努力营造全社会关心支持高校毕业生就业工作的良好舆论氛围。"《教育部关于做好 2011 年全国普通高等学校毕业生就业工作的通知》（教学〔2010〕11 号）提出"进一步加强与媒体的沟通协作，全面、准确地宣传国家和地方促进毕业生就业创业的方针、政策、工作成效以及先进典型，努力营造有利于促进毕业生就业工作的良好舆论氛围。"《教育部关于做好 2012 年全国普通高等学校毕业生就业工作的通知》（教学〔2011〕12 号）提出"要积极引导和配合新闻媒体，大力宣传党和政府促进就业的政策措施，大力宣传毕业生就业创业的先进典型，努力营造良好舆论氛围。"

2. 政策文本的行为语句分析。

首先，从大学生就业创业教育的主要任务来看，国家立足于帮助大学生树立正确择业观，提高创业意识，培养大学生就业创业能力，促进人才培养与社会发展相适应。从国家法律文件到部门政策文本都从不同高度对大学生就业创业教育的主要任务进行了说明。在法律层面上，《中华人民共和国就业促进法》第七条指出"国家倡导劳动者树立正确的择业观念，提高就业能力和创业能力；鼓励劳动者自主创业、自谋职业。"第四十四条明确指出"国家依法发展职业教育，鼓励开展职业培训，促进劳动者提高职业技能，增强就业能力和创业能力"。在《就业服务与就业管理规定》中，第八条指出"劳动者应当树立正确的择业观念，提高就业能力和创业能力。国家鼓励劳动者在就业前接受必要的职业教育或职业培训。"在中共中央、国务院和部委文件层面，《国务院关于进一步做好普通高等学校毕业生就业工作的通知》（国发［2011］16号）文件中指出"加强创业教育、创业培训和创业服务，鼓励高校毕业生参加创业培训和实训，提高创业能力。加强就业指导、就业服务和就业援助，帮助大学生提升专业能力和职业能力。"《国务院办公厅关于加强普通高等学校毕业生就业工作的通知》（国办发［2009］3号）中明确提出了进一步加强高校毕业生就业工作的八项举措，其中鼓励和引导高校毕业生到城乡基层就业、鼓励高校毕业生到中小企业和非公有制企业就业、鼓励和支持高校毕业生自主创业、强化高校毕业生就业服务和就业指导、提升高校毕业生就业能力、强化对困难高校毕业生的就业援助等六项举措也可以看作是大学生就业创业教育的具体任务。《人力资源和社会保障部等关于实施2010年高校毕业生就业推进行动大力促进高校毕业生就业的通知》（人社部发［2010］25号）提出"加强创业教育和培训，提高创业意识。加强就业服务与就业指导，引导高校毕业生树立正确的择业观。"在领导讲话层面，2011年全国普通高校毕业生就业工作视频会议提出"各类高校要立足校情，科学定位，力争在不同层次、不同领域办出特色，努力提高大学生的创业就业能力。"[①] 教育部"推进高等学校创新创业教育和促进大学生自主创业工作视频会议"中指出"创新创业教育的核心是培养大学生创新精神和创业能力，引导高等学校不断更新教育观念、改革人才培养模式、教育内容和教学方法，将人才培养、科学研究、社会服务紧密结合，实现从注重知识传授向更加重视能力和素质培养的转变，提高人才培养质量。"[②]

其次，从大学生就业创业教育的组织方式、载体和途径来看，在国家层面进行了系统设计，主要途径包括课程体系和实践体系，主要载体有课堂教学、实习实践基地、创业计划大赛、创业园区、就业见习基地等。一方面，早在2008年就开始施行职业发展与就业指导课程教学要求，明确了就业教育的载体与途径。主要依据是：《教育部关于大学生职业发展与就业指导课程教学要求的通知》（教高厅［2007］7号）提出"从2008年起提倡所有普通高校开设职业发展与就业指导课程，并作为公共课纳入教学计划，贯穿学生从入学到毕业的整个培养

---

① 《袁贵仁在2011年高校毕业生就业工作会上的讲话》，http://www.jyb.cn/job/jysx/201011/t20101129_402472_1.html，2010年11月29日。

② 陈希：《将创新创业教育贯穿于高校人才培养全过程》，载于《中国高等教育》2010年第12期，第4页。

过程。"并且将课程的主要内容划分为建立生涯与职业意识、职业发展规划、提高就业能力、求职过程指导、职业适应与发展、创业教育六个部分。另一方面，自 2008 年起开始重点关注创业教育，同时持续关注就业教育，经过几年发展，基本建立了大学生就业创业教育的载体与途径。主要依据包括：《国务院办公厅转发人力资源和社会保障部等部门关于促进以创业带动就业工作指导意见的通知》（国办发［2008］111 号）提出"要着眼于经济社会发展全局，从创业意识、创业能力和创业环境入手，逐步形成以创业带动就业的工作新格局。扩大创业培训范围，逐步将全部有创业愿望和培训需求的劳动者纳入创业培训。采用案例剖析、知识讲座、企业家现身说法等多种形式，增强创业培训的针对性和实用性。"《国务院办公厅关于加强普通高等学校毕业生就业工作的通知》（国办发［2009］3 号）也曾提出"高校要积极开展创业教育和实践活动"、"要强化大学生的就业指导，开设就业指导课并作为必修课程"。《国务院关于做好当前经济形势下就业工作的通知》（国发［2009］4 号）文件也提出要采取"校企合作、订单式培训"等多种教育模式。最为重要的是，《教育部关于大力推进高等学校创新创业教育和大学生自主创业工作的意见》（教办［2010］3 号）将课程体系建设、师资队伍建设、创新创业实践活动、质量监测跟踪体系、理论研究与经验交流、创业基地、创业扶持、创业培训、创业信息服务等作为加强大学生创新创业教育的主要途径和载体。《国务院关于进一步做好普通高等学校毕业生就业工作的通知》（国发［2011］16 号）中就提出了"各高校要广泛开展创业教育，积极开发创新创业类课程，完善创业教育课程体系，将创业教育课程纳入学分管理。积极推广成熟的创业培训模式，鼓励高校毕业生参加创业培训和实训，提高创业能力。"2012 年，《教育部关于做好"本科教学工程"国家级大学生创新创业训练计划实施工作的通知》（教高函［2012］5 号）则提出了包括创新训练项目、创业训练项目和创业实践项目三项内容的"国家级大学生创新创业训练计划"。教育部出台的《普通本科学校创业教育教学基本要求（试行）》，对普通本科学校创业教育的教学目标、教学原则、教学内容、教学方法和教学组织做出了明确规定。

最后，从就业创业教育工作队伍来看，国家基本明确专兼结合、专业化的队伍建设目标与方向。在法律层面，《就业服务与就业管理规定》第二十七条、第二十八条明确了"职业指导工作人员经过专业资格培训并考核合格，获得相应的国家职业资格证书方可上岗，同时明确了职业指导的主要内容。"在国家政策文件层面，对就业创业师资配备、建设目标、培养、专业化提升、专业技术岗位系列保障等均提出了明确要求。《国务院办公厅转发人力资源和社会保障部等部门关于促进以创业带动就业工作指导意见的通知》（国办发［2008］111 号）提出"加强普通高校和职业学校的创业课程设置和师资配备，开展创业培训和创业实训。要定期组织开展教师培训进修、研讨交流活动，加强师资力量的培养与配备，提高教育水平。"《教育部关于做好 2010 年普通高等学校毕业生就业工作的通知》（教学 ［2009］ 15 号）中规定"高等学校要建设全员化、专兼结合的就业工作队伍和高水平、专业化、相对稳定的就业指导教师队伍。"高校专职就业指导教师和专职工作职员的数目要按《教育部关于进一步加强普通高等学校毕业生就业指导服务机构及队伍建设的几点意见》（教学 ［2002］ 18 号）规定予以保证，指出"高等学校就业指导专职教师应纳入专业技术岗位系列。高等学校要加大对就业工作职员的培训和培养力度，不断提高就业指导专业化水平。"《教育部关于大力推进高等学校创新创业教育和大学生自主创业工作的意见》（教办 ［2010］ 3 号）中强调"加强创新创业师资队伍建设。引导各专业教师、就业指导教师积极开展创新创业教育方面的理论和案例研究，不断提高在专业教育、就业指导课中进行创新创业教育的意识和能力。支持教师到企业挂职锻炼，鼓励教师参与社会行业的创新创业实践。积极从社会各界聘请企业家、创业成功人士、专家学者等作为兼职教师，建立一支专兼结合的高素质创新创业教育教师队伍。高校要从教学考核、职称评定、培训培养、经费支持等方面给予倾斜支持。定期组织教师培训、实训和交流，不断提高教师教学研究与指导学生创新创业实践的水平。鼓励有条件的高校建立创新创业教育教研室或相应的研究机构。"《教育部关于做好 2012 年全国普通高等学校毕业生就业工作的通知》（教学 ［2011］ 12 号）提出"要加快推进就业指导教师、新任就业指导中心主任培训计划，把西部高校就业指导教师培训纳入'东部高校对口支援西部高校计划'项目。积极开展'就业指导名师评选'，落实普通高校就业指导专职教师纳入专业技术岗位系列的政策，着力提升就业指导队伍专业化水平。"由此可以看出，我国对于大学生就业创业教育工作队伍建设有着明确的规定，对队伍建设方向、队伍培养过程以及队伍建设保障均十分明确，这为开展大学生就业创业教育提供了强有力的组织制度保障。

3. 政策文本的督导语句分析。

督导语句主要关注大学生就业创业教育活动是否遵从政策的赏罚性向度，目前的文件中更多地偏向于就业创业教育的考核督导。在国家法律文件层面，目前还没有关于教育督导的相关制度。虽然《中华人民共和国就业促进法》有"监督检查"和"法律责任"两方面内容，但均没有涉及就业创业教育督导的相关内容。在国家政策文件体系中，《国家中长期教育改革和发展规划纲要（2010～2020 年）》中明确指出"完善督导制度和监督问责机制。制定教育督导条例，进一步健全教育督导制度。探索建立相对独立的教育督导机构，独立行使督导职能。"但相关的配套文件尚未出台。但我们也注意到，在国家相关的文件中已不断地涉及考核督导的相关内容。比如，《国务院关于做好当前经济形势下就业工作的通知》（国发〔2009〕4号）提到"进一步加强对高校毕业生就业工作的领导，强化目标责任制，把高校毕业生就业工作情况列入政府政绩考核的内容。"《教育部关于做好2011年全国普通高等学校毕业生就业工作的通知》（教学〔2010〕11号）也提出"各地高校毕业生就业主管部门的主要负责同志和高校的'一把手'要亲自抓、负总责，抓紧制订具体工作方案，落实目标责任。加强对就业工作的督促和检查。"《教育部关于做好2012年全国普通高等学校毕业生就业工作的通知》（教学〔2011〕12号）明确"各省级主管部门主要负责同志和高校的'一把手'要切实加强领导，把高校毕业生就业工作放在突出重要的位置，纳入重要议事日程。"

综合以上关于大学生就业创业教育政策文本的定性分析可以看出，国家政策中关于当前大学生就业创业教育的形势判断是客观的，开展大学生就业创业教育政策的指导思想、基本原则、主要任务、载体与途径、队伍建设方向是基本明确的，努力营造良好的社会氛围是积极的。但是，现有大学生就业创业教育的政策文本也不同程度地存在着一些问题，一是国家政策关于大学生就业创业教育的具体要求不够明确，刚性不强，不便于具体实施；二是国家、地方、高校各级部门制定的就业创业教育政策彼此衔接不够，未能形成良好的互动；三是政策文本缺乏督导性语句，有待完善。

## 二、大学生就业创业教育政策的执行分析

政策执行是实现政策目标最直接、最重要的活动，在政策过程中占有重要地位。它从根本上决定了政策问题能否解决、政策效益和价值能否实现。进行政策执行研究的意义在于："第一，政策执行是实现政策目标的中心环节，政策的主要目的不是研究问题而是解决问题；第二，政策执行的高效率和高质量是政策方案圆满实现的根本保证；第三，政策执行是检验政策质量的重要途径；第四，政策执行是后续政策制定的重要依据。"[①] 因此，分析和研究大学生就业创业教育政策执行情况对于检验大学生就业创业教育目标是否实现、教育政策质量与效益具有重要意义，也为未来调整政策提供了有益参考。

一般来讲，从政策执行流程维度来看，主要包括政策宣传、政策细化、政策落实和政策反馈四个过程。在分析的过程中我们注意到，政策的宣传是比较到位

---

① 张国庆：《公共政策分析》，复旦大学出版社2010年版，第212页。

的，在政策出台后执行主体召开的通报会、解读会、动员会等大多是及时有效的，但是要做到对宣传效果的量化极为困难。政策的细化和政策的落实可以通过执行主体出台的相关文件和实施的就业创业教育具体举措来进行评价和分析，这两个过程的共同特点都有明确的政策执行指向，即有明确的政策目标，如开设就业指导课等。政策的反馈是就业创业教育政策可持续的重要保障，但此维度公开的信息较少，且难以在政策变化过程中判断反馈信息的效用程度。鉴于以上分析，政策可执行指向分析是政策执行分析的关键，由此，本研究通过建立政策可执行指标的方法，重点探讨政策细化、政策落实的相关情况。

## （一）政策可执行指标分析

根据大学生就业创业教育政策文本分析的结果，我们认为按照政策文本的执行维度可将大学生就业创业教育政策内容分为原则性指标和可执行指标。原则性指标主要包括：形势判断、指导思想、基本原则等；可执行指标主要包括：课程体系建设指标、实践体系建设指标、保障体系建设指标等。原则性指标具有明确的概念化特征，难以进行量化与评价，而可执行指标具有明确的指向，可以通过可执行指标的落实情况去分析大学生就业创业教育开展状况。为此，我们构建了大学生就业创业教育政策的可执行指标体系（见图 5-1）。

课程体系建设指标建立依据包括：《教育部关于大学生职业发展与就业指导课程教学要求的通知》（教高厅〔2007〕7 号）明确指出"从 2008 年起提倡所有普通高校开设职业发展与就业指导课程，并作为公共课纳入教学计划，贯穿学生从入学到毕业的整个培养过程。现阶段作为高校必修课或选修课开设，经过 3~5 年的完善后全部过渡到必修课。各高校要依据自身情况制订具体教学计划，分年级设立相应学分，建议本课程安排学时不少于 38 学时。"《教育部关于做好 2010 年普通高等学校毕业生就业工作的通知》（教学〔2009〕15 号）指出"要积极探索建立符合中国国情的职业发展和就业指导课程体系；有条件的学校可成立就业创业指导教研室，加强对就业创业规律的研究，改进教学方式方法，不断提高课程质量。通过开展就业指导课程观摩、评选等活动，建设一批精品课程、示范课程。"《教育部关于大力推进高等学校创新创业教育和大学生自主创业工作的意见》（教办〔2010〕3 号）提出"把创新创业教育有效纳入专业教育和文化素质教育教学计划和学分体系，建立多层次、立体化的创新创业教育课程体系。加强创新创业教育教材建设，借鉴国外成功经验，编写适用和有特色的高质量教材。省级教育行政部门和高等学校要建立创新创业教育教学质量监控系统。"《教育部关于做好 2011 年全国普通高等学校毕业生就业工作的通知》（教学〔2010〕11 号）提出"高校要把就业指导课纳入教学计划，开展示范课程评

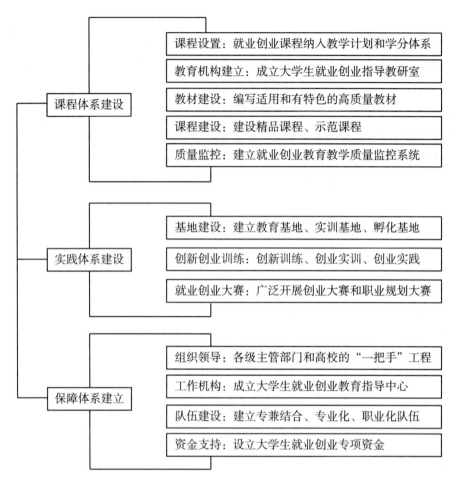

**图 5 - 1   大学生就业创业教育政策可执行指标**

选和教学经验交流，努力提高课程质量。有条件的高校要成立就业创业指导教研室。"《教育部关于做好 2012 年全国普通高等学校毕业生就业工作的通知》（教学〔2011〕12 号）提出"普遍建立地方和高校创新创业教育指导中心等机构，积极开发创新创业类课程，并纳入学分管理。有条件的高校要成立就业创业指导教研室，深入开展就业指导工作研究，建立职业生涯发展和就业创业指导课程体系。"《教育部关于全面提高高等教育质量的若干意见》（教高〔2012〕4 号）提出"制订高校创新创业教育教学基本要求，开发创新创业类课程，纳入学分管理。"

实践体系建设指标建立依据包括：《教育部　人事部　劳动保障部关于积极做好 2008 年普通高等学校毕业生就业工作的通知》（教学〔2007〕24 号）提出"劳动保障部门与高校要加强合作，将高校毕业生创业培训工作纳入创业培训总体规划，开展适合高校毕业生的创业实训，推动高校毕业生创业基地建设。"《教育部关于做好 2011 年全国普通高等学校毕业生就业工作的通知》（教学〔2010〕11 号）提出"全面开展创新创业教育和创业实践活动。教育部将积极推进创新创业教育教学改革项目；各地要积极推动高校建设创业教育基地；广泛开展创业讲座、创业大赛等实践活动。加快建成一大批高校学生创业实践和孵化基地。教育部将推动建设一批高校学生科技创业实习基地，继续开展'国家大学生创业示范基地'评选活动；各地要充分利用大学科技园、经济技术开发区、高新技术开发区、工业园区等资源。开展创业培训、政策咨询、创业实训，提供项目开发、创业指导等服务，鼓励和帮助创业的学生带动更多学生实现创业、就业。"《教育部关于做好 2012 年全国普通高等学校毕业生就业工作的通知》（教学〔2011〕12 号）明确提出"全面加强创新创业教育和创业基地建设。广泛开展创业大赛、创业模拟等实践活动，着力提升学生的创新精神、创业意识和创业能力。要大力建设创新创业教育实践、实习和项目孵化基地等创新创业平台，积极推进'大学生创业示范基地'、'大学生创业教育示范校'建设。"《教育部关于全面提高高等教育质量的若干意见》（教高〔2012〕4 号）指出"支持学生开展创新创业训练，完善国家、地方、高校三级项目资助体系。依托高新技术产业开发区、工业园区和大学科技园等，重点建设一批高校学生科技创业实习基地。普遍建立地方和高校创新创业教育指导中心和孵化基地。"

就业创业教育保障体系指标建立依据包括：《教育部关于大学生职业发展与就业指导课程教学要求的通知》（教高厅〔2007〕7 号）提出"建设一支相对稳定、专兼结合、高素质、专业化、职业化的师资队伍。"在 2010 年和 2011 年分别出台的教育部关于做好普通高等学校毕业生就业工作的通知中都明确提出了要"设立创业基金"。《教育部关于做好 2012 年全国普通高等学校毕业生就业工作的通知》（教学〔2011〕12 号）指出"各省级主管部门主要负责同志和高校的'一把手'要切实加强领导，把高校毕业生就业工作放在突出重要的位置，纳入重要议事日程，明确任务，强化责任，狠抓落实。落实普通高校就业指导专职教师纳入专业技术岗位系列的政策，着力提升就业指导队伍专业化水平。普遍建立地方和高校创新创业教育指导中心等机构。"

### （二）政策执行的现实状况分析

从课程体系相关政策执行情况来看，在课程设置方面，目前大部分高校均开设了就业指导相关课程，部分高校还开设了职业生涯规划和职业指导相关课程。但是，目前正式建立就业创业教育综合课程体系并付诸实践的高校较少。在就业创业指导教研室方面，国内高校中已有部分院校建立了"就业指导课程教研室"、"创业教研室",但也有部分高校建立"就业创业教研室",如东北财经大学2005年成立了"就业指导与创业教育"教研室;中南财经政法大学在公共管理学院成立了"就业与创业教研室"等。同时,我们注意到教育部直属高校建立教研室的仍旧较少。从就业创业教育教材建设情况来看,课题组对高等教育出版社出版的就业创业类教材进行统计后发现,2008年以前出版教材数量较少;从2008年起教材数量增加较快,尤其是创业教育的相关教材数量增长迅速,但呈现出就业教材和创业教材分别出版,相对独立的状况;自2010年起,就业创业类教材开始走向融合,2010年和2011年出版的融合类教材分别为5部和6部,年均数量超过前七年同类教材的总和(见表5-5)。此项数据表明大学生就业创业类教材也是在2008年国家提出加强就业创业教材建设的政策目标后开始落实的。从教材的主题来看,主要包括创业通识、创业管理、创业指导、创业培训、创业文化、就业心理、职业发展、就业指导、职业生涯规划、就业与创业导论等方面。教材适用群体主要包括普通本科和高职高专学生。在精品示范课程建设方面,截止到目前大学生就业创业教育相关的国家级精品课程仅有11门;教育部直属高校仅有2所学校有国家级精品课程,即清华大学和南开大学;共有5所职业院校有国家级精品课程;4所普通院校有国家级精品课程;课程中仅与就业相关的课程2门、创业相关的课程8门、就业创业相关课程1门(见表5-6)。由此可以看出,在国家提出高校要建立就业创业精品示范课程的政策目标下,目前教育部直属高校就业创业精品课程建设严重不足,虽然职业院校精品课程有一定规模,但难以在全国范围内推广。在教学质量监控方面,目前国家和地方政府仅对就业创业教育的课程设置等情况进行过督导评估,对于教学质量的监控虽已提出,但各方均未落实。

**表5-5　　　高等教育出版社出版关于就业创业的教材数量**

| 主题 | 1999年 | 2000年 | 2002年 | 2004年 | 2007年 | 2008年 | 2009年 | 2010年 | 2011年 | 2012年 | 总计 |
|------|------|------|------|------|------|------|------|------|------|------|------|
| 创业 | 1 | 1 | | 1 | 2 | 4 | 1 | 3 | 10 | 4 | 27 |
| 就业 | 1 | | 1 | | 1 | 7 | 8 | 5 | 5 | 2 | 30 |
| 就业创业 | 1 | | | 1 | 1 | 1 | 1 | 5 | 6 | | 16 |
| 总计 | 3 | 1 | 1 | 2 | 4 | 12 | 10 | 13 | 21 | 6 | 73 |

资料来源:高等教育出版社教材选用系统,http://www.landraco.com/adoption/default.aspx。

**表5-6　　　大学生就业创业教育相关国家级精品课程**

| 年份 | 课程名称 | 负责人 | 所在单位 |
|------|------|------|------|
| 2004 | 创业教育 | 张涛 | 广东纺织职业技术学院 |
| 2007 | 创业管理 | 雷家骕 | 清华大学 |

| 年份 | 课程名称 | 负责人 | 所在单位 |
|------|----------|--------|----------|
| | 就业与创业 | 张翔 | 柳州职业技术学院 |
| | 职业发展规划与设计 | 陈敏 | 上海商学院 |
| 2008 | 创业管理 | 张玉利 | 南开大学 |
| 2009 | 创业起步 | 王建平 | 北京电子科技职业学院 |
| 2010 | 大学生职业发展与就业指导 | 陈宁 | 首都师范大学 |
| | 创业管理 | 卢福财 | 江西财经大学 |
| | 创业管理 | 梅强 | 江苏大学 |
| | 网络创业 | 沈凤池 | 浙江商业职业技术学院 |
| | 创业实务 | 王华 | 中山职业技术学院 |

资料来源：国家级精品课程资源网，http://www.jingpinke.com/。

从实践体系建设政策执行情况来看，总体情况较好，但具体执行情况有待加强。在总体效果方面，2011"全国大学生自主创业工作经验交流会"明确指出"截至 2010 年，各级政府和高校共为大学生设立创业资金达 16 亿元，建成创业实习或孵化基地 2 000 多个，面积 330 万平方米。各地各高校加强创新创业教育课程建设，大力举办创业大赛、论坛等活动，仅 2010 年各地各高校就举办了 2 万多场创业活动，参加学生超过 300 万人。"[①] 在就业创业教育基地建设方面，大部分开展就业创业教育的高校都是依托于大学生创业园、大学科技园等进行基地建设。在创业培训方面，2010 年，人力资源和社会保障部推出大学生创业引领计划。按照规定，2010～2012 年的工作目标是：3 年引领 45 万名大学生实现创业。其中，2010 年不少于 10 万人，2011 年不少于 15 万人，2012 年不少于 20 万人。有创业愿望并具备一定条件的大学生都可以得到创业培训，准备创业的大学生都可以得到创业指导服务，初步建立市场导向的大学生创业机制。[②] 2011 年，人力资源和社会保障部组织实施的"大学生创业引领计划"启动一年来，全国共有近 50 万名大学生参加创业培训，有 12.34 万名高校毕业生实现自主创业。在创业大赛方面，共青团中央、中国科协、全国学联自 1999 年开始举办首

---

[①] 杜玉波：《努力开创高校创新创业教育和大学生自主创业工作新局面》，载于《创新与创业教育》2011 年第 3 期，第 4 页。

[②] 中华人民共和国人力资源和社会保障部：《关于实施大学生创业引领计划的通知》[2010] 31 号，2010 年 6 月 4 日。

届"挑战杯"中国大学生创业计划竞赛，现已举办八届，效果较好。① 此外，我国高校还组织了全球商业计划大赛、中英创业计划大赛、海峡杯两岸大专学生创新创业竞赛、全国大学生优秀创业团队大赛等相关竞赛，在大学生就业创业教育中发挥了愈加重要的作用。

从就业创业教育保障政策执行情况来看，在领导体制和机制方面，目前大部分高校均落实了"一把手"工程。在就业创业教育指导中心建设方面，绝大部分高校已按国家文件精神建立了独立的大学生就业指导中心，但目前进一步深化调整并建立大学生就业创业指导中心或就业创业教育指导中心的高校较少。在师资队伍建设方面，国家关于师资队伍建设的政策提出了队伍的建设方向是"专兼结合、专业化、职业化"，同时十分重视师资队伍的培训。目前，我国高校在组织就业创业师资队伍时也正沿着国家政策指向前进，但最为突出的问题是很少有高校能够解决就业创业教师的专业技术岗位问题。从教师培训来看，全国最有影响的就是"教育部高校创业教育骨干教师高级研修班"，由北京航空航天大学主办，截至 2011 年已举办九期，共培训教师 1 000 多名。在就业创业资金方面，地方政府、企业、高校设立大学生创业专项资金为开展大学生就业创业教育提供了重要保障。2009 年，辽宁省政府设立大学生创业资金 5 000 万元，各市配套设立 500 万元，专项用于扶持大学生创业，建设了全国首家 1.1 万平方米省级大学生创新创业教育实训基地。2010 年，浙江大学网新集团、浙江大学国际创新研究院和浙江大学科学技术研究院与管理学院合作，设立 2 000 万元的创业基金。

综合以上分析，我国大学生就业创业教育的政策执行总体情况是：国家政策文件目标明确、任务清晰，政策体系框架已基本形成，但在政策执行过程中偏差执行的现象明显，政策目标尚未真正实现，监督执行力不足。究其原因，我们认为主要有以下几个方面：一是教育政策大多蕴含于大学生就业创业的总体政策中，从而造成了执行主体认知不统一、认识不深刻；二是在政策执行过程中，执行主体各取所需，过多关注利益博弈，忽略教育长效作用的发挥；三是缺少科学化支撑，导致执行主体在政策执行过程中缺乏信服力；四是政策执行缺乏监督机制，从而导致执行主体在政策执行过程中缺乏动力；五是政策执行资源总体不足，分布不均衡。

## 三、大学生就业创业教育政策支持的对策建议

通过对大学生就业创业教育政策的文本和执行进行分析，基本呈现出国家关

---

① "挑战杯"中国大学生创业计划竞赛组委会：《"挑战杯"中国大学生创业计划竞赛历届回顾》，http：//2012. tiaozhanbei. net/d35/review2。

于大学生就业创业教育的政策体系框架，同时也找出了现有大学生就业创业教育政策支持中存在的问题，特别是在政策执行过程中的偏差。为此，我们认为可从以下几方面进一步深化大学生就业创业教育的政策支持。

### （一）将就业创业教育纳入法制体系，为大学生就业创业教育提供法理依据

法制建设是提升大学生就业创业教育在整个高等教育体系中地位的必要前提。党的十七大明确指出：提高自主创新能力，建设创新型国家，是国家发展战略的核心，是提高综合国力的关键；优先发展教育、建设人力资源强国，是中华民族振兴的基石；就业是民生之本，要实施扩大就业的发展战略，促进以创业带动就业。这些为大学生就业创业教育的法制化进程奠定了重要基础。我们认为应该在相关教育法规中进一步明确关于大学生就业创业教育的制度、任务、体系、支持保障等相关内容，为大学生就业创业教育的实施提供法理依据。

### （二）出台纲领性文件及相关配套文件，构建就业创业教育的政策框架

目前，国家共出台四项大学生就业创业教育专项指导性文件。一是《教育部关于大学生职业发展与就业指导课程教学要求的通知》（教高厅［2007］7号），明确了关于大学生就业教育课程——"大学生职业发展与就业指导"的具体教学要求；二是《教育部关于大力推进高等学校创新创业教育和大学生自主创业工作的意见》（教办［2010］3号），指出要在高校中开展创新创业教育，鼓励高校学生自主创业；三是《教育部关于做好"本科教学工程"国家级大学生创新创业训练计划实施工作的通知》（教高函［2012］5号），将高校学生创新创业训练计划作为本科教学工程的重要组成部分，并提出其在组织实施过程中的具体要求；四是《普通本科学校创业教育教学基本要求（试行）》，明确了大学生创业教育的基本教学规范，并提出"创业基础"课程的教学大纲。这些专项文件虽然对部分问题提出了明确要求，但仍缺乏对于体制、机构、教师、资金、评价等领域的具体规定。国家需要制定一部统领这些专项文件的纲领性文件，尽可能明确开展大学生就业创业教育的相关要求，同时还可以借鉴加强和改进大学生思想政治教育政策文件的制定模式，联合各相关部门制定课程建设、师资队伍建设、产学合作等配套文件，形成完整的政策框架体系，进一步细化和加强大学生就业创业教育的政策指向。

### （三）设置就业创业教育学科，打造就业创业教育科学化支撑平台

学科建设是开展大学生就业创业教育的重要前提，也是大学生就业创业教育科学化推进的必要保障。从教育部创业教育试点高校和教育部创新与创业教育类人才培养模式创新实验区的建设过程来看，研究与实践领域对建立就业创业教育学的呼声一直较高，期望通过学科建设推进就业创业教育的科学化进程。当前关于大学生就业创业教育的学科归属争论较多，尚未形成统一认识。这些争论主要源于国家缺少具有明确指向性的相关政策文本。为此，一方面，国家应该积极调动高校就业创业教育专家的智力优势，加强就业创业学的学科属性研究，充分挖掘其学科内涵，提出建立学科的科学性和可行性。另一方面，在充分论证的基础上，通过制定增设就业创业教育学学科的政策文件，为就业创业教育的学科建设提供政策依据，推动学科化进程，从而使就业创业教育的开展具有更加科学和强大的学科支撑。

### （四）健全督导内容与问责机制，确保政策有效执行

督导内容缺失是当前就业创业教育政策存在的重要问题之一。在政策制定过程中应该加入相应的板块，明确科学的教育效果评价标准，细化就业创业教育督导的内容，明晰国家政府、职能部门等相关单位在督导中的权力划分，建立切实可行的大学生就业创业教育督导机制。《国家中长期教育改革和发展规划纲要（2010～2020年）》中提出要"完善督导制度和监督问责机制。制定教育督导条例，进一步健全教育督导制度。探索建立相对独立的教育督导机构，独立行使督导职能。健全国家督学制度，建设专职督导队伍"。2012年10月1日开始施行的《教育督导条例》（中华人民共和国国务院令第624号）中明确了教育督导的内容和基本原则，并提出国家实行督学制度。在大学生就业创业教育领域，应该充分理解、细化并落实国家政策文件中关于督导制度、问责机制、督导条例、督导队伍等相关要求，建立健全大学生就业创业教育的督导机制。具体来说：一方面要健全政策执行的监督机制。有效地监控大学生就业创业教育政策的推进情况，建立政府部门事前、事中和事后监督的全过程监督机制。同时，要加强监督执法人员的专业化培训，确保行政执法的制度化、规范化和公正性。另一方面要明确并严肃执行政策执行的问责制度。目前，在政策执行过程中产生的敷衍执行、选择性执行等偏离执行问题，除了制度机制本身的问题之外，最为重要的就是没有形成政策执行的行政问责机制。要将问责主体从"同体问责"向"异体问责"转变，问责对象从"不当作为"向"不作为"人员延伸，进一步强化国家权力机关、司法机关的问责力度，推进行政执法的专业化进程、去除行政管理

机关直接执法而带来的行政保护。此外，还要及时跟踪、评估政策执行的效果，通过大学生就业创业教育环境和政策体系之间的反馈和互动，适时进行政策的调整与优化。

## 第二节  大学生就业创业教育的师资支持

教师是大学生就业创业教育活动的实施者与指导者。高校就业创业教育师资队伍建设是提高就业创业教育质量、培养就业创业优质人才的前提与保障，是高校就业创业教育运行体系的关键环节。长期以来，国内高校在就业创业教育师资建设上进行了较为深入的探索与实践，积淀形成了一些成绩和经验，但与当前大学生就业创业教育发展的实际需求相比仍显滞后，与国外尤其是部分西方发达国家的就业创业教育师资建设相比仍显得不够规范与成熟。建立一支理念先进、素质过硬、结构合理、相对稳定，能够较好适应就业创业教育教学需要的教师队伍已经成为就业创业教育发展的迫切要求。

### 一、中国大学生就业创业教育师资队伍的主要问题

针对这一问题，课题组选取国内 34 所高校开展了为期半年的专项调研与实地走访。考虑到现实中各高校在就业创业教育师资队伍建设上差异较大，为了确保调研的全面性与典型性，除了运用常规采样方法根据地域、层次、类型等因素选取被调研高校外，也将一些具有代表性的高校纳入了调研范围，如教育部设立的创业教育试点高校（清华大学、北京航空航天大学等）、已有就业创业相关研究方向的博士点高校（南开大学、浙江大学等）、就业创业工作在全国有较大影响且得到业内广泛认同的典型高校（上海交通大学、东北师范大学等）。调研内容上主要包括三个维度：一是考察高校学生就业创业教育现有师资队伍的年龄结构、学历结构、专兼职及校内外教师比例等现状；二是考察师资队伍的管理机构、保障机制等建设情况；三是考察师资队伍的职称晋升、培训研修等情况。

调研得出，在多年探索与实践中，中国已经初步建设了一支具有一定规模、专兼结合的大学生就业创业教育师资队伍，这支队伍主要承担大学生就业创业理论知识传授、职业生涯规划、就业创业实践的咨询与指导等任务，一般通过课堂教学、专题讲座、主题活动、个体咨询等方式开展教育教学活动，在大学生职业选择与发展过程中发挥着越来越重要的作用。但从总体上看，中国的大学生就业

307

创业教育师资队伍建设仍处于起步阶段，存在诸多现实问题，归纳起来主要体现在以下几个方面。

### （一）队伍规模仍显不足

中国大学生就业创业教育师资队伍的建立起源于 20 世纪 90 年代。其产生的根本原因在于大学生就业制度由计划经济时代的"统包统分"向市场经济时代的"双向选择、自主择业"转换，在这一大背景下，就业创业教育逐渐形成并纳入高校人才培养体系，就业创业教育教师也逐渐发展成为高校教师队伍的重要组成部分。新时期，大学生就业创业教育师资队伍呈现出规模不断扩大的发展态势，更为可喜的是，随着国家对大学生创业教育的日益重视，近年来创业教育师资队伍也不断壮大，成长为一支相对独立的新生力量。据统计，截至 2011 年 11 月，教育部主办的全国高校创业教育骨干教师高级研修班已连续举办九期，共为全国高校培养创业教育骨干教师一千余名。

判断教师队伍规模是否合理的一个重要标准就是就业创业教育师资数量与在校大学生数量之间的比例。2002 年《教育部关于进一步加强普通高等学校毕业生就业指导服务机构及队伍建设的几点意见》中明确规定，"专职就业指导教师和专职工作人员与应届毕业生的比例要保证不低于 1∶500。"目前，多数高校已经落实了这一要求。但是，由于这一要求仅是针对就业工作提出的，不包括创业，而且师生比例仅是针对应届毕业生而言，不包括全体学生。特别是 2012 年教育部发布的《普通本科学校创业教育教学基本要求（试行）》（教高厅〔2012〕4号）中明确要求各高校"面向全体学生单独开设'创业基础'必修课"，进一步增加了就业创业教育教师的工作任务。这就使得当前高校从事就业创业教育的师资严重不足。可见，经过十年的建设，中国就业创业师资规模发展与高校学生数量增长仍无法适切，难以满足教育需求，而教师资源的匮乏亦会直接导致就业创业教育的质量与效果难以保证。

### （二）队伍结构不尽合理

1. 师资类型多元多样，各自为战。

在教育实践中，大学生就业创业教育师资队伍这一概念的外延比较广泛，成分相对复杂，既包括课堂内传授就业创业理论知识的专门教师，也包括对学生开展就业创业咨询与指导工作的相关人员，亦包含高校聘请的面向学生开展就业创业讲座等教育活动的社会人士等。根据所承担教育任务的不同，课题组梳理出当前我国高校就业创业教育师资队伍的四个主要类型。一是通识课教师。就业创业教育通识课是指针对全校学生开设的通识选修课或通识必修课。调研中部分高校已开设了包括 KAB 培训课、创业就业指导等相关的通识选修课程，这些通选课除黑龙江大学、武汉大学是由专业教师参与授课，其余学校大都由具备一定要求的就业指导中心或校团委的工作人员以及辅导员担任。二是专业类教师。就业创业教育专业类教师是指具有专业学科背景，并将研究方向确定为就业创业相关项目的高校教师。由于创业产生于商业领域，此类教师大多具有工商管理或经济学相关的学科背景，并主要就职于高校中的经管、工商类学院。这类教师在自己的学习研究过程中，逐渐将研究方向定为创业相关，开设了就业创业教育的专业课程，授课主要面向本学院的专业学生，属于专业课范畴，但其他专业学生也可自愿选修。此外，就目前的调研结果看，只有少部分高校的专业类教师兼任通识选修课教师。三是指导类教师。就业创业教育指导类教师即在课堂之外对学生的就业创业精神培养、创业项目实施、就业创业实践操作等过程中起到引导、启发的教师。这类教师包括社会企业类指导教师，各高校现多邀请各行业领军人士参与加盟，指导学生创业实践，例如清华大学、复旦大学的创业指导团。这部分社会企业指导类教师不承担授课任务，不以第一课堂为教育阵地，大都以讲座、沙龙、公司体验的形式在高校开展指导工作，帮助学生解决就业创业项目操作中的实际问题，并提供了实践的经验和场所。指导类教师还包括学生在就业创业项目开展、就业创业实践进行过程中自行联系的包括本校或外校的高校指导教师。这些教师主要由就业指导中心和团委的工作人员、辅导员、各专业教师担任，其工作包括对学生立项活动开展中的疑难解答、经验分享、方向指导，也会利用个人的交际范围为学生提供一定人脉和机会的帮助。由于目前高校规定在创业项目立项时必须有指导教师参与，因此这种创业教育指导教师在调研所有的高校都存在，在学生的实际创业过程中起到了重要的作用。四是管理服务类教师。主要指为学生提供就业创业政策咨询、就业创业项目管理、就业创业比赛组织等相关服务的教师，这种就业创业教育服务一般属于就业（创业）指导中心的管理服务人员职责范畴。这种管理服务类教师是为学生提供创业帮助、科学开展就业创业教育活动的关键，是高校创业教育中不可或缺的教师队伍组成。

总的来看，丰富多样的师资类型有利于大学生就业创业教育的全面深入开展，有利于各类师资人才教育优长的充分发挥，但在实践中也导致管理"模糊化"的现象出现。一是各类型教师的工作部门交叉，难以专项化管理。例如，创业教育服务类教师，一般涉及高校就业指导中心、团委两个部门，在对学生进行团队组织、咨询服务间或出现职能重合现象。创业教育通识课教师则分布部门更加宽泛。这种教师部门交叉分布的情况，不仅需要教师群体的个人沟通，更需要部门之间的整体协作，但就调研结果来看，各高校的创业教育师资还没有达到长远规划的定岗管理，普遍是根据政策要求和学生需要的"应运而生"，尽管随着职能的不断发展，各部门之间能够以模块区分工作职责，但就业创业教育的综合性和广泛性使之在实际工作中时常出现内容上的重合或断裂，难以形成管理"合力"。二是多样化的教师类型，也可能会形成队伍类型过于零散，队伍力量过于分散，甚至导致就业创业教育"碎片化"和自相矛盾冲突的情况。多类型、部门交叉的教师队伍也无法实现教学或管理经验共享，达到共同设计就业创业教育课程的专业化发展趋势。因此，如何做到大学生就业创业教育师资队伍各类型之间优势互补，形成合力，是一个值得深入研究的重要命题。

2. 专兼职教师比例失调。

根据教师任职情况的不同，当前就业创业教育师资队伍主要有三种教师：校内专职教师、校内兼职教师和外聘教师。一是校内专职教师。是指在本高校专门从事教学工作，并有专门编制的教师。这类教师还可细分为教师编制和行政编制的两类专职教师。教师编制的专职教师：在调研的高校中，除黑龙江大学为创业教育通识课教师提供了教师编制，其余学校的专职教师都是指商学院、经济管理学院的专业教师。而这些专业教师中，除武汉大学经济管理学院的两位专业教师同时承担了通识教育课的任课外，其他高校的专职教师开设的课程一般是针对本学院的学生的专业课。行政编制的专职教师：主要指创业管理学院、就业创业指导中心和团委的相关行政教师，这部分教师主要承担了学生的创业教育相关的管理和服务工作。二是校内兼职教师。这类教师是指拥有专门编制，但同时承担两项甚至两项以上工作，也可再细分为两个方向：一类指行政编制的教师兼任教学任务。这类教师在高校的就业创业教育过程中起到重要的作用，承担着大部分就业创业教育通识选修课程的教学任务；另一类是指行政编制或教师编制的教师兼任学生的就业创业实践活动指导工作。这种情况在各高校也较为普遍，教师利用本职工作外的时间为学生就业创业项目实施提供针对性、专门性的指导帮助，是指导学生就业创业实践活动开展的重要师资力量。三是外聘教师。这一类型教师主要由社会知名企业家、校外学者担任，主要承担就业创业教育教学或实践指导工作，一般以讲座、报告的形式与学生分享创业知识和经验，或以课外辅导老师的角色，指导学生的创业实践（见图 5-2）。

调研中发现，当前大学生就业创业教育师资队伍中专兼职比例并不合理，突出问题是兼职教师比重过大。以通识课教师为例，调研学校中除黑龙江大学、武汉大学各有 2 位具有工商管理或经济管理的专职教师进行通识课的教学外，其余均是由兼职教师担任，而这种通识课程是高校大部分非专业学院学生接受就业创业教育的主要途径之一。缺乏合理的专职教师配备一方面必然会导致本身教学经验少、就业创业阅历浅的兼职教师教学过程缺乏科学化、研究化指导；另一方面，兼职教师的职位晋升、培训进修仍以本职岗位为主，没有专职岗位的支撑和

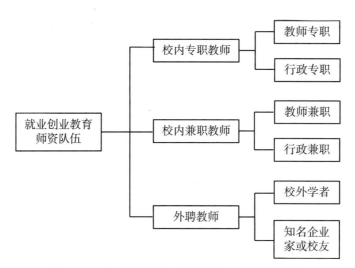

**图 5 - 2　大学生就业创业教育师资队伍结构**

保障制度，使其对课程成果和教学方法的探索创新具有一定的懈怠心理，可能导致就业创业通识课教育发展缓慢和滞后。另一个突出问题是教师队伍构成尚不稳定。由于兼职教师队伍年轻化、工作流动性强和以担任选修课教学为主，这部分教师经常流动和轮换，教师队伍构成不稳定，造成教学经验的流失，不利于创业教学的体系化专业化发展。

## （三）队伍专业化水平不高

1. 队伍学科背景多样，教师专业水平尚待提高。

一方面，目前高校内的就业创业类教师大多隶属本校的行政部门，在学校留用选聘时考虑的学科背景并非单纯从就业创业教育角度出发，同时，大学生就业创业教育的学科边界模糊，很难通过一段时间的培养，迅速提升教师在该领域的专业化程度。因此，现有教师队伍的学缘背景较为复杂。另一方面，目前很多担任就业创业教育的教师或由于个人职业发展，更改原有专业；或出于个人研究兴趣，如从事思想政治教育专业工作，转向就业创业教育研究，缺乏相关专业基础和知识构建。虽然担任就业创业教学的教师本身具有一定的学术研究能力或实践工作经验，加之就业创业教育的学科包容性较大，使其对教学任务"入门"较快，但就业创业教育也是一门复杂深邃的学科，需要广博的知识和专业化的研究。学缘背景较为复杂的兼职教师，在面对教学内容的深入和教育学方法灵活运用时，专业上的差距明显呈现，可能导致通识课教学的表面化甚至内容上的偏差。

2. 队伍内缺少一批在就业创业教育实践中成长起来的骨干教师和学术带头人。[①]

规律表明，任何社会行业要由不成熟走向成熟，既需要打造一支普遍职业化、专业化的专门工作队伍作为"塔基"，也需要打造一支拔尖人才和高级专家队伍作为"塔尖"。"塔尖"人才是推动行业发展的先行者和引路人，是整体队伍发展的旗帜、路标和典范。当前，我国大学生就业创业教育的教学与学术研究骨干数量少，教育对象覆盖面也比较小，难以形成优秀的教学、科研团队，自然也难以形成足够的学术影响力，既不利于就业创业教育的发展和教师后备队伍的人才培养，也不利于大学生就业创业教育理论研究和学科建设向纵深发展。调研中我们也发现，当前大学生就业创业教育师资队伍中正孕育着一批未来的精英。如部分高校的就业创业教育专业课教师，具有相关专业背景，一些人已获得博士学位，并有出国研修经历，大多主持或参与国家、省级关于就业创业的科研课题研究、教材编写等工作，甚至在经济、教育等相关专业领域内已经积淀形成了一定的学术威望。下一步的关键在于如何为这些人设计长远的发展路径和良好的胜出机制，使其在队伍的整体发展中脱颖而出，成为大学生就业创业教育理论与实践的专家，引领队伍建设向纵深发展。

问题是时代的呼声，也是矛盾的集中反映。以上这些教师队伍中的主要问题折射出了当前大学生就业创业教育师资队伍建设的深层次矛盾。一是政策倾斜力度与相关配套支持的矛盾。大学生就业创业教育师资队伍建设发展不仅是某一个学校努力的结果，更需要教育主管部门、社会及家庭等方方面面的支持和关注，在人员编制、经费支持、氛围营造、理论探讨等方面给予相应的配套措施，形成工作合力。近年来围绕大学生就业创业教育师资队伍建设，教育主管部门虽然从政策制定、平台建设等方面给予了一定力度的支持和倾斜，但总体来讲，教育系统内外尚未就大学生就业创业教育师资队伍建设的重要性和必要性达成共识，相应的资金、编制等配套措施跟进不甚及时，相关长效机制还不够完善，这使得大学生就业创业教育师资队伍建设常常忽冷忽热、不能一以贯之。二以职业群体规模的不断扩大与高层次专业人才短缺之间的矛盾。近年来，我国大学生就业创业教育师资队伍数量大幅增长，但是也应看到，队伍中相当一部分人都是直接从高校各专业毕业来校或直接留校的学生，缺少"科班"功底，没有经过系统的训练，缺乏科学的专业知识与技能，使队伍在年龄结构、学缘结构、知识结构等方面都存在相应的问题。尽管教育主管部门通过培训培养、交流互动等形式，以提

---

① 韩丽颖、杨晓慧：《新时期高校辅导员队伍建设的回顾与展望》，载于《思想理论教育》2012 年第 1 期，第 26 页。

升大学生就业创业教育师资队伍的整体质量，但是培养培训的普及范围仍然有限，培训方式也与队伍的实际需要之间存有隔阂，难以满足队伍质量提升的迫切要求。因此，从整体上看，大学生就业创业教育师资队伍结构依然趋向扁平，尚未完全形成"金字塔"式的队伍建设格局。三是大学生就业创业教育发展的专业化需求与实际工作的综合性、复杂性之间的矛盾。马克斯·韦伯（Max Weber, 1919）说过："每位受到召唤、有志从事学术工作的年轻人，都必须清楚地认识到，他所肩负的重任具有双重面貌。他不仅需要具备学者的资格，同时也必须能够做一位好老师；而这两种条件并不一定全然吻合"①。随着大学生就业创业教育师资队伍专业化建设进程的不断推进，这一教育工作的专业性不断得到确认。这就要求大学生就业创业教育师资队伍要在就业创业研究领域进行长期深入的探索，具备专业化的知识基础和研究能力。然而，这支队伍实际工作内容日益复杂、工作领域不断扩大，涵盖了学生就业创业工作的方方面面，这种缺乏专业划分的"全职型"的工作范畴，要求教师要掌握开放性、综合性的知识结构和技能体系，而难以在某一专业方向深入研究和实践，这就逐渐形成了大学生就业创业教育师资队伍建设的"专"与"博"之间的矛盾。四是队伍专业化发展需求与培养发展平台缺失之间的矛盾。高校毕业生人数的逐年增长和就业形势的日益严峻，对高校就业创业教育提出了更高更新的要求，对就业创业师资需求不断增加。关注大学生就业创业的科研项目、学术文章与日增多，也表明越来越多的学术人才存在相关研究倾向。但是，我国尚未建立就业创业专业学科，仅在工商、管理学院存在相关研究方向，专业化的培训教师稀少，难以大规模地培养就业创业师资。另外，缺乏学科体系的整体建设，导致学术槽较浅、知识结构分散、课程体系不完备，难以为就业创业教育研究提供广阔的专业化、研究型进修平台，导致优秀人才的逐渐流失。

上述四对矛盾是当前大学生就业创业教育师资队伍建设过程中的主要矛盾，是当前队伍建设呈现出诸多问题的深层次原因所在，制约队伍的总体发展。我们应该以破解这些矛盾为切入点，完善建设模式，拓展建设路径，保障和促进大学生就业创业教育师资队伍的科学健康发展。

## 二、西方国家高校就业创业教育师资队伍建设的模式与启示

西方国家在大学生就业创业教育师资队伍建设方面有着一定的历史积淀和优质经验，客观分析和研究国外就业创业师资队伍建设的模式，对于未来加强我国

---

① ［德］马克斯·韦伯，钱永祥等译：《学术与政治》，广西师范大学出版社2010年版，第162页。

师资队伍建设具有重要的意义和价值。与我国的就业创业师资队伍建设的模式不同，国外多数国家就业与创业教育分属不同系统平行发展，但在政府的宏观指导下，同一国家的就业、创业师资队伍建设有着类似的建设理念。通过基础调研，笔者认为美国和英国的高校就业创业教育师资队伍建设特点突出、经验丰富，值得深入研究。

## （一）美国高校就业创业教育师资队伍建设情况

美国的就业创业教育起步早，积累形成了较为丰富的师资队伍建设经验和较为雄厚的师资力量，是世界各国相关经验借鉴的重要对象。美国高校就业创业教育师资队伍建设的突出特点就在于以专业教育师资为牵引，通过各种平台和机制汇聚相关人才，通过系统化的培养体系打造专业化、专家化的就业和创业师资团队。

1. 美国高校就业师资队伍建设。

（1）汇聚专业化的职业咨询指导队伍。美国高校就业教育的关注点集中在学生的职业生涯发展规划，不论是对课堂教育还是个体咨询的职业咨询指导教师，都提出了高标准的专业要求。为了汇聚专业化的职业咨询指导人才，美国高校采取了一系列的培训和吸引措施：

一是在资格准入方面，美国高校一般要求从事职业咨询指导的人员需要具有心理学、教育学或咨询硕士或博士学位，且必须具有职业咨询师的资格和一年的临床经验。靠着这种专业能力，建立起高水平的就业咨询体系。高学历的准入要求，也证明美国拥有较为完备的培育职业咨询人才的学科体系，能够根据实际需要进行人才的择优选拔，避免专业人员稀少的被动选择，不断提高学校就业指导教师队伍的整体质量。

二是在教育培养方面，美国20世纪60年代就开始出现了专业辅导员人员的培训标准的全国性文件。在大学里开设辅导咨询的专业课程，不仅包括心理学、教育学、社会学和政治学等知识基础课程，还有咨询辅导的原理方法、咨询测评和评估的方法、辅导关系的形成和发展的事务性课程。这使美国高校培养的咨询人员更契合学生就业创业教育的特点和要求。

三是在师资管理和保障方面，美国高校的职业咨询教师一般隶属于学校的学生事务部，有的设有毕业生就业指导中心，由分管学生事务的副校长领导，且规模庞大分工细致，甚至自成体系：第一层次是以宏观职业生涯辅导为主的学校就业指导中心，第二层次是以职业心理咨询为主的学院辅导机构，第三层次是以辅导学生专业定向发展为主的系、专业就业辅导人员。学校高度重视该项工作，如

"南加州大学年经费为 42 万美元,洛杉矶加州大学为 150 万美元"①。清晰的管理体制和充足的经费保障,给予了从业人员明确的职业晋升空间和稳定的经济收入,对吸引人才和稳定人才起到了重要的作用,据统计,美国"将近70%的职业生涯咨询师在高校工作"。②

(2)汇聚专家化的研究队伍。目前美国主要以政府官员的调查、学术机构的研究和学者自发性的研究三种形式开展社会就业的理论探讨,至今已汇聚了一批资深学者和一系列颇具影响力的研究成果,例如,著名经济学家刘易斯(Lewis,1954)的二元劳动力市场理论、西奥多·W·舒尔兹(T. W. Schuhz,1960)和加里·S·贝克尔(Garys Becker,1964)创立的人力资本理论等,为政府提供了青年人才储备的建设性意见,也对世界的社会学、经济学等学科发展做出了突出贡献。对于这种就业政策的建议或劳动供给的理论研究,美国政府极其重视,给予了大量的财力和政策支持,吸引了更多专家学者的关注和研究。这样,丰富而深入的就业相关理论不断补充到高校的课程体系中,为优秀人才的培养提供了理论基础,为更高水平就业师资的培养提供了可能。

(3)队伍来源丰富。美国高校职业咨询师资队伍除了由专业的职业咨询和心理咨询教师构成外,还特别纳入已毕业的优秀校友。这些校友在就业阶段具有一定的心得和技巧,在从业阶段取得事业的成功和经验,能够为高校学生提供真实的职业意见分享,甚至宝贵的就业实习岗位。如鲍德温·华莱士学院由学校和已毕业校友签订合约,与在校生建立一对一互助小组,分享职业生涯发展方面的信息;耶鲁大学拥有一个与世界各个领域的"校友辅导员"联系的耶鲁职业生涯网络。③ 这些优秀的校友资源,一方面补充了高校的就业师资队伍,另一方面也为在校的就业指导教师提供了相关问题研究的实证材料,对美国高校就业师资队伍的专业化发展起到了一定的促进作用。

2. 美国高校创业师资队伍建设。

(1)博士生项目培养高质量创业师资人才。随着美国创业教育的迅猛发展,美国高校从数量和质量两方面对师资提出了更大更高的要求,主要依托博士生项目建设为构建创业学学科体系培养具有专业化创业知识和技能的教师。20 世纪90 年代初开始,美国高校开始注重培养创业学博士,以满足专业化的创业师资要求。到1997 年,全球共有五个机构提供创业博士项目,美国即拥有两个,分

---

① 娄进举:《美国大学生就业指导工作及启示》,载于《交通高教研究》2001 年第 3 期,第 113 页。

② 教育部思想政治工作司组:《走进美国高校学生事务管理》,中国人民大学出版社 2011 年版,第 169 页。

③ 教育部思想政治工作司组:《走进美国高校学生事务管理》,中国人民大学出版社 2011 年版,第 162 页。

别是美国宾夕法尼亚大学沃顿商学院和佐治亚大学。另外，"根据美国管理学会创业分部执行委员会的调查，尽管系统提供创业博士项目的高校数量较少，但是美国一些高校开始向其他学术项目的博士生提供创业课程和模块、开展创业方面的研讨会以及在录取过程中涉及创业相关问题的探索，对于培养博士生的创业涵养也有一定的作用。"① 目前，美国多所高校为开设创业教育博士项目所吸引。

（2）多形式的创业教育师资培养渠道。由于美国高校的博士项目发展时间较短，在更多的博士项目发展起来之前，美国高校通过多种形式培养专门化的创业教师。一是加强与企业的联系，设立捐赠席位，吸引一批既有实践经验又有理论基础的高水平创业人才，培养成为创业教育师资骨干。二是提升其他学科教师的创业精神。美国越来越多的教师，"尤其是科学和工程学院的教师，从单纯的学者向创业型科学家转变"，② 这些具有专业背景又投身创业实践的教师也大大鼓励了大学生的创业热情。三是培养优秀创业者担任创业课程的兼职教师。这些教师每年固定在学校开设课程，为创业教育提供生动的实践经验和丰富的教育内容，鼓励学生的创业热情，刺激学生的创新思维发展。四是通过多种师资研讨会培养师资。通过校际交流研讨会，提高教师的创业知识，如百森商学院组织了"创业教育者研讨会"培养师资，哈佛大学与欧洲创业教育基金会签订合作协议，开展"以参与者为中心的欧洲创业教育培训项目"（EECPCL）培养创业教育师资。

（3）可靠的全方位创业教育师资建设保障体系。主要包括充足的专职创业教师岗位体系和社会组织鼓励教师实践创业的激励体系。第一，充足的专职创业教师的岗位体系。通过数据（见表5-7）可看出，学校为创业教师提供了充足的专职岗位，虽然岗位数量有所波动，但总体仍呈上升趋势，教师的岗位申请数量也处于逐年上涨的趋势。从岗位与申请人数的比例来看：一方面，美国的创业师资岗位体系处于供小于求的状态，这种"虚位以待"的状态有利于美国学习创业的学生进入该领域任职，从而吸引创业人才的进入；另一方面，尽管美国的创业教育师资需求与实际任职人数仍有一定差距，但岗位申请人数的增长速度低于职位的需求增长速度，这其中固然有申请人自身的选择等问题，但从另外一个角度说明即使在高需求的情况下，美国的高校仍没有放松对人才引进的标准和考核。第二，建立待遇优厚、注重长远发展的人才保障机制。美国高校为引进和稳定人才建立了职称晋升机制，保障了教师从"助教—讲师—副教授—教授"的顺畅发展。除此之外，美国高校注重以丰厚的薪酬待遇确保优秀人才能够安心教

---

① 梅伟惠：《美国高校创业教育》，浙江教育出版社2010年版，第115页。
② 梅伟惠：《美国高校创业教育》，浙江教育出版社2010年版，第233页。

学工作和学科研究。根据美国教授协会的调研报告，2004～2005 年高等学校中，教授的年平均工资为 91 548 美元，而创业教育捐赠席位工资可达到 162 018 美元，是将近前者的二倍。第三，社会组织（基金会）鼓励教师实践创业的激励机制。美国高校创业教育的发展离不开政府、企业、非政府组织等各层级的相互配合。其中国家独立企业联合会、新墨西哥企业发展中心等非政府组织非常活跃，为高校创业课程的开发和精品化发展提供了经费赞助、人员支持和案例参考，为教师发展创造了有利条件。例如，美国著名的考夫曼基金会很早就将"创业"作为关注点，2003 年在 8 所美国大学发起"考夫曼校园计划"，5 年内得到考夫曼基金会 2 500 万美元的资助，并配套另外 7 500 万美元用于全校性创业项目改革。为了培养和提升创业教师的必要素质，考夫曼基金会还与一些大学合作开展了"创业教育者终身学习计划"，吸引了一大批优秀人才加入，在创业教育教师的创新创造性提升方面取得了一定的成果，为美国创业学教师的数量增长和质量提升做出了巨大的贡献，因此，美国高校大多配备了雄厚的创业教育师资力量，如"哈佛商学院有 5 名专职教师，开设 8 门课程，另有 32 名老师在教学中涉及创业教育；百森学院有 35 名专职从事创业教育和研究的教师，共计开设 33 门课程"[1] 等。

表 5 - 7　2000～2007 学年美国创业领域教师申请人数和职位总数发展情况

| 学年 | 职位总数（个） | 申请人数（人） | 申请人数与职位总数的比例 |
| --- | --- | --- | --- |
| 2000～2001 | 197 | 67 | 0.34 |
| 2001～2002 | 175 | 74 | 0.42 |
| 2002～2003 | 190 | 79 | 0.42 |
| 2003～2004 | 185 | 98 | 0.53 |
| 2004～2005 | 212 | 106 | 0.50 |
| 2005～2006 | 316 | 141 | 0.45 |
| 2006～2007 | 217 | 184 | 0.68 |

资料来源：梅伟惠：《美国高校创业教育》，浙江教育出版社 2010 年版，第 108 页。

综上所述，美国高校十分重视就业创业教育师资的培养和储备。一方面，通过高标准、严要求的教师人才选拔与培养体制，汇聚了一批专业化、专家化的就业创业师资人才；另一方面，通过提供丰厚的薪资待遇和有效的目标激励，健全、完善了师资人才保障机制。

---

① 贾新华：《美国大学创业教育对我国的启示》，载于《教学理论与实践》2011 年第 11 期，第 9 页。

### （二）英国高校就业创业教育师资队伍建设情况

英国高校的就业指导服务被认为全球高校就业指导服务的引领者，其就业指导工作已形成较为完善的体系，就业指导队伍也形成了稳定的架构和宝贵的经验，具有较高的专业化、职业化水平，值得我国就业工作的借鉴与学习。与就业工作相比，英国的创业教育发展受到高校发展历史的局限性影响，大学教师执着于纯学术型研究，在心理上和实践上都与社会实践型创业相去甚远。

1. 英国高校就业师资队伍建设。

（1）整合雇主与学生双向需求，配备专业化就业师资。英国为提高毕业生的就业率，将大学排名和教育资金支持力度聚焦在毕业生就业率和就业质量上，因此，英国各高校普遍重视学生就业工作，将高就业率作为学校发展的关键目标，自发设立了就业指导中心，投入了大量的人力资源和财力保障，并有意识地将就业问题研究融入教学、科研、管理的各个层面。在就业服务方面，英国就业指导中心整合雇主企业的招聘需求，积极搭建校企协作的沟通桥梁，为其提供全面的招聘宣传服务，就业信息化管理先进；在就业咨询方面，英国就业指导中心重视学生的个人发展意愿和兴趣培养，关注职业能力和意愿同雇用单位需求的契合度。为满足雇主与受雇学生的要求，英国就业指导中心对其从业人员的专业化要求程度很高，必须要具备相关的专业背景和工作经验，并需要参加为期一年的培训取得咨询证书，具有从业资格后才能够进行相关的职业咨询辅导工作，据统计：剑桥大学就业工作人员 30 人，职业指导师为 20 人；华威大学就业人员 38 人，有 11 人为职业指导师。[①] 同时，就业中心普遍开展了各类职业测评和"一对一"专家咨询服务，据统计，"英国大学毕业年级中 80% 以上的学生能够得到权威的指导和可以信赖的服务"。[②]

（2）整合就业工作部门职能，扩大师资队伍规模。为缓解毕业生数量日益增多造成的就业压力，2002 年，英国高等教育质量保证局明确指出，要将"职业生涯教育、就业教育、就业信息和就业指导等整合到高等教育体系，加强学校就业指导服务部门与各学院的内在联系与工作配合"[③]，共同提高毕业生的就业质量。在新的就业工作要求下，为不降低教师质量，英国高校普遍扩大了教师队伍的规模。据统计：剑桥大学学生约 1.8 万人，其就业工作人员为 38 人；威斯

---

① 岳军：《英国高校就业指导队伍建设的特点及启示》，载于《北京教育》2012 年第 8 期，第 75 页。

② 王占仁：《英国高校就业服务体系的启示——以英国里丁大学和巴斯大学为个案》，载于《中国高教研究》2010 年第 10 期，第 60 页。

③ 荆德刚：《国外高校毕业生就业模式研究》，载于《教育研究》2009 年第 8 期，第 40 页。

敏斯特大学学生约 2 万人，其就业工作人员为 17 人，[①] 师生比基本维持在 1∶600 的水平。需要说明的是，英国高校的就业中心工作还未涉及派遣等毕业事务性工作，工作量相对较轻，这样的师生比例基本能够满足专注地开展高校学生的就业指导、咨询与服务工作的要求。

（3）整合专业教育师资力量，共促学生顺利就业。一方面，英国的就业指导教师会按其不同的专业背景和特长，负责相关的学院和特定专业的学生，保证指导的适切性和有效性。为了不断扩大就业指导人员的专业宽度和服务广度，英国高校各就业部门相互配合，使就业指导人员可以在各就业指导部门、培训机构等单位流动，丰富了就业师资的工作经验，同时多种层次的资格认证也被国家所认可，为就业指导人员的专业化职业化提供了广阔的发展空间。另一方面，英国高校建立了就业指导咨询师和个人导师的联系机制，这种联系机制是"在征得学生同意后，可以共同合作指导学生"，[②] 将学生的专业学习与就业方向紧密联系起来，学以致用，以用促学，收效明显。

2. 英国高校创业师资队伍建设。

（1）整合多学科相关人才，构建多元化的创业教师团队。在教师的来源上，英国大学的创业教育教师队伍具有较好的理论背景和实践背景，通过开设创业学位点培养创业教育人才。为了弥补现有专职教师队伍在数量和质量上的不足，各学科领域的专家、学者和研究人员广泛参与，建立一个多学科、多元化的创业教师团队，同时有利于创业教育吸收其他学科领域的相关研究成果，促进本学科领域的发展。"英国顶尖的综合性研究型大学拉夫堡大学的创业中心的教师 60% 以上兼任各企业顾问，有企业管理经验，指导学生创业实践。"[③] 英国大学还鼓励创业者和社会企业家担当学校的客座讲师、导师或者教授参与创业教育，构建多学科、多元化的创业教育师资团队。

（2）举办创业师资培训，提升创业教育师资质量。在教师培养方面，以东伦敦大学为例，该校每年都会举办暑期创业教育师资培训班，目的是通过系统培训，提高教师的专业素质。"每次暑期创业师资培训班都由几大著名企业、伦敦发展代理处（London - Development Agency）和东伦敦大学共同主办，培训学员主要来自于东伦敦大学的创业教育教师，少部分学员是全国各地高校优秀的创业教育教师。"[④] 这些培训使创业教育教师与企业保持沟通与交流，了解企业界人

---

① 岳军：《英国高校就业指导队伍建设的特点及启示》，载于《北京教育》2012 年第 8 期，第 75 页。

② 王占仁：《英国高校就业服务体系的启示——以英国里丁大学和巴斯大学为个案》，载于《中国高教研究》2010 年第 10 期，第 60 页。

③ 周才芳：《英国高校创业教育研究》，中国优秀博硕士学位论文全文数据库，第 24 ~ 25 页。

④ 杨娟：《英国创业教育拾记》，载于《中国大学生就业》2008 年第 4 期，第 42 页。

士的新鲜经验和经济走势，提高了教师队伍的专业化水平。

（3）建立高等教育学会，为创业教师提供学术研究平台。英国政府成立高等教育学会，鼓励教学人员发表高质量的学术论文，满足本国高校教师对学术研究的诉求，也推动创业学真正进入高等教育的学术主流，为教师职称晋升提供了新的路径和更高的标准，使其得到更为广泛的认可，从而吸引了相关学科研究学者的关注，促进了创业教育师资的人才储备。英国高等教育基金委员会启动了教与学优异中心基金，鼓励和奖励优秀教师，投资教学设施，推广优秀教学实践案例。如谢菲尔德大学、约克大学和利兹大学合作成立白玫瑰创业教与学优异中心，利兹首都大学设立创业协会，诺丁汉大学成立综合学习进步中心。[①] 这些高等教育学会一方面为高校创业教育教师提供了重要的学术研究支持平台，另一方面，由于聚集了各校的相关人才和社会知名企业家，为高校创业教育提供了丰富的创业培训案例资源。

综上所述，英国大学生就业创业师资建设注重整合学科人才、各方向经验以及政府各类资源。一是以就业、创业学科专业人才培养为牵引，设立就业和创业学位点，确保就业创业的学科化发展，为就业和创业教育专业师资提供了储备条件；二是吸收各相关学科人才和项目，进行科学整合与人才共享，弥补师资不足；三是整合政府各类资源，为就业创业教育师资提供资格认证与基金保障，为教师队伍建设提供了坚实的保障。

## （三）启示与借鉴

1. 加强师资队伍保障体系构建是关键。

目前我国对于就业创业教育不可说是不重视，国家发布的号召和教育部下发的文件使各高校就业创业教育已有一定的发展，但是推及师资队伍建设的保障体系建设的政策尚显不足。从国外的发展经验来看，一支稳定的教师队伍才能使就业创业教育得到持续性的发展，而要稳定教师队伍就要有健全的保障体系维持。目前首要着手的保障体系构建维度主要包括以下几方面：第一，充足的教师基本编制。我国目前就业创业教育师资处于"供小于求"的状态，但准入空间却没有及时调控，不能为教师提供安稳的工作环境，造成了人才的流失。第二，充足的研究基金。就业创业教育的发展研究对于我国高校来说还处于起步阶段，加之它与实践联系紧密的特点，只有充足的研究基金才能保证教师进行深入研究和教学实践，否则即使优秀人才有心从事就业创业教育研究，也无法顺利开展，造成了人才资源的浪费。第三，科学顺畅的成长晋升机制。目前，我国大学生就业创

---

① 牛长松：《英国高校创业教育研究》，学林出版社 2009 年版，第 130 页。

业教师普遍缺乏在本领域发展的成长路径，这从根本上降低了教师的工作热情与投入，制约了大学生就业创业教育向专业化、职业化的发展进程。建立健全"助教—讲师—副教授—教授"的职称晋升机制，是确保大学生就业创业教师安心教学工作和学科研究的重要前提。

2. 推进师资队伍专业化进程是必由之路。

高校就业创业教育的专业化不只是对学生就业创业观念、知识和能力培养的专业化，更要包括对教师自身素质的专业化提升，以专业的高质量人才带动就业创业教育的整体发展。当前我国的就业创业教育专业化教师主要来自于工商管理相关学院，因为没有专门的博士项目，因此大部分教师是在从事教学的过程中根据需要而转向，也有部分博士是由于自身兴趣将研究方向定位为创业相关，人数较少。其他类型的就业创业教师也缺乏专业的后期进修培训、经验交流平台或受相关标准的制约，尚处于单独探索阶段。实际上，我国目前的就业创业教师虽然人数不多，但也不乏具有卓越成就的专业导师，要充分利用这些教师以培训、交流、编撰书籍等形式，将知识和经验进行广泛的传播，提高就业创业教育师资队伍的整体专业化水平。

3. 结合我国就业创业实际特点的选择性借鉴是原则。

美英高校在就业创业师资队伍建设上既有许多值得学习和借鉴的做法经验，也面临一些现实问题。第一，美国在创业师资方面也存在着数量不足的缺陷，主要是由于高校教学研究工作的工资与企业的收益相比仍显较低，在鼓励就业创业教师走向社会进行创业实践的过程中，时而会遇到教师一旦创业成功就"一去不回"的现象，背离了师资队伍建设的初衷。如何从我国的国情和校情实际出发，寻求学术研究和科学实践的契合点是值得我们继续探索的方向之一。第二，英国的创业与就业师资配备呈现较大差距，近80%的创业教师为非专业出身，专业化水平和规模化发展严重不足，这与英国政府对创业教育的高度重视和迫切要求相矛盾，提示我们在就业创业教育发展中应着力打造高水平、职业化、专业化的师资队伍，必须要有计划有步骤地构建相适应的学科体系，提高就业创业教育的整体实力。

## 三、大学生就业创业教育师资队伍建设的几点建议

通过全面客观了解我国目前就业创业教育师资队伍现状及现有建设经验，结合国外先进做法，立足我国大学生就业创业教育整体政策框架，笔者认为，未来大学生就业创业教育师资队伍建设应着重从建设定位、选聘标准、培训培养、管理保障四个方面进行加强和改进。

## （一） 明确定位，建设"三师型"就业创业师资队伍

所谓"三师型"就业创业师资队伍，一方面是根据当前高校就业创业教育的发展和学生的实际要求，重点建设、完善师资队伍结构中的"三种类型"：一是理论型的校内专职教师，侧重就业创业的一般理论知识传授；二是综合型的校内外兼职教师，侧重对学生就业创业困惑的针对性咨询与指导；三是实践型的社会兼职教师，侧重增进学生的就业创业实践体验，使知识向能力转化。对"三种类型"的教师队伍建构关键在于明确教育目标和任务，协调配合，共同构建一个校内校外相贯通、课内课外相衔接、教育实践一体化的就业创业教育体系，服务学生就业创业素质与能力的培养，引领当前就业创业教育理论研究与实践创新。同时，要坚持"请进来、走出去"的基本建设思路，在打造一支职业化、专业化队伍的基础上，充分整合校内外资源，形成教育合力。

另一方面，"三师型"是指微观上针对大学生就业创业教育教师必须具备的"三种素质"：一是能讲课，拥有"广而深"的专业知识，能够从理论上给予学生科学、合理、准确的知识储备，吸引学生的关注，提高学生对就业创业教育的接受效果；二是能咨询，拥有"精而专"的实践技能，针对就业创业过程中的具体环节和问题为学生提供技能演示或经验借鉴；三是能实战，拥有"丰而强"的创业阅历和能力，教师不仅全面精通企业的实际运营操作，还可以结合创业过程中的某一具体环节搜集就业创业典型案例，为大学生就业创业教育提供启示借鉴。因此，大学生就业创业教育教师的素质要求应突出强化能力本位，既要和其他教师一样具有综合文化素质和理论水平，有较强的教学、教研及教学能力和素质，更要具有丰富的就业创业实践经验，熟练的就业创业实践技能，以及指导学生就业创业的能力和素质。

## （二） 明晰标准，保证大学生就业创业教育教师的从教资质

一方面，国家应出台相关政策，明确高校就业创业师资的选聘标准。高校就业创业师资选聘标准可分为一般性标准和特殊性标准。一般性标准是对所有就业创业教师的基本要求，主要应包括热爱大学生就业创业教育工作、了解当代大学生成长规律，具备一定的就业创业理论与实践基础等。特殊性标准应针对不同类型就业创业教师制定：理论型教师应在就业创业相关研究领域内有一定学术造诣，具有扎实的理论功底和较强的学术研究能力；综合型教师应具有对学生开展就业创业咨询指导的能力，有一定的就业创业实践经历；实践型教师应当具有丰富的社会阅历和人生阅历，在就业创业历程中有过成功经历等。在选聘标准的基础上，应进一步明晰就业创业教师的基本职责和教育任务。

另一方面，要进一步规范各类就业创业教师的选聘程序。具体包括：一是成立就业创业教师团队，明确聘期和职责，并根据需要进行轮换。如清华大学2010年5月成立创业导师团，导师聘期均为一年，已成立两期，共邀请120余位各行业的知名企业家、投资家进行创业座谈交流、创业比赛评审、创业项目指导，并提出导师随行计划，即选取优秀学生到指导教师公司真正做业务助理，体验企业的实际操作。二是建立荣誉教席职位，引进具有一定专业背景或学历层次较高的社会企业热心人士担任兼职教师。就目前高校聘请的社会企业就业创业指导教师来看，大多数企业家都是出于公益目的为大学就业创业教育提供帮助，高校可在一定程度上借鉴国外设立荣誉教席职位的方式，经过理性选择聘用能够具有课堂教学能力的企业家兼职高校创业教师。对这些教师的管理一方面给予荣誉或高薪吸引，一方面要进行一定的前期岗位培训。这种荣誉教席职位还要通过国家、省市硬性政策进行责任约束，保证授课时间和质量。三是理性选择社会企业就业创业导师，注重情感约束，保证教学质量。要多选择知名校友，这样不仅对其能力背景有较为中肯的了解，还能够充分发挥学校的感情约束，提高这些兼职导师的职业责任；要注意正确区分沽名钓誉和真正热心公益的人，不仅要选择著名企业家进行讲学交流，还要注意选择正在事业拼搏过程中的"潜力股"、艰苦创业的典型代表、创意取胜的小企业家等各类型人才分享经验，并经常性地进行校企交流，对于企业的需求在学校的能力范围内要积极提供帮助，注重与兼职教师的情感沟通，增强师资队伍的稳定性。

### （三）强化培养，构建层次鲜明的专门化就业创业师资培训培养体系

这一培养体系的构建主要包括两个维度：一是在培训主体上，应构建"国家—地方—高校—企事业单位"四位一体的大学生就业创业培训培养体系。国家有关部门可在全国范围选取有相关国家重点学科，实践工作有较大影响和较好成效的高校，设立国家级培训基地，每年定期培训大学生就业创业教育骨干师资，以起到示范引领作用；各省市、高校也可以在此基础上设立省级、市级和校级培训基地，定期对教师进行轮训，实现师资培训的专门化和全覆盖。同时，高校可以在国家和地方政府的统筹指导下，选取符合一定条件的企事业单位设立师资培训基地，推动教师走出校门，走进企业、工厂等社会单位进行锻炼，在实践中提升能力。二是在培训内容上，应构建"学位培养、高级研修、专题研讨、上岗培训"四位一体的师资进修深造体系。上岗培训重在对教师从事就业创业教育基本素质和能力的培养，专题研讨重在对当前大学生就业创业教育热点难点问题进行专门指导，高级研修主要面向有一定就业创业教育经历的资深教师，为其进一步提升理论研究和实践创新水平提供研修平台，学位培养则要依托相关学

科和专业，促进就业创业教师进行系统化的学习和提升。

目前，国内的大学生就业创业师资培养已初具雏形，但仍不够完善。要构建形成层次鲜明、立体式、专门化的师资培训培养体系，应着重抓以下三个关键。一是发挥专业教师作用，推动就业创业师资培养体系建设。通过建立就业创业教育师资培训体系，以专家讲座、备课会、案例剖析等形式定期定点开展国家及省级系列培训活动，加大就业创业教育教师的培养和培训力度，点面结合，分层推进，力争在短期内，培养一大批能够适应就业创业教育要求的专职教师；注重对就业创业教育教师队伍的学科结构、职称结构和年龄结构的调整，并不断加强梯队建设。加强就业创业教育学科带头人和学术骨干的选拔和培养；增强研究人员的积极性，给予可靠的资金保障，选取学科发展带头人，联合高校力量共同推进。有针对性的鼓励工商、经济类专业学生开展创业相关研究，培养就业创业教育研究方向的硕士、博士，使这些学生成为高校创业教育的中坚力量，实现良性循环。二是加强校企合作，在企事业单位设立一批教师培训实践基地。建设企业实践基地，根据教师的年龄、类别不同而提供不同的实践岗位。如年龄大职称高的专业类教师可重点与企业的带头人进行交流访谈、实地参观，担任企业顾问；年轻化尤其是兼职教师，可在企业的助理类岗位进行定期或短期的实践操作体验，为其提升理论研究能力，确保教育教学切近实际提供条件。这种模式一方面为校内教师提供了实战经验，又能够为企业的发展提供理论上的建议和人力上的支持，能够实现企业与师资队伍建设的双赢。三是要加强与国内外高校的交流合作，扩大专业教师国际性视野。一方面要引进国外先进的就业创业教材，加强与国外大学在就业创业培训领域的合作与交流，扩大专业类教师国际性视野，不断完善我国就业创业教材建设体系；另一方面高校应建立就业创业教育交流与合作制度，形成相对稳定的就业创业教育师资资源库，建立国内外优秀就业创业教育人才合理流动机制。通过讲学、访问、国际学术和科研合作、开展国际间合作办学等多种方式，有计划地组织教师到就业创业教育开展比较好的一些国家去学习访问和交流经验，从而提高专业教师的教学科研水平，不断提升我国就业创业教育的质量和进程。

### （四）完善机制，做好大学生就业创业教育师资的管理和保障

1. 进一步探索发展就业创业师资管理模式。

一要充分利用已成立的创业管理学院的作用，将学校目前的大学生就业教育和创业教育有机结合起来，成为全校就业创业教育的规划、组织和管理机构。二要加强和完善就业创业教研室建设。采取以专职教师为基础，兼职教师为主体的方式组建教研室，教师数量和结构依据学生数量、课程设置情况、大学生就业创

业活动确定。三要在学院范围实施融入式就业创业教育。由创业管理学院或就业指导中心牵头，吸引各专业教师进行创新创业研究，把就业创业教育与实践和专业教学紧密联系起来，取得综合教育效果。四要分级管理，责任明确。根据学校目前的就业创业教育师资建制，进一步明确管理责任，如创业中心与团委、教务处、人事处建立联系，主要负责创业指导类教师的管理和选聘；就业指导中心与学生处、教务处、创业管理学院建立联系，主要负责就业创业教育校内兼职教师和创业教育服务类教师的管理；创业管理学院统筹负责各创业课程的设置和开展，教师的排课和评估等。

2. 形成政府、高校有关部门有力的激励政策支持。

一是充足资金的支持。在创业竞赛中，既要对学生创业项目本身进行奖励和资助，也要对指导教师给予必要的物质奖励，以提高指导教师的工作积极性，保证指导教师作用的切实发挥。二是对研究成果的奖励。对在编写教材、发表论文、培训、学术交流等方面做出突出贡献的教师，不仅要按相应标准给予物质奖励，还要设立具有标志意义的荣誉称号，以兹鼓励。三是培训进修的激励。要制定与拓展教师个人的职业发展和进修相关的政策，尤其是专门设立针对就业创业教育研究方向的出国研究项目；要建设创业教育教师的培训基地，积极鼓励和支持教师参与教育部、校际举办的就业创业教育研究班，提升理论研究素养；要为就业创业教育教师创造广阔的理论学习、案例交流和实践空间，使创业教育师资队伍的建设能够进入良性发展的轨道。

3. 强化教师岗位编制保障和晋升机制支持。

一方面，应该设立就业创业教育教师的专门编制，以吸引现已具有一定研究成果或已毕业的硕士、博士；另一方面，对于校内通识课兼职教师实行教师序列和行政序列双线晋升机制，只要该教师的科研成果、教学质量达到晋升要求，就可以逐级晋升。这样，大大鼓励了兼职教师的教学积极性，既能够激励其将行政工作中掌握的学生现状与教学紧密结合，提升创新性教学效果，推动创业学科建设，也能够加大通识课兼职教师选聘的吸引力，确保选聘优秀师资。

4. 鼓励专业类教师兼职通识课教学，形成专兼职教师队伍合力。

高校要出台政策，鼓励或要求部分创业专业类教师兼职通识课教学，达到与行政部门兼职教师的合理搭配，以专业类教师为学科带头人，引领非专业兼职教师集体备课，把握课程教育方向，提升非专业兼职教师的专业理论素养。例如，黑龙江大学现已采取这种集体备课形式，既加快了兼职教师队伍的成长速度，克服了兼职教师的畏难心理，提供了学习机会，吸引兼职教师积极投身教学研究，提高教学质量；又为专业类教师的创业教育通识知识结构模型的构建提供经验和实践平台，促进"广谱式"创业教育的科学理论框架体系构建和教材编写。

*325*

### （五）创建学科，培养和集聚优秀的研究型人才

一是要制定适宜可行的学科建设策略。政府要有目的、有计划地规划和建立就业创业教育学科，根据目前的教育发展现状和趋势制订发展规划、建立学科队伍、组成合理学术梯队、确立科研方向、建设研究基地、组织科研工作。学科建设应贯穿于高校就业创业发展、建设的全过程。国家和省级教育主管部门应支持有条件的高校建设就业创业教育学科，开办就业创业教育类专业，培养专业人才，储存专业人才资源，使就业创业教育师资培养形成规模。二是编写体系结构完整的专业教材。高校要充分鼓励已有就业创业教育专业类教师积极投身就业创业学科建设，加大教材编撰研究的扶持力度，尽快推出并不断更新完善教学依据，使高校就业创业人才培养逐步体系化、正规化。三是营造良好的学科建设环境和保障制度。首先，需要尽快制定就业创业教育教师任职条件规范，并实施就业创业教育教师资格准入制度，建立客观、科学、公正、透明的绩效考核制度和评价体系使学科建设保持良好的发展势头；其次，注重调动已有研究型教师的积极性和创造性，在教师专业化培训方面要根据个人学术特长、工作重点选派参加国内外培训；再次，注重培养教师的学术成就感，为学科研究人员提供合理的保障制度，使其能够潜心研究，并随着学术成就提高，给予充分的学术肯定和社会成就感，真正留住人才、建立优秀人才梯队。

# 第三节 大学生就业创业教育的实践平台支持

实践育人是目前高校人才培养的最薄弱环节。[①] 大学生就业创业教育的实践平台作为大学生就业创业教育的重要保障，对于深化发展大学生就业创业教育、全面提升大学生就业创业能力具有重要意义。长期以来，国内高校在大学生就业创业教育实践平台支持领域进行了较为深入的探索与实践，但仍然存在组织管理力度不够、社会资源整合不充分、平台建设不够系统等制约着实践平台发展的瓶颈性问题。本节在把握大学生就业创业教育实践平台发展现状的前提下，具体探讨了创业计划竞赛、大学科技园两个典型的大学生就业创业教育实践平台的现存问题及实施策略，力求为我国大学生就业创业教育的实践平台建设提供参考。

---

① 教育部高等教育司：《提高质量内涵发展——全面提高高等教育质量工作会议文件汇编 2012 年》，高等教育出版社 2012 年版，第 30 页。

# 一、大学生就业创业教育实践平台的发展现状与问题

## （一）大学生就业创业教育实践平台的发展现状

我国大学生就业创业教育的实践平台建设最初主要开始于就业教育领域。就业教育实践平台随着高校毕业生分配制度改革深化，逐步发展完善。从新中国成立初期到 20 世纪 80 年代末，我国高校毕业生就业长期处于"统包统分"阶段，就业实践教育主要集中在专业实践层面，目的主要集中在帮助毕业生提高专业技能水平。伴随市场经济的发展，1989 年《国务院批转国家教委关于改革高等学校毕业生分配制度报告的通知》中明确提出，逐步建立毕业生就业指导机构，做好毕业生就业指导和咨询服务工作。自此，全国高校学生就业工作专门机构陆续建立完善，为大学生就业教育的实践平台建设奠定了基础。1999 年，我国高校开始扩招，大学毕业生数量大幅增加，就业压力不断增大，就业实践能力的高低成为能否成功就业的一个极为重要的因素。中共中央、国务院 2004 年发布的《关于进一步加强和改进大学生思想政治教育的意见》中，明确强调要把大学生社会实践与择业、就业相结合。各高校进一步加大了在就业教育实践平台建设方面的投入，探索形成了专业实习、就业基地、就业技能大赛、职前培训等丰富多样的就业教育实践平台。

随着世界教育改革、中国特色社会主义市场经济发展的日益深入，以及大学生就业形势日益严峻，大学生创业教育的实践平台建设开始受到多方关注。创业实践教育理念的提出，可以追溯到 20 世纪 80 年代末。1989 年 11 月，联合国教科文组织在北京召开"面向 21 世纪教育国际研讨会"，会议首次提出了"事业心和开拓能力教育"的概念，后来被翻译成"创业教育"。这次会议就如何从根本上提高教育质量的问题进行了探讨，针对新时期人才的综合素质要求进行了反思和展望，阐明了教育的长期目标和哲学基础。经过讨论，会议拟定了题为"学会关心"的总结报告。报告中明确指出"创业能力完全是从做中学来的，而不是依靠听讲，因此必须改变学习方式。"[①] 这种让学生在"干中学"的观点，为创业教育的实践平台建设与发展奠定了坚实的思想基础。1990 年下半年，中国作为项目国家，由国家教育委员会基础教育司劳技处牵头，成立了该项目的国家协调组，并以北京市、江苏省、湖北省、四川省、河北省、辽宁省为项目单

---

① 郝克明、周满生：《终身教育经典文献》，高等教育出版社 2006 年版，第 569 页。

位，进行创业教育的实验和研究，① 在创业教育实践平台建设方面进行了比较深入的探索。1995 年，学者彭钢所著的《创业教育学》中将创业实践活动看作是"创业教育与其他教育类型"之间质的区别，② 从理论层面进一步为创业教育实践平台的建设提供了重要支撑。

清华大学首届大学生创业计划大赛标志着我国大学生创业教育实践平台建设的开端。1998 年 5 月，清华大学举办了中国最早的学生创业计划竞赛。竞赛期间，学校组织了形式多样的讲座、培训和创业沙龙等实践活动，对普及创业知识、提升创业能力起到了良好的作用。1999 年，由团中央、中国科协、全国学联主办，清华大学承办的首届"挑战杯"中国大学生创业计划竞赛在北京成功举办，竞赛汇集了全国 120 余所高校近 400 件作品。大赛的举办在全国大学生中激起了极高的创新创业热情，孕育了视美乐、易得方舟等一批高科技公司。次年，共青团系统组织的创业计划竞赛在全国开始普及。③ 2001 年 5 月，教育部和科技部联合下发了《关于认定首批国家级大学科技园的通知》，首次批准建立了包括清华大学科技园、北京大学科技园、天津大学科技园等在内的 22 个国家级大学科技园，进一步推动了大学生就业创业教育的实践平台建设。2010 年 4 月，教育部、科技部联合召开推进高等学校创新创业教育和促进大学生自主创业工作视频会议，并颁发了《高校学生科技创业实习基地认定办法（试行）》的通知，进一步推动了高校实习、实训、创业和就业的综合服务平台（简称"双实双业"基地）的建设。

值得注意的是，随着大学生就业创业教育的发展完善，就业实践平台与创业实践平台二者逐步融合，呈现出协调推进的发展趋势。在以创业促进就业、经由就业走向创业的发展思路下，二者越来越紧密地联系在一起，彼此渗透、相互促进、协调发展、整合实施。2004 年全国普通高等学校毕业生就业工作会议明确指出："高等学校要加强实践育人意识，以培养学生的就业能力、创新能力、创业能力为重点，突出实践教学，切实转变人才培养模式和机制。"这充分回应和确认了就业与创业教育的实践平台的融合发展趋势。2012 年，《教育部等部门关于进一步加强高校实践育人工作的若干意见（教思政［2012］1 号）》中指出，"加强实践育人基地建设。实践育人基地是开展实践育人工作的重要载体。要依托高新技术产业开发区、大学科技园与其他园区，设立学生科技创业实习基地。"为大学生就业创业教育的实践平台建设进一步提供了政策依据。

---

① 彭钢：《创业教育学》，江苏教育出版社 1995 年版，第 2 页。
② 彭钢：《创业教育学》，江苏教育出版社 1995 年版，第 94 页。
③ 侯慧君、林光彬等：《中国大学生创业教育蓝皮书》，经济科学出版社 2011 年，第 10～11 页。

## （二）大学生就业创业教育的实践平台建设面临的主要问题

目前，实践育人机制仍有待健全，存在重视不够、投入不够、社会配合不够的问题，大学生通过社会服务锻炼成长的机会和渠道不多。[①] 在大学生就业创业教育领域，实践平台建设的组织管理力度不够、社会资源整合不充分、平台建设不够系统等问题也制约着就业创业实践教育的纵深发展，极大地降低了就业创业教育的针对性与实效性。具体表现为：

一是组织管理力度不够。首先是地方政府的引导力不足。实践平台建设的组织管理具有区域性特征，需要地方政府立足自身经济发展状况和区域优势，引导建立大学生就业创业教育实践平台的区域合作模式，实现就业创业的区域联动效应。在我国，一些地区的行政主管部门在与就业创业相关的区域合作中往往过于看重利益分配，未能在宏观层面发挥出对就业创业教育的实质性引导作用。其次是相关行业的凝聚力不足。行业性是实践平台建设组织管理中的又一典型特征。以行业人才需求而凝聚形成的行业联盟或行业协会是实践平台建设组织管理中的重要环节。在我国，大多数企业挖掘人才还局限于本地信息、当面录用、自行招聘等形式，没有充分发挥行业联盟或行业协会在引进人才方面的"集团化"优势，没有实现行业用人需求、生产需求、技术需求与学校实践教育需求、学生就业创业需求之间的有效对接，缺乏学校与相关行业沟通合作的组织机构。最后是高校自身的驱动力不足。与地方政府和相关行业相比，高校在建设大学生就业创业教育实践平台的过程中发挥着至关重要的作用，这就要求在确立自身在组织管理中的核心地位的同时，还要充分整合区域内的人才信息网络，整合行业内的人才需求平台，进而驱动就业创业联盟的形成。目前，国内多数高校在实践平台建设中尚未实现对自身人才优势的合理定位，没有从组织管理中的"边缘"地位走向"中心"，仍处于被动式的人才培养和人才输出阶段。在这种情况下，高校几乎很难建立起区域性与行业性联动的就业创业教育实践平台。可见，在大学生就业创业教育实践平台建设的组织管理过程中，还需要各方面力量群策群力、协调共建。

二是社会资源整合不充分。大学生就业创业教育的社会性显著，是开放式的教育活动，需要实现对各类社会资源的有效整合利用。但受制于多方面的不利因素，高校在就业创业教育实践平台建设中的社会资源整合能力没有得到充分的发

---

① 刘延东：《深化高等教育改革走以提高质量为核心的内涵式发展道路——在全国提高高等教育质量工作会议上的讲话》，2012 年 3 月 23 日。教育部高等教育司：《提高质量内涵发展——全面提高高等教育质量工作会议文件汇编 2012 年》，2012 年，第 10 页。

挥。一是政府的资源整合力度小。政府是整合就业创业教育资源的主导力量，其主要的资源整合措施是制定有关政策。但我国各级政府关于大学生就业创业教育实践平台建设的指导政策大多是一些宏观宽泛的规定，只是明确了原则和方向，缺乏针对性、操作性以及具体的指导性，致使高校在"量体裁衣"时，仅停留在对文件的细化上，大部分没有相应的配套措施，出现"以政策落实政策"的情况。此外，当政策由政府部门制定并发布之后，由于执行监督不到位，政策到达地方一级时，其执行力与约束力就会在一定程度上被稀释，相当一部分政策会流于形式而得不到实施。二是企业提供资源的意愿不足。一些企业尤其是中小企业出于经济效益的考虑，在与高校合作创建就业创业教育实践平台时，首先关注的是企业的利益，往往都将大学生视为"多余的员工"，不把学生安排在生产实践中去，仅仅安排学生参观考察，很少给大学生提供参与企业管理等实际工作的机会，不愿提供更多的资源，严重制约大学生就业创业教育实践平台的教育效果。这就需要国家加强大学生就业创业教育实践平台建设方面的相关政策制定和执行力度，加大对大学生就业创业教育实践平台的资金支持，鼓励和引导企事业单位积极为开展大学生就业创业教育提供实践平台。

三是平台建设不够系统。大学生就业创业教育的综合性、社会性等特征内在地要求在实践平台建设中进行整体设计规划，系统构建完善的就业创业教育实践平台，这样才能切实保证就业创业教育的科学有效。当前，大学生就业创业教育的实践平台建设确实取得较大的进步，在平台的数量、规模、运行方式等方面都积累了一些宝贵经验，取得了一些较好的理论与实践成果，但是，实践平台的建设仍多数处于零散发展阶段，尚未形成比较系统的就业创业教育实践平台，平台的实效性与针对性有待加强。当前迫切需要把大学生就业创业教育实践平台建设作为一个系统工程加强规划设计，充分调动高校、政府、社会等多个教育主体的积极性，切实整合课内、校内、校外等多个领域的教育资源，有效整合实践教学、赛事平台、就业创业基地等多个实践平台的优势，全面推进大学生就业创业教育的深入发展。

## 二、大学生就业创业教育的实践平台研究之一：大学生创业计划大赛

大学生创业计划大赛是就业创业教育的一种"竞赛类"实践平台，已经逐渐成为高校拉动创新创业人才培育、提升创新创业技能、强化就业创业教育的重要实践活动之一。在我国，大学生创业计划竞赛的发展速度较快且形式多样，既有在高校范围内由学生团体自发组织的创业竞赛，也有不同区域内由各级政府或

教育部门组织的创业竞赛，同时还有不同行业内由大型企业集团主导的创业竞赛。在诸多创业竞赛中，"挑战杯"中国大学生创业计划大赛的组织规格最高、竞赛影响最大、活动参与面最广，一定程度上代表着我国高校大学生创新创业的最高水平。由此，课题组以"挑战杯"中国大学生创业计划大赛为例，在借鉴国外高校大学生创业计划大赛的成功经验基础上，分析查找"挑战杯"创业计划大赛在发挥就业创业实践教育功能方面存在的不足并提出改进策略。

### （一）国内外高校大学生创业计划大赛的现状

1. 国外创业计划大赛的主要特点。

高校创业计划大赛诞生于 1983 年美国德克萨斯州立大学，最初的创意源于盛行于英美高校的模拟法庭大赛。学生借鉴了模拟法庭大赛的论据推断、数据分析、现场辩论等模拟实战的形式，举办了首届创业计划大赛，以此来强化大学生的创业实战训练。发展至今，世界上的多数知名高校都已开始举办创业计划大赛，主要目的是使学生通过竞赛在项目科技研发、市场运行、风险预测等方面积累经验，加强训练。总体上看，国外高校的创业计划大赛有以下两个主要特征。

（1）赛会模式和联赛模式并存。国外高校的创业计划大赛主要包括两种类型[①]：一是赛会模式，这种模式创业竞赛的特点是时间短、门槛高，是典型的精英型创业竞赛。最为典型的是被誉为"全球商业计划竞赛世界杯"的 Moot Corp，这类竞赛虽然只持续三天，但是在决赛前期，组织者会在各个国家、地区和高校开展严格的初赛选拔，只有在层层比拼中取得优异成绩的团队才有资格参加最终的决赛，赛会模式的创业竞赛对学生的知识储备要求较高，需要学生在短时间内完成多项考核；二是联赛模式，这种模式的创业竞赛特点是周期长、门槛低、环节多，是典型的大众型创业竞赛。以 MIT$ 100K 创业大赛为例，这项比赛包括电梯演讲、执行纲要和商业计划等多个环节，参赛学生需要在一定时期内通过多项竞赛环节的考核，并且把各环节的考核结果作为参赛评比的依据。联赛模式的创业竞赛更注重对学生实践操作能力的考核，引导学生在创业实战中检验和修正创业项目。这两种模式的创业竞赛各有所长、互相补充，竞赛组织者和参赛学生可以根据各自的实际特点和现实需求进行选择，有力促进了创业教育的发展。

（2）科技资源和社会资本融合。高校科技资源和社会资本资源是创业计划大赛成功开展的两个重要资源。一些国外创业计划大赛较好地实现了两者的对接与融合。一方面，竞赛组织者能够发挥高校的人才优势和科技研发优势，动员和

---

① 金津、赵文华：《美国研究型大学顶级创业计划大赛的比较与借鉴》，载于《清华大学教育研究》2011 年第 5 期，第 80~82 页。

吸引一大批优秀教师进行创业项目的科技研发、策划指导和市场运行，为创业项目的顺利孵化提供了前提保障。另一方面，竞赛组织者能够充分利用相对发达的资本环境，以政府的各项政策导向为切入点，准确把握风险投资机构的投资意向，汇聚充分的社会资源，为优秀创业项目的成果转化提供必要条件。科技资源和社会资本的融合能够形成一个良性循环：科技含量高、市场前景广的项目可以通过创业计划竞赛赢得风险投资，进而创造更大的市场价值；而创造出的资本又被吸引回流，反哺创业项目。

2. "挑战杯"中国大学生创业计划大赛的主要特点。

在中国，首届大学生创业计划大赛始于 1998 年 5 月，由清华大学的一个学生社团——清华大学学生科技创业者协会发起并举办，比赛受到了多家媒体、企业和风险投资机构的关注。次年，共青团中央、中国科协和全国学生联合会联合举办了首届"挑战杯"中国大学生创业计划竞赛。比赛汇聚了全国 100 多所高校的 300 多件参赛作品，这也是我国首次国家级的创业计划大赛。这项国家级赛事先后由清华大学、上海交通大学、浙江大学、厦门大学、山东大学、四川大学、吉林大学、同济大学承办。"挑战杯"中国大学生创业计划大赛启动十余年来，近二十万大学生参与其中，培育出了一批通晓科技与管理的创业领导者和企业家，孵化了如易得方舟、视美乐等一批科技含量高、市场前景好的公司，在国内掀起了一股创新创业的高潮，为营造高效创新创业意识和氛围，推动创业实践教育发展做出了重要贡献。课题组通过对历届"挑战杯"的梳理，总结出它的三个主要特征。

（1）形成举国体制、全员参与的创业竞赛格局。这种竞赛格局的建立主要体现在两个层面，一是在竞赛的组织架构层面，首届"挑战杯"中国大学生创业计划大赛是由共青团中央、中国科学技术协会和全国学联发起主办的，持续了两届。从 2002 年的第三届"挑战杯"开始，教育部作为竞赛的主办方之一，加入到了竞赛的组织工作之中。这表明国家对"挑战杯"创业计划竞赛的高度重视，已经将其纳入到了高校人才培养体系之中；二是在竞赛的参与层面，"挑战杯"创业竞赛的推广主要经历了三个发展阶段，第一阶段是以前两届赛事为主的起步阶段，参赛范围包括大陆 24 个省、市、自治区；第二阶段是以第三届和第四届赛事为主的拓展阶段，参赛范围已经拓展到了大陆地区的所有省、市、自治区；第三阶段则是从第五届竞赛开始的进一步发展阶段，港、澳、台地区的高校开始派代表观摩并参加"挑战杯"创业竞赛。从中可以看出，"挑战杯"在十余年的时间里，已经发展成为一个国家重视、社会关注、高校学生广泛参与的全国性赛事。

（2）实现了由模拟创业向实战创业的转变。这种转变主要体现在"挑战杯"

创业计划竞赛在竞赛环节上的变化，一方面，从 2010 年第七届赛事开始，主办方在项目计划书评审、秘密答辩和公开答辩三个原有环节基础上，新增了网络模拟运营的竞赛环节。它要求参赛的项目要在网络环境下完成企业模拟注册、创建、运营、管理等所有决策，并与其他参赛团队模拟对抗实战，模拟运营环节的成绩也作为项目评审的重要参考依据。另一方面，2012 年在同济大学举办的第八届"挑战杯"创业计划大赛首次将参赛队伍划分为"已注册公司"和"未注册公司"两个组别，对于已注册公司的项目在评审时给予一定分数的奖励。这两个环节的增加对于"挑战杯"创业竞赛的发展十分重要，为新时期"挑战杯"创业计划大赛赋予了新的内涵和意义，它表明"挑战杯"创业竞赛已经不再只是评计划、只看创意的"纸上谈兵"和"坐而论道"，而是成为了一个既有模拟创业，也有实战创业的综合性创业竞赛平台。

（3）实现了风险投资与优秀创业项目的对接。随着"挑战杯"创业计划竞赛社会影响的不断扩大，从 2002 年的第三届竞赛开始，风险投资机构开始介入。仅仅在第三届竞赛中，就吸引了近一亿元的投资资金，最终由 4 个学生创业项目与风险投资商成功签约，签约资金达到了 5 760 万元。自此，风险投资机构与优秀创业项目的对接成为了"挑战杯"创业计划竞赛的一大亮点，每届比赛均有成功签约的案例。风险投资机构的加入不仅促进了优秀成果的市场转化，更极大拉动了学生参与创业竞赛的积极性，参赛选手不仅希望在竞赛中获得好成绩，也想借此机会实现成功创业的梦想。风险投资的引入在连接社会资源和高校科技资源上发挥了重要纽带作用（见表 5 - 8）。

表 5 - 8　　历届"挑战杯"中国大学生创业计划大赛相关情况汇总

| 届次 | 年度 | 主办单位 | 参赛范围 | 参赛高校 | 参赛项目 | 竞赛环节 |
|---|---|---|---|---|---|---|
| 第一届 | 1999 | 团中央、中国科协、全国学联 | 24 个省、自治区、直辖市 | 120 个 | 400 项 | 计划书评审、秘密答辩、公开答辩 |
| 第二届 | 2000 | 团中央、中国科协、全国学联 | 24 个省、自治区、直辖市 | 137 个 | 455 项 | 计划书评审、秘密答辩、公开答辩 |
| 第三届 | 2002 | 团中央、教育部、中国科协、全国学联 | 29 个省、自治区、直辖市 | 244 个 | 542 项 | 计划书评审、秘密答辩、公开答辩 |

续表

| 届次 | 年度 | 主办单位 | 参赛范围 | 参赛高校 | 参赛项目 | 竞赛环节 |
|------|------|----------|----------|----------|----------|----------|
| 第四届 | 2004 | 团中央、教育部、中国科协、全国学联 | 29个省、自治区、直辖市及港澳台地区 | 276个 | 603项 | 计划书评审、秘密答辩、公开答辩 |
| 第五届 | 2006 | 团中央、教育部、中国科协、全国学联 | 31个省、自治区、直辖市及港澳台地区 | 313个 | 605项 | 计划书评审、秘密答辩、公开答辩 |
| 第六届 | 2008 | 团中央、教育部、中国科协、全国学联 | 31个省、自治区、直辖市及港澳台地区 | 364个 | 600项 | 计划书评审、秘密答辩、公开答辩 |
| 第七届 | 2010 | 团中央、教育部、中国科协、全国学联 | 31个省、自治区、直辖市及港澳台地区 | 374个 | 640项 | 计划书评审、秘密答辩、公开答辩、网络虚拟运营 |
| 第八届 | 2012 | 团中央、教育部、中国科协、全国学联 | 31个省、自治区、直辖市及港澳台地区 | 390个 | 650项 | 计划书评审、秘密答辩、公开答辩、网络虚拟运营 |

## （二）"挑战杯"中国大学生创业计划大赛存在的主要问题

纵观"挑战杯"中国大学生创业计划大赛在中国发展的历程，作为唯一一项由国家多部委联合举办的国内顶级赛事，"挑战杯"创业竞赛在满足创新型国家的发展需要、培养创新创业的高素质人才、强化大学生在项目推广和市场运营的综合能力、搭建产学研一体化的交流平台等方面发挥了不可替代的巨大作用，成为有志学子交流经验、分享成功、共同成长、实现创业梦想的广阔舞台。但是，我们也应该清醒地认识到，与国外高校尤其是欧美国家的大学生创业计划大赛相比，我国"挑战杯"创业竞赛还存在一些现实问题亟待解决，具体体现在以下几个方面：

1. 功能定位尚须明确。

关于创业竞赛的功能定位学界进行了一些探讨，比较具有代表性的是学者木志荣认为"创业教育应该是一个系统工程，不仅包括课程体系，还包括非课程

334

体系"①。他还认为高校创业教育体系应该由五个模块构成，分别是创业课程、创业研究、创业论坛、创业竞赛和创业者联盟。学者张帏和高建对斯坦福大学的创业教育体系进行了研究，他们认为该校的创业教育体系主要由四个部分组成，分别是课程教育、非课程教育、研究支持和国际交流，其中斯坦福大学的创业计划竞赛就属于非课程教育的一部分，他们将这种活动看作是对大学生进行创业教育的有益补充。②

基于上述观点，我们认为无论是国内高校还是国外高校，创业竞赛都已经成为高校开展就业创业教育的实践平台之一，是就业创业教育实践活动的重要组成。但在实际操作中，从"挑战杯"创业计划大赛的三个主体因素层面上看，他们对创业竞赛还存在定位不清的问题。一是从高校层面上看，在"挑战杯"巨大的社会效益影响下，高校已不再仅仅视其为学生锻炼成果的展示，甚至已经将其看作高校办学水平的比拼，并悄然成为高校迫切追求的一张名利双收的新名片；二是从教师层面上看，许多高校将指导学生获得"挑战杯"奖励作为教师职称晋升的一项硬性条件，如果指导的学生获得了国家级奖励，指导教师就有了相应的资格认证。固然这项标准的制定吸引了一大批优秀教师的积极参与，参赛项目的科技水平得到了保证，但同时也有参赛目的性过于功利的情况存在，老师为了能够获得好成绩，将自己的科研项目中的一部分直接拿出来让学生参赛，虽然取得了好成绩，但是极大地忽略了学生的主体地位；三是从学生层面上看，参加"挑战杯"竞赛对于大学生已经不再是一次简单的创业体验，而已经成为能够直接影响学生前途命运的大事，许多高校为挑战杯制定了明确的奖励措施，例如对于在比赛中获得突出成绩的学生可以免试攻读研究生等，这就导致许多参赛的学生不是为了创业而参加竞赛，许多具有广阔前景的创业项目最终都处于"自流"或是"搁置"的状态。

2. 运行体制亟待优化。

"挑战杯"创业计划竞赛从一开始就形成了团中央和教育部等国家政府部门联合推进的政府主导运用体制。这种运行体制的执行力强，促进了赛事的组织和推广，使其在短时间内就形成了良好的氛围，取得了很好的社会反响，把"挑战杯"创业计划大赛打造成了国内最高水平的大学生创业赛事。但是这种体制也存在着一定弊端，学者丁三青认为在政府主导的赛会体制下，将"挑战杯"的竞赛成绩与相关评估指标项挂钩，使得"挑战杯"创业计划大赛渗透着功利

---

① 木志荣：《我国大学生创业教育模式探析》，载于《高等教育研究》2006 年第 11 期，第 81 页。

② 张帏、高建：《斯坦福大学创业教育体系和特点的研究》，载于《科学学与科学技术管理》2006年第 9 期，第 144～145 页。

化的倾向。① 此外，还有学者认为"挑战杯"创业计划大赛的社会资源引入不够，制约了学生创业项目的转化。

综合这些观点，笔者认为政府主导的"挑战杯"创业计划大赛的运行体制主要存在两个方面的问题：一方面，政府主导的赛事体制是使创业计划大赛走入功利化误区的根源所在。国家将"挑战杯"的获奖情况纳入到了对高校的评估和考核的指标体系中，使得各高校为了获得优异成绩，鼓励和吸引更多优秀教师和学生参加竞赛，都制定了包括职称晋升、评奖评优、保送研究生等方面的奖励措施。无论是对组织者还是参与者，都过于看重竞赛的结果，许多学生都是为了成绩而不是为了创业而参加比赛，这制约了"挑战杯"创业计划竞赛实践育人功能的发挥，违背了开展创业竞赛的初衷。另一方面，政府主导的竞赛体制制约了多元社会资源的融入。创业教育和孵化企业是开展创业竞赛的两个根本目的，而多元社会资源的融入则是竞赛成果能否成功落地直至孵化的必要条件。虽然"挑战杯"创业计划竞赛自创立以来，吸引了一些风险投资机构的关注和参与，但是现有的竞赛体制未能充分发挥包括风险投资机构和企业主管在内的社会资源的作用，尤其是它们在评价体系中的作用，这使得社会资源与创业项目之间无法形成信任和互动，造成了"学校热、社会冷"的局面，直接影响了创业项目的签约率，制约了创业竞赛孵化功能的发挥。

3. 活动影响有待加强。

"挑战杯"创业计划大赛作为一项由国家多部委联合牵头组织实施的竞赛活动，得到了各级政府、各高校的高度重视和广泛参与，取得了很好的社会反响。但是，在实际操作中，也有竞赛规划与竞赛实施脱节的现象存在，导致竞赛的实际效果与预期效果形成了一定反差，具体表现在以下几个方面：

首先是竞赛的影响力不高，有学者的调研数据表明，只有8%的受访学生表示"很了解"创业计划大赛，34%的学生对创业计划大赛表示"一般了解"，38%的学生表示"听说过，不太了解"，21%的学生表示"不了解"，即使是已经具有一定参赛经历的学生，也只有15%的学生表示"很了解"创业计划大赛。② 也有学者对"挑战杯"创业计划大赛的定位做了基本阐释，认为"挑战杯"竞赛是由共青团中央、教育部、中国科协、全国学联和承办高校所在地政府联合主办的一项具有导向性、示范性和群众性的全国性竞赛活动。③ "挑战杯"的竞赛章程中也明确指出，"竞赛采取学校、省（自治区、直辖市）和全国三级赛制，分预赛、复赛、决赛三个赛段进行"。但是，在实际运行过程中，部分高

---

① 丁三青：《中国需要真正的创业教育》，载于《高等教育研究》2007年第3期，第91页。
② 侯慧君、林光彬等：《中国大学创业教育蓝皮书》，经济科学出版社2011年版，第158页。
③ 罗春丽、吴绮思等：《"挑战杯"竞赛的思考》，载于《医学教育探索》2008年第11期，第1209页。

校受环境、资金、场地等客观条件的制约，无法确保校级竞赛的顺利开展，存在直接选派项目参加省赛和国赛的现象。校赛环节的缺失，直接导致了在校学生对竞赛的不了解。

其次是竞赛的普及型不强。有的学者也进行了调研，结果显示能够参加"挑战杯"各类竞赛的学生占在校学生总数的9%。[①] 笔者也进行了一些简单的数据统计，以吉林省高校参加的第八届"挑战杯"创业计划大赛为例，只有16所高校的19个项目能够有资格参加在同济大学的最终决赛，累计参赛人数不足百人，这与吉林省50多所高校60多万在校学生形成了鲜明的反差和对比，加之两年一届的赛事周期和赛会制的竞赛体系等，使得普及性无法得到保障。

最后是引领性有待加强。由于对参赛过程和参赛结果的重视出现了关系错位，无论是省赛还是国赛，无论是高校、教师还是学生，追求的第一目标是始终是成绩。笔者通过百度搜索引擎在网上查阅到几百万条关于"挑战杯"的新闻，通过对这些新闻的归纳分析，95%以上的新闻是对竞赛组织以及比赛结果的报道，鲜有对优秀项目和获奖团队的深度挖掘及经验介绍，尤其是对项目选择、市场分析、营销策略等关键环节的报道更是少之又少，普通学生很难从"挑战杯"获奖项目中得到学习和借鉴，这在一定程度上制约了其引领和示范作用的发挥。

4. 评价体系仍须完善。

科学合理的评价体系是创业计划大赛项目评选的依据和标准，是开展大学生创业计划大赛的重要导向和必要前提，是创业计划大赛成功举办的关键所在。建立一套完整的评价体系不仅能够评选出优秀的创业项目，能够为学生提供有效的交流和借鉴，而且能够更好地促进赛事的健康发展。纵观"挑战杯"中国大学生创业计划大赛的评价体系，笔者认为尚有两个核心问题需要进一步地细致考量，即："评什么"和"谁去评"。

"评什么"的内涵就是评选什么样的创业计划项目。笔者认为一个成功的创业项目应该包含以下三个方面的特性，首先是创业项目的创新性，所谓创新性是指具备与前人、众人不同的独特见解，突破一般思维的常规惯例，提出能够在国民经济建设中起到一定积极作用的新产品、新服务或是经营的新方式；其次是创业项目的科学性，选择的产品必须具备雄厚的学科背景，最好是获得专利、科研成果鉴定或在权威刊物上发表过科研论文；最后是创业项目的应用性，项目产品一定要适合市场开发，并且要具有良好的社会效益和经济效益，有潜在的广泛的实际应用价值。只有同时满足这三个特性，才是一个具有参考价值的创业项目。按照这个标准我们再次审视很多参赛项目，有的创业项目科技含量很高，出自国

---

① 郑美玲：《大学生课外学术科技活动现状及对策研究》，载于《当代大学生》2005年第5期，第44页。

家重点实验室或是"863"项目的一部分，但是孵化条件过高，启动资金动辄上千万元，很难实现经济效益。而有的项目尤其是服务类项目，虽然具备一定市场价值，但是科技含量不高，竞争力差，即使成功落地，前景也仍然暗淡。

"谁去评"指的是评委的选择也要合理，前面说到一个好的创业项目不仅需要考察它的创新型和科学性，更要对其市场前景进行充分评估。这不仅给参赛项目提出了严格的标准，更为竞赛的组织者提出了一个严峻的考验，就是"评委"的选择。笔者梳理历届"挑战杯"创业计划大赛决赛的评委组成，大体分为专家学者、政府官员、公司高管、风险投资和创业人士。可以说，这个组成原则科学合理，能够满足竞赛评审的需求。但是，作为一个全国性并且是要进行层层选拔的竞赛，在很多地区和部分高校，缺乏足够的社会资源，在项目的选拔和初评环节中更多地依靠本地区和本校的师资力量，因此，评选出的创业项目质量有时很难得到保证。

### （三）加强和改进"挑战杯"中国大学生创业计划大赛的策略探析

创业计划竞赛作为大学生就业创业教育的实践平台之一，在创业教育体系之中发挥着不可或缺的重要作用。当前，"挑战杯"创业计划竞赛在目标定位、运行机制、竞赛形式、评价机制等方面出现的问题也一定程度上制约了其实践育人功能的充分发挥。完善和改进"挑战杯"创业计划竞赛十分紧迫而必要。

1. 要明确创业竞赛的定位，实现教育功能和实践功能的整合。

正确理解和认识"挑战杯"创业计划竞赛的功能和定位是办好这项赛事的出发点，是发挥其实践育人功能的前提保障。"挑战杯"的竞赛宗旨明确指出"作为学生科技活动的新载体，创业计划竞赛在培养复合型、创新型人才，促进高校产学研结合，推动国内风险投资体系建立方面发挥出越来越积极的作用。"这充分体现了创业计划竞赛的教育功能和实践功能的双重定位。学界对如何发挥"挑战杯"竞赛的功能进行了一些研究，如有学者认为："创业大赛是实现创业教育与创业实践相统一的桥梁；然而在实践中，如果创业大赛的组织者本身没有创业经验或商业实践经历，竞赛程序的设计不能实现教育目的，理念的实现缺少资金赞助与人员支持，创业大赛将与教育和实践的统一相距甚远。"[1] 也有学者系统梳理了国外研究型大学创业计划大赛的主要特点，认为美国研究型大学创业大赛通过研讨会、训练营和导师制等多种形式，实现了创业教育与创业实践的结

---

[1]　金津、程骄杰、赵文华：《从麻省理工学院的创业大赛看研究型大学的创业教育》，载于《世界教育信息》2010 年第 9 期，第 67 页。

合。① 与此类似的案例还有美国乃至全球最具影响力的 MT 10 万美元创业大赛，该竞赛实行了创业竞赛导师制这一精细化的教育途径，确保竞赛组织程序的合理性和实施过程的专业化，通过导师对学生的一对一指导，使选手在完善创意的过程中不断地掌握到财务、法律、融资等方面的实战经验，将理论知识运用于创意的完善和推行之中，真正实现了教育和实践的统一，为我国创业计划大赛的改进提供了很好的借鉴。

综上所述，笔者认为，要想转变参与者对参加创业计划大赛的认识误区，实现教育功能和实践功能的有效整合，可以从以下两个方面入手：一是要转变观念，要在原有的竞赛环节之外，通过组织交流讲座、参观考察、技能培训等形式，帮助学生正确看待参加创业计划大赛的目的和意义，使其完成从就业观到创业观的转变，从实现自身价值到创造更多社会价值的转变；二是要走出"唯成绩"、"为了比赛而比赛"的认识误区，要在大学生创业教育中强化素质教育观念，学校要使学生参与科学研究的平台和机制保持通畅，鼓励学生在专业教师的指导下开展广泛的科学研究，注重对学生实际操作能力、独立分析问题和解决问题能力的培养，将竞赛成绩与学生保研、奖学金评比等脱钩，只为素质和能力而开展活动，而不是因为成绩和荣誉而组织活动。

2. 构建多元参与、互利多赢的运行体制。

科学高效的运行体制是"挑战杯"创业竞赛可持续发展的根本所在，更是提高学生创业实践能力，促进创业成果转化的动力之源。对于如何构建科学的运行体制，学界也进行了一些探讨。例如，有学者通过对国外主要创业竞赛主办机构的梳理总结出国外高校创业竞赛多为企业主办，竞赛评委也是以企业代表为主，认为这种体制很好地实现了社会资源与高校创业项目的无缝对接，更好地促进了优秀成果的转化。也有学者对创业项目的孵化条件进行了调研，结果表明近9 成的大学生创业项目实现孵化要依靠外部的资金支持，超过 7 成的学生认为资金缺乏是制约其实现创业梦想的主要困难。由此我们反观"挑战杯"创业计划竞赛，其创业项目孵化率较低的根本问题在于缺少社会资源的引入。

为此，要想解决这一矛盾，我们就必须站在不同角度，权衡各方面的利益诉求，在政府、高校、企业、风投和学生之间建立起一套多元参与、互利多赢的运行体系，笔者认为应该从以下三个方面入手：一是要充分借鉴欧美高校创业计划大赛的成功经验，突出企业和社会资本在创业计划大赛中的作用，汇聚更多的社会资源融入到竞赛的组织、评选和孵化等关键环节，真正把"挑战杯"办成一

① 金津、赵文华：《美国研究型大学顶级创业大赛的比较与借鉴》，载于《清华大学教育研究》2011 年第 5 期，第 82～83 页。

项利于学生创新创业能力和素质提升的实实在在的学生活动。二是加强对创业项目的指导，组建由政府官员、专家学者、企业高管、创业人士等组成的咨询服务团，帮助学生正确看待发展前景、认清行情和规避风险，进而能够找准自身定位，最大限度地提高创业成功率。三是要做好典型创业案例的宣传和创业氛围营造工作，要积极挖掘风险投资和大学生创业项目成功结合的典型案例，广泛宣传政府的优惠措施和保障机制，为风险投资和其他社会资源树立信心，为大学生创业吸引更多的社会关注。

3. 要创新竞赛的组织形式，不断扩大创业竞赛的吸引力和影响力。

不断创新和改进创业竞赛的组织形式既能提升竞赛的关注和参与，同时也能为大学生提供更多的实践平台，拓展创业竞赛的实践育人功能。有学者以国外15 所著名高校的创业竞赛为例，从竞赛的目标定位、运行时间和程序设计、覆盖范围等方面对其进行了科学的梳理和总结，认为国外高校创业竞赛的组织形式呈现出多样化的特点，虽然各有不同但却可以相互弥补，满足各个层次学生的创业需求。[①] 也有学者以美国麻省理工学院的创业竞赛为例，对创新创业计划竞赛组织形式的作用和意义进行了研究分析，认为创新创业竞赛的组织形式和比赛环节，能够体现教育过程一体性与教育个体多样性的统一，能够为学生提供完整的创业实践平台。

笔者认为，要创新竞赛的组织形式，需要做好以下几方面工作：首先，要继续扩大"挑战杯"创业计划竞赛的参与面，要在坚持实行国赛、省赛和校赛的三级竞赛模式的基础上，重点做好对校级竞赛的监督、指导和服务，建立国家部门、省级部门和高校的三级沟通联络机制，可以实施区域范围内的资源共享机制，在师资、实践、风险投资等方面为高校提供必要的支持，为校级竞赛的选拔提供有力保障；其次，要充分利用互联网等新媒体技术，积极创新创业竞赛的比赛形式，采取虚拟竞赛和现实竞赛相结合的竞赛形式，吸引更多的学生通过多种形式的渠道参加创业计划大赛，把"挑战杯"创业竞赛打造成精英型和大众型兼容的学生比赛，让更多的学生能够有机会参与到创业的各个环节中；最后，要强化参赛学生的总结和反思机制，使学生能够理性面对参与创业竞赛的成功或是失败，正确认识到参加创业竞赛是一次理论与实践结合的历练，是对所学知识的再理解和再应用，为今后从事创业做好心理和知识储备等全方位的准备。

4. 要完善竞赛的评价奖励机制，促进创业计划竞赛的健康发展。

科学的评估方法和奖励体系既能遴选出优秀作品，在不同作品之间形成交流

---

① 金津、赵文华：《美国研究型大学顶级创业计划大赛的比较与借鉴》，载于《清华大学教育研究》2011 年第 5 期，第 81 ~ 82 页。

互动、共同提高；还能为优秀创业项目提供完善的孵化平台，促进产学研的成果转化，尽快实现经济效益和社会效益，促进创业竞赛的良性发展。国内也有一些学者对"挑战杯"创业计划竞赛的评价奖励体系进行了研究和分析，例如有学者通过数理分析的视角对"挑战杯"创业计划竞赛的评审方案进行了细致分析，尤其是细致研究了评价方案中的指标体系，还以此为依据提出了 AHP 层次分析法的评审方案，并进行了科学论证。① 还有学者从评审原则的视角进行了研究，认为"挑战杯"创业竞赛的评审方案必须摒弃一纸策划书的评审方式，要充分考虑创业项目的新意，还要关注创业项目是否已经得到实施以及是否有可持续发展的能力。学界的这些研究成果都对改进"挑战杯"创业竞赛的评价体系提供了非常科学的指导和借鉴。

综上所述，笔者认为应该从以下几个方面入手做好工作：一是要明确创业项目的评价标准，建立一套明确的评价指标体系，要坚持把创新性、科学性和应用性作为评价创业项目的三项重要标准，将其内化到评价指标体系之中，增强可操作性；二是要组建一支科学高效的评委队伍，除邀请专家学者和政府官员外，还要着重吸收一批有成功创业经历的企业家或高管、银行证券等金融机构的投资顾问以及大学生创业典型，丰富评委团队的组成，确保评价体系的科学性和全面性，并建立专家评委团队的区域共享机制，为低级别的创业竞赛提供指导服务。三是要创新竞赛的奖励体系，"纯金时代"的奖励体系已经不能完全满足大学生不同层次的创业需求，必须形成一套满足企业在创立过程所需要的不同资源与服务的完整系统，应该包括办公场地、法律咨询、投资顾问等。

综上，"挑战杯"大学生创业计划大赛还处于起步阶段，作为就业创业教育的实践平台还有待进一步完善，通过更深入的理论研究和实践探索，打造更加符合我国教育特点和学生实际需求的创业竞赛。

## 三、大学生就业创业教育的实践平台研究之二：大学科技园

目前，大学科技园是开展大学生就业创业教育的又一重要实践平台之一。其在发展历史、国家导向、政策环境、理论研究和实践应用等方面相对成熟，在就业创业教育中发挥着不可忽视的重要作用，研究价值较高。本节选取大学科技园的发展阶段、现存问题和改进对策为主要研究对象，考察大学生科技园的人才培养功能，探讨如何更好地利用大学科技园为大学生搭建就业创业教育的实践平台，以及为我国大学科技园在培养学生就业创业实践能力方面的探索提供实践参考。

---

① 倡超：《"挑战杯"创业计划竞赛评审方案研究》，载于《经济师》2011 年第 8 期，第 121～124 页。

### （一）国外大学科技园发展现状

1. 国外大学科技园作为就业创业教育的实践平台的发展历程。

自 1951 年，世界上首个大学生科技园诞生至今，大学科技园已经走过 60 多年的发展历程。就大学科技园发挥就业创业教育的实践平台功能来看，笔者认为，其发展历程大致可以分为三个主要阶段：

（1）探索式发展阶段（1951～1970 年）：大学科技园最早起源于美国，当时的美国社会发展速度极快，政府鼓励和引导将大学校园内的科研成果转化为具有实用价值的产品，学研产一体化的思想开始萌生，高校纷纷将教育目标向实践技能的培养方面转变。很快，世界上第一个大学科技园"斯坦福工业园区"诞生了。此后，美国其他高校纷纷效仿，麻省理工学院、哈佛大学、杜克大学三所著名大学建立了北卡罗来纳州三角研究院。在日本、法国等地，部分高校也效仿美国建立了大学科技园。斯坦福工业园区的诞生标志着世界最早的"学界和产业界合作"的开始，开创了大学—产业结合的新模式。在这一阶段，世界上大多数的大学生科技园都集中在美国。美国的地方政府及高校主要重视大学科技园在促进产学研一体化方面的功能，几乎没有提及其如何发挥教育功能，也没有人将其作为大学生就业创业教育的实践平台。

（2）模式化发展阶段（1971～1990 年）：这一阶段在时间上主要指 20 世纪 70 年代初到 20 世纪 90 年代初。在这 20 年内世界经济发展完成了从萧条到复苏的转变。大学科技园的脚步也从美国走向了世界各个国家。最早受美国大学科技园发展影响的是英国的赫利奥瓦特大学、剑桥大学、阿斯顿大学、沃里克大学以及韩国部分高校，这些高校纷纷建立了大学科技园。随后，欧洲的法国、德国、荷兰、比利时，北美洲的加拿大，大洋洲的澳大利亚，先后建立了不同形式的大学科技园。与此同时，包括中国大陆、中国台湾地区、新加坡、印度等新兴工业国家、发展中国家和地区也都建立了自己国家的大学科技园。在这一时期，世界各国的知名学府纷纷建立了本学校的科技园，利用大学科技园作为就业创业教育实践平台的思想也逐渐萌生并传播开来。但是这一阶段各国建立的大学科技园，无论是在建园理念还是建园模式上都以美国大学科技园为模版，由于各国各校情况都有所不同，所以这些大学科技园应用效果并不十分理想，虽然各国学者对其作为大学生就业创业教育的实践平台能够发挥的功能开始有所探究，但实践效果不佳，没能完全挖掘出大学科技园应有的教育功能。

（3）多元化发展阶段（1991 年至今）：这一时期，大学科技园的数量和规模仍在不断扩大，越来越多的发展中国家也加入到大学科技园建设的队伍中来。与此同时，已经建立大学科技园的国家和地区，开始反思本国大学科技园在人才培养方面存在的问题。许多国家的学者发现美国模式并不适用于本国情况，在本国大学科技园内照搬美国模式，从而导致大学科技园在大学生就业创业教育中发挥的实践平台效果不佳。于是，这些国家的政府、高校以及研究者们纷纷针对本国情况，就如何以大学科技园作为就业创业教育的实践平台来开展研究，提出了适合本国国情的应用模式。日本筑波科技园就是其中的典型代表。筑波科技园兴建于 20 世纪 60 年代，但在建立初期并没有取得良好的效果。日本政府意识到照搬其他国家的建园模式不适合日本本土的大学科技园发展这一问题，在这一时期迅速调整了筑波科技园的发展策略。形成了与斯坦福大学科技园完全不同的就业创业教育理念与文化，这种文化强调政府权威性、等级性和一致性，要求员工对企业绝对服从和忠诚等，虽然在一定程度上限制了人才流动性和创新的活力，但是其符合日本人才培养的特点。[①]

2. 国外大学科技园的主要特点。

（1）雄厚的科研水平是基础：雄厚的科研基础是发挥大学科技园人才培养功能的保障。大学科技园是高新技术的密集区，是高素质人才的集中区。这种条件不是一般院校所能承载的，而是具有极强研究能力、创新能力的高校所特有的。这些高校能够源源不断地输出新型技术和新型人才，这是促进大学科技园发展的基础。一项基于欧美 9 个发达国家的 226 所高校的调研显示，依托研究实力雄厚的理工科大学和科研机构的科技园占到了科技园总数的 86%[②]，这是科技园所能良性发展的一般规律。例如美国硅谷所在的地区不仅有斯坦福大学，还有加州大学的伯克利分校，剑桥科技园所依靠的剑桥大学也都是鲜明的案例。

（2）宽松的政策环境是保障：宽松的政策环境为以大学科技园的发展提供了政策支持。为了鼓励创新创业，吸引更多的科研成果、科技人才和风险投资，许多国家和地区都出台了相应的政策措施，减免税收是通用的重要手段。例如，美国政府为了促进高新技术产业的发展，通过了"1981 经济复兴税收法"，对研究开发的投资减税 25%。其他欧美国家也纷纷效仿出台了多项优惠政策，极大地刺激了高新技术产业的发展，取得了良好效果，为依托大学科技园来搭建就业创业教育的实践平台提供了政策支持。

（3）多元的风险投资是催化剂：多元的风险投资保证了大学科技园作为就业创业教育实践平台的资金来源。高新技术产业是一项投资高、周期长、风险大的行业，高校和学生在进行科技成果转化过程中遇到的最大困境就是资金短缺。社会资本的介入和风险投资的关注就成为高新技术产业发展的助推力和催化剂。

---

① 《求同存异，比较世界著名科技园发展要素》，载于《杭州科技》2011 年第 5 期，第 47～50 页。

② 李寿德：《世界著名科技园区发展的动力条件和启示》，载于《中外科技信息》2001 年第 2 期，第 41 页。

为解决资金问题，美国一些州政府实施了多渠道的融资方式，例如允许一些科技园发行一定额度的债券。英国政府还积极引导私人投资机构的参与，在巴克莱银行及其他风险投资公司实施的资金筹措的带动下，IPZIPO 成为一家重点支持英国大学专利转化的私人投资机构，其投资事业始于牛津大学科技产业，现已经成为英国大学科技专利转化最成功的投资商，它承包了牛津大学化学系的所有专利转化项目。[①]

3. 国内大学科技园作为就业创业教育实践平台的发展历程。

对于我国大学科技园的发展历程，许多学者都从不同时间和空间视角进行了划分，如学者黄亲国[②]将科技园的发展历程分为发育萌芽、初期成长和快速发展三个阶段。学者陈鸿波也将大学科技园发展历程分为起步、成长和发展三个阶段。综合上述几种观点，笔者认为，从作为就业创业教育实践平台的角度出发，可以将我国大学科技园的发展分为以下三个阶段：

（1）初探阶段：1986 年，邓小平同志在南方谈话中"发展高科技、实现产业化"的号召为我国大学科技园的诞生吹响了东风，激发了大学发展高科技产业的热情。部分高校将自己的科研优势与人才培养的目标相结合，自发地尝试建立大学科技园，东北大学以沈阳市兴建南湖科技开发区为契机，建立了我国第一个大学科技园。随后，1999 年 7 月教育部、科技部联合召开"大学科技园发展战略研讨会"，会议总结了我国大学科技园的发展经验，分析了当前发展面临的机遇和任务，并着重就新形势下加快大学科技园发展的意义、大学科技园的定位与发展模式以及推进大学科技园建设的政策和措施等问题进行了讨论。在这一阶段，我国大学科技园经历了从诞生到规模化发展的历程，完成了从无到有、从少到多的飞跃。在国家政策引导下，我国许多学者对大学科技园的功能定位和发展模式等问题进行了诸多有益研究，这些研究多将大学科技园的功能作用定位于转化高新技术成果和促进经济发展，就业创业教育的实践平台功能虽已蕴含其中，但因该时期我国就业创业教育发展较慢，使得大学科技园作为大学生就业创业教育实践平台的地位和功能没有被充分发掘。

（2）深化阶段：此阶段是以 2001 年 5 月，教育部和科技部联合下发了《关于认定首批国家级大学科技园的通知》为标志，该通知确定了包括清华大学科技园、北京大学科技园、天津大学科技园等在内的首批 22 个国家级大学科技园。这个通知在充分肯定大学科技园的社会功能和经济功能基础上，首次强调要充分

---

① 李福生、陈瑞平：《美英德大学科技园发展特点及其对我国农业大学科技园的启示》，载于《广东农业科学》2011 年第 13 期，第 217 页。

② 黄亲国：《中国大学科技园的发展与对策研究》，中国优秀博硕士学位论文全文数据库，第 44 ~ 50 页。

发挥其教育功能，把大学科技园作为深化高等学校科技发展、培养新型经济社会发展需求人才的重要途径。较之前人们普遍注重探究大学科技园的社会功能和经济价值，有学者在这一阶段开始将大学科技园与高校的教育教学体制改革、人才培养联系起来，共同考察大学科技园的教育功能发挥，为我国大学生就业创业教育实践平台发展奠定了良好的基础。

（3）规范化阶段：这一阶段是以 2010 年 4 月，教育部、科技部联合召开的推进高等学校创新创业教育和促进大学生自主创业工作视频会议为主要标志。会议颁发了《高校学生科技创业实习基地认定办法（试行）》的通知。这次会议的召开以及"双实双业"基地认定办法的颁布，进一步明确了大学科技园培养创新创业人才、创业带动就业和促进区域经济发展的重要作用，为加强和规范高校学生科技创业实习基地的建立、运行和管理，提供了操作范本和指标体系。这一阶段，国家对大学科技园发挥教育功能的关注方式从宏观战略规划转变为微观策略指导，我国大学科技园的规范化发展和我国大学生就业创业教育的成熟发展相互促进。国内研究者开始借鉴国外大学科技园促进就业创业教育实践方面的成功经验，从理论上论证了在我国利用大学科技园培养大学生就业创业实践能力的可行性，并提出了具体应用模式。与此同时，许多国内高校也把科技园作为了学生就业创业教育的主要实践平台，不断尝试和摸索科技园培养大学生就业创业实践能力的渠道和手段，也形成了一些优秀的成绩和经验。

## （二）大学科技园作为就业创业教育的实践平台存在的主要问题分析

我国大学科技园虽然在较短的时间内取得了较大的发展，也有部分科技园在发展中形成了自己的特色。但是，与世界上发达国家的大学科技园相比，整体上还处于初级阶段，存在着许多亟待解决的实际问题。清华大学学者何晋秋指出，当前我国大学科技园建设面临的主要问题包括：对科技园的认识不正确，国家政府配置资源不足，政策界定不够明确；科技转移体系缺乏综合规划，影响科技转移机构发展；优质科技成果资源不足，对入园项目的引进缺乏足够吸引力和明确的引进与引退机制；对大学科技园的理论与实践问题缺乏深入研究。[①] 还有学者认为："虽然目前我国高校科技园呈蓬勃发展的态势，但是由于前期整体规划缺乏经验，其在发展过程中依然存在很多问题，其中包括：功能定位不明确；自主创新成果有效供给不足；园区管理落后，配套服务体系不能满足企业需求；融资

---

[①] 何晋秋：《"十一五"期间大学科技园的建设与发展思考——充分发挥大学科技园的优势提高我国自主创新能力》，载于《中国高校科技与产业化》2008 年第 1 期，第 27～28 页。

渠道不完善，资金支持不到位以及建设理念单一，资源整合度不够"五方面问题。[1] 综合不同学者提出的观点，笔者认为制约我国大学科技园充分发挥教育功能的主要问题是：

1. 忽略教育功能的发挥。

大学科技园与其他类型的科技园相比，除了本身具有的社会功能和经济功能外还应当发挥出一定的教育功能。国外大学科技园发展的成功经验，在理论与实践的双重维度上证明了大学科技园对于培养复合型就业创业人才的重要作用。由于我国大学科技园兴起至今历时较短，社会各界无论是从政府层面还是从高校层面对其功能定位都不够准确，片面强调它的社会功能和经济功能，忽略其应该发挥的教育功能，这使得大学科技园的发展脱离了其作为就业创业教育实践平台的轨迹。[2] 首先是部分地方政府引导的不当。应该说，地方政府的支持与引导无疑能够在高校科技园建设与发展的方向和理念方面起重大推动作用。但是，有些地方政府将高校科技园与高新开发区等同起来，片面追求经济利益的最大化，忽略了高校科技园"学与研"层面的功能，造成大学科技园存在重复建设，资源浪费，以及入园企业徒有产业价值缺乏研究能力等问题。这使得大学科技园无法作为学生就业创业教育的实践平台。长此以往，高校科技园逐渐脱离其育人的轨迹，转变为地方经济发展的出口，也就背离了高校科技园的办园理念与初衷。

其次是高校落实不力。高校是科技园创建与实施的主体，在科技园建设与发展中具有决定性意义。由于国家给予高校科技园无论在物质方面还是政策方面很大支持，这使得许多高校将办科技园看作是名利双收的项目，在此投入了大量的人力与物力，不惜一切代价也要办属于自己的科技园。但是，并不是我国所有的高校都适合组建科技园，也不是所有高校都具有独立承办科技园的能力，这种为了组建科技园而组建科技园的思想是使大学科技园的教育功能被忽略的重要原因之一。这种做法一方面使得资源极大分散，国家分配在高校科技园建设方面的资源无法有效地利用到其应该发挥作用之处，科技园建设效果不佳，无法吸引学生参与其中。同时，对教育功能的忽略使得许多高校组建的科技园都是独立的机构，虽然划定园区，完成了硬环境的搭建，但是并没有做好软环境的建设，在引导学生入园开展就业创业实践方面的工作做得不够。长此以往，就导致了部分学生对于科技园并不了解，有的学生并不知道自己学校科技园的存在，也不认为科技园与自己有任何关系，对于加入其中持消极态度，进而影响了科技园作为就业

---

① 李萍：《打造创业教育实践平台——大学科技园建设问题探析》，载于《武汉理工大学学报（社会科学版）》2011 年第 6 期，第 104～105 页。

② 曹斌、尹余生、侯天伟：《大学科技园的功能定位及对策分析》，载于《中国高校科技与产业化（学术版）》2006 年 S1 期，第 144～145 页。

创业教育实践平台的应用效果。

2. 管理体系的不成熟。

成熟的管理体系是保障大学科技园健康发展，使其成为就业创业教育实践平台的前提。成功的管理体系包括合理的选拔机制、完善的管理模式以及科学的管理理念。合理的园区企业引进与引退机制能够保证入园的学生创业项目得以真正执行与开展；完善的管理模式能让学生在园区中真正体验到未来社会工作的情景，有助于发现自己实践能力的不足；科学的管理理念为学生的交流合作提供了平台，在避免资源浪费的同时加快了提升就业创业实践能力的步伐。这三方面的有效实施能够保证以大学科技园为实践平台开展的就业创业教育。但目前我国大学科技园在上述三方面都存在问题，影响了科技园实施就业创业教育的实践功能。

（1）选拔机制不合理：许多高校科技园在入园条件的控制上不够严格，科技园在某种程度上可以被理解为是高校具有应用价值理论研究向社会实践应用转化的平台。这些理论成果通过具体载体能够为人们的生产和生活所用。可是，目前许多高校科技园在选拔入园被孵化的对象时标准不严格，被选入的对象不具备非常高的生产和转化为成品的价值，这使得科技园的成果转化率下降，社会各界对科技园的价值产生怀疑。学生觉得科技园流于形式，形同虚设，不愿参与其中。此外，大学科技园还存在着对于已经入园的企业发展情况管理推进程度不足的问题，对入园企业放任自流，缺乏较好的跟进制度措施，致使一些企业错误地认为进入科技园后即使无所作为，也可以享受园区的服务而不被引退。这对于刚开始创业的高校学生而言显然是不利于他们成长和发展的。

（2）管理模式不完善：目前各高校的科技园都是在国家的扶植之下，由各大学自主创建和管理的，高校是落实科技园管理工作的主体。大学科技园作为高等院校和企业之间的桥梁，应该兼具学校与企业双重特征，在管理上既要考虑到学校的以培养学生为主要目的的管理模式也要兼顾到企业的以经济发展为主要目的的管理模式，促进两者平衡协调发展。但目前许多高校科技园的管理体系不够完善，在科技园中完全照搬学校的管理模式①，这对在发展目标上与高校不尽相同的科技园而言显然不是最佳选择。

（3）管理理念不科学：由于发展时间较短，认识不足，我国大学科技园的管理理念存在一定的不尽合理之处。大学科技园作为大学生就业创业教育的一个实践平台，它为学生提供的不应该仅是一个简单的就业创业岗位，而更应该是就业创业的真实体验。这就要求大学科技园的管理者为学生创设恰当的就业创业环

---

① 李萍：《打造创业教育实践平台——大学科技园建设问题探析》，载于《武汉理工大学学报（社会科学版）》2011年第6期，第105页。

境。创新创业环境的建设是学生在大学科技园中发展获得持久动力的保证。虽然，各高校相继开设了创新创业课程、组织开展了丰富的教育活动，但是，由于时间较短且未形成系统的体系，无法有效地激发学生对创新创业的兴趣和思考。园区内部的企业之间乃至园区与园区之间缺少必要的交流机制，尚未能够从竞争者走向合作者，从互相制约走向互惠双赢，这造成了有效资源的浪费。此外，学生在大学科技园实践过程中以及实践结束后缺少必要的同伴交流和师生交流，这使得学生在遇到问题时不能得到及时的纠正，也不能将自己的经历与他人分享交流，这对于复合型创业人才的培养显然是不利的。

3. 支持体系的不完善。

大学科技园的支持体系可以分为内部和外部两方面，内部因素是指大学科技园为进入园区的企业提供的支持和帮助，外部因素则是指大学科技园从外部获取的政策环境和融资渠道等。大学科技园为入园企业尤其是大学生创业项目提供充分的支持和帮助，一方面能够吸引更多准备就业创业的学生加入到园区中来；另一方面，也可以帮助学生在就业创业过程中快速有效地解决各种困难。而来自外部的支持则是内部支持得以有效实施的条件。与一般的科技园不同，大学科技园所面对的大学生自主创业项目具有一定的特殊性。不够完善的支持体系无法满足大学生就业创业的实践需求。总体来看，我国大学科技园的支持体系还不够完善，距其发展成为就业创业教育实践平台的现实要求还有相当的差距，具体体现在以下两个方面：

（1）在内部支持层面：从国外大学科技园发展的成功经验来看，科技园要引导学生创业就必须给予其多方面的支持。大学生作为创业的特殊群体，仅对其进行资金支持是不够的。他们还需要法律咨询、信息资源、风险评估等多方面的支持和帮助以及与之相关的教育引导。我国目前许多大学科技园在为学生提供就业创业实践支持方面还不足。此外，部分大学生创业还涉及到未完成学业方面的问题，国外许多高校针对这一问题都出台了相关政策，为了鼓励大学生创业，学校允许他们休学到科技园创业后再根据需要回到学校继续学习，最大程度地支持其进行创业。这些都值得我国大学科技园学习借鉴，加强对大学生提升就业创业实践能力的支持。

（2）在外部支持层面：一方面是政策环境有待优化，国家在财政税收、工商管理、人才激励等方面尚未出台明确的帮扶政策，地方政府和高校在制定相关政策时缺乏依据，更多的只是参照高新开发区和经济开发区的相关政策，但是大学科技园与经济开发区在功能定位上存在偏差，因此在政策制定上不能完全等同。另一方面是融资渠道有待拓宽，目前我国大学科技园的融资渠道一部分来源于政府和高校的专项资金，另一部分来源于社会民间资本以及银行贷款等，但是，这些资金更多地用于科技园的硬件建设，由于缺乏必要的激励措施，社会资本和风险投资进入高校的积极性不高，现有的融资渠道远远不能满足创业者的需求。

### （三）改进我国大学科技园的若干策略

1. 以培养大学生就业创业实践能力为建设目标，选择符合实际需要和自身特点的发展模式。

诚如上文所言，培养复合型就业创业人才是大学科技园的重要使命之一，无论是政府还是高校都应该对践行这一使命给予足够的关注，在大学科技园的发展过程中，管理者应将其教育功能的发挥作为建设目标之一，适当选择能够实现这一目标的发展模式。我国大学科技园区的建设和发展的模式大致分为"一校一园"、"多校一园"和"一校多园"三种模式。"一校一园"模式的大学科技园主要依靠具有学科交叉综合优势的重点大学，这些学校的教学科研实力雄厚，能够为大学科技园的建设和发展奠定雄厚的基础，例如北京大学科技园、清华大学科技园等。为了避免大学科技园规模过大不利于管理的现实问题，也有部分高校采取了"一校多园"的模式，根据企业类别划分了若干园区。"多校一园"模式的大学科技园具体分为两种情况，一种是以多所大学为依托并分别设有分园的大学科技园，例如由华中理工大学科技园和武汉大学科技园等联合组成的东湖高新区大学科技园。另一种是以多个大学为依托不设分园的大学科技园，如由河海大学、南京师范大学、中国药科大学等 8 所高校联合建立的南京鼓楼国家级大学科技园。这三种模式是我国大学科技园存在的主要形式，学界对这三种模式也进行了一些研究，而且出现了不同的观点。有学者[1]研究认为，"一校一园"的建设模式更符合我国高校大学科技园的发展规律。也有专家[2]认为，要坚持因地制宜、多种模式、多元化发展的方向。对比分析硅谷成功经验时我们不难发现，硅谷最初仅是斯坦福大学的科技园，但在后续发展过程中，它很快突破了学校和地域之间的限制，成为了美国诸多知名大学的联合科技园，迅速云集了众多科技人才与资源，这都为硅谷发展成为今天的规模奠定了基础。因此，笔者认为，"一校一园"、"多校一园"和"一校多园"三种模式各有优长，国家、政府与高校应通力合作，根据各学校实际情况的不同选择与之相匹配的发展模式，从而保证能够充分利用此种发展模式的优势实现大学科技园对于大学生就业创业实践能力的培养。具体实施措施如下：

---

① 曹阳、李林、王永宁：《大学科技园孵化体系建设问题研究》，载于《中国科技论坛》2006 年第 1 期，第 74 页。

② 徐冠华：《大学科技园的建设与发展》，载于《中外科技信息》2001 年第 3 期，第 7 页。

（1）国家要做好各级大学科技园发展的总体规划：我国大学科技园总体上可以分为两种，一是获得国家相关部门认定的国家级大学科技园，二是以省级或区域性大学科技园为代表的一般性大学科技园，这两种类型的大学科技园都具有鲜明的功能定位和发展指向，形成了有效的互补和借鉴。目前，我国政府已对国家级大学科技园的功能定位、发展目标、规模数量、建设标准、评价体系等进行了明确界定，并出台了多项措施。但对于层次较低、规模较小的一般大学科技园的认定标准和帮扶措施等还未作出明确规定，这在一定程度上制约了各级大学科技园的协调发展。因此，国家层面应尽快出台一般大学科技园的相关政策，健全各级大学科技园的建设规划、评价指标和帮扶政策，引导地方政府和高校重视大学科技园发挥其育人功能。

（2）地方政府要发挥其引导和调控功能：地方政府应做好宏观调控工作，在将本地区高校科技园建设与发展计划纳入到地区经济发展整体战略规划的同时，还应当充分挖掘和发挥大学科技园培养人才的重要作用，把人才培养功能作为科技园发展状况评价的一项重要指标。这就需要，地方政府将区域经济社会转型、产业结构升级的发展方向与高校的学科特色和人才培养模式紧密结合，制定出大学科技园建设和发展的宏观规划。地方政府要在政策环境、场地设施、资金投入等方面提供切实可行的帮扶，落实好国家的各项政策和配套措施，为大学科技园发挥教育功能提供大力支持和优良环境。

（3）高校要"量体裁衣"选择符合实际需求的发展模式：大学科技园的建设规模要以高效自身的综合实力和人才培养需求为准。办学规模较小、学科门类不齐全的高校可以通过项目合作等方式加入到其他高校已经发展成熟的园区之中，发挥"多校一园"模式资源丰富、开放性和综合实力较强的优势，依托高校和科研机构的数量优势，实现优势互补，提高创新创业型人才培养的效率。具有较强学科优势和雄厚经济实力但仍然没有建立大学科技园的高校，要积极争取国家和地方政府的支持，主动认领社会责任，根据实际需求建设"一校一园"或"一校多园"的大学科技园，以满足服务经济社会建设和学生创新创业的需求。高校选择何种模式建设科技园的关键在于实际需求，高校建设科技园要依据所处地域、优势专业、集合资源、学生特点和培养目标等实际因素，"量体裁衣"地建设发展大学科技园。

2. 以搭建就业创业教育实践平台为落脚点，构建科学合理的管理体系。

大学科技园的直接参与主体主要包括政府、高校和大学科技园的管理机构及入园企业。大学科技园的管理体系是指三者之间的领导机制、内部运行机理、管理权限、运行方式、法制建设以及相互作用关系的集合。完善大学科技园的管理体系需要做好以下三方面的工作：

（1）建立科学严谨的选拔体系：科学严谨的评价体系是保证大学科技园能够吸引在校师生和企业参与其中并得以长足发展的必要因素。科学严谨的评价体系主要体现在对入园企业和学生创业项目的选拔与发展跟进上。学校可以通过创业教育、竞赛选拔等形式引导与选取具有较高应用价值的创业实践项目予以资助，引导学生进入科技园实践运作创业项目。大学生科技园的管理要避免一经评选成功就放任自流、疏于检测、考核和奖惩。大学生科技园要适时地开展园内的创业项目发展情况检验，对发展较好的项目予以奖励，对推进迟缓、发展不理想的项目要加强检测和考评，或加大支持力度或开除园区，从而保证和提高科技园的整体质量，让大学生设身处地地体验创业，切实发挥出促进大学生就业创业实践能力提升的教育功能。

（2）建立完善务实的管理模式：大学科技园的发展目标和基本职能与高校和企业有着本质的区别，大学科技园的管理机制既不能照搬学校行政化的管理模式，也不能全部沿用市场化的管理体制，必须建立一套符合大学科技园自身特点的管理制度。笔者认为主要应该从两个方面入手：一是要明确高校与大学科技园的关系，应当尽量避免高校对大学科技园的行政干预，公正客观地处理好二者之间的利益关系，这是构建合理的大学科技园管理模式的前提；二是要组建一支科学高效的管理团队，这支管理团队的组成应该是多元的，既要包括高校科研人员和入园企业代表，还要聘请一批具有丰富管理经验的企业家和公司高管，要建立明晰的决策机制，使各方代表都能参与到大学科技园的重大决策和日常管理中，确保决策的科学性。

（3）实施先进的管理理念：大学科技园除了具备良好的硬件环境建设外，还需要实施先进的管理理念。世界知名的大学科技园在人才培养方面的成功经验告诉我们，为学生的就业创业实践提供充分的交流合作机会是快速提升其就业创业实践能力的有效途径。而"洽谈会模式"能够为交流合作提供平台。管理者可以将入园学生按照个人情况的不同分为若干小组，各小组定期进行研讨和交流，一方面针对自己在实践过程中遇到的问题和经验进行分享，另一方面也可以通过洽谈会寻求合作伙伴和商业机会，一举多得。诸如此类管理理念的实施能够使得入园创业的学生感受到园区对他们积极扶持的态度，也为他们提供了充分与园区内其他企业交流的机会，有益于他们在竞争中加强合作，集中优势资源共同发展进步。

3. 以满足就业创业教育实践需求为指导理念，完善以人为本的支持体系。

随着对科技园研究的不断深入，有学者①从时间的角度对三代科技园的进行

---

① "十一五"国家科技支持计划项目：《第三代科技园——中关村环保科技示范园发展探索与实践》，中国建筑工业出版社2009年版，第4~6页。

了界定：认为从 1983 年至 1993 年是第一代科技园的发展时期，从 1993 年至 2004 年是第二代科技园的发展时期，从 2004 年至今，是第三代科技园的发展时期。也有学者①从特征维度概括了三代科技园的主要特点：认为第一代科技园是以技术推动经济为特征的科技园区，第二代科技园则是以区域创新为导向，关注技术与经济的结合，并考虑了环境因素，第三代科技园则是强调了以人为核心，激发人的创造性，是知识经济时代背景下，集学习、工作、娱乐于一体的知识性社区。以大学科技园为平台开展学生就业创业教育的实践活动，要求其落实第三代科技园以人为本的理念，不断完善其支持体系，从而构架科技经济人才效益突出、创新能力强、工作生活学习为一体、产业城市社区融合、宜居宜业宜学、充满活力的新一代社区。

（1）建立中介服务体系：高新技术产业由其知识产权、高风险和高附加值等特性，在成果转化过程中势必会出现技术转移、人才交流、咨询评估、税收财务等方面的咨询需求，因而完善大学科技园的中介服务功能十分必要。笔者认为应该从以下几个方面入手：一是形成大学科技园服务体系的思想认识，强化大学科技园是为高校科技成果转化和项目孵化的服务机构，而不是行政管理机构的观念；二是要完善大学科技园的支持服务体系，在人才引进、技术开发、融资渠道、企业发展等方面提供科学准确的咨询服务；三是要建立信息交流平台，通过科技园区的技术优势，促进企业内部人员、企业与企业之间、企业与大学科研机构之间甚至是园区与园区之间的良性互动，形成开放式办园的理念。

（2）建立多元的融资渠道：目前我国大学科技园的资金来源渠道较为单一，主要来自国家投资和学校自筹，资金缺乏制约着科技园作为大学生就业创业教育的重要实践平台。国外大学科技园的成功经验告诉我们，多元的融资渠道是促进大学科技园成果转化、搭建大学生就业创业教育实践平台的有效途径。笔者认为多元融资渠道大体应该包括以下几个方面：一是学校要加大投入，采取资金支持、风险担保或是科技成果作价的形式，帮助入园企业突破进入市场的障碍；二是要充分利用政府的专项资金，除了国家层面每年的固定投入之外，各级政府也要从财政预算之中划拨专项预算，用于支持大学科技园的发展和重点项目的扶持；三是要合理利用银行贷款，引进各类金融机构为大学科技园的中小科技企业进行担保，创新对园内企业的信贷服务，不断增加信贷品种和拓展信贷形式；四是要积极引入风险投资，要充分借鉴国外的成功经验，鼓励风险投资以股票和债券的形式进行投入，同时也要健全风险投资的退出机制，以解除风险投资的后顾

---

① 汪择：《全球第三代科技园区的出现及启示》，载于《科技进步与对策》2012 年第 6 期，第 7 ～ 8 页。

之忧。

综上所述，在我国大学科技园呈现规模化发展的今天，虽然政府部门已经出台了多项政策，对大学科技园的发展提出了细化标准，但是，无论是在理论研究还是实践探索层面，对其实践育人功能的发挥还有诸多瓶颈问题，需要进一步地研究和探索，以推动大学科技园能够更好地发挥人才培养功能，服务于大学生就业创业教育的开展。

## 第四节　大学生就业创业教育的产学合作支持

产学合作一般是指高等学校与企业相互合作，将教学、科研与实践、生产相结合，进行技术创新、成果产出和人才培养的过程。1992 年，国家经贸委、原国家教委和中国科学院率先发起了"产学研联合开发工程"。当时提出的产学合作概念和大学生就业创业教育并没有关联。随着研究与实践的不断深入，产学合作不再局限于促进融合、科研创新和成果转化三方面功能，其在就业创业教育中的价值也逐步得到关注。党的十五大报告中指出："深化科技和教育体制改革，促进科技、教育同经济的结合。"党的十六大报告中又明确指出："有条件的科研机构和大专院校要以不同形式进入企业或同企业合作，走产学结合的道路，解决科技和教育体制上存在的条块分割、力量分散的问题。"党的十七大报告再次强调："加快建立以企业为主体、市场为导向、产学研相结合的技术创新体系。"《国家中长期教育改革和发展纲要（2010～2020）》明确提出："要创立高校与科研院所、行业、企业联合培养人才的新机制。"

当前，产学合作在培养理论和实际结合、学用一致的创新创业型人才方面发挥着重要作用，为大学生就业创业教育提供了具有操作实践性、体验真实性、资源丰富性的支持平台。具体体现在四个方面：一是为大学生就业创业教育提供经验支持，通过搭建实践平台为学生提供了实际体验、实际操作、实际训练的机会，使学生在真实情境下体验最真实的就业创业感受，用亲身经历获得经验积累，丰富其知识体系，并充分发挥企业的人力资源优势，由企业家、管理人员、技术人员担任兼职教师，将自己的真实就业创业经验传递给学生。二是为大学生就业创业教育提供训练支持，大学生就业创业知识向能力的转化其实是知识反复运用的过程，只有通过对课堂知识加以运用和检验，反复训练、亲身实践，才能完成知识向能力的转化，如教育部"十二五"期间实施国家级大学生创新创业训练计划，就是通过训练的方式强化能力。产学合作提供实践基地和真实环境，

353

成为大学生就业创业实践能力的练兵场，通过实习、实训、实战三种途径对大学生就业创业教育进行训练支持。三是为大学生就业创业教育提供资源支持，企业作为产学合作的主体之一具有师资方面的优势，通过提供人员进校园、接收教师进企业、接收学生做培训等形式对大学生就业创业教育的师资队伍进行支持，此外企业还可以捐资捐款、设立基金、为高校购置教学设备、建设创业基地、科技园区等方式参与大学生就业创业教育，减少政府和学校的投入，是企业对大学生就业创业教育资源支持的重要内容。四是为大学生就业创业教育提供研究支持，产学合作的各个环节产生了大量的事实型数据，在此基础之上还有大量有针对性的案例对"一般规律"进行补充，并通过在产学合作的实践过程对研究成果的运用，对研究成果的合理性和可行性进行检验，进一步促进研究的深入开展。另外可以通过融合大学生就业创业教育研究专家、企业家、共建课题，共同参与项目进行协同研究。

## 一、大学生就业创业教育产学合作现状及问题

### （一）大学生就业创业教育产学合作发展现状

根据经济合作与发展组织（OECD）的报告，世界各国产学合作的方式大致可分一般性研究支持、非正式的合作研究、契约型研究、知识转移与训练计划、参与政府资助的共同研究计划、研发联盟、共同研究中心等七类。随着国家宏观体系改革的推进，我国产学合作经历了快速发展的历程，对上述所有合作方式均有所涉猎，可以概括为"以教育为主要目的的合作，以科研为主要目的的合作，教学与服务结合的合作，教学、科研与服务结合的合作"[①]。产学合作的模式日趋多样，规模日益扩大，机制进一步健全，在促进经济发展、技术成果转化、服务区域创新发展等方面发挥了重要作用。

在大学生就业创业教育产学合作领域，1999年年底，在科技部和教育部的联合部署下，我国正式启动了国家大学科技园试点工作。经历了13年的发展，大学生就业创业教育产学合作的形式和内容不断拓展和深化，形成了多种合作模式相结合的合作体系，助推了大学生就业创业教育的开展，主要包括"资源式合作、项目式合作、共建式合作"三种。资源式合作是一种一般形式的合作支持模式，主要是指企业或者主动参与或者被大学邀请，通过设立就业创业基金，捐款、捐赠仪器设备，提供企业高管和技术人员，聘任企业人员担任高校的实践

---

① 潘懋元：《应用型人才培养的理论与实践》，厦门大学出版社2011年版，第154～155页。

导师，企业家走进校园讲解前沿资讯、企业文化和创业案例等形式进行合作；而高校则提供知识技术促进企业的科技创新、提供专家的咨询意见和优质学生的人力资源支持。如由浙江大学国际创新研究院、浙大网新集团有限公司、浙江大学教育基金会、浙江大学科学技术研究院和浙江大学管理学院共同发起并设立2 000万元的创业基金，计划每年重点培养3～5名创业精英，投资并扶持大学生初创型企业，并通过聘任企业高管为特聘教授的形式充实师资队伍；中南大学国家大学科技园的创业导师制，帮助大学生树立创业理念，指导创业实践，提供创业服务，促进大学生成功创业。项目型合作是一种阶段性合作模式，主要是指企业和高校围绕着某个具体项目展开合作，既可以是企业根据发展的需要，为减轻研发经费的负担，以项目的形式和高校合作；也可以是高校获得课题项目，并依托该项目与企业合作搭建创业教育平台。项目型合作有较强的目的性，产学合作当中实战味道较浓，大学生可以亲身体验、实际操作，直接锻炼就业创业能力。如义乌的新光集团委托浙江省某高校进行饰品的设计和开发项目，合作期间，学生不仅要完成设计而且要制作样品，并且参与加工、制作、营销环节，参与项目运行的全过程。企业和大学生都获得良好成效。这种合作方式一方面使企业获得收益，另一方面也锻炼了学生的就业创业能力，在高校培养一批未来企业精英。共建型合作是一种较深层次的合作模式，主要是通过高校和企业签订协议共同建立研究中心和大学生就业创业基地，提供大学生就业创业教育所需要的场地、人员和资金三方面支持，通过基地、园区等平台，按照人才培养目标系统的、长期的、稳定的展开合作。如国内首个冠名"大学生学习创业平台"的"YBC·冠生园大学生创业研发中心"，该平台面向上海、浙江、江苏三地，为食品加工、生物工程、包装设计、广告创意、工艺美术、市场营销等专业学生的创业研发"出场地"、"出创意"、"出资金"、"出设备"、"出指导"，让大学生真实体验，并且进行成果转化。

### （二）大学生就业创业教育产学合作现存问题

产学合作作为一种组织模式和教育模式，其在大学生就业创业教育中的应用和研究还处于探索阶段，在对大学生就业创业教育的支持过程中还存在着一些问题，如产学合作的利益契合、观念和区域差异、机制保障缺失和教育过程不完善等，需要进一步深入研究。

1. 缺乏利益契合点，外部动力不足，难以合作。

目前，在大学生就业创业教育产学合作中，合作双方往往只着眼于自身利益的实现，忽视合作伙伴的利益，因此很难在利益诉求中找到契合点。同时就业创业教育产学合作缺乏直接的外部动力，致使合作难以进行。

一方面，就业创业教育产学合作双方的利益诉求差距较大。当前，高校在大学生就业创业教育产学合作中的利益诉求主要是以人才培养为核心，并通过产学合作为学生提供实习实践的平台和机会、锻炼能力、增长经验等。而企业的利益诉求则主要是指向获得最大化的经济利益。改革开放以来，由于相对独立的市场环境和政策引导，我国企业在"贸工技"战略下得到快速发展，如海尔、联想、TCL等企业用投资拉动规模，以成本和规模性扩张取得优势。当前，"贸工技"的发展战略已不能满足我国企业发展的需要，解决规模型盈利、粗放型发展，传统劳动力型用人等现实问题，迫切需要实施"技工贸"型经济发展战略。企业需要在大学生就业创业教育产学合作中，获得先进的技术、委托高校进行人才培训、联合攻关促进技术创新、赢得社会声誉，进而获得最大程度的经济效益。由此可见，在大学生就业创业教育产学合作中，高校重点关注"人才培养"，而企业则主要指向"经济价值"，高校往往希望企业提供更多资源，而企业则多会抱怨高校主动服务功能不强。高校的教育规律与企业生产规律之间的差异性决定了其二者在大学生就业创业教育中难以找到利益契合点。另一方面，就业创业教育产学合作外部动力不足。一是政府对参与就业创业教育产学合作的企业没有相关激励政策，如在纳税、进出口等方面没有给予政策倾斜，缺少外围动力导致企业很难主动承担社会责任，对高校就业创业教育进行支持；二是对高校的评价还停留在考察专著、论文、课题、经费等内容，是否开展就业创业教育产学合作没有给高校自身的发展带来直接的积极影响。

2. 观念和区域差异，导致资源配置的不均衡。

当前，大学生就业创业教育产学合作的资源配置不均衡。"好院校、大企业"在产学合作过程中占据主动地位，拥有较为集中的合作资源，而一些地方院校和中小企业对于就业创业教育产学合作的需求却很难被满足。也就是说，有些学校资源过多难以消化，导致企业的需求无法满足；有些学校资源过少不够用，导致高校的需求无法满足。同时，一些企业或高校由于合作经历有限、专业不匹配、合作理念和合作方向不统一等原因放弃合作，也有一些企业为了和多家高校合作而建立多个科技园区、创业基地，从而导致了大量人力、物力、财力等合作资源的浪费。

造成这种资源配置不均衡的主要原因包括：一是高校与企业对于大学生就业创业教育产学合作的观念差异导致资源配置不均衡。一方面，高校愿意寻求资金雄厚、社会资源广泛的企业作为就业创业教育产学合作的合作伙伴。大型企业凭借其自身具有的核心竞争力、创新力等在大学生就业创业教育产学合作中占主导，拥有更多与高校开展产学合作的资源，而一些中小企业则明显资源匮乏，甚至连合作的机会都没有。另一方面，企业也往往愿意与国内知名度高、科研实力较强和社会影响较大的高校科研机构进行就业创业教育产学合作。"985"、"211"等重点大学受到较多关注，而一些地方院校则较难获得企业的青睐，没有合作项目。二是区域差异导致大学生就业创业教育产学合作的资源不均。一些经济发达地区的企业和高校相对集中，对知识、技术以及人才的渴求较为强烈，有能力也有动力提供就业创业教育产学合作的相关资源，而经济欠发达地区的就业创业教育产学合作资源则相对匮乏。

3. 产学合作缺乏机制保障，易流于形式，难以持续。

当前，我国大学生就业创业教育产学合作的可持续性相对较差，企业或高校由于缺乏长远眼光、产出效益较低等原因在合作开展一段时间后单方面中止，从而造成产学合作往往流于形式、虎头蛇尾，既未形成实质性合作成果又未对大学生就业创业教育产生相应的积极作用。这些问题的原因主要在于大学生就业创业教育产学合作的合作机制不健全。一是缺乏法律法规。大学生就业创业教育产学合作是一种知识、经济、教育结合的行为，必须要有相应的政策法规来调节、规范和推动，从而保证双方行使和保护自己的权利，履行自己在合作中的职责，获取自己应得的利益。目前我国尚未制定大学生就业创业教育产学合作方面的专项法规与实施细则，致使校企双方在合作过程中无法可依、无法可循。二是缺乏相应的组织保障机制。大学和企业属于不同系统，其二者在机制、管理、内外部条件、价值取向等方面都存在较大差别，缺乏有效协调的组织保障会妨碍大学生就业创业教育产学合作的纵深发展。三是缺乏相应的利益、产权保障机制。由于大学生就业创业教育产学合作涉及多个主体，经济利润分配、知识产权已经成为产学合作的焦点，现实中产学合作双方由于利益分配和知识产权问题上不能达成一致而放弃或者终止合作的情况经常出现。这主要是由于关于校企双方在投入、生产、教育、风险分担等环节缺乏明确规定造成的。四是缺乏投入保障机制。由于大学生就业创业教育产学合作的项目一般来说都是高新技术项目，风险大、投入高，在合作的各个环节都需要投入，目前我国仍未建立专门的融资渠道和融资机制，而企业往往关注的是最后成果的产出，对产学合作时所需要的资金投入往往不能及时到位，不愿意投入，同时高校也受教育经费限制，在产学合作上的投入少之又少，这些问题客观造成了大学生就业创业教育产学合作难以持续。

4. 产学合作教育过程不完善，育人功能发挥不足。

产学合作既是一种组织形式同时也是一种教育形式，在技术创新、成果转换的功能上发挥出色，近几年大学科研经费的增长有一半以上来自企业，大学科研成果的转化和产业化有95%是通过产学合作的形式完成的，但由于当前我国产学合作教育过程的不完善，忽视了对大学生就业创业能力的培养，特别是在大学生就业创业教育环节的育人功能发挥不足问题尤为突出。

第一，产学合作双方没有共同融入教育的过程。首先，企业认为大学生就业创业教育是高校的责任，企业本身不承担教育功能，产学合作过程中企业融入的缺位导致教育目标、教育计划、教学内容具有不完善性。但企业不仅是一个经济单位，也是一个社会生活单位，产学合作的教育过程应该引入企业的参与，与高校一道进行教育。同时在学生参加产学合作后，高校也没有持续地跟进，而是期望学生在产学合作过程中自我成长或者是希望企业进行教育。其次，产学合作过程时间短，岗位少。在国外学生参与产学合作进行实习实践的时间比较充足，基本达到一年以上。在我国由于课程设置和企业生产时间之间的冲突，往往导致学生参加产学合作的时间较少，难以有充分的实践课时来发挥育人功能。另外，产学合作发挥育人功能主要是通过实践的亲身感受和经验总结，而当前我国产学合作中还存在着这样的现象，虽然学校非常重视实践环节，对产学合作的育人功能报以期望，但是实际上企业出于生产安全、产品质量和生产任务等多种因素的考虑，大都不愿意将学生安排到重要的岗位上实习，直接参与企业的一些低端生产环节，或者停滞在学生参观考察、聘请企业专家到校上课、毕业就业安置、"委托开发"、"技术转让"和"委托咨询"等浅表层面上，没有全方位实习实践的机会。再次，产学合作教育过程重使用，轻培养，缺乏指导和总结提升环节。在当前产学合作的过程中，有的企业打着产学合作的旗号目的就是为了谋求高校的知识和免费劳动力，学生完全成为企业的廉价劳动力，企业主要着眼于学生顶岗所带来的经济效益，在产学合作过程中没有明确的教育目标和课程设计，没有专门的人员进行指导，也没有实习实践之后的经验总结，实践教学过程缺乏严格指导和有效监控，在一定程度上制约了产学合作育人功能的发挥，影响了高校创新创业人才的培养质量，不利于产学合作的长效发展。最后，缺乏对产学合作的过程评价，难以对产学合作的进一步发展提供有效指导。

## 二、国外大学生就业创业教育产学合作支持的借鉴分析

国外的产学合作起步早、发展快，在促进社会经济发展、创新创业人才培养方面已经成为一种重要的方式。在理论研究、政策机制、合作模式方面对我国来说都有较强的借鉴意义。

### （一）产学联盟，集群创新——美国产学合作模式探究

从 19 世纪末开始，随着经济的快速发展，美国的创新人才培养与就业创业教育的成功做法受到了广泛关注。其中，"产学合作"作为支撑就业创业教育的重要模式，既为全面提升学生的就业创业竞争力注入了持久的动力，也为企业发

展提供了人力资源和技术支持。这为我国大学生就业创业教育提供了重要借鉴。其中有代表性的是麻省理工学院"知识资本化"产学合作模式和斯坦福"集群创新"产学合作模式。

1. 麻省理工学院"知识资本化"产学合作模式。

麻省理工学院的"产学联盟"模式是指大学与企业形成长期、稳定、积极的双向合作关系，依靠企业的支持和助力，不断促进"知识资本化"的过程，共经历了三个阶段的发展形态：初级形态的产业咨询，中级形态的技术转让和协商专利许可，高级形态的利用知识创建新型公司①。麻省理工学院产学合作模式的创新之处在于通过"合作研究中心"将基础研究、教学和产业创新进行整合并发挥其育人功能，对就业创业教育进行支持。麻省理工学院率先与所在社区的企业、公司和非营利组织建立了一种良性的、互动的合作伙伴关系，利用企业的资金支持、资源优势和实践平台，将就业创业教育、创新人才培养及地方经济紧密结合，通过形成产学联盟、合作共赢模式对大学生就业创业教育进行支持。

通过"产学联盟"为大学生就业创业教育减轻了场地设备、教学成本、实岗培训以及师资配备方面的压力，学生则根据专业和兴趣选择项目和企业，获得实践经验，而企业则根据自身需要提供合作机会，形成三方各取所需、互惠共赢的局面。与此同时为保障"产学联盟"的顺利开展和发挥育人功能采取了两项措施，一是法律保障，1980 年颁布《贝多法案》以后，为"产学联盟"提供了法律依据。麻省理工学院促使学生们从坐在实验室中做实验、写报告中逐渐转向，开始和教授一起参与企业的咨询决策和项目开发，将商业活动融入自己未来的职业角色构想范围中，促进就业创业能力的提升；二是构建完善的制度保障体系。一方面建立了独特的专利委员会和专利管理委员会，以确保产学合作的高效性和回报率；另一方面通过有效的利益分配机制，促进社会资本、智慧资本在学生、企业以及学校中自由流动。相关数据显示，通过产业联盟与 MIT 建立联系的企业已遍布 50 个州，共设 8 500 多个工厂和办事处，帮助 MIT 的毕业生在全球创建企业 4 000 多家，创下 2 320 亿美元的年销售记录②。

2. 斯坦福"集群创新"产学合作模式。

美国的"硅谷现象"与斯坦福大学所作出的努力密不可分。斯坦福大学作为集研究型大学和创业型大学为一身的富有创新精神和雄厚科研力量的一流大学，通过"集群创新"的产学合作模式进行创新创业人才培养，对大学生就业创业教育进行支持。

---

① 陈劲：《新形势下产学研战略联盟创新与发展研究》，中国人民大学出版社 2009 年版，第 78 ~ 81 页。

② MIT：*The Impact of Innovation*，*Bank Boston*，3，1997，P. 26.

从 20 世纪中期开始，斯坦福大学通过三项创新措施，与各个行业、各种规模的企业建立直接联系，形成双向、灵活、长期的产学合作关系，对大学生就业创业教育进行支持。首先，斯坦福以其实践研究和跨学科研究优势吸引了大批企业的加盟，在大学周边形成了密集的高新技术产业群和工业园。由企业提供的金融资本、技术支持和产业资源形成了开放性、促进性的外部有利环境，催生新型创新创业人才的成长，释放大学和科研机构的创新能量。其次，鼓励建立"荣誉合作项目"。一方面，这些项目以提高学生的科研能力、创造能力和创业能力为导向，为研究者和创新人才提供资金支持、交流机会和资源共享平台，促进知识转化为成果，能力转化为效益。另一方面，创新集群产生的规模联动效应，对地方经济的发展和创新人才的培育发挥了不可替代的作用。再次，为了确保信息顺畅、沟通及时，斯坦福成立了专门的创业任务组（Entrepreneurship Task Force）[1]，协调各个创新集群和学生团体，鼓励学生积极参与产业活动，寻找自己的兴趣并确定自己的就业创业方向，同时为知识创新、技术创新和产业创新的可持续链式发展给予支持。

### （二）"二元"双导，"知""资"互换——德国产学合作模式探究

德国的产学合作模式起源于职业教育，历史悠久，效果显著并被广泛借鉴应用，其产学合作的教育理念和实践经验对我国大学生就业创业教育具有较大的借鉴价值，其中比较有代表性的是"双元制"产学合作模式和"CKI"产学合作模式。

1. "双元制"产学合作模式。

德国的"双元制"产学合作模式是其职业教育体系中的一种重要模式，与其称之为一种"模式"，不如说是一种以能力培养为本位，注重实践、技能的双重培养，强调就业竞争力、适应力、发展力和创造力的教育理念。所谓"双元制"，即"学校"和"企业"为就业创业教育、职业培训的二元主体，受教育者兼有"学生"和"学徒"的双重身份形成的校企合作、双元引导的教育模式。

首先，德国通过《工业法》、《企业法》、《职业培训条例》、《职业教育促进法》、《教育制度结构计划》、《终身学习的新基础：继续扩展继续教育为第四教育领域》等 20 多项立法[2]对"双元制"产学合作模式进行政策引导和外部协调，并通过成立跨企业培训中心、产业合作委员会对企业和学校进行双向监督，采取

---

① 王雁：《创业型大学：美国研究型大学模式变革的研究》，同济大学出版社 2011 年版，第 109 ~ 110 页。

② 陈浩、王学川：《经验与创新："政产学"协调培养人才机制研究》，浙江工商大学出版社 2010 年版。

"约束与激励"相结合的管理办法，鼓励企业、行业协会等关注其自身的社会责任，为高校的职业教育、就业创业教育提供积极的支持和帮助，建立广泛合作，例如在育人功能方面，成立"企业内培训中心"，面向市场通过实战锻炼学生的就业创业能力；在"双元制"教育的经费方面，企业就承担相当于综合型大学的60%，对大学生就业创业能力的教育进行系统性的投入；在师资方面，设置"实训教师"和"理论教师"根据市场的实际需求对学生进行专业技能、职业素养、就业能力等培训，促进大学生就业创业知识向能力进行转化。其次，鼓励高校发挥自身优势服务企业，在获得物质、财力、师资、实习基地等支持的同时，积极参与解决企业的技术攻关、生产问题、管理决策和项目研发等现实难题，调动企业帮扶、支持的内在积极性，从而形成互惠互利、双效共赢的产学合作机制。

2. "CKI"产学合作模式。

"CKI 模式"，即知识互换中心（Centers for Knowledge Interchange），是德国西门子公司首创的与大学、研究机构建立的"知识—资本"产学合作模式，是一个大学与企业、知识与资本、理论研究与实践创新之间的互动交流平台，产学双方在循环互换的过程中互利互惠，达到螺旋式双升。截至目前，西门子公司已经与德国慕尼黑工业大学、亚琛工业大学、丹麦技术大学等65所科技研发领先大学，在环境技术、医药技术、信息通信、生物科技以及专业人才开发等方面建立了广泛的产学合作关系和知识交换中心。

"CKI"模式的整个产学合作过程始终围绕"创新技术"、"资源开发"、"人才培养"三个关键词开展，对大学生就业创业教育进行支持主要体现在三方面，一是项目拉动，在充分利用校企结合的知识优势、区域优势和技术优势的基础上通过与高校建立多项公共基金资助项目、双边合作课题和资源共享体系，拓宽了学生的视野，让优秀学生与成功企业一同成长，增强了其对公司、企业的认同和理解，也使学生的创新意识、创业精神、产业适应力和市场竞争力得到了极大的提升，对学生择业、就业、创业以及整个职业生涯的发展均具有重大意义；二是定期举办创新论坛，邀请精英人才聚集在一起进行交流互动，针对创新创业教育、职业生涯规划、学科专业发展等进行交流，推动创新创业教育；三是除了常规支持和赞助外，西门子公司每年大约选派200位具有深厚学科知识背景和产业实践经验的雇员在大学专门开设课程，同时提供实习实践的岗位和机会，接收学生进行培训，让高校的学生有更多机会和平台巩固专业知识、锻炼实践技能，了解企业内部的运营模式及本专业的研发焦点和该行业的未来发展走向。另外最具有借鉴意义的是"CKI"模式对大学生就业创业教育的持续性、循环性支持，产学合作的技术知识和创新成果在商业化过程中所获利益二次进入产学合作领域，形成"创新技术"、"资源开发"、"人才培养"的递增循环。[1] 企业也在合作的过程中提升了企业形象、降低了研发风险，增强了自身的创新能力和竞争优势，并获得了丰厚的产出回报。

### （三）官产学协同，战略保障——日本产学合作模式探究

日本素来重视"科技立国"和"人才强国"，"官产学一体"机制是其一大特色。官产学合作模式在日本是一项基本国策，在对创新创业人才的培养上，对大学生就业创业教育的支持上发挥着重要的作用。所谓官产学协作体系，既包括政府对高校人才培养的政策支援、对企业的优惠政策，又包括企业对高校具体的创业人才培养方案和服务的支援，是从政策、资金、计划、服务等多层面构成的日本创业教育社会援助网络。[2] 日本的产学合作重视企业的主体地位，通过相关政策制定、协同培养机制构建、保障体系建设等方式对产学合作提供保障，对大学生就业创业教育进行支持。与此同时，日本特别重视地方性的中小企业的作用，为产学合作的深层次、广谱性开展提供支持，代表着未来产学合作、人才培养的新趋势。当前中国高校正在为培养创新人才、建设创新型国家的目标而努力，日本产学合作的实践模式和战略保障制度在对中国的产学合作面向大学生就业创业教育进行支持方面具有重要的借鉴意义。

具体来看，日本的官产学合作模式的核心是以政府引导为主，促进和保证产学双方力量相互协作和充分发挥各自的优势。官产学模式对大学生就业创业教育的支持主要体现在四方面，一是通过共同研究、委托研究、选派委托研究员、进行捐助讲座、开发"试验研究"项目、设立共同研究中心[3]等方式进行人才培养，通过项目促进大学生就业创业教育的发展，提供资金、场地和师资等支持，如从 2005 年开始，日本的"制造业骨干人才培养事业"在 36 个地区实施，有经验丰富的工程师直接进行知识和技能传授；二是选派优秀的大学本科生、研究生和科研人才到大型企业研修，注重学生的创业知识应用、实践技能锻炼和创业意识培养，使产学合作模式实现快出人才、出好人才、多出人才；三是完善产学一体人才培养协同机制，建立系统产学合作战略保障体系，从 20 世纪 80 年代开始，日本就为规范产学合作机制进行了各项立法保障，如《科学技术基本法》、《科学技术基本计划》和《21 世纪的大学和今后改革的策略》等法律，通过制

---

① 陈劲：《新形势下产学研战略联盟创新与发展研究》，中国人民大学出版社 2009 年版，第 109 页。
② 李志永：《日本高校创业教育》，浙江教育出版社 2010 年版，第 110 页。
③ 刘平、张炼：《产学研合作教育概论》，哈尔滨工程大学出版社 2007 年版，第 46~47 页。

定科学技术发展战略、人才战略、知识产权战略、创新战略和社会发展战略①，保障创新人才培养的目标层次与国家发展的整体目标相匹配；四是注重发挥地方中小企业的优势和作用。以多摩地区为例，1998 年 4 月，日本设立了由中小企业为主的民企、私企、市町自治体及商工团等 328 个会员的"产业活性化协会"，形成创新人才孵化的聚集地，为高校就业、创业教育提供资金、场地、课题项目和师资援助，使其在企业未来的研发活动中发挥作用。这种由高校和地方中小企业形成的"发展联合体"的相互信任和依赖程度较高，因此产学合作的深度和广度更大，对于校企之间的进一步深入、广泛的合作具有积极促进作用。

通过对美国、德国和日本三个国家的产学合作的模式的梳理给了我们很多的借鉴和启示，学校的就业创业教育应该重视学习研究与生产实践的紧密结合、相互受益，形成多方位、深层次、宽领域的产学合作。企业为学校提供进行就业创业教育的金融、人力、技术、社会资源上的帮助，而学校则成为推动企业壮大、经济增长、社会发展的"第一动力"。要想通过产学合作的形式对大学生就业创业教育进行有力支持发挥优质、高效、可持续的育人作用，既要关注高校的就业创业教育和人才培养，也要综合考虑企业的投入成本和产出效益，依靠"双元"共导，外引内促，实现合作就业、合作育人和合作发展局面②。通过"合作中心"、设立课题等形式进行投入，同时充分在政策上保护促进产学合作的开展，以积极的态度寻求稳定的合作伙伴、成立相应的组织机构和重视产学合作中的机制保障等都是可行且科学的做法。当然每个国家国情不同，产学合作的模式以及对大学生就业创业教育的促进也有所差异，但是这些国家的一些共同认识和成功经验，无疑是值得我们学习和借鉴的。

### 三、构建大学生就业创业教育的产学联盟支持系统

产学合作在大学生就业创业教育中的重要意义和所发挥的支持作用毋庸置疑。在对我国目前就业创业教育产学合作支持的现状及问题分析后，结合国外先进经验，笔者认为要充分发挥产学合作的优势对就业创业教育进行支持，迫切需要构建科学化、规范化、具有可行性的产学联盟支持系统。着重破解三个问题，第一，如何拉动企业和高校双方积极开展产学合作；第二，如何使产学合作双方紧密合作，顺利进行；第三，如何按照教育规律发挥产学合作的育人功能。

---

① 陈劲：《新形势下产学研战略联盟创新与发展研究》，中国人民大学出版社 2009 年版，第 96 ~ 98 页。

② 李秋华：《构建高职教育校企利益共同体育人机制》，西苑出版社 2011 年版，第 45 页。

## （一） 系统构建的目标和原则

大学生就业创业教育主要培养学生的就业创业观念、知识、和能力，而构建大学生就业创业教育产学联盟支持系统是大学生就业创业教育走向成熟的重要标志。目标构建的主要任务在于整合目前零散分化的教育培训支持、资金支持、成果转化支持等各支持要素，使其系统化；并探索各支持要素背后的内在联系，从更深层次进行支持。目标的构建需要遵循以下三方面原则：

1. 利益契合原则。

利益契合原则是市场经济体制下的普遍法则，利益契合也是产学联盟支持系统运行的持久动力。产学合作对大学生就业创业教育支持的过程中，作为合作双方的高校和企业都有其各自的利益诉求。产学合作的最终目的是达到共同目标，双方都有收获。基于此，双方必须要正确看待对方的利益诉求，抓住产学合作中培养人才、成果产出和技术创新等关键环节，在合作范围内积极创造条件使双方的利益诉求得到满足，才能激励合作双方的积极性、主动性，为实现目标作出应尽的努力。

2. 优势互补原则。

由于校企双方各自的优势不同，合作中的侧重点也就不同。从高校方面看，学校拥有众多知识丰富的教学和科研队伍，有完整的、系统的理论基础，有深厚的科研功底。从企业方面看，企业拥有较充足的资金来源，可以为科技实践活动提供必要的资源储备；适应市场的变化规律，具有敏锐的洞察力和反应力；同时拥有实战经验丰富的工程技术人员。系统的构建只有遵循双方优势互补的原则开展，才能促进育人功能的实现。

3. 资源整合原则。

资源整合原则就是要通过组织协调、资源流动最后达到资源共享，避免产学合作中的资源浪费，对不同来源、不同层次、不同结构、不同内容的资源进行重新配置；避免成本叠加，节约人力、物力与财力，以优势群体带动弱势群体，最终形成强强联合的局面。

## （二） 系统的基本框架

基于上述的分析和思考，我们构建了产学联盟支持系统。该系统包括作用系统、平台系统、组织保障系统、机制保障系统和过程控制系统五个子系统。通过作用系统相互合作，具体合作途径则通过平台系统实现，同时通过组织保障系统和机制保障系统确保产学联盟的有序有效进行，最后通过过程控制系统对合作支持系统进行控制，对大学生就业创业教育提供资源、实践、经验和研究支持（见图 5 - 3）。

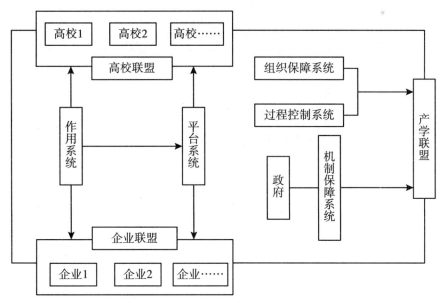

**图 5 - 3　产学合作联盟系统框架**

1. 建立产学联盟的合作模式，变松散合作为联盟合作。

联盟既是一种称谓也是一种组织形式。联盟原本是产业组织的一种创新形式，也是一种更高层次的组织形式。产学联盟是指企业、大学、科研机构从各自的需求出发，"由之前的比邻、短期合作、非正式交易，改变为制度化、长期及正式合作关系。"① 在大学生就业创业教育中构建的产学联盟是产和学间的两个联盟形式，包括各高校之间的高校联盟以及企业间的企业联盟。从而实现企业、高校的双赢互动，不同于传统意义上的产学合作，是一种全新的合作形式。

构建产学联盟一方面可以解决产学合作双方的合作松散不紧密，缺乏系统规划的问题，产学联盟与传统的产学合作相比具有明显的优势：行为的战略性；关系的长期性；整体利益的互补性。② 产学合作联盟以获得最佳效益、实现共同愿景、优化资源配置为目标，集中各部门的资源和优势，建立起互补优长、利益共享、风险共担的合作关系。产学联盟是产学合作发展的高级阶段，不同于以往松散的、随意的建立园区、实训基地、参观考察等合作形式，而是有固定的场地、组织机构、章程、制度体系和专业团队等，按照固定的目标、原则和计划开展合作，使得产学合作真正呈现出联盟状态。另一方面能一定程度上解决"985"、"211"高校，大型企业及地方院校和小企业等存在的资源配置上的结构问题（见图 5 - 4）。

① 王雁：《创业型大学：美国研究型大学模式变革的研究》，同济大学出版社 2011 年版，第 90 页。
② 陈劲：《新形势下产学研战略联盟的创新与发展研究》，中国人民大学出版社 2009 年版，第 22 页。

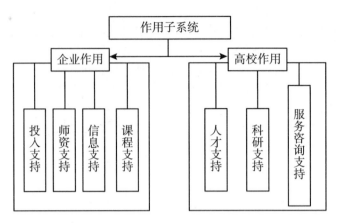

**图5-4 产学合作联盟双向作用子系统**

2. 构建双向作用子系统，确保产学双方有效对接。

构建产学联盟双向作用子系统旨在探讨高校和企业之间的相互作用，促进产学双方有效对接，以便于满足双方的利益诉求，寻求利益契合点，产生强劲的内在动力推动产学联盟的运行。从企业的角度来看，首先，大学生就业创业教育不同于一般的教育，其极强的实践性和操作性对资源支持的要求较高，大学生就业创业教育的研究和实践都需要大量的资金、场地、设备的投入。我国高校大部分都是国家统一进行投入，多数投入在常规教学环节，当前大学生就业创业教育虽然发展迅速，但是大部分高校并没有将就业创业教育列入主要支持对象。企业能够提供资金投入、场地建设等物质条件，供高校科学研究的开展、人才的培养和学校的建设使用。其次，企业可以与高校共同实施教学任务，承担大学生的实习实践环节的教学，通过"企业导师、高校导师"结合的形式与高校共同参与教育的全过程。再次，企业一直在生产、销售第一线，有真实准确的就业创业信息、行业发展信息等与大学生学习、就业创业紧密相关的信息。最后，企业提供课程、教材的设计支持，企业可以根据市场的实际需求，针对用人单位的新要求、新变化参与高校专业的建设和课程开发，从多方面和多渠道扩大实践主体的知识范围和背景，丰富他们的知识和经验，构建课内课外相衔接、相补充的课程体系；参与教材设计，确保教材内容和实际岗位、行业需求和创业环境相联系，注重理论知识框架和实践知识框架融合。

从高校的角度看，高校在产学合作中对企业的作用主要体现在"人才输送、科学研究、服务咨询"三个方面。首先，高校的人才培养功能为社会输送了大量的人才，高校根据企业的人才需求实际，通过课程调整、方法改革等形式培养与企业需求相适应并且能进一步促进企业发展的人才；其次，高校作为科学研究的主体或者拥有核心技术、高新技术，或者拥有研究组织创新、机制创新、模式创新的能力，通过科学研究成果的社会化、产业化对企业在技术创新、制度创新等方面发挥积极的推动作用。再次，高校能够对企业进行服务咨询支持，如承担企业的员工培训，讲授新技术、新理念、新模式等，服务企业的人力资源优化，还可以通过专家学者的个人形式、科研机构和科研委员会的组织形式对企业提供咨询支持。

3. 构建平台子系统，确保产学联盟的有效运行（见图 5-5）。

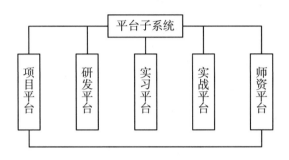

**图 5-5　产学合作联盟平台子系统**

产学联盟需要通过平台系统来发挥功效。具体来看：首先搭建高校和企业的研发平台，通过共建研发机构、联合研发进行产学合作，发挥育人功能。把高校的基础研究与企业的专项产品研究相结合，共建合作研发中心，共同研发新技术、新产品，在合作过程中促进大学生就业创业能力的提升。其次搭建高校和企业的项目平台，立足项目进行产学合作。既可以通过高校科研项目也可以通过企业效益项目，从项目的设立、启动、收尾的全过程展开人员、技术、培训等全方位的合作，有针对性地提供行业经验，把企业生产、经营、管理及技术改进等方面的最新情况与教学内容紧密结合，做到理论联系实际，确保专业学习不脱离实践操作，明确未来就业创业方向。再次，搭建大学生就业创业的实习平台，结合学生的求职意向选择合适的合作企业，让学生走进办公室、工厂和车间，提供一线岗位和操作机会，以正式员工和职业人的标准来要求学生，使学生全程参与行业生产、管理和营销环节，使其完成就业创业知识向能力的转化。再其次，搭建大学生就业创业的实战平台，经历了课堂教育和真实操练后，大学生就业创业教育的成果必然走进转化环节，通过建立就业创业实训基地，如就业创业基地、大学生科技园区、设立创业启动资金等形式为学生创业能力的培养搭建实战平台，围绕政策、融资、法律和市场推广等问题进行系统的培训，并提供研究、生产、经营的场地，通信、网络与办公等方面的支持。最后，搭建大学生就业创业教育师资平台，融合创业教育学专家学者、创业实务和创新技术的专业学者、企业家、企业顾问、风险投资家等多方面力量构建职业化、专业化、层次化的师资平台，主要展开创业实战经验、商业计划可行性、创业投资、创业经营决策参谋与咨询、创业企业成长等方面的辅助。

4. 构建组织保障子系统，确保产学联盟合作平稳运行（见图 5 – 6）。

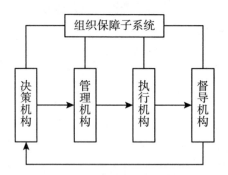

**图 5 – 6　产学合作联盟组织保障子系统**

高校和企业属于不同性质的组织，为确保双方形成的产学联盟能够展开合作，发挥育人功能并对大学生就业创业教育进行支持，实现决策、统筹、协调、沟通、监督、咨询和反馈的科学有效，需要有相应的组织架构在产学联盟内部发挥作用，保证联盟的平稳运行。组织架构是指一个组织整体的结构，当前产学联盟的理想组织架构由决策机构、管理机构、执行机构和督导机构组成。具体来看决策机构可以是由政府、高校、企业三方面组成的董事会或者决策委员会，主要职责和功能是对产学合作过程中大学生就业创业教育的重大问题作出决策和提出指导性意见。管理机构是承上启下的中间机构，主要由决策机构下设的几个委员会组成，如实践教学委员会、技术合作委员会、学科建设委员会、后勤保障委员会和产学联盟办公室等机构，成员由合作双方的相应部门主管组成，主要负责把高层的决策和意见传达至执行机构，同时负责资源的调配和协调，并且根据实际情况把产学合作当中出现的问题向决策层进行反馈。执行机构主要是由具体的学院、科研院所、科技园区、创业基地等组成，主要功能是落实开展产学合作日常的教学、实践、培训、项目研发和成果推广，提供产学合作中的公共资源和后勤保障，以及师资队伍的建设等任务，组织具体实施。最后是督导机构的建立，主要根据合作目标、制度、政策对产学合作进行监督、检查、评估、指导，参与到人才培养方案的制订、课程体系的建立和教学的评价，最后形成咨询报告供决策层和管理层作决策参考，其成员主要是由行业专家、高校专业带头人、教育管理专家等组成。当然，以上四级机构要发挥各自的功能，还需要有相应的章程和制度进行支撑，如董事会章程、信息通报制度、资源调配制度等，这些章程和制度会伴随着机构的运行逐渐完善并确立。

5. 构建机制保障子系统，确保产学联盟高效运行（见图 5 – 7）。

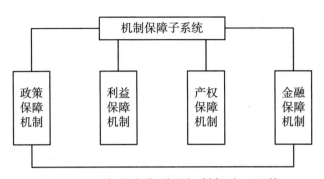

**图 5 - 7　产学合作联盟机制保障子系统**

建立产学联盟、设计组织架构主要从组织形式上解决了产学合作双方怎么紧密合作、顺利合作和有效合作的问题，但是还有一个前提基础问题没有破解，就是怎么从机制保障的角度上拉动产学合作双方的合作意愿，全方位保障合作顺利开展，尤其是建立针对大学生就业创业教育的保障机制至关重要。首先，建立政策导向机制。政策导向机制就是要建立信贷优惠、税收减免、奖惩、人事等方面的政策鼓励企业和高校开展合作，激发产学合作双方的合作动力，并将产学合作作为对高校评估、企业考核的重要指标，对科技园区、创业基地等也有相应的扶持政策，并颁布实施细则，防止空有宏观的政策导向，缺乏具体措施的情况出现，同时政府应成立相应的管理机构或部门，完善组织协调机制，当前高校和企业处于民间活动状态，以自发行为为主，对"责权利"的规定也比较模糊，需要有机构或者部门专门负责产学合作，以便于产学合作的长期、稳定、双赢的开展。其次，建立明确的利益保障和产权保障机制，明确归属，避免纷争。对经济利益的分配原则和方式作出明确的说明，明确双方在产学合作中的地位、责任、权利、义务等，按照产学双方形成的战略联盟的原则和我国的法律法规形成优势互补、利益共享、风险共担的利益保障机制，同时在现有产权保护体系的框架下，结合产学合作的具体形式和特点，对产学合作的知识产权和技术成果的获取、分享、转移、维权等作出具体规定，建立产权保障机制，确保有章可循、有据可依，对产学合作出现的问题进行约束，使产学双方各司其职、各负其责、各得其利，确保产学合作顺利开展。最后，建立融资机制，教育主管部门明确高校大学生就业创业教育的投入比例，确保在高校教育投入中要有相对稳定的资金用于创业教育并逐年增加投入比例，同时引入风险投资，作为第三方和产学双方进行合作，构建政府、金融、企业、社会资金共同参与的资金投入体系。

6. 构建过程控制子系统，确保产学联盟育人功能的有效发挥（见图 5 - 8）。

产学合作育人功能的发挥关键在过程控制环节，以往的产学合作具有随意性，缺乏过程控制，在合作前的共同设计，合作中的总结提升、监控反馈和合作

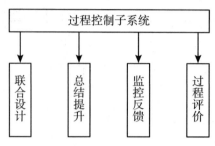

**图 5 – 8　产学合作联盟过程控制子系统**

后的评价等环节上的缺失导致育人功能难以发挥。只有对产学联盟支持系统进行全程控制，才能确保系统真正地发挥育人功能。具体来看：首先是合作前的联合培养设计。产学合作的特殊性决定高校要充分地吸纳来自企业的咨询建议，引入企业的力量共同设计。针对以往产学合作安排的随意性，合作内容、模式的不适应，合作目标不明确的情况，构建联合教育机制，要求产学双方联合设计制订独立完整、科学可行的教学计划和人才培养方案，对教学目标、教学设计、教育环节、教学场地等有具体的规范，同时有学分和学时的安排，并且高校和企业共同组成师资队伍全程参与、现场督导合作的各个环节。其次是合作中的总结提升和监控反馈。产学联盟的育人过程是一个实践、总结、再实践的过程，总结提升是产学联盟过程控制中不可或缺的关键一环。学生对通过参与撰写个人总结报告、实习论文、结业设计和结业答辩等形式，对产学合作教育中实习、实训、实战环节中学到的知识、感悟的理念、探索的经验进行归纳总结，对比学校的专业教育和就业创业教育，形成理论提升，指导下一步的学习和实践，促进自身就业创业能力的螺旋式上升。高校和企业对产学合作教育的过程和效果进行群体总结，可以通过编写实践手册、实习情况记录表、实习纪要、案例分析报告机制、教学情况通报机制等，持续总结、思考、梳理、提升，最终逐步形成教育理念用以指导实践，重新优化产学联盟各个环节；通过监控反馈对产学联盟运行的过程进行整体把握，及时了解现状，发现和处理运行中存在的问题，并将发现的问题及时反馈以便于修正，同时需要制定监控的流程、范围、形式、内容和时间等实施细则，并以日常检查、专项检查、定期检查、不定期检查相结合的形式进行监控，监控结果通过咨询报告、整改通知等形式，一旦发现问题及时反馈，及时调整。过程评价是对产学联盟的开展情况和学生能力提升情况的综合考评。最后是合作后的过程评价。过程评价主要由学生评价、教师评价、专家评价和市场评价结合组成，建立在对产学联盟整体运行情况了解的基础上，根据学生在实习实践中能力提升的情况和成果产出情况，对产学联盟进行全方位、全过程评价。

# 第六章

# 大学生就业创业教育评价研究

科学的评价既是教育行政部门对大学生就业创业教育进行管理和指导的有效工具，也是高校就业创业教育工作者进行检查、反思、改进教育质量和提高教学水平的重要手段。国外大学生就业创业教育评价活动开展较早，20 世纪 90 年代开始，美国的《商业周刊》、《创业者》、《成功》等杂志就先后开始对大学生创业教育项目进行一年一度的评估。由于我国大学生就业创业教育起步较晚，目前，全面、正规的大学生就业创业教育评价活动鲜有开展。伴随着我国大学生就业创业教育的蓬勃发展，相关专家学者对大学生就业创业教育评价进行了初步的研究与探索，取得了一定的成果，但与当前大学生就业创业教育发展的实际需求相比仍显不足，主要体现在评价指标体系的构建不够全面和评价实施研究缺失等方面。因此，在厘清大学生就业创业教育评价内涵的基础上，构建大学生就业创业教育评价指标体系和评价流程，成为破解我国大学生就业创业教育评价瓶颈性难题的关键。

## 第一节  大学生就业创业教育评价的模式、方法和策略

对大学生就业创业教育评价进行理论研究的前提，是明晰大学生就业创业教育评价的概念。在明晰概念的基础上对大学生就业创业教育评价进行分类并划定研究边界，为研究大学生就业创业教育评价的模式、方法和策略奠定基础。

*371*

## 一、大学生就业创业教育评价的内涵

我国专家学者对大学生就业创业教育评价的研究大多集中在评价的意义、方法和指标体系构建等方面，并且通常就大学生就业教育或创业教育分别研究，因此，对大学生就业教育评价和创业教育评价概念论述相对较多，但对大学生就业创业教育评价概念的论述近乎缺失。分析学者们对大学生就业教育评价和创业教育评价的概念界定，除了"就业"与"创业"表述不同之外，整体论述较为相似，综合学者们的观点，对大学生就业创业教育评价的概念做出如下界定：大学生就业创业教育评价是整合评价参与者对评价对象的各种认知并达成共识，在此基础上对大学生就业创业教育目标、任务实现和完成的程度、水平、状况所做的评价判断，是对大学生就业创业教育宏观运行和微观过程的信息反馈和调整纠偏。

通过对大学生就业创业教育进行科学的评价，可以掌握我国大学生就业创业教育的现状，发现在大学生就业创业教育发展过程中的关键性问题。一方面，可以为教育主管部门制定大学生就业创业教育相关政策提供依据和参考；另一方面，高校大学生就业创业教育管理部门可按照"以评促建"的原则，针对薄弱环节及时改进和完善，从而提高大学生就业创业教育质量，推动大学生就业创业教育发展。

大学生就业创业教育评价可以划分为不同的评价类型，而不同类型的评价对应着不同的评价需要。具体而言，根据教育实施主体不同可分为对高校的评价、对政府职能部门的评价和对社会机构组织的评价；根据评价目的不同可分为诊断性评价、对比性评价、预测性评价以及发展性评价等；根据评价内容不同可分为部分评价（如课程评价、教材评价、学生评价、教师评价、教育质量评价、教育管理评价等）和全面评价；根据评价主体与对象的关系不同可分为内部评价、外部评价；根据评价方法的不同可分为定性评价与定量评价等。从目前我国的大学生就业创业教育发展的情况来看，实施主体主要是高校，而评价的目标多是对教育现状的把握，对教育问题的诊断和对教育决策的预测，因此本书聚焦于针对高校主体的、外部实施的、绝对的、运用定量定性相结合的方法，以诊断、对比和预测为目的的大学生就业创业教育评价，从而最大限度的满足大学生就业创业教育发展的需要。

## 二、大学生就业创业教育评价的模式借鉴

一般意义而言，模式是将解决某类问题的方法提升到理论层面而建立的范

式，具有直观、简捷的特点。它往往具备解决问题的核心性，并能够形成对实践活动规范性与程序性的导引。"教育评价模式是指教育评价活动的理论图式和操作思路，是对构成教育活动各要素之间的组织形式的规定"[1]。自 20 世纪 30 年代以来，西方教育评价理论获得了较为迅速的发展。改革开放以来，我国在评价模式的研究方面也取得了较快的进步，它们为大学生就业创业教育评价的模式借鉴提供了丰富的范式。

### （一）对"行为目标模式"以目标达成为评价指向的借鉴

在现代教育评价模式的发展中，"行为目标模式"是最为重要，也是被广泛采纳的评价模式。行为目标模式也被称为"泰勒模式"，是由"美国教育评价之父"泰勒（Ralph，W. Tyler）在 20 世纪 30 年代提出并创立的。这种模式把目标作为评价活动的核心和依据，即教育评价的目的在于判断实际的教育活动是否达到了目标的程度与要求，而不再是单纯地对学生本身的评价。从本质上看，大学生就业创业教育评价在于评价教育目标这一核心要素。

"行为目标模式"对大学生就业创业教育评价有着重要的指导意义。首先，在"行为目标模式"下，大学生就业创业教育评价要树立大的评价观。大学生就业创业教育评价不仅仅将关注的焦点聚焦在学生本身，而是对除学生以外的就业创业的教育目标、教育行为的目标以及目标实施的程序等进行全方位的评价。其次，大学生就业创业教育评价将弱化区分评价对象之间的优劣程度，而会构建起以目标为中心的评价模式，是评价活动直接指向大学生就业创业教育目标实现的程度，从而为评价对象提供更多的有利于其发展的信息，并使各要素之间进行有机的结合，进而提升评价功能的发挥。最后，"行为目标模式"的结构体系较为严谨。"目标决定了教育活动，而评价即是判定教育活动尽可能地达到教育目标，并以此来决定是否循环实行评价来修改目标"[2]，因此，大学生就业创业教育评价以目标作为评价的依据，其重要之处在于形成兼具计划性、系统性以及控制力较强的目标指标体系。在具体的构建中，需要层层分解目标，进而才能构建起合理的指标体系。

### （二）对"CIPP"模式以决策服务为评价指向的借鉴

CIPP 是由美国人斯塔弗尔比姆（Stufflebeam，1967）提出的，他认为评价不应当仅局限于确定教育目标的达到程度，而且应当提供各种有用的信息来改进方

---

① 王景英：《教育评价理论与实践》，东北师范大学出版社 2002 年版，第 53 页。
② 王景英：《教育评价理论与实践》，东北师范大学出版社 2002 年版，第 56 页。

案。其名称是对背景评价（context evaluation）、输入评价（input evaluation）、过程评价（process evaluation）以及成果评价（product evaluation）的首字母的缩写。从本质上来看，CIPP 模式所包含的条件评价都是为决策服务的。"背景评价为计划决策服务，输入评价为组织决策服务，过程评价为实施决策服务，结果评价为再一次决策服务。"[1] "CIPP"模式将评价的步骤与教育目标从确立到实施、再到完成的流程紧密地结合起来，从而细化评价的内容及流程，具有较强的系统性与实用性，值得一提的是我国的本科教学水平评估采用的就是"CIPP"评价模式。

"CIPP"模式对大学生就业创业教育评价有三方面的借鉴意义。第一，大学生就业创业教育评价的目的不是为了"证明"而是为了"改进"。评价作为一种工具，能够帮助大学生就业创业教育的组织者和实施者随时对计划进行修订，改变教育推进的方向和方式，进而最大限度地提升大学生就业创业教育的实施效果。第二，大学生就业创业教育评价在具体的实施中，可以按照其评价的四个步骤进一步拓宽目标评价的内容与范围，从而使大学生就业创业教育每一阶段的教育计划能与决策相联系，以便及时地提供反馈的信息。如，在大学生就业创业教育的教育实训环节评价中，可以结合"CIPP"模式设定四个评价的基本过程。在背景评价中可设定师资配备、实训基地、管理制度等二级指标；输入评价中可设定实训准备的二级指标；过程评价可设定实训过程的二级指标；结果评价包括实训总结、实训效果以及教研成果等二级指标。在这样的设计下，大学生就业创业教育实训的评价实现了全程的贯穿。第三，大学生就业创业教育评价应当常规化、日常化。在"CIPP"模式下，评价不仅是教育行政主管部门或高校进行就业创业教育绩效评定或某种创新方案的评估手段，更重要的是它能成为不断改进高校就业创业教育，提升教育质量的有力工具。

### （三）对"应答模式"以重视个体需要为评价指向的借鉴

应答模式亦被称为反映模式或当事人中心模式，是由斯塔克（Stake，1973）提出来的。这一模式在核心指向上重视评价参与者的个体需要，在特点上强调问题为先导。具体来说，是通过评价者以及与评价有关的各方面人员之间的持续不断的"对话"，了解他们的愿望，对教育的方案作出修改，对大多数人的愿望作出应答，以满足各种人的需要，强调评价者与实际工作之间的相互作用，以及评价结果的可靠性、有用性。[2] 在评价的过程中，"应答模式"不像其他模式首先

---

[1]　王景英：《教育评价理论与实践》，东北师范大学出版社 2002 年版，第 59 页。
[2]　王景英：《教育评价理论与实践》，东北师范大学出版社 2002 年版，第 65 页。

确定目标或者建立假设，而是先确定评定的问题并制订评价的计划，建立在广泛问询的基础之上，以满足所有参与者的评价意图。

"应答模式"对大学生就业创业教育评价有两方面的借鉴意义。一方面，在大学生就业创业评价的过程中要关注各方评价参与者在评价中的作用。凡是与大学生就业创业教育相关的利益群体的需求和愿望都能够通过交流与沟通得到尊重与体现，如教育行政主管部门、高校、教师、学生、学生家长、用人单位等利益相关群体最能够提出关键性问题和作出合理的判断，这种多元利益相关群体的评价理念要体现在评价团队的组成、评价指标体系的构建、评价实施过程和评价结果的处理反馈等各评价环节。另一方面，在大学生就业创业教育的评价的方法选择方面，要注重访谈、交流、考察等"非正式"的评价方式，增强评价过程中的互动性，使得评价团队的创造性得到发挥，提高大学生就业创业教育评价的实效性。

### （四）对"建构模式"以多元主体协商为评价指向的借鉴

20 世纪 80 年代以来，美国出现了"第四代教育评价"的理论，由古贝和林肯创立。他们认为，从本质上来看评价描述的并不是事物真正的、客观的状态，而是参与评价的人或者团体关于评价对象的一种主观性认识，是一种通过"协商"而形成的"心理建构"。[①] 其目的是在评价活动中促成所有利益相关者都积极参与到评价之中，充分表达自身的观点，最终通过评价者不断协调各种价值之间的分歧，缩短不同意见之间的距离，形成一致的评价认同。

第四代评估即"建构主义"模式对大学生就业创业教育评价有三方面的借鉴意义。首先，在评价的过程中要确定与大学生就业创业教育相关的所有群体以保证评价的全面性与协商性。具体来看，包括就业创业教育的决策者即高校管理层、执行者即教师等、评估者以及相关人员如用人单位代表等。其次，通过协商的方式来实现对多元主体的尊重。具体来看，在评价前要征询有关人员对于大学生就业创业教育评价的构想和要求，并对不同的构想加以评判和说明，对于未达成共识的观点采取进一步的协商模式以求达成共识。在评价的过程中针对各种不同的观点进行协商，通过论辩、协商以求达到共识，最终通过论辩、协商来解决不断出现的问题，通过这种模式来达成对于评价客体和其他相关者最大程度的尊重。最后，大学生就业创业教育评价采取建构模式时，要始终秉承民主协商的精神，调动被评价者的积极性和主动性。一方面，建构模式革新了泰勒模式的目标性原则，它更多地关注到非预期目标的效应和效果，进而发展评

---

① 肖远军：《教育评价原理及应用》，浙江大学出版社 2004 年版，第 42 页。

价客体的优长，从而能够激发评价客体的创造性与主动性，并且能够防止评价客体在评价的过程中出现防卫、焦虑心理。另一方面，建构主义所倡导的标准拟定协商反映了评价角度的多样化与多元化，它在评价大学生就业创业教育的同时，更注重学生和教师的情感、人格、信念等方面的内容，体现了最大程度的包容性。

### （五）对"指标量化评语描述模式"以科学客观为评价指向的借鉴

综观我国的教育评价理论的发展，它建立在 80 年代以来对西方评价理论的不断借鉴与创新的基础上，经过多年发展逐步形成了现代教育评价的理论体系框架，最具代表性是指标量化评语描述模式。所谓指标量化评语描述模式是指"运用定性与定量的分析方法结合，主观描述与客观计量并重手段，把绝对评价与相对评价统一在同一评价的过程之中"①，这种评价模式是建立在我国教育评价的实践与借鉴西方评价理论之上，现被广泛运用于多种教育评价中，具有较强的实用性和可操作性。

"指标量化评语描述模式"对大学生就业创业教育评价有三方面的借鉴意义。首先，在大学生就业创业教育评价的过程中要注重对"指标"的筛选和确定。"指标"是指结合按照就业创业教育方针要求、当前教育现状等方面制定的评价目标分解出来的，以全方位反映评价对象状态的主要评价要点，在"经过筛选、归类合并、划分层次、确定权重而形成的指标体系，量化是指对测定结果的量化，可采用直接量化或二次量化手段完成"②。其次，在大学生就业创业教育评价中除了针对可"量化"的内容进行评价以外，可以通过观察、分析等手段对评价对象进行定性的描述，用语言对评价对象所达到的目标作出准确的评判，使评价客体能够准确地明确自身在大学生就业创业教育方面达到的程度。这种模式把"量化"与"描述"结合起来，可以对高校的就业创业教育做出全面、科学的评价。此外，这种模式的优势还在于通过指标的建立，使众多的评价对象处于同一评价标准的体系之下，并通过进行横向与纵向的比较，使高校明确自身在大学生就业创业教育中所处的地位与水平，从而进行有针对性的改进工作。

## 三、大学生就业创业教育评价方法

评价方法的概念有广义和狭义之分，"狭义的评价方法特指评价实施阶段为

---

①② 涂恒汉：《创新教育评价》，东方出版中心 2001 年版，第 75 页。

了得出评价结论，对评价目标实施评价行动的方法，广义的评价方法就是评价办法或评价方案，是评价活动全过程涉及的全部方法，包括狭义的评价方法、程序和规范。"[①] 本书研究的评价方法特指狭义的评价方法。根据大学生就业创业教育评价的特点，我们重点研究 5 种对于大学生就业创业教育评价适用度较高的教育评价方法，即同行评议法、德尔菲法、标杆分析法、调查研究法、多指标综合评价法。

### （一）同行评议法

所谓同行评议是指从事某领域（或相关领域）研究的专家根据一定的标准和程序对该领域的某一事项进行评价的方法。[②] 同行评议在评价实践中有很多的同义词，如专家鉴定、价值评议、同行评价、同行审查等，由于其操作简单，所以成为目前科学评价中使用最为广泛的方法（见图 6-1）。同行评议法的主要形式有通信评议、会议评议、调查评议和组合评议等。其优点有两个：一是评价由那些领域内有专长的、权威的专家来进行，专家们的责任感和科学严谨的研究态度，在一定程度上保证评价结果的客观性；二是允许评价领域的专家们交流想法、意见和反馈信息，这种交换促进了科学进步，并保持了科学交流渠道的畅通。[③] 但同时该方法也有两个明显的缺点：一是同行评议法相对主观，而人类本身存在固有的弱点与偏见，所以反映到同行评议中，造成各种评价问题；二是同行评议法在给予评价者非凡权力的同时又要维持评价过程的保密性，这两者结合会产生一些问题。[④]

对于大学生就业创业教育评价而言，同行评议法由权威的专家参与，因此比较适合于对课程、教材或教育管理过程等方面进行诊断性评价，也同样适用于大学生就业创业课程开发、案例编写或课程计划改进等方面的预测性评价。由于同行评议法的缺陷会使得评价结果带有一定的主观性，另外由于评价专家团队的结构不同，评价结果可能会出现较大的差异，因此对大学生就业创业教育进行正式的对比性评价时不宜以同行评议法为主，可以在对某些难以量化的指标进行综合评价时，小范围的使用同行评议法。

① 邱均平、文庭孝：《评价学：理论·方法·实践》，科学出版社 2010 年版，第 131 页。

② ［美］埃利泽·盖斯勒，周萍等译：《科学技术测度体系》，科学技术文献出版社 2003 年版，第 42 页。

③ 吴述尧：《同行评议方法论》，科学出版社 1996 年版，第 39～55 页。

④ K. Karl: *The Art and science of* 360 *degree feedback*, *The Academy of Management executive.* 11, 1997, pp. 100-101.

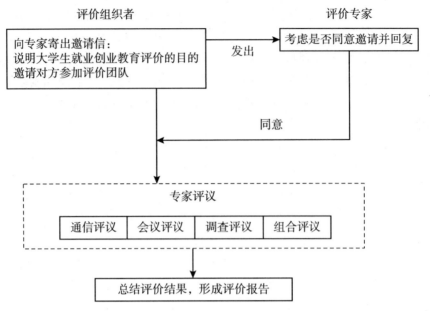

**图 6 - 1　利用同行评议法进行大学生就业创业评价的流程**

### （二）德尔菲法

德尔菲法是一种背对背的征询专家意见的评价方法，采用匿名发表意见的方式，针对特定的问题采用多轮专家调查，专家之间不得互相讨论，不发生横向联系，只能与评价管理人员（评价组织者）发生关系，通过多轮次调查专家对问卷所提问题的看法，经过反复征反馈修改和归纳，最后汇总成专家意见[1]（见图 6 - 2）。

德尔菲法与同行评议法既有联系又有区别，它继承了同行评议法的优长，同时又有自己独特之处：第一，能把各位专家意见的分歧点表达出来，特别是对个别有分歧的指标，取各家之长，避各家之短[2]；第二，可以避免在同行评议时权威专家的意见影响他人的导向；第三，与一般的通信评价相比，德尔菲法可以把不同的意见反馈给评价专家，使专家有机会修正自己的评价结论；第四，通过多轮的评价，最大程度上综合不同的意见，从而使结果趋向更为科学、合理。德尔菲法主要的缺点就是程序略显复杂，由于需要多轮的评价和反馈，因此在成本支出较大，评价过程花费的时间也较长。

---

[1]　邱均平、文庭孝等：《评价学：理论·方法·实践》，科学出版社 2010 年版，第 162 页。
[2]　邱均平、文庭孝等：《评价学：理论·方法·实践》，科学出版社 2010 年版，第 164 页。

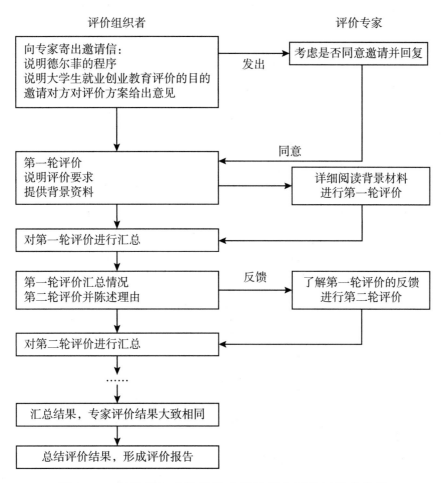

**图6-2  利用德尔菲法进行大学生就业创业评价的流程**

对于大学生就业创业教育评价而言，德尔菲法与同行评议法适用的范围大致相同，主要在对大学生就业创业教育某个方面进行诊断性评估或预测性评估。但是由于德尔菲法评价的周期较长，因此除非条件允许，一般不会与其他评估方法混合使用，以免拉长整体评价时间。

### （三）标杆分析法

标杆本质上是一种比较的标准和参照。标杆分析法来源于标杆管理理论，其核心思想是指一个组织瞄准一个比其绩效更高的组织与其进行比较，以便取得更好的绩效……的过程。[①]  标杆评价法最适合的评价领域就是绩效评价和对比性评

---

①  孔杰、程寨华：《标杆管理理论述评》，载于《东北财经大学学报》2004年第2期，第3~7页。

价，由于是与"标杆"的各项指标进行比对，因此评价指标相对明确，评价尺度清晰，便于寻找差距。"标杆"的选择是标杆分析法的重点和难点，如果"标杆"选择不准确将直接影响评价的准确度（见图 6 - 3）。

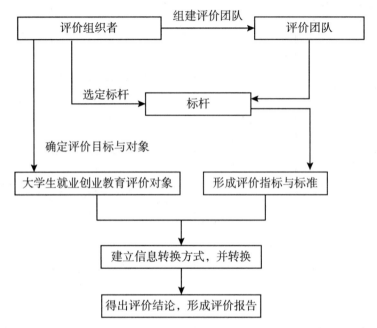

**图 6 - 3　利用标杆分析法进行大学生就业创业评价的流程**

对于大学生就业创业教育评价而言，标杆分析法的适用度较低，因为我国大学生就业创业教育起步较晚，开展大学生就业创业教育的机构，特别是高校还处于"百家争鸣""个性化发展"的探索阶段，较大的差异性导致很难确定一个科学的"标杆"作为评价的标准和参照，因此标杆分析法在现阶段仅适用于对同类型高校进行大学生就业创业教育绩效评价或对比性评价。

### （四）调查研究法

调查研究法是科学评价常用的方法之一。几乎各种类型的科学评价活动都离不开对资料数据的收集、汇总和分析研究，有些数据可以通过情报信息部门、统计部门或权威文献获取，但大部分数据则需要采用各种方法和手段深入现场实地搜集和统计，这种利用各种方法和手段收集信息的过程就是调查研究法的具体应用。在科学评价领域，常用的调查研究法有问卷调查、观察和访谈等。

调查研究法重点用于对大学生就业创业教育满意度相关的调查和对评价指标构建时的初选。另外，在不同的评价模式下，调查研究法的应用方式也有所不同，以构建大学生就业创业教育指标体系指标初选问卷调查为例：在传统的评价模式下，问卷调查的目标人群的选择一般都定位于行业内的专家和学者，或者扩大到教育行政主管部门等；基于"建构模式"下，问卷调查的目标人群应该是和大学生就业创业教育所有的利益相关者，不仅包括专家和教育行政主管部门，还应该包括学生、用人单位和大学生就业创业教育的教师等群体。

### （五） 多指标综合评价法

多指标综合评价法是一种综合评价方法，该方法是根据评价目标和评价对象的特点，确定评价准则或原则，构建多层次的定性与定量相结合的评价指标体系与评价模型，请专门的评价小组或评价专家先对各项指标赋予权重，再对各指标给予一定的分值，结合其他的评价方法对竞价对象进行评价与分析。[①] 对于大学生就业创业教育评价而言，多指标综合评价方法由于精度高，误差小，适用于对教育整体状况进行对比性评价。利用多指标综合评价法时，有两大难点：一个是评价指标体系的构建要科学；另一个是评价方法的选择要合理，一定要注意与评价目标相匹配，尽量选择成熟、公认的评价方法，并在使用时注意方法的适用范围与内在约束。

## 四、大学生就业创业教育评价策略

策略是指可以实现目标的方案集合。大学生就业创业教育评价策略是指为了实现大学生就业创业教育评价目标，而选择的教育评价模式、方法等方案的集合。目前，大学生就业创业教育评价的目标大致可以分为四类，分别是以对比为目标的评价、以督查为目标的评价、以诊断为目标的评价、以预测为目标的评价。

### （一） 以对比为目标的大学生就业创业教育评价策略

以对比为目标的评价又叫优选性评价，一般是指由政府或社会组织对实施大学生就业创业教育的机构进行的结构化评价。以对比为目标的评价适合于发展较为成熟的教育体系，而在我国大学生就业创业教育刚刚起步，所以目前还没有专门针对大学生就业创业教育的对比性评价，只有两个与大学生就业创业教育相关度较高的对比性评价。一个是国务院于 2004 年和 2012 年对全国就业先进集体进

---

① 王宗军：《综合评价的方法、问题及其研究趋势》，载于《管理科学学报》1998 年第 1 期，第 73 ~ 79 页。

行表彰，另一个是教育部从 2009 年起评选全国高校"就业 50 强"，先进集体和 50 强高校的评选就是对比性评价的过程，其中创业就业课程数量、类别、学分、大纲和师资是评价指标中的重要部分。

以对比为目标的大学生就业创业教育评价策略，在评价模式上适宜采用行为目标模式、指标量化评语描述模式或"CIPP"模式，无论采用哪种模式，都需要构建统一的、全面评价指标体系，对不同的大学生就业创业教育实施机构进行结构化的评价。在评价方法上可以采用标杆分析法进行相对评价，也可以采用量化的评价方法，如多指标综合评价法、调查研究法等，使得对于不同评价对象的评价结果都可以很直观的进行对比和排序。

### （二）以督查为目标的大学生就业创业教育评价策略

以督查为目标评价又叫绩效评价，一般由教育行政主管部门、高校内部管理部门或被授予督查权力的组织对大学生就业创业教育实施机构进行的评价，主要评价教育方针的落实、教育政策的执行、教育目标的实现、教育质量和效果情况等。如 2012 年国务院高校毕业生就业工作督查，督查组由国务院就业工作部际联席会议 21 个成员单位组成，分赴河北、吉林、山东、江苏、云南、陕西 6 省开展督查，目的是检查各地贯彻落实《国务院关于进一步做好普通高等学校毕业生就业工作的通知》和全国普通高校毕业生就业工作电视电话会议精神情况，其中，大学生就业创业教育的开展和落实情况是督查工作的重点。

一般而言，以督查为目标的评价都是针对大学生就业创业教育标准（目的）较为明确的方面开展，如对高校落实教育部《大学生职业发展与就业指导课程教学要求》的情况进行评价，关于课程数量、学分和内容都有较为明确的标准，所以其评价策略在评价模式上适宜采用行为目标模式和"CIPP"模式，评价指标体系的构建一般以标准（目标）为依据。另外，以督查为目标的大学生就业创业教育评价都带有一定的强制性，这种强制性较易使评价方和被评价方产生隐形的"对抗"，不利于评价的开展，所以在评价方法的选择上，适宜采用多指标综合评价法结合同行评议法，这样既可以相对客观的开展评价，又可以利用专家的权威性会在一定程度上消除这种"对抗"。

### （三）以诊断为目标的大学生就业创业教育评价策略

以诊断为目标的评价分为两种情况：第一，是指大学生就业创业教育实施机构在实施教育的过程中遇到了问题，所以利用教育评价找到引起问题的原因；第二，是指大学生就业创业教育实施机构在实施教育的过程中虽然没有遇到明显问题，但是为了提高教育质量，利用教育评价来查找制约其发展的瓶颈。由于我国大学生就业创业教育评价发展的时间短，因此诊断性评价更适合现阶段我国大学生就业创业教育发展的需要。一般在校际交往过程中，很多开展大学生就业创业教育的部门间交流经验，互谈心得也可以看成是一种非正式的诊断评价。另外，教育部、学术协会或相关机构经常组织一些大学生就业创业教育相关的论坛和经验交流活动，很多参与者会后都根据交流的心得对自己学校的大学生就业创业教育开展情况进行对比性反思，也这是一种自评式的诊断性评价。

以诊断为目标的大学生就业创业教育评价策略，在评价模式上适宜采用应答模式或建构模式，因为评价的目标是诊断问题，所以在构建评价指标体系时要以大学生就业创业教育在实施过程中遇到的问题为导向，甚至可以不构建正式的评价指标体系，而是在大学生就业创业教育问题聚焦的方面预设一些合理的应然，利用实然与应然的对比来开展诊断和评价。在评价方法选择上，适宜以同行评议法和德尔菲法为主，以调查研究法为辅。一方面，同行专家对大学生就业创业教育更为熟悉，容易发现问题的关键所在；另一方面，以调查研究法特别是访谈法与被评价方的利益相关者（如选修课程的学生、授课的教师等）进行深入的交流沟通也可以突破文字材料展现出的"假象"，发现引起问题的深层次原因。

### （四）以预测为目标的大学生就业创业教育评价策略

以预测为目标评价是指大学生就业创业教育机构要实施新的教学措施或变更教学条件（如编写大学生就业创业教育新教材、开设就业创业教育新课程、制定新的教师聘任考核制度或设计大学生创业园区建设方案等），对其必要性、可行性、投入产出比及可能出现的情况进行预测、分析和判断的评价。我国大学生就业创业教育的预测性评价的应用较为广泛，如2002～2005年教育部连续发布相关文件，要求各高校建立专门的大学生就业指导与服务机构，各校在建立机构之前一般多采用自评的形式针对新机构设立方案进行调研，通过各种形式广泛收集参考信息，综合评价并预测各种备选方案的利弊，从而得出最适合校情的机构设立方案。

以预测为目标的评价策略与以诊断为目标的评价策略较为相似，在评价模式上适宜采用应答模式或建构模式，在评价方法上适宜采用同行评议法或调查研究法。二者的区别主要体现在两个方面：一是以预测为目标的大学生就业创业教育评价必须要先有"预案"作为评价对象；二是以诊断为目标的大学生就业创业教育评价结论是问题所在，以及解决这些问题的建议，而以预测为目标的大学生就业创业教育评价结论是"预案"的可行性与修改建议。

# 第二节　大学生就业创业教育评价指标体系的构建

评价指标是表明评价对象某一特征的概念及其数量表现，它既明确了评价对象某一特征的概念（或性质），又反映了评价对象的数量，具有定性认识和定量认识的双重作用。"根据评价目标需求，能够全面系统的反映某一特定评价对象的一系列较为完善的、相互之间存在有机联系的评价指标就是评价指标体系。"① 简单地理解，评价指标就是评价的标准和尺度是衡量、比较事物的基本依据，而指标体系就是评价指标的合集。同时，评价指标体系也是一个信息系统，可以直观、清楚的反应评价对象的全貌。评价指标体系是联系评价方法与评价对象的中介，评价方法通过作用于评价指标体系而得到科学合理的评价结果，因此评价指标体系的构建是大学生就业创业教育评价中的难点和重点。

## 一、大学生就业创业教育评价指标体系构建的原则和方法

"目前学界在评价指标体系的构建上还没有形成标准化、内在一致的规则，指标体系的结构、构建方法、构建程序、指标的数量也各有差异，无法统一。"② 因此不同的评价者对同一个评价对象进行评价时，评价指标体系的构建可能会有所不同，没有绝对科学合理的指标体系，只有相对科学合理的指标体系，但是原则、步骤和方法的科学性至关重要。

### （一）评价指标体系构建的原则

大学生就业创业教育评价作为高等教育的一部分，与其他教育相比既有相同之处也有不同之点，因此在构建评价指标体系时既要遵循一般性原则也要遵循特殊性原则。

1. 评价指标体系构建的一般性原则。

（1）整体性和针对性相结合的原则。整体性原则是指评价指标体系的构建必须全面客观地反映评价对象的全貌，本书所构建的大学生就业创业教育评价指

---

① 娄策群：《社会科学评价的文献计量理论与方法》，华中师范大学出版社 1999 年版，第 78 页。
② 邱均平、文庭孝等：《评价学：理论·方法·实践》，科学出版社 2010 年版，第 136 页。

标体系不是单一对大学生就业创业教育课程、师资或教学等某一方面开展评价，而是对教育实施机构开展大学生就业创业教育的整体水平进行评价；针对性原则是指大学生就业创业教育评价指标体系的构建虽然要全面但是不能平均化，要体现评价重点，如课程体系、教学效果对于大学生就业创业教育而言较为重要，因此在评价指标体系中要有相当数量的相关指标进行体现。

（2）定量指标与定性指标相结合的原则。大学生就业创业教育评价指标体系在构建时要考虑评价对象的特点和数据采集条件。有些评价指标容易量化，如就业率、满意度等，有些指标则难以量化，如大学生就业创业教育融入专业教育程度、大学生就业创业教育教学方法等，不能因为评价指标难以量化就将其舍弃，而是应该从实际需要出发，采取定性取向的评价方法对这些难以量化的指标进行评价。因此，在构建大学生就业创业教育评价指标体系时要注意定量、定性指标相结合。

（3）系统性和独立性相结合的原则。大学生就业创业教育评价指标体系的构建要体现出系统性，多个指标之间不是简单的堆砌，应该是层次结构分明，呈现出较强的逻辑关系。另外，指标之间又要相对的独立，有清晰的边界，不应该出现多个指标信息重合、覆盖或从属，干扰评价结果的准确性和科学性，这样构建的大学生就业创业教育评价指标体系具有良好的结构，既可以整体使用进行大学生就业创业教育的综合评价，也可以单独使用某一层次的指标进行大学生就业创业教育的单项评价。

（4）可评性和易评性相结合原则。大学生就业创业教育评价指标在构建时要综合考虑评价成本，收集信息数据的复杂性和适时性，有些对综合评价结果影响较小又难于测量的评价指标（如大学生就业创业教育课程的出勤率、课堂表现等）应该舍弃。同时，在保证满足评价需求的前提下，大学生就业创业教育评价指标体系还要尽可能的简化，这一方面可以提高评价效率，另一方面也使得指标体系在计算权重时符合相关方法（如层次分析法要求每层指标数不超过9个）的要求。

（5）对比性与诊断性相结合的原则。大学生就业创业教育评价指标体系构建时，要充分考虑到指标体系的适用范围。本书构建的大学生就业创业教育评价指标体系一方面适用于教育行政主管部门或相关组织对高校大学生就业创业教育开展状况进行整体评价，并可根据综合评价结果对高校大学生就业创业教育开展水平进行对比和排序；另一方面也适用于高校对大学生就业创业教育开展情况进行诊断性评价，通过与评价标准的对比发现自身的优势与不足。基于以上两个方面，我们在构建大学生就业创业教育评价指标体系时要兼顾其适用于对比性与诊断性评价的原则。

2. 大学生就业创业教育评价指标体系的特殊性原则。

（1）坚持市场反馈效应原则。大学生就业创业教育与其他教育的最大的不同在于——教育对象即大学生在就业市场中的期望、表现、感受、就业结果等，可以很直观地反映教育效果。一般而言，就业教育开展的状况与毕业生的就业效果密切相关，而这种就业效果要凭借就业市场的信息进行反馈，如就业率、就业结构、区域分布、薪金水平、就业周期等。因此，在构建大学生就业创业教育评价指标体系时，就业市场相关的评价指标非常重要，不容忽视。

（2）坚持纵向综合评价原则。大学生成功的就业或创业在一定程度上反映出大学生就业创业教育的效果，因此大学生就业率和创业成功率是评价大学生就业创业教育时的重要指标。然而根据职业搜寻理论和 Menzies 的研究，大学生的就业创业教育都存在一定的时滞效应（time lag effect），即大学生接受就业创业教育之后，到成功的就业创业之间有较长的时间间隔，因此我们在构建大学生就业创业教育评价指标体系时要坚持纵向综合评价的原则，采用短期评价指标（如初次创业率）和长期评价指标（如毕业三年创业率）相结合，使得指标体系的构建更为科学。

### （二）评价指标体系构建的步骤和方法

"在科学评价中，指标体系的构建大致分为形成指标群、指标初选、指标优选和确定评价指标体系四个步骤。"① 不同的评价模式下，评价指标体系构建的步骤大体相同但方法的选择多种多样。我们在构建大学生就业创业教育评价体系时，在方法选择策略方面，优先选择那些能够最大限度地体现相关利益群体参与的方法，具体的步骤与方法如下：

第一步，形成评价指标群阶段。在充分借鉴国外相关研究成果的基础上，结合我国大学生就业创业教育的发展历程与现状，采用文献法和访谈法来确定评价指标群。文献频度的统计中，主要对 85 篇就业创业教育评价相关的研究成果、51 篇权威媒体报道、23 个教育部相关文件进行了关键词的频度统计。访谈法主要针对 50 位来自 10 所不同类型高校的大学生、30 位从事大学生就业创业教育的教师和 20 位教育主管部门管理者进行访谈，根据访谈内容进行了关键词的频度统计。在这个阶段我们共整理出大学生就业创业教育评价指标 117 个（见表 6-1），将这 117 个评价指标作为指标群来进行初选和优选。

---

① 邱均平、文庭孝：《评价学：理论·方法·实践》，科学出版社 2010 年版，第 137~140 页。

表 6 – 1　　　　　　　　大学生就业创业教育评价指标来源表

| 编号 | 指标名称 | 指标来源 | | | | |
|---|---|---|---|---|---|---|
| | | 研究成果 | 媒体报道 | 相关文件 | 学生访谈 | 专家访谈 |
| 1 | 课程数量 | √ | | √ | √ | √ |
| 2 | 教材获奖情况 | √ | √ | | | |
| 3 | 案例库与资料库 | √ | | √ | √ | √ |
| 4 | 教学方法 | √ | √ | √ | √ | √ |
| 5 | 课程内容 | √ | √ | √ | √ | √ |
| 6 | 课程获奖情况 | √ | | | | |
| 7 | 自编教材 | √ | √ | √ | | |
| 8 | 教师年龄 | √ | | | | |
| …… | | | | | | |
| 115 | 教师岗位类型 | √ | | √ | | √ |
| 116 | 课程覆盖率 | √ | | | | |
| 117 | 教师培训 | √ | | √ | | √ |

　　第二步，初选阶段。评价指标初选的方法一般有调研法、分析法、综合法、交叉法、指标属性分组法等，最基本、最常用的方法是调研法。我们在 117 个指标项的基础上采用调研法对指标进行初选。

　　课题组设计大学生就业创业教育评价指标调查问卷（见表 6 – 2），通过电话、信件、e-mail 和网络调查等途径发放问卷共 8 000 份，回收有效问卷 7 881 份。其中，向政府相关部门发放问卷 2 000 份，回收有效问卷 1 859 份；向高校就业部门发放问卷 2 000 份，回收有效问卷 722 份；向用人单位发放问卷 2 000 份，回收有效问卷 1 811 份，向毕业生（工作 3 年左右）发放问卷 2 000 份，回收有效问卷 1 798 份。问卷采用半开放式设计，将 117 个评价指标按照评价的重要程度分为五个等级，分别是"非常重要"、"重要"、"一般"、"不太重要"和"不重要"，被调查者分别对 117 个指标进行等级打分。同时，被调查者如果认为除了问卷中 117 个评价指标以外还有更重要的评价指标，也可以填写并进行等级打分。

　　在对大学生就业创业教育进行评价时，请为以下评价指标的重要程度划分等级。

表 6 – 2　　　　　　　大学生就业创业教育评价指标初选问卷

| 编号 | 指标名称 | 指标重要程度 | | | | |
|---|---|---|---|---|---|---|
| | | 非常重要 | 重要 | 一般 | 不太重要 | 不重要 |
| 1 | 课程数量 | | | | | |
| 2 | 教材获奖情况 | | | | | |

| 编号 | 指标名称 | 指标重要程度 | | | | |
|---|---|---|---|---|---|---|
| | | 非常重要 | 重要 | 一般 | 不太重要 | 不重要 |
| 3 | 案例库与资料库 | | | | | |
| 4 | 教学方法 | | | | | |
| 5 | 课程内容 | | | | | |
| 6 | 课程获奖情况 | | | | | |
| 7 | 自编教材 | | | | | |
| 8 | 教师年龄 | | | | | |
| | ...... | | | | | |
| 115 | 教师岗位类型 | | | | | |
| 116 | 课程覆盖率 | | | | | |
| 117 | 教师培训 | | | | | |

问卷处理时，首先对被调查者填写的 117 个评价指标以外的新指标进行合并，删除那些由于对指标含义理解不同而冗余出的指标，并将新指标添加进指标群里，得到评价指标 136 个；然后对指标等级进行赋值，"非常重要"、"重要"、"一般"、"不太重要"和"不重要"分别对应"5"、"4"、"3"、"2"和"1"分，依次计算出 136 个指标重要程度的平均得分并排序（见表 6 - 3）；最后将"不太重要"即"2"分作为阈值，不足"2"分的指标进行舍弃，最终舍弃 77 个重要程度低于阈值评价指标，初选阶段得到评价指标 59 个。

表 6 - 3　　　　　大学生就业创业教育评价指标初选排序

| 排序 | 指标名称 | 重要程度得分 |
|---|---|---|
| 1 | 就业率 | 4.88 |
| 2 | 课程内容 | 4.88 |
| 3 | 教师数量 | 4.88 |
| 4 | 教学方法 | 4.87 |
| 5 | 课程类型 | 4.87 |
| 6 | 教师背景 | 4.86 |
| 7 | 创业率 | 4.86 |
| 8 | 科研情况 | 4.85 |
| | ...... | |

续表

| 排序 | 指标名称 | 重要程度得分 |
|------|----------|--------------|
| 134 | 学术组织成员 | 1.27 |
| 135 | 教师性别 | 1.23 |
| 136 | 教师年龄 | 1.21 |

第三步，优选阶段。评价指标优选一般采用各种定性定量方法对指标体系中的单项指标的完整性、系统性、准确性、可行性、可靠性、科学性、关联性、协调性、冗余度等方面进行优化，一般以专家判断等定性方法为基础，以定量测验方法为补充。我们以初选后的 59 个评价指标为基础，使用同行评议法，组织了30 位相关领域的专家和同行对评价指标进行优选。优选阶段首先舍弃了一些评测难度较大的指标（如大学生就业质量等），然后对同类型的相似指标进行取舍（如专职教师人数和专任教师人数），最终得到优选后的评价指标 38 个，并根据评价指标的特征初步构建评价指标体系的层次结构。

第四步，指标检验并优化体系结构。指标检验是根据评价指标是否全面、准确的达到评价目标的要求来进行完善，而指标优化体系结构主要从层次深度、每一层次的指标个数、是否存在网状结构等方面进行优化。课题组通过三种方式对指标进行检验并对体系结构进行优化，首先根据教育部《大学生职业发展与就业指导课程教学要求》（以下简称《就业课程要求》）和《普通本科学校创业教育教学基本要求（试行）》（以下简称《创业课程要求》）对指标的全面性和准确性进行检验；然后根据每一层的指标个数是否符合常用的权重确定方法，对评价指标进行重新归类；最后根据评价指标权重确定结构，对权重较大的指标进行拆分，对权重较小的指标进行合并（如将教师科研论文、专著和科研项目三个权重较小的指标进行合并）。

经过以上四个步骤，最终构建大学生就业创业教育评价指标体系，详细流程如图 6-4 所示。

## 二、大学生就业创业教育评价指标体系的构建

本书构建的大学生就业创业教育评价指标体系包含三个层次：第一层由课程、教师、学生、环境 4 个一级指标构成，第二层由课程体系等 10 个二级指标构成，第三层由课程数量等 36 个三级指标构成，指标体系的结构与评价指标的含义（见表 6-4）。

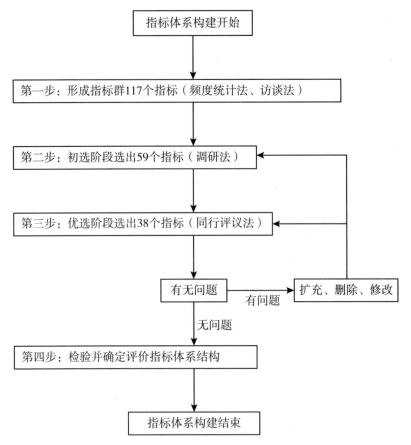

**图6-4 大学生就业创业教育评价指标体系构建流程**

表6-4 大学生就业创业教育评价指标体系表

| 一级指标 | 二级指标 | 三级指标 | 指标含义 |
|---|---|---|---|
| 大学生就业创业教育评价指标体系 | | | |
| 课程 | 课程体系 | 课程数量 | 课程开设的数量 |
| | | 课程学分 | 课程学分总数 |
| | | 课程学时 | 课程课时总数 |
| | | 课程类型 | 课程是必修课或是选修课 |
| | | 课程内容 | 课程包含的内容 |
| | | 课程获奖 | 课程被评为省级及以上精品（示范）课的情况 |
| | 教材 | 自编教材 | 结合本校特色自主编写的就业创业教育教材 |
| | | 资料室与案例库 | 是否建立资料室与案例库 |
| | | 教材获奖 | 教材获得省级及以上奖励的情况 |

| 一级指标 | 二级指标 | 三级指标 | 指标含义 |
|---|---|---|---|
| 大学生就业创业教育评价指标体系 | 课程 — 教学 | 教学方法 | 课程采用多种教学方法 |
| | | 衔接融入 | 就业创业教育课程与专业教育、思想政治教育和就业指导服务有机的衔接融入情况 |
| | | 教学成果获奖 | 教学成果获得省级及以上奖励的情况 |
| | 课程 — 管理 | 教研机构 | 是否建立就业创业指导教研机构 |
| | | 特色教学大纲 | 是否制定了具有学校特色的教学大纲 |
| | | 教学评价机制 | 建立科学合理的教学效果评估监测机制 |
| | 教师 — 构成 | 专任教师数量 | 专任教师数量与在校生的比例 |
| | | 教师组成 | 教师的专、兼职组成情况 |
| | | 教师背景 | 专任教师专业、学历、求职和创业经历情况 |
| | | 教师岗位 | 专职教师是否纳入到专业技术岗位系列 |
| | | 教师培训 | 教师进修、培训情况 |
| | 教师 — 科研 | 科研成果 | 专任教师发表论文、承担课题、出版专著情况 |
| | | 科研成果获奖 | 专任教师研究成果获得省级及以上奖励的情况 |
| | 学生 — 效果 | 初次就业率 | 毕业生离校时的就业率 |
| | | 年底就业率 | 毕业生毕业半年后的就业率 |
| | | 初次创业率 | 毕业生离校时的创业率 |
| | | 三年创业率 | 毕业生毕业三年后的创业率 |
| | 学生 — 满意度 | 岗位满意度 | 毕业生对就业岗位的满意程度 |
| | | 能力满意度 | 用人单位对毕业生综合能力的满意度 |
| | | 课程满意度 | 学生对就业创业课程的满意度 |
| | 环境 — 硬环境 | 服务机构 | 是否成立了专门的大学生就业创业服务机构 |
| | | 场地 | 为大学生就业创业提供专用场地的情况 |
| | | 经费 | 为就业创业教育投入的经费情况 |
| | | 基地 | 建立大学生就业创业实习基地的情况 |
| | 环境 — 软环境 | 大赛 | 组织和举办就业创业相关大赛情况 |
| | | 讲座 | 组织开展就业创业相关的讲座情况 |
| | | 服务 | 为学生提供就业创业相关服务的情况 |

## （一）课程

一级指标课程，是对大学生就业创业教育课程的整体情况进行评价，下设课程体系、教材、教学和管理 4 个二级指标和 15 个三级指标，现对三级指标的含义、计算方法和评价标准进行详细的说明。

1. 课程数量。

指高校大学生就业创业教育课程开设的数量。完整的课程体系，一定数量的课程是基础，因此本指标主要对从数量维度进行评价。《就业课程要求》中指出了 3 种课程开设方式，建议开设 1 到 3 门就业课程，"每种方式的课程内容由学校结合实际进行组合，但应包括课程的主要内容"；《创业课程要求》中指出"面向全体学生单独开设"创业基础"必修课。综合以上两个文件的要求，我们将课程数量这个评价指标的评价等级设为两个级别（见表 6-5）。

表 6-5　　　　　　　　　　课程数量评价标准

| 评价等级 | 评价等级描述 |
| --- | --- |
| A | 至少开设 1 门就业课程和 1 门创业课程 |
| E | 不符合上述条件 |

2. 课程学分。

指高校设置的大学生就业创业教育课程学分总数。课程学分可以反映出学校对大学生就业创业课程建设的重视程度和课程建设本身的成熟度。《就业课程要求》中提到"分年级设立相应学分"，文件只要求设立学分，但未对学分多少加以界定，按照这个标准，就业课程至少设置 1 学分；另外，《创业课程要求》中要求创业课程"不低于 2 学分"。综合以上两个文件的要求，我们将课程学分这个评价指标的评价等级设为两个级别（见表 6-6）。

表 6-6　　　　　　　　　　课程学分评价标准

| 评价等级 | 评价等级描述 |
| --- | --- |
| A | 就业课程至少 1 学分，创业课程至少 2 学分 |
| E | 不符合上述条件 |

3. 课程学时。

指高校开设大学生就业创业教育相关课程的课时总数。《就业课程要求》中明确规定"建议本课程安排学时不少于 38 学时"；《创业课程要求》中也明确要求创业课程"不少于 32 学时"。综合以上两个文件的要求，我们评价时设定两个评价条件：（1）就业课程不少于 38 学时；（2）创业课程不少于 32 学时。根据是否满足这两个条件将课程学时分为三个评价等级（见表 6 - 7）。

表 6 - 7 课程学时评价标准

| 评价等级 | 评价等级描述 |
| --- | --- |
| A | 同时满足两个条件 |
| C | 只满足一个条件 |
| E | 两个条件都不满足 |

4. 课程类型。

指大学生就业创业教育课程是必修课还是选修课。《就业课程要求》中明确规定就业课程"现阶段作为高校必修课或选修课开设，经过 3 ~ 5 年的完善后全部过渡到必修课。"按照该文件的要求，2007 年至少设立选修课，经过最多 5 年时间过渡到必修课，目前，各高校应该完成了就业教育必修课的过渡；《创业课程要求》中提出"面向全体学生单独开设创业基础必修课"，明确了创业课程设置为必修课。综合以上两个文件的要求，我们评价时设定两个评价条件：（1）就业课程至少有一门为必修课；（2）创业课程至少有一门是必修课。根据是否满足这两个条件将课程类型分为三个评价等级（见表 6 - 8）。

表 6 - 8 课程类型评价标准

| 评价等级 | 评价等级描述 |
| --- | --- |
| A | 同时满足两个条件 |
| C | 只满足一个条件 |
| E | 两个条件都不满足 |

5. 课程内容。

指就业创业教育课程涵盖的教学内容。《就业课程要求》中把大学生就业教育课程内容划分为 6 个大项、57 个小项；《创业课程要求》中将大学生创业教育的内容划分为 6 个大项、73 个小项。综合以上两个文件的要求，我们评价时设定两个评价条件：（1）就业课程内容要涵盖《就业课程要求》中教学内容的规定；（2）创业课程内容要涵盖《创业课程要求》中教学内容的规定。根据是否满足这两个条件将课程内容分为三个评价等级（见表 6 - 9）。

表6-9                              课程类型评价标准

| 评价等级 | 评价等级描述 |
|---|---|
| A | 同时满足两个条件 |
| C | 只满足一个条件 |
| E | 两个条件都不满足 |

6. 课程获奖。

指大学生就业创业教育课程获评省级及以上精品课、示范课的情况。教育部《关于积极做好 2010 年普通高等学校毕业生就业工作的通知》中要求"通过开展就业指导课程观摩、评选等活动，建设一批精品课程、示范课程"；另外，教育部《关于积极做好 2011 年普通高等学校毕业生就业工作的通知》中也提到"开展示范课程评选和教学经验交流，努力提高课程质量"，课程获奖情况可以反映出一门课程质量的高低。在精品课、示范课的界定上，根据《教育部、财政部关于实施高等学校本科教学质量与教学改革工程的意见》的相关规定，精品课是指"高等学校教学质量与教学改革工程"精品课，示范课是指"双语教学示范课"。我们在评价课程获奖时将精品课和示范课分为两个等级，由教育部高等教育司评选出的精品课和示范课为国家级，由各省（自治区、直辖市）教育行政主管部门评选的精品课和示范课为省级。根据大学生就业创业教育课程获奖等级的不同，将其分为三个评价等级（见表6-10）。

表6-10                             课程获奖评价标准

| 评价等级 | 评价等级描述 |
|---|---|
| A | 课程被评为国家级精品课或示范课 |
| C | 课程被评为省级精品课或示范课 |
| E | 不符合上述条件 |

7. 自编教材。

指高校自主编写大学生就业创业教育课程教材的情况。教材是供教学使用的资料，有广义和狭义之分——广义的教材指课堂上和课堂外教师和学生使用的所有教学材料，如课本、练习册、活动册、故事书等；狭义的教材专指教科书，我们所指的教材是狭义教材的概念。教育部《关于积极做好 2008 年普通高等学校毕业生就业工作的通知》中要求"要适应新形势需要，以科学性、系统性、针对性、操作性为原则，加快推进就业指导课程教材建设"；《创业课程要求》也提出"加强创业教育教学实验室、校内外创业实习基地、课程教材等基本建设"。自编教材一方面可以反映出学校对大学生就业创业教育的知识积累和研究水平；另一方面自编教材往往更具本土化优势，根据学校特点设计的教材更具针对性。自编教材质量可以用是否正式出版，是否在高等级的出版社出版作为衡量标准。我国目前尚未对出版社等级进行科学的划分，我们根据新闻出版总署2008 年对全国 500 家经营性图书出版单位实施等级评估的结果，认定获得"全国百佳图书出版单位"的出版社为等级较高的出版社。根据上述情况，自编教材可以划为四个评价等级（见表 6 – 11）。

表 6 – 11　　　　　　　　自编教材评价标准

| 评价等级 | 评价等级描述 |
| --- | --- |
| A | 自编教材在"全国百佳图书出版单位"出版 |
| B | 自编教材在非"全国百佳图书出版单位"出版 |
| C | 有自编教材，但尚未正式出版 |
| E | 不符合上述条件 |

8. 资料室与案例库。

指大学生就业创业教育资料室和案例库建设情况。《就业课程要求》中要求"学校应当结合就业指导机构的建设，建立职业发展规划资料室，搜集各种教学资源和学习资源，例如与职业生涯发展相关的书籍、报刊、影视资料、网络资料等"；《创业课程要求》也对教学提出了"强化案例分析"的要求，课件案例对于大学生就业创业教育而言非常重要。案例库的形式多样，既可与资料室相结合建立纸质的实体案例库，也可存在于网络空间建立电子数据案例库。我们评价时设定两个评价条件：（1）建立专门的大学生就业创业教育资料室（实体）；（2）建立了大学生就业创业教育案例库。根据是否满足这两个条件将指标分为三个评价等级（见表 6 – 12）。

表 6 – 12　　　　　　　　资料室与案例库评价标准

| 评价等级 | 评价等级描述 |
| --- | --- |
| A | 同时满足两个条件 |
| C | 只满足一个条件 |
| E | 两个条件都不满足 |

9. 教材获奖。

自编大学生就业创业教育教材的获奖情况。教材获奖情况可以反映出教材质量的高低，根据开展评选部门的不同，我们将自编教材获奖分为两个级别——"全国普通高等学校优秀教材奖"为国家级，各省"普通高等学校优秀教材奖"为省级。根据自编教材获奖等级的不同，将其分为三个评价等级，见表6－13。

表6－13　　　　　　　　　　教材获奖评价标准

| 评价等级 | 评价等级描述 |
| --- | --- |
| A | 自编教材获得国家级奖励 |
| C | 自编教材获得省级奖励 |
| E | 不符合上述条件 |

10. 教学方法。

指大学生就业创业教育课程教学方法的多样化和科学性。《就业课程要求》中对每部分教学内容适用的教学方法进行了具体要求，包括"课堂讲授、课堂活动、小组讨论、案例分析、分组调查、完成作业、个人经验分析、课后练习、职场人物访谈、团队训练、经验交流、模拟面试、面试录像、经验分享、实习实践、模拟教学"等。《创业课程要求》中对教学方法进行了总体要求"遵循教育教学规律和人才成长规律……课堂教学强化案例分析、小组讨论、角色扮演、头脑风暴等环节……从以讲授灌输为主向以体验参与为主的转变"。评价这个指标时，由评价团队对教学方法使用情况从两方面进行实地考察：（1）课堂教学是否使用了多样化的教学方法；（2）教学方法的选择是否与课程内容相适应。根据是否满足这两个条件将教学方法分为三个评价等级（见表6－14）。

表6－14　　　　　　　　　　教学方法评价标准

| 评价等级 | 评价等级描述 |
| --- | --- |
| A | 同时满足两个条件 |
| C | 只满足一个条件 |
| E | 两个条件都不满足 |

11. 衔接融入。

指大学生就业创业教育课程是否融入专业教育，是否与大学生思想政治教育和就业指导服务有机衔接。"广谱式"的大学生就业创业教育不是割裂的教育，应该与专业教育较好的融合，在专业教育中渗透就业创业教育，在就业创业教育中体现专业差异。《创业课程要求》中要求"把创业教育有机融入专业教育，加强相关专业课程建设。把创业教育与大学生思想政治教育、就业教育和就业指导服务有机衔接。"因此，评价这个指标时，由评价团队对大学生就业创业教育与其他教育的衔接融入情况从四个方面进行实地考察：（1）大学生就业教育与创业教育的较好的融合；（2）大学生就业创业教育较好地融入专业教育，根据学生的专业不同，制定的差异化的教学内容与方法；（3）大学生就业创业教育与思想政治教育的较好的衔接，体现在就业创业价值观的主流引导；（4）大学生就业创业教育与就业指导服务的有机衔接。根据是否满足这四个条件将衔接融入分为五个评价等级（见表6-15）。

表6-15　　　　　　　　教学方法评价标准

| 评价等级 | 评价等级描述 |
| --- | --- |
| A | 同时满足四个条件 |
| B | 只满足三个条件 |
| C | 只满足两个条件 |
| D | 只满足一个条件 |
| E | 四个条件都不满足 |

12. 教学成果获奖。

大学生就业创业教育教学成果获奖情况。教学成果获奖情况可以反映出教学质量的高低，根据开展评选部门的不同，我们将教学成果获奖分为三个级别——"国家级"，"省级"和"校级"。根据自编教材获奖等级的不同，将其分为4个评价等级（见表6-16）。

表6-16　　　　　　　　教学成果获奖评价标准

| 评价等级 | 评价等级描述 |
| --- | --- |
| A | 教学成果获得国家级奖励 |
| B | 教学成果获得省级奖励 |
| C | 教学成果获得校级奖励 |
| E | 不符合上述条件 |

13. 教研机构。

指专门的大学生就业创业教研机构建设情况。教学研究机构是大学生就业创业教育的专门化发展的基础。《教育部关于做好2010～2012年全国普通高等学校毕业生就业工作的通知》中要求"有条件的高校要成立就业创业指导教研室，深入开展就业指导工作研究"。我们将教研机构的评价等级设为两个级别（见表6-17）。

表 6 – 17 教研机构评价标准

| 评价等级 | 评价等级描述 |
|---|---|
| A | 成立了专门的大学生就业创业教育教研机构 |
| E | 不符合上述条件 |

14. 特色教学大纲。

指是否有结合学校特点制定了特色大学生就业创业教育课程教学大纲。《就业课程要求》提到"各高等学校要结合本校实际，制定科学、系统和具有特色的教学大纲"；《创业课程要求》在附件中直接发布了《"创业基础"教学大纲》，并要求在此基础上"各高等学校要结合本校实际，制定科学、系统和具有特色的教学大纲"。综合以上两个文件的要求，我们评价时设定两个评价条件：（1）结合学校特色制定了大学生就业教育课程教学大纲（2）结合学校特色制定了大学生创业教育课程教学大纲。根据是否满足这两个条件将特色教学大纲分为三个评价等级（见表 6 – 18）。

表 6 – 18 特色教学大纲评价标准

| 评价等级 | 评价等级描述 |
|---|---|
| A | 同时满足两个条件 |
| C | 只满足一个条件 |
| E | 两个条件都不满足 |

15. 教学评价机制。

大学生就业创业教育课程实施的过程中，需要建立专门化教学评价机制，一方面可以保证课程计划顺利实施，另一方面根据评价结果完善和调整课程设置，提高教育质量。《就业课程要求》中要求"进一步明确课程的教学目标、内容、方式、管理与评估"，并从三个方面对评估进行了阐释；《创业课程要求》中也对教学效果评价也做出了具体要求。我们将教学评价机制的评价等级设为两个级别（见表 6 – 19）。

表 6 – 19 教研评价机制评价标准

| 评价等级 | 评价等级描述 |
|---|---|
| A | 制定了专门的大学生就业创业教育教学评价机制 |
| E | 不符合上述条件 |

（二）教师

一级指标教师，是对大学生就业创业教育教师情况进行评价，下设构成、科研2个二级指标和7个三级指标，现对三级指标的含义、计算方法和评价标准进行详细的说明。

1. 专任教师数量。

指大学生就业创业教育教师与在校生人数的比例，一定数量的专任教师是完成教学任务的基础。根据《普通高等学校本科教学工作水平评估方案（试行）》的规定，"专任教师"是指：具有教师资格、专门从事教学工作的人员，具体包括具有高校教师资格且在统计时段承担教学任务的专职任课教师；具有高校教师资格且在统计时段承担教学任务的"双肩挑"（行政、教学）人员；具有高校教师资格且在统计时段承担教学任务的非高校教师专业技术职务系列人员；具有高校教师资格且在统计时段承担教学任务的分管学生工作的正副书记、学生辅导员。由于专任教师是在评价时专门从事教学工作的人员，因此在对教师数量进行评价时，专任教师比专职教师更科学。

在制定专任教师数量评价标准时，我们对北京大学、清华大学和南开大学等20所高校的教师考核标准和大学生就业创业教育课程进行调研，得出每年每个教师平均要完成80~100个课时为合格，大学生就业创业教育课程班额为100~150人；我们取以上调研结果的下限作为计算参数，利用大学生就业创业课时要求（70课时）、本科生（按4年计算）学制进行计算，过程如下：

班额×教师年均课时×学制×专任教师人数 = 大学生就业创业教育课时

×学生人数

专任教师人数/学生人数 = 大学生就业创业教育课时/（班额

×教师年均课时×学制）

代入数值，

本科专任教师人数/学生人数 $= 70/(100 \times 80 \times 4) \approx 1:450$

根据以上的推算，我们将专任教师数量的评价等级设为两个级别（见表6-20）。

表6-20　　　　　　专任教师数量评价标准

| 评价等级 | 评价等级描述 |
| --- | --- |
| A | 专任教师按不低于师生比1:450的比例配备 |
| E | 不符合上述条件 |

## 2. 教师组成。

指教师队伍专兼职构成情况。《就业课程要求》中提出"加强就业指导教师队伍建设……聘请各方面专家加入到教学队伍中来，创造性地开展各种形式的教学活动，促进学术水平和教学效果的不断提高"；《创业课程要求》中特提到"高等学校要根据专任为主、专兼结合的原则……积极聘请企业家、创业人士和专家学者担任兼职教师承担一定的创业教育教学任务。"综合以上两个文件的要求，我们评价时设定两个评价条件：（1）"专任为主"，专任教师数量占全部授课人员的50%；（2）"专兼结合"要聘请一定数量的专家、企业家和创业人士担任兼职教师承担一定的教学任务。根据是否满足这两个条件将教师组成分为三个评价等级（见表6-21）。

表6-21　　　　　　　　　教师组成评价标准

| 评价等级 | 评价等级描述 |
|---|---|
| A | 同时满足两个条件 |
| C | 只满足一个条件 |
| E | 两个条件都不满足 |

## 3. 教师背景。

指大学生就业创业教育专任教师专业、学历、求职和创业经历情况。《就业课程要求》中要求"加强就业指导教师队伍建设。学校应当建立资历和学历结构合理的专业化师资队伍"；《关于积极做好2011年普通高等学校毕业生就业工作的通知》中要求"建立学校专职教师到用人单位挂职锻炼双向交流的有效机制"。评价这个指标时，由评价团队对大学生就业创业教育专任教师背景从两个方面进行综合考察：（1）专任教师队伍的专业、学历和资历结构是否合理；（2）具有一定数量的教师有求职、创业和到用人单位挂职锻炼经历。根据是否满足这两个条件将教师背景分为三个评价等级（见表6-22）。

表6-22　　　　　　　　　教师背景评价标准

| 评价等级 | 评价等级描述 |
|---|---|
| A | 同时满足两个条件 |
| C | 只满足一个条件 |
| E | 两个条件都不满足 |

## 4. 教师岗位。

大学生就业创业教育专职教师是否纳入到专业技术岗位系列。专职教师与专任教师有所区别，专任教师对应着临时教师或代课教师，而专职教师对应着兼职教师。《关于积极做好 2012 年普通高等学校毕业生就业工作的通知》要求落实"普通高校就业指导专职教师纳入专业技术岗位系列"的政策。只有把大学生就业创业教育专职教师纳入了专业技术岗位系列，才能有效地调动起就业创业教育教师的积极性，从而促进教学和科研活动的开展。我们评价时设定两个评价条件：（1）将大学生就业创业教育专职教师纳入到专业技术岗位系列；（2）大学生就业创业教育专职教师中高级职称比例达到学校平均水平。根据是否满足这两个条件将教师岗位分为三个评价等级（见表 6 - 23）。

表 6 - 23　　　　　　　　　　教师组成评价标准

| 评价等级 | 评价等级描述 |
| --- | --- |
| A | 同时满足两个条件 |
| C | 只满足第一个条件 |
| E | 不符合第一个条件 |

5. 教师培训。

指大学生就业创业教育专职教师进修和培训情况。《关于积极做好 2011 年普通高等学校毕业生就业工作的通知》中指出"加强对校级领导、专职教师、院系辅导员的培训"。《就业课程要求》和《创业课程要求》中也都提出要加强对教师的培训。目前，国内外有很多机构专门针对就业创业教育教师设计出培训类的课程，根据承办培训单位的不同可以分为三类：一是社会团体和培训机构承办的培训，如美国咨询师认证管理委员会全球职业规划师（GCDF）培训，国际职业训练协会国际职业培训师（TTT）培训，国际劳工组织创业讲师（KAB）培训；二是教育部全国高等学校学生信息咨询与就业指导中心主办的初级、中级、高级培训班；三是由国家人力资源与社会保障部认证的"职业指导师"的培训。我们评价时设定两个评价条件：（1）学校鼓励大学生就业创业教育专职教师继续深造，攻读相关专业的硕士和博士；（2）学校有大学生就业创业教育专职教师定期培训机制，并每年都有一定数量的专职教师接受上述培训。根据是否满足这两个条件将教师培训分为三个评价等级（见表 6 - 24）。

表 6 - 24　　　　　　　　　　教师培训评价标准

| 评价等级 | 评价等级描述 |
| --- | --- |
| A | 同时满足两个条件 |
| C | 只满足一个条件 |
| E | 两个条件都不满足 |

6. 科研成果。

指大学生就业创业教育专任教师发表论文、承担课题、出版专著情况。《关于积极做好 2011 年普通高等学校毕业生就业工作的通知》中要求"加强对就业创业规律的研究，改进教学方式方法，不断进步课程质量"。评价这个指标时，由评价团队对科研成果情况从四个方面进行考察：（1）大学生就业创业教育专任教师在 CSSCI 期刊或核心期刊上发表了一定数量论文；（2）大学生就业创业教育专任教师承担了一定数量的省级及以上级别的科研课题；（3）大学生就业创业教育专任教师出版了一定数量的专著；（4）大学生就业创业教育专任教师在期刊上发表了一些论文，承担了一些研究课题但是没有达到（1）和（2）的要求。根据是否满足这四个条件将科研成果分为五个评价等级（见表 6 – 25）。

表 6 – 25　　　　　　　　　　教学方法评价标准

| 评价等级 | 评价等级描述 |
| --- | --- |
| A | 同时（1）、（2）、（3）三个条件 |
| B | 只满足（1）、（2）、（3）中的两个条件 |
| C | 只满足（1）、（2）、（3）中的一个条件 |
| D | 只满足条件（4） |
| E | 四个条件都不满足 |

7. 科研成果获奖。

大学生就业创业教育专任教师科研成果（论文、专著）获奖情况。科研成果情况可以反映出科研水平的高低，根据开展评选部门的不同，我们将科研成果获奖分为两个级别——"教育部高等学校人文社会科学研究成果奖"和"全国教育科学优秀成果奖"为国家级，各省"社会科学优秀成果奖"和"教育科学优秀成果奖"为省级，根据科研成果获奖等级的不同，将其分为三个评价等级（见表 6 – 26）。

表 6 – 26　　　　　　　　　　科研成果评价标准

| 评价等级 | 评价等级描述 |
| --- | --- |
| A | 科研成果获得国家级奖励 |
| C | 科研成功获得省级级奖励 |
| E | 不符合上述条件 |

## （三）学生

一级指标学生，是对学生接受大学生就业创业教育后的情况进行评价，下设效果、满意度 2 个二级指标和 7 个三级指标，现对三级指标的含义、计算方法和评价标准进行详细的说明。

1. 初次就业率：是指毕业生毕业离校时的就业率，就业率某种程度上体现了大学生就业创业教育的效果。按照教育部的就业率统计方式其计算公式为：

$$就业率 = 就业毕业生人数 / 参与就业毕业生人数 \times 100\%$$

其中，就业毕业生人数 = 签订就业协议的毕业生数 + 达成灵活就业意向的毕业生数 + 各种考试或扶持项目就业人数（如考公务员、三支一扶、特岗教师、村官计划、入伍等）+ 自主创业毕业生数，参与就业毕业生人数 = 毕业生总数 – 出国人数 – 升学人数。

全国高等学校学生信息咨询与就业指导中心发布从 2004 年开始，每年都于 9 月份公布大学生就业率，并按照十个等级公布各专业就业率的分布。在制定初次就业率评价标准时，我们将全国高等学校学生信息咨询与就业指导中心划分是十个等级进行相邻合并，得到五个评价等级（见表 6 – 27）。

表 6 – 27　　　　　　　　初次就业率评价标准

| 评价等级 | 评价等级描述 |
| --- | --- |
| A | 初次就业率 ≥ 90% |
| B | 90% > 初次就业率 ≥ 80% |
| C | 80% > 初次就业率 ≥ 70% |
| D | 70% > 初次就业率 ≥ 60% |
| E | 初次就业率 < 60% |

2. 年底就业率。

指毕业生毕业半年后的就业率。年底就业率就是毕业生毕业离校当年 12 月 31 日统计的就业率，与初次就业率一样可以很好的反映就业教育的效果，但是很好地体现了大学生就业创业教育的滞后性。年底就业率的计算方式与初次就业率相同，在制定评价标准时，我们对近十年教育部公布的毕业生初次就业率年底就业率数据进行统计，求得两个就业率的平均差距为 8%，因此，参照初级就业率的评价标准推算出年底就业率的评价标准，分为五个评价等级（见表 6 – 28）。

**表 6 - 28　　　　　　　　　年底就业率评价标准**

| 评价等级 | 评价等级描述 |
| --- | --- |
| A | 年底就业率≥98% |
| B | 98% > 年底就业率≥88% |
| C | 88% > 年底就业率≥78% |
| D | 78% > 年底就业率≥68% |
| E | 年底就业率 < 68% |

3. 初次创业率。

指毕业生毕业离校时的创业成功率，创业成功率某种程度上可以体现大学生就业创业教育的效果。创业成功率的计算公式如下：

创业率 = 创业成功的毕业生人数 / 参与就业毕业生人数 ×100%

其中，就业毕业生人数 = 签订就业协议的毕业生数 + 达成灵活就业意向的毕业生数 + 各种考试或扶持项目就业人数（如考公务员、三支一扶、特岗教师、村官计划、入伍等）+ 自主创业毕业生数，参与就业毕业生人数 = 毕业生总数 - 出国人数 - 升学人数。

在制定初次创业率评价标准时，我们参考了中国社科院授权麦可思研究院发布的《中国大学生就业报告》，报告中指出我国大学生创业成功率为 1.2% ~ 1.6%，另外有关数据显示[①]，全国大学生创业率最高的省份是浙江为 4%。根据这两个数据，我们将 0 和 4% 设为极值，以 1% 为最小划分等级，确定初次创业率平均值所在区间为评价等级的中间区域，得到三个评价等级（见表 6 - 29）。

**表 6 - 29　　　　　　　　　初次创业率评价标准**

| 评价等级 | 评价等级描述 |
| --- | --- |
| A | 初次创业率≥2% |
| C | 2% > 初次创业率≥1% |
| E | 初次创业率 < 1% |

4. 三年创业率。

指毕业生毕业离校三年后的创业成功率，三年创业成功率既反映了大学生就业创业教育的效果，又能体现创业教育的时滞性。在制定三年创业率评价标准时，我们参考了中国社科院授权麦可思研究院发布的《中国大学生就业报告》，

① 新华网：http://news.xinhuanet.com/edu/2011 - 11/17/c_122294426.htm。

报告中指出我国大学生毕业三年后的平均创业成功率为4.4%，根据这个数据，我们仍以1%为最小划分等级，确定三年创业率平均值所在区间为评价等级的中间区域，得到五个评价等级（见表6-30）。

表6-30　　　　　　　　　　初次创业率评价标准

| 评价等级 | 评价等级描述 |
| --- | --- |
| A | 三年创业率≥6% |
| B | 6%＞三年创业率≥5% |
| C | 5%＞三年创业率≥4% |
| D | 4%＞三年创业率≥3% |
| E | 三年创业率＜3% |

5. 岗位满意度。

指毕业生对于自己就业岗位的满意程度。学生接受了大学生就业创业教育合理地规划了职业生涯，运用技巧找到了满意的工作岗位，因此满意度较高说明大学生就业创业教育开展的效果好。对岗位满意度进行评价时，要采用问卷调查或访谈的方式进行，建议调查人数大于500人。满意度问卷的设计可以将对岗位的描述分解成公司规模、所在地、薪金福利、发展空间和工作压力等几方面，每个方面设置五个评价等级，分别是"非常满意"、"比较满意"、"一般"、"不太满意"和"非常不满意"，分别对应4、3、2、1和0分，统计每个被调查者对岗位满意度的平均得分，并求出全部被调查者对岗位满意度的平均分，作为本评价指标的评价结果。单项评价时，根据岗位满意度的平均分对应到相应的评价等级（见表6-31）。综合评价时，将岗位满意度的平均分直接结合权重参与运算。

表6-31　　　　　　　　　　岗位满意度评价标准

| 评价等级 | 评价等级描述 |
| --- | --- |
| A | 岗位满意度的平均≥3.5 |
| B | 3.5＞岗位满意度的平均分≥2.5 |
| C | 2.5＞岗位满意度的平均分≥1.5 |
| D | 1.5＞岗位满意度的平均分≥0.5 |
| E | 岗位满意度的平均分＜0.5 |

6. 能力满意度。

指用人单位对毕业生胜任岗位能力的满意程度。与岗位满意度一样，体现着不同群体对大学生就业创业教育效果的评价。对能力满意度进行评价时，要采用问卷调查或访谈的方式进行，建议调查单位数量要大于 500 个。能力满意度的问卷设计可以参考岗位满意度，其评价结果的使用方法和评价等级的划分也与岗位满意度相同。

7. 课程满意度。

指学生对大学生就业创业教育课程的满意度。对课程满意度进行评价时，要采用问卷调查或访谈的方式进行，建议调查学生数量要占全校学生数的 20% 以上。课程满意度的问卷设计可以参考岗位满意度，其评价结果的使用方法和评价等级的划分也与岗位满意度相同。

### （四）环境

一级指标环境，是对大学生就业创业教育软硬件环境进行评价，下设硬件环境、软件环境 2 个二级指标和 7 个三级指标，现对三级指标的含义、计算方法和评价标准进行详细的说明。

1. 服务机构。

学校成立了专门的大学生就业创业指导机构的情况。作为就业创业教育的重要部分，专门化的就业创业服务机构可以专业化的开展就业创业指导活动，提供大学生就业创业服务。《关于积极做好 2012 年普通高等学校毕业生就业工作的通知》中要求"各高校要确保高校毕业生就业'机构、人员、经费、场地'四到位"。《就业教学要求》也中提到"学校应当结合就业指导机构的建设"。综合以上两个文件的要求，我们将服务机构这个评价指标的评价等级设为两个级别（见表 6 - 32）。

表 6 - 32　　　　　　　　　　课程数量评价标准

| 评价等级 | 评价等级描述 |
| --- | --- |
| A | 设立了专门的大学生就业创业服务机构 |
| E | 不符合上述条件 |

2. 场地。

学校为大学生就业创业服务提供专用场地的情况。由于大学生就业创业教育课程的场地大部分是高校公用的教学场地，统计繁琐，难以体现校际差异，因此这里所指的场地是指专门用来开展大学生就业创业服务的场地。《2010 年高校毕业生就业总结宣传工作专家评分参考标准》中，把硬件设施作为重要的指标加以考察，明确要求"校级就业工作专用场地生均面积达到或超过 0.15 平方米"。

因为大学生就业工作和创业服务工作有部分功能场地可以公用，因此以这个参照标准作为下限，将场地设为两个评价等级（见表6－33）。

表6－33　　　　　　　　　　课程数量评价标准

| 评价等级 | 评价等级描述 |
| --- | --- |
| A | 生均面积达到0.15平方米 |
| E | 不符合上述条件 |

3. 经费。

指大学生就业创业教育专用经费。充足的经费是保证大学生就业创业教育顺利开展的基础。教育部《2010年高校毕业生就业总结宣传工作专家评分参考标准》中"经费投入"一项中提到，"学校毕业生就业工作经费是否充足，占毕业生在校期间学费的百分比是否≥1%"。按照这一标准推算，大学生就业工作主要包含市场开发，就业创业教育，信息服务和就业管理四个主要方面，平均计算就业教育经费不低于毕业生在校期间学费的0.25%。国家对于大学生创业教育没有单独规定经费标准，在《创业课程要求》中要求"加大创业教育教学工作经费投入，并纳入学校预算，确保开展创业教育教学工作需要。"创业教育和就业教育在经费投入上大体相当，因此，大学生就业创业教育经费的标准为不低于毕业生在校期间学费的0.5%。我们评价时设定两个评价条件：（1）将大学生就业创业教育经费纳入到学校预算；（2）大学生就业创业教育经费的标准为不低于毕业生在校期间学费的0.5%。根据是否满足这两个条件将经费分为三个评价等级（见表6－34）。

表6－34　　　　　　　　　　经费评价标准

| 评价等级 | 评价等级描述 |
| --- | --- |
| A | 同时满足两个条件 |
| C | 只满足一个条件 |
| E | 两个条件都不满足 |

4. 实习基地。

学校建立大学生就业创业教育实习基地的情况。就业实习基地一般是与高校专业设置关系密切，长期稳定地需要高校毕业生供给，并适当程度地参与毕业生培养，反馈毕业生质量，为毕业生提供实习岗位和就业岗位的用人单位。教育部《关于大力推进高等学校创新创业教育和大学生自主创业工作的意见》（教办

[2010] 3号）中提出，"创业实习（孵化）基地是学校开展创新创业教育、促进学生自主创业的重要实践平台，主要任务是整合各方优势资源，开展创业指导和培训，接纳大学生实习实训，提供创业项目孵化的软硬件支持，为大学生创业提供支撑和服务，促进大学生创业就业。"教育部《关于积极做好 2012 年普通高等学校毕业生就业工作的通知》（教学 [2011] 12号）中"要大力建设创新创业教育实践、实习和项目孵化基地，各高校也要积极整合资源，通过企业参与等方式建立创业基地"。另外，教育部《2010高校毕业生就业总结宣传工作专家评分参考标准》中也将就业创业基地作为重要评分标准。对这一指标进行评价时，评价团队可以从两方面进行实地考察：（1）学校广泛建立的就业实习基地，可以满足学生就业实习的需要；（2）学校建立了创业实习基地（实验区、创业园）等，满足学生创业实习的需要。根据是否满足这两个条件将实习基地分为三个评价等级（见表6-35）。

表6-35 经费评价标准

| 评价等级 | 评价等级描述 |
|---|---|
| A | 同时满足两个条件 |
| C | 只满足一个条件 |
| E | 两个条件都不满足 |

5. 大赛。

学校举办或组织学生参加的就业创业相关的大赛情况，如创业大赛、职业生涯规划大赛等，通过各种比赛既能强化就业创业氛围又能使参赛者得到能力的提升。教育部《关于积极做好 2012 年普通高等学校毕业生就业工作的通知》（教学 [2011] 12号）中要求"广泛开展创业大赛、创业模拟等实践活动"。评价这个指标时，由评价团队对举办和组织相关大赛情况从四个方面进行考察：（1）广泛开展了校级大学生就业创业大赛；（2）组织和指导学生参加省级及以上的大学生就业创业大赛；（3）承办过省级及以上的大学生就业创业大赛；（4）在省级及以上的大学生就业创业大赛中取得了较好的成绩。根据是否满足这四个条件将大赛分为五个评价等级（见表6-36）。

表6-36 教学方法评价标准

| 评价等级 | 评价等级描述 |
|---|---|
| A | 同时满足四个条件 |
| B | 只满足三个条件 |

| 评价等级 | 评价等级描述 |
|---|---|
| C | 只满足两个条件 |
| D | 只满足一个条件 |
| E | 四个条件都不满足 |

6. 讲座。

组织开展大学生就业创业相关的讲座情况。教育部《关于积极做好 2011 年普通高等学校毕业生就业工作的通知》（教学〔2010〕11 号）中要求"广泛开展创业讲座、创业大赛等实践活动"。评价这个指标时，由评价团队对讲座情况从四个方面进行考察：（1）建立了定期开展大学生就业创业讲座的机制；（2）开展了一定数量的大学生就业创业讲座；（3）聘请的专家权威，讲座质量高、效果好；（4）大学生就业创业讲座的内容与学生的需求相一致。根据是否满足这四个条件将讲座分为五个评价等级（见表 6 - 37）。

表 6 - 37　　　　　　　　　教学方法评价标准

| 评价等级 | 评价等级描述 |
|---|---|
| A | 同时满足四个条件 |
| B | 只满足三个条件 |
| C | 只满足两个条件 |
| D | 只满足一个条件 |
| E | 四个条件都不满足 |

7. 服务（B423）。

指学校为学生提供就业创业相关服务的情况。教育部《关于做好 2011 年普通高等学校毕业生就业工作的通知》（教学〔2010〕11 号）中提出"建立就业咨询室，结合学生个人特点，有针对性地提供就业政策、求职技巧、职业规划等帮助"，并要求"各地和高校要依托创业网，广泛挖掘创业项目和创业信息，开展创业培训、政策咨询、创业实训，提供项目开发、开业指导等服务，鼓励和帮助创业的学生带动更多学生实现创业、就业"。另外，教育部在《2010 年高校毕业生就业总结宣传工作专家评分参考标准》中把就业服务作为重要的一级指标提出，占总分 15% 的比重，其中涉及市场建设、市场开拓、信息服务、就业帮扶等二级指标。评价这个指标时，由评价团队对大学生就业创业服务情况从 8 个方面进行考察：（1）科学的规划和建设毕业生就业市场，积极主动的进行市场开发和维护；（2）组织一定数量和规模的校园招聘会，大部分毕业生在校园招聘会上签约就业；（3）就业信息网站栏目齐全，信息更新及时、准确，有专门的团队进行网站维护；（4）信息服务手段先进，开设了移动就业信息和视频洽谈等服务；（5）提供科学、有效的就业辅导与咨询服务；（6）提供创业相关咨询与代办服务（如专利申请、小额贷款和公司注册等）；（7）提供就业困难帮扶服务。根据是否满足这8个条件将服务分为五个评价等级（见表6-38）。

表6-38　　　　　　　　教学方法评价标准

| 评价等级 | 评价等级描述 |
| --- | --- |
| A | 同时满足七个条件 |
| B | 只满足六个条件 |
| C | 只满足五个条件 |
| D | 只满足四个条件 |
| E | 满足三个条件及以下 |

# 第三节　大学生就业创业教育评价指标权重的确定与评价实施

## 一、大学生就业创业教育评价指标权重的确定

不同的评价指标在整个评价指标体系中的作用不同，所以在大学生就业创业教育评价指标层次结构和评价标准确定之后，还要考虑各评价指标对整体评价结果贡献度的大小，即评价指标的权重。权重也称权或权数，是指以某种数量形式对比、权衡被评价事物总体中诸多因素相对重要程度的量值。在大学生就业创业教育评价中，权重的确定是构建评价指标体系的基本步骤，对于相同的评价指标，不同的指标权重赋值的可能会引起评价结果相对排序的变化，因而科学的确定评价指标权重非常重要。

### （一）确定指标权重的方法选择

目前在科学评价研究领域，确定评价指标权重的方法大致可以分为主观赋值法和客观赋值法两大类：主观赋值法往往没有统一的客观标准，它是研究者根据

其主观价值判断来指定各个指标权重的方法，如专家评判法、德尔菲法等；客观赋值法是相对主观赋值法而言的，一般是根据评价指标的原始信息，通过数据处理后获得权重的方法，常用的方法有主成分分析法、因子分析法、相关法和回归法等。对于大学生就业创业教育评价而言，首先要分析引起评价指标间权重差异的原因，然后再根据原因选择合适的确定指标权重的方法。

一般而言，大学生就业创业教育评价指标间的权重差异主要有由于三个原因引起的：第一，评价团队对各评价指标的重视程度不同，反映了评价团队的主观差异；第二，各评价指标在评价过程中起的作用不同，反映了指标间的客观差异；第三，各评价指标的可靠程度不同，反映了评价指标所提供信息的可靠性差异。上述三个原因中既有主观因素又有客观因素，所以在确定指标权重的方法选择上，单纯的主观赋值法（如专家评判法）或单纯的客观赋值法（如因子分析法）都不太适用，我们在对大学生就业创业教育评价指标体系权重赋值时选择了主观和客观相结合的层次分析法。

### （二）层次分析法确定指标权重

层次分析法是 20 世纪 70 年代初由美国运筹学萨蒂（T. L. Saaty）提出来的，它是把一个复杂问题分解成若干组成因素，并按照支配关系形成层次结构，然后两两比较的方法确定各因素的相对重要性并由此计算出权重，从而实现不同决策方案的排序。层次分析法既体现的评价团队的主观经验，又有基于统计学的权重推导理论依据，所以可靠度高、误差小，缺点是同一层次的指标项不能超过 9 个。利用层次分析法构建评价指标体系并确定权重的步骤如图 6 - 5 所示。

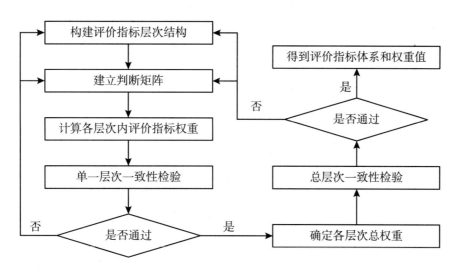

图 6 - 5  利用层次分析法构建大学生就业创业教育评价指标体系步骤

1. 构建评价指标层次结构。

使用层次分析法确定评价指标权重的前提是构建一个层次结构分明的评价指标体系结构模型。结构模型的构建有两个要求：第一是递阶层次分明，关系清晰。按照递阶关系一般分为目标层、中间层和对象层；第二是各层元素要求全面、简洁、独立性强。我们构建大学生就业创业教育评价指标体系，其一级指标、二级指标和三级指标分别对应目标层、中间层和对象层，评价指标选择时的原则也包含全面、简洁和独立性，因此完全符合层次分析法对层次结构的要求，为了便于权重的计算，我们对各层指标进行编号，如表 6 - 39 所示。

表 6 - 39　　　　　　　　　评价指标体系编号表

| | 一级指标 | 编号 | 二级指标 | 编号 | 三级指标 | 编号 |
|---|---|---|---|---|---|---|
| 就业创业教育评价指标体系 | 课程 | $U_1$ | 课程体系 | $U_{11}$ | 课程数量 | $U_{111}$ |
| | | | | | 课程学分 | $U_{112}$ |
| | | | | | 课程学时 | $U_{113}$ |
| | | | | | 课程类型 | $U_{114}$ |
| | | | | | 课程内容 | $U_{115}$ |
| | | | | | 课程获奖 | $U_{116}$ |
| | | | 教材 | $U_{12}$ | 自编教材 | $U_{121}$ |
| | | | | | 资料室与案例库 | $U_{122}$ |
| | | | | | 教材获奖 | $U_{123}$ |
| | | | 教学 | $U_{13}$ | 教学方法 | $U_{131}$ |
| | | | | | 衔接融入 | $U_{132}$ |
| | | | 管理 | $U_{14}$ | 教研机构 | $U_{141}$ |
| | | | | | 特色教学大纲 | $U_{142}$ |
| | | | | | 教学评价机制 | $U_{143}$ |
| | 教师 | $U_2$ | 构成 | $U_{21}$ | 专任教师数量 | $U_{211}$ |
| | | | | | 教师组成 | $U_{212}$ |
| | | | | | 教师背景 | $U_{213}$ |
| | | | | | 教师岗位 | $U_{214}$ |
| | | | | | 教师培训 | $U_{215}$ |
| | | | 科研 | $U_{22}$ | 科研情况 | $U_{221}$ |
| | | | | | 科研成果获奖 | $U_{222}$ |

| 一级指标 | 编号 | 二级指标 | 编号 | 三级指标 | 编号 |
|---|---|---|---|---|---|
| 就业创业教育评价指标体系 | | | | | |
| 学生 | $U_3$ | 效果 | $U_{31}$ | 初次就业率 | $U_{311}$ |
| | | | | 年底就业率 | $U_{312}$ |
| | | | | 初次创业率 | $U_{313}$ |
| | | | | 三年创业率 | $U_{314}$ |
| | | 满意度 | $U_{32}$ | 岗位满意度 | $U_{321}$ |
| | | | | 能力满意度 | $U_{322}$ |
| | | | | 课程满意度 | $U_{323}$ |
| 环境 | $U_4$ | 硬环境 | $U_{41}$ | 服务机构 | $U_{411}$ |
| | | | | 场地 | $U_{412}$ |
| | | | | 经费 | $U_{413}$ |
| | | | | 实习基地 | $U_{414}$ |
| | | 软环境 | $U_{42}$ | 大赛 | $U_{421}$ |
| | | | | 讲座 | $U_{422}$ |
| | | | | 服务 | $U_{423}$ |

2. 为每层建立判断矩阵。

层次分析法中的判断矩阵是指将评价指标体系中每一层上的评价指标两两对比，按规则判断他们的相对重要程度，并将判断结果量化而形成的矩阵。构造判断矩阵是层次分析法的重点，也是其特色之处。对每一层的 $n$ 个评价指标都要建立一个 $n \times n$ 的判断矩阵 $A$，让第 $i$ 行（$i = 1$，2，…，$n$）的指标和第 $j$ 行（$j = 1$，2，…，$n$）指标进行相对重要性的对比，采用 1~9 的离散尺度进行度量，[①] 具体标准如表 6-40 所示。

表 6-40                        游离尺度定义表

| 离散尺度 $a_{ij}$ | 定义 |
|---|---|
| 1 | 指标 $i$ 与指标 $j$ 相同重要 |
| 3 | 指标 $i$ 比指标 $j$ 略重要 |
| 5 | 指标 $i$ 比指标 $j$ 较重要 |

---

① 刘海滨、徐文：《高校毕业生就业状况监测指标体系分析与建构》，载于《东北师大学报》2011年第 2 期，第 175 页。

| 离散尺度 $a_{ij}$ | 定义 |
| --- | --- |
| 7 | 指标 $i$ 比指标 $j$ 非常重要 |
| 9 | 指标 $i$ 比指标 $j$ 绝对重要 |
| 2, 4, 6, 8 | 为以上两判断之间的中间状态对应的离散尺度值 |
| 倒数 | 指标 $i$ 与指标 $j$ 比较判断得 $a_{ij} = k$，反之指标 $j$ 与指标 $i$ 比较判断得 $a_{ji} = \dfrac{1}{k}$ |

在构造大学生就业创业教育评价指标体系权重判断矩阵时，对于同一层次的评价指标，重要程度区别不宜过大，否则比较判断的定量化就没有意义，如果出现了较为悬殊的情形，则说明指标的选择不科学，可以将数量级较小的指标合并成一个指标或者将数量级大的指标分解成多个指标，从某种意义上说这也是对评价指标选择科学性的一种检验。我们组建了由课程组成员和相关领域专家构成的20人判别团队，逐层对大学生就业创业评价指标体系进行判断，采用 $1 \sim 9$ 标度法，求得判断矩阵如下：

$$\text{综合评价结果 } U_0 = \begin{bmatrix} 1 & 2 & 2 & 2 \\ 1/2 & 1 & 1 & 1 \\ 1/2 & 1 & 1 & 1 \\ 1/2 & 1 & 1 & 1 \end{bmatrix}$$

$$\text{一级指标：课程 } U_1 = \begin{bmatrix} 1 & 2 & 2 & 2 \\ 1/2 & 1 & 1/2 & 2 \\ 1/2 & 2 & 1 & 2 \\ 1/2 & 1/2 & 1/2 & 1 \end{bmatrix}$$

$$\text{教师 } U_2 = \begin{bmatrix} 1 & 4 \\ 1/4 & 1 \end{bmatrix}$$

$$\text{学生 } U_3 = \begin{bmatrix} 1 & 4 \\ 1/4 & 1 \end{bmatrix}$$

$$\text{环境 } U_4 = \begin{bmatrix} 1 & 1 \\ 1 & 1 \end{bmatrix}$$

$$\text{二级指标：课程体系 } U_{11} = \begin{bmatrix} 1 & 2 & 1 & 2 & 1/2 & 2 \\ 1/2 & 1 & 1/2 & 1 & 1/3 & 1 \\ 1 & 2 & 1 & 2 & 1/2 & 2 \\ 1/2 & 1 & 1/2 & 1 & 1/3 & 1 \\ 2 & 3 & 2 & 3 & 1 & 3 \\ 1/2 & 1 & 1/2 & 1 & 1/3 & 1 \end{bmatrix}$$

教材 $U_{12} = \begin{bmatrix} 1 & 1 & 2 \\ 1 & 1 & 2 \\ 1/2 & 1/2 & 1 \end{bmatrix}$

教学 $U_{13} = \begin{bmatrix} 1 & 3 & 3 \\ 1/3 & 1 & 1 \\ 1/3 & 1 & 1 \end{bmatrix}$

管理 $U_{14} = \begin{bmatrix} 1 & 1 & 1 \\ 1 & 1 & 1 \\ 1 & 1 & 1 \end{bmatrix}$

构成 $U_{21} = \begin{bmatrix} 1 & 1 & 2 & 1 & 2 \\ 1 & 1 & 2 & 1 & 2 \\ 1/2 & 1/2 & 2 & 1 & 1 \\ 1 & 1 & 2 & 1 & 2 \\ 1/2 & 1/2 & 1 & 1/2 & 1 \end{bmatrix}$

科研 $U_{22} = \begin{bmatrix} 1 & 1 \\ 1 & 1 \end{bmatrix}$

效果 $U_{31} = \begin{bmatrix} 1 & 1 & 1 & 1 \\ 1 & 1 & 1 & 1 \\ 1 & 1 & 1 & 1 \\ 1 & 1 & 1 & 1 \end{bmatrix}$

满意度 $U_{32} = \begin{bmatrix} 1 & 1 & 1 \\ 1 & 1 & 1 \\ 1 & 1 & 1 \end{bmatrix}$

硬环境 $U_{41} = \begin{bmatrix} 1 & 1 & 1 & 1/2 \\ 1 & 1 & 1 & 1/2 \\ 1 & 1 & 1 & 1/2 \\ 2 & 2 & 2 & 1 \end{bmatrix}$

软环境 $U_{42} = \begin{bmatrix} 1 & 1 & 1/3 \\ 1 & 1 & 1/3 \\ 3 & 3 & 1 \end{bmatrix}$

3. 计算权重及一致性检验。

对于判断矩阵 $A$ 的最大特征值 $\lambda_{max}$ 与其对应的特征向量 $w$ 可用 MATLAB 软

件求解，此时 $w$ 对应的各分向量值就为该指标的权重。[1] 在特殊情况下，特别是同一层次评价指标较多时，对不同评价指标重要性的判断常常会出现不科学的误判，如专家团队认为评价指标 A 比评价指标 B 略微重要，评价指标 B 比评价指标 C 略微重要，而评价指标 C 比评价指标 A 略微重要，这显然在逻辑上出现了"不一致"，因此为了确保判断矩阵的科学性，计算权重以后，还要进行一致性检验，来确定结果是否良好。

取 $CR$ 作为衡量判断矩阵一致性的指标，$CR = \dfrac{CI}{RI}$。其中 $CI = A$ 的一致性指数 $= \dfrac{\lambda_{max} - n}{n - 1}$，$RI = A$ 的随机一致性，对 $n = 1，2，\cdots，9$，$RI$ 的值如表 6-41 所示。当 $CR < 0.1$ 时，认为判断矩阵的一致性是可以接受的，否则应对判断矩阵做适当修正。[2]

**表 6-41　　　　　　　　　　RI 值表**

| $n$ | 1 | 2 | 3 | 4 | 5 | 6 | 7 | 8 | 9 |
|---|---|---|---|---|---|---|---|---|---|
| $RI$ | 0 | 0 | 0.58 | 0.90 | 1.12 | 1.24 | 1.32 | 1.41 | 1.45 |

根据以上的计算方法，对专家团队得出的判断矩阵进行权重计算并逐层进行一致性检验，计算结果如下：

$$\omega_0 = \begin{bmatrix} 0.4000 \\ 0.2000 \\ 0.2000 \\ 0.2000 \end{bmatrix}，\lambda_{max} = 4，CI = 0，CR = 0$$

$$\omega_1 = \begin{bmatrix} 0.3973 \\ 0.1981 \\ 0.2648 \\ 0.1397 \end{bmatrix}，\lambda_{max} = 4.1213，CI = 0.0404，CR = 0.0449$$

$$\omega_2 = \begin{bmatrix} 0.8000 \\ 0.2000 \end{bmatrix}，\lambda_{max} = 2，CI = 0，CR = 0$$

$$\omega_3 = \begin{bmatrix} 0.8000 \\ 0.2000 \end{bmatrix}，\lambda_{max} = 2，CI = 0，CR = 0$$

---

①②　刘海滨、徐文：《高校毕业生就业状况监测指标体系分析与建构》，载于《东北师大学报》2011年第 2 期，第 175 页。

$$\omega_4 = \begin{bmatrix} 0.5000 \\ 0.5000 \end{bmatrix}, \quad \lambda_{max} = 2, \quad CI = 0, \quad CR = 0$$

$$\omega_{11} = \begin{bmatrix} 0.1884 \\ 0.0988 \\ 0.1884 \\ 0.0988 \\ 0.3268 \\ 0.0988 \end{bmatrix}, \quad \lambda_{max} = 6.0138, \quad CI = 0.0276, \quad CR = 0.0222$$

$$\omega_{12} = \begin{bmatrix} 0.4000 \\ 0.2000 \\ 0.2000 \end{bmatrix}, \quad \lambda_{max} = 3, \quad CI = 0, \quad CR = 0$$

$$\omega_{13} = \begin{bmatrix} 0.6000 \\ 0.2000 \\ 0.2000 \end{bmatrix}, \quad \lambda_{max} = 3, \quad CI = 0, \quad CR = 0$$

$$\omega_{14} = \begin{bmatrix} 0.3333 \\ 0.3333 \\ 0.3333 \end{bmatrix}, \quad \lambda_{max} = 3, \quad CI = 0, \quad CR = 0$$

$$\omega_{21} = \begin{bmatrix} 0.2500 \\ 0.2500 \\ 0.1250 \\ 0.2500 \\ 0.1250 \end{bmatrix}, \quad \lambda_{max} = 5, \quad CI = 0, \quad CR = 0$$

$$\omega_{22} = \begin{bmatrix} 0.5000 \\ 0.5000 \end{bmatrix}, \quad \lambda_{max} = 2, \quad CI = 0, \quad CR = 0$$

$$\omega_{31} = \begin{bmatrix} 0.2500 \\ 0.2500 \\ 0.2500 \\ 0.2500 \end{bmatrix}, \quad \lambda_{max} = 4, \quad CI = 0, \quad CR = 0$$

$$\omega_{32} = \begin{bmatrix} 0.3333 \\ 0.3333 \\ 0.3333 \end{bmatrix}, \quad \lambda_{max} = 3, \quad CI = 0, \quad CR = 0$$

$$\omega_{41} = \begin{bmatrix} 0.2000 \\ 0.2000 \\ 0.2000 \\ 0.4000 \end{bmatrix}, \quad \lambda_{max} = 4, \quad CI = 0, \quad CR = 0$$

$$\omega_{42} = \begin{bmatrix} 0.2000 \\ 0.2000 \\ 0.6000 \end{bmatrix}, \quad \lambda_{max} = 3, \quad CI = 0, \quad CR = 0$$

从计算的数据可以看出各层 $CR$ 值均小于 0.10，所以全部通过检验。

4. 得出权重集[1]。

通过一致性检验后，"归一化"最大特征值对应的特征向量，即可得到 $n$ 个指标的权重集，然后依次计算各层元素的组合权重。设第一层元素相对于总目标的排序权重向量为 $w^1 = (w_1^1, w_2^1, \cdots, w_m^1)^T$，第二层在第一层 $j$ 元素下的排序向量是 $w_j^2 = (w_{1j}^2, w_{2j}^2, \cdots, w_{mj}^2)(j = 1, 2, \cdots, m)$。令 $w^2 = (w_1^2, w_2^2, \cdots, w_m^2)$，则第二层 $n$ 个元素相对于总目标的组合权重向量为 $W = w^2 \cdot w^1$。按照此方法可以计算出各层指标相对于上一层指标的权重向量，以及最底层指标相对于总目标的权重集，计算结果如表 6 - 42 所示。

表 6 - 42　　　　　大学生就业创业教育评价指标体系权重表

| 一级指标 | 权重 | 二级指标 | 权重 | 三级指标 | 权重 |
|---|---|---|---|---|---|
| 就业创业教育评价指标体系 | 课程 0.40 | 课程体系 | 0.16 | 课程数量 | 0.030 |
| | | | | 课程学分 | 0.016 |
| | | | | 课程学时 | 0.030 |
| | | | | 课程类型 | 0.016 |
| | | | | 课程内容 | 0.052 |
| | | | | 课程获奖 | 0.016 |
| | | 教材 | 0.08 | 自编教材 | 0.032 |
| | | | | 资料室与案例库 | 0.032 |
| | | | | 教材获奖 | 0.016 |
| | | 教学 | 0.10 | 教学方法 | 0.060 |
| | | | | 衔接融入 | 0.020 |
| | | | | 教学成果获奖 | 0.020 |
| | | 管理 | 0.06 | 教研机构 | 0.020 |
| | | | | 特色教学大纲 | 0.020 |
| | | | | 教学评价机制 | 0.020 |

[1]　刘海滨、徐文：《高校毕业生就业状况监测指标体系分析与建构》，载于《东北师大学报》2011年第 2 期，第 175 页。

| 一级指标 | 权重 | 二级指标 | 权重 | 三级指标 | 权重 |
|---|---|---|---|---|---|
| 就业创业教育评价指标体系 | | | | | |
| 教师 | 0.20 | 构成 | 0.16 | 专任教师数量 | 0.040 |
| | | | | 教师组成 | 0.040 |
| | | | | 教师背景 | 0.020 |
| | | | | 教师岗位 | 0.040 |
| | | | | 教师培训 | 0.020 |
| | | 科研 | 0.04 | 科研情况 | 0.020 |
| | | | | 科研成果获奖 | 0.020 |
| 学生 | 0.20 | 效果 | 0.16 | 初次就业率 | 0.040 |
| | | | | 年底就业率 | 0.040 |
| | | | | 初次创业率 | 0.040 |
| | | | | 三年创业率 | 0.040 |
| | | 满意度 | 0.04 | 岗位满意度 | 0.016 |
| | | | | 能力满意度 | 0.016 |
| | | | | 课程满意度 | 0.016 |
| 环境 | 0.20 | 硬环境 | 0.10 | 服务机构 | 0.020 |
| | | | | 场地 | 0.020 |
| | | | | 经费 | 0.020 |
| | | | | 实习基地 | 0.040 |
| | | 软环境 | 0.10 | 大赛 | 0.020 |
| | | | | 讲座 | 0.020 |
| | | | | 服务 | 0.060 |

从评价权重看，课程内容、教学方法等指标所占权重较大，评价时对结果的影响显著，与实际中的判断基本一致。

## 二、大学生就业创业教育评价的实施

"规范的评价实施过程对获得科学、准确的评价结果至关重要，评价的实施过程要遵循科学的程序，这是减少评价误差、保证评价质量和可信度的基本条件之一"。① 目前对教育评价的过程大致可以分为两类：从评价委托方来说，分为评价准备阶段、评价实施阶段和评价结果利用；从评价实施方来说可以分为评价准备阶段、评价进行阶段和评价结束阶段。② 两种分法虽然角度不同，但是三个阶段包含的评价活动内容是大致相同的（见图6-6）。

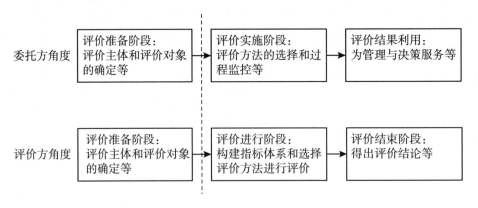

**图 6-6　不同角度评价过程对比**

我们整合两种评价过程，立足于第三方视角将大学生就业创业教育评价也分为三个阶段，建出"三段十一步"的大学生就业创业评价实施过程，如图6-7所示。评价的准备阶段是指在评价前期需要进行各种准备的阶段，按照实施的先后顺序主要包括确定评价目标、确定评价对象、组织评价团队、沟通并收集信息、构建评价指标体系、选择或设计评价方法和制定评价方案七个步骤，如果在评价前已经选择了权威的评价方案，则可以跳过构建评价指标体系、选择或设计评价方法和形成评价方案三个步骤直接进入评价进行阶段。评价进行阶段是评价活动的实测阶段，主要包括单项评价与综合评价、完善与协调两个步骤。评价结束阶段主要包括评价结果的分析、提交评价报告与反馈，下面就各个步骤做详细的说明。

### （一）确定评价目标

评价目标就是评价活动最终的目的，大学生就业创业教育评价目标呈现出多样化的特点，大体可以分为以对比为目标的评价、以督查为目标的评价、以诊断为目标的评价和以预测为目标的评价。明确大学生就业创业教育评价目标要和委托方进行详细的沟通，即便是自评也要反复的澄清和确认评价目标，因为目标设

---

① 邱均平、文庭孝：《评价学：理论·方法·实践》，科学出版社2010年版，第131页。
② 邱均平、文庭孝：《评价学：理论·方法·实践》，科学出版社2010年版，第132～133页。

计偏差会引起评价结果的不可用，或评价过程的偏离，所以明确评价目标是设计评价准备阶段第一环节，也是重点环节（见图6-7）。

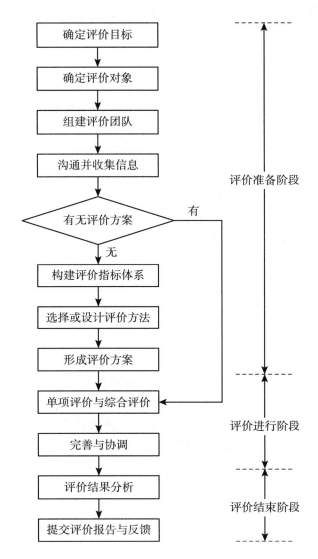

**图6-7 大学生就业创业教育评价过程示意**

## （二）确定评价对象

确定评价对象就是根据评价目标确定评价的边界条件，认真地剖析评价对象的内外层次关系。例如，对某所高校大学生就业教育开展的状况进行整体的评价，在确定评价对象时首先确定就业教育评价包括哪些方面，学科建设、课

*421*

程开展、教学效果、教学过程、教材选择、授课教师和授课方式等可能都蕴含其中；其次是要理清这些方面的层次关系，对每个层次和每个方面都进行界定；最后，形成整体的评价对象结构图表，这样才能使接下来的评价工作顺利开展。

### （三）组建评价团队

大部分评价都是由专家评价团队来完成的，在评价准备阶段要组建评价团队。由于评价的目的不同，对象不同，因此评价团队的组织架构也不同。一般来讲以自评的方式对大学生就业创业教育进行评价，团队成员的组成要兼顾部门领导和基层执行人员等；他评的方式对大学生就业创业教育进行评价时团队成员要兼顾技术专家、教育专家、管理专家、评价专家、学校教务部门、讲授就业创业课程的教师、接受就业创业教育的学生和用人单位的人力资源部门管理者等。无论自评和他评都需要有一个良好的评价团队架构，评价团队管理者可以由对评价对象了解较为全面的专家担任，也可以由教育行政主管部门的管理者或被授权的社会机构的管理者担任。参加评价工作的专家和成员其资格、组成都应该满足评价目标的要求，以保证评价结论的有效性和权威性。

### （四）沟通并收集信息

沟通是实现的重要载体，在大学生就业创业教育准备阶段，需要评价团队与评价的委托方就大学生就业创业教育评价的具体情况进行反复的沟通，确保评价目标和评价对象的无差别传递。评价团队明晰评价目标和评价对象之后，要进行广泛的资料信息收集与分析，作为制订评价方案的数据基础与参考依据。

### （五）确定评价指标体系

关于评价指标体系构建的原则和方法前面已经讨论过，这里不再赘述。

### （六）选择或设计评价方法

不同的评价方法有不同的特点，在对大学生就业创业教育进行评价时，要根据实际情况选择最优化评价方法，我们对常见的评价方法进行了梳理和总结，各种常见的评价方法其优点、缺点和适用对象如表 6-43 所示。

表 6 – 43　　　　　　大学生就业创业教育评价方法对比表

| 方法名称 | 方法描述 | 优点 | 缺点 | 适用对象 |
|---|---|---|---|---|
| 同行评议法 | 组织专家面对面交流，通过讨论形成评价结果 | 操作简单，专家知识丰富，评价结论易于使用 | 主观性较强，容易受权威专家意见影响 | 对大学生就业创业教育的开展情况进行宏观的诊断性评价，评价结果以意见陈述为主 |
| 德尔菲法 | 以背对背的方式，汇集专家评价意见，多轮反馈并使评价意见逐渐收敛 | 不受权威专家意见影响，专家根据反馈可以修改自己的评价结果 | 有一定的主观性，另外评价成本较高，评价周期较长 | 对大学生就业创业教育的教材、科研项目或课程设计进行预测性评价，评价的结果以意见陈述为主 |
| 标杆分析法 | 对比"标杆"对评价对象进行评价的方法 | 评价指标相对明确，评价尺度清晰，便于对比以寻找差距 | 偏重于绩效评价，过程评价时较为无力；标杆选择难度大，如果出现偏差将影响评价结论 | 对同类型大学生就业创业教育开展的状况进行绩效评价 对同类型大学生就业创业教育以评选、奖励、督察为目的进行的对比性评价 |
| 调查研究法 | 利用调查问卷、访谈和观察等方式对评价对象进行评价的方法 | 操作简单，数据获得容易 | 成本较大，调查需要覆盖一定的广度；需要数据分析方法的配合使用 | 对大学生就业创业教育的满意度评价 构建大学生就业创业教育评价指标体系时指标的初选 |
| 层次分析法 | 针对多层次评价指标体系，确定判断矩阵并得出权重集合的方法 | 可靠度高，误差小 | 指标体系的层次构建较为复杂，同一层次的指标项不能太多（一般不超过9个） | 构建大学生就业创业教育评价指标体系层次结构和权重的方法 |
| 文献计量法 | 利用出版物、专利和引文等构建评价指标或利用这些指标进行评价活动的方法 | 便于构建评价指标层次；便于量化 | 数量评价较多精确，质量评价精确度不高；需要和其他评价方法配合使用 | 适用于构建大学生就业创业教育评价指标（指标初选） 对大学生就业创业教育研究情况进行评价 |

| 方法名称 | 方法描述 | 优点 | 缺点 | 适用对象 |
|---|---|---|---|---|
| 统计分析方法 | 利用统计学和数据挖掘学的相关理论和方法（主成分分析、因子分析和聚类分析等）对评价对象进行评价 | 客观，全面，完全量化 | 操作复杂，对数据依赖，函数意义不明 | 适用于对评价指标体系进行初选或优选 |
| 多指标综合评价法 | 针对多层次评价指标，运用各种评价方法的有机组合，进行全局性、整体性的综合评价方法 | 方法灵活，可信度高，误差小 | 评价过程相对复杂 | 适用度较高，主要应用于大学生就业创业教育的综合性评价和对比性评价 |

## （七）制订评价方案

评价团队在充分沟通与信息收集的基础上，设计评价的方法、日程、人员分工等，最终形成评价方案。评价方案是评价实施的计划和纲领，是评价准备阶段的成果性标志，科学的评价方案对应着科学的评价过程和客观的评价结果，因此是评价准备阶段的重点和难点。"评价方案具有一定程度的规范性，但不存在一成不变的固定格式"[1]，一般都涵盖评价目标、评价对象、评价指标体系、评价方法、数据获取方式和评价结果的呈现形式等几个重要的方面。根据本研究构建的大学生就业创业教育评价指标体系，选择多指标综合评价法，我们制订出大学生就业创业教育综合评价方案（见附件），以供参考。

## （八）单项评价与综合评价

评价方法选定完毕，实施进入到单项评价与综合评价环节。单项评价就是对评价对象的某一层次或某一方面进行详细的评价，综合评价一般是相对单项评价而言的，是在单项评价的基础上利用各种综合评价方法得出综合的评价结果。它们之间的区别不仅在于评价指标的多少，而在于评价标准和方法选择的复杂性。

---

[1] 史晓燕：《现代教育评价》，河北人民出版社 2005 年版，第 40 页。

一般来说如果评价标准比较明确，评价方法使用较为单一，则可称为"单项评价"，反之就是"综合评价"。如利用德尔菲法对大学生创业教育教材进行评价就是单项评价，而利用多指标综合评价法考虑包括创业教育教材评价结果在内的各个方面，得出大学生创业教育开展状况的整体结论就是综合评价。单项评价不等于是对单一的评价指标进行的评价，单项评价也需要有若干的评价指标。"单项"和"综合"都是相对的概念，站在更宏观的层面综合评价也有可能变成单项评价，如对某高校的大学生就业创业教育课程体系进行综合评价时，教材方面的评价就是单项评价，而如果对该校大学生就业创业教育的整体状况进行评价时，课程体系的评价就变成了单项评价。

### （九）完善与协调

在对评价对象实施了评价行为之后，还要与被评价方和委托方进行协调，这样做的目的不是简单的得到多方都"满意"的评价结果，也不是通常意义上的"中庸之道"，而是为了得到合理、可利用的评价结果。对于被评价方，由于他评的方式未必使评价信息真实全面的传递到评价团队，因此必须要考虑到被评价方对评价结果是否有争议，如果有信息收集不全面而造成的评价结果争议应该及时的更正；对于评价委托方，要充分地考虑评价目标以及评价结果如何利用，这样"评出来的"才是"想要的"；对于评价团队，在对评价结果进行分析前，也必须对评价实施过程中的问题与不足进行探讨与完善，确定评价结果的信度，这些都需要进行协调，因此这个环节也非常重要。完善协商的具体实现方式较为灵活，最常见的就是座谈会的方式，大学生就业创业教育评价的利益相关方都在一起，对评价的初步结果进行交流与沟通，从而使得评价过程和结果更为科学、客观。

### （十）评价结果分析

完善与协调之后进入评价结束阶段，评价团队需要根据修正后的数据对评价结果进行分析，在分析的过程中遇到问题还可能继续与评价相关方进行协商沟通。评价结果的分析过程是由数据到特征的概括，对于定量的结果也要给出定性的分析，对于定性的结果要合并归类，特别是对多个高校开展大学生就业创业教育情况进行对比性评价时，不同的分析方式也会导致不同的评价排序，评价数据的分析结果将成为评价报告的核心部分。

### （十一）提交评价报告与反馈评价

"评价报告是对整个评价过程及最终结论进行全面的书面陈述和提出相关建

议的报告"①，它是评价活动的结论性成果，承载着评价活动的使用价值。评价报告一般都由三个部分组成：第一是报告标引，主要包括评价报告的题目、报告编写机构名称或个人姓名、报告形成时间等；第二是报告正文，主要包括评价的时间、评价团队或机构、评价实施步骤、评价结果、评价结论、评价的信度与不足以及建议等；第三是附件，是附在正文之后的对正文作补充、说明、证实或其他密切相关的材料等。另外，评价报告里还应该对整个的评价工作进行回顾和总结。

评价报告完成后需要提交给评价委托方，之后委托方根据评价报告的质量对评价团队的评价活动进行反馈，同时评价团队也将最终的评价结果反馈给被评价方，即便委托方和被评价方是同一主体这种反馈也是有必要的，因为反馈可以发现大学生就业创业教育评价的不足，从而不断地改进评价活动本身。

---

① 史晓燕：《现代教育评价》，河北人民出版社 2005 年版，第 52 页。

# 第七章

# 中国高校创业教育典型实证研究

中国高校创业教育是在市场经济与知识经济条件下孕育而生的一种新兴教育实践活动，它既是高校素质教育改革对人才知识素质、能力结构、价值取向的客观要求，也是我国高校创业教育理论研究进一步深入与发展的结果。自2002年起，我国高校创业教育进入政府引导下的多元探索阶段。2002年4月教育部确立了9所创业教育试点院校，期间各试点院校通过不同方式，对创业教育进行了一些自主性实践探索，形成了一批具有校本特色的创业教育模式；2008年教育部又确立了30个创新与创业教育类人才培养模式创新实验区，在实验区高校的进一步探索过程中，创业教育区域性特征日趋显现，进一步形成了一批具有区域性、多样化特征的教育模式。教育部分别以9所试点高校和20所实验区高校为例，对近年来中国高校创业教育典型案例进行了总结，出版了《创业教育在中国：试点与实践》[①] 和《高等学校创业教育经验汇编》[②]。面对近年来中国高校创业教育取得的成就，梳理创业教育发展脉络，总结创业教育实践经验，把握创业教育发展趋势，对创业教育的进一步发展具有重大理论意义。本章拟从实证角度出发，以教育部确立的试点院校与实验区高校为例，结合上述两本著作以及可查阅的相关文献，运用典型取样方法，对中国高校创业教育典型案例进行比较分析，总结中国高校创业教育发展经验，从而为进一步科学把握我国高校创业教

---

[①] 中华人民共和国教育部高等教育司组：《创业教育在中国：试点与实践》，高等教育出版社2006年版。

[②] 中华人民共和国教育部高等教育司组：《高等学校创业教育经验汇编》，高等教育出版社2011年版。

育发展趋势提供实证参考。

# 第一节  教育部试点院校的创业教育

2002 年 4 月，教育部在清华大学、北京航空航天大学、中国人民大学、上海交通大学、西安交通大学、武汉大学、黑龙江大学、南京财经大学、西北工业大学 9 所高校开展了创业教育试点工作，这标志着中国高校创业教育逐渐从自发探索转向政府引导下的多元化发展。试点工作中，各试点院校在国家创业教育政策指导下，依据自身特点尝试构建起了一些独具特色的创业教育模式，在创业教育课程开设、实践载体运用与运行机制建设方面积累了一定经验。本节拟对各试点院校创业教育发展状况进行实证分析，总结试点院校在创业教育理念探讨、模式建构、课程设置、实践载体、运行机制五方面所取得的经验与成就，展现这一时期中国高校创业教育的发展状况，为科学把握创业教育发展趋势提供实证参考。

## 一、从多维度探讨了创业教育理念

创业教育理念是高校创业教育实践的旗帜和方向，是开展一切创业实践工作的方法论基础，是破解当前社会发展与高等教育难题的观念向导。全面认识创业教育，关键在于科学把握创业教育的核心理念。2002 年 4 月，在普通高等学校"创业教育"试点工作座谈会上，与会者一致认为"创业教育是一种理念，这种理念要贯穿于高校的课堂教学及课外活动，主要是通过课程体系、教学内容、教学方法的改革，以及第二课堂活动的开展，不断提高学生的综合素质，增强学生的创新意识、创造精神和创业能力。"[①] 自 2002 年起，部分创业教育试点院校结合社会发展状况、高等教育发展趋势及院校自身特点，提出了许多具有时代性与科学性的创业教育理念，对这些理念进行梳理能够发现，这一时期中国高校创业教育理念的提出主要围绕三个关系展开，即创业教育与素质教育的关系，创业教育与专业教育的关系，创业教育与创造、创新教育的关系，同时在此基础上也形成了三种对创业教育理念的不同理解（见表 7 - 1）。

---

① 柴径：《以点带面推进创业教育——"创业教育"试点工作座谈会综述》，载于《中国高等教育》2002 年第 10 期，第 38 页。

表 7 – 1　　　　　　　　　　试点院校创业教育理念

| | 院校名称 | 创业教育理念 |
|---|---|---|
| 1 | 清华大学 | 培养大学生创新人格、创新思维、创新能力 |
| 2 | 北京航空航天大学 | 以培养学生的创业意识和创业精神，向学生传授创业知识，提高学生的创业技能为宗旨 |
| 3 | 中国人民大学 | 培养具有创新、创造、创业能力的高素质人才 |
| 4 | 上海交通大学 | "三个基点"（素质教育、终身教育、创业教育）和"三个转变"（专才向通才转变，教学向教育转变，传授向学习转变）为指导思想构建创新人才培养体系、培养高素质、创造性人才 |
| 5 | 西安交通大学 | 理论与实践并重 |
| 6 | 武汉大学 | 三创教育理念，即创业、创造、创新教育相结合，培养宽口径、厚基础、高素质、强能力的"创造、创新、创业"型复合人才培养，强调四个基本要求，即责任感和使命感，人文底蕴和科学素养，创造、创新、创业的精神和能力，全球视野* |
| 7 | 黑龙江大学 | 培养宽口径、厚基础、"专业＋特色"复合型、应用型、具有国际竞争力的人才 |
| 8 | 南京财经大学 | 培养职业经理人，即能为社会提供更多就业机会的人 |
| 9 | 西北工业大学 | 启发学生的创业意识，培养学生的创业精神，传授给学生创业知识，增强学生的创业技能 |

注：＊罗儒国：《"三创教育"模式的探索——以武汉大学为例》，载于《黑龙江高教研究》2012 年第 6 期，第 21 页。

第一，提出创业教育是素质教育的一个重要方面。这一时期，创业教育与素质教育的关系问题不仅反映在高校创业教育的理论与实践探索中，也常常体现在国家实施教育体制改革、推进素质教育的相关方针政策之中，因而我们应当从国家与高校两个层面，分别对这一问题进行分析：

在国家层面，创业教育理念被逐渐纳入素质教育之中。创业教育强调培养学生的创新意识、创造精神和创业能力，能够有力地弥补高等教育在实践环节的不足，推动高校素质教育改革的深入，1999 年通过的《中共中央国务院关于深化教育改革，全面推进素质教育的决定》强调："高等教育要重视培养大学生的创新能力、实践能力和创业精神，普遍提高大学生的人文素养和科学素质"[1]，从而将培养大学生的创新能力与创业精神纳入高校素质教育改革战略之中。2002

———————

[1]　《十五大以来重要文献选编（中）》，人民出版社 2001 年版，第 861 页。

年 4 月教育部创业教育试点工作座谈会上明确提出："创业教育是素质教育的一个重要方面，也是推进素质教育的一个重大举措。我们在人才培养的过程中要始终贯彻这一理念，并且在教学计划中、教学改革的实践中加以体现。"① 2003 年，党的十六届三中全会进一步阐明了开展全民素质教育、提升国民创业能力对解决就业问题、推进社会发展的重要意义，强调"全面推进素质教育，增强国民的就业能力、创新能力、创业能力，努力把人口压力转变为人力资源优势。"②

在高校层面，创业教育成为试点院校深入推进素质教育的重要载体。自 2002 年起，9 所创业教育试点院校在各自创业教育的实践探索过程中，也对创业教育理念进行了许多有益的探讨，并制定出了一系列符合素质教育要求的创业教育理念与教育目标。上海交通大学将"三个转变"作为创业教育的指导思想，强调专才向通才转变，教学向教育转变，传授向学习转变，体现出素质教育重视社会发展需要，尊重学生主体性与主动精神的特征。黑龙江大学创业教育的培养目标是"培养宽口径、厚基础、'专业 + 特色'的复合型、应用型、具有国际竞争力的人才"③，该培养目标的设置强调人才培养的个性、创新性和开放性，因而同样符合素质教育的培养要求。

第二，倡导创业教育以专业教育为基础。这一时期，创业教育与专业教育的关系问题，不仅反映在各试点院校创业教育理念与培养目标的设置上，也反映在当时创业教育的理论研究之中。

试点院校对创业教育与专业教育的结合进行了理念层面的有益探索。在创业教育试点工作中，国家充分重视并要求高校切实处理好专业教育与创业教育的关系，2002 年，创业教育试点工作座谈会提出："专业教育中也要渗透和贯彻创业教育的思想，特别是在实践教学的环节中，更要贯彻创业教育的精神。"④针对这一要求，一些试点院校在创业教育实践工作中提出了与专业教育相结合的教育理念。武汉大学虽未在其教育理念中明确阐述创业教育与专业教育的关系，但一直将"创业教育理念贯穿于各专业教学的始终"作为其创业教育实践的重要原则与形式，在"各专业的课堂教学中，强调学生创新思维的培养、良好个性的形成，以使学生具有未来创业所应具备的个性心理素质"⑤。黑龙江大学明确提出

---

①④　教育部高等教育司：《创业教育试点工作座谈会纪要》（教高司函［2002］101 号），2002 年 4 月 30 日。

②　《十六大以来重要文献选编（上）》，中央文献出版社 2005 年版，第 477 页。

③　中华人民共和国教育部高等教育司组编：《创业教育在中国：试点与实践》，高等教育出版社 2006 年版，第 97 页。

⑤　中华人民共和国教育部高等教育司组编：《创业教育在中国：试点与实践》，高等教育出版社 2006 年版，第 92 页。

了"专业＋特色"的培养目标①，从而真正从创业教育理念高度实现专业教育与创业教育的内在统一。南京财经大学结合财经类院校的专业特色，明确提出了"培养职业经理人"② 的创业教育目标，从创业教育理念高度将创业教育与专业教育紧密结合起来，大大促进了大学生专业知识向创业实践的转化。

创业教育与专业教育相结合的理念也反映在这一时期创业教育理论研究之中。针对创业教育与专业教育关系的问题，试点院校创业教育有关专家学者一致认为，在中国高等教育改革中，创业教育长期以来都专注于操作层面，即认为创业教育是一种能够简单掌握的技术和技能，因而高校不需要从根本上改革现有专业教育课程，只需另外增加传授创业知识与技能的课程，便可以轻易实现素质教育。③ 针对这一传统观点，有学者指出，要提高创业教育的专业性与实效性，就必须破除这种创业教育与专业教育脱节的"表层教育论"，他强调人的创造性是不能像具体技能和技巧那样教授和传授的，"创业教育不但不排斥知识教育和专业教育，而且必须更深地依赖知识教育和专业教育"，④ 这就从理论上明晰了创业教育与专业教育的关系，即专业教育侧重知识传授，创业教育则侧重实践能力与素质的培养，两者必须紧密结合。

第三，"三创教育"的创业教育理念。这一时期，武汉大学、黑龙江大学都提出了"三创教育"的理念，主张将创业教育、创造教育、创新教育结合起来，同时一些高校也在创业教育理论研究中，对这一理念做了更为系统的理论阐释。

部分试点院校立足"三创教育"理念，对创业教育进行了一些有益的实践性探索。武汉大学针对国内外高等教育变革的新形势，结合自身的办学实际，率先在国内提出"三创教育"的新理念，并将此理念贯穿于专业教学与课外实践之中。黑龙江大学将"三创教育"作为开展创业教育的人才培养模式，以"三创"课程群和学业生涯导师制为基础，传授创业知识与技能，培养学生"三创"意识与精神，以创业团队为依托，以创业园区为载体，以创业基金为支撑，促成"三创教育"的产业转化，实现学生的创业梦想，⑤ 从而将"创造、创新、创业相结合"的理念渗透到创业教育实践的全过程之中。另外，中国人民大学也明

---

① 中华人民共和国教育部高等教育司组编：《创业教育在中国：试点与实践》，高等教育出版社2006 年版，第 97 页。

② 中华人民共和国教育部高等教育司组编：《创业教育在中国：试点与实践》，高等教育出版社2006 年版，第 109 页。

③ 曹胜利、雷家骕：《中国大学创新创业教育发展报告》，北方联合出版传媒（集团）股份有限公司、万卷出版公司 2009 年版，第 96 页；衣俊卿：《对高等学校开展创业教育的理性思考》，载于《中国高等教育》2002 年第 10 期，第 13 页。

④ 衣俊卿：《对高等学校开展创业教育的理性思考》，载于《中国高等教育》2002 年第 10 期，第 13 页。

⑤ 中华人民共和国教育部高等教育司组编：《创业教育在中国：试点与实践》，高等教育出版社2006 年版，第 97 ~ 100 页。

确提出了"培养具有创新、创造、创业能力的高素质人才"的创业教育培养目标，认同创新、创造、创业相结合的教育理念。

在理论层面，部分试点院校创业教育专家学者对"三创教育"进行了一些有益的理论探讨。武汉大学在长期创业教育实践中，对创业教育与创造、创新教育的结合上也做了一些理论探索。武汉大学学者认为，"创造（creation）、创新（innovation）和创业（enterprise）是一组既有联系又有区别的概念。创造是一个从无到有的过程，创新是对现有事物的更新和改造过程，而创业则是开创某种事业的活动。"① 而创造教育、创新教育和创业教育是教育的三个不同层面，"创造教育在于营造适宜产生创意的教学情境，通过开展各种创造性教学活动，激励学生的创造精神，开发人人都具有的潜在创造力。创新教育是对传统教育进行的改革与改良，即在教育理论、教育体制、教学制度、教学内容、教学方法和教学手段等方面进行创新，实施一种反映时代精神的新型教育。创业教育是着力培养学生的创业精神、创业技能和创业人格的教育，鼓励学生自主创业、建功立业。"② 可见，创造教育、创新教育、创业教育三者具有内在关联性与先后逻辑性。

## 二、尝试建构了多种创业教育模式

试点院校在创业教育理论研究与实践探索过程中，结合自身校本特色，建立起多样化创业教育模式。2002 年 4 月，在教育部创业教育试点工作座谈会上，首次确立了三种具有示范意义的典型创业教育模式，并分别对其特点与实践方式作了简要概括。在此后的试点工作过程中，又有部分高校在实践中建立起具有鲜明校本特色的创业教育模式（见表 7 - 2）。

表 7 - 2　　　　　　　　　　　　试点院校创业教育模式

|  | 院校名称 | 模式 |
|---|---|---|
| 1 | 清华大学 | "创新环"模式 |
| 2 | 北京航空航天大学 | 创业意识与创业精神培养（课堂教学与实践相结合）——创业辅导——创业孵化——进驻科技园"的四步流程教育模式* |
| 3 | 中国人民大学 | 以课堂教学为主导的创业教育模式 |

① 李文鑫、黄进：《推进"三创教育"，培养"三创"人才》，载于《光明日报》2002 年 4 月 5 日第 3 版。
② 罗儒国：《"三创教育"模式的探索与展望——以武汉大学为例》，载于《黑龙江高教研究》2012 年第 6 期，第 21 页。

| | 院校名称 | 模式 |
|---|---|---|
| 4 | 上海交通大学 | 综合式创业教育模式 |
| 5 | 西安交通大学 | 理论与实践并重的创业教育发展模式 |
| 6 | 武汉大学 | "三创教育"模式** |
| 7 | 黑龙江大学 | "三创教育"模式 |
| 8 | 南京财经大学 | 创业教育试点班 |
| 9 | 西北工业大学 | 以课堂教学为主导的创业教育模式 |

注：* 中华人民共和国教育部高等教育司组：《创业教育在中国：试点与实践》，高等教育出版社 2006 年版，第 42～51 页。

** 罗儒国：《"三创教育"模式的探索与展望——以武汉大学为例》，载于《黑龙江高教研究》2012 年第 6 期，第 20～23 页。

一是以课堂教学为主导的创业教育模式。以中国人民大学为代表，这一教育模式重视培养学生的创业意识，构建创业知识结构，其运行主要依托创业课程体系进行。中国人民大学主张将第一课堂、第二课堂结合起来开展创业教育，对创业教育课程设置进行了科学规划，开设"企业家精神"、"风险投资"等创新创业课程，举办创业论坛和专题讲座，强化学生创业意识，并通过开展职业生涯设计与规划活动，将创业教育理论与大学生素质提升结合起来，完善学生综合素质。另外，西北工业大学创业教育实践也主要以课堂理论教育为主，注重师资队伍建设和理论教材编写，建立了一套较为完善的创业教育课程体系。

二是以提高学生创业意识、创业技能为重点的创业教育模式。以北京航空航天大学为代表，这一教育模式重视学生创业知识、技能向实践领域的转化。北京航空航天大学首先通过创业教育课程，对在校学生进行创业意识与创业精神培养，继而对学生的创业计划进行有针对性的科学指导，再将符合标准的学生创业计划送入"北航科技孵化器"，孵化成功后进入大学科技园寻求进一步发展，由此建立起一套机制完备、科学高效的创业实践转化体系。该校将自己的创业教育模式归纳为"创业意识与创业精神培养（课堂教学与实践相结合）——创业辅导——创业孵化——进驻科技园"的四步流程教育模式，通过"创业辅导"将"创业课程"与"创业实践"环节有机地连结起来，形成了"一体化"的模式特色（见图 7-1）。

三是综合式的创业教育模式。以上海交通大学为代表，这种模式一方面将创新教育作为创业教育的基础，在专业知识的传授过程中注重学生基本素质的培养，上海交通大学的创业教育基于"三个转变"（专才向通才转变、教学向教育转变、传授向学习转变），实施"三个基点"（素质教育、终身教育和创新教育）

433

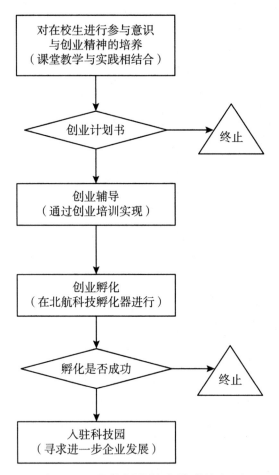

**图 7 - 1　北航创业教育模式流程图**

的人才培养模式，构建起以"创新人才培养体系"为基本框架的创业课程教学
体系，包括基础教育大平台、专业教学大平台、国际化教育等，同时还建立起以
"科技创新实践中心"和"创业实践基地"为主体的课外创业实践活动体系（包
括创新实验基地和跨学科实验平台），并以有组织的社会实践、创新创业竞赛、
学生社团活动作为实施创业教育的有力载体，从而将课堂教学与实践环节紧密结
合起来。另一方面则为学生创业提供所需资金、政策支持和必要的技术咨询，上
海交通大学在就业服务和职业发展中心、校团委的统一领导下，创办了一系列以
创业教育咨询与指导为内容的媒体机构（包括就业信息网"出国与就业专栏"、
就业指导报《职业风》、饮水思源 BBS "创业者论坛"版），设立了一些创业教
育专项基金（包括唐氏基金、"PRP"项目基金），还建立起一套支持和保障
"创业孵化"的长效政策和机制。从而形成了一套能够有力保障学校创业教育实

施的组织、咨询、资金与政策支持体系。①

另外，其他试点院校还在三种主要创业教育模式之外探索形成了一些独具特色的创业教育模式，其中最具有代表性的是"三创教育"模式和"创业教育试点班"模式。

"三创教育"模式是立足于创造、创新、创业教育相融合的综合性视角，构建的一种理论和实践相结合的创业教育模式。武汉大学的"三创教育"模式以"三创教育"思想或理论为基础，② 开展了一系列"三创教育"课程与实践活动，制定了一系列创业教育配套制度和政策，同时启动了"高等学校创业教育模式与实践"专题研究，使"三创教育"理念全面融入创业教育课程、实践与科研的各个环节，实现了理论、制度与实践的有机统一；黑龙江大学的"三创教育"模式，一方面通过实施创业教育课程改革、构建创业教育"课程群"、加强创业实践基地建设等途径，对在校大学生开展创业教育，另一方面则专门成立创业教育研究所，围绕创造、创新、创业教育相关理论问题开展研究工作，以理论创新带动学校创业教育的发展。

"创业教育试点班"是一种针对部分有创业意向的学生，开展专业性创业教育的模式。南京财经大学结合自身经济管理类院校的特点，在面向全体学生开展创业教育基础上，在工商管理学院内部举办"创业教育试点班"。该校为试点班设置了完善的选拔机制、教育宗旨和培养方案，并提供专项经费支持。试点班模式的特点在于强调学生创业知识的系统学习和创业技能的专门培训，一方面为学员开设创业成功学、创业方案设计等专业课程，一方面则组织学生开展创业模拟训练、企业调研、社会调查等实践活动。"创业教育试点班"模式的优势在于实现了普及性教育与专业性教育的有机结合，有利于学校集中创业教育资金与师资力量，开展有针对性的创业教育。

## 三、尝试开设创业教育课程

创业教育课程是高校培养学生创业意识与精神、传授创业知识、提高创业能力的重要载体，是高校创业教育的基础性环节。在全国创业教育试点工作开展以前，国内仅有个别高校开设了少量相对独立、具有专业性质的创业教育课程，例

---

① 中华人民共和国教育部高等教育司组编：《创业教育在中国：试点与实践》，高等教育出版社2006年版，第66～73页；董晓峰、李心刚：《全方位、多角度推进大学生创业教育》，载于《思想·理论·教育》2003年第9期，第15～16页。

② 罗儒国：《"三创教育"模式的探索与展望——以武汉大学为例》，载于《黑龙江高教研究》2012年第6期，第21页。

如，清华大学在 1997 年就率先在管理学院为 MBA 开设了"创新与创业管理"课程。创业教育试点时期，各试点院校对教学课程的探索逐步深化，并依据各自创业教育模式与经验，尝试开设了一些面向全体学生的创业教育课程，这些教学课程主要包括课堂理论教学、实践教学、专题讲座等，多以选修课和必修课两种课程形式展开（见表 7 - 3）。

表 7 - 3　　　　　　　　试点院校创业教育课程情况

| | 院校名称 | 课程 | 开设机构或师资来源 | 课程形式 |
|---|---|---|---|---|
| 1 | 清华大学 | MBA 项目创新创业课程，包括创业管理、创业投资管理、技术创新与制度创新、知识产权管理、企业家与创新等 | 清华大学经济管理学院"清华大学中国创业研究中心" | 选修课 |
| 2 | 北京航空航天大学 | 创业教育模块化课程，包括创业机会、创业企业战略管理、创业企业人力资源管理、创业企业市场营销、创业企业财务管理、创业企业税收筹划、创业企业法律支持、解读财务报表、创业风险管理、创新思维与创业管理 10 大模块 | 创业管理培训学院 | 选修课 |
| 3 | 中国人民大学 | 企业家精神、风险投资、创业管理等创业教育课程 | 校团委 | 选修课 |
| 4 | 上海交通大学 | 创业指导讲座与研讨 | 校团委、就业服务和职业发展中心 | 不详 |
| 5 | 西安交通大学 | 本科全校必修课：现代企业管理、工程经济学、创业管理<br>本科全校选修课：企业家的创业管理与发展、创业管理、创业教育与创业规律、管理组织中的性别、性别素质与发展、公共关系学<br>研究生课程：创业管理、创业过程管理<br>"课外 8 学分"：管理前沿名教授系列讲座、创业教育专题报告等 | 管理学院创业中心 | 选修课和必修课 |

续表

| | 院校名称 | 课程 | 开设机构或师资来源 | 课程形式 |
|---|---|---|---|---|
| 6 | 武汉大学 | 创业学课程 | 大学生创业指导中心 | 选修课 |
| 7 | 黑龙江大学 | "三创"课程群：创业教育、就业教育、证书教育三大模块 | 创业教育学院 | 选修课 |
| 8 | 南京财经大学 | 创业学概论 | 工商管理学院 | 选修课 |
| 9 | 西北工业大学 | 创业学<br>创业理论与实践 | 校团委 | 选修课 |

总体看来，这一时期试点院校在创业教育课程探索方面取得的成就主要包括以下几点：

第一，试点院校均已开设创业教育选修课程，部分院校开设了创业教育必修课程，创业教育的普及率提高。创业教育选修与必修课程是这一时期试点院校开设创业教育课程的基本形式，在选修课方面，所有试点院校均开设了创业教育选修课程，其中黑龙江大学还特别设立了"三创"必修学分，作为本科生创业教育的必修学分，大大提高了学生对创业教育的重视程度；西北工业大学则专门开设了"创业学"课程，要求全校学生不论任何专业都必须选修，从而全面提高了各专业学生的创业知识储备。在必修课方面，各试点院校中西安交通大学是唯一开设创业教育必修课的院校，该校在开设创业教育全校选修课基础上，又开设了现代企业管理、工程经济学、创业管理三门必修课程，确保所有学生在校期间都经历一次专业性的创业理论课程教育。

第二，创业教育课程向专业化方向发展。我国高校创业教育在课堂教学上一直都存在师资力量不足、师资水平低下、课程专业化程度较低等弊病，严重影响了高校创业教育课程的实效性。开展创业教育试点工作以后，各试点院校纷纷通过开设专业的创业教育课程、编订创业教育教材、加强创业教育理论研究等途径提高创业教育课程的专业化水平。在课程方面，涌现出一些质量较高的创业教育专业化课程，例如，清华大学开设的《创业管理》，该课程由清华大学创业教育研究领域的著名学者雷家骕教授主讲，并于 2007 年被教育部评为国家精品课程（本科）和北京市精品课程。在教材方面，部分院校尝试编订了一些理论性较强

*437*

的创业教育课程教材，例如，清华大学于2005年出版了雷家骕教授编写的《高技术创业管理：创业与企业成长》，该书不仅被长期作为清华大学创业教育课程教材使用，还被评为北京市精品教材和清华大学优秀教材一等奖。北京航空航天大学创业管理培训学院张竹筠教授等学者编写、编译了《创业实务指南》、《美国的创业教育》、《科技创业》等创业教育相关教程7本，实现了创业教育课程教材的自主编写与开发。西北工业大学组织编订了《创业学教程》、《创意学教程》和《创造学教程》，形成创业教育系列教材，在教材编写过程中，学校还专门聘请马文端、王光英、费孝通等老一辈领导人和著名专家学者，作为编委会高级顾问为教材把关定向，从而确保了教材编写的质量。在科研建设方面，一些试点院校成立了专门的创业教育教学与科研机构，从而大大提高了创业教育课程的教学质量和专业化水平。例如，清华大学、北京航空航天大学和黑龙江大学分别成立了"创业研究中心"、"创业管理培训学院"和"创业教育学院"等专业机构，组织专业教师专门从事创业教育的课程教学、教材编订、著作翻译和理论研究工作，为创业教育课程的实施提供了强有力的科研支撑。

第三，创业教育课程模块的尝试性构建。试点时期，各试点院校虽然都尝试性地开设了一些较为专业化的创业教育课程，但此类课程的开设仍处于零散状态，多数院校尚未构建出具有一定结构性、科学性与系统性的创业教育课程体系，仅有北京航空航天大学和黑龙江大学尝试性地构建了创业教育课程模块。北京航空航天大学和黑龙江大学在创业教育课程的实践与探索中都认识到创业教育教学工作不能仅仅依靠一门或几门独立的教学课程来实现，而应设置具有一定层次结构和逻辑关系的"模块化"课程，依据不同学生群体的特点及需要，实施课程模块组合，从而开展具有针对性的创业教育。北京航空航天大学创业培训管理学院设立了"北航创业培训模块化课程"，包括创业机会、创业企业财务管理、创业风险管理等10个模块。通过这种模块化的课程设置，教育者可以根据授课对象（本科生、研究生、创业组织管理人员、创业型企业经营人员等）的不同，实现课程内容的有机组合，从而大大提高了创业教育的针对性与科学性，使大学生能够接受到更为科学化、系统化的创业课程教育。黑龙江大学打破专业壁垒，以学分制为基础平台，结合第二学位建设，建立了"三创"课程群，包括创业教育、就业教育、证书教育三大模块，模块下又包含各类课程体系（见图7-2）。"三创"课程群，不仅实现了创业教育课程的模块化，还使创业教育与就业教育、证书教育、第二学位教育有机结合起来，实现了创业教育资源的优化与整合。

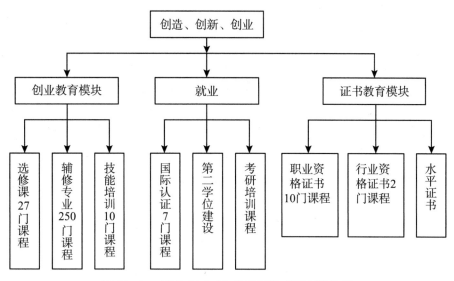

图7-2 黑龙江大学"三创"课程群建设

## 四、形成多种创业教育实践载体

创业教育实践是促进创业观念、知识、能力转化为创业行为的重要载体。2002年我国开展创业教育试点工作后,各试点院校的创业教育实践载体建设得到了一定发展,形成了多种具有示范意义的创业教育实践载体(见表7-4)。

表7-4　　　　　　　　　试点院校创业教育实践情况

| | 院校名称 | 主要教育实践载体<br>A. 创业设计大赛/B. 创业社团活动/C. 创业实践基地与科技园区 |
|---|---|---|
| 1 | 清华大学 | A. 大学生创业计划大赛、企业管理模拟挑战赛、机械创新设计大赛、结构设计大赛、数学建模竞赛等<br>C. 课外科技活动基地 |
| 2 | 北京航空航天大学 | A. 学生创业计划书大赛——"北航科技园杯"创业计划大赛<br>C. 北航创业孵化器、北航科技园 |
| 3 | 中国人民大学 | A. "管理之星"大赛<br>B. 社团志愿公益活动:"西部志愿活动"、"北京周边区县挂职活动"、"大学生智力扶贫创业行动" |

续表

| | 院校名称 | 主要教育实践载体<br>A. 创业设计大赛/B. 创业社团活动/C. 创业实践基地与科技园区 |
|---|---|---|
| 4 | 上海交通<br>大学 | A. 创业计划大赛、大学生创业实战大赛、材料产业设计竞赛<br>B. 学生科技创新实践中心、创业协会、创新协会、学生职业发展协会、饮水思源 BBS 之 "参与者论坛" 讨论区<br>C. 大学生创业实践基地 |
| 5 | 西安交通<br>大学 | A. 大学生创业计划竞赛、"腾飞杯" 科技竞赛、电子设计大赛、计算机知识大赛等<br>B. 大学生创业中心、研究生创业者协会、创业爱好者俱乐部<br>C. 各类创业实践基地，包括综合教育基地、社会实践基地、科技创新基地、生产实习基地等<br>创业园、国家科技园 |
| 6 | 武汉大学 | A. 创业计划大赛 *<br>B. 创业者协会大学生创业网站<br>C. 武汉大学科技园（科技项目招标） |
| 7 | 黑龙江<br>大学 | A. "挑战杯" 创业计划大赛<br>B. "三创" 实验群团队、法律咨询创业团队、商业服务类创业团队、黑大人工作室（杂志社）<br>C. 企业实践基地（大学生实践企业合作（SPEC）计划）<br>科技开发园区、信息技术园区、商业服务园区<br>大学生创业计划大赛<br>大学生创业实践基地建设<br>大学生实践企业合作计划（SPEC 计划） |
| 8 | 南京财经<br>大学 | A. "创业杯" 创业计划大赛、"挑战杯" 创业计划大赛<br>财经专业性赛事：广告策划大赛、模拟股市竞赛、企业管理软件大赛、黄金旅游路线创新大赛、薪酬设计方案比赛、金领秘书竞赛、食品开发创新大赛等<br>B. 大学生就业与创业协会<br>C. 开放型文科综合实验室 |
| 9 | 西北工业<br>大学 | A. "挑战杯" 创业大赛培训活动<br>B. 学生创业协会 |

注：邓红兵、林瀚、钱沙华、刘潇：《创业教育实践模式初探》，载于《科技创业》2005 年第 9 期，第 54 页。

这一时期，试点院校探索形成的创业教育实践载体主要包括创业设计大赛、创业社团活动、创业基地与创业园区实践活动三种主要形式：

创业计划大赛成为各试点院校共同倡导和发展的创业教育实践载体。这一时期，在试点院校中已有 8 所院校举办了"创业计划大赛"，这些赛事不仅激发了大学生的创业热情与创业精神，吸引了众多大学生投入创业实践之中，同时也直接孕育和促成了一批创业成果的诞生。清华大学是国内创业计划大赛的发起者，该校一直将创业计划大赛作为开展创业教育实践的直接载体，并围绕大赛培训工作，建立了创业沙龙、投资洽谈会、暑期创业素质训练营等其他实践载体，以创业教育大赛带动全校创业教育实践活动的开展。很多试点院校还结合不同专业特点，开展了各种专业设计与创业大赛，实现了创业教育与专业教育在实践领域的有机结合。南京财经大学结合自身财经类院校特色，开展了广告策划大赛、企业管理软件大赛、黄金旅游路线创新大赛、食品开发创新大赛等活动，使创业教育渗透到专业实践之中。一些院校还将"创业计划大赛"发展成为一种各地区、各高校之间，交换创业教育经验、开展创业教育合作的交流平台，上海交通大学的"科技创新创业大赛"就与日本、台湾地区大学的创业大赛建立了长期合作关系，并互派优秀团员观摩交流，从而建立起一种以大赛为载体、项目交流为内容的创业竞赛交流形式。

丰富多彩的创业社团活动推动了创业教育实践载体的多样化发展。这一时期，在一些试点院校中创业社团活动逐渐成为创业教育实践的重要载体，一般包括创业辅导、创业讲座、志愿服务、企业实践等。这些创业社团由学生自发组织，有专门的教师进行指导，其活动与管理方式较一些学校创业教育机构更为灵活、多样，他们不仅能够长期开展各种贴近学生的创业教育活动，还能够更为广泛、有效地联系创业合作伙伴、争取创业合作项目、募集创业支持资金。上海交通大学成立了科技创新实践中心，该中心作为一个由在校学生自我管理的全校性学生科技创新创业活动组织，在校团委的直接指导下，通过整合校内外技术、人力、信息、资本及市场等资源，为学生提供创业资源和创业平台，帮助学生孵化科技成果，引导学生创业行动，从而成为该校一个重要的创业教育实践载体。另外，该校学生还自发成立了创业协会、创新协会、学生职业发展协会等学生社团，通过开展企业合作、网络信息宣传、创业咨询与讲座等形式，一方面为学生提供校内创业咨询、指导服务，一方面为学生提供校外实习、兼职或就业机会，成为大学生进行创业实践、寻求职业发展的有效实践载体。西安交通大学成立了大学生创业中心、研究生创业者协会和创业爱好者俱乐部等创业社团组织，同时学校还专门为创业社团制定了"大学生创业中心入驻办法"等相关管理制度，规范了创业社团的管理与运行。中国人民大学则将志愿公益社团活动作为创业教育的一项重要实践载体，通过开展"西部志愿活动"、"北京周边区县挂职活动"、"大学生智力扶贫创业行动",为学生提供创业实践与挂职锻炼机会。

创业教育实践基地与创业科技园区建设逐渐展开。这一时期,试点院校针对自身创业教育实践活动的需要,纷纷通过各种途径建立起创业教育实践基地和创业科技园区,并探索形成了不同的运行与管理机制,从而也孕育出了多种以创业基地与创业科技园区为依托的创业教育实践载体。调查发现,西安交通大学和黑龙江大学已建成了自己的创业实践基地和创业科技园区,另有 3 所院校已拥有创业实践基地,2 所院校已建成创业科技园区。在创业实践基地建设方面,上海交通大学针对毕业生就业,以创业实践基地作为毕业生创业教育实践的重要载体,在常州、镇江、宁波、绍兴等地以及上海市浦东、卢湾、闵行等区县和一批厂矿企业建立了大学生创业实践基地,这些实践基地大多属于私营创业型企业,因而其作为创业教育实践载体,能够为大学生提供更多与创业成功人士接触的机会,也能为大学生提供更丰富的创业经验;西安交通大学依托"大学生素质教育拓展计划",建立校内创业实践基地和校外生产实习基地,作为该校开展创业实践活动的重要载体,主要包括综合教育基地、社会实践基地、科技创新基地等,从而大大丰富了创业教育实践载体的数量;"校企合作"是黑龙江大学充分运用创业实践基地作为载体,开展创业教育实践活动的有效途径,该校与省内私营企业协会合作实施了"大学生实践企业合作(SPEC)计划",聘请企业家作为"创业导师"或"客座教授"来校进行讲学,同时学校还推荐专业教师进驻企业,帮助企业实现技术革新,企业则作为学生实践基地,吸纳学生开展实习、研发等实践活动。在创业科技园区建设方面,北京航空航天大学建立了"北航科技园",并将其作为该校创业教育的最后环节。科技园通过吸纳北航科技孵化器孵化成功的创业企业,真正实现了大学生的自主创业与科技成果的产业化,成为高新技术的企业孵化、产业辐射和人才培养的重要载体;黑龙江大学依托产业与资产管理处、团委、学工部,分别建立了科技开发园区、信息技术园区、商业服务园区,并通过注册、审核,吸引不同校内创业团队入驻,为有创业意向的大学生提供了实践锻炼的空间,丰富了该校创业教育实践载体。黑龙江大学还计划制订"黑龙江大学学生创业园及创业团队建设规划",将创业园这一重要教育实践载体的建设纳入规范化与科学化管理轨道;武汉大学科技园则将一批适合学生经营、开发的科技项目,面向学生公开招标,以出资人的方式与学生合作进行科技攻关,从而为大学生科技创业提供了重要实践载体。

## 五、探索建立了创业教育运行机制

创业教育运行机制是高校实施创业教育的重要保障。试点时期,各试点院校大多是从创业教育的管理和保障两方面探索构建其运行机制的,在管理方面,各试点院校多采取了多部门协调的管理形式,但也因组织领导方式的差异,形成了三种创业教育管理机制;在保障机制方面,试点院校主要是通过设立创业教育相关制度和支持资金的方式,尝试性构建创业教育保障机制(见表7-5)。

表7-5 试点院校创业教育运行机制

| 院校名称 | 运行机制 | |
| --- | --- | --- |
| | 管理机制 | 保障机制<br>A——制度政策,B——基金及其管理制度 |
| 1 清华大学 | 校团委统一领导 | B. 科技创新"种子"基金、校外企业投资 |
| 2 北京航空航天大学 | 多部门、多单位联合实施的流程化管理机制 | B. 孵化器政策性减税减租、专项资金支持、技术入股 |
| 3 中国人民大学 | 校团委统一领导 | —— |
| 4 上海交通大学 | 校团委统一领导多部门协调合作 | B. 唐氏基金 |
| 5 西安交通大学 | 学校多部门协调合作 | A. 大学生素质教育拓展计划、科技创新活动、"课外8学分"相关制度和政策<br>B. 大学生科技创新基金 |
| 6 武汉大学 | 大学生创业指导中心 | A. 创业教育实施与管理制度,包括《武汉大学创业教育实施方案》、《创新学分机制实施细则》、《大学生素质拓展计划实施细则》等<br>B. 学生创业专项基金 |
| 7 黑龙江大学 | 创业教育专门机构共同参与,包括学校创业教育领导小组、创业教育学院、黑龙江大学创业教育协调委员会、创业教育专家组、黑龙江大学学生创业教育顾问团、校级创业教育试点单位 | A. 《关于本科教学中创新课程开设的相关说明》、《黑龙江大学学生科技竞赛活动管理与奖励办法》<br>B. 创业教育课题研究专项基金、大学生创业基金、《黑龙江大学学生创业种子基金管理暂行办法》 |

续表

| 院校名称 | 运行机制 | |
| --- | --- | --- |
| | 管理机制 | 保障机制<br>A——制度政策，B——基金及其管理制度 |
| 8　南京财经大学 | 校领导统一负责，教务处、学生处、团委、科研处、财务处、工商管理学院、高教所等学校行政部门和科研院所共同参与 | B. 专项经费支持 |
| 9　西北工业大学 | 校团委统一领导 | — |

建立学校校行政部门统一领导，多部门协调合作的管理机制。这类院校主要有清华大学、中国人民大学、上海交通、南京财经大学和西北工业大学，上海交通大学的创业教育管理工作主要由校团委统一领导，大学生就业服务和职业发展中心（简称"就业中心"）则负责提供一些具体的创业咨询或指导服务。试点时期，该校团委领导开办了学校就业信息网、就业指导报、科创频道等多种创业教育信息交流媒体，指导建立了学生科技创新实践中心、学生职业发展协会、创业协会等社团组织，同时还联合校就业中心、勤工助学办公室，共同协调和组织了就业实习、挂职锻炼和兼职助学等创业实践活动。南京财经大学创业教育管理工作由校领导统一负责，并组织教务处、学生处、团委、科研处、财务处、工商管理学院、高教所等学校行政部门和科研院所共同参与，从而更有利于集中校内优势教育资源开展创业教育。

尝试建立多部门、多单位联合实施的"流程化"管理机制。以北京航空航天大学为代表，这一管理机制着眼于各单位、各部门在创业教育不同阶段的不同职责，倡导"流程化"的创业教育管理方式，十分重视不同教育阶段上，培养工作的前后衔接与相互支持。在北京航空航天大学的"四步流程教育模式"中（参见图7-1），首先由学生处、招生就业处、校团委、孵化器、科技园、创业培训管理学院共同负责创业教育第一阶段的工作，一方面开展全校日常创业教育课程教学、实践指导工作，另一方面则为学生提供创业教育实践载体；第二阶段由创业培训管理学院负责，对一些提出合理创业计划的学生进行专业化创业辅导，推动建立创业型企业；第三阶段由北航天汇科技孵化器负责为一些具有发展潜力的创业型企业提供资金、咨询、技术及管理方面的支持，进一步促进企业的成长；第四阶段则由北航科技园负责接受孵化器孵化成功的创业企业，并以科技园独有的设备、信息、科研等资源及后勤服务体系促进创业企业的进一步发展。在四个教育阶段中，各相关负责部门前后的衔接、配合显得尤为重要，例如，在创业辅导的最后阶段，不仅需要创业培训管理学院为创业者提供更为系统的创业指导与培训，还需要孵化器管理人员协助学生创业者进行创业注册，成立创业型公司。

尝试建立专门性创业教育管理机构协调合作的管理机制。以黑龙江大学为代表，这一管理机制的特点是通过成立专门性创业教育机构，提高创业教育的管理水平和整体质量。试点时期，黑龙江大学为了全面、有效开展创业教育，专门成立了学校创业教育领导小组负责学校创业教育重大决策的制定；成立创业教育学院，负责全校创业教育工作的宣传、组织、协调、实施；在校内成立了黑龙江大学创业教育协调委员会，由全校涉及教学、科研、学生、后勤、财务、产业、保卫工作的 13 个职能部门的 14 位负责人组成，负责组织协调全校的创业教育工作；还成立了创业教育专家组，负责创业教育目标体系的制定、监督、审核；在校外成立黑龙江大学学生创业教育顾问团，由省教育厅、科技厅、人事厅、劳动与社会保障厅、工商局、哈尔滨市高科技开发园区、哈尔滨软件园、创造教育理事会等单位的领导、专家组成，为学生创业教育提供政策和信息支持。此外，学校还确定了 6 个校级创业教育试点单位，要求从本单位特色出发，对受教育者开展有针对性的创业教育。黑龙江大学专业性创业教育机构的建立与运行，提高了学校创业教育的管理水平，而各创业教育机构之间有效的分工协作，则有利于创业教育优势资源的调配与整合，从而大大提高了黑龙江大学创业教育管理的效率与质量。

尝试构建创业教育制度保障机制。这一时期，部分试点院校通过制定各项创业教育制度或政策，构建了创业教育保障机制。西安交通大学针对大学生素质教育拓展计划、科技创新活动、"课外 8 学分"三项创业教育重点实践活动，制定了一系列相关制度和政策：针对大学生素质教育拓展计划，该校建立了相关管理制度、部门分工与协调制度、证书管理制度等，为大学生素质教育拓展计划的开展提供政策依据和制度保障；针对科技创新活动，该校建立了科技竞赛组织管理制度、大学生科技活动分级竞赛制度、大学生科技竞赛评审制度、大学生创业中心入驻管理办法、大学生科技社团管理办法等系列制度，从而构成了一套科技创新活动制度保障体系，保障了科技创新活动的顺利开展；针对"课外 8 学分"活动，该校特别制定了本科生课外 8 学分实施办法，确定了"课外 8 学分"的相关专题报告、讲座交流、实践活动的项目内容，同时规定本科学生须获得全部课外 8 学分，方准予毕业，从而明晰了该项活动的内容、办法及要求，从制度层面为活动的开展提供了保障。武汉大学针对创业教育的整体实施，制定了"三创教育"实施政策及相关保障制度，该校针对"三创教育"的开展，在相关政策中反复强调，要以"三创教育"理念指导创业教育工作，形成"三创教育"模式；针对创业教育活动的科学化、规范化要求，该校则特别设立包括《武汉大学创业教育实施方案》、《创新学分机制实施细则》、《大学生素质拓展计划实施细则》、《创业论坛实施计划》、《大学生素质拓展计划实施细则》及各种学生竞赛奖励政策等，形成了"事事有据、按章办事、不徇私情"的制度保障机制。

尝试设立创业教育基金及相关资金管理制度。部分试点院校围绕创业教育的开展，专门设置了一些基金扶持项目，或直接划拨专项经费支持创业教育的开展，从而为创业教育的开展提供了一定的资金支持。统计来看，试点时期，已有5所院校设立了创业教育基金及相关基金管理制度，另有2所院校则通过政策性减税减租、技术入股等方式，推动创业教育的开展（见表7-5）。上海交通大学科技实践创新中心联合地方企业，设立了唐氏基金，并以此支持长期开展"学生科研训练计划"，基金每年均为近百项学生科技创新创业成果提供资金支持。北京航空航天大学在创业孵化过程中，创业企业可以依靠孵化器的减税减租、专项资金支持及技术入股等政策性保障机制，获得不同形式的资金支持。在黑龙江大学，学生创业团队主要通过参与创业种子基金评审、签订基金使用协议的方式获得种子基金支持，为学生开展创业活动提供了有效的资金保障，同时该校还为种子基金的评审、发放和回收，制定了《黑龙江大学学生创业种子基金管理暂行办法》，从制度层面保障了对创业基金的有效管理。南京财经大学则针对"创业教育试点班"的开展，划拨了专项经费，从而有力地保障了试点班教学与实践工作的顺利开展。

## 第二节　教育部创新与创业教育类人才培养模式创新实验区成效分析

2008年，教育部立项建设了30个创新与创业教育类人才培养模式创新实验区（以下简称"实验区"），促使高校创新创业教育工作全面深入的推进。2011年，教育部对其中20个典型"实验区"高校的创业教育经验进行了系统梳理和总结，形成了《高等学校创业教育经验汇编》，全面介绍了各"实验区"的具体做法。本研究基于对这些文本的实证研究，同时结合介绍这些高校创新创业教育理论研究与实践探索的相关资料，从理念转变与更新、模式探索、课程建设、实践体系、组织管理和师资队伍六个维度进行系统分析，从整体上呈现教育部创新与创业教育类人才培养模式创新实验区建设取得的成效。

## 一、创业教育理念的转变与更新

创业教育的发展要以转变思想、更新观念为先导。2002 年"创业教育"试点工作启动之初，试点高校提出，创业教育是素质教育的一个重要方面，要贯穿于高等教育教学及课外活动之中。这一总体指导思想是十分正确的，但是"由于创业教育的开展还处在探索阶段，人们在创业教育的目标与功能上主要出现了'创办企业论'和'第二课堂论'的认识误区"①，窄化了创业教育内涵，在实践中不同程度存在着功利化的倾向。经过几年的探索，特别是 2008 年"实验区"建立后，创业教育理念得到了转变和更新，2010 年发布的《教育部关于大力推进高等学校创新创业教育和大学生自主创业工作的意见》中，统一了对创业教育理念的认识，提出创新创业教育是适应经济社会和国家发展战略需要而产生的一种教学理念与模式，开展创新创业教育的具体要求是面向全体学生、结合专业教育、融入人才培养全过程，创业教育的核心是提升学生的社会责任感、创新精神、创业意识和创业能力，"期待一部分学生将来成为自主创业者，为社会其他就业人员提供更多的就业岗位"②。这是创业教育理念去除功利化价值取向的重大进步，为创业教育在中国向纵深发展提供了理念引领（详见表 7 - 6、表 7 - 7）。

**表 7 - 6　　5 所试点兼"实验区"高校创业教育核心理念发展要点**

| 学校 | 试点工作提出的核心理念 | "实验区"建设提出的核心理念 |
| --- | --- | --- |
| 清华大学 | 以学生为主体，以"培养人"为中心目标，注重培养创业意识、创业素质和创业能力 | 树立创业精神和创新意识，注重培养素质全面、知行统一的复合型人才，扩大创业资源网络 |
| 北京航空航天大学 | 以培养创业意识和创业精神，传授创业知识，提高创业技能为宗旨 | 适应国际教改趋势，符合中国国情，与专业教育相结合，注重面向全体、分类培养具有创新能力和企业家思维的新一代复合型经济管理人才，鼓励有企业家潜能的学生努力成为优秀的企业家 |

① 丁立群、吴金秋：《创业教育的目标与功能》，载于《中国高等教育》2004 年第 22 期，第 14 页。
② 陈希：《将创新创业教育贯穿于高校人才培养全过程》，载于《中国高等教育》2010 年第 12 期，第 5 页。

续表

| 学校 | 试点工作提出的核心理念 | "实验区"建设提出的核心理念 |
|---|---|---|
| 上海交通大学 | 以普及创业知识，培养创新意识，提升实践能力，引导学生广泛参与为关键 | 面向全体，以学生为主体，以学生全面发展为目标，以创业实践活动为载体，以强化创业精神和创业意识为核心，以提高创业能力为关键，全方位挖掘学生的潜能 |
| 黑龙江大学 | 在完善素质教育的体系中推进创业教育，优化学习资源，深化创新能力培养，引导、鼓励和支持创业实践，培养创业意识、创业精神和创业能力，与就业工作接轨，推进学生灵活就业和自主创业 | 创业教育作为素质教育的深化和具体化专业教育的组成部分，要面向全体、基于专业、分类培养，贯穿人才培养全过程，融入专业教育的各个环节，纳入就业教育指导过程的各个阶段，根植区域经济社会发展的各个领域，坚持创业教育与专业教育、就业教育、服务区域经济社会发展相结合 |
| 南京财经大学 | 注重科学精神与人文素养的结合，加强科学精神和科学方法论教育，全面提高大学生的文化品位、审美情趣、人文素养和科学精神；大力培养学生创业意识、创业精神、创业能力和创业技能，努力提升大学生的综合创业素质 | 面向全体、结合财经专业特点，坚持普及与提高相结合的原则，在传授创业知识、培育创业技能的基础上，注重培养创新、创业意识，开发和提高创业素质，培养具有开创型个性的高素质人才 |

**表 7 - 7　　15 所"实验区"高校创业教育核心理念创新要点**

| 学校 | 理念要点 |
|---|---|
| 中南大学 | 以人为本、质量为本、创新为本、能力为本 |
| 中山大学 | 提出以培养具有创新能力、创业精神、坚强的创业心理品质及复合型的经济管理将才为目标* |
| 西安电子科技大学 | 面向电子信息类学生，以"以人为本"为主线，贯彻勇于探索、知行合一、自我超越、奉献社会的理念，将创新教育与创业教育紧密结合，在贯穿本科教育教学全过程中，坚持"发展个性、因材施教、分类培养、启发创新" |

| 学校 | 理念要点 |
|---|---|
| 温州大学 | 利用区域特色，面向全体、分层培养，将创业教育理念融入人才培养方案，突出具有创新精神、创业能力和社会责任感的应用型人才的培养；搭建课堂教学、创业实践、素质拓展三大平台，强化创业知识与创业意识、创业能力、学生综合素质的系统培养 |
| 上海对外贸易学院 | 以"培养学生的创业精神和创业素质"为理念，以"提升毕业生当前及终身就业力"为目标，全方位、全覆盖、全过程不间断地进行立体化培养 |
| 上海财经大学 | 以建立和完善具有鲜明财经特色的创业教育体系为目标，把素质教育和创业教育相结合，将创业教育纳入人才培养的全过程，增强学生的创业意识、创业精神和创业能力，最终全面提升学生的综合素质 |
| 宁波大学 | 以"激发学生创业基因"教育理念为指导，以培养面向地方经济社会发展需要的具有人文素养、创业精神、实践应用能力、社会适应能力的创业人才为目标 |
| 南京航空航天大学 | 在科学发展观指导下，遵循人才发展规律，尊重学生个性发展、自主选择的主体地位，坚持创业教育与专业教育、创新教育、素质教育、就业教育相结合，课堂教育与专业教育、创新教育、素质教育、就业教育相结合，课堂教育与课外教育相结合，学校教育与社会教育相结合，理论教育与实践教育相结合，在全面实施创新、创业、创造教育的基础上，以科技创新为龙头，突出创业基地、创业教育学院的带动辐射作用，着力培养学生创新精神和创业能力，提升学生的就业竞争力，实现可持续发展 |
| 江南大学 | 以弘扬创造、创新和创业精神，提升学生就业创业能力为理念，面向全体学生、面向创业项目团队和面向创业精英建立不同类型的培养计划 |
| 江西财经大学 | 面向全体学生，以"创业型人才"为培养目标，以素质教育为基础，使所有毕业生具有创业型人才的素质与潜能 |
| 华东理工大学 | 坚持从创业精神培养—知识传授—技能训练—实践辅导的全程创业教育理念，提出四类创业型人才的培养目标 |
| 广西大学 | 注重将创业教育科学地融入培养方案和课程学习，使学生具备自我发觉商机、就业和创业机会的能力，分流培养具有开拓精神和能力的复合型创新创业人才，将创新创业意识和素质培养贯穿于大学教育全过程 |
| 东南大学 | 创业的本质是创新；创新创业教育必须学思结合、知行合一 |
| 大连理工大学 | 创业教育是高等教育的趋势，也是素质教育、创新教育的延伸，创业教育培养的人才是具有创新精神和创业能力的复合型人才，创新和创业两者的内容在本质上是相通的，创新是创业的先导和基础，创业是创新的载体和表现形式，创业的成败取决于创新的程度 |

*449*

续表

| 学校 | 理念要点 |
|------|---------|
| 北京交通大学 | 以 CDIO 为过程导向，强化科学研究与人才培养有机结合、理论教学与实践教学有机结合、知识传授与自主学习有机结合的三结合为教学理念，以培养既具有经济管理和工程学科基础，又具有国际视野的企业家型工程师和具有工程技术知识的高级管理复合型人才 |

注：＊中山大学创业学院门户网站 http：//ae.sysu.edu.cn/news - 115.html。

## （一）明确提出"面向全体"的创业教育理念

经过几年探索，各高校开始逐渐意识到创业教育不是面向部分学生进行的"企业家速成教育"，而是面向全体学生开展的、以培养开创性个人为目标的全新教育模式。在"实验区"建设过程中，各"实验区"高校普遍认可并正式提出了"面向全体"的创业教育理念。例如，试点阶段，上海交通大学提出创业教育要引导学生广泛参与，在"实验区"建设阶段，该校将理念转变为创业教育要面向全体，以学生为主体。其他 15 所"实验区"高校也明确提出并落实了这一理念，如南京财经大学明确提出创业教育不仅仅是传授创业知识、培育创业技能，更重要的是着眼于培养学生的创新、创业意识，开发和提高全体大学生的创业素质，为未来几代人设定"创业遗传代码"，造就革命性的创业人才；江西财经大学提出创业教育活动要以"创业教育"为目标，以素质教育为基础，创业活动要面向全体学生，使所有毕业生皆具有创业型人才的素质与潜能；上海对外经贸学院提出要形成面向各学科、各专业的全体大学生的人才培养体系等。在"面向全体"理念的指导下，"实验区"高校还对全体学生进行了"分层分类"，如：江西财经大学将学生分为普及型和提高型两个层次；华东理工大学提出四类创业型人才的培养目标；北京航空航天大学提出创业教育要点面结合、分类培养，对低年级学生着重培养综合素质，对高年级学生着重传授创业精神和创业知识，对有创业愿望和潜力的学生有针对性地进行创业技能训练和辅导等。"面向全体"理念的提出，促使创业教育进一步实现了点面结合，符合社会的发展需要和个体的成才规律。

## （二）明确提出"贯穿全程"的创业教育理念

在创业教育试点阶段，部分高校开始尝试将创业教育融入教学设计、教学改革之中，但是并未明确提出"贯穿全程"的理念。在"实验区"的建设过程中，20 所典型高校的创业教育实践都在不同程度上践行了"贯穿全程"的理念，主要做法是针对学生成长成才的不同阶段，有针对性地设计和开展创业教育，将创业教育的理念融入学生培养的各个阶段。例如，黑龙江大学在试点阶段提出，坚持在完善素质教育的体系中推进创业教育，从基础层面（专业教学）和操作层面（创业实践）两方面入手，在"实验区"建设阶段，该校更新观念，提出创业教育是素质教育的新境界，必须贯穿于本科人才培养的全过程。其他 15 所"实验区"高校在创业教育开展过程中也体现了这一理念，如：南京航空航天大学提出，全程创业教育应包含"岸上讲要领、浅水区学规范、深水区练胆量、商海显身手"四个阶段；华东理工大学初步形成了基于 CSSO 的全程创业教育思想体系，设计了"构思（conceive）—策划（scheme）—模拟（simulate）—运作（operate）"四个创业教育阶段。

### （三）明确提出"融入专业"的创业教育理念

在开展创业教育的过程中，如何处理好它与专业教育的关系是非常关键的问题。在试点阶段，已有高校对这一问题进行了深入探讨，时任黑龙江大学校长的衣俊卿提出："创业教育决不能脱离知识教育和专业教育而孤立地进行，它必须通过现代科学知识和人文知识所内含的文化精神的熏陶和教化才能潜移默化地生成，必须更深地依赖知识教育和专业教育"[1]。在这一思想的影响下，黑龙江大学探索并形成了构建"面向全体学生、基于专业教育、实施分类培养、强化实践环节"[2]的"融入式"创业教育体系。这一教育理念在"实验区"建设过程中得到了充分的体现和发展。例如，北京航空航天大学提出，要紧密结合专业教育，培养专业基础扎实、人文素养厚实、实践动手能力强、能敏锐把握市场动向、把科技成果转化为现实生产力的创业型人才；上海财经大学以创业教育和专业教育相结合为原则，在专业教育过程中，通过调整培养计划，把创业教育纳入人才培养体系，把创业知识和创业能力的培养列入人才培养目标。

## 二、创业教育模式的深化与拓展

在创业教育试点阶段，主要形成了三种创业教育典型模式，一是以中国人民大学为代表，课堂教学主导的创业教育模式；二是以北京航空航天大学为代表，以提高学生创业知识、创业技能为侧重点的创业教育模式；三是以上海交通大学为代表的综合式创业教育模式。这些模式都具有鲜明的"校本特色"。在"实验区"建设过程中，各高校在坚持"校本特色"的同时，又探索性地将区域特色融入创业教育模式，实现了创业教育模式的深化与拓展（见表 7-8、表 7-9）。

---

[1] 衣俊卿：《对高等学校开展创业教育的理性思考》，载于《中国高等教育》2002 年第 10 期，第 13 页。

[2] 张政文、田建刚：《面向全体探索以创新意识培养为主旨的创业教育模式》，载于《中国高等教育》2010 年第 12 期，第 8 页。

**表 7 - 8**　　　　　　　**15 所典型"实验区"高校创业教育模式**

| 学校 | 模式 |
|---|---|
| 清华大学 | 以第二课堂创新素质培养为特色的"创新环"模式 |
| 北京航空航天大学 | "北航模式",即创业人才培养体系完备,教学方式多样,"三业"导师制,与专业教育相结合,瞄准高端科技前沿,点面结合、分类培养 |
| 上海交通大学 | 以人的全面发展为目标,以创业实践活动为载体,以创新精神和创业意识为核心、以创业能力为关键的人才培养模式 |
| 南京财经大学 | 在改革教学内容和教学方式的基础上,注重实践环节的训练,同时加强第二课堂的拓展深化和校园创业文化氛围的熏陶引导 |
| 中山大学 | 战略性创业教育模式 |
| 西安电子科技大学 | 电子信息类大学生创业教育人才培养模式 |
| 上海对外贸易学院 | 全方位、全覆盖、全过程的立体化人才培养体系 |
| 上海财经大学 | 财经特色创业教育体系 |
| 南京航空航天大学 | 四阶段、五模块的"全程创业人才培养方案" |
| 江西财经大学 | 创业型人才"两层次"培养模式 |
| 江南大学 | "12345 模式",即一条主线、两个抓手、三重保障、四项结合、五类基地的创新创业人才联动教育模式 |
| 华东理工大学 | "基于 CSSO 全程创业教育新模式"人才培养模式 |
| 东南大学 | 以"基础理论活跃创新创业思维,专业知识拓展创新创业视野,实践训练强化创新创业技能,自主研学提升创新创业水平"为核心、创新创业互联互动的创新创业人才培育体系 |
| 大连理工大学 | 以培养学生创新创业实践能力为重点,以"课内课外双渠道、学研产三结合、多模式"为核心、具有理工特色的创新创业教育体系 |
| 北京交通大学 | 以"5E"为目标导向、以"CDIO"为过程导向的教育模式 |

**表 7 - 9**　　　　　　　**5 个具有典型区域特色的创业教育模式**

| 学校 | 模式 |
|---|---|
| 温州大学 | 依托区域优势,形成三级联动的创业实践与孵化载体的创业教育模式 |
| 广西大学 | 立足区域人才需求,利用中国—东盟自由贸易区和北部湾经济区建设资源,形成中国—东盟自由贸易区复合型创业人才培养模式 |

续表

| 学校 | 模式 |
|---|---|
| 宁波大学 | 以地方产业发展需求为导向，形成"课程渗透、实训导向、管理先行"的"三位一体"创业教育模式 |
| 黑龙江大学 | 根植于区域经济社会发展的各个领域，力争为推动区域经济社会发展发挥力量，形成"专业＋创业"融合式和"专业＋行业＋创业"嵌入式创业教育人才培养新模式 |
| 中南大学 | 面向区域经济与社会发展培养拔尖创业人才，形成4668创业教育模式 |

## （一）校本特色模式深入发展

从5所试点高校兼"实验区"高校的创业教育模式发展来看，充分体现了各高校对校本特色模式的坚持和发展。以清华大学为例，试点阶段，清华大学构建了依托学生第二课堂的"创新环"创业教育模式，校本特色充分体现于两个方面，一是以创业计划竞赛为龙头的学生课外创新竞赛体系；二是以"科技活动月"为龙头的系列群众性科技创新活动，在"实验区"建设阶段，该校坚持并发展了既有特色模式，从创业启蒙、专业知识训练、创业赛事和创业实践等多个环节入手，提升第二课堂创新活动优势的同时，第一课堂课程教育的纳入，丰富和发展了"创新环"教育模式。另外，其他15所"实验区"高校立足本校特色，进一步探索并构建了特色鲜明、形式多样的创业教育模式，如：上海对外贸易学院坚持商科院校特色，在创业教育中大力开展国际合作，以构建全方位、多层次的创业教育模式；大连理工大学基于理工科学生的特点，构建了以"课内课外双渠道、学研产三结合、多模式"为核心、具有突出校本特色的创新创业教育模式。

## （二）区域特色模式得以拓展

在"实验区"建设阶段，各高校在构建创业教育模式过程中，开始重视对区域资源的利用与整合，20所典型高校中已有5所初步形成了具有区域特色的创业教育模式。这些创业教育模式的区域特色主要体现在，借助区域资源优势促进创业教育发展的同时，立足区域人才需求培养创新创业人才，以实现学校、政府和企业三方共赢的基本目标。温州大学和广西大学构建的区域特色创业教育模式最具代表性。其中，温州大学充分利用温州地区的创业文化、经济优势和企业家资源，创造性地探索了"依托区域优势、结合专业特点、构筑'三级联动'创业实践与孵化载体"的创业教育模式，强调学校教育资源与社会、企业资源的充分结合，为学生创业实践提供多重支持和保障；广西大学利用"中国—东盟自由贸易区"和"北部湾经济区"建于南宁的地域优势，立足广西社会和经济发展对人才的需求，构建了"中国—东盟自由贸易区复合型创业人才培养模式"，创造性地提出了具有开放性、动态性特点的契合式分流培养方案，开展学校、政府、企业良性互动的合作教育，致力于为广西和"中国—东盟自由贸易区"、"北部湾经济区"建设培养复合型创业人才。

## 三、创业教育课程建设逐步完善

课程是开展创业教育的核心。在试点阶段，各高校的创业教育课程建设尚处于探索阶段，并未真正形成系统的课程体系，"实验区"高校在课程建设的探索中取得了一定的成效，初步形成了具有本校特色的"课程群"和课程体系（见表 7 – 10、表 7 – 11）。

**表 7 – 10　　　　5 所试点兼"实验区"高校创业教育课程体系的发展**

| 学校 | 依托单位 | 试点工作提出的课程体系 | 实验区建设提出的课程体系 |
|---|---|---|---|
| 清华大学 | 经济与管理学院 | 经济管理学院在 MBA 培养计划中设立创新与创业专业方向，并开设了创业类课程。<br>课程设置包括：创业管理、创业投资管理、技术创新与制度创新、技术创新管理、新产品开发、知识产权管理、企业家与创新等 | 增设选修课：高技术公司创业与成长探析、创业训练营、生物技术中的创业与创新、技术创业、特定产业创新与创业等课程 |
| 北京航空航天大学 | 创业管理培训学院 | 全校本科生选修课："科技创业"<br>研究生选修课："创业管理"<br>模式化课程：主要包括创业机会、创业企业战略管理、创业企业人力资源管理、创业企业法律支持、解读财务报表、创业风险管理、创业思维与创业管理等模块。<br>编写、编译创业教育相关教程 7 本 | 按学历层次分别增设必修课和选修课；基础性课程大班授课，训练型、高互动性课程小班授课；具体开设"创业概论"、"科技创业"、"创业实务"、"创业管理"、"大学生 KAB 创业基础"等 |
| 上海交通大学 | 安泰经济与管理学院 | 全校选修课"大学生创业"；<br>本科生选修课"大学生创业心理辅导、创新与创业"课程等 | 增设选修课：投资创业与民商法文化、创新与技术创业、创新与创业等；<br>专业课：创业与资本市场 |

| 学校 | 依托单位 | 试点工作提出的课程体系 | 实验区建设提出的课程体系 |
|------|---------|----------------------|----------------------|
| 黑龙江大学 | 创业教育学院 | "三创"必修学分，以及"三创"选修课程群（3大模块、7大体系、27门课程） | 通识核心课程体系：更新和增设"三个一"创新创业通识公共必修、"三创"公共限选、通识读书公共必修；专业核心课程体系：设立专业创新创业必修、专业读书必修等专业创新创业课程模块 |
| 南京财经大学 | 工商管理学院 | 开设全校通识选修课创业学概论，举办"创业教育试点班" | 专业课：公司战略管理、组织行为学及市场学等课程，突出必修与选修相结合；通识选修课：创业学、创业管理、创新思维等课程 |

**表7-11    15所"实验区"高校的创业教育课程体系的创新**

| 学校 | 依托单位 | 课程体系 |
|------|---------|---------|
| 中南大学 | 商学院 | 全校选修课：创业通识类、创业技能类、创业实训类三类课程。具体设有大学生KAB创业基础、创业实训指导课、职业生涯规划、创业学、创业指导课、创造学及成功素质拓展训练等课程 |
| 中山大学 | 管理学院、创业学院 | 公共课程：包含就业指导课程在内，侧重培养创业意识、构建知识结构和完善综合素质；专业课程：专门性的知识、能力和素质教育课程，包含创业基础、风险投资等课程 |
| 西安电子科技大学 | — | 1. 实践课程：金工实习、电装实习、生产实习等实践课程；<br>2. 公共选修课程：创业学、创业管理；<br>3. 创业教育系列课程：培养创业意识、创业精神的课程，创业理论课程，创业技能课程 |
| 温州大学 | 温州大学创业人才培养学院 | 1. 公共必修课：大学生职业生涯指导；<br>2. 创业基础：大学生KAB创业基础课；<br>3. 公共选修课："温州模式与企业家精神"、"人力资源管理"、"创业指导"、"商务沟通与技巧"等；<br>4. 专业必修课："创业实务"、"中小企业案例教学"等； |

续表

| 学校 | 依托单位 | 课程体系 |
|---|---|---|
| 温州大学 | 温州大学创业人才培养学院 | 5. 要求学生必须修读 10 个学分的创业教育模块的拓展课程；<br>6. 开办"创业先锋班"和"企业接班人班"；<br>7. 根据专业特点和温州产业特点开设创业教育选修课。<br>具体开设了创业学、温州模式与企业家精神、人力资源管理、大学生 KAB 创业基础、创业学等课程 |
| 上海对外贸易学院 | — | 1. 组建学位后培训基地，开设 60 余门课程；<br>2. 开设 1 个学分的必选课程，具体包括"创业计划与实践"、"创业与个人成长"和"职业规划与发展培训"等课程 |
| 上海财经大学 | 国际工商管理学院 | 设立创业教育系列课程，纳入教学计划当中，规定本科生在校期间应至少获得 2 学分的创业教育类学分。<br>1. 将国家工商管理学院现已开设的创业课程和就业指导中心开设的"大学生职业发展与实践指导"课程进行整合；<br>2. 面向全校招标最终形成"创业策划与经营"、"小企业管理"、"创业管理与案例"等课程组合的课程体系；<br>3. 在经济和管理类专业课程中加大创业教育的含量。<br>具体设有大学生职业发展与实践指导、创业学、创新与变革管理、领导学、成功学、创新策划与经营、小企业管理等课程 |
| 宁波大学 | — | "平台"和"模式"两个维度<br>1. "平台"维度的课程：KAB 创业课程、中小企业管理学、创业心理学、市场营销学和企业法律法规等；<br>2. "模式"维度的课程，包括创业实践模块课程、创业活动模块课程和创业环境模块课程等。<br>具体开设了新生导航、学科导论课程、KAB 创业课程、中小企业管理学、创业心理学、市场营销学和企业法律法规等课程 |
| 南京航空航天大学 | 创业教育学院 | 公共课：创业导论等；<br>选修课：创业营销、创业财务、创业企业管理、人力资源管理、市场营销、经济法、项目管理等。 |
| 江南大学 | — | 1. 将"创业学"设为全校公选课，并列入教学计划；<br>2. 统编《大学生创业就业指导》教材；形成包括经济管理学等 76 门课程在内的创新创业公共基础课程体系平台。<br>具体设有职业心理与大学生成功求职、现代礼仪、创业心理学、创业财务、创业流程与实务、创业营销、创业融资等课程 |

456

续表

| 学校 | 依托单位 | 课程体系 |
|------|----------|----------|
| 江西财经大学 | 工商管理学院 | 课程体系结构：通识课程（30%）+学科基础课程（20%）+专业课程（30%）+创业教育课程（5%）+实践环节课程（15%）。<br>1. 课程涵盖四年，分为必修课和选修课两种，每学期都设置相应的创业教育课程。<br>2. 要求每位毕业生至少修满2个创业课程学分、6个课外科研创新实践活动学分，具体设有创业学概论、创业管理等课程 |
| 华东理工大学 | 商学院 | 纳入本科生培养方案<br>1. 四个系列：创业教育精神普及教育系列、创业专门知识选修系列、创业辅导与实践系列以及创业专业系列。<br>2. 分层开设：面向新生开设必修课"创业精神导论"，商学院开设"创业管理"第二专业。<br>具体开设学生职业生涯规划与管理、职业设计与应聘、创业规划、创业投资、创业法规与政策等课程 |
| 广西大学 | — | 四类课程体系：创业意识、创业知识、创业能力素质、创业实务操作四大类创业教育课程体系。<br>具体开设大学生发展指导、公务员录用考试教程、创造与创造力开发等课程 |
| 东南大学 | 经济与管理学院 | 四大类课程：创新创业意识类课程、创新创业知识类课程、创新创业能力素质类课程、创新创业实务操作类课程。<br>具体开设创业激发、创新战略、创造技法及商业机会选择等课程 |
| 大连理工大学 | 创新实践学院 | 三大板块十门课程的创业课程体系<br>通识教育课：<br>1. 创业知识：创业经济学、创业管理学、创业环境学、创业教育学和创业法学五门课程；<br>2. 创业实践：创业设计学和创业实践两门课程。<br>创业实践纳入四大类课程计划或第二课堂学分 |
| 北京交通大学 | — | 学业及职业生涯规划与设计、创业学 |

## （一）课程体系逐步建立

试点阶段，各试点高校基本都设立了创业教育类课程，但大多数课程相对独立和零散，课程设计缺乏系统规划和契合关系，创业教育课程体系建设总体上处于探索阶段，在 9 所试点高校中，仅有黑龙江大学和北京航空航天大学对创业教育课程进行了模块化设计，其中，黑龙江大学构建了由 3 个模块组成的"三创"课程群，北京航空航天大学构建了由 10 个模块组成的"管理培训"课程群，这是创业教育课程体系建设取得的长足进步。在"实验区"建设阶段，20 所典型"实验区"高校在开设相关创业教育课程的同时，更加重视对课程的科学设计和结构优化，有效加强了课程设置的全面性和系统性，一些高校逐步确立起特色课程体系。例如，中山大学将创业教育课程分为创业环境模块、创业操作模块、创业财务模块、创业领导力模块、创业事务模块和创业毕业模块，课程设计主要体现出"与国际创业教育的充分接轨，与中国创业机会及国情的密切结合，全方位突出企业家教学团队的实践内容，创业导师制的设计与创业引导"的特色[①]；北京交通大学设立集成化课程体系，课程设置与培养目标和产业对学生素质能力的要求逐项挂钩，注重课程设置之间的关联，强化实践教学环节，并增设研究方法论课程群。

## （二）课程内容日趋专业

创业教育课程内容的专业化主要体现在两个方面，即教材日趋系统、规范和内容板块更加丰富、全面。从教材编撰情况来看，在试点阶段，9 所试点高校中仅有北京航空航天大学和西北工业大学编写、编译创业教育的相关教材，且教材内容相对单一和分散，在"实验区"建设阶段，20 所典型"实验区"高校中仅中山大学、南京财经大学和江南大学三所大学编写、编译教材 25 部，教材形成了规范的框架体系，内容更加深入和系统；在内容板块设计方面，在试点阶段，试点高校开设的创业教育课程的内容基本限于创办公司和发展雏形企业所需的应用技能类内容，如创业企业法律支持、解读财务报表及创业企业市场营销等，在"实验区"建设阶段，创业教育课程内容得到了丰富和拓展，体现了教授创业知识、锻炼创业能力及培养创业精神等教学内容，如创业与个人成长、职业发展与实践指导、创业心理学等。总体来说，创业教育课程的内容逐渐摆脱了对商学、经济学及管理学知识体系的简单借鉴和转化，开始形成满足中国创业教育发展条件和定位的专业化内容体系。

## （三）课程结构更加合理

目前，创业教育课程主要分为通识课程、专业课程和融入式课程三类。通识

---

① 中山大学创业学院门户网站 http：//ae. sysu. edu. cn/news - 117. html。

课程包括必修和选修两种形式，在试点阶段，9 所试点高校都开设了创业教育类选修课，仅有黑龙江大学设立了本科生"三创"必修学分，西安交通大学设立了 3 门全校必修课，在"实验区"建设阶段，20 所典型"实验区"高校开设的创业教育类选修课数量大幅增多，另外，上海财经大学、江西财经大学和大连理工大学等 9 所高校都以不同形式设立了必修学分，必修课所占的比例日益加大。

专业课程一般面向商学院、经济学院或管理学院等创业相关院系的学生开设，或在创业教育专门机构和试点班开设。在试点阶段，9 所试点高校中有 3 所以不同形式设立了创业教育专业课程，具体包括：西安交通大学在管理学院的工商管理一级学科下专门设立了创业管理方向；黑龙江大学在面向全校开放文科专业课程的基础上，设计和开发了"三创"辅修专业课程；南京财经大学设立创业教育试点班，在不影响学生原有专业正常学习的前提下，开设核心课程，进行专门培训。在"实验区"建设阶段，20 所典型"实验区"高校中，武汉大学、东南大学、南京财经大学等 15 所高校都设立了专业课程，数量和形式各有不同，依托创业教育专门机构开设的专业课程比例开始增大。

融入式课程是渗透创业教育内容的各类课程，根据融入的程度分为两种形式，一是根据专业特点开设课程；二是将创业教育理念融入到各科教学之中。在试点阶段，9 所试点高校中，黑龙江大学、西北工业大学和武汉大学等高校提出在学科教学中渗透创业教育内容，在"实验区"阶段，20 所典型"实验区"高校中，中南大学、温州大学、东南大学等 6 所高校都设有融入式课程。整体而言，虽然融入式课程开设数量少，但是由于其与学科教学相结合，更有利于提升学生的接受效果，促进创业素质与专业特长的有机融合，因此，融入式课程将成为创业教育课程体系的重要组成部分。


## 四、创业实践教育体系更为丰富

实践是实施创业教育的关键。在试点阶段，创业实践教育的发展较为初级，各高校虽进行了有益的实践教育尝试，但大多关注创业实践教育的某一个方面，尚未形成体系。在"实验区"建设过程中，各高校积极完善创业实践教育载体、健全产学合作机制、加大在实践教育环节的资金投入，推动了创业实践教育的体系化建设（见表 7 – 12、表 7 – 13）。

表 7 – 12　　　　　5 所试点兼实验区高校创业教育实践教育体系的发展

| 学校 | 试点工作提出的实践教育 | 实验区建设提出的实践教育 |
| --- | --- | --- |
| 清华大学 | 以学生课外创新创业活动为依托，开展以"挑战杯"科技作品竞赛与展览为代表的学生课外创新竞赛体系，发展以"科技活动月"为重点的群众性科技创新活动；建立创业资助体系，筹集和使用创新基金 | 举办首届清华大学创新创业实践夏令营；首创清华大学公益创业实践赛；建立"清华大学学生创业昆山基地"；与清华创业园签订"清华科技园大学生创业实践基地"合作协议，开辟创业基地 |
| 北京航空航天大学 | 实践的形式主要有创业大讲堂、创业星期六、创业计划大赛及学生到"创业导师"所在的企业进行实践学习等；运用大学科技园、孵化器与创业管理培训学院共同进行创业实践教育；设立创业基金 | 举办学生科技作品竞赛、创业计划大赛、创业大讲堂、创业俱乐部、创业沙龙、创业实习、模拟创业等创业教育实践活动；将工程实践和创新课程作为必修课；设立本科生科研训练基金 |
| 上海交通大学 | 实施"本科生参加研究、实验计划（PPR）"；设立"PPR 基金"；成立"科创实践中心"；学校在常州、镇江、宁波等地企业设立大学生创业实践基地；举办创新创业竞赛；开展学生创业类社团活动 | 打造基于体验的实践活动平台：建立相应的管理学科实验室；开展"科技创业实务系列培训"；组织"创业大赛"；设立科技创业基金；联合企业构建校外创业实习基地；开展创业计划大赛 |
| 黑龙江大学 | 建立创业园区；设立创业基金；开展创新课题立项与成果评奖；开展创新创业竞赛；启动实践企业合作计划（SPEC） | 构建创业教育实践教学体系：学校投入 3000 余万元资金创设创业实践平台；加大实践学时比例；在公共基础实践教学、专业实践教学的基础上，将研究创新、自主创业、专业实践、暑期实践、志愿服务等纳入实践教学；设立创新创业项目；建设创业园、技能培训基地、校企合作基金；开展创业团队、社会创新实践、企业家论坛、学科竞赛等活动 |
| 南京财经大学 | 开展专家讲座、学长论坛，邀请社会名企进校访谈；开展创业计划大赛；开展创业知识普及基本素质训练活动 | 实施"大学生素质拓展计划"；举办"学生课外学术科学活动"；参加"挑战杯"创业计划大赛；开展学校创业设计方案大赛，并资助获奖项目 |

表 7 – 13　　　　　　15 所实验区高校创业教育实践体系的创新

| 学校 | 实践体系 |
|---|---|
| 中南大学 | 成立全国首家大学生"创办你的企业"（SYB）培训项目管理部；建立培养学生创新创业实践能力的学分模块和激励机制；开展"三下乡"实践服务活动和实地创业实践调研活动；建设"中南大学大学生创业教育基地"；与学校"学科性公司"共建创业实践基地 |
| 中山大学 | 帮助学生申请创业项目基金；组织参与全国性创业比赛；开展创业策划与技能大赛；学校给予资金支持；设立"创业社"、"中山大学创业协会"；建立创业基地和学生创业科技园基地 |
| 西安电子科技大学 | 构建与理论教学相衔接的"一条龙、不断线"的实践教学体系；创建校内外实践、实习基地；组织学生参加各类科技创新活动、各级创业计划大赛、创业大赛、科技作品设计大赛及国家创新性计划项目、本研究计划项目等创新创业活动 |
| 温州大学 | 实践体系可以概括为"四个平台"：专业实习平台、素质拓展平台、社会实践平台、社团平台；构建"专业创业工作室、学院创业中心、学校创业园"三级联动创业教育实践载体；组建学生创业工作室 |
| 上海对外贸易学院 | 打造创业教育国际合作基地；建立校内学生创业实践中心；承办松江大学城大学生创业大赛；举办创业沙龙、走访知名企业等活动 |
| 上海财经大学 | 开设创业教育实践类课程，纳入学校创业教育类课程模块；成立大学创业中心；参照国家"挑战杯"的模式和赛制定期组织全校性创业竞赛，组织参加全国挑战杯、张江高科杯创业计划大赛；建设大学生科技园区；邀请创业成功人士和企业家进行创业讲座 |
| 宁波大学 | 扩充设置创业实践模块课程和创业活动模块课程；启动"大学生创业训练计划"，包含创业竞赛、商场实践、专利申报、投资融资和校企合作五大类创业实践窗口；加强校外合作创业教育机制 |
| 南京航空航天大学 | 建立包括国家级实验示范中心、工程训练中心、校外实习基地、产学研合作基地的分散性创业基地；设立创新创业基金；定期开展创业论坛、虚拟创业活动和创业者联盟等活动 |
| 江南大学 | 建设了六个大学生创新实践基地，形成了省、校、院三级创业教育实践体系；建立校外基地 155 个；成功孵化数十项大学生创业计划项目；建设 5 个创业教育基地（创业见习基地、创业实习基地、创业型社团基地、创业岗位基地、创业孵化基地） |

| 学校 | 实践体系 |
|---|---|
| 江西财经大学 | 实践教学环节贯穿于整个人才培养过程之中：第一课堂进行实践教学活动；第二课堂举行各种校内课外活动；第三课堂开展模拟或真实的创业活动，进行创业体验。课程试验、专业实训与社会实践相互配合 |
| 华东理工大学 | 定期举办大学生创业计划大赛经典赛事；开展创业训练营与创业实战赛品牌暑期社会实践项目；实施"创业见习资助项目"；成立商务管理协会和大学生俱乐部等直接参与创业实践活动的社团 |
| 广西大学 | 建立了一批创业创新试验基地；建立政府、企业、学校三方联动、紧密结合的合作教育形式；举办和组织学生参加各种校内外创新创业竞赛等模拟创业活动，如举办课外学术科技作品竞赛、创业计划大赛、网站设计、广告创业设计等创新创业竞赛 |
| 东南大学 | 在创业人才培育体系中设立创业实训与创业实战环节：创业专项技能实训包括组织领导与人力资源管理能力实训、金融与财务管理能力实训等；创业模拟演练包括经营决策综合能力实战演练、物流系统事务运作、服务业经营管理情景模拟训练等 |
| 大连理工大学 | 学校科技园被科技部批准为大学生创业见习试点单位；搭建专业性实践课程平台；建设高水平的创业实践（实训）基地；开展创业协会、模拟大赛等形式的第二课堂活动；搭建大学生创业园为依托的创业平台；开设创业教育实践班 |
| 北京交通大学 | 建立集成化的实践教学体系：设置实践性教学环节；设置研究实践课程和小学期专题实训和实习，构建做学融合的科研训练体系；鼓励学生参加各级竞赛活动，要求小班学生必须参加一项创新性实验课题，至少参加 3 次学科竞赛 |

## （一）创业实践教育载体渐趋完善

调研中发现，试点阶段各高校一般将创业竞赛、创业园等某一个或几个载体作为开展创业实践教育的形式，而在实验区建设中，创业实践教育的载体在自身不断发展的同时，由第二课堂向第一课堂延伸，载体的数量虽未发生较大变化，但逐步开始由独立发展向系统化建设转变。具体表现如下：

1. 创业类竞赛由商业创业向公益创业延伸。

试点阶段，各高校开展的创业计划大赛主要围绕商业创业展开，在实验区建设中，部分高校开始探索以公益创业类竞赛为载体的实践教育活动。例如，清华大学在试点期间开展的创业计划大赛主要以商业类的创业大赛为主，当时的竞赛旨在"造就一批具有风险意识，用先进知识武装头脑，同时又懂得在商海中搏击的复合型人才"。2009 年，清华大学推出首届社会公益创业实践赛，"将公益意识引入创业领域"，要求学生在一定的项目经费支持下，经过社会需求调研，设计、完成一项社会公益项目，并形成兼具公益和创业价值的项目成果。这一举措突破了传统创业竞赛单一指向经济效益的局限性，在提升学生创业技能的同时，注重社会责任感、市场意识等素质的培养，有效延伸了创业教育竞赛载体的内涵。

2. 创业实践教育由第二课堂向第一课堂延伸。

创业教育试点初期，各高校主要以第二课堂的实践活动作为创业实践教育的主要载体，而对于课程教学中的实践环节重视不够。例如，在试点阶段，北京航空航天大学创业实践教育的形式主要包括创业大讲堂、创业星期六、创业计划大赛及学生到"创业导师"所在的企业进行实践学习等，但并未在创业课程建设方面重点关注实践环节。在实验区建设中，北京航空航天大学逐步将 50 个具有先进性、典型性、实用性的本科生实验教学项目纳入工程实践课程，同时注重在创新课程中鼓励学生自主设计、自编工艺、自己制造，强化了课堂教育中的实践环节。同时，中南大学、温州大学、宁波大学等高校也在课程体系中设置了创业实践课程，体现了创业实践教育正在逐步实现第一课堂与第二课程的有机融合。

3. 创业实践载体由独立发展向系统化建设转变。

试点阶段，各高校的创业实践教育载体大多相对独立地发挥作用，而在实验区建设过程中，教育载体开始逐渐呈现出系统化、整合化的发展趋势。例如，黑龙江大学在试点建设初期，通过建立创业园区、设立创新课题项目、开展创业竞赛、启动校企合作计划等多种载体开展创业实践教育活动，而在实验区的建设中，该校逐步将课题项目研究、各类学科竞赛、专业性创新实践、参与教师科研项目等工作整合为创业实践项目化平台；将创业园区与创业实践基地的建设整合为创业实践基地化平台，有效地将"各自为战"的创业实践载体进行了系统化整合，构建了一套适合本校发展的创业教育实践教育体系，最大程度地发挥了其在创业实践教育中的积极作用。中南大学建设的创业教育实践体系、温州大学构筑的"三级联动"创业实践载体、上海对外贸易学院的创业实践平台等都是创业实践载体系统化建设的重要体现。

## （二）创业实践教育中的产学合作机制更为健全

试点阶段，5 所试点及实验区高校中仅有 2 所开展了产学合作，而在实验区建设中，越来越多的高校与用人单位建立了更为紧密的联系，进一步健全了产学合作机制。例如，试点阶段，上海交通大学在常州、镇江、宁波、绍兴等地及上海浦东、卢湾、闵行等区县和一批厂矿企业建立创业实践基地，建立了初步的产学合作机制；而2010年，该校通过与国家创新基地张江集团建立接力人才培养和成果孵化合作模式、与宝钢和联合利华等大型企业建立校外创业实习基地、争取各种投资支持等形式，探索了产学合作教育的全新模式与运行机制。在其他15所实验区高校中，以中山大学为代表的9所高校也都在创业实践教育中建立了完善的产学合作机制。

### （三）创业实践教育的资金投入不断加大

在试点阶段，各高校通过划拨、筹集等多种渠道设立创业资金，建立资助体系，为好的创意想法提供启动经费。在实验区建设中，各高校积极整合多方资源，加大创业实践教育的资金投入。例如，试点阶段，黑龙江大学每年划拨10万元专项基金用于学生课题立项，拨3万元专项基金用于课题成果评奖，有1支团队获得4万元种子基金的支持；实验区建设中，该校投入到创设创新创业实践平台的资金达3 000余万元，同时增加20万元资金加大对理工类、艺术类项目的研发支持。另外，北京航空航天大学、南京航空航天大学、上海对外贸易学院等7所高校也均设立了创业基金，用于开展创业实践教育。

## 五、组织管理机构更为健全

从创业教育的试点到实验区建设的发展来看，各高校对创业教育的重视程度逐年升高，先后成立校级领导直接负责的专项领导小组，成立专门的管理部门专项开展创业教育的研究与实践，逐步建立"学校、创业学院、其他院系、学生"多级联动的创业教育管理机制，为创业教育的有效开展与纵深发展提供了坚实的组织保障（见表7-14、表7-15）。

**表7-14　　　5所试点兼实验区高校创业教育组织领导机构的发展**

| 学校 | 试点工作提出的组织领导机构 | 实验区建设提出的组织领导机构 |
| --- | --- | --- |
| 清华大学 | 清华大学团委负责，相关研究工作由经济管理学院成立的"清华大学中国创业研究中心"承担 | 校团委负责总体协调，集校内多个部门和院系资源，如经管学院、校团委、教务处、研究生院、清华科技园、清华企业家协会（TEEC）、就业指导中心等 |

| 学校 | 试点工作提出的组织领导机构 | 实验区建设提出的组织领导机构 |
|---|---|---|
| 北京航空航天大学 | 设有创业管理培训学院，专门从事创业教育研究与实践；学生处、孵化器、招生就业处、团委、科技园等机构分工协作 | 设有创业管理培训学院，下设创业教育研究中心、创业指导中心、创业培训中心、职业技能培训部；创业教育由创业管理培训学院、各专业院系、教务处、学生处、就业指导中心、团委、孵化器、大学科技园等多部门协调 |
| 上海交通大学 | 由教务部门、学生工作系统、就业服务和职业发展中心、校团委、各学院及学生科技创新实践中心分工协作 | 由校党政主要领导直接负责，学校有关部门合作，下属安泰经济与管理学院具体组织落实 |
| 黑龙江大学 | 成立了学校创业教育领导小组，负责学校重大决策制定；成立创业教育学院，负责全校创业教育工作的宣传、组织、协调、实施；成立创业教育协调委员会，由全校涉及教学、科研、学生、后勤、财务、产业、保卫工作的 13 个职能部门的 14 位负责人组成，负责协调全校的创业教育工作；成立创业教育专家组，负责创业教育目标体系制定、监督、审核；成立大学学生创业教育顾问团，由省教育厅、省科技厅、省人社厅、省工商局、哈尔滨市高科技开发园区、哈尔滨软件园、省创造教育理事会等单位各界人士组成，为学校创业教育提供政策和信息支持 | 学校成立了独立的创业教育学院 |
| 南京财经大学 | 学校成立"大学生创新创业教育中心"，组织教务处、学生处、工商管理学院、团委、科研处、财务处、高教所等部门共同参与，负责全校创业教育试点管理工作。并与江苏省改革与发展委员会联合成立"江苏省大学生创业研究中心"，指导全省大学毕业生创业教育工作 | 由校级领导负责主持；由学校教务处和团委分别牵头落实创业教育课程体系设计和第二课堂活动；成立校级创业教育中心，具体统筹、规划和指导全校创业教育有关工作，下设学生创业基金会、学生创业活动管理中心、大学生创业协会等机构；设置创业教育研究所 |

**表 7 -15　　　15 所实验区高校创业教育组织领导机构的发展**

| 学校 | 组织领导机构 |
|---|---|
| 中南大学 | 学校成立大学生创业教育领导小组，校党委书记担任领导小组组长，党委副书记担任副组长，相关职能部门负责人为成员，负责领导、指导和协调全校创业教育工作；学校成立学生创新创业指导中心，负责对全校创业教育进行具体规划、安排、组织和实施；在各二级学院设立创业教育专干，负责组织具有学院特色的创业教育工作，各班级设立学生创业教育委员，负责组织班级特色的的创业实践活动；明确人事、教务、学工、研工、团委、就业中心、创新创业指导中心等 11 个部门在创业教育中的分工。 |
| 中山大学 | 成立"中山大学创业学院"，由学校主管学生工作的副书记协调各部门、各学院力量，为创业教育工作提供支持。 |
| 西安电子科技大学 | 成立了大学生创新创业教育领导小组，由校领导任组长，教务处、校团委和各学院协同工作，统一协调创新创业教育工作；成立"创新与企业家研究中心"和"现代管理研究所"开展研究。 |
| 温州大学 | 成立以校长为组长的大学生创业教育领导小组，统筹协调创新实验区的建设与运行。下设大学生创业教育研究所、大学生创业教育教研室、大学生创业园管理办公室；由学校教务处牵头组织创业型人才培养方案的制定，改革课程体系，加强教学改革；学校建立了"学生专业创业工作室、学院大学生创业中心、学校大学生创业园"三级联动、三位一体的创业教育管理机构。 |
| 上海对外贸易学院 | 组建由校长和书记主抓的创业教育领导工作小组，形成跨部门、跨学院的组织架构，其中以课堂教育为主的第一课堂的创业教育由教学副校长分管，教务处和各二级学院参与，学位后培训基地负责实施；以课外实践活动为主的第二课堂的创业教育由负责学生工作的副书记兼副校长分管，学生处和团委负责实施。 |
| 上海财经大学 | 学校成立创业教育领导小组，组长由学校教学副校长担任，成员由教务处、就业指导中心、学生处、团委等相关职能部门和教学单位领导组成。领导小组统一规划学校创业教育工作，负责学校创业教育重大政策和制度的制定。教务处负责具体实施。 |
| 宁波大学 | 建立校院两级管理体制，明确各自权利和责任，分别成立创业教育领导小组和指导小组，负责校院层面的创业教育管理工作。 |
| 南京航空航天大学 | 成立"创业教育领导小组"，校领导担任组长，党政办、教务处、学生工作处、研究生工作部、校团委、科技部、后勤部、财务处、资产运营有限公司、国资处、经济与管理学院及相关教学单位的第一负责人担任小组成员，共同负责全校创业教育的规划、协调和监控工作；设立了创业教育综合管理办公室，负责创业教育的具体管理和协调工作，同时兼管创业基金和创业教育网站的建设和维护工作。 |

| 学校 | 组织领导机构 |
|------|--------------|
| 江南大学 | 成立由党委书记任组长的"江南大学大学生创业教育领导小组",由分管学生工作和教学工作的校领导任副组长,由学生处、教务处、科技处、财务处、国家大学科技园和校团委的主要负责人担任组员,自上而下地健全了学校创业教育的领导机构和组织机构。 |
| 江西财经大学 | 设立全校性创业教育指导委员会,在全局高度对各个学院、各个层面进行组织协调,规划、指导、处理创业型人才培养过程中的重大事务。 |
| 华东理工大学 | 成立了"创业教育示范区领导小组",由教学副校长和党委副书记担任组长,由来自教学管理、高教研究、科研、产业、国际交流与合作等多个部门的负责人为领导小组成员,同时,设立"华东理工大学创业教育研究中心",全面负责实验区建设的具体工作。 |
| 广西大学 | 成立由校级领导和各学院院长组成领导小组,建立领导小组统一协调下的跨机构、跨学院的管理模式。小组成员由学校相关机构负责人、各学院院长、专业、政府部门管理人员、创业成功的企业家等构成。 |
| 东南大学 | 建立创新创业教育专家委员会,设有创新创业研究与管理人员,科技处、教务处、团委、各院系、校友总会等相关部门在创业教育各环节中分工明确,协同配合。 |
| 大连理工大学 | 成立创业教育工作指导委员会,委员由校领导、相关职能部处、科技园、企业及相关院系负责人组成,对全校大学生创业教育进行宏观指导;下设创新实验学院管理的创业教育中心专职机构,设有教学办、创业基金办、创业实践办等部门,分别负责创业教育的理论教学、创业资金的争取和筹措、创业项目的指导实践等方面的工作。 |
| 北京交通大学 | — |

## (一) 陆续成立创业教育领导小组,校级领导主抓、多部门协调

试点工作以来,各高校领导一直高度重视创业教育工作,先后成立学校创业教育领导小组,由学校党政领导任组长,负责指导和协调全校创业教育工作。截至 2010 年年底,20 所实验区高校中 14 所都已成立了由党政领导直接负责的校级创业教育领导小组。例如,江南大学成立由党委书记任组长的"大学生创业教育领导小组",由分管学生工作和教学工作的校领导任副组长,由学生处、教务处、科技处、财务处、国家大学科技园和校团委的主要负责人担任组员,自上而下地健全了学校创业教育的领导机构和组织机构;南京航空航天大学成立"创业教育领导小组",校领导担任组长,党政办、教务处、学生工作处、研究生工作部、校团委、科技部、后勤部、财务处、资产运营有限公司、国资处、经

467

济与管理学院及相关教学单位的第一负责人担任小组成员，共同负责全校创业教育的规划、协调和监控工作。

### （二）创业教育管理部门日趋专业化

试点建设初期，各高校的创业教育主要依托学校团委、教务处等部门开展，清华大学、北京航空航天大学、黑龙江大学和南京财经大学4所试点兼实验区高校率先成立了创业教育学院等专门管理部门。截至 2010 年年底，已有一半以上的实验区高校成立了专门的创业教育管理部门。例如，北京航空航天大学设有创业管理培训学院，下设创业教育研究中心、创业指导中心、创业培训中心、职业技能培训部；温州大学成立大学生创业教育研究所、大学生创业教育教研室、大学生创业园管理办公室。

### （三）创业教育管理机制更为完善

在试点阶段，大部分高校并未形成系统的创业教育管理机制，主要以某个部门牵头、其他部门协调的方式开展工作。随着实验区建设的推进，各高校逐步探索建立更为科学、完善的创业教育管理机制，建立学校、主管部门、各学院、各部处乃至班级等多级联动，推动创业教育的有序、有效发展。例如，中南大学成立大学生创业教育领导小组，负责领导、指导和协调全校创业教育工作；成立学生创新创业指导中心，负责对全校创业教育进行具体规划、安排、组织和实施；在各二级学院设立创业教育专干，负责组织具有学院特色的创业教育工作，各班级设立学生创业教育委员，负责组织班级特色的创业实践活动；明确人事、教务、学工、研工、团委、就业中心、创新创业指导中心等11个部门在创业教育中的分工。温州大学学校建立了"学生专业创业工作室、学院大学生创业中心、学校大学生创业园"三级联动、三位一体的创业教育管理与服务机制，学校与学院层面，主要工作在于教育、引导、鼓励和服务，为学生创业提供一切可能的便利条件，争取一切有利的校内外教育资源。

## 六、师资队伍建设更为专业

创业教育师资建设一直是高校关注的焦点。在试点建设初期，各高校虽有一定数量的创业教育教师，但由于数量有限、结构单一，尚未形成完整的师资队伍。随着实验区建设的发展，各高校进一步加强师资队伍建设工作，教师队伍的质量逐步提升、结构渐趋合理（见表 7 - 16、表 7 - 17）。

**表 7 - 16　　　5 所试点兼实验区高校创业教育师资队伍建设的发展**

| 学校 | 试点工作中的师资队伍建设 | 实验区建设中的师资队伍建设 |
|---|---|---|
| 清华大学 | 选聘有热情、有学识的专家教授组成专家委员会，对创新项目提供咨询和指导。 | — |
| 北京航空航天大学 | 聘请"创业导师"来为学生创业进行技术指导，首批聘请 10 人，其中 7 人为北航创业成功的校友。 | 建立学业、职业和创业"三业导师"制度，师资队伍由四个群体组成：一是基础群体，包括专业教师、各专业教学和研究领域的院长、长江学者及知名教授等；二是骨干群体，包括学生身边的学业导师、职业生涯规划导师、创业辅导员等；三是核心群体，包括经过培训的创业教育师资和创业指导教师等；四是外围群体，包括校产业集团内的企业经营管理人员、校友企业家及其他外聘创业导师团队等；五是辅助师资，包括成功的创业人士等。 |
| 上海交通大学 | — | 加强管理学与理工类学科教师的联系，引进创业导师，聘请一批具有实践经验的创业家和企业家作为校内师资补充，实现校内外教师间的交流互补。 |
| 黑龙江大学 | 建立学业导师制 | 建立学业导师、科研导师、创业导师"三位一体"的导师制度，为应用类专业创业实验班配备多元师资，1/3 师资为校外专家、企业家。 |
| 南京财经大学 | 加强创业教育师资培训和培养，培养一批骨干教师和学术带头人，组织全校力量和人员，进行必要的国内外考察。 | 在引进人才待遇、现职教师的进修等方面给予政策倾斜，鼓励青年教师到重点大学、国外著名高校、企事业单位学习进修；实验区建立初期，有专职教师 34 人，其中教授 10 人，副教授 16 人，具有高级职称的教师比例为 76.5%；师资队伍中，具有硕、博士学位的教师有 26 人，占教师总数的比例 76.5%；师资队伍以中青年教师为主，学院结构合理，绝大多数教师毕业于国内外著名高校。* |

注：*《南京财经大学经济学类应用型人才培养模式创新实验区申报材料》http://syq. zlgc. org/Upload/20071009095827656. doc。

**表 7-17　　　　　　　　15 所实验区高校创业师资队伍建设情况**

| 学校 | 师资队伍建设情况 |
|---|---|
| 中南大学 | 选派教师参加中美创业教育师资研习班（SYEE 项目）、教育部骨干教师高级研修班；选派教师参加湖南省"创办你的企业"（SYB 项目）师资进修班的学习；组织教师参加模拟公司创业实训师资培训；建立了由创业课程专职教师、创业团委指导教师和创业导师组成的创业教育师资队伍。 |
| 中山大学 | 选派教师和管理干部赴国内外参加创业教育学术会议、参观学习、观摩评估，学习先进理念及经验；加强创业导师队伍建设（从企业家校友中甄选）。 |
| 西安电子科技大学 | 师资队伍分为专业技术技能教师队伍，创业管理技能教师队伍及人文素养教师队伍。队伍由教师、副教师、讲师职称的专职、兼职教师组成，其中专职教师来自本校，兼职教师来自校内教师和校外政府工作人员、创业企业家。 |
| 温州大学 | 专职师资队伍建设：从在校教师中挑选部分相近专业教师到企业挂职锻炼，将专业知识和生产实践相结合，培养专职师资，从其他高校聘任创业学的博士毕业生任教；兼职教师队伍建设：聘任合作院校创业教育资深师资为兼职教授，聘请温州知名校友企业家担任创业导师。 |
| 上海对外贸易学院 | 师资从结构上涵盖了经济、管理、金融、法律等领域，在知识结构上都与创业相关，注重对师资的进一步培训。 |
| 上海财经大学 | 建设专兼职结合的创业教育师资队伍，重视队伍的选拔与培养；从政府部门、行业协会、企业、高校等机构选聘专家担任创业教育兼职教师，参加第一课堂和第二课堂创业教育教学工作；充分利用校友会资源，从成功创业的校友中选聘部分成员，组成创业指导教师团队；明确兼职教师和创业导师的资格、职责、权利等，保证教育质量；鼓励教师参与创业教育活动，鼓励教师编写创业教育教材和案例，参与创业教育研究，参与学生创业竞赛指导工作。 |
| 宁波大学 | — |
| 南京航空航天大学 | 由财经类、管理类、法律类教师组成创业教育教学研究机构，逐渐培养和选拔创业教育学科带头人；聘请校内外经济管理类专家、工程技术类专家、政府经济部门专家、企业家和风险投资家等人员组成创业顾问团，由成功校友、思政教师、生涯发展研究专家组成指导学生创业实践的导师团。 |
| 江南大学 | 专职导师队伍包括领导、专家、就业指导师和政治辅导员等；其中具有副高或副高以上专业技术职务的共有 19 人，学科背景涵盖经济学等多个领域；创业教育兼职教师由企业家、行业领袖、政府官员、兼职教授、职业导师、高级工程师等组成；以挂职的形式选派教师到科技园及创业型企业进行锻炼学习。 |

| 学校 | 师资队伍建设情况 |
|---|---|
| 江西财经大学 | 要求青年教师要读博、实践、挂职锻炼，要为企业、地市做实践研究项目；引进具有丰富创业技能和经验的师资，如企业高管、创业成功的校友等。 |
| 华东理工大学 | 师资队伍主要由四个方面构成：一是思政教师队伍，包括团委、学工部、辅导员等；二是经济管理方面的专业教师；三是其他学科专业教师；四是社会兼职教师，包括政府官员、企业管理者等。对教师进行专业培训包括课程内容、授课方法和企业实践三方面；现有 30 名专业师资、50 名校内创业导师和 50 名以上校外创业导师。 |
| 广西大学 | 聘请外籍教师，围绕创业教育开展国际交流与合作；每年派出实验基地的教师出国进修。 |
| 东南大学 | 由校内相关学科教师和校外领域专家构成。 |
| 大连理工大学 | 组织教师参加 KAB、SIYB 等创业师资培训；选派教师参加国家实训培训师、实训讲师、实训助理等各种培训。 |
| 北京交通大学 | 选派教师出国进修交流，邀请高水平专家学者来实验区讲学；对实验区教师进行 CDIO 培训，并选派青年教师参加国内多次 CDIO 教学研讨会，并派出考察团赴 CDIO 教学实践先进单位考察学习；选派青年教师赴企业实地考察、调研和学习，并邀请企业骨干来实验区交流、座谈；通过传帮带提高整体教学水平；建设创业教育师资培训基地，为全国各高校培训创业教育师资 2 000 多人。 |

## （一）注重教师培训，师资队伍质量逐步提升

在试点建设初期，5 所试点兼实验区高校均未形成完整的创业教育师资队伍，随着实验区建设的发展，各高校逐渐认识到师资队伍建设在创业教育中的重要地位，在严格进行教师选聘的同时，注重师资队伍的培训工作。例如，中南大学选派 12 名教师参加美国百森商学院、南开大学商学院联合开展的中美创业教育师资研习班（SYEE 项目）、教育部骨干教师高级研修班；选派 11 名教师参加湖南省"创办你的企业"（SYB 项目）师资进修班的学习；组织 45 名教师参加模拟公司创业实训师资培训。华东理工大学对教师进行课程内容、授课方法和企业实践三方面的师资培训，一方面利用校内已有资源进行系统培训，另一方面结合教育部"创业教育骨干教师培训班"及团中央的"KAB"创业教育培训进行专业化训练。

### （二）师资队伍结构渐趋合理

试点建设初期，各高校创业教师的结构相对较为单一，例如，清华大学的创业教育教师主要由专家教授组成，而北京航空航天大学则主要聘请的是拥有创业经历的"创业导师"。随着实验区建设的发展，各高校的创业教育师资队伍结构逐渐合理，注重专职与兼职结合、校内与校外互补，满足人才培养的多维需要。例如，北京航空航天大学的师资队伍由五个群体组成：一是基础群体，包括全校各专业院系 1 800 位专业教师、各专业教学和研究领域具有丰富经验的院长、长江学者及知名教授，负责基础课程、专业课程和实践环节的教学和指导；二是骨干群体，即学生身边的学业导师、职业生涯规划导师、创业辅导员；三是核心群体，即经过培训的创业教育师资和创业指导教师；四是外围群体，即学校产业集团内的企业经营管理人员、校友企业家及其他外聘创业导师团队；五是辅助师资，聘请成功的创业人士担任创业导师。

## 第三节　中国高校创业教育的经验与展望

本节主要通过深入研究 20 所实验区高校创业教育的基本现状和阶段性成果，对其开展创业教育的认识理念、教育模式、教学体系、保障系统和学科建设进行全面梳理、综合比较、系统分析，旨在探寻高校创业教育的一般规律和普遍经验，由此对优化中国大学生创业教育、合理预测高校创业教育的未来发展趋势进行前瞻性、启发式思考。

### 一、"面向全体"是创业教育发展的必然趋势

教育部于 2010 年和 2012 年分别出台文件强调"创业教育要面向全体学生"[①]，各高校也通过多种方式积极贯彻"面向全体"这一教育理念，从创业教育的目标和学生群体对其做出解读，认为"面向全体"是以培养所有学生的创

---

① 2010 年教育部《关于大力推进高等学校创新创业教育和大学生自主创业工作的意见》提出，创新创业教育要面向全体学生，结合专业教育，融入人才培养全过程。2012 年教育部办公厅《关于印发〈普通本科学校创业教育教学基本要求（试行）〉的通知》（教高厅［2012］4 号）提出"把创业教育融入人才培养体系，贯穿人才培养全过程，面向全体学生广泛、系统开展。"

新创业观念、知识和能力为目标，重点在于创业意识的启蒙和创业知识的普及。事实上"面向全体"的创业教育有其更为广阔的科学内涵，如有学者提出的"广谱式创业教育"和"全校性创业教育"，就是"面向全体"理念的深化和具体化。其中梅伟惠进一步将"面向全体"的创业教育分为三个发展阶段，初级阶段以数量增长为核心目标，主要体现在创业课程数量的增加、教师数量的增加、学生受益面拓宽等方面，主要特征是商学院教师在创业教育中发挥主导地位；课程数量增加，但缺乏必要的整合；学生受益面拓宽，但精英痕迹明显。中级阶段以组织转型为目标，主要体现在高校层面进行组织结构的革新和课程内容整合度明显提高两方面。高级阶段体现在理念渗透，应将创业上升为全校的核心理念，各种不同目标、不同类型的创业教育项目存在并和谐共存，逐步形成创业型生态系统[1]。

依据"面向全体"创业教育的三阶段发展规律，综合考察20所实验区高校创业教育的实践现状，我国的创业教育整体上处于由初级阶段向中级阶段迈进的时期，还没有到达高级阶段。具体表现为五个方面：第一，在课程方面，各高校在创业教育的最初阶段努力建设课程体系，但是数量较少，类型单一，现在则逐渐发展形成数量较大、种类多样的课程群，并结合专业开设创业教育课程；第二，在师资组成方面，从最开始的以商学院教师为主到现在20所实验区均建立了集创业教师、专业课教师和校外教师为一体的师资队伍，有的高校还加入了思政教师、科研教师和人文素养教师，创业教育的师资构成进一步多样、合理。第三，在教学机构方面，逐渐成立了创业教育学院、创业教育研究中心等机构，成为面向全校开展创业教育的主要机构。第四，在支持体系方面，各高校以创业教育领导小组的形式协调校内资源，以产学合作的形式赢得社会支持，初步建立了创业教育的支持体系。第五，在创业教育的对象方面，在关注全体学生的同时不忽略个性诉求。

从初级到中级再到高级的演进是创业教育发展的基本规律，我们国家面向全体的创业教育客观上需要实现由中级阶段向高级阶段的跃升。高级阶段的主要特征就是"理念置顶、项目多元、形成稳定生态系统"，这是我国创业教育发展的主要趋势。为了达到这个目标，需要从以下三方面着手：第一，要持续推进"面向全体"的创业教育理念，将面向全体的创业教育理念规范化，写入人才培养方案，贯穿于人才培养的全过程，使面向全体成为全校、全社会的共识，上升为学校的核心理念；第二，要设计与之相适应的创业教育项目，针

---

① 梅伟惠：《创业人才培养新视域：全校性创业教育理论与实践》，载于《教育研究》2012年第6期，第144~146页。

对课堂教学和实践教学展开设计，探索与专业结合的创业教育课程，加大创业教育必修课的比例。同时，要创新和改进教学方法，形成课堂教学和实践教学的相互联系、相互依存和共生，使创业教育项目能够渗透到创业教育的各个目标群体和各个阶段；第三，要形成一体化的支持系统，在校内设置专门的创业教育管理、教学和研究机构对校内资源进行整合，积极引入政府、企业等外部力量，使其对创业教育的支持常态化、规范化，最终形成校内、校外一体化的支持系统。

## 二、形成特色鲜明的教育模式是创业教育的重要途径

通过对 20 所实验区高校创业教育模式调研发现，我国开展创业教育的高校分布广泛、类型和层次多样、办学资源和办学特色不尽相同，直接导致创业教育难以形成统一的模式，高校纷纷结合实际情况突出特色开展创业教育，在此基础上形成了多样化、各具特色的教育模式。我国高校创业教育的特色模式主要有"校本模式"、"区域模式"和"行业模式"三类，20 所实验区高校在坚持"校本模式"的同时主要呈现出向区域特色和行业特色发展的趋势。其中，广西大学、中南大学、宁波大学、黑龙江大学和温州大学 5 所大学明确提出"面向区域经济与社会发展、充分利用地域特色"等做法；北京交通大学、西安电子科技大学、上海对外贸易学院、上海财经大学和中南大学 5 所高校明确提出"面向行业、具有鲜明财经特色"的创业教育。区域和行业特色的凸显有以下三点原因，一是履行服务区域经济、行业发展的重要使命。高校作为人才培养的主阵地，有义不容辞的义务和责任培养与地方经济发展、产业结构升级和行业技术创新相适应的创新创业人才，面向地方和行业的实际需求，服务地方经济发展和行业发展是高校发挥服务社会功能的重要使命，如广西大学就致力于为广西培养复合型创业人才，满足广西社会和经济发展对人才的需要，促进科技与经济的全面进步。二是创业教育适应社会需求的必然选择。区域、行业特色影响着大学生创业教育的基本内容，结合区域、行业特色开展创业教育具有较强针对性，在培养专门性的创新创业人才方面具有特殊优势，如宁波大学适时把握人才市场的发展动向，结合产业特点促进专业设置的改造；西安电子科技大学针对电子信息类专业的特殊性，将工程训练与创业技能训练相结合，形成了独具特色的创业实践教育体系。三是区域和行业特色资源是创业教育向纵深发展的重要支撑。立足于地方经济和行业的需要，培养符合区域、行业发展规律的专门性人才具有明确的指向性，对于地方经济和行业发展具有直接的推动作用，地方和企业也愿意支持这种模式的创业教育，提供更多的资源，促进创业教育的进一步发展，如温州大

学的"新湖创业教育基金"、"红蜻蜓创新创业奖学金"、"大虎创新创业基金"等，均由校友企业或温州籍企业家捐资设立。基于以上三点课题组认为，随着创新型国家的提出，各地区、各行业对创新创业人才的需求日益强烈，各高校在创业教育人才培养过程中不仅应该根据国家的基本要求实行常规教学，更应该面向区域经济发展和行业发展实际，形成具有鲜明特色的创业教育模式，这符合我国区域经济和行业发展的需要，是各高校持续开展创业教育的生命力所在。

未来各高校创业教育要形成"三位一体、特色鲜明"的模式，即各高校创业教育模式要将"校本、区域和行业"三方面有机结合，统筹协调、紧密联系，以实效性作为创业教育模式选择的判别标准，形成具有鲜明特色的创业教育模式，使不同高校创业教育的效果最大化。"三位一体、特色鲜明"模式的核心在于"利益契合、准确定位"，一方面高校应结合实际，积极探索研究与区域特色、行业特色融合的利益契合点，让地方政府、企业通过"官产学"合作的形式积极参与创业教育，为大学生创业教育提供资源，并构建高校自身发展与区域经济和行业共同进步的良性互动机制，整合校内外资源，最终实现区域特色、行业特色与高等教育的协调、互动和可持续发展。另一方面高校要准确定位自身创业教育的目标，并形成与之相适应的创业教育教学体系，准确把握地方经济和行业发展对于创新创业人才要求的变化，根据不同时期的不同需要，在教育内容、教育方法、师资队伍等方面不断突破，才能使创业教育的目标具有针对性，效果具有实效性。

## 三、完善教育体系是推动创业教育向纵深发展的关键

大学生创业教育体系的核心是课程教育体系和实践教育体系，它们决定创业教育的主体内容。纵观我国大学生创业教育试点和实验区高校在开展大学生创业教育的实践探索中，无一例外地都把课程教育体系和实践教育体系的建设作为工作重点，初步形成了"知行并重"的教育体系。然而，课程教育体系和实践教育体系不应该是对立存在的，而是"你中有我、我中有你"互融互通的和谐统一。因此，未来大学生创业教育体系发展的方向是通过"课程实践化、实践课程化"，实现从"知行并重"到"知行融合"的转变。

### （一）大学生创业教育课程教育体系的实践化

大学生创业教育试点和实验区高校开设的创业教育课程，在数量和形式上各不相同，但整体特点可以概括为"课程类型必选结合，课程内容三位一体"。

"课程类型必选结合"是指高校创业教育课程以必修课和选修课结合的形式开设。在20所实验区高校中，将创业课程列为本科生必修课有9所，多数高校将创业课程作为通识教育课程的一部分列入选修课。例如，黑龙江大学将创业教育课程设为必修课，共8学分；华东理工大学将创业课程纳入本科生培养方案，其中创业精神导论为本科生必修课；西安电子科技大学开设了创业学、创业管理学、创业心理学、创业经济学等数十门通识选修课程等。"课程内容三位一体"是指高校开设的创业教育课程普遍分为三种类型：第一是广谱式课程，即面向全体学生开设。如黑龙江大学、西安电子科技大学、上海对外贸易学院开设的创业课程选修课都超过了10门。上海对外贸易学院成立了"学位后培训基地"，作为承担职业发展与创业教育的专门机构，开设了60多门选修课程，各类课程针对不同专业学生选修的需要；第二是专业式课程，面向有创业潜力和明确创业意愿的学生开设。如南京财经大学对经管类专业的学生开设公司战略管理、组织行为学、市场学、项目管理等创业相关类课程。大连理工大学通过创业实践学院对创业意愿强烈的同学进行专业化的创业能力培养；第三是融入式课程，将创业教育与专业教育融合，分专业开设。如黑龙江大学、中南大学、温州大学和东南大学都结合学生的专业开设了相关的创业课程。"必、选结合，三位一体"的课程教育体系一方面通过必修课，唤醒学生的创业意识和培养学生的创新精神；另一方面通过选修课，对于某些有明确创业意愿和特殊需求的学生进行专业化指导。课程数量和形式的有机组合，构成了模块化的"课程超市"和"课程群"，从而满足不同学生群体的个性化需要。"课程类型必选结合，课程内容三位一体"的课程教育体系是我国高校近十年来对大学生创业教育探索的宝贵成果，实现了我国大学生创业教育起步阶段课程教育体系从无到有的转变。

展望未来，我国高校在继续丰富和完善现有大学生创业教育课程体系的同时，应该将重点放在提高大学生创业教育课程的质量上，通过课程教育的实践化等手段实现大学生创业教育课程"从有到优"的转变。具体而言，课程教育体系的实践化包括课程内容实践化和教学方法实践化两个方面。

大学生创业教育课程内容实践化是指教学内容要与创业实践紧密结合。大学生创业教育与其他教育最大的不同在于其突出的实践性，从创业教育试点与实验区高校的课程教育体系看，无论是课程名称还是课程内容都有"重理论、轻实践"的问题，使得创业教育成为"关于创业的教育"，偏离了"实现创业的教育"的根本目的。因此，在创业教育课程中增加创业实践内容的比例尤为必要。在增加创业实践内容的同时，也不能弱化理论知识，创业教育课程内容实践化不等于去理论化，不能将理论与实践对立起来，而是应该将两者有机地融合，通过实践案例来丰富理论知识，通过理论知识来指导创业实践。

大学生创业教育教学方法实践化是指在教学中开放式、互动式、研讨式、案例式等多种实践取向的教学方法综合运用。这些教学方法是有效提高创业教育质量的手段。另外，从创业教育试点与实验区高校的教学实践看，要实现全部学生都参与创业实习难度较大，因此在课程教学中综合运用模拟教学、活动教学、体验教学、案例教学等方式，在课堂上增加学生的创业实践体验，可以一定程度地弥补创业实践教育体系覆盖率低的不足。

### （二）大学生创业实践教育体系的课程化

实践教育体系是创业教育区别于其他教育的重要特征。通过创业实践，一方面学生学习的创业理论知识得以运用；另一方面，学生也可以在实践中积累创业的相关经验。创业教育实验区高校对创业实践教育非常重视，普遍以竞赛、园区和活动等多种形式作为创业实践教育体系的载体，通过多维的实践锻炼，提高大学生的创业能力。在创业竞赛方面，主要有"挑战杯"大学生创业设计竞赛、课外学术科技作品大赛、公益创业实践大赛以及各种国际化、社会化的创业大赛；在园区方面，试点和试验区高校主要借助国家科技（创业）园、各地方政府的科技（创业）园及学校自建的科技（创业）园区开展大学生创业实践教育；在创业实践活动方面更是形式多样，如成立各种以创业为主题的学生社团、企业家创业者进校园讲座、与媒体合作举办模拟创业栏目等。

从创业教育试点高校和实验区高校的情况看，实践教育体系与课程教育体系相比还不够完善，主要体现在两个方面：第一，创业教育实践与专业教育实践结合度不高，20个试验区高校中，只有黑龙江大学、温州大学等少数学校明确提出将创业教育实践与专业教育实践有机结合；第二，部分创业载体的育人功能发挥不足，清华大学指出创业大赛突出了竞争意味，关注于创业计划中的商业创意与商业价值，却忽视了对学生的培养与教育。导致这些问题的原因是我国大学生创业教育实践教育不系统和不规范。因此，未来创业教育实践体系的建设应该在科学规划的基础上，完善现有载体、探索新型载体、强化育人功能，实现大学生创业实践教育体系的规范化发展。具体而言高校一是要科学地规划，将创业教育实践与专业教育实践有机结合的基础上，在内容、形式、师资、管理和保障等方面参照"课程"体系的标准去建构和完善；二是要转变实践教育观念，使学生和教师正确看待创业实践的目的和意义；三是要规范实践教育过程，突出强化实践教育的育人功能；四是要完善实践教育考核方式，轻结果评比，重能力培养。

477

## 四、构建系统化协同推进的支持体系是创业教育的有力保障

创业教育实验区高校普遍认识到，创业教育是一项系统工程，需要体制机制、师资队伍、社会资源等多个因素作为支撑保障。

### （一）成立大学生创新创业教育专门机构，完善体制机制

完善机构和制度是保障创业教育实施的基石。在组织机构方面实验区高校大多形成了"校领导主抓，专门机构实施，多部门协同"的创业教育局面。例如，中南大学在学校层面成立创业教育领导小组，学校党委书记担任领导小组组长，党委副书记担任副组长，相关职能部门负责人为成员，学校成立学生创新创业教育中心，负责全校创业教育的具体规划、组织和安排。在制度保障方面，普遍建立了完善的创业教育管理制度，内容涉及创业教育实施意见、创业教育课程、创业教育实践、创业教育科研、创业教育管理等方面。例如，南京航空航天大学制定了《南京航空航天大学创业教育实施意见》、《创业基金管理办法》、《大学生创业基地建设办法》等规范了创业教育实施的各个环节，增强创业教育的可操作性。

大学生创业教育的深入发展对于创业教育的机构和制度保障的要求越发强烈，无论从创业教育实验区高校还是从国家决策来看，建立专门的大学生创新创业教育机构，并健全制度、理顺机制是未来发展的趋势。具体而言高校一是要结合自身特点成立大学生创新创业学院或中心，要把创业教育和大学生自主创业工作纳入学校重要议事日程；二是要理顺领导体制，建立健全教学、就业、科研、团委、大学科技园等部门参加的创业教育和自主创业工作协调机制；三是要统筹校内资源，整体规划和协调创业教育、创业基地建设、创业政策扶持和创业指导服务等工作，明确分工，确保人员、场地、经费投入。

### （二）打造"专兼结合"的师资队伍，提高教师水平、优化教师结构

从创业教育实验区高校的情况来看，高校创业教育师资队伍主要包括四类：一是就业指导中心教师，主要负责讲授选修课程。如西北工业大学的创业指导课程由学生就业指导服务中心的教师主讲；二是商学院或管理学院专业课教师，主要负责讲授本学院开设的专业课或全校的选修课程。如中国人民大学、西安交通大学、上海交通大学的创业课程由本校的商学院或管理学院教师主讲；三是高校其他专业课教师，主要负责讲授创业教育和专业教育相融合的融入式课程。如黑

龙江大学、中南大学在各学院开设了融入式创业课程，由本专业教师主讲；四是创业成功人士和其他社会人士兼职教师。主要以创业论坛、讲座的方式对学生开展创业教育。目前我国大学生创业教育已经形成了"专兼结合"的师资队伍，但与创业教育发展的需求相比还显得较为薄弱。《高等学校创业教育经验汇编》中，20个试验区高校有13个提出师资队伍建设是制约创业教育发展的瓶颈性问题，如广西大学提出我国创业教育尤其缺乏能够同时驾驭创业教育理论和实践课的教师，这成为制约创业教育质量提高的重大因素。

在未来创业教育的师资队伍建设应该注重提升教师水平、优化教师结构，突破质量瓶颈，从而满足创业教育发展的内在需要。首先，明确定位，建立"三师型"创业教育教师队伍。"三师型"的教师队伍有两个含义，既指在教师素质方面要"能讲课、能咨询、能实战"，又指教师队伍结构要涵盖"理论型、实践型、综合型"。其次，建立教师准入制度，在满足大学生创业教育师资数量需求的前提下，通过师资的规范化提高准入起点。最后，注重后续培训，高校要建立创业教育教师培训机制，每年组织相当比例的教师参加专题培训、顶岗实践和国内外交流等，使教师可以把握创业教育的前沿和发展趋势，契合创业教育教学对时效性的要求。

## （三）要积极开展"产学合作"，整合社会资源

大学生创业教育是一种面向市场的教育，在教育过程中需要产业（企业）的参与和协助。创业教育实验区高校都积极开展产学合作，深入挖掘校内外资源，借助社会力量解决创业教育的资金、场地、设备等资源短缺的问题，为创业教育提供支持。产学合作搭建的平台具有操作的实践性、体验的真实性、资源的丰富性等特点，通过产学合作可以进行校内外资源的整合，极大地促进了创业教育的发展。如中山大学与广东省人事厅、科技厅、教育厅及珠海市政府合作建立大学生创业基地和孵化基地，与广东省粤科风险投资集团公司共同设立中山大学学生创业种子基金，与广东百事高运动公司合作赞助100名大学生进行自主创业。

从试点和实验区高校的教育实践看，产学合作目前也存在着一些问题。主要表现在四个方面：第一，缺乏利益契合点，合作动力不足；第二，观念和区域差异，导致资源配置的不均衡；第三，缺乏机制保障，难以持续；第四，教育过程不完善，育人功能发挥不足。针对这些不足，结合国外高校创业教育的经验，未来产学合作的发展方向是构建科学化、规范化、具有可行性的产学联盟支持系统。产学联盟是一种全新的合作形式，包括各高校之间的高校联盟及企业间的企业联盟。产学联盟支持系统的构建有三个原则，即利益契合、优势互补、资源整

合原则，包含五个子系统，即作用系统、平台系统、组织保障系统、机制保障系统和过程控制系统，通过作用系统高校和企业相互合作，具体合作途径则通过平台系统实现，同时通过组织保障系统和机制保障系统确保产学联盟的有序有效进行，最后通过过程控制系统对合作支持系统进行控制，对大学生创业教育提供资源、实践、经验和研究支持。

## 五、学科化、专业化是创业教育发展的必由之路

创业教育实验区高校都非常重视对创业教育的科学研究，通过开展研究为创业教育提供指导与参考。例如，试点高校西安交通大学积极开展创业理论研究，承担了6项与大学生创业教育相关课题；实验区高校南京财经大学共有38个与创业教育相关课题吸收了学生参加，出版了《成功创业学》等多部专著；中山大学开展了应用型研究，编写了《国际企业管理挑战赛前必读》、《决策管理——理论、方法、技巧与应用》和《市场预测与决策分析方法》等GMC培训教材。

虽然创业教育试点和实验区高校高度重视科研工作，但整体上缺乏系统性，研究的内容、方法和成果都较为分散，造成这种情况的根源是创业教育学科的缺失。因此未来创业教育科研的发展方向是学科化、专业化，在国家和高校统一的规划下，通过发表论文专著、创办专业化的学术刊物、承担参与大学生创业课题等方式，不断地丰富和发展大学生创业教育理论，并结合中国特色，建立本土化的大学生创业教育学科。依托大学生创业教育学科可以深化教育工作者对大学生创业教育的认识，提升大学生创业教育教学水平。同时，也为大学生创业教育教师提供终身发展的学科支撑，为师资队伍建设提供学科保障。

目前，关于大学生创业教育学归属问题受到高度关注，从不同的角度为大学生创业教育学科的建立提出可行性方案，概括起来主要有三种：一是在教育学一级学科下设创业教育学；二是在管理学一级学科下设创业教育学（或创业学）；三是在思想政治教育二级学科下设大学生创业教育研究方向。三种学科设置方案各有优长。课题组认为大学生创业教育学科的建立应该从"过程观"的角度出发，结合我国大学生创业教育实验区高校的经验，可以分为三个阶段来实施：第一阶段将大学生创业教育发展成思想政治教育、高等教育学或教育经济与管理二级学科下的研究方向；第二阶段应该加强大学生创业教育的相关研究，融入大学生就业教育研究，并开辟除大学生就业创业教育以外的其他研究方向；第三阶段将大学生创业教育相关研究方向进行整合，并正式在管理学门类下建立创业学一

级学科，下设创业教育学二级学科，最终实现大学生创业教育的学科化（见图
7－3）。

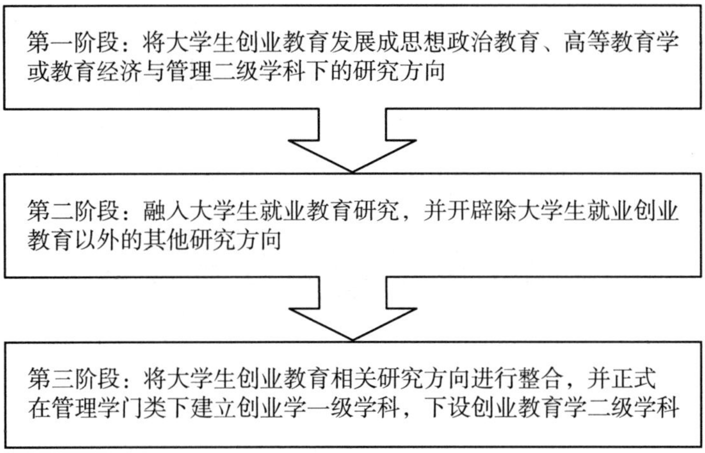

图 7－3　大学生创业教育学科化过程

# 附录 1

# 大学生就业能力自评量表

亲爱的同学们：本调查是一项关于大学生就业的课题，目的是为了提高大学生就业工作质量，制定更科学的就业相关政策。调查题目无所谓对错好坏，请您根据自己的实际情况作答，在每个题目后相应的框内打"√"。本调查问卷上无须填写任何您的个人信息，不会泄露您的个人隐私。但您的如实作答，对我们极其重要，谢谢您的支持。

| 序号 | 题项 | 非常符合 | 比较符合 | 难以确定 | 比较不符合 | 非常不符合 |
|------|------|----------|----------|----------|------------|------------|
| 1 | 我能快而容易地掌握所需的新知识或新技能 | | | | | |
| 2 | 我能经受住大的挫折 | | | | | |
| 3 | 我会在综合分析自身条件的基础上寻找合适的就业岗位 | | | | | |
| 4 | 我的专业知识和技能掌握得很好 | | | | | |
| 5 | 我能很好地解决学习或工作中遇到的难题 | | | | | |
| 6 | 我善于理解、分析学习或工作中遇到的各种问题 | | | | | |
| 7 | 我能在工作中恰当地展示自己的才能 | | | | | |
| 8 | 我善于通过多种方式使自己较快走出生命中的低潮 | | | | | |
| 9 | 我能规划好就业相关的事情 | | | | | |
| 10 | 我善于谋划自己的就业发展蓝图 | | | | | |
| 11 | 我善于在工作中发挥自己的优长 | | | | | |

| 序号 | 题项 | 非常符合 | 比较符合 | 难以确定 | 比较不符合 | 非常不符合 |
|---|---|---|---|---|---|---|
| 12 | 我善于为自己确定就业发展目标 | | | | | |
| 13 | 我十分关注所在团体或工作单位的未来发展 | | | | | |
| 14 | 我善于发现事物积极的一面 | | | | | |
| 15 | 我能够做到积极主动地了解有关就业信息和形势 | | | | | |
| 16 | 我总是充满激情地面对生活 | | | | | |
| 17 | 我能清楚地意识到自身的优缺点 | | | | | |
| 18 | 我常常精神抖擞 | | | | | |
| 19 | 我善于赢得他人对我的信任 | | | | | |
| 20 | 我和异性之间的关系很好 | | | | | |
| 21 | 我善于给别人留下很好的第一印象 | | | | | |
| 22 | 大学期间曾出色地担任过学生组织的主要职务 | | | | | |
| 23 | 我善于有针对性地高效获取与工作相关的信息 | | | | | |
| 24 | 我勇于承认工作或生活中的错误并及时改正 | | | | | |
| 25 | 我很能吃苦耐劳 | | | | | |
| 26 | 我会通过校友、亲朋好友等多种渠道寻找就业机会 | | | | | |
| 27 | 我喜欢和不同部门或团队中的人一起做事情 | | | | | |
| 28 | 我善于与他人一起合作解决难题 | | | | | |
| 29 | 我愿意付出超常规的努力来完成任务 | | | | | |
| 30 | 我总是能全身心地投入自己的学业或工作 | | | | | |
| 31 | 我经常在学习或工作中精益求精 | | | | | |
| 32 | 我做事情总是认真负责、一丝不苟 | | | | | |
| 33 | 我总是力图把事情做得尽善尽美 | | | | | |
| 34 | 我善于在学习生活中总结出一些带有规律性的东西 | | | | | |
| 35 | 我能在十分艰苦的条件下生活或工作 | | | | | |
| 36 | 我能公平公正地处理工作中的问题 | | | | | |
| 37 | 我常常能作出正确的决定 | | | | | |
| 38 | 我善于通过参加社会实践等方式积累工作经验 | | | | | |
| 39 | 我能虚心听取他人意见，并不断完善自己 | | | | | |
| 40 | 我善于在面试中展现自己的优势 | | | | | |

续表

| 序号 | 题项 | 非常符合 | 比较符合 | 难以确定 | 比较不符合 | 非常不符合 |
|------|------|----------|----------|----------|------------|------------|
| 41 | 我经常参加各种社会实践活动 | | | | | |
| 42 | 我对很多问题都能提出一些好的见解 | | | | | |
| 43 | 我善于发现一个问题的本质所在 | | | | | |

# 大学生创业能力自评量表

亲爱的同学们：本调查是一项关于大学生创业的课题，目的是为了提高大学生创业教育质量，制定更科学的创业相关政策。调查题目无所谓对错好坏，请您根据自己的实际情况作答，在每个题目后相应的框内打"√"。本调查问卷上无须填写任何您的个人信息，不会泄露您的个人隐私。但您的如实作答，对我们极其重要，谢谢您的支持。

| 序号 | 题项 | 非常符合 | 比较符合 | 难以确定 | 比较不符合 | 非常不符合 |
|---|---|---|---|---|---|---|
| 1 | 我善于把分散的资源整合起来去实现个人或团队的发展目标 | | | | | |
| 2 | 我敢于承担工作中革新失败后所带来的任何风险 | | | | | |
| 3 | 我经常会提出一些带有原创性的想法 | | | | | |
| 4 | 我善于发现一个问题的本质所在 | | | | | |
| 5 | 面对一个问题，我常反复思考它的实质所在，努力寻求更有效的解决方式 | | | | | |
| 6 | 我善于有针对性地高效获取与学习、工作相关的信息 | | | | | |
| 7 | 在团队中，我有能力安排恰当的人去做恰当的工作 | | | | | |
| 8 | 我是一个勇于冒险的人 | | | | | |
| 9 | 在参加讨论时我敢于坚持自己认为正确的观点 | | | | | |

| 序号 | 题项 | 非常符合 | 比较符合 | 难以确定 | 比较不符合 | 非常不符合 |
|---|---|---|---|---|---|---|
| 10 | 我勇于承认自己在工作或生活中的错误且知错就改 | | | | | |
| 11 | 我有一个能给我的职业发展提供巨大帮助的社会关系网 | | | | | |
| 12 | 与别人交流中，我能很好地理解别人所说的话 | | | | | |
| 13 | 我善于带领他人一起攻坚克难 | | | | | |
| 14 | 我经常参加各种社会实践活动 | | | | | |
| 15 | 如果我管理一个公司，我相信自己有能力为公司谋求发展之路 | | | | | |
| 16 | 我做过学生干部，而且工作出色 | | | | | |
| 17 | 我善于赢得他人对我的信任 | | | | | |
| 18 | 我很乐于助人 | | | | | |
| 19 | 我对大学的生活很满意 | | | | | |
| 20 | 我能充分地做好准备，把握发展的机遇 | | | | | |
| 21 | 我善于和不同部门或团队中的成员一起合作 | | | | | |
| 22 | 我是一个不畏艰险的人 | | | | | |
| 23 | 压力很大的情况下，我也能努力把事情做好 | | | | | |
| 24 | 我大学期间的专业成绩很好 | | | | | |
| 25 | 我相信自己能抓住每一次发展机会 | | | | | |
| 26 | 我性格开朗、乐观向上 | | | | | |
| 27 | 我非常自信 | | | | | |
| 28 | 我做事脚踏实地 | | | | | |
| 29 | 在学习或工作中如果失败了，我也会继续努力，直至成功为止 | | | | | |
| 30 | 我善于创造性思考 | | | | | |
| 31 | 一旦做出承诺，我一定会全力去兑现 | | | | | |
| 32 | 我能清楚自己在工作中应该肩负的责任 | | | | | |
| 33 | 我善于根据环境的变化调整自己的目标和思路 | | | | | |
| 34 | 我能很好地解决学习或工作中遇到的难题 | | | | | |
| 35 | 我能够适应较大的工作压力 | | | | | |

续表

| 序号 | 题项 | 非常<br>符合 | 比较<br>符合 | 难以<br>确定 | 比较<br>不符合 | 非常<br>不符合 |
|---|---|---|---|---|---|---|
| 36 | 我在团队中能包容他人，乐于同他人一起合作解决难题 | | | | | |
| 37 | 我在学校的各种活动中都是一个活跃分子 | | | | | |
| 38 | 即便困难重重，我依然能坚持自己的信念、执着行动 | | | | | |
| 39 | 我善于发现生活或工作中存在的关键问题 | | | | | |
| 40 | 如果让我管理一家公司，我一定能胜任 | | | | | |
| 41 | 我关注团队的共同发展 | | | | | |
| 42 | 在有很多不确定性因素的情况下，我也能想出好的方法或创意 | | | | | |
| 43 | 一旦我抓到一个机会，我常常能很好地实现它 | | | | | |

# 附录 3

# 高校大学生就业创业教育
# 状况综合评价方案

## 一、评价说明

1. 评价目标与对象：主要用于评价高校开展的"广谱式"大学生就业创业教育工作的状况及成效。

2. 评价指标结构：包括 4 个一级指标、20 个二级指标和 36 个三级指标。

3. 数据采集方法：主要采用材料审核和实地考察两种方法。材料审核以评价年度前两年的材料为主，各类数据取评价年度前两年的平均值。实地考察采取走访、问卷调查等方式。

4. 测评结果：采用"多指标综合评价法"，各评价指标评价等级 A、B、C、D、E 分别对应 4、3、2、1、0，将各指标得分乘以权重求得总分作为评价结果。评价结果≥108 分为优，108＞评价结果≥72 为良，72＞评价结果≥36 为中，评价结果＜36 为差。

## 二、 大学生就业创业教育评价指标体系

| 一级指标 | 二级指标 | 三级指标（权重） | 评价标准 | 评价方式 |
|---|---|---|---|---|
| 1.课程 | 1.1课程体系 | 1.1.1 课程数量 | 1. 大学生就业课程开设 1 门或以上<br>2. 大学生创业课程开设 1 门或以上 | 材料审核 |
| | | | 符合上述两项标准为 A；其余情形为 E | |
| | | 1.1.2 课程学分 | 1. 大学生就业课程总计 1 学分或以上<br>2. 大学生创业课程总计 2 学分或以上 | 材料审核 |
| | | | 符合上述两项标准为 A；只符合其中一项的为 C；其余情形为 E | |
| | | 1.1.3 课程学时 | 1. 大学生就业课程总计 32 学时<br>2. 大学生创业课程总计 38 学时 | 材料审核 |
| | | | 符合上述两项标准为 A；只符合其中一项的为 C；其余情形为 E | |
| | | 1.1.4 课程类型 | 1. 大学生就业课程设置为必修课<br>2. 大学生创业课程设置为必修课 | 材料审核 |
| | | | 符合上述两项标准为 A；只符合其中一项的为 C；其余情形为 E | |
| | | 1.1.5 课程内容 | 1. 大学生就业课程内容符合《大学生职业发展与就业指导课程教学要求》（教高厅［2007］7 号）中关于课程内容的要求<br>2. 大学生创业课程内容符合《普通本科学校创业教育教学基本要求（试行）》（教高厅［2012］4 号）中关于课程内容的要求 | 材料审核 |
| | | | 符合上述两项标准为 A；只符合其中一项的为 C；其余情形为 E | |
| | | 1.1.6 课程获奖 | 1. 大学生就业创业课程获得国家级奖励<br>2. 大学生就业创业课程获得省级奖励 | 材料审核 |
| | | | 符合上述第一项标准为 A；符合第二项标准为 C；其余情形为 E | |

续表

| 一级<br>指标 | 二级<br>指标 | 三级指标<br>（权重） | 评价标准 | 评价方式 |
|---|---|---|---|---|
| 1.<br>课程 | 1.2<br>教材 | 1.2.1　自编教材 | 1. 自编大学生就业创业教育教材在"全国百佳图书出版单位"出版<br>2. 自编大学生就业创业教育教材在非"全国百佳图书出版单位"出版<br>3. 自编大学生就业创业教育教材但并未公开出版 | 材料审核 |
| | | | 符合上述第一项标准为 A；符合第二项标准为 B；符合第三项标准为 C；其余情形为 E | |
| | | 1.2.2　案例库与资料室 | 1. 学校有专用的就业创业教育资料室，提供相关的书籍、报纸和资料等<br>2. 学校建有各种形式的就业创业教育案例库 | 材料审核<br>实地考察 |
| | | | 符合上述两项标准为 A；只符合其中一项的为 C；其余情形为 E | |
| | | 1.2.3　教材获奖 | 1. 大学生就业创业课程获得国家级奖励<br>2. 大学生就业创业课程获得省级奖励 | 材料审核 |
| | | | 符合上述第一项标准为 A；符合第二项标准为 C；其余情形为 E | |
| | 1.3<br>教法 | 1.3.1　教学方法 | 1. 课堂教学是否使用了多样化的教学方法<br>2. 教学方法的选择是否与课程内容相适应 | 材料审核 |
| | | | 符合上述两项标准为 A；只符合其中一项的为 C；其余情形为 E | |
| | | 1.3.2　衔接融入 | 1. 大学生就业教育与创业教育的较好融合<br>2. 大学生就业创业教育较好地融入专业教育<br>3. 大学生就业创业教育与思想政治教育的较好衔接<br>4. 大学生就业创业教育与就业指导服务的有机衔接 | 材料审核<br>实地考察 |
| | | | 符合上述四项标准为 A；符合其中三项标准为 B；符合其中两项标准为 C；符合其中一项标准为 D；其余情形为 E | |

续表

| 一级指标 | 二级指标 | 三级指标（权重） | 评价标准 | 评价方式 |
|---|---|---|---|---|
| 1. 课程 | 1.3 教法 | 1.3.3 教学成果获奖 | 1. 大学生就业创业教育获得国家级"教学成果"奖励<br>2. 大学生就业创业教育获得省级"教学成果"奖励<br>3. 大学生就业创业教育获得校级"教学成果"奖励 | 材料审核 |
| | | | 符合上述第一项标准为 A；符合第二项标准为 B；符合第三项标准为 C；其余情形为 E | |
| | 1.4 管理 | 1.4.1 教研机构 | 学校成立了专门的大学生就业创业教研机构（院、所、教研室等） | 材料审核实地考察 |
| | | | 符合上述标准为 A；其余情形为 E | |
| | | 1.4.2 教学大纲 | 1. 结合自己学校特色，制定了大学生就业教育课程教学大纲<br>2. 结合自己学校特色，制定了大学生创业教育课程教学大纲 | 材料审核 |
| | | | 符合上述两项标准为 A；只符合其中一项的为 C；其余情形为 E | |
| | | 1.4.3 教学评价机制 | 按照《大学生职业发展与就业指导课程教学要求》和《普通本科学校创业教育教学基本要求（试行）》建立科学合理的教学评价机制 | 材料审核 |
| | | | 符合上述标准为 A；其余情形为 E | |
| 2. 教师 | 2.1 结构 | 2.1.1 专任教师数量 | 专任教师按不低于师生比1：450的比例配备 | 材料审核 |
| | | | 符合上述标准为 A；其余情形为 E | |
| | | 2.1.2 教师组成 | 1. "专任为主"，专任教师数量占全部授课人员的50%<br>2. "专兼结合"聘请一定数量的专家、企业家和创业人士担任兼职教师承担教学任务 | 材料审核 |
| | | | 符合上述两项标准为 A；只符合其中一项的为 C；其余情形为 E | |

| 一级指标 | 二级指标 | 三级指标（权重） | 评价标准 | 评价方式 |
|---|---|---|---|---|
| 2.教师 | 2.1结构 | 2.1.3 教师背景 | 1. 专任教师队伍的专业、学历和资历结构是否合理<br>2. 一定数量的专任教师有求职、创业和到用人单位挂职锻炼经历 | 材料审核 |
| | | | 符合上述两项标准为A；只符合其中一项的为C；其余情形为E | |
| | | 2.1.4 教师岗位 | 1. 将大学生就业创业教育专职教师纳入专业技术岗位系列<br>2. 大学生就业创业教育专职教师中高级职称比例达到学校平均水平 | 材料审核 |
| | | | 符合上述两项标准为A；只符合第一项的为B；其余情形为E | |
| | | 2.1.5 教师培训 | 1. 学校鼓励大学生就业创业教育专职教师继续深造，攻读相关专业的硕士和博士<br>2. 学校有大学生就业创业教育专职教师定期培训机制，并每年都有一定数量的专职教师接受培训 | 材料审核<br>实地考察 |
| | | | 符合上述两项标准为A；只符合其中一项的为C；其余情形为E | |
| | 2.2科研 | 2.2.1 科研成果 | 1. 专任教师在CSSCI期刊或核心期刊上发表了一定数量的论文<br>2. 专任教师承担了一定数量的省级及以上级别的科研课题<br>3. 专任教师出版了一定数量的专著<br>4. 专任教师在期刊上发表了一些论文，承担了一些研究课题但是没有达到1、2的要求 | 材料审核 |
| | | | 符合前三项标准为A；符合前三项其中两项为B；符合前三项其中一项为C；只符合第四项为D；其余情形为E | |
| | | 2.2.2 科研成果获奖 | 1. 科研成果获得国家级奖励<br>2. 科研成果获得省级奖励 | 材料审核 |
| | | | 符合上述两项标准为A；只符合其中一项的为C；其余情形为E | |

| 一级指标 | 二级指标 | 三级指标（权重） | 评价标准 | 评价方式 |
|---|---|---|---|---|
| 3.学生 | 3.1 效果 | 3.1.1 初次就业率 | 1. 初次就业率≥90%<br>2. 90%＞初次就业率≥80%<br>3. 80%＞初次就业率≥70%<br>4. 70%＞初次就业率≥60% | 材料审核 |
| | | | 符合第一项标准为 A；符合第二项标准为 B；符合第三项标准为 C；符合第四项标准为 D；其余情形为 E | |
| | | 3.1.2 年底就业率 | 1. 年底就业率≥98%<br>2. 98%＞年底就业率≥88%<br>3. 88%＞年底就业率≥78%<br>4. 78%＞年底就业率≥68% | 材料审核 |
| | | | 符合第一项标准为 A；符合第二项标准为 B；符合第三项标准为 C；符合第四项标准为 D；其余情形为 E | |
| | | 3.1.3 初次创业率 | 1. 初次创业率≥2%<br>2. 3%＞初次创业率≥1% | 材料审核 |
| | | | 符合第一项标准为 A；符合第二项标准为 C；其余情形为 E | |
| | | 3.1.4 三年创业率 | 1. 三年创业率≥6%<br>2. 6%＞三年创业率≥5%<br>3. 5%＞三年创业率≥4%<br>4. 4%＞三年创业率≥3%<br>5. 三年创业率＜3% | 材料审核 |
| | | | 符合第一项标准为 A；符合第二项标准为 B；符合第三项标准为 C；符合第四项标准为 D；其余情形为 E | |
| | 3.2 满意度 | 3.2.1 岗位满意度 | 1. 岗位满意度≥3.5<br>2. 3.5＞岗位满意度≥2.5<br>3. 2.5＞岗位满意度≥1.5<br>4. 1.5＞岗位满意度≥0.5 | 问卷调查 |
| | | | 符合第一项标准为 A；符合第二项标准为 B；符合第三项标准为 C；符合第四项标准为 D；其余情形为 E | |

493

续表

| 一级指标 | 二级指标 | 三级指标（权重） | 评价标准 | 评价方式 |
|---|---|---|---|---|
| 3. 学生 | 3.2 满意度 | 3.2.2 能力满意度 | 1. 能力满意度≥3.5<br>2. 3.5>能力满意度≥2.5<br>3. 2.5>能力满意度≥1.5<br>4. 1.5>能力满意度≥0.5 | 问卷调查 |
| | | | 符合第一项标准为 A；符合第二项标准为 B；符合第三项标准为 C；符合第四项标准为 D；其余情形为 E | |
| | | 3.2.3 课程满意度 | 1. 课程满意度≥3.5<br>2. 3.5>课程满意度≥2.5<br>3. 2.5>课程满意度≥1.5<br>4. 1.5>课程满意度≥0.5 | 问卷调查 |
| | | | 符合第一项标准为 A；符合第二项标准为 B；符合第三项标准为 C；符合第四项标准为 D；其余情形为 E | |
| 4. 环境 | 4.1 硬环境 | 4.1.1 服务机构 | 设立了专门的大学生就业创业服务机构 | 材料审核 |
| | | | 符合上述标准为 A；其余情形为 E | |
| | | 4.1.2 场地 | 大学生就业创业服务专用场地，生均面积达到 0.15 平方米 | 材料审核 |
| | | | 符合上述标准为 A；其余情形为 E | |
| | | 4.1.3 经费 | 1. 将大学生就业创业教育经费纳入学校预算<br>2. 大学生就业创业教育经费的标准为不低于毕业生在校期间学费的 0.5% | 材料审核 |
| | | | 符合上述两项标准为 A；只符合其中一项的为 C；其余情形为 E | |
| | | 4.1.4 实习基地 | 1. 学校广泛建立的就业实习基地，可以满足学生就业实习的需要<br>2. 学校建立了创业实习基地（实验区、创业园）等，满足学生创业实习的需要 | 材料审核实地考察 |
| | | | 符合上述两项标准为 A；只符合其中一项的为 C；其余情形为 E | |

| 一级<br>指标 | 二级<br>指标 | 三级指标<br>（权重） | 评价标准 | 评价方式 |
|---|---|---|---|---|
| 4.<br>环境 | 4.2<br>软环境 | 4.2.1　大赛 | 1. 广泛开展了校级大学生就业创业大赛<br>2. 组织和指导学生参加省级及以上的大学生就业创业大赛<br>3. 承办过省级及以上的大学生就业创业大赛<br>4. 在省级及以上的大学生就业创业大赛中取得了较好的成绩 | 材料审核 |
| | | | 符合上述四项标准为 A；符合其中三项标准为 B；符合其中两项标准为 C；符合其中一项标准为 D；其余情形为 E | |
| | | 4.2.2　讲座 | 1. 建立了定期开展大学生就业创业讲座的机制<br>2. 开展了一定数量的大学生就业创业讲座<br>3. 聘请的专家权威，讲座质量高、效果好<br>4. 大学生就业创业讲座的内容与学生的需求相一致 | 材料审核<br>实地考察 |
| | | | 符合上述四项标准为 A；符合其中三项标准为 B；符合其中两项标准为 C；符合其中一项标准为 D；其余情形为 E | |
| | | 4.2.3　服务 | 1. 科学规划和建设毕业生就业市场，积极主动地进行市场开发和维护<br>2. 组织一定数量和规模的校园招聘会，大部分毕业生在校园招聘会上签约就业<br>3. 就业信息网站栏目齐全，信息更新及时、准确，有专门的团队进行网站维护<br>4. 信息服务手段先进，开设了移动就业信息和视频洽谈等服务<br>5. 提供科学、有效的就业辅导与咨询服务<br>6. 提供创业相关咨询与代办服务（如专利申请、小额贷款和公司注册等）<br>7. 提供就业困难帮扶服务 | 材料审核<br>实地考察 |
| | | | 符合上述七项标准为 A；符合其中六项标准为 B；符合其中五项标准为 C；符合其中四项标准为 D；其余情形为 E | |

# 参 考 文 献

**中文专著部分**

[1]《马克思恩格斯选集》第 1~4 卷，人民出版社 1995 年版。

[2]《列宁选集》第 1~4 卷，人民出版社 1990 年版。

[3]《毛泽东选集》第 1~4 卷，人民出版社 1991 年版。

[4]《邓小平文选》第 1~3 卷，人民出版社 1994 年版。

[5]《十六大以来重要文献选编（上）》，中央文献出版社 2005 年版。

[6]《十五大以来重要文献选编（中）》，人民出版社 2001 年版。

[7][德] H. R. 姚斯等著，周宁等译：《接受美学与接受理论》，辽宁人民出版社 1987 年版。

[8][德] 伽达默尔著，洪汉鼎译：《诠释学 I、Ⅱ：真理与方法（修订译本)》，商务印书馆 2010 年版。

[9][德] 威廉·冯·洪堡著，瞿保奎译：《联邦德国教育改革》，人民教育出版社 1993 年版。

[10][法] 布迪厄、[美] 华康德著，李猛等译：《实践与反思——反思社会学导引》，中央编译出版社 1998 年版。

[11][法] 布迪厄著，包亚明编译：《文化资本与社会炼金术》，上海人民出版社 1997 年版。

[12][法] 勒内·笛卡尔著，管震湖译：《探求真理的指导原则》，商务印书馆 1991 年版。

[13][美] 埃利泽·盖斯勒著，周萍等译：《科学技术测度体系》，科学技术文献出版社 2003 年版。

[14][美] 彼得·德鲁克著，陈小白译：《管理：任务、责任和实践》，华夏出版社 2007 年版。

[15][美] 彼得·德鲁克著，张星岩译：《后资本主义社会》，上海译文出版社 1998 年版。

［16］［美］布鲁纳著，上海师范大学外国教育研究室译：《教育过程》，上海人民出版社 1973 年版。

［17］［美］丹尼尔·戈尔曼著，耿文秀、查波译：《情感智商》，上海科学技术出版社 1997 年版。

［18］［美］亨利·埃茨科威兹著，周春彦译：《三螺旋——大学·产业·政府三元一体的创新战略》，东方出版社 2005 年版。

［19］［美］霍华德·加德纳著，沈致隆译：《智能的结构》，中国人民大学出版社 2008 年版。

［20］［美］霍华德·加德纳著，沈致襄译：《重构多元智能》，中国人民大学出版社 2008 年版。

［21］［美］杰弗里·蒂蒙斯、小斯蒂芬·斯皮内利著，周伟民、吕长春译：《创业学》，人民邮电出版社 2005 年版。

［22］［美］科尔曼著，邓方译：《社会理论的基础（上）》，社会科学文献出版社 2008 年版。

［23］［美］塞缪尔·H·奥西普、路易斯·F·菲茨杰拉德著，顾雪英、姜飞月等译：《生涯发展理论》，上海教育出版社 2010 年版。

［24］［美］斯坦利·J·巴伦著，刘鸿英译：《大众传播概论——媒体认知与文化》，中国人民大学出版社 2005 年版。

［25］［美］约瑟夫·熊彼特著，何畏、易家详等译：《经济发展理论》，商务印书馆 1990 年版。

［26］［英］亚当·斯密著，唐日松译：《国富论》，华夏出版社 2005 年版。

［27］［英］丹尼斯·麦圭尔、［瑞典］斯文·温德尔，祝建华、武伟译：《大众传播模式论》，上海译文出版社 1987 年版。

［28］辞海编辑委员会：《辞海（1999 年缩印版）》，上海辞书出版社 2001 年版。

［29］别业舫：《择业与创业——当代大学生就业教育的理论与实践》，北京大学出版社 2005 年版。

［30］曹胜利、雷家骕：《中国大学生创新创业教育发展报告》，北方联合出版传媒（集团）股份有限公司，万卷出版公司 2009 年版。

［31］陈浩、王学川等：《经验与创新："政产学"协调培养人才机制研究》，浙江工商大学出版社 2010 年版。

［32］陈劲主编：《新形势下产学研战略联盟创新与发展研究》，中国人民大学出版社 2009 年版。

［33］陈琦、刘儒德：《当代教育心理》，北京师范大学出版社 2007 年版。

［34］陈晓云：《就业行为管理》，上海人民出版社2007年版。

［35］段鹏：《传播效果研究——起源、发展与应用》，中国传媒大学出版社2008年版。

［36］冯忠良等：《教育心理学》，人民教育出版社2000年版。

［37］高建、程源、李习保、姜彦福：《全球创业观察中国报告（2007）——创业转型与就业效应》，清华大学出版社2008年版。

［38］顾明远：《教育大辞典》，上海教育出版社1998年版。

［39］郭庆光：《传播学教程》，中国人民大学出版社1999年版。

［40］胡木贵、郑雪辉：《接受学导论》，辽宁教育出版社1989年版。

［41］焦方红、李海红主编：《大学生创业教育》，吉林人民出版社2008年版。

［42］教育部全国高等教育毕业生就业指导中心组编：《大学生就业指导》，高等教育出版社1998年版。

［43］教育部思想政治工作司组编：《走进美国高校学生事务管理》，中国人民大学出版社2011年版。

［44］劳动和社会保障部劳动科学研究所编：《外国劳动和社会保障法选》，中国劳动出版社1999年版。

［45］劳动人事部培训就业局组织编：《就业指导》，中国劳动出版社1988年版。

［46］李保红：《ICT创新经济学》，北京邮电大学出版社2010年版。

［47］李其维：《破解"智慧胚胎学"之谜：皮亚杰的发生认识论》，湖北教育出版社1999年版。

［48］李秋华主编：《构建高职教育校企利益共同体育人机制》，西苑出版社2011年版。

［49］李时椿、常建坤、杨怡：《大学生创业与高等院校创业教育》，国防工业出版社2004年版。

［50］李志永：《日本高校创业教育》，浙江教育出版社2010年版。

［51］牛长松：《英国高校创业教育研究》，学林出版社2009年版。

［52］梁晓滨：《美国劳动市场》，中国社会科学出版社1992年版。

［53］林崇德等：《心理学大辞典》，上海教育出版社2003年版。

［54］林水波：《政策分析评论》，台北五南图书公司1984年版。

［55］刘穿石：《创业能力心理学》，陕西师范大学出版社2004年版。

［56］刘丽琼：《思想政治理论课教学接受论》，人民出版社2009年版。

［57］刘平、张炼：《产学研合作教育概论》，哈尔滨工程大学出版社2007年版。

［58］刘庆唐、冯虹：《就业管理》，中国劳动出版社 1995 年版。

［59］刘小枫：《接受美学译文集》，生活·读书·新知三联书店 1989 年版。

［60］柳海民：《教育原理》，东北师范大学出版社 2006 年版。

［61］娄策群：《社会科学评价的文献计量理论与方法》，华中师范大学出版社 1999 年版。

［62］吕建国、孟慧编：《职业心理学》，东北财经大学出版社 2000 年版。

［63］梅伟惠：《美国高校创业教育研究》，浙江教育出版社 2010 年版。

［64］潘懋元：《应用型人才培养的理论与实践》，厦门大学出版社 2011 年版。

［65］逄锦波、武博：《高校人力资源能力建设研究》，人民出版社 2011 年版。

［66］裴娣娜：《现代教学论》，人民出版社 2005 年版。

［67］彭怀祖主审、侯文华主编：《大学生创新创业教育教程》，科学出版社 2012 年版。

［68］邱柏生：《思想教育接受学》，山西人民出版社 1992 年版。

［69］邱均平、文庭孝：《评价学》，科学出版社 2010 年版。

［70］邱均平、文庭孝：《评价学理论方法实践》，科学出版社 2010 年版。

［71］邱伟光、张耀灿：《思想政治教育学原理》，高等教育出版社 1999 年版。

［72］荣泰生：《AMOS 与研究方法》，重庆大学出版社 2009 年版。

［73］沈之菲编：《生涯心理辅导》，上海教育出版社 2000 年版。

［74］施良方：《课程理论——课程的基础、原理与问题》，教育科学出版社 1996 年版。

［75］史晓燕：《现代教育评价》，河北人民出版社 2005 年版。

［76］孙震瀚：《国外职业指导》，浙江教育出版社 1991 年版。

［77］唐震：《接受与选择》，中国社会科学出版社 2009 年版。

［78］陶德麟、汪信砚：《马克思主义哲学原理》，人民出版社 2010 年版。

［79］涂恒汉：《创新教育评价》，东方出版中心 2001 年版。

［80］王景英主编：《教育评价理论与实践》，东北师范大学出版社 2002 年版。

［81］王敏：《思想政治教育接受论》，湖北人民出版社 2002 年版。

［82］王锐生、黎德化：《读懂马克思》，四川人民出版社 2001 年版。

［83］王雁：《创业型大学：美国研究型大学模式变革的研究》，同济大学出版社 2011 年版。

［84］王益英主编：《中华法学大辞典》，劳动法学卷，中国检察出版社 1997 年版。

［85］王有智：《学习心理学》，中国社会科学出版社 2010 年版。

［86］吴定：《公共政策辞典》，台湾五南图书出版公司 2005 年版。

[87] 吴刚：《接受认识引论》，北京大学出版社 1998 年版。

[88] 吴述尧：《同行评议方法论》，科学出版社 1996 年版。

[89] 席升阳：《我国大学创业教育的观念、理念与实践》，科学出版社 2008 年版。

[90] 夏征农、陈至立主编：《辞海》，上海辞书出版社 2009 年版。

[91] 肖远军：《教育评价原理及应用》，浙江大学出版社 2004 年版。

[92] 徐小洲、李志永主编：《创业教育》，浙江教育出版社 2009 年版。

[93] 杨晓慧：《当代大学生成长规律》，人民出版社 2010 年版。

[94] 杨晓慧：《高校毕业生就业状况监测研究》，人民出版社 2011 年版。

[95] 郁义鸿、李志能、罗伯特·D·西斯瑞克：《创业学》，复旦大学出版社 2000 年版。

[96] 张春兴：《教育心理学》，浙江教育出版社 1998 年版。

[97] 张国庆：《公共政策分析》，复旦大学出版社 2004 年版。

[98] 张琼、马尽举：《道德接受论》，中国社会科学出版社 1995 年版。

[99] 张世欣：《思想政治教育接受规律论》，生活·读书·新知三联书店 2005 年版。

[100] 张文彤、董伟：《SPSS 统计分析高级教程》，高等教育出版社 2004 年版。

[101] 张耀灿等：《现代思想政治教育学》，人民出版社 2001 年版。

[102] 张玉利、李政：《创新时代的创业教育研究与实践》，现代教育出版社 2006 年版。

[103] 郑永廷、高国希等：《大学生自主创新理论与方法》，人民出版社 2010 年版。

[104] 周庆山：《传播学概论》，北京大学出版社 2004 年版。

[105] 朱立元：《接受美学导论》，安徽教育出版社 2004 年版。

[106] 中国大百科全书：《经济学Ⅲ》，中国大百科全书出版社 1988 年版。

[107] 中国社会科学院语言研究所词典编辑室：《现代汉语词典》，商务印书馆 2005 年版。

[108] 中华人民共和国教育部高等教育司组编：《创业教育在中国：试点与实践》，高等教育出版社 2006 年版。

[109] 中华人民共和国教育部高等教育司组编：《高等学校创业教育经验汇编》，高等教育出版社 2011 年版。

**中文论文部分**

[1] 柴径：《以点带面推进创业教育——"创业教育"试点工作座谈会综

述》，载于《中国高等教育》2002 年第 10 期。

[2] 陈敏：《中美高校学生就业指导师资队伍专业化比较研究》，载于《教育发展研究》2006 年第 3 期。

[3] 陈希：《将创新创业教育贯穿于高校人才培养全过程》，载于《中国高等教育》，2010 年第 12 期。

[4] 丁立群、吴金秋：《创业教育的目标与功能》，载于《中国高等教育》2004 年第 22 期。

[5] 董世洪、龚山平：《社会参与：构建开放性的大学创新创业教育模式》，载于《中国高教研究》2010 年第 2 期。

[6] 董晓峰、李心刚：《全方位、对角度推进大学生创业教育》，载于《思想·理论·教育》2003 年第 9 期。

[7] 董燕：《论大学生创业能力的培养》，载于《教育与职业》2011 年第 12 期。

[8] 杜玉波：《努力开创高校创新创业教育和大学生自主创业工作新局面》，载于《创新与创业教育》2011 年第 3 期。

[9] 杜玉波：《深入实践是大学生成长成才的必由之路》，载于《中国大学生就业》2011 年第 20 期。

[10] 范泽瑛、谢超：《关于 2006 年就业力问题及其培养模式的探索》，载于《中山大学学报论丛》2006 年第 8 期。

[11] 高山川、孙时进：《社会认知职业理论：研究进展及应用》，载于《心理科学》2005 年第 5 期。

[12] 高永惠、梁芳美、范玲：《大学生就业能力结构要素的实证研究》，载于《教育与职业》2009 年第 21 期。

[13] 葛建良、叶伟巍：《基于企业成长理论的创业教育模式》，载于《高等工程教育研究》2010 年第 S1 期。

[14] 耿淑梅：《以和谐理念开展大学生就业指导工作》，载于《中国高等教育》2008 年第 23 期。

[15] 苟朝莉：《基于心理契约的大学生就业能力及培育创新》，载于《中国高等教育》2008 年第 11 期。

[16] 辜胜阻、洪群联：《对大学生以创业带动就业的思考》，载于《教育研究》2010 年第 5 期。

[17] 郭雷振：《我国高校创业课程设置的现状探析》，载于《现代教育科学》2011 年第 9 期。

[18] 韩延明：《理念、教育理念及大学理念探析》，载于《教育研究》2003 年 9 期。

[19] 何玉海：《基于全面和谐发展观的大学生就业指导方法研究》，载于《江苏高教》2007 年第 1 期。

[20] 胡萨：《反思：作为一种意识——关于教师反思的现象学解释》，载于《教育研究》2010 年第 1 期。

[21] 胡尊利、刘朔、程爱霞：《国外大学生就业能力研究及其启示》，载于《比较教育研究》2008 年第 8 期。

[22] 贾新华：《美国大学创业教育对我国的启示》，载于《教学理论与实践》2011 年第 11 期。

[23] 金昕：《大学生创业能力分类培养的筛选机制研究》，载于《社会科学战线》2011 年第 10 期。

[24] 荆德刚：《国外高校毕业生就业模式研究》，载于《教育研究》2009 年第 8 期。

[25] 孔杰、程寨华：《标杆管理理论述评》，载于《东北财经大学学报》2004 年第 2 期。

[26] 雷家骕：《中国高校需要怎样的创新创业教育》，载于《中国教育报》2010 年 1 月 13 日。

[27] 李芳云、张世欣：《论思想政治教育的接受机理与接受过程》，载于《探索》2004 年第 4 期。

[28] 李萍：《中外大学生就业指导的比较分析及启示》，载于《江苏高教》2002 年第 5 期。

[29] 李文英、王景坤：《澳大利亚高校创业教育模式探析》，载于《比较教育研究》2010 年第 10 期。

[30] 李忠军：《大学生社会主义核心价值体系教育的接受机制探析》，载于《东北师大学报》（哲学社会科学版）2009 年第 5 期。

[31] 梁深：《简述大学生就业指导课程研究现状与发展方向》，载于《大学教育》2012 年第 4 期。

[32] 刘海滨、徐文：《高校毕业生就业状况监测指标体系分析与建构》，载于《东北师大学报》（哲学社会科学版）2011 年第 2 期。

[33] 刘海滨、杨颖秀：《我国教育政策风险评估问题及消解策略》，载于《现代教育管理》2011 年第 12 期。

[34] 刘丽玲、吴娇：《大学毕业生就业能力研究——基于对管理类和经济类大学毕业生的调查》，载于《教育研究》2010 年第 3 期。

[35] 刘丽玲：《论中国建立可就业能力国家框架的重要性》，载于《人口与经济》2009 年第 6 期。

[36] 刘小平、邓靖松：《高校毕业生可就业能力结构的实证研究》，载于《现代大学教育》2009 年第 5 期。

[37] 刘小平、杨淑薇：《可就业能力及其培养研究进展》，载于《科技管理研究》2006 年第 9 期。

[38] 刘芸：《创业教育的产学研合作模式构想》，载于《黑龙江高教研究》2010 年第 7 期。

[39] 刘志：《大学生择业期望偏差调适——态度劝导理论的启示》，载于《教育发展研究》2009 年第 19 期。

[40] 刘志、徐文：《中国高校毕业生就业状况监测研究的最新进展》，载于《社会科学战线》2011 年第 3 期。

[41] 刘志、张向葵、邹云龙：《大学生创业教育的心理接受机制探析》，载于《新疆师范大学学报》2012 年第 2 期。

[42] 娄进举：《美国大学生就业指导工作及启示》，载于《交通高教研究》2001 年第 3 期。

[43] 罗儒国：《"三创教育"模式的探索与展望——以武汉大学为例》，载于《黑龙江高教研究》2012 年第 6 期。

[44] 罗峥等：《大学生就业能力的结构初探》，载于《心理学探新》2010 年第 1 期。

[45] 梅伟惠：《创业人才培养新视域：全校性创业教育理论与实践》，载于《教育研究》2012 年第 6 期。

[46] 梅伟惠：《美国大学生职业生涯辅导体系——以密歇根州立大学为例》，载于《教育发展研究》2009 年第 5 期。

[47] 闵嘉国、周泳霓：《论毕业生思想教育的几个主要原则》，载于《高校德育研究》1986 年第 2 期。

[48] 齐梅、柳海民：《教育学原理学科的科学性质与基本问题》，载于《教育研究》2006 年第 2 期。

[49] 尚恒志：《大学生创业教育的课程体系研究》，载于《教育研究与实验》2009 年第 7 期。

[50] 宋斌、王磊：《高校创业教育的现状、问题及对策》，载于《教育发展研究》2011 年第 11 期。

[51] 宋国学：《基于可雇佣性视角的大学生职业能力结构及其维度研究》，载于《中国软科学》2008 年第 12 期。

[52] 谭蔚沁：《论马克思"人的全面发展理论"与大学生创业教育》，载于《思想战线》2009 年第 5 期。

[53] 谭亚莉、万晶晶：《多重视角下的个体可雇佣能力研究现状评介与未来展望》，载于《外国经济与管理》2010 年第 6 期。

[54] 唐靖、姜彦福：《创业能力概念的理论构建及实证检验》，载于《科学学与科学技术管理》2008 年第 8 期。

[55] 王秉琦等：《构建发展式大学生就业指导新模式探索》，载于《中国高等教育》2007 年第 Z2 期。

[56] 王辉、张辉华：《大学生创业能力的内涵与结构——案例与实证研究》，载于《国家教育行政学院学报》2012 年第 2 期。

[57] 王丽荣：《思想政治教育接受心理研究》，吉林大学博士学位论文，2009 年。

[58] 王敏：《论思想政治教育接受规律》，载于《理论与改革》2001 年第 2 期。

[59] 王霆、曾湘泉、杨玉梅：《提升就业能力解决大学生结构性失业问题研究》，载于《人口与经济》2011 年第 3 期。

[60] 王晓红：《试论自我效能感理论在高校创业教育中的应用》，载于《教育探索》2011 年第 10 期。

[61] 王一兵：《学会关心：世纪的教育——圆桌会议报》，载于《教育研究》1990 年第 7 期。

[62] 王占仁、林丹：《大学生创业素质结构论析》，载于《社会科学战线》2012 年第 3 期。

[63] 王占仁：《"广谱式"创新创业教育体系建设论析》，载于《教育发展研究》2012 年第 3 期。

[64] 王占仁：《英国高校职业生涯教育之启示》，载于《教育研究》2012 年第 7 期。

[65] 王占仁：《英国高校就业服务体系的启示——以英国里丁大学和巴斯大学为个案》，载于《中国高教研究》，2010 年第 10 期。

[66] 王占仁等：《部分发达国家及地区的大学生就业工作》，载于《中国高等教育》2009 年第 19 期。

[67] 王宗军：《综合评价的方法、问题及其研究趋势》，载于《管理科学学报》1998 年第 1 期。

[68] 文少保：《基于人才强国战略的我国大学生就业能力开发策略研究》，载于《现代大学教育》2006 年第 1 期。

[69] 吴薇、洪燕：《生涯发展观对大学生就业指导工作的启示》，载于《中国高等教育》2008 年第 10 期。

[70] 向东春、肖云龙：《美国百森创业教育的特点及其启示》，载于《现代大学教育》2003 年第 2 期。

[71] 肖龙海：《创业教育的价值取向及实践路径》，载于《教育研究》2011年第 3 期。

[72] 徐晋、杨燕：《大学生创业能力培养"方桌"模型构建研究——基于独立学院的实证分析》，载于《浙江工业大学学报》（社会科学版）2012 年第 4 期。

[73] 徐小洲、叶映华：《大学生创业认知影响因素与调整策略》，载于《教育研究》2010 年第 6 期。

[74] 徐小洲、张敏：《创业教育的观念变革与战略选择》，载于《教育研究》2012 年第 5 期。

[75] 宣言、梅强：《论大学生创业能力的培养》，载于《教育与职业》2011年第 6 期。

[76] 闫广芬、吴俊：《大学生就业背景下的美国高等教育改革及其启示》，载于《中国高教研究》2011 年第 5 期。

[77] 杨金焱、费世淼：《新时期大学生创业能力的构成与培养》，载于《教育探索》2010 年第 12 期。

[78] 杨娟：《英国创业教育拾记》，载于《中国大学生就业》2008 年第 4 期。

[79] 杨乃鹏：《大学生创业胜任力实证研究》，载于《继续教育研究》2012年第 4 期。

[80] 杨晓慧：《创业教育的价值取向、知识结构与实施策略》，载于《教育研究》2012 年第 9 期。

[81] 杨晓慧：《我国高校毕业生就业状况监测的问题与对策》，载于《社会科学战线》2011 年第 5 期。

[82] 杨晓慧：《大学生创业能力培养的瓶颈问题与策略选择》，载于《中国高等教育》2010 年第 18 期。

[83] 杨晓慧：《高校毕业生就业市场建设的探索与思考》，载于《思想教育研究》2007 年第 8 期。

[84] 杨晓慧：《内合外联，建设区域性就业品牌市场》，载于《中国高等教育》2004 年第 6 期。

[85] 杨旭华：《"90 后"大学生就业能力结构模型研究》，载于《人口与经济》2012 年第 2 期。

[86] 杨正联：《公共政策文本分析：一个理论框架》，载于《理论与改革》，2006 年第 1 期。

[87] 叶映华：《大学生创业意向影响因素研究》，载于《教育研究》2009

年第 4 期。

[88] 衣俊卿：《对高校开展创业教育的理性思考》，载于《中国高等教育》2002 年第 10 期。

[89] 余仰涛：《关于大学生思想政治教育的接受规律的探讨》，载于《学校党建与思想教育》1991 年第 1 期。

[90] 岳军：《英国高校就业指导队伍建设的特点及启示》，载于《北京教育》2012 年第 8 期。

[91] 曾尔雷、黄新敏：《创业教育融入专业教育的发展模式及其策略研究》，载于《中国高教研究》2010 年第 12 期。

[92] 张聪、赵志军：《新时期的创业教育：起点、问题及图景初探》，载于《东北师大学报》（哲学社会科学版）2012 年第 4 期。

[93] 张克崴、宋丽贞：《基于创业机会理论的研究生创业教育分类指导》，载于《创新与创业教育》2012 年第 2 期。

[94] 张相民：《基于专业教学的创业教育范式研究》，载于《中国高教研究》2008 年第 11 期。

[95] 张玉利、陈忠卫、谭新生：《"首届创业学与企业家精神教育研讨会"会议综述》，载于《南开管理评论》2003 年第 5 期。

[96] 张玉利：《创新时代的创业研究与教育》，载于《中国教育报》2006 年 5 月 8 日第 7 版。

[97] 张政文、田建刚：《面向全体探索以创新意识培养为主旨的创业教育模式》，载于《中国高等教育》2010 年第 12 期。

[98] 赵峰：《高校就业指导工作营销策略运用探析》，载于《国家教育行政学院学报》2008 年第 5 期。

[99] 赵建华：《高校学生就业道德素养弱化成因分析及对策探索》，载于《教育研究》2011 年第 3 期。

[100] 郑东辉：《可雇佣性导向的大学课程设计方式探讨》，载于《全球教育展望》2012 年第 5 期。

[101] 郑晓明：《"就业能力"论》，载于《中国青年政治学院学报》2002 年第 3 期。

[102] 周宗钞、张文军：《课程理论的后现代转向》，载于《教育发展研究》2004 年第 21 期。

[103] 朱国玮、黄珺：《大学生就业能力影响因素研究》，载于《教育研究》2011 年第 8 期。

[104] 朱仁宏：《创业研究前沿理论探讨——定义、概念框架与研究边界》，

载于《管理科学》2004 年第 4 期。

[105] 朱新秤：《就业能力：内涵、结构及其培养》，载于《广东社会科学》
2009 年第 4 期。

[106] 邹云龙、孔洁珺：《大学生就业质量监测研究：以非自愿就业为基础》，载于《教育发展研究》2011 年第 19 期。

[107] 邹云龙、曹扬：《研究生就业问题的实质与专家化应对策略》，载于《社会科学战线》2010 年第 3 期。

[108] 邹云龙、孔洁珺、曲国丽：《大学生知识型创业研究》，载于《社会科学战线》2011 年第 5 期。

## 英文部分

[1] Alberti, F.. *Entrepreneurship education*：*Notes on an ongoing debate. Paper presented at the 14# Annual IntEnt Conference.* http：//www. intent-conference. com, 2004.

[2] Alvarez Sharon, Barney Jay. *Entrepreneurial capabilities*：*A resource-based view* [A]. *G. Dale Meyer, Kurt A. H. eppard. Entrepreneurship As Strategy*：*Competing on The Entrepreneurial Edge. Sage Publications, Inc*, 2000.

[3] Babson College. *Foundations of Management & Entrepreneurship.* http：// www. bason. edu/UG/academics/foundati_program/fme. cfm.

[4] Bank Boston. *MIT*：*The Impact of Innovation*, *Bank Boston*, March 1997.

[5] Borow, H. & Lindsey, R. V. (1959). *Vocational Planning for college students, Englewood Cliffs, NJ*：*Prentice Hall.*

[6] CELCEE. *Areas of entrepreneurial development*, [2008 – 07 – 06]. http：// www. celcee. edu.

[7] Chandler, G. N., Hanks, S. H.. *Measuring the Performance of Emerging Businesses*：*A Validation Study. Journal of Business Venturing*, 1993 (5).

[8] Chen, C. C., Greene, P. G., Crick, A.. *Does entrepreneurial self-efficacy distinguish entrepreneurs from managers? Journal of Business Venturing*, 1998.

[9] Frank Parsons. *Choosing A Vocation, Biblio Bazaar, LLC*, 2009. 4.

[10] Harvey, Lee. *Defining and Measuring Employability, Qualityin Higher Education*, 2001 (7).

[11] Hillage, J. & Pollard. E. *Employability*：*Developing a framework for policy analysis, London*：*Department for Education and Employment*, 1998.

[12] Jane L. Swanson. Nadya A. fouad. *Career Theory and Practice*：*Learning Through Case Studies, Sage Publications India P vt. Ltd.*

[13] Jones, C. & English, J. (2004). *A contemporary approach to entrepreneurship education*, *Education & Training*, 46 (8/9).

[14] Karl K. *The Art and science of 360 degree feedback*, *The Academy of Management Executive*. 1997 (11).

[15] Knight, P. T., Yorke, M.. *Employability through the curriculum*, *Tertiary Education and Management*, 2002 (8).

[16] Mead, S., Korschgen, A. J. (1994). *A quick look at career development courses across the country*, *Journal of Career planning & Employment*, 54 (2).

[17] Morris, M. H.. *Models of Entrepreneurship Centers: Emerging Issues and Approach*, *Paper Presented at the 2004 National Consortium of Entrepreneurship Centers Conference*. http://www. nationalconsortium. org/resources. htm, 2004.

[18] Secretary's Commission on Achieving Necessary Skills: *What Work Requires of Schools: A SCANS Report for America* 2000. http://depts. inverhills. edu/LSPS/scans_report. htm.

[19] Shane, S. A.. *Economic Development through Entrepreneurship: Government, University and Business Linkages*, *Northampton*, *MA: Edward Elgar*, 2006.

[20] Spearman. C. E.. *General intelligence, objectively determined and measured*, *American Journal of Psychology*, vol. 15, 201–293, 1904.

[21] Stevenson H. H., Robert M. J., Grousback H. I.. *New Business Ventures & the Entrepreneur*, *Homewood, IL, Irwin*, 1985.

[22] Thorndike, E. L.. *Intelligence and its use*, *Harper's Magazine*, 1920.

[23] Tyler, R.. *Basic principles of curriculum and instruction*, *Chicago: The University of Chicago Press*, 1949.

[24] Vander Heijden, Beatrice I. J. M.. *Prerequisites to Guarantee Life-longemployability*, *Personnel Review*, 2002 (1).

[25] Vesper, K. H. *Entrepreneurship Education*, *Wellesley, MA: Babson College*, 1985.

# 后 记

    本书是我们所承担的教育部哲学社会科学重大课题攻关项目"大学生就业创业教育研究"（09JZD0034－2）结项成果，课题于 2012 年顺利结项并被评为优秀。在本书即将出版之时，我深深地感受到课题完成并获得丰硕成果的艰辛。在过去三年辛苦研究的过程中，课题组全体成员梳理了国内外大量的文献资料，开展了细致的调查研究，进行了深入的理论探索。可以说，课题研究成果是研究团队呕心沥血、务实创新、精诚合作的结晶，为此我向参与课题研究的所有同仁表示感谢。

    全书包括绪论共由八部分组成，具体分工是：绪论和第一章由杨晓慧、李忠军主持，邹云龙、孔洁珺协助；第二章由陈辑主持，金昕、李亚员、栾宇协助；第三章由张向葵主持，刘志、潘婉莹、彭飞协助；第四章由于伟主持，栾天、朱兴涛、李健协助；第五章由刘铸、张澍军主持，高地、董超、冯鑫协助；第六章由张彦、郭建华主持，刘海滨、陈雷、杨奕协助；第七章由荆德刚、王占仁主持，孔洁珺、李力协助。全书由杨晓慧统稿并审阅定稿。

    "大学生就业创业教育研究"这一课题，从申请到结项，始终得到了教育部社会科学司张东刚司长的大力支持。同时，在本课题的研究过程中，得到了吉林大学党委副书记蔡莉教授、北京大学人力资源开发与管理研究中心主任萧鸣政教授、北京师范大学经济与工商管理学院院长赖德胜教授、中国高等教育学会曹胜利助理、《中国教育报》招生考试就业周刊汪瑞林主编、共青团中央学校部全国学联办公室张健为主任和东北师范大学柳海民教授、刘建军教授等专家学者的指导与支持。辽宁省大学生就业指导局、黑龙江大学创业教育学院、大连交通大学等单位对本课题的调研工作给予大力协助。在此一并表示深深的感谢！

2013 年 6 月

# 教育部哲学社會科学研究重大課題攻關項目
## 成果出版列表

| 书　名 | 首席专家 |
| --- | --- |
| 《马克思主义基础理论若干重大问题研究》 | 陈先达 |
| 《马克思主义理论学科体系建构与建设研究》 | 张雷声 |
| 《马克思主义整体性研究》 | 逄锦聚 |
| 《改革开放以来马克思主义在中国的发展》 | 顾钰民 |
| 《新时期　新探索　新征程<br>——当代资本主义国家共产党的理论与实践研究》 | 聂运麟 |
| 《当代中国人精神生活研究》 | 童世骏 |
| 《弘扬与培育民族精神研究》 | 杨叔子 |
| 《当代科学哲学的发展趋势》 | 郭贵春 |
| 《服务型政府建设规律研究》 | 朱光磊 |
| 《地方政府改革与深化行政管理体制改革研究》 | 沈荣华 |
| 《面向知识表示与推理的自然语言逻辑》 | 鞠实儿 |
| 《当代宗教冲突与对话研究》 | 张志刚 |
| 《马克思主义文艺理论中国化研究》 | 朱立元 |
| 《历史题材文学创作重大问题研究》 | 童庆炳 |
| 《现代中西高校公共艺术教育比较研究》 | 曾繁仁 |
| 《西方文论中国化与中国文论建设》 | 王一川 |
| 《中华民族音乐文化的国际传播与推广》 | 王耀华 |
| 《楚地出土戰國簡册［十四種］》 | 陳　偉 |
| 《近代中国的知识与制度转型》 | 桑　兵 |
| 《中国抗战在世界反法西斯战争中的历史地位》 | 胡德坤 |
| 《近代以来日本对华认识及其行动选择研究》 | 杨栋梁 |
| 《京津冀都市圈的崛起与中国经济发展》 | 周立群 |
| 《金融市场全球化下的中国监管体系研究》 | 曹凤岐 |
| 《中国市场经济发展研究》 | 刘　伟 |
| 《全球经济调整中的中国经济增长与宏观调控体系研究》 | 黄　达 |
| 《中国特大都市圈与世界制造业中心研究》 | 李廉水 |
| 《中国产业竞争力研究》 | 赵彦云 |
| 《东北老工业基地资源型城市发展可持续产业问题研究》 | 宋冬林 |

| 书　名 | 首席专家 |
|---|---|
| 《转型时期消费需求升级与产业发展研究》 | 臧旭恒 |
| 《中国金融国际化中的风险防范与金融安全研究》 | 刘锡良 |
| 《全球新型金融危机与中国的外汇储备战略》 | 陈雨露 |
| 《中国民营经济制度创新与发展》 | 李维安 |
| 《中国现代服务经济理论与发展战略研究》 | 陈　宪 |
| 《中国转型期的社会风险及公共危机管理研究》 | 丁烈云 |
| 《人文社会科学研究成果评价体系研究》 | 刘大椿 |
| 《中国工业化、城镇化进程中的农村土地问题研究》 | 曲福田 |
| 《东北老工业基地改造与振兴研究》 | 程　伟 |
| 《全面建设小康社会进程中的我国就业发展战略研究》 | 曾湘泉 |
| 《自主创新战略与国际竞争力研究》 | 吴贵生 |
| 《转轨经济中的反行政性垄断与促进竞争政策研究》 | 于良春 |
| 《面向公共服务的电子政务管理体系研究》 | 孙宝文 |
| 《产权理论比较与中国产权制度变革》 | 黄少安 |
| 《中国企业集团成长与重组研究》 | 蓝海林 |
| 《我国资源、环境、人口与经济承载能力研究》 | 邱　东 |
| 《“病有所医”——目标、路径与战略选择》 | 高建民 |
| 《税收对国民收入分配调控作用研究》 | 郭庆旺 |
| 《多党合作与中国共产党执政能力建设研究》 | 周淑真 |
| 《规范收入分配秩序研究》 | 杨灿明 |
| 《中国加入区域经济一体化研究》 | 黄卫平 |
| 《金融体制改革和货币问题研究》 | 王广谦 |
| 《人民币均衡汇率问题研究》 | 姜波克 |
| 《我国土地制度与社会经济协调发展研究》 | 黄祖辉 |
| 《南水北调工程与中部地区经济社会可持续发展研究》 | 杨云彦 |
| 《产业集聚与区域经济协调发展研究》 | 王　珺 |
| 《我国民法典体系问题研究》 | 王利明 |
| 《中国司法制度的基础理论问题研究》 | 陈光中 |
| 《多元化纠纷解决机制与和谐社会的构建》 | 范　愉 |
| 《中国和平发展的重大前沿国际法律问题研究》 | 曾令良 |
| 《中国法制现代化的理论与实践》 | 徐显明 |
| 《农村土地问题立法研究》 | 陈小君 |
| 《知识产权制度变革与发展研究》 | 吴汉东 |

| 书　名 | 首席专家 |
|---|---|
| 《中国能源安全若干法律与政策问题研究》 | 黄　进 |
| 《城乡统筹视角下我国城乡双向商贸流通体系研究》 | 任保平 |
| 《产权强度、土地流转与农民权益保护》 | 罗必良 |
| 《矿产资源有偿使用制度与生态补偿机制》 | 李国平 |
| 《巨灾风险管理制度创新研究》 | 卓　志 |
| 《国有资产法律保护机制研究》 | 李曙光 |
| 《中国与全球油气资源重点区域合作研究》 | 王　震 |
| 《可持续发展的中国新型农村社会养老保险制度研究》 | 邓大松 |
| 《农民工权益保护理论与实践研究》 | 刘林平 |
| 《大学生就业创业教育研究》 | 杨晓慧 |
| 《生活质量的指标构建与现状评价》 | 周长城 |
| 《中国公民人文素质研究》 | 石亚军 |
| 《城市化进程中的重大社会问题及其对策研究》 | 李　强 |
| 《中国农村与农民问题前沿研究》 | 徐　勇 |
| 《西部开发中的人口流动与族际交往研究》 | 马　戎 |
| 《现代农业发展战略研究》 | 周应恒 |
| 《综合交通运输体系研究——认知与建构》 | 荣朝和 |
| 《中国独生子女问题研究》 | 风笑天 |
| 《我国粮食安全保障体系研究》 | 胡小平 |
| 《城市新移民问题及其对策研究》 | 周大鸣 |
| 《新农村建设与城镇化推进中农村教育布局调整研究》 | 史宁中 |
| 《农村公共产品供给与农村和谐社会建设》 | 王国华 |
| 《中国大城市户籍制度改革研究》 | 彭希哲 |
| 《中国边疆治理研究》 | 周　平 |
| 《边疆多民族地区构建社会主义和谐社会研究》 | 张先亮 |
| 《新疆民族文化、民族心理与社会长治久安》 | 高静文 |
| 《中国大众媒介的传播效果与公信力研究》 | 喻国明 |
| 《媒介素养：理念、认知、参与》 | 陆　晔 |
| 《创新型国家的知识信息服务体系研究》 | 胡昌平 |
| 《数字信息资源规划、管理与利用研究》 | 马费成 |
| 《新闻传媒发展与建构和谐社会关系研究》 | 罗以澄 |
| 《数字传播技术与媒体产业发展研究》 | 黄升民 |
| 《互联网等新媒体对社会舆论影响与利用研究》 | 谢新洲 |

| 书　名 | 首席专家 |
|---|---|
| 《网络舆论监测与安全研究》 | 黄永林 |
| 《中国文化产业发展战略论》 | 胡惠林 |
| 《教育投入、资源配置与人力资本收益》 | 闵维方 |
| 《创新人才与教育创新研究》 | 林崇德 |
| 《中国农村教育发展指标体系研究》 | 袁桂林 |
| 《高校思想政治理论课程建设研究》 | 顾海良 |
| 《网络思想政治教育研究》 | 张再兴 |
| 《高校招生考试制度改革研究》 | 刘海峰 |
| 《基础教育改革与中国教育学理论重建研究》 | 叶　澜 |
| 《公共财政框架下公共教育财政制度研究》 | 王善迈 |
| 《农民工子女问题研究》 | 袁振国 |
| 《当代大学生诚信制度建设及加强大学生思想政治工作研究》 | 黄蓉生 |
| 《从失衡走向平衡：素质教育课程评价体系研究》 | 钟启泉　崔允漷 |
| 《构建城乡一体化的教育体制机制研究》 | 李　玲 |
| 《高校思想政治理论课教育教学质量监测体系研究》 | 张耀灿 |
| 《处境不利儿童的心理发展现状与教育对策研究》 | 申继亮 |
| 《学习过程与机制研究》 | 莫　雷 |
| 《青少年心理健康素质调查研究》 | 沈德立 |
| 《灾后中小学生心理疏导研究》 | 林崇德 |
| 《民族地区教育优先发展研究》 | 张诗亚 |
| 《WTO主要成员贸易政策体系与对策研究》 | 张汉林 |
| 《中国和平发展的国际环境分析》 | 叶自成 |
| 《冷战时期美国重大外交政策案例研究》 | 沈志华 |
| ＊《中国政治文明与宪法建设》 | 谢庆奎 |
| ＊《非传统安全合作与中俄关系》 | 冯绍雷 |
| ＊《中国的中亚区域经济与能源合作战略研究》 | 安尼瓦尔·阿木提 |
| …… | |

＊为即将出版图书